高等院校公共基础课专用教材
中国公文写作研究会精品图书系列

最新公文写作与处理实务500题

中国公文写作研究会会长　桂维民
中国公文写作研究会副会长　岳海翔　编著

陕西新华出版传媒集团
陕西人民出版社

《最新公文写作与处理实务 500 题》编委会

主　编　桂维民（中国公文写作研究会会长
　　　　　　　　　中国写作学会公文写作专业委员会会长）
　　　　　岳海翔（中国公文写作研究会副会长兼秘书长）

编写者（排名不分先后）

桂维民	丰义华	王新刚	荣学君	刘　伟	唐兰兰
史　宽	吕红书	李艳云	张茂叶	刘　舸	刘玉来
刘建东	江红文	廖华卿	孙春梅	宋　慧	吕红权
李文娟	李艳菊	杨　琳	杨江云	张占平	苏宪利
岳海翔	岳堇鸾	熊晓辰	周　昊	熊春利	官盱玲
赵　奇	许淑华	赵同勤	刘晓虹	施　新	徐永波
高道生	黄少华	孙贵忠	胡　涛	董金凤	雷五兰
孙红伟	周纯莹	魏玉梅	王　凯	李树春	

写在前面

党的十八大以来所开创的中国特色社会主义事业的全新局面，为公文写作的研究和发展提供了广阔的舞台，使公文的语境、用语、文风发生着前所未有的变化。"操千曲而后晓声，观千剑而后识器。"公文写作要遵循规律、符合规范、讲求定式，以收"文约事丰、言简意深"之效，尤其在互联网时代，更要拓宽视野、注重应用、不断创新，积极适应公文主体与客体、载体与受体等诸多方面的新变化、新要求、新趋势，在体式、表达、语言、文风上跟进时代需求，使公文更加生动、鲜明、准确、规范、权威，彰显话语体系"短、实、新"和"接地气"的特色，更好地服务于各级党政机关和企事业单位的各项工作。

近年来，为了推动我国公文学研究事业的发展，加快公文学的学科建设，促进公文处理实践的规范化和科学化，中国公文写作研究会与多家出版单位密切合作，相继组织全国范围内从事公文写作研究的专家、学者和优秀的文秘工作者，先后出版了专著、辞书和教材共数十种，由此形成了"中国公文写作研究会精品公文写作图书系列"。由研究会会长桂维民和副会长兼秘书长岳海翔共同编著的《最新公文写作与处理实务500题》，就是这个书系中的一种。

本书以2012年4月中共中央办公厅、国务院办公厅颁布的《党政机关公文处理工作条例》和同年6月国家质量监督检验检疫总局、国家标准化管理委员会发布的《党政机关公文格式》（GB/T9704—2012）为依据，以内容全面、新颖、规范、实用和体例独特为目标，紧密结合当前各级党政机关和企事业单位公文写作与处理的实际，对公文写作的基本知识及党政机关、企事业单位等领域的公文写作的规律、技巧和要领作了精当的阐述。在编写过程中,本书广泛吸收现阶段公文学研究的最新成果,具有很强的指导性、针对性和实用性。全书采用设题分述的形式,由上、中、下三编组成,既各自独立,又浑然一体。

上编为公文写作基本知识和基本原理,重点介绍从事公文写作应知应会的基本概念,以便使读者厘清区别,准确把握;同时对公文写作的基本原理,包括公文写作的前期准备、基本步骤、公文的主旨确立、材料组配、结构布局、格式规范、语言运用,包括语法、逻辑、修辞乃至文风等方面分别作了阐述介绍,突出实用性和可操作性,以使读者从深层的角度认识和把握公文写作的基本脉络和规律。

中编为公文文种的写作,对《党政机关公文处理工作条例》中所规定的15种法定公文以及文秘工作者在实践中最为常用的35种常用事务性文书的适用范围作了阐述,并精要评析了典范的文例。本书与其他同类书籍相比,最突出的特点是实用性和可操作性,对每个文种的特点、分类、写作结构以及写作要求等,不作按部就班的讲解,而是在扼要交代文种的基本概念之后,即给出相应的实例,仅作精要评析,注重"用事实说话",使读者对照实例便一目了然。

下编为公文写作与处理中的疑难问题解答,针对广大文秘工作者在实践中遇到的重点疑难问题,分类进行简要解答,帮助大家释疑解惑,可随手检索,方便实用,有利于现代应用型公文写作人才的专业水平的提高。

本书由陕西人民出版社和中国公文写作研究会共同策划,由桂维民和岳海翔共同编写,由桂维民最后统稿并审定。在编写过程中,参阅了有关论著和教材,援引了其中的少量例文,在此谨向原作者表示敬意和感谢! 由于时间仓促,水平有限,书中疏漏之处在所难免,敬请读者朋友们批评指正。

编　者

2017 年 2 月 28 日

目 录
CONTENTS

上编　公文写作基本知识与原理

1　什么是公文？ …………………………………………………… 3
2　什么是公文写作？ ……………………………………………… 3
3　什么是公文处理？ ……………………………………………… 3
4　公文的载体形态分为哪几类？ ………………………………… 4
5　什么是公文撰拟的专任性？ …………………………………… 4
6　什么是公文语体？ ……………………………………………… 5
7　我国现行公文处理法规和公文格式国家标准是什么？ ……… 5
8　现行法定公文文种有哪些？ …………………………………… 6
9　现行常用事务文书文种有哪些？ ……………………………… 8
10　怎样理解复体行文？ ………………………………………… 12
11　怎样理解公文文种相互之间的关系？ ……………………… 13
12　正确确定和使用文种的原则有哪些？ ……………………… 14
13　怎样区别决定与决议？ ……………………………………… 15
14　怎样区别意见与决定？ ……………………………………… 15
15　怎样区别通知与意见？ ……………………………………… 16
16　怎样区别通报与通知？ ……………………………………… 16
17　怎样区别报告与请示？ ……………………………………… 16
18　怎样区别请示与上行意见？ ………………………………… 17
19　怎样区别纪要与决议？ ……………………………………… 17
20　怎样区别函与平行意见？ …………………………………… 17

21 怎样区别函与请示？ …………………………………………… 18
22 怎样区别公布令与发布性通知？ ……………………………… 18
23 怎样区别嘉奖令、表彰性决定与表扬性通报？ ……………… 19
24 怎样区别指挥性决定、指示性通知和下行意见？ …………… 20
25 怎样区别公告和通告？ ………………………………………… 21
26 怎样区别公告和公布令？ ……………………………………… 22
27 怎样区别通告和通知？ ………………………………………… 22
28 怎样区别传达性通报与批评性通报？ ………………………… 23
29 怎样区别议案和请示？ ………………………………………… 23
30 怎样区别报告与上行意见？ …………………………………… 24
31 怎样区别批复与复函？ ………………………………………… 25
32 怎样区别批复与通知？ ………………………………………… 26
33 怎样区别意见与呈转性报告？ ………………………………… 26
34 怎样区别意见、决定与指示性通知？ ………………………… 27
35 怎样区别意见与函？ …………………………………………… 27
36 怎样区别处分决定与批评性通报？ …………………………… 28
37 怎样区别纪要与简报？ ………………………………………… 28
38 怎样区别纪要与决议？ ………………………………………… 28
39 怎样区别述职报告与工作报告？ ……………………………… 29
40 怎样区别述职报告与工作总结？ ……………………………… 29
41 怎样区别祝词与贺词？ ………………………………………… 29
42 怎样区别协议书与合同？ ……………………………………… 30
43 怎样区别公约与守则？ ………………………………………… 30
44 什么是公文的格式？ …………………………………………… 30
45 公文格式标准化有什么意义？ ………………………………… 31
46 党政公文格式的组成要素包括哪些？ ………………………… 32
47 党政公文的技术、印刷、用纸要求是怎样的？ ……………… 32
48 公文版头的含义及组成要素有哪些？ ………………………… 33
49 公文主体的含义及组成要素有哪些？ ………………………… 34
50 公文版记的含义及组成要素有哪些？ ………………………… 34
51 公文中的页码及其标识规则是什么？ ………………………… 34

52 什么是公布性文件格式？	35
53 什么是非法定文种的格式？	35
54 什么是公文的特定格式？	36
55 信函格式的标准与规范要求有哪些？	37
56 命令（令）格式的标准与规范要求有哪些？	38
57 纪要格式的标准与规范要求有哪些？	40
58 简报格式的标准与规范要求有哪些？	41
59 传真电报格式的标准与规范要求有哪些？	42
60 "发电"与"发文"在格式上有什么区别？	43
61 公文纸型的规范要求有哪些？	43
62 公文的行款及行款规格是怎样规定的？	44
63 公文的版面尺寸有哪些规范要求？	44
64 公文中的横排表格及其标识规则是什么？	45
65 公文版头的拟制规范有哪些？	45
66 公文份数序号及标识规则有哪些？	45
67 公文密级和保密期限的确定及标识规则有哪些？	46
68 公文紧急程度的划分及标识规则有哪些？	47
69 发文机关标志的确定及其标识规则有哪些？	48
70 签发人的确定及其标识规则有哪些？	49
71 版头中的分隔线及其标识规则有哪些？	50
72 公文发文字号的编制规则有哪些？	51
73 公文标题有什么重要作用？	52
74 公文标题的结构形式及拟制规范有哪些？	53
75 公文小标题的拟定有哪些规则？	54
76 公文标题中如何正确使用标点符号？	56
77 公文标题中的事由及其功用有哪些？	58
78 公文标题的排列形式有哪些？	59
79 主送机关及其标识规则有哪些？	61
80 公文正文及其行款规范有哪些要求？	62
81 公文附件说明及其标识规则有哪些？	64
82 公文的生效标志各构成要素的特点有哪些？	65

83 公文生效标志的编排规则有哪些? …………………………… 67
84 用印与签署的基本要求是什么? …………………………… 68
85 怎样处理"此页无正文"及特殊情况? …………………… 69
86 附注的含义及其标识规则有哪些? ………………………… 69
87 附件的含义及其标识规则有哪些? ………………………… 70
88 公文版记的标识规则有哪些? ……………………………… 71
89 抄送机关的含义及其标识规则有哪些? …………………… 72
90 印发机关和印发日期的含义及其标识规则有哪些? ……… 73
91 公文的成文日期与印发日期有什么区别? ………………… 74
92 公文中的计量单位、标点符号和数字的使用有哪些规定? … 74
93 什么是行文? ………………………………………………… 75
94 什么是行文关系? …………………………………………… 75
95 什么是行文方向? …………………………………………… 76
96 行文应当遵循的基本规则有哪些? ………………………… 77
97 怎样理解行文应"确有必要,讲求实效"? ……………… 77
98 上行文及其行文规则是什么? ……………………………… 78
99 下行文及其行文规则是什么? ……………………………… 78
100 平行文及其行文规则是什么? …………………………… 79
101 "越级行文"及其规则是什么? ………………………… 80
102 什么是行文位度? ………………………………………… 80
103 党政机关是否应当"分开行文"? ……………………… 80
104 联合行文的具体要求有哪些? …………………………… 81
105 怎样规范部门行文? ……………………………………… 81
106 怎样区分函与信函式公文? ……………………………… 82
107 函的形式有什么特殊要求? ……………………………… 82
108 什么是批转? ……………………………………………… 83
109 什么是转发? ……………………………………………… 83
110 什么是印发? ……………………………………………… 84
111 什么是发布? ……………………………………………… 84
112 行文关系方面常见的病误有哪些? ……………………… 85
113 什么是公文的起草? ……………………………………… 87

114 什么是公文的审核？ ………………………………………… 89
115 什么是公文的把口？ ………………………………………… 89
116 什么是公文的签发？ ………………………………………… 90
117 公文的收文办理程序有哪些？ ……………………………… 91
118 公文的发文办理程序有哪些？ ……………………………… 91
119 公文的整理归档及其规范要求包括哪些？ ………………… 92
120 公文的管理及其规范要求包括哪些？ ……………………… 93
121 什么是公文的全面质量管理？ ……………………………… 94
122 影响公文处理效率的主要因素有哪些？ …………………… 95
123 怎样正确体现领导意图？ …………………………………… 96
124 怎样提高思想政策水平？ …………………………………… 98
125 怎样提炼公文的主旨？ ……………………………………… 98
126 怎样收集和积累材料？ ……………………………………… 99
127 怎样恰当运用材料？ ………………………………………… 100
128 怎样运用事实论据？ ………………………………………… 101
129 怎样运用理论论据？ ………………………………………… 103
130 公文语言运用有哪些基本要求？ …………………………… 105
131 公文中怎样恰当使用插入语？ ……………………………… 106
132 公文写作中怎样恰当使用模糊语言？ ……………………… 108
133 公文写作中怎样恰当使用模态词语？ ……………………… 110
134 公文写作中怎样恰当使用古语词？ ………………………… 112
135 公文写作中怎样恰当使用介词结构？ ……………………… 114
136 公文写作中怎样规范使用汉字？ …………………………… 115
137 怎样规范表述一些特定提法？ ……………………………… 116
138 公文写作中怎样正确运用数字？ …………………………… 117
139 公文写作中怎样恰当运用四字格词组？ …………………… 119
140 公文写作中怎样恰当运用专业术语？ ……………………… 121
141 公文写作中怎样恰当运用熟语？ …………………………… 122
142 公文语段的主要结构形式有哪些？ ………………………… 124
143 公文中怎样恰当使用社会流行语？ ………………………… 128
144 公文中怎样对待网络用语？ ………………………………… 130

145 公文中怎样正确运用"等"和"等等"? ………………………… 130
146 公文写作中的用词规范有哪些? ……………………………… 133
147 公文写作中的炼句规范有哪些? ……………………………… 135
148 公文写作中常用的句式有哪些? ……………………………… 136
149 公文写作怎样做到明确无疑? ………………………………… 138
150 公文写作怎样做到准确? ……………………………………… 140
151 公文写作怎样做到简洁? ……………………………………… 141
152 公文写作怎样讲究庄重? ……………………………………… 142
153 公文写作怎样讲究可读性? …………………………………… 143
154 公文写作怎样正确运用名称? ………………………………… 144
155 什么是"撮要"表达技法? …………………………………… 146
156 公文写作中撮要的具体表现形式有哪些? …………………… 147
157 公文写作中的简称有哪些结构形式? ………………………… 148
158 公文写作中怎样运用省略技巧? ……………………………… 149
159 公文写作中怎样恰当运用事例? ……………………………… 150
160 公文写作中怎样规范运用引用? ……………………………… 152
161 公文起草的基本要求有哪些? ………………………………… 154
162 起草的程序和方法有哪些? …………………………………… 155
163 公文构思的方法有哪些? ……………………………………… 157
164 如何运用角色理论修改公文文稿? …………………………… 158
165 公文写作中怎样恰当运用形象思维? ………………………… 158
166 公文写作中怎样调整语言密度? ……………………………… 159
167 公文写作中怎样恰当运用叙述? ……………………………… 161
168 公文写作中怎样恰当运用议论? ……………………………… 162
169 公文写作中怎样恰当运用说明? ……………………………… 163
170 公文写作需要哪几个方面基本功的训练? …………………… 164

中编 公文文种实例鉴赏

171 什么是决议? …………………………………………………… 167
172 决议的写作要领有哪些? ……………………………………… 167

173 什么是决定？ …………………………………………………… 170
174 决定的写作要领有哪些？ …………………………………… 171
175 什么是命令（令）？ ………………………………………… 174
176 命令（令）的写作要领有哪些？ …………………………… 175
177 什么是公报？ ………………………………………………… 178
178 公报的写作要领有哪些？ …………………………………… 179
179 什么是公告？ ………………………………………………… 181
180 公告的写作要领有哪些？ …………………………………… 181
181 什么是通告？ ………………………………………………… 185
182 通告的写作要领有哪些？ …………………………………… 186
183 什么是意见？ ………………………………………………… 190
184 意见的写作要领有哪些？ …………………………………… 190
185 什么是通知？ ………………………………………………… 197
186 通知的写作要领有哪些？ …………………………………… 197
187 什么是通报？ ………………………………………………… 202
188 通报的写作要领有哪些？ …………………………………… 202
189 什么是报告？ ………………………………………………… 208
190 报告的写作要领有哪些？ …………………………………… 208
191 什么是请示？ ………………………………………………… 218
192 请示的写作要领有哪些？ …………………………………… 218
193 什么是批复？ ………………………………………………… 222
194 批复的写作要领有哪些？ …………………………………… 222
195 什么是议案？ ………………………………………………… 229
196 议案的写作要领有哪些？ …………………………………… 229
197 什么是函？ …………………………………………………… 231
198 函的写作要领有哪些？ ……………………………………… 231
199 什么是纪要？ ………………………………………………… 240
200 纪要的写作要领有哪些？ …………………………………… 240
201 什么是计划？ ………………………………………………… 247
202 计划的写作要领有哪些？ …………………………………… 247
203 什么是规划？ ………………………………………………… 257

204	规划的写作要领有哪些？	257
205	什么是纲要？	259
206	纲要的写作要领有哪些？	259
207	什么是要点？	261
208	要点的写作要领有哪些？	262
209	什么是方案？	268
210	方案的写作要领有哪些？	268
211	什么是安排？	270
212	安排的写作要领有哪些？	270
213	什么是新闻通稿？	272
214	新闻通稿的写作要领有哪些？	272
215	什么是信访回复与答复？	275
216	信访回复与答复的写作要领有哪些？	275
217	什么是总结？	277
218	总结的写作要领有哪些？	278
219	什么是调查报告？	287
220	调查报告的写作要领有哪些？	288
221	什么是述职报告？	302
222	述职报告的写作要领有哪些？	303
223	什么是条例？	310
224	条例的写作要领有哪些？	310
225	什么是规定？	313
226	规定的写作要领有哪些？	314
227	什么是办法？	318
228	办法的写作要领有哪些？	318
229	什么是规则？	320
230	规则的写作要领有哪些？	321
231	什么是细则？	323
232	细则的写作要领有哪些？	323
233	什么是规范？	325
234	规范的写作要领有哪些？	325

235	什么是守则？	327
236	守则的写作要领有哪些？	327
237	什么是制度？	331
238	制度的写作要领有哪些？	331
239	什么是公约？	340
240	公约的写作要领有哪些？	341
241	什么是简报？	343
242	简报的写作要领有哪些？	343
243	什么是大事记？	350
244	大事记的写作要领有哪些？	351
245	什么是先进事迹材料？	354
246	先进事迹材料的写作要领有哪些？	354
247	什么是组织鉴定？	363
248	组织鉴定的写作要领有哪些？	364
249	什么是干部人事考察材料？	365
250	干部人事考察材料的写作要领有哪些？	366
251	什么是公务演讲词？	368
252	公务演讲词的写作要领有哪些？	368
253	什么是讲话稿？	374
254	讲话稿的写作要领有哪些？	374
255	什么是开幕词？	383
256	开幕词的写作要领有哪些？	383
257	什么是主持词？	390
258	主持词的写作要领有哪些？	390
259	什么是闭幕词？	394
260	闭幕词的写作要领有哪些？	394
261	什么是大会工作报告？	398
262	大会工作报告的写作要领有哪些？	399
263	什么是欢迎词？	408
264	欢迎词的写作要领有哪些？	408
265	什么是答谢词？	416

266 答谢词的写作要领有哪些？ ··· 416
267 什么是欢送词？ ··· 418
268 欢送词的写作要领有哪些？ ··· 419
269 什么是表扬信？ ··· 421
270 表扬信的写作要领有哪些？ ··· 421
271 什么是感谢信？ ··· 422
272 感谢信的写作要领有哪些？ ··· 423
273 什么是祝酒词？ ··· 426
274 祝酒词的写作要领有哪些？ ··· 426
275 什么是贺信（电）？ ··· 429
276 贺信（电）的写作要领有哪些？ ··· 429
277 什么是慰问信？ ··· 431
278 慰问信的写作要领有哪些？ ··· 431
279 什么是公开信？ ··· 434
280 公开信的写作要领有哪些？ ··· 434
281 什么是倡议书？ ··· 436
282 倡议书的写作要领有哪些？ ··· 436
283 什么是协议书？ ··· 440
284 协议书的写作要领有哪些？ ··· 440
285 什么是宣言？ ·· 444
286 宣言的写作要领有哪些？ ·· 445
287 什么是声明？ ·· 446
288 声明的写作要领有哪些？ ·· 446
289 什么是启事？ ·· 448
290 启事的写作要领有哪些？ ·· 449

下编　公文写作常见疑难问题解答

291 我国现行的公文处理法规和公文格式国家标准是由何机关何时颁布实施的？ ··· 455
292 公文、文书、文件三者有什么不同？ ····································· 456

293 公文处理工作应当坚持的基本原则是什么？ …………………… 457
294 如何坚持公文处理的高效原则？ ………………………………… 457
295 公文处理怎样做到安全、保密？ ………………………………… 458
296 如何才能写好公文？ ……………………………………………… 458
297 如何保持公文政策思想的系统连贯性？ ………………………… 460
298 怎样使公文用语与文种做到统一和谐？ ………………………… 460
299 公文写作中如何处理观点与材料的关系？ ……………………… 461
300 公文写作如何做到内外结构的有机统一？ ……………………… 462
301 为什么说公文工作者要较多地懂得马克思列宁主义、毛泽东思想、邓小平理论、"三个代表"重要思想、科学发展观以及习近平总书记系列重要讲话精神？ ……………………………………… 463
302 公文工作人员的基本素质要求有哪些？ ………………………… 464
303 公文工作人员的思想修养包括哪些方面？ ……………………… 465
304 公文工作人员的能力要求有哪些？ ……………………………… 466
305 在公文写作中如何坚持优良的文风？ …………………………… 468
306 当前在端正公文文风上应当注意哪些问题？ …………………… 468
307 公文写作在文风方面怎样做到准确无误？ ……………………… 470
308 公文写作在文风方面怎样做到简短精练？ ……………………… 470
309 公文写作在文风方面怎样做到通俗易懂？ ……………………… 471
310 公文写作在文风方面怎样做到新鲜活泼？ ……………………… 472
311 公文写作在文风方面应当处理好哪几个关系？ ………………… 473
312 为什么说写短文、讲短话是一种本领？ ………………………… 474
313 公文写作的前期准备工作包括哪些方面？ ……………………… 475
314 公文写作的一般步骤是什么？ …………………………………… 477
315 公文写作中怎样进行思维定向控制？ …………………………… 478
316 怎样拟写公文的提纲？ …………………………………………… 478
317 拟写公文文稿应注意什么问题？ ………………………………… 479
318 怎样校对文稿？ …………………………………………………… 480
319 文种及其确定的主要依据是什么？ ……………………………… 480
320 与原来相比,《党政机关公文处理工作条例》在公文文种及其适用范围的规定方面有哪些变化？ ……………………………… 481

321 公文写作中实施意见和指导意见有什么区别？ …………… 481

322 "决定"这个文种到底写不写主送单位？ ……………… 482

323 地方各级行政主管部门可以使用"公告"公布事项吗？ …… 482

324 发布有关人事任免的事项，究竟是用"决定"还是应当使用"通知"？
…………………………………………………………… 482

325 内容相同的事情，同样要求下级贯彻执行，为什么有时会用"通知"，而有时又用"通报"？ ………………………… 483

326 撰写行政处分决定，能否在被处分人姓名之后冠以"同志"二字？
…………………………………………………………… 483

327 "意见"已经是正式公文文种，但有时仍然见到使用"通知"对其加以批转的情况，这是为什么？ …………………… 484

328 "通报"从发布形式上看有几种，各自的表达手法有何区别？ …… 484

329 下级单位发生了一起重大失泄密事件，为了通过这个典型事件教育干部，上级领导决定把这一情况通报下去，并提出了具体的贯彻要求。在这种情况下，是使用"通知"还是应使用"通报"向下行文？
…………………………………………………………… 485

330 对一批优良工程、先进模范人物进行命名表彰，是使用"通报"，还是使用"决定"？ ……………………………… 486

331 使用"命令"发布行政法规和规章有什么限定吗？ ……… 486

332 使用"行政令"发布重大行政措施有什么限定吗？ ……… 486

333 "报告"中为什么不能夹带请示事项？ …………………… 487

334 "请示"的标题，在"关于"的后面可否加入"申请"二字？ …… 487

335 向归口业务主管部门请求批准事项，是用"函"还是应当用"请示"？
…………………………………………………………… 487

336 报告可以"提出建议"吗？如果可以，与上行的"意见"如何区别？
…………………………………………………………… 488

337 "意见"作为法定公文之后，报告的"提出建议"的职能是否就消失了？ ……………………………………………… 488

338 一个单位的数份"请示"或数个单位的同一内容的"请示"，是在同一办公会议上审批的，这样可否只使用一份"批复"来解决？
…………………………………………………………… 489

339 对下级的"请示"进行批复时，有时上级用"批复"，而有时又用"函"，这是为什么？ ……………………………………………… 489

340 把"函"说成是唯一的平行文，对吗？"意见"不也可以平行吗？ …………………………………………………………………… 490

341 县教委向县财政局申请核准追加学校校舍修缮费用，其申请与答复为什么不能使用"请示"与"批复"？ …………………… 490

342 下级回复上级的询问使用"报告"，那上级答复下级的询问是否可以使用"批复"？ ……………………………………………… 490

343 一个直辖市的经济技术开发区，可否制定"条例"？其制定的法规、规章性文件，可以使用"命令"在媒体上公开发布吗？ …………… 491

344 怎样理解"函"是唯一的平行文的说法？ ………………………… 491

345 当前为什么要强调重视对"函"的使用？ ………………………… 492

346 纪要的标题能否以《研究×××工作》的形式来拟？ …………… 494

347 对会议出现的重大分歧，纪要中应如实加以记载吗？ ………… 494

348 使用"命令"发布行政法规和规章有什么限定吗？ ……………… 495

349 用"通知"转发上级的"通知"，如何解决标题中几个"通知"重复出现的问题？ …………………………………………………… 495

350 "法律""法规""规章"和"类规章性文件"的主要区别是什么？它们各自的制定有什么界定吗？ ………………………………… 496

351 公文格式分为哪两大类？ ………………………………………… 496

352 什么是公文的版心？《党政机关公文格式》中规定"撑满版心"是什么意思？ …………………………………………………………… 497

353 发文机关标志只有一个且全称字数很长时，是否可以将一行发文机关变成两行梯形或菱形？ ……………………………………… 497

354 公文的"版头"和通常所说的"红头"是否为同一概念？ ………… 497

355 现行公文版式中是否还有发文机关名称之后加括号的形式？ …… 498

356 与原来相比，对于发文机关标志的标识位置和尺寸规格有什么变化？ ……………………………………………………………………… 498

357 与原来相比，发文机关标志的字体字号有哪些变化？ ………… 498

358 发文机关标志的字号有无具体规定？ …………………………… 499

359《党政机关公文格式》国家标准对于构成公文各个要素所使用的字

体字号是怎样规定的? …………………………………………… 499
360 《党政机关公文格式》对公文用纸幅面尺寸及版面要求是怎样规定的?
 ………………………………………………………………………… 500
361 党政机关公文用纸的纸型是否统一? …………………………… 500
362 《党政机关公文格式》对公文中文字的颜色是怎样规定的? …… 501
363 与原来相比,公文格式要素名称有哪些变化? ………………… 501
364 《党政机关公文格式》对构成公文的各要素是怎样划分的? …… 501
365 公文的"版头"字体有没有特定的格式? ……………………… 502
366 公文各级标题具体用什么字体?各级题序如何表示? ………… 502
367 《党政机关公文格式》国家标准中为什么去掉了原来"反线""正线"
 "武文线""文武线"等提法,而一律改称"分隔线"? ………… 503
368 领导人签发文件与文件正本标注签发人姓名有什么区别? …… 503
369 公文标题怎样正确使用标点符号? ……………………………… 503
370 集团公司所属的二级单位发文,在排布发文机关标志时由于字数较
 多,上下两行字体大小是否一样,例如"贵州黔源电力股份有限公
 司机械工程分公司"怎样才算妥当? …………………………… 504
371 在发文件编号时用"字"是否正确,或者上行文用"字",下行
 文用"发"? ……………………………………………………… 504
372 上行文和下行文的发文字号在排布位置上有什么区别? ……… 505
373 联合行文时,怎样标注发文字号? ……………………………… 505
374 高职院校公文编号为"×院教〔2015〕×号""×院学〔2015〕
 ×号",是否规范? ……………………………………………… 506
375 采用信函格式公文中的发文字号,平级或不相隶属的单位用×××
 函〔2016〕1号,如果行文对象是上级,应用什么发文机关代字?
 ………………………………………………………………………… 506
376 报送、批转、转发、印发类公文之后所附的相应内容(诸如法规、
 规章、领导人讲话等)属于公文的附件吗? …………………… 506
377 公文标题必须载明三个要素吗? ………………………………… 507
378 怎样正确使用公文标题中的发文机关名称? …………………… 507
379 在文件中经常标注联系人和联系电话,特别是在会议通知中。请问
 联系人和联系电话是放在正文部分,还是放在成文日期之下的附注

内？ ……507

380 现行公文在发文机关署名（落款）的标注上有什么规定？与原来相比有哪些变化？ ……508

381 下列几种情况如何用印？ ……508

382 联合行文时，怎样编排印章、发文机关署名与成文日期？ ……509

383 四个单位联合行文如何加盖印章？ ……509

384 公文用印时，印章与发文机关署名、成文日期之间的位置如何确定？ ……510

385 两个单位联合行文时，对于发文机关署名的位置标注有什么区别吗？ ……510

386 怎样加盖签发人签名章？ ……510

387 对于不加盖印章的公文，怎样排布发文机关署名和成文日期？ ……511

388 党政机关的成文日期是否都应使用阿拉伯数字？ ……511

389 按照规定，公文如有附件，版尾必须置于公文的最后一页，最后一个要素位于最后一行。但有些时候附件内容太多，如某项工程的申报材料、可行性方案等等，往往长达上百页，在此种情况下，版尾也要置于最后一页吗？ ……511

390 当附件名称较长，需要回行时，回行文字应采用什么格式？顶格还是与冒号后的序号对齐，还是与序号后的字符对齐？ ……512

391 以下几种关于附件的问题怎样解决？ ……512

392 公文附件应当怎样编排页码？特别是附件为复印件、扫描件，因为原来已经有了页码，怎样处理妥当？ ……513

393 信函格式公文与通用公文格式的版记有什么区别？ ……513

394 命令（令）格式公文与通用公文格式有什么区别？ ……513

395 纪要格式的公文与通用公文格式有什么区别？ ……514

396 纪要格式公文与通用公文格式的版记有什么区别？ ……514

397 部门内设机构可否对外正式行文？ ……515

398 文件为什么一般只发组织，不发个人？ ……515

399 向上级机关报送请示，可否同时抄送给下级组织？ ……515

400 以行政部门名义上报材料，把市委、市政府一并列为主送机关行不行？ ……516

401 上一级政府机关或部门的党组可否直接向下一级政府或部门的党组正式行文指挥工作？ ……… 516

402 县民政局给各乡镇政府发出通知，要求在本年底前完成对优抚对象的生活状况摸底工作，这样发通知可否？ ……… 516

403 公文标题中的"国务院批转"与"国务院办公厅转发"有什么区别？有"国务院办公厅批转"这种用法吗？ ……… 517

404 政府部门办公厅发文与政府部门发文有什么区别？ ……… 517

405 作为一名合格的公文工作者，要善于把握和适应各种不同领导的"胃口"，这种观点对吗？如果对，应当如何做好？ ……… 517

406 图或表的短语说明文字，在其末尾可否使用句号？ ……… 518

407 公文写作中必须使用阿拉伯数字的情形有哪些？ ……… 518

408 公文写作中必须使用汉字数字的情形有哪些？ ……… 519

409 公文写作中在什么情况下既可以使用阿拉伯数字又可以使用汉字数字？ ……… 519

410 公文写作中在阿拉伯数字的表述形式上应注意哪些问题？ ……… 520

411 公文写作中在汉字数字的表述形式上应注意哪些问题？ ……… 521

412 行文中涉及财务，经常会使用货币，怎么表达正确？是￥500000，还是50万，还是500000？ ……… 522

413 如何规范使用公文小标题序号之后的顿号？ ……… 522

414 在数字中如何正确表达倍数？ ……… 523

415 怎样正确运用表示比例关系的数字？ ……… 523

416 遇有空格的标题如何引用？ ……… 523

417 公文标题中说明性词语的正确用法 ……… 524

418 如何正确运用机关或单位名称的"全称"与"简称"？ ……… 524

419 同级党政领导职务一起连用时，如何注意排列次序？ ……… 525

420 邻近两个数字并列连用用以表示概数时，如何表述？ ……… 526

421 公文中怎样规范表达"零"和"点"？ ……… 526

422 横排文稿标点符号的位置和书写形式有哪些要求？ ……… 526

423 下面这个标题如何排版比较合适？ ……… 527

424 公文写作中在"策见"的表述方面有什么规律和特点？ ……… 527

425 公文写作中"要"字句的正确用法 ……… 528

426	公文写作中"拟同意"一语的正确用法	529
427	公文写作中"进行"一词的正确用法	529
428	公文写作中涉及会议的出席人、列席人、参加人应如何规范表述？	530
429	公文中"该"字句的正确用法	530
430	公文中"将"字结构的正确用法	531
431	公文中"的"字结构的正确用法	531
432	公文中联合词组的正确用法	531
433	公文写作为什么要注重句式的变化？	532
434	公文用语怎样体现感情色彩？	532
435	用了"中共"后面是否一定用"委员会"？"中共××市第×次代表大会"和"中共××市委第×次代表大会"，哪个正确？	533
436	××公司拟就增加职工待遇问题发一通知，将标题拟为《关于增加职工福利待遇问题》，此标题是否合乎规范？	533
437	"罢免""免职""撤职""辞职"在使用上有什么区别？	534
438	"任免""决定任免""批准任免"在使用上有什么区别？	535
439	"隶属"之后可不可加"于"字？	536
440	公文写作当中聘用人员词语该用"任职"还是"任命"？	536
441	在一些公文中，经常见到将"二〇××"年写为"两千××"年，或者采取省略的形式，只保留年份的后两位数字，这种写法是否妥当？	537
442	"以致""以至"在含义上有什么不同？	537
443	"制定"与"制订"在使用上有什么区别？	537
444	"实施"与"施行"在使用上有什么区别？	538
445	"必须"与"必需"在使用上有什么区别？	538
446	"大约""大概"与"大略"在使用上有什么区别？	538
447	"肤浅"与"浮浅"在使用上有什么区别？	539
448	"容许""允许"与"准许"在使用上有什么区别？	539
449	"需要"与"须要"在使用上有什么区别？	539
450	"法制"与"法治"在使用上有什么区别？	539
451	"反应"与"反映"在使用上有什么区别？	540

452 将"中国共产党××乡委员会"写成"中共××乡党委"可以吗? ………………………………………………………………… 541

453 将"人大常委会"简化为"人大"可以吗? ……………… 541

454 "村长""村官"之类的称呼是否合乎规范? ……………… 541

455 公文中对身体有伤疾人士应当如何规范称呼? …………… 542

456 公文中可否将海峡两岸和香港称为"两岸三地"? ……… 542

457 公文中对少数民族的称谓有哪些规定要求? ……………… 542

458 公文中怎样正确表述宗教称谓? …………………………… 543

459 公文中对台湾当局及有关机构应当使用怎样的规范称呼? … 543

460 公文中在哪些情况下不得报道当事人的真实姓名? ……… 543

461 如何规范称呼刑事案件以及民事、行政案件的当事人? … 544

462 公文中涉及各级领导同志活动的报道,可否使用"亲自"一词? … 544

463 如何看待"重要讲话"之类的评价性语句? ……………… 544

464 公文中涉及的对文艺界人士的称谓应当如何加以规范? … 545

465 公文中涉及的对于一些药品名称的报道应当怎样加以规范? … 545

466 公文中应表述为"以习近平同志为总书记的党中央"还是"以习近平同志为核心的党中央"? ……………………………… 546

467 公文中应当如何规范使用表示国际关系的用词? ………… 546

468 近年来公文中有哪些热词需要着重掌握? ………………… 547

469 报告可以多头报送吗?比如,省公安厅能否将十八大安保总结报告同时报送省委、省人民政府、省委政法委?如果可以,主送机关如何表达呢(是将三个单位并列,还是报省委时抄送其他单位)? … 547

470 请问同一系统内的所属单位(正处级)向主送为厅里处室行文请示有关事项,用什么文种合适,请示还是请求批复函? ……… 548

471 公文写作有没有"灵感"呢?怎么认识公文写作中的"灵感开发"问题? ……………………………………………………… 548

472 抄送给上级的文件,是否应用"抄报",抄送给下级的文件,是否应用"抄发"? ………………………………………………… 549

473 为召开工作会议申请所需经费,几个单位各自向市财政局行文,一个是市审计局,一个是市财政局直属分局,它们所使用的文种一样吗? ……………………………………………………… 549

474 上级向下级询问问题，当下级对此进行回复时，应当使用什么文种，是使用"报告"，还是使用"函"？ …………………………… 549

475 印发和转发有什么区别，应用时该如何把握？以政府名义发方案是否妥当？什么时候由政府发方案，什么时候由办公厅发？ ………… 550

476 下述做法是否符合规范？ ………………………………………… 550

477 ××市人民政府拟与中共××市委、××市军分区和××市社科联联合行文，其版头设置是否也应遵循"主办机关排列在前"的规定？ …………………………………………………………………… 551

478 有一份《关于加强科技市场管理的通知》，其联合行文的单位包括科委、科协、工商局、税务局、财委、计委、专利局和物价局等八家单位，该份文件的首页并排印有八家单位的名称，版头之下是并列的八个发文字号，而且在文尾盖了八个单位的公章。此是否符合规范？ ……………………………………………………………… 551

479 公文页码的标注有哪些常见问题？ ……………………………… 552

480 协商、会签公文有什么要求？ …………………………………… 553

481 如何对收入的文件做好分类处理？ ……………………………… 554

482 正式公文"不另行文"有何规定？ ……………………………… 554

483 对"圈阅"如何理解？ …………………………………………… 555

484 外单位发来给领导同志的"亲启"信件，一律送交领导同志自己去拆封处理，这种做法对吗？ …………………………………… 555

485 文件传阅有哪些具体要求？ ……………………………………… 555

486 怎样理解文件的所有权问题？ …………………………………… 556

487 怎么处理被转文件带附件的情况，标注还是不标注？ ………… 557

488 政府组成部门向编办打报告要求下拨计划用工指标用文件还是函件？另外向综治办申请平安单位创建是用函件还是文件？ ……… 557

489 对于涉密公文的办理和管理有哪些特殊要求？ ………………… 557

490 公文管理的基本原则是什么？ …………………………………… 558

491 对于公文的整理归档有哪些具体要求？ ………………………… 558

492 复制、汇编带有密级的公文有哪些规定？ ……………………… 558

493 销毁公文有哪些规定？ …………………………………………… 559

494 对于机关合并或撤销时的公文管理有哪些规定？ ……………… 559

495 新设立的单位怎样提出发文立户申请? ………………………… 559
496 以下几个公文处理方面的问题如何解决? …………………… 560
497 文件为什么要试行? …………………………………………… 561
498 公文的权威性受人民群众、世界时事以及社会舆论的制约吗? …… 561
499 怎样理解"求真务实"是公文工作者的最重要的职业道德? ……… 562
500 古往今来,有哪些公文名篇值得阅读? ……………………… 562

上编 公文写作基本知识与原理

1 什么是公文？

2012年4月16日中共中央办公厅和国务院办公厅联合印发的《党政机关公文处理工作条例》(以下简称新《条例》)借鉴并延续了以往公文法规中对公文概念的逻辑表述，从公文的形成范围、性质、功能和体式等方面，对公文的定义问题作出了明确界定，其第三条明确规定："党政机关公文是党政机关实施领导、履行职能、处理公务的具有特定效力和规范体式的文书，是传达贯彻党和国家的方针政策，公布法规和规章，指导、布置和商洽工作，请示和答复问题，报告、通报和交流情况等的重要工具。"

2 什么是公文写作？

公文作为传递策令、沟通信息、联系事务的文字载体，必须要通过写作这一特殊的行为活动才能实现。公文写作作为应用文写作的一个重要分支，是各级党政机关、企事业单位和人民团体从事管理活动的产物，它是在写作活动一般规律和原理的指导下，根据公务活动的客观需要，以党和国家的方针、政策、基本原则和国家的法律法规为指导，运用科学原理和写作技法，完成对各类公务文书的撰写。

3 什么是公文处理？

关于"公文处理"的内涵，《党政机关公文处理工作条例》第四条明确规定，它"是指公文拟制、办理、管理等一系列相互关联、衔接有序的工作"。与2000年8月24日国务院发布的《国家行政机关公文处理办法》中的界定相比,原来的表述为"公文处理是指公文的办理、管理、整理(立卷)、归档等一系列相互关联、衔接有序的工作"。把公文拟制从办理中剥离出来,更加准确和严密,也更为科学和合理。实际上,公文的整理(立卷)、归档等都属于办理的内容,而管理应涉及的是对涉密公文以及复制、汇编公文等的处理问题。这一规定,不仅使我们把握了公文处理的基本内容,而且更加深刻地认识到了它们之间的内在关系即系统性。公文处理工作从拟制、办理到管理,是一个不可分割的整体,构成了公文从产生到归宿的全过程,这个过程又呈现出了一环套一环、一扣绕一扣的整体联动特征,因此,过程中不论哪一个环节出现问题,都将影响它的整体效应,这就要求我们在公文处理过程中,必须树立整体观念,坚持系统思想,加强对公文处理工作的全面质量管理。

4 公文的载体形态分为哪几类?

即按照承载党政公文内容的物质形式对其进行分类,主要包括三种情况:

一、纸质公文。纸质公文是以纸张为物质载体的公文,是使用最为普遍的公文载体材料。

二、磁介质公文。磁介质公文是以磁带、磁盘、磁鼓等磁性材料为物质载体的公文,诸如录音文件、录像文件、计算机文件等。

三、光介质公文。光介质公文是以感光材料如胶片等为物质载体的公文,诸如照片公文、缩微胶片公文、光盘公文等等。

5 什么是公文撰拟的专任性?

公文的策令作用,使公文撰拟必须由指定的专人进行。公文撰拟的专任性是公务活动的客观需要。只要有公文存在,这种撰拟上的专任性就是不可改变的。正是这种撰拟的专任性和传递的严密性,保证了公文准确地履行表述政治集团意志的职能。公文撰拟的专任性,包括两种形式:一是职述,即由担负某种职务的人去拟写与其职务相称的公文;二是代拟,即指一级领导机关或领导者个人授权由他人代拟公文。

6 什么是公文语体?

语体在修辞学上的使用有两个意思,一是指语体文,即白话文,与文言文相对;二是语言的功能风格,是人们在不同的社会生活领域内进行交际时,由于不同的语言环境所形成的一系列使用语言材料特点的综合。通常所说的语体主要指后者。语体可分为说话语体和书面语体两大类,后者又具体分为科学语体、艺术语体、政论语体和事务语体。公文语体是事务语体的分体之一,它是人们在公务活动中形成并使用的。公文语体以实用为目的,这就决定了它的语体风格是:平实、简明、庄重。由于公文是讲实用的,在运用语言时就必须把着眼点放在明确表意和加快交流速度上,这就要求写得平实、简明;由于公文又具有一定的权威性,在运用语言时就必须考虑如何保证执行办理的效力,这就要求写得庄重、严谨。

7 我国现行公文处理法规和公文格式国家标准是什么?

我国现行最新使用的公文处理法规是指《党政机关公文处理工作条例》,是由中共中央办公厅和国务院办公厅于2012年4月16日联合正式印发了《党政机关公文处理工作条例》(中办发〔2012〕14号),并从2012年7月1日起正式施行,同时宣布1996年5月3日中办发布的《中国共产党机关公文处理条例》和2000年8月24日国务院发布的《国家行政机关公文处理办法》停止执行。

与《党政机关公文处理工作条例》相配套的《党政机关公文格式》(GB/T9704—2012)2012年6月29日由中共中央办公厅和国务院办公厅提出,由中国标准化研究院、中共中央办公厅秘书局、国务院办公厅秘书局和中国标准出版社共同起草,中华人民共和国国家质量监督检验检疫总局和中国国家标准化管理委员会联合发布了《党政机关公文格式》(GB/T9704—2012),该标准与《党政机关公文处理工作条例》相配套,亦从 2012 年 7 月 1 日起正式实施。

8 现行法定公文文种有哪些?

根据《党政机关公文处理工作条例》的规定,党政机关所使用的主要文种(也称法定公文、正式公文)为 15 个,即"决议""决定""命令(令)""公报""公告""通告""意见""通知""通报""报告""请示""批复""议案""函""纪要"。

一、命令(令)——国家行政机关使用的一个公布性文种。主要适用于公布行政法规和规章,宣布施行重大强制性措施,批准授予和晋升衔级,嘉奖有关单位和人员。具体分为:用于公布国家法律和行政法规的为"公布令",例如《中华人民共和国主席令》(第×号)、《中华人民共和国全国人民代表大会常务委员会委员长令》(第×号);用于发布某些重大的行政措施和活动的为"行政令",例如《国务院关于在我国统一实行法定计量单位的命令》;用于任免、奖惩、特赦、戒严、部队宣布功过等事宜的为"任免令""嘉奖令""特赦令""戒严令"和"通令",例如以中央军委主席习近平名义发布的《关于嘉奖参加抗战胜利 70 周年阅兵的解放军和武警部队全体官兵的通令》。

二、议案——国家行政机关专用的一个文种。即向同级人民代表大会或人民代表大会常务委员会提请审议事项时使用的公文,例如《国务院关于提请审议兴建长江三峡工程的议案》《国务院关于提请审议设立重庆直辖市的议案》。

三、决定——党政机关使用的下行文的一种。适用于对重要事项作出决策和部署,奖惩有关单位和人员,变更或者撤销下级机关不适当的决定事项。例如《中共中央关于在全党范围内开展党的群众路线教育实践活动的决定》《中共中央关于全面推进依法治国若干重大问题的决定》。

四、决议——党政机关使用的下行文的一种。用于经过会议讨论通过的重大决策事项。例如《中国共产党中央委员会关于建国以来党的若干历史问题的决议》《中国共产党第十八次全国代表大会关于十七届中央委员会报告的决议》《全国人大常委会关于大兴安岭特大森林火灾事故的决议》等。

五、公报——党政机关使用的公布性文件的一种。用于公开发布重大事件或重要事项。例如《中国共产党第十八届中央委员会第四次全体会议公报》。

六、公告——党和国家高级机关使用的公布性文件的一种。用于向国内外宣布重要事项或者法定事项。例如《财政部关于实施境外旅客购物离境退税政策的公告》《中华人民共和国外交部公告》。

七、通告——党政机关使用的一个公布性文种。用于在一定范围内,公布应当遵守或者需要周知的事项。例如《××市人民政府关于禁止随地吐痰、乱扔乱倒杂物的通告》《福建省人民政府关于禁航禁渔的通告》等。

八、通知——党政机关使用的下行文的一种。根据新《条例》的规定,适用于发布、传达要求下级机关执行和有关单位周知或者执行的事项,批转、转发公文。通知按其所起作用的不同,又具体划分为用于颁布行政法规的"公布性通知";用于批转下级机关来文的"批转性通知";用于印发、转发上级机关、同级机关或不相隶属机关来文的"转发性通知";用于对下级机关某项工作有所指示的"指示性通知";用于告知一般事项的"一般性通知";用于通知有关开会事宜的"会议通知";用于发布有关任免事宜的"任免性通知"。例如《国务院关于公布第二批国家级抗战纪念设施、遗址名录的通知》《国务院关于切实加强艾滋病防治工作的通知》。

九、通报——党政机关使用的下行文的一种。用于表扬先进,批评错误,传达重要精神或告知重要情况。按其内容,可以分为表扬性、批评性、指导性和沟通情况四种通报。例如《国务院办公厅关于对全国第二次大督查发现的典型经验做法给予表扬的通报》《财政部关于盘活财政存量资金有关情况的通报》。

十、报告——党政机关使用的上行文的一种。用于向上级机关汇报工作,反映情况,回复上级机关的询问。报告一般分作七种:一是综合性工作报告;二是专题性工作报告;三是一般情况反映的报告;四是要求上级批转的报告;五是错误检查报告;六是例行工作情况报告;七是报送文件和物品的报告,一般称为"文件头"。例如《全国第十四届公文学术年会工作报告》《广东省人民政府关于加快营造生物防火林带工程建设议案办理情况的报告》。

十一、请示——党政机关使用的上行文的一种。适用于向上级机关请求指示和批准。例如《国家统计局关于建立国家普查制度改革统计调查体系的请示》《××市警察协会关于增加办公用房的请示》。

十二、批复——党政机关使用的下行文的一种。用于答复下级机关的请示事项。它是根据下级机关的请示而制发的,针对性、目的性很强。例如《国务院关于黄河流域防洪规划的批复》《最高人民法院关于如何适用土地管理法第十三条和森林法第十四条的批复》。

十三、纪要——党政机关使用的下行文的一种。适用于记载会议主要情况和决定事项。会议纪要在行文关系上，可以采取转发(印发)或直接发出的形式，类似于通知，发给下级机关贯彻执行；也可以报送给上级机关，类似于会议情况报告，向上级机关反映情况；还可以发给平级有关机关，类似于公函，使对方知晓，沟通情况。例如《中央经济工作会议纪要》《全国第十四届公文学术研讨会纪要》。

十四、函——党政机关公文中唯一的一个平行文。适用于不相隶属机关之间商洽工作、询问和答复问题，请求批准和答复审批事项。函亦称公函，与便函不同。使用函要符合公文的标准格式要求，不采用标准格式的文件属于便函。便函即信函，它是公文的一种形式，而并非文种。例如《国务院办公厅关于出国举办经济贸易展览会审批管理工作有关问题的函》《教育部关于同意中国科学院研究生院更名为中国科学院大学的函》《××省人民政府研究室关于共同举办公文写作培训班的函》。

十五、意见——党政机关公文中既含上行又具有下行乃至平行意义的一种公文。适用于对重要问题提出见解和处理办法。在一般情况下，来自下级机关的"意见"只具有参谋建议性质，一经上级机关批转或批准，即转化为决策性的文件；另一种是出自于上级机关的"意见"，虽然文种名为"意见"，但这里的本质含义已非建议的意思，而是具有指挥性、决定性。目前在实际工作中这种来自下级或上级的"意见"有逐渐增多的趋势，它有利于促进机关工作作风的民主化，增强党政机关公文的公关意识。例如《国务院办公厅关于加快转变农业发展方式的意见》《中共中央、国务院关于进一步加强农村工作，提高农业综合生产能力若干政策的意见》《国务院关于积极推进互联网＋行动的指导意见》。

9 现行常用事务文书文种有哪些？

除上述15种法定公文(或称正式公文、主要公文)以外，在党政机关、人民团体和企事业组织的公务活动实践中，还经常使用以下十几种常用的应用性文种：

一、条例——党的机关公文中的主要文种，适用于中央组织制定规范党组织工作、活动和党员行为的规章制度。"条例"又是国家行政法规、地方性法规的主要形式。例如《中国共产党党内监督条例》《婚姻登记条例》。

二、规定——党的机关使用的主要公文文种,用于对特定范围的工作和事务制度具有约束力的行为规范;同时,它又是国家行政法规、地方性法规、部门规章(即国务院各部门规章)、政府规章(即地方人民政府规章)的主要形式。例如《播音员主持人持证上岗规定》。

三、计划——即对工作的预想和打算的书面化。计划的种类按内容可分为综合性的工作计划、专项(题)性的工作计划;按时间分为年度计划、季度计划、月份计划、周计划;按范围可分为国家计划、单位计划、部门计划、科室及车间计划;按性质可分为规划、计划、安排、打算、设想、方案、预案和工作要点。

四、规划——计划性文件的一种。它一般是带有全局性、长远性和方向性的中期(一般指三年以上)计划。例如《长江中游城市群发展规划》。

五、工作要点——计划性文件的一种。它以简要的文字,反映一个单位在一定时间内工作计划的主要方面和要点,内容十分扼要。例如《××省人民政府研究室2016年工作要点》。

六、专用书信——指具有专门用途,形成特殊写法的函件,主要有介绍信、证明信、慰问信、表扬信、喜信(报)、贺信(电)等。

七、工作总结——是在工作实践中,对客观事物规律的认识而形成的文字材料。它有两个特点:第一,总结是对前一阶段工作或某一项工作做完之后所作的总的、全面的检查和回顾。第二,是在工作实践中人们从感性认识到理性认识的飞跃过程,它要对整个工作进行分析、评定和综合,揭示出事物的本质,找出工作的规律,以便指导今后的工作,所以总结是实践的本质概括。例如《××市公安局2015年工作总结》。

八、讲话稿——通常是指领导同志代表组织在一定会议上,就有关方针政策、思想、工作、作风等问题,所作的带有指导性的讲话而使用的书稿。例如《习近平同志在纪念中国人民抗日战争暨世界反法西斯战争胜利70周年大会上的讲话》《做党和人民满意的好老师——同北京师范大学师生代表座谈时的讲话》。

九、开幕词——举办会议的主要领导人,代表大会所作的纲要性讲话,用以阐明大会的宗旨、性质、任务、目的、议程、安排、要求等。开幕词集中地体现了大会的指导思想,对大会起指导作用。例如《国际展览局主席上海世博会开幕词》《中国矿业大学第十一次党代会开幕词》。

十、闭幕词——会议结束时,举办会议的主要领导对大会进行的各项议程和会议情况所作的估价和概述,突出解决的主要问题和收获,提出贯彻会议精神的希望和要求。例如习近平同志《在第十二届全国人民代表大会第一次会议闭幕会上的讲话》《艾哈迈德亲王在第十六届亚洲运动会上的闭幕词》。

十一、简报——用于下情上报、上情下达和互通情况,交流信息。在机关内部具有广泛的使用范围,诸如机关内部编发的"××动态""××信息""××简讯""情况反映""××情况"等均属简报范畴。简报有定期与不定期、工作简报、会议简报与情况简报之分。

十二、调查报告——开展调查研究,是机关领导工作的基本功之一。在机关工作中,常常要对某个问题、某一事件、某项经验、某种情况开展调查,在占有丰富材料的基础上,经过科学的分析研究,或说明问题,或澄清情况,或揭示它的本质和规律,把这些调查的成果写成文字材料,就是我们通常所说的调查报告。

十三、大事记——指一个地区、一个单位或者一个组织把重大事件或活动按时间顺序记载下来的文种。例如《党的十八大以来大事记》《××市物价局2015年大事记》。

十四、章程——是一个党政机关或社会团体,为规范本组织的成员而对本组织的内部事务(如宗旨、组织、权利、义务等)作出的共同遵守的集体决定。如党章、团章、工会章程等。也是业务部门办事的一种规章(如招生简章、招工简章)。

十五、细则——是为贯彻实施某一法规而在要求、办法上的具体化,是业务主管部门或下级机关贯彻实施某一法规中的某几条条款而作的详细规则。例如《中华人民共和国台湾同胞投资保护法实施细则》就是为了配合《中华人民共和国台湾同胞投资保护法》而同步制定的规则。

十六、制度——是为规范有关人员、集体或个人活动所明确的制约规则。如医疗保险制度、保密制度、作息制度、会议制度、安全卫生制度等。

十七、办法——是对某一方面的具体工作手续和措施加以条理化和制度化,使有关部门在办理中有所遵循。例如《国家行政机关公文处理办法》《公路车辆通行费收取与管理办法》《保守国家秘密实施办法》《商业银行柜台记账式国债交易管理办法》等。

十八、守则——是在一定范围内为工作人员或社会成员所规定的简明道德规范和行为准则的文种。例如《国务院工作人员守则》。

十九、规则——为了保证工作的顺利完成,对其所进行的程序、方式、方法及要求,写成条文,形成制度,要求有关人员严格遵守,不得违反。例如《国务院工作规则》。

二十、会议工作报告——它是某一级组织的代表人向会议所作的工作报告,以提交大会进行讨论并作出决定,如党代会上的工作报告、人大会上的政府工作报告等。这类报告不是讲话稿,更不是发言稿,而是包含对前一个时期的工作进行总结以及对今后一个时期的工作做出部署等内容。例如《政府工作报告》。

二十一、祝词——以组织或领导人的名义,对某一重要会议、重要活动或在政治、经济、科技、文化、教育等方面取得的重大胜利,以及某一国家、某一政党、某一重要人物的纪念性活动表示祝贺而作的致词。

二十二、声明——是对某些问题或事件表明自己的观点、态度和主张的文书。它的使用者可以是一个国家的政府或一个政党,也可以是某一个组织或单位。涉及双边、多边事项共同签署的声明,称作"联合声明"。如2004年5月17日中台办、国台办受权就当前两岸关系问题发表的声明。

二十三、述职报告——是对一个时期内执行岗位职责的实践活动进行自我评述的总结报告。

二十四、公开信——面向社会公开发布的书信,它的发布者应是党和国家的某一机关、部门,或者是党和国家直接领导的人民团体。例如《中国女足队致全国球迷的公开信》。

二十五、纲要——计划的一种。是指带有远景发展设想的提纲挈领式的文字计划,具有较强的政策性、思想性与指导性。例如《公民道德建设实施纲要》《建立健全教育、制度、监督并重的惩治和预防腐败体系实施纲要》。

二十六、方案——计划的一种。对未来要做的某一重要的专门事项,从总体筹划上所作的最佳选择和安排。例如《药品监督管理体制改革方案》。

二十七、安排——计划的一种。对短时期内的工作所提出的计划,它是年度、季度工作(生产、经营)计划的具体分解。例如《××商厦关于2015年7月份商品经营的安排》《××大学关于2015年暑假期间的工作安排》《××市公安局关于开展打击赌博专项斗争的安排》等。

二十八、调研报告——调研报告是对某种情况、某项经验、某个问题或某一事件进行有目的、有系统的调查了解,将全部情况和材料进行深入细致的分析研究之后,所写出的反映客观实际、揭示事物本质与发展规律的书面报告。根据调研报告的实际使用情况,通常将其分为总结经验的调研报告、揭露问题的调研报告、反映情况的调研报告等三大类。例如《××市教育局关于农村教育事业发展情况的调研报告》。

二十九、协议书——协议书是国与国、政党团体与政党团体之间,国内机关、团体、企事业单位之间为了解决某一事项,通过协商将取得一致意见的内容事项整理成相互共同遵守的文字材料。

三十、典型材料——典型材料是指用于宣扬社会实践活动中涌现出来的有代表性的先进人物或先进单位的事迹、经验而写成的书面材料。典型材料的种类很多,按照所涉及的对象来分,有个人典型材料与单位典型材料两种;按照内容性质来分,有典型事迹材料、典型经验材料和典型事件材料三种。例如《勇挑重担当先行 誓为党旗添光彩——记上海铁路局客运公司沪宁杭分公司党委》《余热生辉荡阴霾——记安徽省立医院主任医师、共产党员许迪威》《××同志的先进事迹材料》。

除上述外,还有竞聘演讲词、行政奖励及处分决定、公约、讣告、悼词、工作研究等等,种类十分繁杂。

10 怎样理解复体行文?

要准确地把握和使用公文的文种,做到不错用、不滥用,就必须分清公文文种的法律地位。这是确保准确规范使用的前提条件。

公文的文种,有一部分是党和国家通过公文法规的形式加以确定的,我们通常称这一部分文种为"主要文种"或者"正式文种",在公文学术界也称之为"法定文种"。如前所述,根据《党政机关公文处理工作条例》的规定,党政机关所使用的法定公文文种有 15 种。

与法定(主要、正式)文种相对应的是非法定(非主要、非正式)的文种,它不是党和国家公文法规中加以确认的,而是人们在长期的公文写作实践中约定俗成的。例如"计划""总结""考察(调查)报告""工作研究""告人民书""公开信""声明""宣言""章程""规则""细则""守则""开幕词""闭幕词""大会工作报告""典型材料""大事记""演讲词""条约""协议""专用书信""简报""信息快报""方案""安排""纲要""规划""设想""制度""誓词""新闻通稿""信访回复和答复"等等。

"法定文种"(正式、主要文种)与"非法定文种"(非正式、非主要文种)由于法律地位上的不同,决定了前者可以独立行文,而且行文时可采用国家标准的公文格式;后者不具有独立行文的资格,也不能使用党和国家公文法规中正式规定的标准公文格式。"非法定文种"(非正式、非主要文种)要上报或下发时,只能从"法定文种"中寻求一个文种来做它的载体,载运着它行文,构成复体行文的特定方式,一般管这个载体叫作"文件头"。"文件头"大都用"通知"(下行时)或"报告"(上行时)来充当。值得注意的是,采用这种复体行文方式,"文件头"所载运的"非法定文种"不属于公文的附件,而只是一种文件的发布形式。

11 怎样理解公文文种相互之间的关系?

公文文种虽然名称繁多,性质各异,作用不同,但彼此之间不是孤立的存在,而是一个有机联系的整体,这就是文种关系。公文文种之间的关系主要表现为以下三种:

一、集合关系。由于文种的功能、法律地位以及运行方向彼此不同,分别集合成若干小的集体。从功能上看,往往体现出指挥性、知照性、呈请性、法规性、计划性、总结报告性、记录性等多种集合关系,从而构成了公文诸多的子系统;从法律地位上看,分别集合为法定的与非法定的两大子系统;从运行方向上看,分别集合成上行文、平行文、下行文三大群体。

二、相联关系。是指文种与文种相互依赖、相互作用地联系在一起。例如请示与批复、报告与批示、计划与总结、通知与报告等文种之间的关系就充分地证明了这一点。

三、离散、交叉关系。例如公报与公告,指示与批复以及公告、布告、通知、报告之间都是这种关系。

12 正确确定和使用文种的原则有哪些？

确定文种是公文写作的最重要环节之一。在公文写作实践中，对于文种名称的确定和使用，应当根据行文目的、发文机关的职权范围以及与主送机关的行文关系来确定。文种确定不当，将直接影响公文的质量和效用。具体而言，应当注意把握如下几点：

一、文种名称的确定和使用，必须按照公文管理法规的统一规定，不能乱起名称。法定公文的 15 种名称，按规定只能单独使用，不能加以合并。目前在一些单位的行文中出现的"请示报告""告示""申请报告""意见报告"等，就是把两个不同的文种名称合并或缩减在一起使用，这样随便给公文文种起名的做法是不严肃的。

二、文种名称的确定和使用，要依据制文机关的权限进行，不可超越职权。令与命令，是具有指令性质的文件，常言说"令行禁止"，所以，在实际工作中，只有国家的高级领导机关、军事机关一般才可使用，假若某一个基层单位也来发布令、命令，就失去了令、命令的严肃性和应有的作用。又如公告，虽属于告知性文件名称，但这个"公"字包含代表党和国家的意思，也就是说只有党和国家的高级管理机关一般才有资格使用。但从目前的实际情况来看，对于这一文种的使用显得很不规范，随意性很强。不但党和国家的高级管理机关使用，就连基层的企事业单位也用，其所涉及的事项既有法规中所规定的重要事项或者法定事项，也有一般性的事项，甚至有些单位还用"公告"来规定门卫制度，显得很不严肃。报纸广告栏目那令人眼花缭乱的"招生公告""招干公告""征文公告""征订公告""迁址公告""商品展销公告""开业公告""拍卖公告"等等（到目前为止，只缺"征婚公告"），实在应当休矣。因为它们的作者（如报社、杂志社、出版社、工厂、商店、学校等）无权代表党和国家，不能随便使用"公告"。这种滥用"公告"的做法，从实质上说是一种越权行为。

三、文种名称的确定和使用，要依据行文的关系进行，考虑到与收文机关的组织关系。具体地说，收文机关是自己的上级组织，在文种名称的选用上只能采用"请示""意见"或者"报告"；向自己的下属组织发文时，一般应选用"通知""决定""决议""意见""通报"及"纪要"等文种名称；公开向社会群众公布某一周知或应当遵守的事项时，应选用"命令""令""公告""公报"和"通告"；向平级单位或没有隶属关系的单位行文时，主要使用"函"。

四、文种名称的确定和使用，要考虑发文的具体目的与要求。例如，行文目的是请求上级给以指示、帮助和支持的，就应用"请示""意见"；用于向上级汇报工作、反映情况的，可用"报告"；用于推动、指导下级工作的，可使用"指示"或"通知"（指示性通知）；目的是为了告知下一级某一事项的，应使用"通知"；为了商洽、联系、询问某一事项时，应使用"函"，等等。总之，只有熟悉各个文种的性质、用途，切实把握文种名称的内涵与外延，才能准确地使用文种，这对发挥公文的应有作用，提高公文处理工作的效能，具有直接的和重要的影响。

13　怎样区别决定与决议？

决定和决议虽然同属议决类下行文，但却是两种不同文种。主要表现为：

一、决议的内容多是关系全局性、原则性的重大问题、重大事件以及重大方针政策，而决定的使用则相对灵活、具体一些。

二、决议形成的过程和程序要比决定严格。决议必须经过有关会议讨论通过，而决定不一定经过会议表决程序。

三、决议和决定同属于指令性公文，都要求下级机关认真贯彻执行，但决定的指令性更强，而决议所要求达到的效果，却各式各样。有的决议具有较强的指令性；有的决议则偏重于号召，具有较强的理论性、论证性；还有的决议只作认定性、认可性的结论，例如人民代表大会对会议期间各种报告所作出的决议即属此种情况。

14　怎样区别意见与决定？

从行文方向上看，决定仅用于下行文，而意见既可以下行，也可以上行或平行；从内容效用上看，决定具有较强的制约性、指挥性，而意见具有突出的指导性，比较注重原则性和灵活性的结合、规定性和变通性的结合，以便为下级机关办文留有更多的创造余地。

15 怎样区别通知与意见？

通知是上级机关要求下级机关办理和周知或执行有关事项或转发文件时使用的公文，属于下行文；而意见是对重要问题提出见解和处理办法，既可以下行，也可以上行或平行。还有，通知的内容具有较强的指导性和执行效力，而意见则主要是就某项工作如何开展或解决提出建议和思路，具有较强的灵活性，重在提出方案和措施以供参考和选择。从执行程度上看，通知一经下发，要求有关单位必须贯彻执行，而意见行文如对贯彻执行有明确要求时，应遵照执行，如无明确要求时则可参照执行。

16 怎样区别通报与通知？

通报与通知看似相同，但却有着明显差异。主要表现为：

一、适用范围不同。通知适用于发布、传达要求下级机关执行和有关单位周知或者执行的事项，批转、转发公文。通报适用于表彰先进，批评错误，传达重要精神和告知重要情况。

二、行文目的不同。发布通知的目的是使受文单位了解发文单位要求做什么和怎么做，从而行动起来；而制发通报的目的则在于使受文单位了解某一重要情况或典型事件，从而受到教育、启发。

三、内容构成层次不同。通知一般要由受文单位做什么和怎么做两大层次构成，要直陈直述，不用举例和论证；而通报则不同，它一般由情况和事例构成，要求对情况和事例作简明扼要的分析，并对分析的结果加以议论。

17 怎样区别报告与请示？

报告和请示均属上行文，行文方向一致；而且所涉及的内容也大体相同，都是下级机关和单位就工作中的有关事项作出反映，但二者之间也有着明显的差异。首先,性质要求不同。报告属于陈述性公文,请示则属于请求性公文;上级机关对报告不一定作出批复,而对请示则必须作出明确批答回复。其次,行文时限不同。报告在事前、事中和事后皆可行文,而请示只能在事前行文。再次,内容含量不同。报告可以一文一事,也可一文数事,而请示只能"一文一事"。最后,行文目的不同。报告是为了向上级机关汇报工作,反映情况,回复上级机关的询问,而请示是为了向上级机关请求指示和批准。

18 怎样区别请示与上行意见?

请示与上行的意见相比,在行文方向与目的上比较接近,都是要求上级对自己所提的事项或问题给予批准、指示或予以认可。但其所提的事项与内容不尽相同。请示的内容较多涉及的是诸如机构设置、人员编制、资产购置、财政支出、出国出境等实质性事项,即通常所说的"硬件";而意见则往往涉及的是有关政策性的问题,提出见解和处理办法,请上级机关定夺,即通常所说的"软件"。

19 怎样区别纪要与决议?

纪要和决议都是反映会议结果的公文文种,但在使用上有所区别。突出表现为在内容的重要程度上,纪要的内容可大可小、可轻可重,既可以是党和国家的大事,也可以是具体的日常工作,而决议的内容通常是一个单位或部门甚至是党和国家的重大问题或重大事件。其次,纪要是对会议议定事项和主要精神的概括和反映,起草后经过主管领导签发即可作为正式文件发布,而决议必须经过会议表决程序才可发布。此外,纪要所涉及的内容事项也往往较多,而决议则相对集中单一。

20 怎样区别函与平行意见?

函不同于平行的意见。意见有时也应用于不相隶属的机关之间,但与函有所区别。对涉及的某一主要问题所提出的见解和处理办法,如属供对方参考而不需要回复时,应用"意见";如需对方回复时,则要用"函"。

21 怎样区别函与请示?

函不同于请示。由于函具有向有关主管部门请求批准的功能,在行文目的和内容上与请示具有一定的相似性,因此常常容易被人们错用或混用。实际上,它们在行文的隶属关系上有着严格的界限。那就是请示适用于具有隶属关系的上下级机关之间;而申请函则适用于平级机关或不相隶属的机关之间。

22 怎样区别公布令与发布性通知?

公布令与发布性通知的区别主要有两个方面:

一是用法上的区别。公布令是用来公布法律、行政法规和规章的命令,有使用权限的是国家主席、国务院及其工作部门和各级人民政府。例如公布各种法律的"国家主席令"、公布《行政机关公务员处分条例》的"国务院令"、公布《普通高等学校学生管理规定》的"国家教育部令"等。

发布性通知是转文性通知的一种,是发文机关把本机关制发的不能独立行文的规范性文件下转时使用的通知,这种通知没有使用主体的限制。例如《国务院办公厅关于印发全国打击传销专项行动方案的通知》。

在实际工作中,除《宪法》及《立法法》规定可制定规章并签署命令予以公布的各级政府及国务院工作部门外,那些无命令使用权力的地方政府工作部门在工作中也需要发布一些规范性公文,如规则、制度、实施细则等,而这类文种是不能独立行文的,必须使用"发布性通知"予以公布。

概括地说,公布令在发布资格与所公布的文种上都有严格限制,且发布范围广;如果不能满足其中任一条件,就不能使用公布令,而只能使用发布性通知。

二是写法上的区别。公布令与发布性通知在写法上的相同之处,就是都必须写明被公布或发布文件的完整标题和执行要求。

两者的不同之处主要有两点:1.根据《立法法》的规定,公布令必须标有批准会议名称以至时间,而发布性通知的写作就没有这样严格的要求。2.公布令必须明确标明被公布文件的生效日期,发布性通知有类似要求,印发性通知则只有"请认真贯彻执行"之类的宽泛要求。

23　怎样区别嘉奖令、表彰性决定与表扬性通报?

按照《党政机关公文处理工作条例》的规定,命令适用于"嘉奖有关单位和人员",决定适用于"奖惩有关单位和人员",通报适用于"表彰先进"。据此可见,这三个文种均有表彰奖励的功能,因此,在实践中往往被人们错用或混用。正确的做法是,各级党政机关应当依据法律的规定和职权,根据奖励的性质、种类、级别、公示范围等具体情况,选择使用相应的文种。根据长期的使用习惯,人们往往是从以下几方面区别选用的:

一、发布机关的层次级别。在这三个文种中,唯有命令具有发布权限的规定,而嘉奖令又往往由级别较高的机关予以发布;表彰性决定虽无明确的使用权限,但发文机关一般层次较高且通常是被表彰对象的非直接上级机关;表扬性通报的发文机关不受限制,但多是被表彰对象的直接上级机关。

二、被嘉奖对象先进事迹的类型及影响范围。若是在完成"急难险重"任务中事迹突出、影响范围广泛,则适于用嘉奖令,如《国务院对胜利粉碎劫机事件的民航杨继海机组的嘉奖令》《国务院 中央军委关于给武警部队抗洪抢险先进单位及个人授予荣誉称号和记功的命令》;若是在长期艰苦的工作中表现突出、成绩卓著则适于用表彰性决定,如《国务院关于2015年度国家科学技术奖励的决定》;表扬性通报适用的规格低于前两者,但适用范围可大可小。

三、表彰奖励的规格。嘉奖令和表彰性决定的规格要高于表扬性通报。尤其是嘉奖令,通常都要授予被嘉奖对象荣誉称号,故在《党政机关公文处理工作条例》中有"批准和授予衔级"的特别规定。而表扬性通报多侧重于介绍被嘉奖对象的先进事迹,进行恰切的评价并给以适当的表扬奖励,但其规格要低于嘉奖令和表彰性决定,多是"通报表扬",如《国务院关于对第二次全国大督查发现的典型经验做法给予表扬的通报》中提到的"为进一步调动各方面的积极性、主动性和创造性,总结经验,宣传典型,扎实推进各项重大政策措施落地生效,经国务院同意,对天津市推动重大项目开工建设等20项地方工作典型经验做法和发展改革委加强宏观政策统筹协调等16项部门工作典型经验做法予以通报表扬"。不过表扬性通报进行表扬奖励的及时性往往胜于嘉奖令和表彰性决定。

总之,从嘉奖令、表彰性决定到表扬性通报,表彰奖励的规格是逐步递降的,而其中的表扬性通报,无论是适用主体还是适用范围都是最广的。

24 怎样区别指挥性决定、指示性通知和下行意见?

根据《党政机关公文处理工作条例》规定,决定"适用于对重要事项作出决策和部署",通知适用于"发布、传达要求下级机关执行和有关单位周知或者执行的事项",意见"适用于对重要问题提出见解和处理办法"。因为决定与通知、意见都具有向下级机关布置安排工作,提出工作的原则、要求和做法的共性,所以在向下行文时经常出现将此三个文种混淆的问题,因此必须认真加以区分。

一、指挥性决定。在决定中,容易与另两者混淆的是指挥性决定。指挥性决定往往是发文机关就带有全局性的某一方面工作或某一类问题(往往是一项新工作或者新举措)作出重大安排而形成的明确而又原则的决定。它通常要统一思想认识,提出工作任务,确定工作方针,阐述基本原则,甚或提出工作的方案、步骤、措施和要求。立足全局、事由重大、内容相对比较原则、篇幅一般较长是指挥性决定的特点。例如《中共中央 国务院关于全面推行依法治国若干重大问题的决定》。

二、指示性通知。在通知中,易与另两者混淆的是指示性通知。指示性通知是上级机关向下级机关布置带有普遍性的工作、作出相应指示时使用的通知。其所布置的工作或者是对一项已开展的常规工作进行补充完善,或者是对此前通过指挥性决定提出的具有方向性、原则性的新工作或新举措作出具可操作性的具体安排。事由可大可小、内容可重可轻,要求明确具体,便于下级执行,是指示性通知的特点。例如《国务院关于调整和完善固定资产投资项目资本金制度的通知》(国发〔2015〕51号)。

三、下行意见。"意见"的行文方向灵活,可以上行、下行和平行。而以独立文件形式直发的下行意见如《国务院关于推进国内贸易流通现代化建设法治化营商环境的意见》(国发〔2015〕49号),与指挥性决定、指示性通知最为相似,都可以向下级机关直接布置工作。

三者的不同在于,指挥性决定和指示性通知都是把上级机关确定成型的原则想法或具体做法交代给下级机关,要求其贯彻执行;而下行意见通常是针对没有先例和经验的新情况或新问题提出见解、方案与处理办法,它具有方向性和指导性,是告诉下级机关工作的原则和方向,一般没有十分明确的具体要求,下级机关可结合实际情况相对灵活地贯彻执行。

25 怎样区别公告和通告?

公告与通告是行政公文中颇具相似性的两个文种。从内容上说,两者都是起告知作用的知照性公文;从形式上说,两者都是公开发布的周知性公文。正因如此,所以两个文种常被混用,多数情况是把通告的内容冠以公告的文种。为避免发生类似错误,有必要对它们加以区别。公告与通告的使用区别主要表现在五个方面:

一、制发机关。公告的制发机关都是层次级别较高的,尤其是最高层的国家机关及其职能部门;通告的制发机关则没有严格的层级限制,经常使用通告的是各级政府的职能部门。

二、发布事项。公告所发布的事项是国内外人士普遍关注、有必要让海外人士了解的重大事项和法定事项;通告所发布的事项则属于有关职能部门对负有责任进行管理的社会某一方面工作作出规定和安排的一般业务事项。

三、发布范围。公告所宣布的事项既然是让国内外人士了解的,就必须面向国内外发布;通告只是公布对社会某一方面工作的规定和安排,以利于相关人士的了解与遵守,所以其发布仅限于国内与此相关的一定范围。

四、发布方式。公告与通告虽都是公开发布、一体周知的公文文种,但在发布途径与方式上也有不同。公告是采用报纸、广播电视等方便快捷、波及面广的媒体来发布;通告也可使用这些媒体,但还可以利用发布范围相对较小、更易于引起相关范围人士注意的公开张贴、悬挂、下发等形式。

五、发布目的。公告固然也有要求遵守的,但一般来说,公告以发布事项、传达信息,让人"知"为直接目的;通告虽有单纯知照性的,但多是公布事项让人遵守的,即主要目的在于要求阅文者"知且行"。

26 怎样区别公告和公布令?

公告与公布令都属于公布周知性重要内容或事项的知照性公文,但使用上又区别很大。

一、发布内容不同。新《条例》明确规定:"公告"适用于向国内外宣布重要事项或者法定事项。公布令主要用来公布行政法规和规章。

二、行文方向不同。公告没有固定的行文方向,是一种发散性的泛行文;公布令则是发布机关在所属范围内向下发布的下行文。

三、发布效力不同。公告意在发布事项、传达信息,众所周知即达目的,没有强制成分;公布令则不然,既让人知晓,又要求人必须遵照执行,带有极强的强制性。

四、发布方式不同。公告是采用报纸、广播、电视、网络等方便快捷、波及面广的媒体来发布;公布令则采用行政公文文件格式发布。

27 怎样区别通告和通知?

通告与通知看起来颇有相似之处,都可以用来传达或者宣布要求阅文者周知或者遵守、执行的事项。但要注意新《条例》中关于两者适用范围的规定:通告"适用于在一定范围内公布应当遵守或者周知的事项";通知则适用于"发布、传达要求下级机关执行和有关单位周知或者执行的事项,批转、转发公文"。这就是说,发文机关若要让阅文者了解应当周知或者遵守、执行的事项,选择文种必须看对象,向系统内的下级机关传达用"通知",向辖区内的社会公众宣布应当用"通告"。

28 怎样区别传达性通报与批评性通报？

传达问题（事故）的情况通报与批评性通报颇易混淆：两者都需要程度不同地介绍问题或者事故的情况、论述其危害的严重性、提到处理决定，并就此对全局工作提出统一的要求，但是，这两种通报的用法与写法都有区别。概括起来，主要有以下三个方面：

一、两者对事故或者错误事实的介绍详略不同。批评性通报针对文中个案的事实作出处理决定，所以事实的介绍通常较为具体；而问题（事故）情况的传达性通报是以此事实为切入点、为由头，引导人们重视某一带有共性的现象，所以对事实的介绍就较为简要概括。

二、两者对处理决定的表述不同。能够区别两者的突出之点，就在于批评性通报写有对问题的处理决定，这是所有关注问题处理结果的人员在第一时间获取的第一手的书面信息，如《国务院办公厅关于福建省人民政府违反规定征收基础设施建设附加费的通报》作为批评性通报，在文中直接宣布了对福建省人民政府所犯错误的处理决定——"经国务院同意，决定没收其部分收费收入上缴中央财政，并予以通报批评"。而问题（事故）情况通报包含的处理决定只是对原始处理决定及实际处理情况或具体或概括的转述。

三、两者在此问题基础上对全局工作提出的要求详略不同。批评性通报以处理该事故（问题）为基本任务，附带提出一些对全局工作的要求，所以通常这一部分文字简短、言简意赅；而问题（事故）情况通报，行文的本意就是要借题发挥，所以对全局工作提出要求是其写作的重点。

29 怎样区别议案和请示？

议案与请示都是法定公文文种。对于各级行政机关来说，向上级机关请求指示和批准，要使用的文种是请示；向同级人大或其常委会提请审议事项，就要使用议案。这两个文种都属请求批准的文件，在写作上都必须"一文一事"，但在使用上又具有下列区别：

一、主送机关不同。议案只能把人大或其常委会列为主送机关,而且必须是同级的;而请示的主送机关则比议案宽泛,只要是有权决定所请事项的上级机关,就可列为请示的主送机关。特殊情况下,还可越级行文请示。

二、发文机关不同。议案的发文机关有着严格的限制,必须具有法定的议案提出权的机关才能写作议案。根据我国《宪法》《全国人民代表大会组织法》《地方人民代表大会和地方政府组织法》的规定,我国具有议案提出权的法定机构包括各级人大主席团、人大常委会、人大各专门委员会、本级人民政府;全国人大及其常委会的议案提出主体还有中央军委、最高人民法院、最高人民检察院。可以向同级人大常委会提交议案的还有全国人大常委会的委员长会议与县级及县级以上地方人大常委会的主任会议。单就行政机关来说,政府可以自身名义提出议案,政府的各种工作部门却无议案提出权。至于党派组织、群团组织、企事业单位等皆无权提出议案。而请示是任何发文机关都可以使用的。

三、行文内容不同。法律规定,议案的内容不得超出同级人大或其常委会的职权范围,即在其拥有的立法、监督、任免和决定四项权力范围之内,否则不予受理。如属工作上的批评、建议和意见,只能转有关部门处理。而且议案的内容必须具有现实的实施条件,否则也不会被受理或通过;请示的行文固然也有上级机关职权范围及事由可行性方面的限制,但远不及议案严格。

四、行文时间的要求不同。议案的提出具有严格的时间限制,必须在人代会或者常委会举行会议期间提出。人代会期间还有议案提出截止时间,超过时间就不能再提出。而请示则不然,只要工作需要,下级机关可以随时向上级机关行文请示。

五、处理程序不同。人大及其常委会收到议案后,必须按照严格的法定程序审议、表决并报告处理结果。议案一经人大或其常委会通过,就具有强制性,国家机关其他组织必须执行;而上级机关收到下级的请示,其处理程序是予以研究后行文批复(或责成其工作部门函复)。

30 怎样区别报告与上行意见?

以往有些呈转性报告汇报情况的篇幅不长,大部分内容都是对某项工作的意见或处理办法,给人以报告与意见混用的感觉,所以,在 20 世纪 90 年代前期的行政公文中,此类现象大量可见。自"意见"列为法定公文文种以后,这两个文种的用法逐渐明晰:行文旨在就下步工作(尤其是某项新工作)提出意见、见解和处理方法时要用"意见";行文旨在对以往工作情况进行梳理汇报时要用"报告"。

31 | 怎样区别批复与复函?

虽然批复"适用于答复下级机关的请示事项",但批复却不是回复请示的唯一文种,"复函"也常被用来答复请示。

在公文处理实践中,常有上级机关对下级呈送的请示拿出意见之后,交由办公部门或者业务职能部门以部门的名义予以回复。这种情况以工作部门的名义答复同级机关及其他不相隶属机关的请示,使用批复文种显然是不妥当的。因为根据行文规则规定,党委、政府的办公厅(室)根据本级党委、政府授权,可以向下级党委、政府行文,其他部门和单位不得向下级党委、政府发布指令性公文或者在公文中向下级党委、政府提出指令性要求。据此可见,党委、政府办公厅(室)根据授权向下级党委、政府行文,即使是"审批事项",也只能使用"函",而不能使用"批复"。公文法规还规定,不相隶属机关之间"答复审批事项"用"函"。由此,不相隶属机关之间产生了大量的请批函和与之对应的复函,其中也不乏答复下一级政府请示的复函。公文研究人员将此做法称为"函复请示"或者"函代批复"。

"复函"无论复的是报给领导机关的"请示"还是主送本部门的"请批函",其作用与批复完全相同,区别只在于由不同行文关系决定使用的文种。例如国务院收到并批准了四川省人民政府、教育部联合呈报的《关于四川大学、华西医科大学合并问题的请示》后责成国务院办公厅给以答复。国务院办公厅作为国务院的办公部门,对呈报请示的两个机关无法使用"批复",所以制发了复函《国务院办公厅关于四川大学和华西医科大学合并组建新的四川大学的复函》。

具体而言,批复与复函的区别主要表现为以下几个方面:

一、行文方向不同。尽管两个文种都属法定行政公文文种,但一个是下行文,一个是平行文。收到下级机关的请示,应该回之以批复;收到不相隶属机关的请批函以及领导机关转来的下级机关请示,只能回之以复函。各级行政机关及其办公部门都必须针对来于不同方向、使用不同文种的请批件,正确选用不同的回复文种,切勿混淆。

二、尾语明显有别。不同的公文文种具有不同的结尾用语,写给下级机关的批复,尾语可使用严肃的要求式尾语或专用尾语"特此批复";写给不相隶属机关的复函,就不可使用这样的尾语,只能使用适合行文关系和文种的尾语,如"特此函复"。而"此复"这个尾语,两者都可以使用。

三、两者的语气必须有别。不同行文方向和行文关系的公文文种,使用的行文语气也是截然不同的。批复是下行文,语气可坚定严肃;复函属平行文,态度要鲜明,但语气应相对委婉,不应给人以"一朝权在手,便把令来行"、忘乎所以及盛气凌人的感觉。

综上所述,下级机关向上级机关呈送请示,若上级机关以本机关名义亲自回复须用"批复";若上级机关拿出态度责成下面某部门以部门名义回复应该用"复函"。

32 怎样区别批复与通知?

在以往的实际工作中,下级机关有时使用"请求批转的请示"。这种请示的用法和写法类似于"呈转性报告"以及目前大量可见的"呈转性意见",也经常采用诸如"以上意见如无不妥,请批转各地区、各部门贯彻执行"之类的结尾用语。上级机关以往对于这种请示,经常是应其要求使用"批转请示的通知"给予批转。

由于"请求批转的请示"实际上起着呈转性报告和上行性意见同样的作用,尤其在把"意见"列为法定公文文种之后,"请求批转的请示"已经被上行性意见所取代。相应地,"批转请示的通知"也已淡出公文。

33 怎样区别意见与呈转性报告?

一、相同之处。意见作为上行文时,与呈转性报告相似之处有两点:1. 在行文关系上,两者都是上行文,通常都由主管某一方面工作的职能部门呈送给上级机关。2.在行文目的上,两者通常都要求上级机关批转或转发(上级办公部门用转发)文件。

二、不同之处。也有两点:1.写作时机不同。意见成文于某项工作开始之前,呈转性报告则写作于某项工作开展之后,即事中所写。2.文件内容不同。意见是对某项工作的见解和处理办法,属单纯性的建议;呈转性报告是在汇报前段工作情况的基础上,针对存在的问题提出下一步工作的建议,其内容包括两个部分,其中第一部分是必不可少的,它的存在使第二部分内容更具有针对性。

34 怎样区别意见、决定与指示性通知?

一、相同之处。以重大问题为内容、以独立文件为形式的直发性意见在下行时,与决定、指示性通知相似,都可以向下级机关布置、安排工作。

二、不同之处。意见通常是面对没有先例、没有经验的新情况、新问题提出的见解与处理办法,具有方向性、指导性,告诉下级机关"应当"按着什么原则、朝着什么方向去做,下级机关一般可以结合本地区、本部门的实际情况相对灵活地制定"实施意见"来贯彻执行;而用于部署重大工作的决定和对某项工作作出相应指示的指示性通知都具有确定性、指挥性,是把上级机关确定的成型做法交代给下级机关,要求其"必须"执行。

35 怎样区别意见与函?

一、相同之处。意见也可以平行,这在行文方向上就与函有相同之点。

二、不同之处。函是不相隶属机关之间行文的基本文种,它用于传递这些机关之间书面往来的各种信息;而意见只用于向对方提出必要的见解与建议,且此种用法在实际工作中少之又少。再从另外一个角度讲,对所提的解决问题意见或建议,如果想得到对方的回复,就用"函",如果不想得到对方的回复,就用"意见"。

36 | 怎样区别处分决定与批评性通报？

一、二者的行文目的不同。处分决定与批评性通报虽然都能起到引以为戒、使人受到教育的作用，但前者是组织传达对某人所犯错误的处理结果，是在一定范围内组织对某人的处理结论，而后者则是以反面典型教育大家，汲取教训，避免类似事件的再次发生。

二、涉及对象不同，处分决定一般对人，而批评性通报通常以对事为多，对人较少。

三、行文范围不同，处分决定的行文范围比较严格，有些还具有保密性，不宜广为宣传；而批评性通报的行文范围比较广泛，保密性较少，一般都让群众知道。

四、写法不同。处分决定的写法比较简单，一般包括个人身份情况、错误事实和结论三部分，而批评性通报则一般包括情况介绍、原因分析、希望和要求等内容。

37 | 怎样区别纪要与简报？

两者虽然都是对会议情况的整理概括，但是，会议简报成文于会中，在会议期间可根据实际情况和需要可以不发或发若干期，每期只反映会议某个阶段或者某一方面的情况，也可包括对所反映情况的议论和看法，供与会代表或相关人员参考，其只有参考性而无约束力；而一次会议只能有一个纪要，且成文于会后，反映的是会议的基本情况和议定事项，是会议的全貌。纪要必须客观忠实地叙述会议情况，不可加以评论。纪要不仅具有知照性，而且还具有指挥相关工作的权威性。

38 | 怎样区别纪要与决议？

两者都能记载反映会议议决的事项，都属反映会议结果的文件，但是，决议适用于依据多决原则进行决策的会议,如人代会、党代会等各种代表会议和委员会议。它反映的是会议围绕某个主题、经反复讨论研究而通过的一致性意见,属于决定性文件,所以必经与会人员的法定多数表决通过方才生效。一个决议只能围绕一个主题,如果会议有多个主题,相应可以产生多个决议,每个决议一旦形成和发布,就都具有很强的权威性和约束力;而纪要主要用于不实行多决原则的各种工作会议、座谈会议、研究会议等,其他会议也可酌情采用。纪要属总结记录性文件,一个会议只能形成一个纪要,主要反映一致意见,特殊情况下也可以反映不同看法,可以围绕一项工作,也可以写入不同方面毫无关联的几项决定。它不需表决通过,由会议主持机关负责人审定即可制发。了解纪要与上述相似文种的区别,可以帮助我们更好地用好与写好纪要。

39 怎样区别述职报告与工作报告?

述职报告不同于工作报告。述职报告主要是述职者陈述任现职的实绩和能力,报告"我做了什么""我做得怎样",说明"我是否称职";而工作报告的内容较广,一般是反映本单位、本地区或本部门的工作情况,供上级决策时参考。

40 怎样区别述职报告与工作总结?

述职报告也不同于工作总结。述职报告重在反映个人履行职责的情况,阐述个人的作用和工作成效,它一般只是侧重于客观地陈述,而工作总结则往往要上升到理性的高度,重在总结出经验和体会,用以指导下一步工作的开展。

41 怎样区别祝词与贺词?

二者在某种场合可以互用,但其含义又不尽相同。一般而言,事情未果,表示祝愿、希望之意时,要用祝词;事情既果,表示庆祝、道喜之意时,则用贺词。人们常说"预祝",而不说"贺祝",就是这个意思。

42 怎样区别协议书与合同?

协议书类似于合同,但合同较为全面、细致、具体,而协议书则相对单纯一些、原则一些。在适用范围上,协议书要比合同广泛得多。它不仅适用于经济活动,同时适用于有关上层建筑方面的活动。

43 怎样区别公约与守则?

公约与守则相比,二者都是为了特定的目的、维护共同的利益而要求人人遵守的行为准则,具有广泛的群众基础,其篇章都较为简单,写法也大体相似。但公约多用于公共事业方面的道德和行为规范,而守则除用于规定各行各业人们的道德和行为规范之外,还往往用于具体操作规范。并且公约多是一定范围或行业的社会成员自行倡议制定并自觉共同遵守,而守则一般由主管机关或部门制定,要求所属成员必须严格遵守。

44 什么是公文的格式?

公文格式简言之就是指公文的表现形式,专指法定(或称主要、正式)文种外形结构的组织与安排,以及公文的书写、字体、用纸的规格和样式等。公文格式是公文具有法定的权威性和组织约束力在形式上的表现,是区别公文与一般文章的重要标志,也是保证公文的质量和提高办文效率的重要手段。中华人民共和国国家质量监督检验检疫总局和中国国家标准化管理委员会于2012年6月29日发布了《党政机关公文格式》(GB/T9704—2012)(以下简称《格式》)国家标准,该标准在1999年标准的基础上作了很大修订,显得更加科学、严谨、完备。新《格式》中,从整个公文的组成部分划分到各要素的标识规则都有十分明确具体的要求,各级党政机关必须坚决依照执行,其他机关包括人大机关、政协机关、审判机关、军事机关、人民团体和企事业单位等应比照执行。这些机关和单位有的制定了本系统或本部门的公文格式标准,在具体行文过程中应当首先按照本系统、本部门的规定执行,但如果其向党政机关行文时,就必须遵照新《格式》的规定执行。

45 公文格式标准化有什么意义?

一、公文作为一种特定体式的文体,在国家政治生活、经济建设和社会管理活动中起着十分重要的作用。公文格式即公文的表现形式,具体是指公文由哪些要素项目组成以及各要素项目在公文文面上的分布位置及相关要求。规范的公文格式不是人们任意强加给公文的,而是公文本身的一种客观需要,是其写作结构的一种规律性表现,它不仅体现公文的法定权威性和约束力,而且有利于提高工作效率,保证政令畅通。公文格式不规范,不仅影响公文的质量和美观,更重要的是会影响公文的效力,甚至由于格式不规范而造成各种谬误,直接影响公文的严肃性和应有作用的发挥,有时还会因此造成重大失误。

二、公文格式标准化是公文处理工作本身所需要的。公文处理要实现规范化、制度化、科学化,公文格式的标准化是重要前提。公文格式标准化,将会给公文处理工作带来极大方便,有利于提高工作质量和效率。公文处理工作是机关的一件大事,也是频次最高的一项日常工作。办文部门每天都在制发公文,如果没有一定的规则,一个领导一个要求,一个秘书一种格式,不仅大大增加了文秘人员的工作量,而且也影响党政机关的形象。如果对公文的格式不重视,甚至认为它是细枝末节,只要公文内容不出错,格式规范与否无伤大雅,那样不仅会损害机关工作的形象,而且还会影响机关工作的质量和效率。因此,公文格式标准化是公文处理工作科学化、制度化和规范化的基本前提。

三、公文格式标准化是与国际接轨的必然要求。随着20世纪80年代初国际标准A4型纸作为国际公用纸以来,各国和国际组织均普遍使用A4型纸制作公文。当然,采用A4型纸应满足一定的条件,一是印刷设备,一是办公设备,如复印机、打印机等。从目前的技术基础来看,我国各级党政机关绝大多数都已满足这些基本条件,因此,将公文用纸统一规定为国际标准A4型,对于提升公文的外在表现形式质量,提高纸张使用效率,方便公文印制和归档管理起到非常重要的作用,也是公文纸张使用方面的一次飞跃。此外,目前我国与公文印刷有关的技术设备,一方面已经能够适应公文格式标准化的需要,另一方面也迫切要求公文格式实现标准化,然后以标准化为依据设计、改进和提高技术装备水平。

四、公文格式标准化是信息化时代的必然要求。当前人类社会已经进入信息化时代,计算机和现代化的文印设备已普遍进入办公室,使用计算机进行公文处理的最大好处就是提高办公效率,改善办公环境和办公条件,对提高公文的制作水平和质量起到积极作用。如果没有统一的公文格式标准,通过计算机排版打印出来的公文风格各异,这对公文的严肃性和有效性将产生不利影响。如果有了统一的公文格式标准,就可以由相关的软件开发人员依据标准编制出党政机关公文制作模板,由此而生成的公文就一定是标准化的。

46 党政公文格式的组成要素包括哪些?

公文格式专指法定(或称主要)公文文种外形结构的组织与安排,包括由哪些要素组成,以及这些要素在页面上的标识位置。根据新《条例》和新《格式》的规定,公文格式的组成要素主要包括份号、密级和保密期限、紧急程度、发文机关标志、发文字号、签发人、标题、主送机关、正文、附件说明、发文机关署名、成文日期、印章、附注、附件、抄送机关、印发机关和印发日期、页码等,共计18个。新《格式》将一篇完整的公文分为版头、主体和版记三部分。版头位于公文之首,位置相对固定,与人们通常所说的"红头文件"的"红头"部分对应;主体的特点是篇幅不固定,依据公文内容的长短而变化,由于公文的实质性内容均在此部分,因此称之为"主体";版记位于公文之尾,位置相对固定。用一个形象的比喻,版头可称之为公文的"头",主体称之为公文的"身",版记称之为公文的"脚"。

47 党政公文的技术、印刷、用纸要求是怎样的?

一、公文用纸幅面采用国际标准 A4 型,其成品幅面尺寸为:210 mm × 297 mm。特殊形式的公文用纸幅面,根据实际需要确定。

二、公文用纸一般使用纸张定量为 60 g/m^2 - 80 g/m^2 的胶版印刷纸或复印纸。纸张白度 80%～90%，横向耐折度≥15 次，不透明度≥85%，pH 值为 7.5-9.5。

三、公文使用的汉字、数字、外文字符、计量单位和标点符号等，按照有关国家标准和规定执行。民族自治地方的公文，可以并用汉字和当地通用的少数民族文字。

四、公文的版面规格，公文用纸天头（上白边）为 37 mm±1 mm，公文用纸订口（左白边）为 28mm±1mm，版心尺寸为 156 mm×225 mm。

五、在制版要求方面，要求版面干净无底灰，字迹清楚无断划，尺寸标准，版心不斜，误差不超过 1 mm。

六、在印刷方面，要求双面印刷；页码套正，两面误差不超过 2 mm。黑色油墨应当达到色谱所标 BL100%，红色油墨应当达到色谱所标 Y80%、M80%。印品着墨实、均匀；字面不花、不白、无断划。

七、在装订方面，要求左侧装订，不掉页，两页页码之间误差不超过 4 mm，裁切后的成品尺寸允许误差±2 mm，四角成 90°，无毛茬或缺损。骑马订或平订的公文应当：1. 订位为两钉外订眼距版面上下边缘各 70 mm 处，允许误差±4 mm；2. 无坏钉、漏钉、重钉，钉脚平伏牢固；3. 骑马订钉锯均订在折缝线上，平订钉锯与书脊间的距离为 3 mm-5 mm。包本装订公文的封皮（封面、书脊、封底）与书芯应吻合、包紧、包平、不脱落。

八、在用字方面，如无特殊说明，公文格式各要素一般用 3 号仿宋体字。特定情况可以作适当调整。一般每面排 22 行，每行排 28 个字，并撑满版心。特定情况可以作适当调整。

48 公文版头的含义及组成要素有哪些？

版头即公文格式的第一部分，《党政机关公文格式》（GB/T9704—2012）将公文版心内的公文格式各要素划分为版头、主体、版记三部分，公文首页红色分隔线以上的部分称为版头。包括"份""密级和保密期限""紧急程度""发文机关标志""发文字号""签发人"等六项要素。值得注意的是，过去在新《格式》发布之前，曾将版头部分称为"眉首"，现已废弃不用。

49 公文主体的含义及组成要素有哪些？

根据《党政机关公文格式》（GB/T9704—2012）的规定，主体是指公文首页红色分隔线（不含）以下、公文末页首条分隔线（不含）以上的部分，又称内文，是党政公文的实质性内容，由标题、主送机关、正文、附件说明、发文机关署名、成文日期、印章、附注、附件等要素组成。

50 公文版记的含义及组成要素有哪些？

版记部分又称文尾，位于公文末页下部，以分隔线相夹，分隔线与版心等宽，首条分隔线和末条分隔线用粗线（推荐高度为 0.35 mm），中间的分隔线用细线（推荐高度为 0.25 mm）。首条分隔线位于版记中第一个要素之上，末条分隔线与公文最后一面的版心下边缘重合。主要由抄送机关、印发机关和印发日期两个要素组成。

51 公文中的页码及其标识规则是什么？

一、《党政机关公文处理工作条例》首次将页码规定为公文的格式要素之一，这充分说明页码是公文的一项重要组成部分，是保证公文完整性和有效性的标志。在公文中标注页码，还有利于对公文进行查阅、统计、检索、印制和装订，甚至有助于公文的防伪。

二、根据《党政机关公文格式》（GB/T9704—2012）的规定，页码使用 4 号半角阿拉伯数字，置于版心下边缘之下，页码数字左右两边各空一个半角空格，放一条"—"字线。"—"字线距离版心下边缘 7 mm，单页码右边的"—"字线右空一字，双页码左边的"—"字线左空一字，这样即可保证从两个方向定位页码的位置。在页码数字两边各放置一条"—"字线主要是为了美观和阅读方便。

三、公文版记前有空白页的，即将版记放到最后一页时，前面会出现空白页的情况。在此种情况下，空白页和版记页均不标注页码，也就是说页码只标识到公文主体部分结束的那一页。

四、公文的附件与正文一起装订时，页码应当连续编排；附件与正文不一起装订时，附件另编页码。

52 什么是公布性文件格式？

法定公文中的公布性文件（诸如公报、公告、通告、公布令等）使用的文件格式与内部运行的公文格式，是有所区别的。它们虽属下行文，但由于行文方式不是在内部运行，而是通过报纸、广播、电视、网络等媒体形式予以公开发布，所以与一般公文格式相比，其主要区别是：一无版头，二无主送，三无发文字号，四无抄送、印发日期等。也就是说，公布性文件的规格包括：标题、正文、落款、成文日期。公布令、公告一般还带有编号。

53 什么是非法定文种的格式？

法定公文以外的机关常用应用文，由于不属于法定的正式、主要文种范畴，所以不能采用标准式的公文格式，也不具有独立行文的资格。正是基于这个原因，决定了总结、计划、领导讲话等常用应用文只能采用简便式公文格式，即无版头、发文字号、主送机关、附件、抄送机关、盖章（总结例外）等项要素。它的正确格式是：标题，正文，成文年月日。总结、计划等常用应用文在行文时，必须从法定公文文种中寻求一个文种来作为载体，载运着它来行文，我们通常称这种载体叫作"文件头"。"文件头"大都由通知、命令（令）（下行时）或报告、请示（上行时）及函（平行时）来担任。"文件头"，从行文的形式上看是一份公文的主体，而从实际内容上看，文件的主体恰恰是文后所附的总结、计划等，因为这种"文件头"仅仅是一个行文的载运工具，但其后所附的文件不作为公文的附件对待。对于在正文中已经写明报送、批转、转发、印发等字样的公文，在其生效标志后所附的内容不是公文的附件，因此在附件说明处不必标注相关内容。

下面是一份"文件头"的样式：

××县人民政府文件

×政发〔2015〕2号

关于印发2015年工作计划的通知

县各直单位：

现将县政府《2015年工作计划》印发给你们，望认真贯彻落实。

单位名称（印章）

2015年1月4日

文后所附的文件格式为：

××县人民政府2015年工作计划

××。

2015年1月4日

54　什么是公文的特定格式？

所谓"特定格式"是相对于公文的通用格式而言的，是公文通用格式的补充，通常包括信函格式、命令（令）格式、纪要格式三种，其公文组成要素的标注规则有别于公文的通用格式的要求。但在实际工作中，这些特定格式的公文被广泛使用，其作用和效力与通用格式的公文相同，只是表现形式有所不同。在具体实践中，应当结合本单位的实际情况正确选用公文的格式。如信函格式是针对非普发性公文所采用的一种格式，它是一种特定的公文格式，并不是一个文种，与我们通常所说的"函"文种有着很大的区别。长期以来，公文的信函格式被各级行政机关普遍使用，通常用于答复、解释或说明某一具体事项。相对于公文的通用格式而言，信函格式相对简单，易于操作，多见于通知、批复、意见、函等文种的公文之中。命令（令）格式则体现出了国家政令的权威性和统一性,根据《党政机关公文处理工作条例》的规定,命令(令)适用于公布法规和规章,宣布施行重大强制性措施,批准授予和晋升衔级,嘉奖有关单位和人员。值得注意的是,采用命令(令)格式只适用于命令(令)文种,具有专门性和单一性。纪要格式则是专门记载会议议定事项的一种固定格式。根据新《条例》规定,纪要适用于记载会议主要情况和议定事项。在实际工作中,各级党政机关例行会议、专题会议等讨论议定的事项和会议主要情况可通过纪要的形式印发,作为指导机关开展工作的依据。由于纪要格式有别于公文的通用格式,而且目前各级党政机关的纪要格式五花八门,很难规定统一的样式。值得注意的是,纪要格式也只适用于纪要文种,纪要格式与纪要文种也是严格绑定的。采用上述特定格式印制的公文与通常文件格式印制的公文其作用与效力是相同的,只是表现形式有所不同。

55 信函格式的标准与规范要求有哪些?

"信函格式"是公文格式中区别于"文件格式"的一种。按照规定在行文时应注意选择使用与行文方向一致、与公文内容相符的文种。这种格式的具体标准与安排规则是:

一、发文机关标志推荐使用红色小标宋体字,大小自定。使用发文机关全称或者规范化简称,联合行文时,使用主办机关标志。发文机关名称之后不加"文件"二字。发文机关标志上边缘至上页边为 30 mm,居中排布。与通用公文格式相比,发文机关标志往上移了 42 mm。

二、发文机关标志下 4 mm 处印一条红色双线(上粗下细),距下页边 20 mm 处印一条红色双线(上细下粗),线长均为 170 mm,居中排布。

三、如需标注份号、密级和保密期限、紧急程度,应当顶格居版心左边缘编排在第一条红色双线下,按照份号、密级和保密期限、紧急程度的顺序自上而下分行排列,第一个要素与该线的距离为 3 号汉字高度的 7/8。

四、发文字号顶格居版心右边缘编排在第一条红色双线下,与该线的距离为三号汉字高度的 7/8。

五、标题居中编排,与其上最后一个要素相距两行。

六、第二条红色双线上一行如有文字,与该线的距离为 3 号汉字高度的

7/8。

七、首页不显示页码,从第 2 页起开始标注页码。

八、与一般公文格式相比,信函格式公文版记中不加印发机关和印发日期,只有抄送机关,抄送机关上下不加分隔线,位于公文最后一面版心内最下方。

具体格式如图所示:

56 命令(令)格式的标准与规范要求有哪些?

一、发文机关标志。命令(令)格式的发文机关标志由发文机关全称加"命令"或"令"字组成,一般不使用发文机关规范化简称。居中排布,发文机关标志上边缘至版心上边缘为 20 mm，推荐使用红色小标宋体字，字号大小由发文机关自定。联合发布的命令(令)，发文机关名称顺序分行编排，两端对齐，"命令"或"令"字置于所有联署发文机关名称右侧，上下居中编排。

二、令号。令号是命令(令)的编号，作用等同于发文字号，发文机关标志下空二行居中编排令号，一般采用"第× ×号"的形式，不编虚位。

三、标题和正文。命令(令)一般无标题。令号和正文之间无红色分隔线。令号下空二行编排正文。正文的内容一般较为简短。

四、签发人职务、签名章和成文日期的编排，单一机关制发的公文加盖签发人签名章时，在正文(或附件说明)下空二行右空四字加盖签发人签名章，签名章左空二字标注签发人职务，以签名章为准上下居中排布。在签发人签名章下空一行右空四字编排成文日期。

联合行文时，应当先编排主办机关签发人职务、签名章，其余机关签发人职务、签名章依次向下编排，与主办机关签发人职务、签名章上下对齐；每行只编排一个机关的签发人职务、签名章；签发人职务应当标注全称。

签名章一般用红色。具体格式如图所示：

$$×××××× 令$$

$$第×××号$$

××××××××××××××××××××××
×××××××××××××××××××××。
××××××××××××××××××××
××××××××××××××××。

部　长　×××

2012 年 7 月 1 日

57 纪要格式的标准与规范要求有哪些?

一、纪要标志。纪要格式是以固定版头印发会议纪要的特定格式,纪要标志由"××××纪要"组成,不加"文件"二字,居中排布,上边缘至版心上边缘为35 mm,推荐使用红色小标宋体字,字号大小自定。

二、纪要编号。纪要编号的作用等同于发文字号,可居中编排在发文机关标志下空二行位置,可以采用"第××号"的形式,不编虚位。

三、标注出席人员名单,一般用三号黑体字,在正文或附件说明下空一行左空二字编排"出席"二字,后标全角冒号,冒号后用三号仿宋体字标注出席人单位、姓名,回行时与冒号后的首字对齐,段末加句号。同一单位不同人员之间、不同单位之间的分隔符可根据实际情况确定。

标注请假和列席人员名单,除依次另起一行并将"出席"二字改为"请假"或"列席"外,编排方法同出席人员名单。

四、纪要不加盖印章。

五、纪要格式可以根据实际制定。

×××× 会议纪要

〔××〕

×××××××　　　　　　　2015 年 12 月 22 日

关于研究××问题的会议纪要

××。

×××。

```
出席：×× ×× ××、×× ×× ××、×× ×× ××、×× ×× ××
×× ×× ××、×× ×× ××、×× ×× ××、×× ×× ××。
请假：×× ×× ××、×× ×× ××、×× ×× ××、×× ×× ××
×× ×× ××、×× ×× ××、×× ×× ××、×× ×× ××。
列席：×× ×× ××、×× ×× ××。



分送：×× ×× ××，×× ××。
×× ×× ××                                    2015 年 12 月 22 日印发
```

58 简报格式的标准与规范要求有哪些？

简报是一种具有独自特殊格式的文书。它的格式，主要表现为都有专门设计的固定样式的版头，上面用醒目大字标明简报的名称，如《××简报》《××动态》《情况简报》《××情况》等，下面写明编发机关、印发日期、期号。简报的末尾处，标明印制的份数、分送单位等要素。如下图：

情况简报
（第 103 期）

××公路管理局办公室编印　　　　　　××年×月×日

简报内容

分送：××× 、×××

本期共印 ×× 份

59 传真电报格式的标准与规范要求有哪些？

传真电报是随着电子技术的发展而出现的一种公文传递形式，分明传电报和密传电报两种。其主要项目包括：

一、报头。明传电报报头称"内部传真电报"（见图1），密传电报报头称"密码电报"（见图2）。也有的由发报机关加"密传发电"组成，如"国务院密传发电"。

二、发往单位或地区。即收报机关（单位）。如收报机关（单位）较多，可写规范化统称，如"各市（地）、县人民政府"。

三、签批或签批盖章。即签发人签名。如是打印的传真电报，可直接打印签发人姓名。

四、等级。即紧急程度，如"特急""加急"等。

五、编号。密码电报的编号有"部门号""译传号""总号""抄送号"等，明传电报有"部门号""××机号"两种。部门号即电报的文号。其他编号由机要部门分别填写。

六、批办。供收报机关（单位）分管负责人书写批办意见。

传真电报的标题、主送机关、正文、落款等格式，与公文的一般格式相同。

内部传真电报		
发往		签批
地址		盖章
等级	部门号	×机
批办		共　页

图1　内部传真电报格式

```
            密码电报

发往                        签批
等级    部门号   译传号   总号   抄送号


抄
送
单
位
                          ××××× 办公厅机要局
```

图 2　密码电报格式

60　"发电"与"发文"在格式上有什么区别？

电报在格式上与一般文件有所不同，主要体现在以下几点：

一、电报首页的版式，不论上行文、平行文还是下行文，均使用同一版式。

二、发电的紧急程度分为特提、特急、加急、平急四种。

三、电报的成文日期就是电报的实际发出日期，成文日期上落款，不加盖印章。

四、发电生效标识，若通过中办机要局、外交部机要局或各省（区、市）党委机要局等发送的电报，应加盖其制发的"发电专用章"，若本单位自行发送的电报，则应标注签发人姓名。

61　公文纸型的规范要求有哪些？

公文纸型是指公文用纸的幅面尺寸规格。按照《党政机关公文处理工作条例》第十二条以及《党政机关公文格式》的规定，公文用纸幅面采用 GB/T 148

中规定的国际标准 A4 型,其成品幅面尺寸为:210 mm×297 mm。特殊形式的公文用纸幅面,根据实际需要确定。之所以这样规定,主要有以下几点原因:一是采用 A4 型纸已成为国际范围公文用纸的共识,得到各国和各国际组织的广泛应用;二是我国已经具备采用国际标准 A4 型公文用纸的条件。因此,在《党政机关公文处理工作条例》和《党政机关公文格式》国家标准中明确规定采用国际标准 A4 型纸,充分体现了党政机关公文处理工作科学发展的要求。

62 公文的行款及行款规格是怎样规定的?

行款是指书写或排列文字的行列款式,包括字序和行序。如汉字原来直排时,字序由上而下,行序由右而左;现在横排的行款,字序由左而右,行序自上而下。按《党政机关公文格式》的要求,公文正文用三号仿宋体字,一般每面排 22 行,每行排 28 个字,并撑满版心。亦即公文第一行字顶格编排在版心左上角,公文最后一行字必须沉底到版心下边缘。但在特殊情况下也可作适当调整,即当公文排版后所剩余的空白处不能容纳下印章或签发人签名章、成文日期时,可以采取调整行距、字距来解决。或者将字距行距调大,或者将字距行距调小,从而使正文和印章处于同一页上。

63 公文的版面尺寸有哪些规范要求?

公文的版面尺寸即公文页边与版心尺寸。为了美观和装订方便,公文用纸上、下、左、右四个方向都要留下白边,不能印刷文字,能够印刷文字的部分称之为版心。按《党政机关公文格式》的要求,公文的版面尺寸规格为:公文用纸天头(上白边)为37 mm±1 mm,公文用纸订口(左白边)为 28 mm±1 mm,版心尺寸为 156 mm×225 mm。这样使公文版心居于 A4 型纸的略偏右下部分,从垂直方向看,公文版心整体略处于纸面下部,给人以沉重的感觉,符合公文的庄重性要求,同时在天头处留下足够的空间,用于公文处理。从水平方向看,订口略大于切口,使公文正文正好水平居中,便于阅读。

64 | 公文中的横排表格及其标识规则是什么？

一、在公文处理实践中，有些公文需要附带表格。如果是竖排表格，应当与正文同等对待，即与一般文字无异；但如果是横排表格，为了与一般页码位置一致，页码应放在横标的左侧，单页码在表的左下角，双页码在表的左上角。

二、对于横表的表头，单页码放在订口一侧，双页码放在切口一侧。这样编排能够保证连续编排的表格可以依次顺序向下看。

三、与公文正文一起装订时，横排表格的页码按照正文的编排要求标注。

四、公文如果需要 A3 表格，也就是表格的开本比较大，而且是作为公文的最后一页时，为避免表格的脱落，应使表格处于封三之前的位置，而不应将表格粘贴在封四上。此时，A3 表格一般不编排页码。如 A3 表格在公文中间，页码编暗码。

65 | 公文版头的拟制规范有哪些？

版头规格是指公文版头部分的尺寸规格。按照《党政机关公文格式》（GB/T9704—2012）的规定，公文的版头规格由发文机关全称或者规范化简称加"文件"二字组成，也可以使用发文机关全称或者规范化简称。

发文机关标志居中排布，上边缘至版心上边缘为 35mm，推荐使用小标宋体字，颜色为红色，以醒目、美观、庄重为原则。

联合行文时，如需同时标注联署发文机关名称，一般应当将主办机关名称排列在前；如有"文件"二字，应当置于发文机关名称右侧，以联署发文机关名称为准上下居中排布。

66 | 公文份数序号及标识规则有哪些？

公文份数序号简称份号，是指公文印制份数的顺序号，系将依据同一文稿印制若干份时对每份公文的顺序编号,其作用便于登记查找、统计、清退。根据公文法规的规定,涉密公文应当标注份号。如需标识公文份数序号,一般用6位三号阿拉伯数字,顶格编排在版心左上角第一行。对此,需要把握以下几个要点:

一、并不是所有的公文都需要编制份号。《党政机关公文处理工作条例》明确规定,涉密公文应当标注份号。即只有秘密、机密和绝密的公文才需要标注份号。当然,如果发文机关认为有必要,也可对不带密级的公文编制份号。编制份号可以唯一标识印发的公文,能够准确掌握公文的印制份数以及分发的范围和对象。发文机关根据份号可以掌握每一份公文的去向。因此,发文机关在发文和收文机关在收文时,都要对份号进行登记。当公文需要收回保管或销毁的时候,就可以对照份号掌握其是否遗漏或丢失。

二、标识公文份数序号,一般用6位三号阿拉伯数字,实际编号时采用3—6位阿拉伯数字,编虚位补齐,即第一份公文份号可以编为"001""0001""00001""000001",不应编为"1""01"。在实际操作过程中,有的单位是用印号机手工在成文上加盖份号,也有的印刷设备带有印号功能,可以与文件同时印刷,由发文机关自行掌握。

三、份号所使用的字体,也由发文机关自行掌握。

四、份号顶格编排在版心左上角第一行,版心第一行也就是天头下边缘,距离公文上页边 37 mm 处下面第一行,"顶格居左"的意思是指份号横向紧贴版心左边缘(即订口边缘,距左页边 28 mm),份号上边缘紧贴天头下边缘。

67 公文密级和保密期限的确定及标识规则有哪些?

密级是秘密等级的简称,是指公文的机密等级,是公文格式的组成项目之一。《党政机关公文处理工作条例》规定:"密级和保密期限是指公文的秘密等级和保密期限。"对此,应当注意把握以下几点:

一、秘密等级是标识公文保密程度的标志。《条例》进一步规定"涉密公文应当根据涉密程度分别标注'绝密''机密''秘密'和保密期限"。根据《中华人民共和国保守国家秘密法》的规定,"绝密"是最重要的国家秘密,泄露会使国家的安全和利益遭受特别严重的损害;"机密"是重要的国家秘密,泄露会使国家的安全和利益遭受严重的损害;"秘密"是一般的国家秘密,泄露会使国家的安全和利益遭受损害。

二、保密期限是对公文密级的时效的规定,公文制发机关应当按照《中华人民共和国保守国家秘密法》和相关规定确定公文的密级和保密期限。

三、密级的标注位置,根据《党政机关公文格式》的规定,如需标注密级和保密期限,一般用三号黑体字,顶格编排在版心左上角第二行;保密期限中的数字用阿拉伯数字标注。秘密等级和保密期限之间用"★"隔开,例如"秘密★1年""绝密★10年"。"绝密""机密"或"秘密"两字之间不空格,保密期限中阿拉伯数字和"年"字也不空格。如果只标密级不标保密期限,"绝密""机密"和"秘密"两字之间空一字。

四、需要注意的是,密级和保密期限一定要编排在公文版心左上角第二行,不能编排在版心左上角第一行,因为《党政机关公文处理工作条例》规定"涉密公文应当标注份号"。这就意味着标注密级必须同时标注份号,份号编排在第一行,则密级和保密期限一定编排在第二行。

五、公文如有附件,且附件带有密级的,应以其中的最高密级标识公文的密级。

68 公文紧急程度的划分及标识规则有哪些?

紧急程度是对某些急需处理的文件,由发文机关对受文机关提出处理的时限要求。它也是法定公文格式的组成项目之一。对此,应当注意把握如下几点:

一、《党政机关公文处理工作条例》规定,按公文送达和办理的时间要求,紧急程度分为"特急""加急"。电报的紧急程度标识分为"特提""特急""加急"与"平急"。

二、如需标注紧急程度,一般用三号黑体字,顶格编排在版心左上角;具体排在第几行,有三种情况:一是如果只有份号,没有密级和保密期限,紧急程度就编排在版心左上角第二行;二是如果有份号、密级和保密期限,紧急程度就编排在版心左上角第三行,三个要素在版心左上角的第一、二、三行依次编排;三是如果既没有份号，又没有密级和保密期限，紧急程度则编排在版心左上角第一行。

三、需要强调的是，如果同时标注密级和保密期限、紧急程度，表达紧急程度的两个汉字之间不空格，即应标注为"特急"；如果只标密级和紧急程度不同时标注保密期限，表达紧急程度的两个汉字之间应空一字，即应标注为"特 急"。

四、有的公文在标题中对紧急性质已作了标示，例如《关于××××的紧急报告（或紧急通知）》等，就可不再另外加注紧急程度标识。

69 发文机关标志的确定及其标识规则有哪些？

发文机关标志即人们通常所说的"红头"，是公文的非常重要的格式要素之一，它直接体现着发文机关的权威性，也是公文严肃性和庄重性的具体体现。对此，应当注意把握如下各点：

一、根据《党政机关公文处理工作条例》的规定："发文机关标志由发文机关全称或者规范化简称加'文件'二字组成，也可以使用发文机关全称或者规范化简称。联合行文时，发文机关标志可以并用联合发文机关名称，也可以单独用主办机关名称。"

二、值得注意的是，对于发文机关标志称谓的变化，原来的公文法规，党的机关称为"版头"，国家行政机关称为"发文机关标识"，存在着不一致的情况，《党政机关公文处理工作条例》将其统一称为"发文机关标志"。

三、发文机关全称应当以批准该机关成立的文件核定的名称为准，规范化简称应当由该机关的上级机关决定，当然也有由本机关自定的，但一定要明文告知其他相关的机关，而不能只是自己使用别人并不知晓。

四、需要注意的是，以前党的机关公文版头曾经有发文机关全称或者规范化简称后面加"××"发布形式，用于各级党委通知重要事项，任免干部，批复下级机关的请示，向上级机关报告、请示工作。《党政机关公文处理工作条例》中已经将此种版式取消，不宜再用。这样做也有利于党政机关发文机关标志的规范与统一。

五、《党政机关公文格式》中规定，发文机关标志推荐使用小标宋体字，这是因为小标宋体字显得庄重，其他字体如楷体、隶书、魏碑体等都带有某些书法艺术的成分，不适合标注党政机关。关于发文机关标志的字号，应当以不大于上级机关为原则自行酌定，但不能超过 22 mm（长）×15 mm（宽）。

六、在具体排布位置上，发文机关标志如果文字较少，要尽量拉宽字间距，如果文字较多，则要尽量缩小字间距，总体上要小于版心的宽度，做到醒目、美观、庄重。

七、值得注意的是，与原来相比，发文机关标志的位置有了变化，原规定发文机关标识上边缘至版心上边缘的距离为 25 mm，对于上报的公文，发文机关标识上边缘至版心上边缘的距离则为 80 mm，这样规定就使得各级党政机关在设计和印制空白的红头文件用纸时需要两种不同留白格式的红头纸，显得很麻烦。《党政机关公文格式》规定无论上行文下行文还是平行文，发文机关标识上边缘至版心上边缘的距离统一规定为 35 mm。35 mm 就是三行多的距离，正好可以标注份号、密级和保密期限以及紧急程度。

八、对于联合行文，发文机关标志可以同时标注联署发文机关的名称，也可以单独使用主办机关的名称。如果需要同时标注联署发文机关时，应分行连续标注所有联署发文机关名称，一般主办机关在前，并将"文件"二字置于发文机关名称右侧，上下居中排布。

70 │ 签发人的确定及其标识规则有哪些？

签发人即签发文件人的姓名。根据《党政机关公文处理条例》的规定，上行文应当标注签发人的姓名，这就是说只有上行文才会出现签发人。公文标注签发人姓名，主要目的是为上级机关在处理下级机关公文时，上级机关领导人了解下级机关谁对上报的事项负责，从而有利于增加决策的透明度，进一步增强公文签发者的责任感。对此，应重点把握如下几点：

一、需要说明的是，所有公文都有签发人这个概念。《党政机关公文处理工作条例》要求，公文应当经本机关负责人审批签发。重要公文和上行文由主要负责人签发。因此可见，任何一份公文都有签发人，一般性公文由主管领导就可以签发，而上行文必须由机关主要负责人签发。主要负责人是指各级机关的正职或主持工作的负责人。因此，上行文标注的也只能是机关的主要负责人。

二、在具体标注方法上，为清晰醒目，对比明显，"签发人"三字使用三号仿宋体字，后加全角冒号，冒号后使用3号楷体字标注签发人姓名。

三、单一机关或者两个机关联合上行文，签发人编排在发文字号的右侧，与发文字号处在同一行，右空一字，这样显得对称美观。

四、如有多个签发人，签发人的标注方法是，"签发人"三字和全角冒号与首行签发人姓名编排在发文机关标志下空二行位置，按发文机关顺序编排签发人姓名，每行一般排两个签发人姓名，两个签发人姓名中间空一字，回行时应做到每行签发人姓名的第一个字都要对齐。为与三个字的人名对齐，两个字的人名中间空一字。发文字号应始终与最后一个签发人姓名处于同一行。

五、联合发文时，所有联合发文机关的负责人都称为签发人，且都需要标注签发人姓名，当然主办机关的签发人应放在第一位。

71 版头中的分隔线及其标识规则有哪些？

一、分隔线系《党政机关公文格式》中的新提法，原来称为版头反线，此外还有诸如正线、文武线和武文线等多种概念表述，由于对所谓正线、反线等说法并没有清晰的定义，在实践过程中公文制作人员也对此表示困惑，不知道多粗的线算正线，多粗的线算反线，为避免歧义，简化操作，《党政机关公文格式》（GB/T9704—2012）中将其调整为"分隔线"。

二、就通常而言，一篇公文中的分隔线可以有若干条。在公文首页版头部分的发文字号之下4mm处居中印一条与版心等宽的红色分隔线；公文末页版记部分也有至少两条分隔线，用于区分版记与正文以及版记部分各要素。分隔线应当与版心等宽，即156mm，居中印制。

三、需要特别注意的是，党的机关公文，原来在红色分隔线的正中央需要点缀一颗五角星，以示鲜明醒目和美观大方，除了党的机关公文外，其他机关公文均不得在红色分隔线中央嵌入五角星。而在《党政机关公文格式》实施后，这种做法业已取消，即无论党的机关还是国家行政机关公文，均不在红色分隔线点缀一颗五角星，否则就是不合规范的。

72 | 公文发文字号的编制规则有哪些？

发文字号又称发文号、发文编号。它是公文格式中一个不可缺少的组成部分，即向外发文的登记编号，是公文的"身份标识"。发文字号的作用主要体现在以下几个方面：

一、便于文件的发出。通过发文编号，使文件在文书部门挂号登记，文书部门就得履行职责按时将文件组织发出。

二、便于掌握、统计发文的数量。大单位对外发文较多，一看发文编号就知道整个单位及部门向外发出多少份文件。

三、便于查询和引用。

四、利于保管的系统性。

编制发文字号的原则，《党政机关公文处理工作条例》中明确规定："发文字号由发文机关代字、年份、发文顺序号组成。联合行文时，使用主办机关的发文字号。"其具体要求是：1. 发文字号三个构成要素的排列顺序，应先是机关代字，其次是年份（书写时两面加六角括号），最后是发文顺序号。编排在发文机关标志下空二行位置，居中排布。年份、发文顺序号用阿拉伯数字标注；年份应标全称，即四位年代号，"98""15"等都是错误的；年份用六角括号"〔〕"括起，例如〔2015〕，它既不是数学公式中的中括号，也不是圆括号；发文顺序号是一个发文机关一年内制发文件的统一流水号，一般以不同的发文形式分别进行统一的编号，例如以本机关的名义制发的公文可以统一编号，以本机关办公厅名义制发的公文另行统一编号。不加"第"字，不编虚位（即1不编为01），在阿拉伯数字后加"号"字。2. 发文字号的拟制，难度最大的要数发文机关代字，它是由发文机关文秘部门为本机关所有部门统一编制的规范化缩写加"发""函"等组成。规范化缩写应能够代表发文机关的特征，如中共中央的代字为"中"，国务院的代字为"国"，中共江苏省委的代字为"苏"，江苏省人民政府的代字为"苏政"，中共成都市委的代字用"成委"，成都市人民政府用"成府"，国家质检总局党组用"国质检党组"，国家质检总局用"国质检"。也有在发文机关规范化缩写和"发""函"之间加拟稿部门的代字，如"发改高技""发改办高技"。党政机关的发文字号应以分开为宜。3. 在机关代字中应明确发文的含义，如"中发""中办发""闽党发""晋汾党发"等。4. 几个单位联合行文时，不应一文多号，而应只标主办机关的发文字号。5. 在编写发文机关代字时，要力求做到明确、简洁、规范，且不产生歧义和冲突。特别是不能与上级机关、同级机关的机关代字相互冲突或重复，如某县的政府、政协、政法委三机关的代字都会编成"×政发"，就会出现不同文件同一文号的现象，要力求避免。6. 还有，发文机关代字应力求用字简练，有的发文机关代字有七八个、十几个字之多，虽然可能各有其所代表的层次，但代字过长，不仅使人读不懂，还会带来很多不必要的麻烦，诸如登记费事、排版困难等。7. 在机关代字中，要不要注明承办部门的代字，可视具体情况而定，如大单位可以考虑这样做，一般中、小单位就不甚必要。8. 发文字号的标注位置，如果是平下行文，应以置于版头之下正中位置为宜。上行文的发文字号则居左空一字编排，此时右侧对称位置标注签发人，发文字号应与最后一个签发人姓名处在同一行。

73 公文标题有什么重要作用？

标题是公文的"眼睛"，在公文中具有非常重要的作用。具体包括以下四点：

一、传神。向阅者传递公文的基本精神和中心思想。作者撰写一份公文都具有其一定的主旨，即写作主体通过公文的全部内容所表现出来的一种贯穿全文的基本精神与中心思想，如制文的原委、目的及其主张等。假若一份公文没有标题，阅者只能通读全篇密密麻麻的文字之后，才知道这份公文的基本精神与中心思想是什么，这就会给阅者把握公文的主旨带来很大困难。公文有了标题，标题中的"事由"主要用以揭示公文的主旨，人们一看"事由"，就知道公文的基本精神和中心思想，可以提高阅读公文的效率。

二、显性。即显露公文的性质、特点。公文标题中都标注有文种名称，公文的阅者通过看标题中的文种，就可以准确地把握这份公文的性质和特点。

三、好记。标题是一份公文的名字，有了这个名字，收发文机关才便于登记管理。

四、便用。正因为标题是公文的名字，在日常查询、起草公文和讲话时引用起来非常方便，一提标题人们就会自然想到是哪份公文，而且也便于事后对其进行立卷、归档。

74 公文标题的结构形式及拟制规范有哪些？

标题是对公文主要内容的概括和揭示，其作用在于向读者传达公文的基本内容。根据《党政机关公文处理条例》的规定，公文标题由发文机关名称、事由与文种三个要素构成，通常称这种完整的公文标题为"标准式"的公文标题。例如《国务院关于深化流通体制改革加快流通产业发展的意见》，其发文机关是"国务院"，文种名称为"意见"，中间部分为"事由"。就通常而论，在发文机关与事由之间要加介词"关于"，在事由与文种名称之间要加一个助词"的"。从语法结构上看，公文标题通常是由一个偏正词组构成，以文种名称为中心词，前面加发文机关名称和事由作限制成分。

值得注意的是，关于公文标题的拟制规定，原来的公文法规曾经表述为"一般应当标明发文机关名称，并准确标明公文种类"。这就是说，在有些特定情况下，公文标题的三个构成要素可以省略，有时可以省略发文机关名称，有时可以省略事由，当然文种系必备要素，决然不可省略。但《党政机关公文处理工作条例》对此作出了明确规定，即必须由发文机关、事由、文种三个要素组成，不可或缺。发文机关名称可以使用发文机关全称或者规范化简称。要注意三个或者三个以下的机关联合行文时，应当列出所有的发文机关名称；如果是四个及四个以上的机关联合行文时，则可以采用排列在前的发文机关名称加"等"字的表述形式，以免将公文正文挤出首页，而这又违反了公文写作的一条最基本原则，即要确保首页显示正文。

事务性文书的标题，在写作时则比较灵活，可采用新闻式的公文标题，主要是简报、调查报告和讲话稿等文种有时使用。这类标题表现得很随意，有的只有一个标题，有的则有正副两个标题，其中正标题一般用来揭示正文的中心内容，副标题则用以说明反映的单位、时间、人物和事件。例如《与时俱进，持之以恒——关于××市健全"三位一体"德育网络情况的调研》《改革促联合 联合出效益——我市县办工业横向联系方兴未艾》。有的还用附加括号式的标题，即在标准式公文标题的下面正中位置加一圆括弧，括号内注明某年某月某日，经某某会议讨论通过或批准的字样。这种标题主要适用于：经会议集体讨论通过,且无红色版头又无主送机关标识的决定、决议以及条例、规定、制度、办法等法规性文件。

75 公文小标题的拟定有哪些规则?

小标题又称分题、插题、层次标题。在公文写作中,尤其是那些头绪复杂、内容丰富、篇幅较长的公文,精心撰拟小标题,以概括揭示某一段落或层次的中心内容,突出某一件事或某项工作进程的阶段性,强调某种思想观点、措施或问题,从而让阅者准确地领会公文内容,是十分重要的。对长篇文章相间有序地设置这样的"窗口",便产生疏朗醒目的美感。

公文写作中如何拟定小标题呢?应当主要把握以下六点:

一、看是否准确恰当。小标题对于本段所写的内容主旨而言,必须概括得准确无误,恰如其分。例如有篇关于××工程的调查报告,题为《一颗盲目施工的苦果》,设立了这样几个小标题:"钓鱼"工程,后患无穷;违反基建程序,造成浪费;合同没订,扯皮无穷;领导外行,吃尽苦头。其中第三个小标题下面的内容为:"××工程一开工,'扯皮'之战就打响。遇到问题,主建、施工、设计三方各说各的理,问题不能顺利解决。这个工程自兴建以来,主建、施工和设计三方,竟连一份经济合同都没签订。设计图纸没有按时完成,拖延了工期,但设计单位不负经济责任;主建部门任意要求修改设计,不受任何契约约束;施工单位则是'老牛赶山,走着瞧',来一部分图纸,要一部分钱,干一部分工程。外装修用的面砖就是一个三方扯皮的典型事例。主建单位要求由面砖改为水刷石,设计单位则坚持要用面砖;而面砖的采购,主建单位和施工单位又互相推诿、扯皮近半年之久。"这段文字是该项工程三方互相"扯皮"的活写真。作者将小标题拟为"合同没订,扯皮无穷"是极其准确恰当的。

二、看是否明确集中。拟定小标题,要特别注意不能过于杂乱,而要力求明确集中,写得越单一越好。不要将几个性质不同、不能相提并论的问题硬行扯在一起,搞成"小杂烩"。同时,也不能将原本是性质相同的问题,却分散到两个小标题中去说。例如××单位所写的《2015年度工作总结》,共列有四个小标题,其中第一个是:"解放思想,广泛宣传,积极争取对外业务,努力开展多种经营"。不难看出,这个小标题的内容较为杂乱,既有思想政治方面的,又有生产经营方面的,将这些性质不同的事项硬行"捏"在一起,显得头绪纷繁,庞乱芜杂。

三、看是否照应总题。拟定小标题,要注意与全文总标题相呼应。总标题是对全篇内容的高度概括,是"纲",各个小标题均是从不同角度、不同层面对总标题内涵的展示,是"目"。它们共同服务于总标题,呈现出一种"轮辐向心"和"众星捧月"的态势。例如《中共中央、国务院关于保护森林发展林业若干问题的决定》一文共列有八个小标题:稳定山权林权,落实林业生产责任制;木材实行集中统一管理;对林业的经济扶持;木材综合利用和节约代用;抓紧林区的恢复和建设;大力育林造林;发展林业科学技术和教育;加强党和政府对林业的领导。可以看出,上列小标题是从八个方面制定了如何"保护"、如何"发展"的林业政策,丝丝入扣,不枝不蔓。值得注意的是,一些方针政策性较强的公文如通知、意见等等,其所设立的小标题往往呈现出一种规律性的特征,即通常在第一个小标题交代问题的重要性及必要性,中间各题是有关指导思想、基本原则、总体目标以及主要任务、政策措施等方面的内容,最后则是组织领导方面的要求,也是从不同角度对总标题加以展示。

四、看是否合乎逻辑。拟定小标题,必须注意讲究逻辑性。从逻辑角度讲,公文总标题与小标题之间具有领属关系,而各个小标题相互之间则是并列关系。撰写时要对其进行合理的分类,符合逻辑,不能彼此包容或者相互交叉,不该并列的不能并列。对各个小标题的设置,还要照应全文主旨,分清性质、轻重、主次,仔细考虑其排列次序,做到条理清楚。例如《××县放宽政策和发展第三产业现场办公会议纪要》,共列有六个小标题:关于放宽政策问题;关于筹建货场问题;关于发展第三产业问题;关于贷款问题;关于扩建整流器厂问题;关于企业办理工商营业执照问题。从表面上看,各标题排列整齐具体,反映出了会议的主要议题。但仔细推敲则不然。从总标题来看,会议的中心议题实际是两个:一是放宽政策问题,一是发展第三产业问题。因此,要拟定小标题,有这样两个也就足够了。有些应归属"发展第三产业问题",有些则应归属"放宽政策问题"。而文中所列小标题将具有从属关系的"问题"并列,显然不当。

五、看是否有艺术性。拟定小标题,还要讲求艺术性。一般来讲,主要有四种方法:一是运用形象化的语句。例如《中纪委关于加强纪检工作座谈会纪要》一文,其中最后一个小标题"自己干净才能帮助别人洗澡",采用借喻手法,生动活泼,耐人寻味。二是运用对仗式。但这种对仗一般只是讲求字数的对称整齐,而非严格意义上的对仗。例如上文"总结工作,增强信心""全党动手,上帮下促"等便是。三是运用排比式。例如《全国农村工作会议纪要》下设五个小标题:关于农业生产责任制;关于改善农村商品流通;关于农业科学技术;关于提高经济效益、改善生产条件;关于加强思想政治工作和基层组织建设。以介词"关于"作提示语,统辖全"局",结构紧凑,语势强劲,富于表现力。四是使用该段中具有概括性的"原话"。这在一些综合性的简报以及先进人物事迹材料中较为多见。

六、看是否匀称和谐。即指各个小标题的拟定,一定要顾及相互之间在形式上的整齐匀称,无论在句式还是在字数上,都要尽量做到和谐顺畅,讲究布局上的美感,不能长短不一,参差不齐。例如《全国农村工作会议纪要》一文所设的五个小标题,均是以介词"关于"作提示语,构成整齐的排比式布局,显得十分匀称和谐。而像前文《一颗盲目施工的苦果》一文所列的四个小标题,第一、第三和第四个小标题均是由八个字组成,但第二个小标题却不如此,破坏了标题的整体美。因此,可将其中的"基建"二字删去,以求和谐匀称。

76 公文标题中如何正确使用标点符号?

现代汉语中的标点符号有点号和标号两大类。其中标号包括引号、括号、书名号、省略号、破折号、着重号和连接号、间隔号、专名号等九种,用以标明词语的性质和作用。关于公文标题中标点符号的使用问题,原来规定"除法规、规章名称加书名号外,一般不用标点符号"。这就是说,公文标题中不提倡使用标点符号,只在出现法规、规章名称时需要加书名号。但是,需要注意的是,《党政机关公文处理工作条例》对公文标题中标点符号的使用未作任何限制性规定,也就是说在公文标题的写作中,完全可以根据实际需要适当使用相应的标点符号。然而,从实践来看,公文标题中所能够使用的标点符号一般仅限于五种,即引号、括号、书名号、顿号、破折号。其中引号是用以表示行文中直接引用的话,表示特定的称谓或需要着重指出的部分,表示具有特殊含义的词语。引号分为单引号和双引号两种。在公文标题的制作中,要时常用到引号。公文标题中引号的使用意义较为固定、单一,一般是在对某一事物需要着重指出时使用。例如《关于"渤海2号"钻井船翻沉事故的检讨报告》,其中的"渤海2号"属特定称谓,使用时必须用引号标明。再如《关于"农转非"户口审批制度改革情况的报告》,其中的"农转非"是一个缩略语,具有特殊含义,它是农业户口转为非农业户口的简缩,使用时必须用引号标明,以示强调。

现代汉语中的括号是表示文章中注释的部分。在公文标题中,有时要用到括号,用以对标题内容进行补充、解释或说明。这种标题中的括号,多是针对文件内容的成熟程度予以说明,是公文标题的组成部分,是不可缺少的。例如《××市人民政府住房公积金管理办法(试行)》,其中的"试行"是对文件成熟程度的限定,说明此办法尚有待于在实践中进一步修订、补充。它与标题同为一个整体,不能割裂开来。现行的公文写作中,在使用括号时存在的问题较为严重。这突出表现在拟写批转或转发性公文标题时,对"试行""修改草案""暂行"等说明性词语,置于书名号之外。这是不正确的,有损于原标题的完整性,例如"××省教育厅关于转发教育部《高等学校学生行为准则》(试行)的通知",此标题中的"试行",表明了该文件的成熟程度。它与文件标题内容关系密切,是不可分割的整体。因此,在拟制时,除将"试行"加括号外,应特别注意将其置于书名号之内。

公文标题中的这种说明性词语,都是依据公文内容的成熟程度及公文文种选用的,其位置既可以出现在题尾,也可以出现在题中。括号只在题尾说明时才使用,而题内则不需用标点符号。例如《国家行政机关公文处理暂行办法》,不能写作《国家行政机关公文处理(暂行)办法》。

现代汉语中的书名号是用以表示书籍、文章、文件、报刊等名称。公文标题中经常使用书名号,主要用于批转、转发性公文。现行公文写作中,在拟制标题时使用书名号常见的错误主要是位置不当。例如:"批转××县商业局《关于深化改革,振兴××县商业实施意见的请示》的通知"这个标题书名号的使用位置不当。因为这是一个批转性标题,而批转和批复是不同的。批转是针对原文件的批准和转发,需将原文标题一字不易地标出;而批复则是针对来文所请示问题的答复性意见。如果将此标题改为批复性的,因其对象是××县商业局请示的问题,故可将标题拟为"对××县商业局《关于深化改革,振兴××县商业实施意见的请示》的批复",发文机关可以置于书名号之外。而在批转时,因是县商业局的文件,因此,在拟写标题时,应将"县商业局"作为原标题不可缺少的部分,一并加上书名号,而不能将其截然分开;故此标题应改为"批转《××县商业局关于深化改革,振兴××县商业实施意见的请示》的通知"。

顿号用于表示语段中并列词语之间或某些序次语之后的停顿。公文标题中使用顿号具有特定的条件，即只能适用于标题的事由部分所出现的并列词语之间的停顿，例如《中共中央办公厅 国务院办公厅关于少开庆功、表彰大会的通知》，其中"庆功""表彰"两个并列词语之间即应使用顿号隔开。值得强调的是，联合行文时，并列的两个或多个发文机关名称之间不用顿号，而采用空格的方式处理。

破折号用于标示语段中某些成分的注释、补充说明或语音、意义的变化。一般适用于由正副题组成的公文标题，其中正题往往是虚的，对公文所涉及的内容进行概括，而副题则往往是实的，对正题进行补充、解释或者说明。例如《改革促联合 联合出效益——我市县办工业横向联系方兴未艾》《今年的党风要有一个根本性的好转——中纪委2015年第38次会议纪要》。

总之，对于公文标题中的标点符号的使用，一定要严格区分其界限，不能混淆滥用；要注意掌握它们的不同特点和功能，以便使拟制出来的标题合乎要求，从而更好地维护公文的规范化和严肃性。

77 公文标题中的事由及其功用有哪些？

所谓"事由"，顾名思义，"事"即事情，"由"即要点，是指一篇公文所要解决的主要问题。对此，不能把"事由"简单地理解为解决问题的原因，也不能把"事由"单纯地理解为态度、看法、观点、认识，它是与态度、看法、观点、认识有着密切关系的主张、措施、办法、要求。提炼公文的事由要善于概括全文的中心内容，语意要完整准确，而且用语一定要高度概括和凝练，寥寥几字即解决问题，切不可题文不符抑或失之烦冗。在公文标题的拟写中，如何寻求准确、精练、得体的"事由"，是公文标题写作成功的关键所在。例如《中共中央关于加强党同人民群众联系的决定》一题，事由部分即为"加强党同人民群众的联系"，通过事由的表述，使行文的主旨趋于明确具体，便于人们理解和执行。在实际写作中，有些公文标题的事由部分就存在诸多问题，对正文部分内容的概括或失之于宽或失之于严，损害了公文内容的准确表达，是必须引起注意的。

78 公文标题的排列形式有哪些?

公文标题仅有内容美是不够的,还要讲求形式美。所谓形式美是指将构成公文标题的各内容要素即发文机关、事由和文种诸要素在文面上妥当、合理地进行排列布局,使其清晰整洁、醒目匀称,给人以美感。按《党政机关公文格式》的规定,公文标题一般用二号小标宋体字,编排于红色分隔线下空二行位置,分一行或多行居中排布;许多公文的标题字数较多,往往需要多行排布,这样在回行时,要做到词意完整,排列对称,长短适宜,间距恰当,标题排列应当使用梯形(包括上梯形和下梯形)或菱形。综括起来,对公文标题的排列布局大体如下:

一、单行式。此种标题一般字数较少,排列时应将其置于一行正中,两边空出相等距离,以示鲜明醒目,匀称美观。例如:

中共中央关于整党的决定

二、双行式。此种标题分上下两行排列,其字数相对较多,如挤占一行则有失美观,在这种情况下,即分双行排列。它又包括如下三种情形:

1. 上下等长(又称两行等长)。例如:

中共中央关于接收宋庆龄同志
为中国共产党正式党员的决定

2. 上短下长。例如:

中共中央、国务院
关于加强职工教育工作的决定

3. 上长下短。例如:

全国人民代表大会常务委员会
关于教师节的决定

三、多行式。此种标题一般分上中下三行(少数则在三行以上)排列,字数较多,尤其在批转或转发性公文标题之中更为常见。它又包括如下八种情形:

1. 上梯形。例如:

国务院关于提请审议

《中华人民共和国外商投资企业

和外国企业所得税法（草案）》的议案

2. 下梯形。例如：

全国人民代表大会常务委员会

关于设立国防科学技术

工业委员会的决议

3. 上下短中间长。例如：

国务院批转进出口管理委员会

国家经济委员会《关于建立中国工艺美术

行业协会的报告》的通知

4. 上中下等长。此种标题字数相对较多，尤其以批转、转发性通知最为常见。例如：

中共中央办公厅转发《中共中央宣传部关于

马克思主义理论研究和建设工程实施以来的

工作情况和今后5年工作设想的报告》的通知

可以看出，上述诸种公文标题的排列方式都能给人以一定的形式美感。值得注意的是，公文标题的排列应尽可能控制在三行以内，否则即应在内容表达上尽量求简，以充分发挥其应有的作用。

此外，要做到形式美，还必须注意掌握这样几个具体问题：

第一，按照《党政机关公文格式》的规定，公文标题"可分一行或多行居中排列"。如果字数较少，则居中排成一行。对于只有两个字的标题如"通告""公告"等，排列时字与字之间要适当空出一定的距离，既不能过分"拥挤"，也不能流于松散，一般以空出3—5字为宜；如果字数较多，排列时超过一行3/5以上的，则应分成两行或三行。要尽量避免四行甚至更多行数标题的出现。

第二，要注意保持词或词组的相对完整性，不要随意割裂，将其分置两行之中。如果这样，即使各行字数匀称相等，也不符合公文标题的形式美要求。例如下面的示例存在问题：

中共××市委 ××市人民政府

关于进一步整治和改善经济

发展环境的实施意见

"经济发展环境"是一个完整的词组,在标题中将其分割到两行之中显然不妥。应当改为:

中共××市委 ××市人民政府
关于进一步整治和改善经济发展环境的实施意见

第三,要注意排列对称,长短适宜,间距恰当,标题排列应使用梯形或者菱形。一般来说,标题应尽量简短,不要占据行数太多。标题多行时一般采用上梯形、下梯形或菱形排布,每行标题字数不能过多,如果左右都顶到版心边缘,会显得非常难看。标题采用三号字字高的 7/8 作为行间距即可,不宜采用 2 号字字高的 7/8,行距过大会使标题显得不美观。

第四,对于标题中的标点符号,应将其与正文中的标点符号同等对待;但是,双行或多行排列的标题,每行末尾的标点符号可以省略。

第五,如果标题所占行数太多就会出现把正文挤出首页的情况,此时可以作变通处理,即将标题上移,不必在红色分隔线之下空二行标注,可以空一行或者不空行。

总之,公文标题的制作要着意讲求美,既要有美的内容,又要有美的形式,并将二者有机地结合起来,达到高度的统一。讲求标题美,建立公文标题的美感机制,是公文发展的客观需要。

79 主送机关及其标识规则有哪些?

根据《党政机关公文处理工作条例》的规定,主送机关是指公文的主要受理机关。它负有办文的责任,是公文的致送对象,也是一个非常重要的格式要素,是公文行文能否做到"有的放矢"、顺利实现行文目的、发挥公文应有效用的关键所在。没有主送机关或者主送机关确立不准,将直接影响公文的效力。准确认定公文的主送机关,是文件发出后能否得到及时贯彻处理的一个关键性问题。对此,应当注意把握如下几点:

一、主送机关,要注意使用发文机关全称、规范化简称或者同类型机关统称。所谓同类型机关的统称,如"各省、自治区、直辖市人民政府,国务院各部委、各直属机构","各区、县委,各区、县政府,市委、市政府各委办局,各总公司,各人民团体,各高等院校"。

二、对于上行文,原则上只能有一个主送机关,以便公文的办理。只有普发性的下行文,才可以有若干个主送机关。

三、有些公文可能没有主送机关,例如选用公告文种的行文,用于向国内外宣布重要事项或法定事项,一般通过报纸、电视、广播电台、网络等媒体向国内外公开发布和传播,所以没有特定的主送机关。

四、主送机关一般按照重要程度排列。各有关单位之间使用顿号或逗号分清层次。同类型机关内同级机关之间用顿号分隔,不同类型机关之间使用逗号分隔,最后一个主送机关之后标全角冒号。例如"各省、自治区、直辖市党委和人民政府,中央和国家机关各部委,解放军各总部、各大单位,各人民团体"。

五、根据《党政机关公文格式》规定,主送机关使用三号仿宋体字标识,其位置编排于标题下空一行位置,居左顶格,回行时仍然顶格。如主送机关名称过多导致公文首页不能显示正文时,应当将主送机关名称移至版记。如需把主送机关移至版记,除将"抄送"二字改为"主送"外,编排方法同抄送机关。既有主送机关又有抄送机关时,应当将主送机关置于抄送机关之上一行,与抄送机关之间不加分隔线。

六、值得注意的是,"命令""纪要"等文种不使用"主送"与"抄送",统用"分送"代替之。

80 公文正文及其行款规范有哪些要求?

《党政机关公文处理工作条例》规定:"正文是公文的主体,用来表述公文的内容。"可以这样说,正文是公文写作最为核心也是最为重要的部分,我们讲公文写作,实质上就是指公文正文部分的写作。通过正文部分,将公文的具体主张、见解、依据、背景、缘由、办法、措施、结论等传输给读者,以此推动公务活动的开展。因此,对于公文正文部分的写法,一定要引起高度重视。

一、正文是一份公文具体叙事、明理、提出要求的文字表达部分。公文正文一般由三个部分构成:一是开头部分,其内容或是引据,或是讲明背景、原委,或是概述情况,或是篇前撮要,或是明了目的;二是主体部分,内容或是针对问题进行分析,在分析问题、讲明道理的基础上提出解决问题的办法;或是直陈要求、意见;或是提出主张、列摆措施、讲明办法;三是结尾部分,这部分的用语要适应不同文种的需要而异,切不可千篇一律。如上行文一般可用"当否、请批示""以上是否可行,请批示"等;下行文一般可用"希即遵照""特此通知""此复""此令"等;平行文则一般可用"为荷""为盼""为要""特此函复"等。

二、按照《党政机关公文格式》的规定,公文首页必须显示正文。这是公文行文的一条最基本原则。之所以这样规定,主要是为了保证公文的严肃性、真实性。如果公文首页没有正文,使人一看首页还不知道文件的内容是什么,是不太严肃的事情,并且容易产生假冒公文。那么在哪些情况下可能会出现首页显示不了正文呢? 主要有:1. 联合行文。一般来说,单一机关行文,不可能出现将正文挤出首页的情况,但如果联合行文的机关过多,例如极端情况下曾经有26个单位联合行文,就可能出现将正文挤出首页的情况。发文机关过多时,推荐只使用主办机关标志;也可以将所有联署发文机关标志字号缩小、行距缩小,直至保证公文首页显示正文为止;除此之外,还可以考虑调整行距、字距等办法解决。标题中可用"××等26部门关于××××"。总之,可以采取各种变通的方法满足首页必须显示正文的基本要求。2. 主送机关过多。主送机关过多时,也可能出现将正文挤出首页的情况,在此种情况下,可采取将主送机关移至版记部分,编排在抄送机关上一行的方式加以解决。3. 签发人过多。联合上报公文的签发人太多时,也可能将正文挤出首页,在此种情况下,可以采取增加每行签发人个数等办法解决。

三、正文一般采用3号仿宋体字,从主送机关下一行开始,每个自然段左空二字,回行顶格,自然段之间不空行。这些要求与一般文件格式的要求相同。要注意每面排26行,每行28个字。

四、对于正文中涉及的阿拉伯数字和汉字数字的用法,应当按照国家标准GB/T15835—2011《出版物上数字用法》中的有关规定执行。该标准的第4.1条规定,在使用数字进行计量、编号的场合,已定型的含有阿拉伯数字的词语(如3G手机、MP3播放器等)中,应该使用阿拉伯数字;作为非公历纪年、概数(如三四个月、一二十个),已定型的含有汉字数字的词语时,应该使用汉字数字;如果表达计量和编号所需要用到的数字个数不多,选择汉字数字还是阿拉伯数字在书写的简洁性和辨识的清晰性两方面没有明显差异时,两种形式均可使用,如17号楼(十七号楼)、3倍(三倍)。如果要突出简洁醒目的表达效果,应使用阿拉伯数字;如果要突出庄重典雅的表达效果,则应使用汉字数字。该标准的第5.1.7.2条还规定,一个阿拉伯数字书写的数值应在同一行中,避免被断开。因此,正文中的数字不能回行。

五、公文中如果涉及字母词时,应注意使用的规范要求。首先公文应依法使用规范汉字,《中华人民共和国国家通用语言文字法》明确规定:"国家机关以普通话和规范汉字为公务用语用字。"其次,汉语文出版物中需要使用外国语言文字的,应当用国家通用语言文字作必要的注释。各级党政机关要按规定办事,制发公文时一般不应使用字母词,如确需使用,应当在文中首次出现时以括注的方式注明准确的汉语译名,例如使用 GDP 这个概念,应该以"GDP(国民生产总值)"的方式引用。对于《现代汉语词典》中收录的以西文字母开头的字母词,已有对应汉语译名的,要使用其汉语译名。

六、公文正文中的计量单位应当使用法定计量单位,以面积单位为例,可根据实际面积大小,选用平方米、公顷、平方千米等计量单位。

七、公文中的结构层次,一般不超过四层,其层次叙述依次可用"一、""(一)""1.""(1)"标注,第一层一般使用黑体字,第二层一般用楷体字,第三层和第四层一般用仿宋体字标注。之所以这样规定,是为了使各级层次更加清晰醒目。此外,需要加以强调的是,第一层次"一"后面跟的是顿号,第二层次"(一)"后面不能跟标点符号,第三层次"1"后面跟的是一个小圆点".",第四层次"(1)"后面不能跟标点符号。公文中的结构层次叙述可以越级使用,如果一篇公文的结构层次只有两层,第一层用"一、",第二层既可以使用"(一)",也可以使用"1."。

八、当公文正文中需要引用其他公文时,应按照先引标题,后引发文字号的方式进行引用,例如"根据国务院国有资产监督管理委员会《关于××××的通知》(国资发〔2015〕××号)的要求"。

81 公文附件说明及其标识规则有哪些?

附件说明也是公文主体部分的一个格式要素,但并非每份公文都有。根据《党政机关公文处理工作条例》的规定,附件说明是指公文附件的顺序号和名称。对此,需要把握以下几点:

一、要弄清什么是附件说明。公文正文中的一些内容,如图表、名单、规定等等,如穿插在公文正文中,往往隔断公文正文的前后联系而造成阅读上的不便,需要将其从公文正文中抽出来作为公文的补充单独表述,即附件。公文附件是正文的说明、补充或者参考资料,是公文格式的一个重要组成部分,与正文一样具有同等效力。因此,需要在正文中以及附件内容处加括号注明"见附件"或"附后"。

二、在公文的正文之下、公文生效标志(即发文机关署名、成文日期和印章)之上需准确标注附件的顺序号和名称,以显示公文的附件与正文不可分割的关系。若公文带有一个附件,需在正文之下、公文生效标志(即发文机关署名、成文日期和印章)之上准确标注附件的名称;若公文带有两个及两个以上附件,需要在公文的正文之下、公文生效标志(即发文机关署名、成文日期和印章)之上注明附件的顺序号和名称。

三、公文如有附件,要用三号仿宋体字在正文下空一行之后,左空二字开始标注"附件",后标全角冒号和附件名称。如果公文带有两个及两个以上附件,附件名称前面用阿拉伯数字标注附件的顺序号,顺序号后面紧跟一个小圆点(如"附件:1.××××")。

四、如果附件名称较长需要回行时,应当与上一行附件名称的首字对齐。

五、附件名称之后不加任何标点符号。

六、正文中涉及的附件处的标注内容、附件说明处的标注内容及附件的标注内容前后要保持一致。

七、需要注意的是,以往存在一种说法,即采用复体行文方式用于向上级机关报送或向下级机关批发(批转、转发、印发)的相关文件材料,有人认为也属于公文的附件。其中前一类附件是真正意义上的附件;而后一类附件,实际上是主件,是真正意义上的主件,原来的主件成为一种形式,只起报送、发布、按语、转发、函告的作用。这种观点是错误的。正确的观点和做法是,在正文中写明报送、批转、转发、印发等字样的公文,在其生效标志后所附的内容不是公文的附件,因此,在附件说明处也就不必标注相关内容。

82 公文的生效标志各构成要素的特点有哪些?

公文的生效标志包括三个要素,即发文机关署名、成文日期和印章。这三

个要素联系紧密,在公文文面上的编排位置相互影响,是一个有机的整体。对此,需要把握如下各点:

一、发文机关署名。发文机关署名即公文的制发机关,亦称落款,是指发文使用的名义。它是公文格式中的一个重要组成部分。发文的名义必须是法定的公文作者,党和国家机关以及企事业单位,都是依据法律、条例、章程而建立的,它们可以根据自己的职能和权限制发公文,都是法定的公文作者。发文的名义主要是以单位组织的名义为主,有时也用机关首长和国家领导人的名义,如中华人民共和国主席令、全国人大常委会委员长令、机关首长对所属工作人员的任免令(或任免通知)等。以领导人名义作为公文的作者,并非以其私人身份出现,而是以他所在机关法定领导人身份行使职权的一种表现。《党政机关公文处理工作条例》规定,发文机关署名应当使用发文机关全称或规范化简称,公文一般以发文机关名义署名,特殊情况[如议案、命令(令)等文种]需要由签发人署名的,应当写明签发人职务并加盖签发人签名章。要注意发文机关署名应与发文机关标志、标题中的发文机关名称相一致。联合行文时,若发文机关标志并用联合发文机关名称,则发文机关署名的顺序应与发文机关标志的排列顺序相一致。值得注意的是,对于发文机关署名,原来曾规定单一机关以及两个机关联合行文时不要求署名,但《党政机关公文格式》已经统一,明确规定均须标注发文机关署名。

二、成文日期。成文日期是公文的生效时间,是党政机关公文生效的重要标志。根据《党政机关公文处理工作条例》的规定:"成文日期署会议通过或者发文机关负责人签发的日期。联合行文时,署最后签发机关负责人签发的日期。成文日期确定的原则是:会议通过的决议、决定等以会议正式通过的日期为准;经发文机关负责人签发的公文,以签发日期为准;联合行文的公文,以最后签发的机关负责人签发的日期为准;法规性公文,以批准日期为准;一般电报、信函等则以实际发出日期为准。成文日期在公文中的标注位置有两种:一是在公文标题之下,写全年、月、日并用圆括号"()"括起来,适用于经会议集体讨论通过批准而又不以"红头文件"(即带有红色版头的文件)形式发出且无主送标识的公文。如会议通过的决议、决定等公文;二是成文日期在公文正文或附件说明的右下方标注,写全年、月、日,并统一使用阿拉伯数字标识。成文日期用阿拉伯数字将年、月、日标全,年份应标全称,月、日不编虚位(即1不编为01)。这与原来也有所不同,按原来的规定,党的机关公文的成文日期使用阿拉伯数字,而国家行政机关公文的成文日期则使用汉字数字,《党政机关公文格式》对此作了统一规定,一律使用阿拉伯数字标注。

三、印章。公文加盖印章是体现公文效力的表现形式,是公文生效的标志,是鉴定公文真伪最重要的依据。根据《党政机关公文处理工作条例》规定,公文中有发文机关署名的,应当加盖发文机关印章,并与署名机关相符。上行文,一定要加盖印章;纪要一般不加盖印章;联合下行文时,所有联署行文机关均须署名并加盖与发文机关署名、发文机关标志相符的印章。需要明确的是,签发人签名章也属于印章的一种特殊形式,对于以机关负责人名义制发的公文,需要署签发人的签名章[如议案、命令(令)等]。

83 公文生效标志的编排规则有哪些?

一、加盖印章的公文。1.单一机关制发的公文。成文日期编排的横纵坐标通过以下方法确定:横向位置,成文日期最后一个字距离版心右边缘的距离一般为四个字,右空四字是为了确保印章两端不超出版心。纵向位置,置于正文(或附件说明)之后若干行,至于具体放在多少行之后,是由机关印章的大小决定的,因为印章大小是固定不变的,要确保成文日期处于印章中心下边缘位置,同时保证印章顶端距离正文(或附件说明)一行之内。发文机关署名标注在成文日期之上,以成文日期为准居中排布。若发文机关全称较长,一般使用规范化简称,若规范化简称仍然较长,则发文机关署名可以考虑分为两行编排。署名之间是否空字,可以根据署名的长短和印章的大小自行确定。需要注意的一个问题是,发文机关署名在成文日期之上居中编排,空一行的位置,也就是说发文机关署名应当在成文日期之上一行。加盖印章后,要使发文机关署名和成文日期位于印章的中心偏下位置,以不影响印章的庄重和美观。值得注意的是,对于印章的加盖,原来曾经有下套和中套两种方式,其中下套就是印章的下弧压在成文日期上,中套就是以印章的中心线压在成文日期上。此次《党政机关公文格式》已经将其统一,取消了中套的加盖印章方式,一律采用下套方式。印章要端正居中下压发文机关署名和成文日期,使发文机关署名和成文日期居于印章中心偏下位置。居中下压是指印章、发文机关署名和成文日期的纵向中心线应该重合,印章下边缘与成文日期下边相切,印章的上边缘距离正文(或附件说明)距离应在一行之内。

2. 联合行文。联合行文时,成文日期的编排格式与单一机关行文一致,仍然在正文(或附件说明)后下空若干行,用阿拉伯数字右空四字编排。发文机关署名按照发文机关的顺序排列,每排最多排三个印章,要确保两印章间互不相切或相交,印章和署名的纵向中心线应重合,署名的左右排列顺序与发文机关标志中的排列顺序应一致;同时保证首排印章的顶端距离正文之间(或附件说明)也不能超过一行。最后一个印章端正居中下压发文机关署名和成文日期。

二、不加盖印章的公文。无论是单一机关行文还是联合行文发文机关署名,第一个发文机关署名都标注在正文(或附件说明)下空一行位置。联合行文时应首先标注主办机关署名,其余发文机关署名与主办机关上下对齐,依次向下排列。成文日期标注在发文机关署名的下一行(即距离署名的距离为一个行距,三号字字高的7/8),成文日期首字比发文机关首字右移二字。如果发文机关署名长于成文日期,那么发文机关署名居右空二字编排;如果成文日期比发文机关署名长,成文日期居右空二字编排,发文机关署名适当增加右空字数。

三、加盖签发人签名章的公文。单一机关制发的公文,在加盖签发人签名章时,应当在正文(或附件说明)下空二行右空四字加盖签发人签名章,签名章左空二字标注签发人职务,相对于签名章上下居中。在签发人签名章下空一行右空四字标注成文日期。联合行文需加盖签发人签名章时,在正文(或附件说明)下空二行右空四字加盖主办机关签发人签名章,签名章左空二字标注签发人职务,相对于签名章上下居中。其余机关签发人职务、签名章依次向下编排,与主办机关签发人职务、签名章上下对齐;每行只编排一个机关的签发人职务、签名章;签发人职务应标注全称。在签发人签名章下空一行右空四字标注成文日期。

84 用印与签署的基本要求是什么?

用印就是给公文盖章,它是公文制发的一道重要程序,也是公文产生法定效力的一种标志。对此,应当注意把握如下几点:

一、根据《党政机关公文处理工作条例》的规定,公文中有发文机关署名的,应当加盖发文机关印章,并与署名机关相符。有特定发文机关标志的普发性公文和电报可以不加盖印章。

二、公文盖印的依据是领导人的签发字样,未经领导人签发的公文不得用印。

三、印章与公文落款要相一致。

四、用印要注意清晰、端正,位置准确,这是基本要求,特别是手工加盖印章,务必使印章清晰、不歪斜。

五、签署,是以机关领导人的名义发文,由签发公文的领导人亲笔在公文落款处签字,大批印发的公文可使用签名章,多适用于议案、命令(令)等文种。

85 怎样处理"此页无正文"及特殊情况?

"此页无正文"属于对公文排版时遇到的特殊情况的处理,在过去的公文处理实践中经常使用。对此,应当注意把握以下两点:

一、到底在公文中是否允许使用"此页无正文"的编排方式,《党政机关公文处理工作条例》中并没有作出明文规定。当正文之后所剩空白处不能容下印章或签发人签名章、成文日期时,一般应当采取调整行距、字距的措施解决。具体的调整方法是:当正文之后的空白只有一两行时,可以加宽行距,至少将一行文字移到下一页;如果正文之后的空白仅差一两行便可容下印章位置时,可以缩小行距或缩小一两行字距,挤出能容下印章的空间。这样,使印章与正文务必同处一页,不留任何空白。

二、如果出现采取调整正文字距或行距的措施仍无法解决的极特殊情况,如多个机关联合下行文,联合行文的机关过多,无法实现正文与所有发文机关的印章同处一页,就应采取"此页无正文"的方法,即将印章加盖在下一页空白上,并在该空白页第一行标注"(此页无正文)"。其目的主要有两点:一是说明正文内容在前页已经完结;二是防止末页被人撕下,伪造他用。

86 附注的含义及其标识规则有哪些?

根据《党政机关公文处理工作条例》的规定,附注是公文印发传达范围等需

要说明的事项,对公文的发放范围、使用时需要注意的事项加以说明。对此,需要把握如下几点:

一、并非所有公文都需要标注附注,公文的印发传达范围一般针对平行文和下行文,例如"此件公开发布""此件发至县团级""此件发至乡镇级""此件可登党刊"等等,对发送范围和阅读对象进行限定。

二、值得注意的是,请示行文需要在附注处注明联系人姓名和电话号码,这属于一种特殊情况。

三、要明确的是,附注不是对公文内容的解释,对公文正文的注释或解释一般在公文正文中采用句内括号或句外括号的方式解决,这一点在使用附注时需注意。

四、确定公文的阅读范围,要依据工作的需要和安全保密的要求进行。需要限定阅读范围的,一般是属于机密文件,不是机密文件没有确定阅读范围的必要。

五、公文如有附注,根据《党政机关公文格式》的规定,应当使用三号仿宋体字,紧接成文日期之下一行居左空二字,并在文字外加圆括号,回行时顶格。

六、需要注意的是,对上行文不可标注阅读范围。

87 附件的含义及其标识规则有哪些?

根据《党政机关公文处理工作条例》的规定,附件是指公文正文的说明、补充或者参考资料。对此,应当注意把握以下几点:

一、附件是附属于公文正文的其他文字、图表、图形等材料,对公文正文起到解释、补充、说明或者印证、参考作用,是公文正文的有机组成部分,与正文具有同等效力。

二、附件并非每份公文的必备要素,它主要包括与公文正文内容相关的文字材料、数据、名单、图表、图形等,这些内容如果穿插在公文正文中,往往容易隔断公文前后意思的联系而造成阅读上的不便,在这种情况下需要将其从公文正文中抽出来而作为公文的附件单独表述,既可以补充完善正文,又可使正文的内容简洁连贯。

三、根据《党政机关公文格式》的规定,公文的附件需要另面编排,也就是说无论前一面留有多少空白,都需要另起一面。

四、附件应当在版记之前编排,并与正文一起装订,这也是在实际操作中容易忽视的一点。如果在版记之后编排装订附件,由于版记是公文结束的标志,附件就不能视为公文的组成部分了。

五、附件首页首先要在版心左上角第一行顶格编排"附件"二字,使用3号黑体字,如果有多个附件,后面必须紧跟附件顺序号,顺序号后无需加冒号。

六、附件标题编排在首页第三行居中位置,附件序号和附件标题必须与附件说明中的内容完全一致。附件标题以及附件中行、字、段落等的编排与主体部分相应格式要素的要求一致。

七、如果附件不能与公文正文一起装订,则应在附件首页版心左上角第一行顶格标注公文的发文字号加"附件"二字以及附件的顺序号。例如正文中的附件标识为"附件:1. 2015年度国家标准制修订计划项目",在与正文不一起装订的附件左上角应顶格标注"国标委〔2015〕215号附件1"。

八、值得注意的是,批转、转发、印发类公文,被批转、转发、印发的内容(诸如工作要点、工作总结、实施方案、领导人的讲话等)不属于公文的附件,在公文正文中不加附件说明,直接另面编排,所附内容首页也不标注"附件"二字,其他格式方面的要求与正文一致。

88 公文版记的标识规则有哪些?

版记是公文不可缺少的重要组成部分,是公文结束的标志,对此,应当注意把握以下几点:

一、版记一般由抄送机关、印发机关和印发日期等要素组成。

二、置于公文的最后一页,版记的最后一个要素要置于最后一行。也就是说版记一定要放在公文的最后,即公文的最后一面(《党政机关公文格式》规定公文双面印制)的最下面的位置。

三、在实际操作过程中一定要注意版记必须处在偶数页上。假设公文内容很短,即使首页能够放得下版记内容,由于公文是双面印刷,也必须将版记移至第2页上,即便第2页除了版记没有任何内容。

四、公文的篇幅如果在一个折页(即有4面)以上,这时公文的页数一般应是 4 的倍数（一般是用 A3 纸印制，骑马装订），此时版记也一定要放在最后一面，而不管前面的空白有多少（一般不会超过 3 面），版记页和空白页均不标页码。

五、如果附件是被转发的文件，转发文件还应标识自己的版记。

六、《党政机关公文格式》中规定版记中的各个要素与印发机关和印发日期之间加一条分隔线隔开，一是为了显示各要素之间的区别，二是如此设计显得美观。要注意第一个要素之上和最后一个要素之下也有一条分隔线，但这两条一头一尾的分隔线要比中间的分隔线略粗一些。按照规定，分隔线应与版心等宽，即 156 mm，首条分隔线与末条分隔线的高度应为 0.35 mm，中间的分隔线用细线，高度一般为 0.25 mm。

七、印发机关，是指发文单位的中心机构或业务主管部门。标注印发机关的目的，在于收文单位对文件内容中未尽事宜的询问或工作中遇有什么问题、什么情况需要联系、反映时，径直与印发机关的承办部门联系，不必什么事都找机关领导，以提高工作效率。

89 抄送机关的含义及其标识规则有哪些？

《党政机关公文处理工作条例》规定，抄送机关是指除主送机关外需要执行或者知晓公文内容的其他机关，是公文的一个重要格式要素，但不是必备的要素。对此，应当注意把握如下几点：

一、抄送机关要使用机关全称、规范化简称或者同类型机关统称。机关全称应以批准该机关成立的文件核定的名称为准；一个机关或者单位的简称，应当由其上级机关或单位确定。当然也有本单位自定的，如果是本单位自定的简称，应当明文告知相关的机关或单位，而不能只是自己使用别人并不知晓。同类型机关统称，则应注意其排列的先后次序，而且要按系统和级别恰当排列，例如"各省、自治区、直辖市人民政府，国务院各部委、各直属机构"。

二、对于抄送机关，不论是上级、平级或下级，均称为"抄送"。过去那种分列"抄报""抄送""抄发"的做法已不复存在。

三、抄送机关的排列顺序，首先是上级机关在前，其次为同级机关，再次为下级机关，而且要按照党、政（地方党委政府在前，部门和厅局在后）、军、群的顺序排列。

四、抄送机关是版记中的第一个要素,如有抄送机关,一般用 4 号仿宋体字,在印发机关和印发日期之上一行,左右各空一字编排。首先标注"抄送"二字,后加全角冒号,随后标注抄送机关名称,回行时与冒号后的第一个抄送机关首字对齐。

五、一般情况下,抄送机关之间标点符号的使用方法是:同一系统内同级机关之间使用顿号分隔,不同系统机关之间使用逗号分隔,最后一个抄送机关名称后标句号,表明结束的意思。

六、在实际操作中,有时会遇到公文的主送机关名称过多而使公文首页不能显示正文,这样就需将其移至版记部分。如果抄送机关名称之上需要标注主送机关,要注意主送机关和抄送机关之间不用分隔线分开。如遇此种情况,主送机关与抄送机关的编排方法相同。

90 | 印发机关和印发日期的含义及其标识规则有哪些?

根据《党政机关公文处理工作条例》的规定,公文的印发机关和印发日期是指公文的送印机关和送印日期。对此,应当注意把握以下几点:

一、"印发机关"不是指公文的发文机关,发文机关已经有明显的"发文机关标志"。这里的"印发机关"是指公文的印制主管部门,一般应是各机关单位的办公厅(室)或文秘部门。当然,有的发文机关没有专门的文秘部门,在此种情况下,发文机关就是印发机关。

二、标注发文日期是为了准确反映公文的送印时间,一般来说,公文在负责人签发之后,也就是成文日期之后,往往需要经过打字、校对、复核等环节,因此成文日期与印发日期通常存在时间差。通过标注印发日期,既可以使发文机关掌握制发公文的效率,也可以使收文机关掌握公文的传递时间,从而有利于公文的办理和工作效率的提高。

三、按照《党政机关公文格式》规定,印发机关和印发日期使用 4 号仿宋体字,如有抄送机关,编排在抄送机关下一行,印发机关和印发日期只能占一行。印发机关居左空一字标注,使用机关全称或者规范化简称;印发日期居右空一字标注。印发日期使用阿拉伯数字完整写明年、月、日,后面加"印发"二字。

四、翻印文件时需要标注翻印机关和翻印日期,并标注在印发机关和印发日期的下方位置。翻印机关居左空一字标注,使用全称或规范化简称;翻印日期居右空一字标注,用阿拉伯数字完整写明年、月、日,并在其后加"翻印"二字。

91 公文的成文日期与印发日期有什么区别?

公文的成文日期是公文发出和生效的时间,直接关系到公文的时效。对于成文日期的确定,一般是以发文机关负责人签发的日期为准;联合行文,以最后签发机关领导人的签发日期为准;经会议讨论通过的公文,以通过日期为准;电报,以实际发出日期为准。

公文的印发日期是指公文的付印时间。如上所述,在一般情况下,成文日期与印发日期可以有一定的时间差,主要原因是公文在签发之后,往往需要经过复核和印制等诸多环节,因此印发日期可能略晚于成文日期,但绝不可能提前。

值得注意的是,有些规范类公文如政策性、规章制度类公文,其施行日期与公文的成文日期也可能有一定的时间差,即某些政策、规定从制定下发到正式实施需要有一定的准备时间,在行文时应当根据实际情况在公文中加以明确。例如"本规定自 2016 年 5 月 1 日起正式施行"。表明该规定的生效日期应以 2016 年 5 月 1 日为准,而不是公布该规定的公文的成文日期(该规定的批准公布时间)。

92 公文中的计量单位、标点符号和数字的使用有哪些规定?

《党政机关公文处理工作条例》第十一条明确规定,公文中使用的汉字、数字、外文字符、计量单位和标点符号等,按照有关国家标准和规定执行。计量单位、标点符号、数字等是公文拟制过程中经常用到的,国家标准对计量单位、标点符号和数字等的用法规定与我们日常生活中的一些习惯用法不完全一致,例如"千克"是国际通用的法定计量单位,而"公斤"就不是法定计量单位;"千米"是国际通用的法定计量单位,"里"却不是。党政机关公文作为具有特定效力和规范体式的文书,很多情况下是依法行政的主要依据,假如公文中使用计量单位、标点符号、数字等不合规范,使概念界定不清、词义模糊,容易产生歧义,有时一个小小的失误就会产生极其严重的后果。而计量单位、标点符号、数字等的规范化使用,对于提高公文质量,体现公文的权威性和严肃性,具有非常重要的作用。有关计量单位、标点符号、数字等的具体标准和用法,请详见书后附录。

93 什么是行文?

所谓行文,是指一个法定作者向另一个法定作者或自己下属组织机构的发文,是机关办理公务的最主要形式。这里所说的法定作者,就是指公文的制文机关,它是依法成立并能以自己的名义行使权利的组织或者个人。根据公文法规的规定,公文行文应确有需要,注重实效,坚持少而精。可发可不发的公文一定不发,可长可短的公文一定要短。2012年年底,中共中央出台的关于密切联系群众、切实改进工作作风的"八项规定",其中很重要的一条就是要"切实改进文风",指出"要精简文件、简报,切实改进文风,可发可不发的文件、简报一律不发"。这对规范公文的行文具有重大指导意义。

94 什么是行文关系?

行文关系,是指发文机关与受文机关之间的公文往来关系。

机关与机关之间的行文,是根据组织系统和本机关的职权、所处的地位及与其他机关之间的工作关系而进行的,主要是以机关或部门为单位的立体交叉的行文关系。在特殊情况下,领导者个人与机关、部门之间也可以形成行文关系。

行文关系的确定,一看隶属关系,向具有被自己领导或指导关系的单位行文为下行文关系,向具有领导或指导自己关系的单位行文为上行文关系,具有平级或不相隶属关系单位之间的行文为平行文关系;二看职权范围,按照职权大小分别适用于不同的行文关系,如职权范围大的单位对职权范围小的单位行文属于下行文,反之,则为上行文,而不同职权的单位之间的往来行文显然为平行文。

行文关系具有双向性特点。具有行文关系的双方,一般都可以互相行文。

党政公文的行文具有一整套特定的制度,包括行文的方式和规则。为了避免行文混乱,《党政机关公文处理工作条例》设有专章为各级党政机关制定了严格的行文制度,以保证国家机关之间上下左右联系畅通,使国家机器指挥灵便、管理协调、运转自如、工作有效。

95 什么是行文方向?

行文方向是指行文运行的方向,包括上行文、下行文、平行文三种方向。由于方向不同,行文方式也有所区别。行文方向不同,公文所涉及的文种以及行文的语气等都有很大的不同,而正确把握这种不同之处,是充分发挥公文的应有效用、顺利实现行文目的的关键所在。

一、上行文。上行文是下级机关向具有隶属关系的上级机关的行文。其行文方式有逐级行文、多级行文、越级行文三种。

1.逐级行文。即下级机关向具有隶属关系的上一级机关行文,是上行文最基本、最常用的方式。除特殊情况外,下级机关一般均应向直接上级机关行文,以保持正常的领导与被领导关系。

2.多级行文。即下级机关在必要时向具有隶属关系的上一级机关和更高一级的上级机关行文。这种行文方式只在个别特殊情况下如遇有重大问题时才可使用。

3.越级行文。即下级机关在非常必要时,越过有隶属关系的上一级机关而向更高级的上级机关行文。这种方式只能在下列特殊情况下采用:①由于发生特殊紧急情况,如严重火灾等,逐级上报会延误时机,造成更大损失的问题;②向具有隶属关系的上一级机关请示多次,长期未能得到解决的问题;③隶属下级机关与上级机关之间有争议而无法解决的问题;④上级机关交办的,并指定越级上报的事项;⑤对上一级机关进行检举、揭发的问题;⑥询问与请示极个别的、必要的具体问题等。

二、下行文。下行文是上级机关向所属的下级机关的行文。其行文方式有逐级行文、多级行文、直达基层行文三种。

1. 逐级行文。即采取逐级下达的方式或只对直属的下一级机关行文。

2. 多级行文。即上级机关根据需要同时向所属的几级下级机关行文。

3. 直达基层行文。即上级机关直接向最基层机关行文。采用这种方式行文的多是无需保密的普通文书。

三、平行文。平行文是相互没有隶属关系的同级机关或不属同一系统的机关之间的行文。这是不分系统、级别、地区、性质的机关之间的行文。机关之间需要彼此联系工作、沟通情况时，可以使用函、通知等文种。

96 行文应当遵循的基本规则有哪些？

所谓行文规则是指制发公文必须遵循的基本准则。根据党和国家公文法规规定以及约定俗成原则，公文行文应当遵循如下基本规则：

一、行文原则。公文行文应当确有必要，注重效用。

二、行文权限。1. 公文的行文关系，应当根据隶属关系和职权范围确定。一般不得越级请示和报告。2. 根据授权行文。上级机关的职能部门根据授权，可向下级机关行文。3. 同级机关或相应单位可以联合行文。

三、行文要求。1. "请示"应当一文一事和主送一个机关，如需要同时送其他机关阅知的，应当用抄送形式，但不得同时抄送下级机关。2. "报告"中不得夹带请示事项。3. 公文一般不直接报送领导同志个人。4. 涉及其他机关职能的事项，机关之间对有关问题未经协商一致，不得各自向下行文。

97 怎样理解行文应"确有必要，讲求实效"？

《党政机关公文处理工作条例》第十三条明确规定，公文"行文应当确有必要，讲求实效，注重针对性和可操作性"。这是公文行文的基本原则，也是行文的出发点。在确定行文时，首先要明确行文的目的和作用，做到有的放矢，富有针对性。只有坚持这一点，才能有效地控制公文数量，从源头上治理"文山"问题，同时还要纠正"发文越多、文件的规格越高，对工作越重视"的误区，根据实际需要确定是否行文。例如，制发请示性公文，就应当研究请示事项是否属于上级机关的职责范围，同时还要研究解决该问题的可行性；制发平行文，要注意明确职权，防止推诿扯皮，搞公文旅行；制发下行文，则要符合实际，富有针对性，讲求实效，要注意避免照抄照搬上级机关文件或以文件贯彻文件，形成新"八股"。只有这样，才能使发出的公文达到预期的目的。

98 上行文及其行文规则是什么？

行文规则是行文制度的系统规定，是行文关系的处理规范，是将公文处理过程中产生的机关或部门之间的权利与义务关系用规则确定下来，从而形成共同遵守的行文制度。

上行文是下级机关向上级领导机关（包括有业务指导关系的上级机关在内）的行文。在上行文的行文关系上，应注意把握以下几点：

一、原则上主送一个上级机关，根据需要同时抄送相关上级机关和同级机关，不抄送下级机关。

二、党委、政府的部门向上级主管部门请示、报告重大事项，应当经本级党委、政府同意或者授权；属于部门职权范围内的事项应当直接报送上级主管部门。

三、下级机关的请示事项，如需以本机关名义向上级机关请示，应当提出倾向性意见后上报，不得原文转报上级机关。

四、请示应当一文一事。不得在报告等非请示性公文中夹带请示事项。

五、除上级机关负责人直接交办事项外，不得以本机关名义向上级机关负责人报送公文，不得以本机关负责人名义向上级机关报送公文。

六、受双重领导的机关向一个上级机关行文，必要时抄送另一个上级机关。

99 下行文及其行文规则是什么？

下行文是上级机关对所属下级组织的行文。在下行文的行文关系上，应注意处理好以下几点：

一、主送受理机关，根据需要抄送相关机关。重要行文应当同时抄送发文机关的直接上级机关。

二、党委、政府的办公厅（室）根据本级党委、政府授权，可以向下级党委、政府行文，其他部门和单位不得向下级党委、政府发布指令性公文或者在公文中向下级党委、政府提出指令性要求。需经政府审批的具体事项，经政府同意后可以由政府职能部门行文，文中须注明已经政府同意。

三、党委、政府的部门在各自职权范围内可以向下级党委、政府的相关部门行文。

四、涉及多个部门职权范围内的事务，部门之间未协商一致的，不得向下行文；擅自行文的，上级机关应当责令其纠正或者撤销。

五、上级机关向受双重领导的下级机关行文，必要时抄送该下级机关的另一个上级机关。

100 平行文及其行文规则是什么？

所谓平行文是指平行机关或不相隶属机关之间的行文。在平行文的行文关系上，应注意把握如下几点：

一、要选准文种。用于平行文的文种相对较少，主要有函、周知性的通知以及告知性的意见。

二、要注意联合行文的条件。根据新《条例》第十七条的规定："同级党政机关、党政机关与其他同级机关必要时可以联合行文。属于党委、政府各自职权范围内的工作，不得联合行文。""党委、政府的部门依据职权可以相互行文。"

三、要注意行文的态度和语气。在写法上，由于平行文的各机关或部门之间是对等关系，因此要做到态度谦和，语气平缓，不能唯我独尊，强加于人，更不能用指示性的口吻。

四、不相隶属机关之间一般用函行文。

101　"越级行文"及其规则是什么？

《党政机关公文处理工作条例》第十四条中明确规定公文的行文关系应当根据隶属关系和职权范围确定。一般不得越级向上级机关行文，尤其不得越级行文请示问题；但因特殊情况必须越级行文时，应当同时抄送被越过的上级机关。所谓"越级"是指越过自己的直接上级领导机关而向更上一级的上级机关行文。所谓"特殊"，主要包括下列一些情形：由于情况十分紧急（如战争、重大灾害等），逐级请示会延误时机给工作带来损失；经多次请示直接上级领导机关，长期拖而不批的重大问题；上下级机关有所争议而无法办理的原则性事宜；上级机关指定越级上报的事项；对直接上级组织严重违法乱纪问题的揭发、检举等。

上级机关向下行文，除非特殊需要，也不可越过直接下级组织向更下一级组织行文指挥工作、布置任务、决定事项。

102　什么是行文位度？

所谓行文位度，指在行文过程中对行文对象的定位要准确。对上行文，谁负有办理的职责与权限，就报送给谁，切忌"多头主送"。尤其是撰写请示，必须坚持"主送一个机关"的原则，严禁搞"多头主送"，以免造成上级机关相互推诿、扯皮，谁都不答复，或者反过来谁都答复但意见不一致，这样会令请示机关难以适从，因而也就难以实现行文目的。受双重领导的机关，在行文请示时，应当本着谁有权力批准或者解决这个事项就主送给谁，而把另一个上级机关列为抄送机关，同样不能搞"多头主送"。对下级行文，谁需要知道或办理，就下发给谁，切忌"无的放矢"。正确确立行文的位度，是顺利实现行文目的的关键所在。

103　党政机关是否应当"分开行文"？

《党政机关公文处理工作条例》公布实施后，将党政两大系统的公文法规合二为一，有人认为党政机关行文就不再讲究"分开行文"，其实这是一种误解。党政机关行文要按隶属关系分别进行，不可相互交叉行文。具体要求是：同级党委可以向政府机关党组、党委行文，但不宜直接向政府机关发指示；政府机关向同级党委请示、报告工作，应以机关党组、党委的名义行文，不可使用政府机关的名义。不管是上行或下行，均不可将上级的党政机关或下级的党政组织一并列入主送或抄送，除非是党政联合行文。

至于党与人大、人民团体以及企事业单位的党政工团等组织的行文，亦应参照上述原则办理。

104 联合行文的具体要求有哪些？

所谓联合行文，是指两个或两个以上的机关、部门联合在一起行文，是公文行文较为常见的形式，以增强行文的法定效力。联合行文的基本原则必须是同级，它可以是几个部门联合向上级机关或向下级相应对口部门的行文，也可以是同级机关或者上级机关的某一部门与下一级机关的联合行文。具体地说，按照《党政机关公文处理工作条例》第十七条规定："同级党政机关、党政机关与其他同级机关必要时可以联合行文。属于党委、政府各自职权范围内的工作，不得联合行文。党委、政府的部门依据职权可以相互行文。部门内设机构除办公厅（室）外不得对外正式行文。"

105 怎样规范部门行文？

在过去一个时期，部门行文偏多过滥，导致"文山"增高。比如，国家及省、市、县的一些部门，不经政府授权，擅自向下一级政府直接行文，交代任务，布置工作；一些部门的内设机构（如部属的公司、厅属的处、局属的科等）越权对外行文的现象十分突出，致使政出多门，使下级难以适从。

要遏制"文山"，就必须精简文件，而规范部门行文则是要抓住的关键所在。为此，《党政机关公文处理工作条例》进一步明确提出："部门内设机构除办公厅（室）外不得对外正式行文。"

106 怎样区分函与信函式公文？

函与信函式公文是在公文处理实践中容易被人们混淆的两个概念。函是正式公文文种之一，而信函式公文是以信函格式印制的公文，是一种重要的公文发布形式。在实际工作中，一些非普发性公文，诸如批复、函、通知、通报等等，常常使用信函格式印发，此即所谓信函式公文。因此，二者属于不同的范畴，不能相提并论。

107 函的形式有什么特殊要求？

部门内设机构与相应的其他机关进行工作联系需要行文时，只能以函的形式行文。"函的形式"是指公文格式中区别"文件格式"的"信函格式"。以"函的形式"行文应注意选择使用与行文方向一致、与公文内容相符的文种。具体而言：

一、部门内设机构除办公厅（室）外，不得对外正式行文，不得向本部门机关以外的其他机关（包括本系统）制发政策和规范性文件，不得代替部门审批下达应当由部门审批下达的事项。

二、"信函形式"的格式与正式标准的文件格式是截然不同的。这里所讲的"函"是形式，而不是指文种，所以在具体使用时，不要把"函的形式"与作为文种的"函"混为一谈。至于"函的形式"所使用的文种，"应注意选择使用与行文方向一致、与公文内容相符的文种"。这些都是确保函文种使用趋于规范的必要条件。

三、需要注意，《党政机关公文格式》定义了两大类公文格式：第一类是常用格式或称标准格式，包括单一机关行文、联合行文时的常用公文格式；第二类是特定格式，包括命令（令）格式、信函格式和纪要格式。在这两大类格式中，除了命令（令）格式与《条例》中的命令（令）文种、纪要格式与《条例》中的纪要文种具有一一对应的关系以外，需要在公文起草过程中根据实际情况灵活选择，例如起草一份"意见"公文，既可能选用常用格式，也可能选用信函格式。也就是说,信函格式所使用的文种不仅仅限于"函",还可能是"意见""批复""通知""通报"等文种。

108 什么是批转?

批转系公文写作领域的专用术语,是一种重要的公文发布方式,适用于上级机关对下级机关公文的处理,是上级机关对下级机关的文件材料,批注意见后下发给所属单位贯彻执行或参考的行文方式。行文部分由批转行文和被批转行文两部分组成。批转行文一般包括:对被批转文件的评价,批转的目的、意义、要求或希望等。对一些比较重要的问题,还可进行必要的强调或补充说明,提出指导性意见和要求。例如《国务院批转民政部关于进一步加强生产救灾工作的报告的通知》。实践中,有的人认为批转是一个文种,显然欠妥。

109 什么是转发?

转发也是一种重要的公文发布形式,它适用于把上级和不相隶属的机关的文件材料下发给所属机关贯彻执行或学习参考。行文部分由转发行文和转发对象(被转发的文件材料)组成。转发行文正文通常包括被转文件材料全称,转发的目的、意义、希望和要求等。根据工作需要可以把上级发至本级的文件材料继续下发,如××省人民政府办公厅《转发交通运输部关于制止在铁道两旁滥砍林木的通知》;也可以将平级机关给领导机关的请示性安排下发。例如国务院办公厅《转发国家计委、农牧渔业部关于加快农村改灶节柴工作报告的通知》;还可用于转发下级机关的请示性安排和其他对全局有重要影响的文件材料,例如《中共××县委关于转发××厂党委加强廉政建设的几点做法的通知》;也可以转发那些由不相隶属的机关形成的对自己部属工作有指导、借鉴意义的文件材料,如《××市人事局关于转发××县委组织部举贤荐能的十条措施的通知》。

批转与转发的不同之处,主要是在对被转材料的选择上,批转只能是对自己所属下级单位形成的文件材料,而转发既可以转发上级的文件材料,又可以转发不相隶属机关形成的文件材料。实践中,有的人认为转发也是一个文种,显然欠妥。

110 什么是印发?

亦称下发。印发的字面意思就是把文件印出来发下去。这里不是指的作为公文形成过程中印制和发出这两个环节,而是指制文机关制作的批语性公文的一种形式。在实际工作中,有不少文件本体很短小,而随之制发的文件材料(可称副体,但不属公文的附件)却较长,这些公文就是批语性公文,其中有一部分就是以印发形式制作的。

以印发形式下发的文件材料,通常是制文机关某一部门或某位领导人或某次会议形成的文件材料,如机关内某一部门制定的规章制度要发给下级机关或单位执行,就可以印发的形式发下去;再如某位领导人的讲话(谈话)对下级工作有指导作用,也可以印发的形式发给下级学习和贯彻执行;还如某次会议形成的简报、纪要之类的文件,也可以印发给下级贯彻执行。

111 什么是发布?

发布在公文写作领域与印发、批转和转发等术语一样,也有其特定的含义。仅从字面的解释来讲,发布表示思想、观点、文章和意见通过报纸、书刊或者公众演讲等形式公之于众(见《现代汉语词典》)。在公文写作领域,发布就是指公开制发、布达,要求全体公众周知且要执行,其所涉及的文种既有命令(令)、公报、公告、通告等告知性公文,也包括通知、通报等文种,要求受众知晓或者执行。例如《国务院关于发布〈医疗事故处理办法〉的通知》,这是对一份法规的发布,使用"发布"一词,说明这份法规面向全社会公开,其受众范围不受任何限制。这也说明了其与印发、批转和转发等术语之间的差异。因此,在制发公文时一定要准确使用。

112 行文关系方面常见的病误有哪些？

公文的行文关系，不是随意产生的，是按照机关的性质、地位、隶属关系及职权范围来划分的，是有其客观规律性的。只有从实际出发，按照客观规律办事，才能使公文真正起到办理公务的"一种重要工具"的作用。正确地按行文关系去做，对于提高党和国家机器的组织管理效能有着极其重要的作用。但是，目前有些单位在行文上不够符合正确的行文原则，给公文的正常运转和准确、快速的传递、处理造成不少麻烦。其具体表现是：

一、党政机关上下之间相互行指令性、报告性、请示性文种。如某局党委直接向局属各公司的行政机构发指令性文件，某县委向县直各行政部门发指示性通知（这些机关、部门的党组仍然存在），某县粮食局以局行政机构的名义向县委报送工作总结，某农垦总场以行政机构名义向各分场党、政组织发紧急通知，等等，这些行文方法都是不妥的。前两种情况应以向各公司及县政府和县直各单位的党组、党委行文为宜，第三种情况则应改为以粮食局党委的名义向县委报送为妥，最后一种情况则应改作农垦总场党、政联合行文为好。

二、上下级行政机关的党组相互行上行文或下行文，以某一机关党组的名义向外机关行指令性文种。诸如某市商务局党组向各区、县的商务局党组发指令性文件，某县农林局党组向市农林局党组写工作报告，等等，这种行文显然是不妥当的。还有，某市人大常委会党组直接向市政府所属各局、委、办和市属各企业、事业单位的行政机构发指示性通知，要求认真宣传贯彻《中华人民共和国治安管理处罚法》，并要求这些单位将宣传贯彻的情况予以报告。由于市人大常委会党组与市直各行政、企事业单位并没有什么直接的隶属关系，所以这样行文是不合适的。正确的做法是或以市人大常委会党组名义就有关《治安管理处罚条例》的宣传贯彻问题提出具体意见上报市委，请求批转全市各单位的党组织，予以贯彻执行；或以市人大常委会的名义，直接行文给它的执行机关——市人民政府，再由市政府或采取转发的形式，或采取另行发文的办法，要求市直各单位认真贯彻执行市人大常委会的意见。

三、多头主送。如某市所属一个区的公安分局，在报送《关于我区当前治安主要情况及今后工作的意见》时，主送机关写的是"区委、市局"。这不仅在行文上造成党政不分（因为公安分局用行政部门的名义向上级党组织行文），而且容易给工作带来一定麻烦。要么造成区委、市局都不批复，要么造成双方都作出批复而批复的意见恰恰相反的现象，这就不便于下一步工作的顺利进行。

四、上下级机关联合行文。例如某县人民政府与该县安全生产监督管理局联合行文，标题是《关于加强煤矿安全生产管理工作的通知》。这一行文的错误在于县政府与县安全生产监督局不是平行单位，后者是前者的下属职能部门。以一个县的最高行政机关行文足可以解决问题，而偏偏挂上一个管理部门，这不但没有使县政府增加什么权威性，相反却有失行文的严肃性，显得多此一举。

五、向上级机关的请示，同时抄送给下级部门。例如某市工商局，拟对全市现有的27个工商所的设置进行调整，合并成10个。其在向市政府报送的《关于调整合并全市工商所设置的请示》的同时，也将此件抄送给局属各科、室，结果消息传播出去，未等政府作出批示，下面业已人心浮动，有的干脆自行合到一起办公，给工作带来了混乱。由此告诉我们，向上级机关的请示，不能同时抄送给同级或下级部门。因为在上级未批准之前文件的内容并不生效；但向下级机关发布的重要文件，必要时可同时抄送给上级机关，以便上级了解和掌握情况。

六、平行单位之间使用上、下行文文种。某市教育局向市财政局发送《关于召开我市教育工作会议所需经费的请示》，市财政局不但安然受之，而且给对方发出《关于同意拨付我市教育工作会议所需经费的批复》。双方本是平行单位，在会议经费上忽而一下子变成一个上级、一个下级，而且谁都自以为然，不知是"毛病"，岂不怪哉。按照行文关系的原则，平行单位之间不能写请示或报告，同样平行单位之间也不能使用批复。正确的做法是向有关主管部门请求批准，只能使用"函"（即"申请函"）这个文种，有关主管部门在回复时也只能使用函（即答复函）。

七、上级部门给没有业务指导关系的下级部门行指挥性公文。某市教育局给各区、县的卫生局、教育局行文，要求为具有30年教龄的中、小学教师开设"专门保健门诊"。市教育局与各区、县的卫生局没有业务上的指导关系，故这样行文是不妥的，它极易给工作带来指挥上的混乱。

八、上级部门向下级机关行指令性公文。按照行文关系原则，上级机关所属的主管部门，只能根据本级机关授权或已有规定，答复上级机关向本部门联系、商洽或申请批准的问题，但无权作指示、下命令。但实践中有些行文却违反了这一原则。例如某县民政局给乡镇人民政府发出通知，内容是"定于本月7

日上午召集殡葬改革工作座谈会,望乡、镇政府主要负责同志及分管民政工作的副职务必参加,并按提纲要求准备好口头发言材料,届时在会上发言"。这样行文是不合适的。因为它们之间没有上下级的隶属关系,县民政局无权对乡、镇政府下指示、派任务。

九、部门内设机构对外正式行文。某市煤炭生产管理局安全处,以处的名义行文给下属的32个煤矿生产单位,要求各单位吸取近期连续发生的严重瓦斯事故教训,立即开展安全大检查,发现隐患、堵塞漏洞,严防类似事故发生,并将各单位安全检查整顿的情况作出书面报告。这一行文,内容十分必要,但方式极其不妥。根据新《条例》的规定,部门内设机构除办公厅(室)外不得对外正式行文,此事应以市煤炭生产管理局的名义行文为妥。

上述种种,均属公文行文中应当注意和防止的问题。坚持正确的行文关系,有助于机关工作的正常运行,并可避免行文混乱,防止和克服文牍主义。因此,对行文关系切莫抱着无所谓的态度,要本着高度负责的精神,严格、慎重地对待,以确保公文处理工作的规范化。

113 什么是公文的起草?

公文的"起草",也称"撰稿""拟稿",是公文拟制的第一道程序,也是至关重要的程序。俗话说"难能可贵的第一稿",公文的起草环节还只是一个毛坯,这是一项非常细致的文字工作,是一项政策性、思想性、业务性很强的工作,它在一定程度上反映一个机关的精神面貌、政策水平以及指挥或执行能力,因此,必须切实重视文稿的起草工作。

根据《党政机关公文处理工作条例》的规定,起草公文一般应掌握下列基本要求:

一、重要的文件应由领导人亲自撰写,一般日常文件则由秘书部门或业务部门拟稿,通常是"谁主管,谁拟稿"。新《条例》明确规定:"机关负责人应当主持、指导重要公文起草工作。"这对新形势下党政机关领导同志要具有较高的公文写作水平,通晓公文的运转规则,提出了基本要求。

二、起草的总要求就是毛泽东同志在《工作方法六十条》第三十七条中指出的:"文章和文件都应当具有这样三种性质:准确性、鲜明性、生动性。"具体地

说,主要是:

1. 在内容上,要同制文机关的职权范围相一致,不可超越本机关的职权;要充分体现并符合党的理论路线方针政策和国家法律法规,完整准确体现发文机关意图,并同现行有关公文相衔接;同时还要符合公务活动的客观规律;材料、情况要真实,观点要统一,重点内容要突出,要合乎保密要求。要做到一切从实际出发,分析问题实事求是,所提政策办法和措施切实可行。

2. 在辞章上,内容要简洁,主题要突出,观点要鲜明,结构要合理,层次要清楚;遣词用句要准确,语言要庄重、平实,论理要合乎逻辑,用语要符合语法。

3. 在形式上,要符合党和国家规定的公文体式(包括文种名称、公文格式、行文关系等),文种使用要正确,并严格执行新《格式》的规定,不可自造一套;坚持一文一事制度;正确地使用汉字和标点符号,使用数目字、简称词语等要规范化,不能随心所欲地另行一套;篇幅要简短,中央规定报告每次不超过千字,这就是要求公文应当言简意赅。

4. 要深入进行调查研究,充分进行论证,广泛听取意见。

5. 公文涉及其他地区或者部门职权范围内的事项,起草单位必须征求相关地区或者部门的意见,力求达成一致。

要想实现上述要求,公文起草者首先要努力学习政治理论,至少要懂得历史唯物主义和辩证唯物主义常识,要懂点政治经济学,要掌握一定的有关科学社会主义的知识,只有这样才能保持清醒的政治头脑,才能在起草文件时不出现政治上、原则上的失误或不周,才能自觉地把党和国家的方针政策融会贯通到所起草的文件中去。

其次,要有高度的政治责任心和认真踏实的工作作风。起草前,要切实领会与把握机关领导的制文意图,认真研究实际材料,明确包括制文原委、目的及中心思想在内的公文主旨"三要素",即提炼出主旨来。之后,谋篇定局,列出提纲,明确先写什么,再写什么,最后写什么,每个层次的中心及每个段落的段旨,还要明确在什么观点下使用哪些实际材料。在上述工作的基础上,再落笔起草,正式拟稿。初稿写成后,个人至少要通阅一两遍,反复斟酌修改,要做到一丝不苟。

再次,要学习掌握本单位的业务知识。文件的起草者,如果不了解本单位的业务知识,是业务的外行,可以说他很难担负起文稿的起草工作。俗话说:"三百六十行,隔行如隔山。"要拟好文稿,起草者对本单位的业务活动、常用词语、专业知识等必须基本熟悉清楚,只有这样才能写出符合实际、针对性强、能有效地推进与指导工作的公文来。

最后,要努力掌握一定的逻辑、语法、标点知识。要想使自己起草的文稿准确顺畅、简明生动,不出现差误、不周、啰唆、冗长和呆板等问题,就要下功夫学点逻辑学及语法常识。掌握逻辑知识极其重要,它有助于增强思维能力,使起草出来的公文思路清晰,文笔敏捷,准确地表达概念、判断与进行推理,符合逻辑思维的基本规律。

114 什么是公文的审核?

审核也就是"核稿",即公文起草成形送交领导人审批签发之前,由发文机关办公厅(室)或业务部门负责人对公文的观点、文字、内容、体式所作的全面审核工作。核稿,主要审核下列七个方面:

一、行文理由是否充分,行文依据是否准确。

二、内容是否符合国家法律法规和党的路线方针政策,是否完整准确体现发文机关意图,是否同现行有关公文相衔接,所提政策措施和办法是否切实可行。

三、涉及有关地区或者部门职权范围内的事项是否经过充分协商并达成一致意见。

四、文种是否正确,格式是否规范;人名、地名、时间、数字、段落顺序、引文等是否准确;文字、数字、计量单位和标点符号等用法是否规范。

五、其他内容是否符合公文起草的有关要求。

六、需要发文机关审议的重要公文文稿,审议前由发文机关办公厅(室)进行初核。

七、经审核不宜发文的公文文稿,应当退回起草单位并说明理由;符合发文条件但内容需作进一步研究和修改的,由起草单位修改后重新报送。

115 什么是公文的把口?

"把口"是指对公文文稿进行把关。与"审核"齐头并进、异曲同工。或可称为一个问题的两个方面,重点仍然是对起草的公文进行细审,确保不出现差误。为什么要对发文文稿进行把口呢?主要是为了节省领导耗费在审阅和修改公文上的时间,有利于贯彻集中统一的办文原则,保证公文有较高的质量,便于下级办理或执行。"把口"是由办公厅(室)主任(或秘书人员)对机关各职能部门拟写的以机关名义外发文件的文稿,从政策、措施、手续及体式、文字提法等方面进行审核。对于不成熟或质量上有问题的文稿,在商得拟稿单位同意或者请示领导以后可以根据情况采取补、退、改三种办法加以处理。

一、退。对于不需要发布的或者可以由各业务部门自行发布而不需要用本机关名义发布的文稿,退回拟搞单位进行处理;对于内容不成熟或者文字上需要作大量修改的文稿,或者可以合并发布的文稿,提出问题和处理意见后退回拟稿单位修改。

二、补。对于不按照公文处理工作的有关规定办理的文稿,退回原拟稿单位予以补正。

三、改。对于质量上虽然有些问题,但不需要退回拟稿单位修改的,可以根据情况采取以下方式进行修改:内容比较简单,文字修改不大的,可以由秘书工作部门自行修改,也可以请拟稿单位来人修改。急件或特急件,可以请拟稿单位来人共同研究修改。

为了保证公文把口的顺利进行,要求一个单位职能部门写的文稿,除指定径直送机关领导同志直接审阅的以外,一般都要归口到办公部门,由办公部门初审后认为合格以后再送机关领导同志签发,以确保文稿质量。

116 什么是公文的签发?

"签发"是文件拟制的最后一个关键环节。文件经过领导人签发即成定稿,产生效力。

根据《党政机关公文处理工作条例》第二十二条的规定,公文应当经本机关负责人审批签发。重要公文和上行文由机关主要负责人签发。党委、政府的办公厅(室)根据党委、政府授权制发的公文,由授权机关主要负责人签发或者按照有关规定签发。签发人签发公文,应当签署意见、姓名和完整日期,以示负责,便于查考。圈阅或者签名的,视为同意。联合发文由所有联署机关的负责人会签。被主要负责同志授权代行签发的文件,应在签发人姓名右侧注明"代"字。

117 公文的收文办理程序有哪些?

收文办理是公文办理的一道重要和必不可少的程序,根据《党政机关公文处理工作条例》第二十四条的规定,收文办理主要程序是:

一、签收。对收到的公文应当逐件清点,核对无误后签字或者盖章,并注明签收时间。

二、登记。对公文的主要信息和办理情况应当详细记载。

三、初审。对收到的公文应当进行初审。初审的重点是:是否应当由本机关办理,是否符合行文规则,文种、格式是否符合要求,涉及其他地区或者部门职权范围内的事项是否已经协商、会签,是否符合公文起草的其他要求。经初审不符合规定的公文,应当及时退回来文单位并说明理由。

四、承办。阅知性公文应当根据公文内容、要求和工作需要确定范围后分送。批办性公文应当提出拟办意见报本机关负责人批示或者转有关部门办理;需要两个以上部门办理的,应当明确主办部门。紧急公文应当明确办理时限。承办部门对交办的公文应当及时办理,有明确办理时限要求的应当在规定时限内办理完毕。

五、传阅。根据领导批示和工作需要将公文及时送传阅对象阅知或者批示。办理公文传阅应当随时掌握公文去向,不得漏传、误传、延误。

六、催办。及时了解掌握公文的办理进展情况,督促承办部门按期办结。紧急公文或者重要公文应当由专人负责催办。

七、答复。公文的办理结果应当及时答复来文单位,并根据需要告知相关单位。

118 公文的发文办理程序有哪些?

发文办理也是公文办理的主要程序,根据《党政机关公文处理工作条例》第

二十五条的规定,公文的发文办理程序主要包括以下四个环节:

一、复核。已经发文机关负责人签批的公文,印发前应当对公文的审批手续、内容、文种、格式等进行复核;需作实质性修改的,应当报原签批人复审。

二、登记。对复核后的公文,应当确定发文字号、分送范围和印制份数并详细记载。

三、印制。公文印制必须确保质量和时效。涉密公文应当在符合保密要求的场所印制。

四、核发。公文印制完毕,应当对公文的文字、格式和印刷质量进行检查后分发。

另据《条例》第二十六条的规定,涉密公文应当通过机要交通、邮政机要通信、城市机要文件交换站或者收发件机关机要收发人员进行传递,通过密码电报或者符合国家保密规定的计算机信息系统进行传输。

119 公文的整理归档及其规范要求包括哪些?

公文加盖公章后即为正本。凡本机关主办制发的公文,形成正本之后,都要留出一式二至三份,连同原稿一起归卷(原稿也应加盖公章,公章一般盖在拟稿纸的制发机关名称处)。

从拟稿形成文件之后归档,是制发全过程,任何一个环节上稍有疏忽都会造成不良后果。值得注意的是,有的机关或单位为体现负责精神,往往在文件的末尾最下端分别注明撰稿人、校对人、打字人等人员的姓名以及份数等信息,这是完全不必要的。因为 GB/T826—1989《发文稿纸格式》国家标准中规定了发文机关告知的基本格式,发文稿纸是从公文起草、审核到签发完整过程的记录载体。在发文稿纸中包括了起草公文的拟稿人、印发前的校对人以及印制份数等信息,对于一个正式对外发布的公文来说,这些信息反映的都是机关内部事务和过程,不适宜放在对外印发的公文中,也不需要收文机关知晓。如果是为了保证公文质量,追溯公文办理过程中的人员信息,可以查阅发文稿纸。

《党政机关公文处理工作条例》第二十七条规定:"需要归档的公文及有关材料,应当根据有关档案法律法规以及机关档案管理规定,及时收集齐全、整理归档。两个以上机关联合办理的公文,原件由主办机关归档,相关机关保存复制件。机关负责人兼任其他机关职务的,在履行所兼职务过程中形成的公文,由其兼职机关归档。"因此,无论是来自上级、本级或下级的文件,其所有权属于受文的机关组织本身,这个机关的工作人员对文件有使用权,但不归属个人。工作使用完毕的文件,要及时归还文秘工作人员,不得长期滞留不交,更不准想方设法变为己有。领导干部对外出参加会议或直接与外界商洽工作或下级径直报给自己的文字材料,除极个别的特殊情况外,一般要交公文管理人员进行登记;如确因工作需要放在自己手中保管一段时间的,要办理借用手续,不要私存文件,更不准背着文件管理机构建立私下"小文件柜"。干部调动工作时,要将手中使用的文件全部交给公文管理部门,不得私自带到另一新的单位。

120 公文的管理及其规范要求包括哪些?

根据《党政机关公文处理工作条例》的规定,公文管理应当符合如下基本规范要求:

一、各级党政机关应当建立健全本机关公文管理制度,确保管理严格规范,充分发挥公文效用。

二、党政机关公文由文秘部门或者专人统一管理。设立党委(党组)的县级以上单位应当建立机要保密室和机要阅文室,并按照有关保密规定配备工作人员和必要的安全保密设施设备。

三、公文确定密级前,应当按照拟定的密级先行采取保密措施。确定密级后,应当按照所定密级严格管理。绝密级公文应当由专人管理。公文的密级需要变更或者解除的,由原确定密级的机关或者其上级机关决定。

四、公文的印发传达范围应当按照发文机关的要求执行;需要变更的,应当经发文机关批准。涉密公文公开发布前应当履行解密程序。公开发布的时间、形式和渠道,由发文机关确定。经批准公开发布的公文,同发文机关正式印发的公文具有同等效力。

五、复制、汇编机密级、秘密级公文,应当符合有关规定并经本机关负责人批准。绝密级公文一般不得复制、汇编,确有工作需要的,应当经发文机关或者其上级机关批准。复制、汇编的公文视同原件管理。复制件应当加盖复制机关戳记。翻印件应当注明翻印的机关名称、日期。汇编本的密级按照编入公文的最高密级标注。

六、公文的撤销和废止,由发文机关、上级机关或者权力机关根据职权范围和有关法律法规决定。公文被撤销的,视为自始无效;公文被废止的,视为自废止之日起失效。

七、涉密公文应当按照发文机关的要求和有关规定进行清退或者销毁。

八、不具备归档和保存价值的公文,经批准后可以销毁。销毁涉密公文必须严格按照有关规定履行审批登记手续,确保不丢失、不漏销。个人不得私自销毁、留存涉密公文。

九、机关合并时,全部公文应当随之合并管理;机关撤销时,需要归档的公文经整理后按照有关规定移交档案管理部门。

十、工作人员离岗离职时,所在机关应当督促其将暂存、借用的公文按照有关规定移交、清退。

十一、新设立的机关应当向本级党委、政府的办公厅(室)提出发文立户申请。经审查符合条件的,列为发文单位,机关合并或者撤销时,相应进行调整。

121 什么是公文的全面质量管理?

公文的全面质量管理,是指由公文制发、处理、管理等全员参加的,贯穿于公文处理全过程的,具有规范化、科学化、标准化的全面质量管理。要实现公文的全面质量管理,应主要做好以下三点:

一、要增强组织行为观念,既立足本岗位又着眼于下一步,这是实现公文全面质量管理的思想基础。在整个文件运转流程中,拟制者要想到收文者的需要,文件管理者要考虑文件使用者的需要,文件使用者要为文件保管者着想。这样,每一环节都为下一个环节打下良好的基础,这样文件的质量管理,就能有可靠的保证。

二、要使公文的制发数量得到严格的控制,这是解决公文全面质量管理的一项治本性的措施。就这一点来讲,尤其在当前更具有相当重要的现实意义。文件发得过滥,从整体上危害着公文的质量。平整"文山",是搞好公文全面质量管理的当务之急。而减少部门对下一级政府的正式行文或不准部门内设机构对外正式行文又是解决"文山"的重中之重。

三、要层层把关,加强公文管理工作的标准化。准确、及时、安全、保密是对公文管理的四项基本要求,公文管理的各个环节都要层层把关,务必把好这四道关口。比如,围绕"准确"这一关,必须严格执行文件的审核制度,未经核稿的文件不得径直进入签发程序;严格执行打印后的校对制度,原则上应当坚持谁起草的文件谁校对,重要文件要坚持一校、二校,以至三校,不经校对的打印文件不准印发;等等。应当在各个环节建立"职、责、权、利"相统一的"公文全面质量管理责任制",对每个岗位或程序的工作内容、标准以及履行职责的考核和相应的奖惩作出明确的规定,并严格执行。

122 影响公文处理效率的主要因素有哪些?

公文处理必须讲究效率。所谓效率,即在办文过程中投入的劳动量与获得办文效果的比率。要不断提高公文处理工作的效率,就必须不断克服妨碍公文处理效率提高的主要因素。除文书工作人员本身素质方面的问题外,主要有以下三点:

一、确定公文处理工作形式不从实际情况出发,缺乏严格的科学性,这是影响公文处理效率提高的主要因素之一。公文处理工作的形式,是指在一个机关中对于公文处理的运转流程所采取的形式,主要包括两种情况:一种是集中的形式,另一种是分散的形式。作为一个机关,究竟选择哪种公文处理工作形式,应当从本单位的具体情况出发,切不可盲目随从。目前有些机关在选择公文处理工作形式上,事先缺乏周密的分析和论证研究,往往简单地加以确定,甚至有的机关把公文处理形式和权力的调整,即收权与放权相提并论,致使该集中的不集中,该分散的反而集中。前者,由于中心机构和业务职能机构都承担文件处理业务,都设有担负文件处理工作的人员,而公文处理的实际任务量并不大,因此,就不能不出现"人多打瞎乱,鸡多不下蛋"的情况,本来一个人完全可以胜任的工作,由于众多的人介入,反而使工序增多,劳动重复,每多一人,就等于降低工作效率一成,而且势必引起互相扯皮的事情发生。至于后者,由于不应有的集中,使中心机构的公文处理工作忙于应付,而业务职能机构的积极性得不到有效发挥,显然也难以使公文处理达到又快又好。因此,要提高公文处理效率,就不能不注意从实际出发,选择公文处理的最佳组织形式。

二、凡文必入公文处理实际流程，是影响公文处理效率的又一主要因素。公文处理的程序是就公文处理工作的整体情况而言的，并不是说任何一份文件都必须经过这样一个过程，假若不视文件的具体情况，什么文件都要如此"大摇大摆"地周游一番，使一些本不应进入公文处理实际程序的文件材料充入进去，加大公文处理的文件数量，所耗用的时间必然增加，这样不仅不利于对主要文件的办理，而且大大降低了一个机关处理公文的效率。

三、对公文在处理程序中各个环节所需的必要劳动时间缺乏严格要求，无时限、无考核、无查究，这是造成一些机关公文处理效率低下的又一主要原因。公文处理是一个系统工程，只有每个环节都做到既科学又规范，才能使公文处理的全部工作，以至机关、单位的整个工作实现整体优化。因此，要在总结单位公文处理工作经验教训的基础上，面对现实，规定切实可行的公文处理各种程序的所需时限。比如，公文在收受、登记、分发上，文书人员可不可以做到"日清日结"；在拟办、批办文件上，可不可以做到特急件随到随办，急件不过夜，一般文件最多不超过三天；在文件的撰写、承办上领导批文时必须提出明确的完成时限；发文核稿，可不可以一般控制为最多不过两天，签发文件（不包括会议集体讨论定稿）最多不超过三天；文件从打印到发出，每道工序都有实际的时间要求，效率高的给予奖励，效率低的实行处罚。这样必将大大提高公文处理的效率，即使出现了拖办、压办文件的情况，也易于追查责任，总结经验教训。

123　怎样正确体现领导意图？

领导同志（公文写作的指挥者）在现实的领导工作中，发现了某种情况，产生了某种想法，提出了某种要求，并且欲将这些情况、想法、要求通过文字来上传或者下达的时候，便产生了制发公文的动机，于是确定撰写者，交代起草公文的意图。实践表明，一份高质量公文的完成，是公文写作的指挥者与撰写者双方的思想和理论水平以及写作才能充分发挥，并且紧密合作、精心劳动的结果。撰写者的写作才能是构成一篇公文质量的基础，但指挥者的指挥才能又是决定一篇公文成败的关键。由于公文是遵命性写作，它要受到指挥者意图的制约，这就要求撰写者在公文写作中必须准确地体现出领导意图，才能顺利实现行文目的。

作为公文撰写者,要想在公文写作中正确体现领导意图,首先必须在起草之前能够正确领会领导意图。领导同志交代起草公文的意图,一般来说,往往局限于原则性的指点,只能是粗线条的轮廓。因此,撰写者在接受起草任务之后,还要进一步精心思考,以便能准确领会、理解和把握领导意图的精神实质。

一般来说,在撰写者的脑海里,应该明确了领导交办的公文制发的目的,即这份公文的主旨是什么;明确了这份公文要阐发的基本观点是什么;明确了这份公文要解决的主要问题是什么;明确了这份公文的受文对象和发送范围是什么,等等。这是第一步。实现了这第一步,可以说就大体上明确了领导同志的意图。接下来,还要精心思考、周密体察、研究探索,将上述领导同志交代的办文主旨、观点以及现实针对性等等,结合、对照现实的工作状况努力加以融会贯通,力求将已知的领导意图,进一步深入化、具体化和条理化。例如,公文的基本观点通过哪几个分观点去阐述;这几个分观点顺序如何排列;各针对哪些现实问题;从怎样的角度阐述;具体的理论依据各是什么,等等,都要具体入微,清晰可见,进而转化为撰写者自己的思想,一旦动笔便能用撰写者自己的语言去表述。这是第二步。只有实现了这两步,经过了这由第一步向第二步的转化,即领导者的意图转化为公文撰写者的思想,才算是真正领会了领导意图的精神实质。

在公文写作中,为了更好地体现领导意图,往往采取"一文一事"的制文办法。采取一文一事,比较容易将公文的主旨突出出来,比较容易将公文的基本观点阐述明白,比较容易体现公文对实际工作的针对性和指导性。

为了更好地体现领导同志的意图,往往采取直接叙事的表述方法。围绕领导同志指示的精神实质,直叙其事,不迂回铺张,不拐弯抹角,使主旨突出,主干鲜明。因为这种表述方法开门见山,批阅办理都比较迅速,领导意图可以较快地贯彻下去。

为了更好地体现领导同志的意图,还要根据发文对象的不同,选择恰当的文种。发文对象不同,使用的文种便有异。上行文,不能使用下行文或者平行文的文种,反之亦然。不同的文种,对领导同志意图的表述语言和体现程度等,则有诸多的不同。文种选择恰当,才更有利于发挥公文的效力。

124 怎样提高思想政策水平？

思想政策水平是决定一篇公文质量的灵魂。它要求我们的公文起草者首先要努力学习政治理论，至少要懂得历史唯物主义和辩证唯物主义，要懂得政治经济学，还要掌握一定的有关科学社会主义的基本知识，也就是必须了解和掌握有关哲学、政治经济学和科学社会主义等三门学科的基本知识。只有这样，我们才能保持清醒的政治头脑，才能在起草公文时不出现政治上、原则上的失误或不周，才能自觉地把党和国家的方针政策融会贯通到所起草的公文中去。这是确保自己具备较高思想政策水平的基础和前提。只有认真理解和把握党和国家的方针政策，真正做到吃深、吃透，才能够使我们在起草公文时做到准确无误，切合实际。为此，要求我们在日常工作、学习和生活过程中，要尽可能地多看一些报刊和文件。此外，还要多听听广播，多看看电视，多上上因特网，多了解一些时事，多思考一些问题，逐步把自己的思想政策水平提到一个应有的高度。舍此，别无他法。要做工作、学习和生活中的有心人，要注意培养自己观察问题的角度和分析问题、认识问题的方法。观察问题的角度，就是看问题的立足点，就是占位问题。"横看成岭侧成峰，远近高低各不同"，角度不同，得出的结论也往往不同。许多经验说明，掌握正确看问题的角度，学会分析、综合和归纳，是写出好公文的关键。

125 怎样提炼公文的主旨？

在正确把握了领导同志意图开始草拟公文的时候，首要的问题就是要确定好该篇公文的主旨句，并把它用简约易读的语言在标题中表述出来。然后根据主旨句的需要，在已有的材料中，提炼出切合题意的基本观点，以及围绕这个基本观点而行文的各个分观点。

其次，提炼公文主旨要着眼于全局，使具体的政策规定和理论观点，与党在一个时期的总路线、总目标、总政策吻合起来。因为撰写一份公文，制定某项具体政策，发表某种具体策见，对于全局来说，它总是一个局部，只有把它置于全局中加以衡量,使之与全局吻合起来,才能避免具体政策及其策见思想的偏颇,具体政策及其策见思想才不致与总政策、总目标发生抵触。

再次,提炼公文主旨要采用向前看的分析方法,使之具有超前性、发展性。制定政策的目的,是指挥和实施办理国家的公务,其策见如果没有预见性、超前性、发展性,是处理不好国家事务的。政策具有调整社会各方面关系的作用,但这种调整,是促进问题的解决,推动社会向前发展,而不是让政策成为束缚人们行为的框框。这是我们提炼公文策见时必须予以注意的。如我们在制定农村联产承包责任制政策、发表策见时,就要预见到实施这一政策后,农村将发生怎样的变化以及如何处置,如将会节余下大批劳动力,这些劳动力可以去做工,去搞乡镇企业等。预见到了这些,你的策见就有超前性、发展性,政策就能发挥促进社会发展的作用。

最后,提炼公文主旨,要采用比较的方法,使之具有辩证性。金无足赤,人无完人,治国治民亦无万全之策。但是,我们拟写公文,应该力求制定较为完善的政策,发布较为精辟的策见。这就要采用比较的方法,提炼具有辩证观点的策见。所谓比较的方法,就是在思索问题时,能广泛听取各种不同的意见。对任何事物都能从多方面分析、综合、比较,既要看到一般,也要看到特殊;既能看到现象,又能看透本质;既能看到其利,又能看清其弊。在科学的比较中,经过综合分析,从而较好地确定公文的主旨。

126 怎样收集和积累材料?

材料的收集与积累,是写好公文的基础。准确充分的材料是公文中提出解决问题措施的依据,是形成观点的基础。缺少充足的材料,公文的观点将失去支柱;缺少可靠的材料,公文的约束力将大为降低。材料本身是一个内容庞杂的集合体,来源广泛,形式也多种多样。有稳定不变的,也有流动多变的;有直接的,也有间接的;有表象与本质一致容易提取的,也有表象复杂而不易提取的;等等。如果不加以留心,不刻意去做这个工作,材料就可能是过眼烟云,不能真正地占有它。这就需要有一个合理的材料收集方略。这个方略说起来很简单,就是要做好日常积累,占有两手(第一手和第二手)材料,并随时加以整理。这里,我们用"方略"这个概念,就是强调材料收集要有一个全盘的计划和实施策略,否则费时费力,难见实效。

127 怎样恰当运用材料?

公文写作离不开材料,它是构成公文的基本要素之一。具体地讲,材料是指公文制作者为了表现公文主旨,从现实工作、学习和生活中摄取并写入公文中的一系列内容,包括情况、背景、目的、根据、办法、措施、意见、规定、时间、数字等的统称。它是提炼公文主旨的基础和依据。

材料对主旨具有制约作用。有什么样的材料,才能提炼出什么样的主旨。主旨能否做到正确、鲜明、集中,关键取决于材料的优劣。"巧妇难为无米之炊",离开材料,就形不成公文。此外,公文主旨的表达也要依据材料。在公文写作中,要用大量的事实、数字、论据等来体现主旨,而这又必须以材料作为支柱。总之,材料是公文写作之母。公文写作对于材料的组织应当注意做到如下几点:

一、要根据主旨的需要决定材料的数量。公文篇幅有长有短,制约它的因素不在于作者掌握材料的数量的多寡,而在于是否切合主旨。有些公文,如命令(令)、决定、决议、公告等等,篇幅很短,用很少的材料即可表明基本精神;有些公文,如调查报告、总结等,三言两语不足以说明观点,需要一定数量的材料加以证明。因此,摄入公文材料的数量,一定要服从主旨的需要。否则,过多或过少都会影响主旨的表达。

二、要根据主旨表达的要求决定材料的详略。公文写作中所涉及的题材很多,但在使用时又不能平分秋色,而必须做到重点突出,详略适当。决定材料详略的关键因素不是别的,而是主旨表达的需要。以调查报告文种为例,如发文目的旨在介绍经验,即应以经验方面的材料为主,详写;而其他内容诸如基本情况、存在问题及今后意见等材料则应略写,不可喧宾夺主;如果旨在反映情况,即应以情况为主,情况详写,其他略写。

三、要根据主旨的要求决定材料的表现形式。材料表现形式要有利于公文作用的发挥。法规体公文,其发挥作用的范围一般较广,因而其材料往往以概括形式表现出来,要选用经过概括的材料;而报告体公文要汇报有关公务活动情况,因而就离不开具体的事实材料。

四、要注意所用材料的系统性。公文中所使用的各种材料必须具有系统性，力戒杂乱无序。只有如此，才能全面、辩证地反映公务活动，不致犯主观片面的错误。所谓系统材料，是指在公文中所运用的材料，既要有正面的，也要有反面的；既有现实的，也有历史的；既有点上的，也有面上的，做到正反并举，前后相应，点面结合，从而构成一个纵横交织的立体网络，形成材料系统。正反对举，它包括两种含义：一是正面材料指反映公务活动的成绩、经验等的材料，反面材料是指反映公务活动的缺点、问题的材料。例如工作总结，既要讲取得的成绩、经验，也要讲存在的问题；既要报喜，又要报忧，不能平均用墨。二是对同一问题从不同方面提要求、作规定。其中"正"表明相同的材料，"反"表明相异的材料。用"反"面材料说明、补充"正"面材料，以强调、深化主旨。在法规体公文中，这种正反对举的写法最为突出，它具体表现为层次或段落之间的正反对比。如《关于党内政治生活的若干准则》一文的第二大部分"坚持集体领导，反对个人专断"一节中，先用五个段落论述集体领导的重要性和基本原则，继而又用两个段落交代"坚持集体领导，并不是降低和否定个人的作用"，从反面加以论述。无疑，这样具有辩证意蕴的材料，对实际工作必然具有强大的指导作用。

128 怎样运用事实论据？

公文中的事实论据是指事物的概况和原委，包括具体的事例和数据。公文写作特别是各种事务性文书的写作，往往离不开事实论据的运用。例如通报，需要陈述相关的事实，据以作出对有关单位或人员予以表彰或批评的决定；写请示时，其请示缘由的陈述也是事实；写报告，其所涉及的事项还是事实，如此等等。至于工作总结、调查报告以及先进人物事迹材料等文种的写作，就更离不开事实。事实胜于雄辩，恰当地运用事实材料，能够使人对公文观点的正确性得到比较充分、具体的理解，增强行文的说服力和表现力。写作实践表明，公文中运用事实论据应当做到如下几点：

一、真实。真实是公文写作运用事实论据的基础和前提。公文是传达贯彻党和国家的方针、政策，指导和推动公务活动顺利开展的重要工具，因而其对事例和数据等的运用必须绝对真实，来不得半点虚假抑或粗疏。一篇公文，其所用论据如果失真,就会给决策造成失误,贻害无穷。

公文中事实论据的真实,包括两层含义:其一,它必须是现实生活中客观存在而且是经过反复核实证明确凿无误的,而不是公文写作人员为着某种目的而随意杜撰的。观点、主张、意见、办法或措施等的提出,必须实事求是,便于执行;对有关背景、经过等的表述也必须完全真实,即便某一细节甚至某一数字等,也必须认真核实,确保真实。否则,就会从根本上失去其应有的说服力,毫无利用价值,甚至给党和国家的事业造成损害。其二,它必须能够反映客观事物的一定本质,是必然的,而不是个别的、偶然的表象。报告、总结性公文中已然的内容,应反映事物的本质,表明其发展的必然结果;指令性、规定性公文中未然的内容,也应反映事物的本质,表明其发展的必然趋势。

二、准确。所谓准确,就是要确凿无疑,可靠无误。它与上述"真实"相辅相成,一本所系。准确是公文写作中运用事实论据的生命所在,特别是对于工作报告、工作总结和调查报告等文种,在汇报工作、反映情况、总结成绩和经验时,更要求其准确性。包括对人物言论的记述,对有关问题或事件发生的时间、地点、过程、起因和结果的叙写,对有关数字、名称等的表达,等等,均应如此。如是间接材料,必须反复核实,认为确凿无误后方可使用。此外,要做到准确,还要求公文写作人员具有较强的语言表达能力,能够用简明扼要的文字将有关的事实论据恰如其分地"描述"出来。

三、典型。这是公文写作中运用事实论据的关键。由于公务活动是错综复杂的,能够用以证明观点或结论的事实往往较多,但受各种因素制约(如篇幅等),又不可能也没有必要把获取的事实材料都写入文中,而必须加以甄别和遴选,运用那些能够深刻揭示和反映客观事物的本质特点和内部联系的事实。事实不典型,就缺乏代表性和说服力,就不足以令人信服,行文的目的也就难以实现。例如某汽车修配厂拟将本厂院内的黄土地改为水泥地面,向上级主管部门行文请示,请求拨款数万元。文中在陈述请示理由时,列摆出刮风时尘土飞扬,下雨时道路泥泞的事实。结果请示发出后,未获批准。这里,其所运用的事实论据不可谓不真实,但却不够典型,缺乏应有的说服力。如果换一角度,突出尘土飞扬对该厂生产的影响,如机器运转部件上附有润滑油,沾上很多尘土,影响产品质量,加速机器磨损的程度;厂内雨天道路泥泞,运输受阻,使生产环节衔接不上,影响生产进度;等等,这样就使得请示缘由富有典型性,集中明确,说服力增强,让人充分感到解决问题的必要性与迫切性,请示的目的也就容易实现。

四、切旨。即指对事实论据的运用,必须针对行文的观点或结论来进行,使之有机地统一起来,达到和谐顺畅、融会贯通的境界。这是公文写作运用事实论据的目的和宗旨。缺乏针对性,就不足以说明问题。凡优秀的公文,都在观点或结论与事实论据的统一方面臻于完美,例如中共中央办公厅、国务院办公厅《关于解决当前机关作风中几个严重问题的通知》一文,首先明确提出观点:"最近以来,在各级党政机关中,一些中央曾三令五申加以制止的不正之风不但没有完全刹住,而且在新形势下又有所发展,出现了一些性质十分严重的新问题。"为了证明这一观点,文中随即列述六个方面的典型而又有充分说服力的事实论据加以佐证,同时指出问题的性质及其严重程度,进一步证实观点的正确性。这样,就能够使人从观点和论据有机统一的角度加深对该通知基本精神的理解和把握。

129 怎样运用理论论据?

除事实论据外,公文写作中还要运用大量的理论论据,它们共同构成公文的论据体系。用以作为理论论据的,主要包括马列主义原理、毛泽东思想、邓小平理论、"三个代表"重要思想和科学发展观,党的方针政策和国家的法律、法令、行政法规,科学定理、公理、会议的决定、决议以及名言、格言、谚语,如此等等,不胜枚举。在公文写作中,也往往离不开这些理论论据,用来证明所提观点或结论的正确性和合理性。马列主义原理、毛泽东思想、邓小平理论、"三个代表"重要思想和科学发展观是放之四海而皆准的真理,在公文中恰当引用,可以极大地增强行文的论证性和说服力,不容置疑和辩驳;党的方针政策和国家的法律、法令、行政法规,其本身具有很强的执行和约束效力,更是指令性、决定性公文中常用的行文依据和理由;会议的决定、决议等,因其反映的是集体的智慧和意志,规范性、约束性也很强,故也常被用以作为行文的重要根据;而科学定理、公理以及名言、格言、谚语等,其运用的正确性和说服力也十分明显,在某些决定类公文以及事务性文书中,以此作为论据的情况较为多见。从大量的公文写作实践来看,要成功地运用理论论据,需要注意把握如下几点:

一、融会。即指在援引经典著作里的话或有关的方针、政策、法律、法规以及科学原理等作为理论论据时,首先必须完整地、准确地理解和把握它,做到融会贯通,而后才能加以运用,这是公文写作中运用理论论据的基础和前提。要吃透其基本精神,弄清它的背景,了解它的针对性,明白它的出处和来历,这样才不至于随心所欲地引用。决不能断章取义或者牵强附会,那样不仅起不到应有的表达效果,而且会从根本上损害公文的质量。例如要在公文中引证马克思的一段言论(理论论据)来阐述现实中的某一问题,就应该不仅仅停留在马克思是如何说的,而且还要考察马克思当时说这番话的有关背景情况、社会现实情况、这段话的现实针对性,以及被历史发展检验的情况,等等,以便鉴别运用马克思这段话用来说明现实问题的针对性。如果不注意这些,不进行深入细致的了解和领会其确切含义及有关情况,信手拈来,就起不到引用的作用,只能适得其反。

二、得体。是指公文中对于各种理论论据的运用,一定要注意结合上下文内容进行,要考虑行文的特定情况和语境,恰当引用,使之衔接自然,勾连紧密。无论从思路还是行文语气方面,都要做到贴切自然,天衣无缝。切忌乱贴"膏药",将原本与行文关系不大甚至毫不相干的内容硬行扯在一起,缺乏水乳交融般的有机联系,那样,就会给人以断裂割截之感。实践中,这方面的问题时有所见,例如有一篇题为《在改革中探索发展县办工业的新路子》的调查报告,其中有这样一段话:"我市十个县办工业是在原来手工业社的基础上,在大跃进和大办农业时期,围绕为农业服务这个中心,用土法上马、因陋就简的方法发展起来的。毛泽东同志指出:'没有什么困难可以阻碍人的前进的,只要奋斗,加以坚持,困难就赶跑了。'党的十一届三中全会以来的路线、方针和政策,为县办工业的发展提供了良好的环境,使之纳入正确的轨道,经过调整、改革和技术改造,我市的县办工业发展较快。"此例中所引毛泽东同志的指示,目的在于说明该市十个县办工业克服困难、艰苦创业的斗争精神,从表面上看似乎较为贴切、得体,但结合上下文内容仔细推敲,便可发现这一引用是多余的。将它删掉,上下文意不受任何影响,反而显得更加紧凑、顺畅。

此外,公文中运用理论论据要做到得体,还表现为在引用有关的名言、格言、谚语等时,必须注意尊重公文的语体特点和风格,即要做到平实、明快、庄重,切忌随意而为。

三、适度。是指公文中运用理论论据,特别是援引马列主义原理、毛泽东思想、邓小平理论和"三个代表"重要思想、科学发展观以及习近平总书记系列重要讲话精神,有关的方针政策以及会议的决定、决议等内容时,一定要注意做到恰当适度,只要能够说明问题即可。切忌贪大求全(诸如对中央和国务院文件中的内容整段或几段照搬套用),致使所引内容过长过多,烦冗累赘,令人生厌。写作实践表明,引用失度,往往容易导致行文空洞无物,枯燥乏味,令人难得要领。

除此之外,公文中运用理论论据,还要注意做到服从证明观点或结论的需要,即要准确揭示出"论点"和"论据"之间的内在逻辑关系。这点与上述事实论据的运用要求相同,此不赘述。

130 公文语言运用有哪些基本要求?

公文的实用性很强,其内容直接与社会生活的各个领域,与社会各阶层人们的工作、学习和生活紧密相连,并能产生直接的甚至是立竿见影的影响,这就决定了公文存在着与文艺作品及政论文章等有所区别的语言特点。因此,对于公文写作来说,在语言运用上必须达到如下几方面的要求。

一、准确。这是公文语言的生命,它直接关系到公文质量的高低。俗语"一字入公文,九牛拔不出",极其形象地说明了公文语言的准确性特点。这里,准确指的范围除内容要素外,在很大程度上取决于语言要素,即语言表达要符合客观实际,对问题的分析有理有据,符合逻辑,在遣词造句方面也要恰当贴切,符合语法规范。对于一些意义相近的词语,要反复考虑,仔细辨析它们之间的细微差别,选择最为准确的加以使用。

二、简洁。公文重在实用,故在语言表达方面,在准确的基础上还应力求简洁。要用极省俭的文字表达尽可能丰富的内容,做到以少胜多。为此,就需养成一种"精雕细琢"的写作作风,在语言表达上要认真推敲,反复修改,竭力删掉那些可有可无的字词句段,毫不可惜。最后,达到"句中无余字,篇内无赘语"的境界。要注重使用那些论断性语言、综合性语言和群众性语言,以确保其简洁性。此外,还应适当运用一些简称(缩略语)等,也可使公文语言表达趋向简洁。

三、庄重。公文是法定社会组织处理公务的工具,具有高度的政策性和法定的权威性,因而要求其用语必须做到庄严、郑重。为此,就需注意:要用叙述性、陈述性语言,忌用描绘性、抒情性语言;要用规范的书面语言,忌用方言土语。否则,都会影响公文语言的庄重色彩。

四、朴实。公文重在实用,指导工作。因而在语言运用上还应力求朴实无华,要直陈其事,不要拐弯抹角、含蓄隐讳、故弄玄虚;也不要刻意藻饰、渲染、铺陈。否则,往往会适得其反。

五、生动。指公文的语言虽然讲究朴实无华,但也不能失之平淡,要尽可能运用一些形象化的词语,借用一些现代汉语的修辞手法,如排比、层递、比喻、夸张等,但要注意有些修辞手法不宜使用,如双关、借代、象征等。

131 公文中怎样恰当使用插入语?

插入语是现代汉语语法学中独立语的重要种类之一。它以一个词或词组为具体表现形态,在句中不与其他成分发生结构上的关系,但意义上又是全句所必需的,具有不可缺少的实际功用。在公文写作中,插入语的使用较为多见,一般用来表示各种附加意义。恰当地运用插入语,可使公文表意更明确、更完整、更严密,从而更好地发挥其应有的效用。

在公文写作中,插入语主要有如下几种表意功能:

一、肯定。即指在行文中运用插入语来表示肯定的语气。常用"毫无疑问""十分明显""不可否认""不用说"等词组。如:"党的十一届三中全会以来,为了加强和改善党的领导,中央已经采取或正在采取一系列重要的措施……毫无疑问,为了进一步改善党的领导制度,还要逐步采取许多必要的措施。"(《中共中央关于各级领导干部要亲自动手起草重要文件,不要一切由秘书代劳的指示》)此例中心意思在于阐述必须采取有力措施,进一步改善党的领导制度,其间运用插入语"毫无疑问",使得语意表达十分肯定,令人不容置疑。这样,下文再据以提出"各级领导干部要亲自动手起草重要文件,不要一切由秘书代劳"的中心论点,也就显得顺乎自然。

二、强调。即指在行文中运用插入语来表示强调的语气。通常用"主要是""尤其是""特别是"等词组。例如:"三中全会决定要'多歌颂工农兵群众,多歌颂党和老一辈革命家,少宣传个人'……三中全会以来执行这个方针总的说来是有成绩的,但是也还有一些问题。主要是对老一辈革命家的歌颂仍有一些过于突出个人,特别是许多纪念方法严重地流于形式……"(《中共中央关于坚持"少宣传个人"的几个问题的指示》)这段文字的核心是论述三中全会以来对

"少宣传个人"方针的执行情况,既肯定成绩,也指出存在的问题。其间运用插入语"主要是"将问题加以强调和突出;列举主要问题时,又运用插入语"特别是"进一步加以强调,从而使人充分认识到问题的严重性以及解决问题的必要性。

三、注释。即指在行文中运用插入语对某些内容进行必要的解释和说明。常用"就是说""也就是"等词组。例如:"宗教信仰自由,就是说:每个公民既有信仰宗教的自由,也有不信仰宗教的自由;有信仰这种宗教的自由,也有信仰那种宗教的自由;在同一宗教里面,有信仰这个教派的自由,也有信仰那个教派的自由;有过去不信教而现在信教的自由,也有过去信教而现在不信教的自由。"(《中共中央关于我国社会主义时期宗教问题的基本观点和基本政策》)这段文字运用插入语"就是说"进行解释,说明我国社会主义时期宗教政策的具体内涵。这样,就使得行文明确具体,便于理解和执行。

四、举例。就是指在行文中运用插入语对有关事理进行举例,以使抽象的内容具体化,从而更容易被人理解和接受。常用"正如""例如"等词语。如:"除特殊情况中央另作规定者外,一般高级干部丧事应力求简化和节约。例如,向遗体告别的仪式一般可取消;追悼会规模要缩小,送花圈和出席追悼会的负责人要减少,悼词要缩短和避免溢美之词;逝世后可即发表简短消息,追悼会新闻要减少和缩短。"(《中共中央关于坚持"少宣传个人"的几个问题的指示》)这段文字的中心意图在于规定"一般高级干部丧事应力求简化和节约"。应该说,这一规定是较为宽泛抽象的,诸如简化和节约的标准,简化和节约的形式,等等。为此,文中又运用插入语"例如"对其加以举例说明,使抽象的内容规定具体化,便于下级机关理解和执行。

五、补充。指在行文中运用插入语对有关内容作进一步的补充说明,以便使之更完整、更明确。通常以"包括"一词作为语言标志。例如:"对于一切离休退休的老干部,他们的政治待遇,包括阅读文件、听重要报告、参加某些重要会议和重要政治活动等等,应当一律不变。生活待遇,包括医疗和交通工具等等,也应当一律不变。"(《中共中央关于建立老干部退休制度的决定》)此例中先后两次运用插入语"包括",对离休退休老干部的政治待遇和生活待遇内容作进一步补充说明,使之更加明确和具体,从而充分显示出我们党和国家对离休退休老干部的关怀和照顾。

六、总括。指在行文中运用插入语对前文所述内容加以总结和概括,以便使之更加明确和集中,从而加深人们的印象,提高认识,统一思想。常用"总之""总而言之""综上所述"等词语。例如:"总之,我们现在赖以进行现代化建设的物质技术基础,很大一部分是在这个期间建设起来的;全国经济文化建设等方面的骨干力量和他们的工作经验,大部分也是在这个期间培养和积累起来的。这是这个期间党的工作的主导方面。"(《中国共产党中央委员会关于建国以来党的若干历史问题的决议》)这段结论性文字是在全面阐述社会主义改造基本完成以后到"文化大革命"开始之前的十年时间内我国社会主义建设成就和经验的基础上作出的。运用插入语"总之"加以总结概括,具有很强的论断性,从而使人们对这十年的社会主义建设成就有了充分而又明确的认识。

七、提注。即指在行文中运用插入语以引起阅者注意,使之深刻领会作者的意图。常用"你(们)看""请看""你(们)想""你(们)说"等词组。

八、推测。即指在行文中运用插入语对事物的状态或其发展变化趋势进行预测。通常以"看来""算起来""我觉得""充其量""我想"等词语。例如:"我觉得,无论在哪一个抗日根据地的地方工作中,都存在有这种官僚主义的作风,都有一部分缺乏群众观点而脱离群众的工作同志。我们必须坚决地克服这种作风,才能和群众亲密地结合起来。"(毛泽东《组织起来》)此例中,作者运用插入语"我觉得"来推测抗日根据地的地方工作中存有脱离群众的官僚主义作风,并号召人们起来加以克服。

由上所述可以看出,插入语在公文中的运用较为广泛,具有不容忽视的表意功用。这里仅就几种常见情形略作罗列,其他诸如运用插入语表示所述内容的来源或依据,表示承上启下或归纳的意义等,也均有不同程度的出现。因此,认真总结公文中插入语的运用规律,对提高公文写作质量,使之更趋准确和规范,无疑具有积极意义。

132 公文写作中怎样恰当使用模糊语言?

首先,要根据公文表达策见的需要,视具体语言环境,来确定是否需要使用模糊语言。在某一语言环境中,既可以使用精确语言,也可以使用模糊语言,这时就要加以比较,推敲一下使用哪种语言,能收到更好的表达效果,就使用哪种语言。例如:"在教育结构上,基础教育薄弱,学校数量不足,质量不高,合格的师资和必要的设备严重缺乏,经济建设大量急需的职业和技术教育没有得到应有的发展,高等教育内部的科系、层次比例失调。"(《中共中央关于教育体制改革的决定》)文中运用模糊语言,较准确表达了教育体制的弊端。因为从宏观上着眼,基础教育薄弱到什么程度,是很难用量化指标说明的,也难以具体到缺少几所什么样的学校,或者缺乏多少什么样的教师这样的程度。

其次,要正确把握模糊语言的"隶属度",准确运用模糊语言,使公文表达尽可能严谨周密,无懈可击。任何公文,都具有法定的严肃性、权威性。它是规范人们社会活动的法定根据。因此,在语言上要晓之以理,告之以规,使人们明于行止。在表述上要精当细密,严谨准确。这就要求公文撰写者在运用模糊语言时,要能准确地把握住模糊语言的"隶属度"。

有时,为了准确运用模糊语言,正确区别模糊词语的隶属度,还需要恰当地使用限制词。譬如对"好"字,如前面加上较、很、极、特别、非常等,变成较好、很好、极好、特别好、非常好,既区别了隶属度,又达到了表述上的准确,发挥了模糊语言在公文写作中的特殊功能。

一、模糊语言在公文中的运用,大致有以下几种情况:

1. 表示时间。常用的有"最近""不久前""近年来""过去""现在""将来""一直""曾经""已经"等等。

2. 表示地点。常用的有"附近""一带""周围""左右"等等。

3. 表示方式、方法。常用的有"严格认真""逐步""多种形式""合理""斟酌""适当"等等。

4. 表示主观评价。即用判断的语言形式,表达一种主观对客观的认识和态度,这种认识往往带有较大的模糊性。例如"这篇报告的主流是好的,是比较符合要求的",用"好的""比较符合要求的"等模糊语言,对报告进行了恰当的评价。

5. 表示频率。常用的有"反复""多次""往往""再三""三令五申"等等。

6. 表示分寸、程度。常用的有"个别""大部分""基本上""显著""更加""相当""大体""较大""十分"等。

7. 表示条件。常用的有"对违反……规定者""视情节轻重""经领导批准后""在可能情况下""符合下列条件者""确因工作需要"等等。

需要注意的是,模糊语言不是含糊语言。两者相比,模糊语言具有定向的明确性,委婉、含蓄不是模棱两可,灵活自然不是无拘无束,漫无边际,简明规范不是含混不清,信手拈来。

二、运用模糊语言应注意以下两点：

1. 要恰当、得体。模糊语言表现力极强，内涵极其丰富，使用时应注意恰当得体，该用则用，切忌随意滥用；否则，将有损于公文的真实性和严肃性。

2. 要注意模糊语言的相对性。在实际写作中，模糊语言往往要与精确语言配合使用，虚实结合，相得益彰。否则，模糊语言充斥全篇，势必一塌糊涂，乱人耳目。

133 公文写作中怎样恰当使用模态词语？

"模态"系逻辑学术语，它是指事物所具有的规模和状态。在公文写作中，特别是在指令性和法规性公文写作中，为了突出其规范性和约束力，往往需要运用模态词语，如"必须""严禁""应当""不得"等等，构成义务模态判断（或称规范模态判断），用以告知受文对象对公文内容的执行界限和幅度。这些模态词语，多系正反对举，运用于不同的语境之中，分别表示肯定或否定的意义，具有明显的观点或态度倾向。从中，受文对象能够确切了解和把握公文的要求是什么，应当怎样去做，做到什么程度以及不能怎样做，等等。可以说，要使公文的内容得以正确贯彻落实，决然不能离开这些具有特殊表意功能的模态词语。

一、必须 严禁。这是一组具有正反意义的模态词语。它们均表示很严格，非这样做不可。其中"必须"用于正面，"严禁"用于反面。例如，"搞好党风和廉政建设，必须同经济建设、深化改革结合起来，必须同民主与法制建设结合起来，必须党风、政风、社会风气一起抓，必须充分发动和依靠广大人民群众，动员全党和全社会的力量，实行综合治理。"（《中共中央关于加强党风和廉政建设的意见》）此例中连续四次运用模态词语"必须"，构成义务模态判断中的应然判断，使公文内容具有强制性，不容置疑。要求"必须"如何去做，对于受文对象而言，即成为一种行为规范。又如"严禁将武器、凶器、弹药和易爆、易燃、剧毒、放射性物品及其他危害飞行安全的危险品带上飞机或夹在行李、货物中托运。"（《中华人民共和国公安部通告》）例中用模态词语"严禁"，构成义务模态判断中的禁止判断，表明"严格禁止"，其强制性显而易见。实践中，这组模态词语常常对应使用，即在一段文字中，既用"必须"规定正面内容，又用"严禁"规定反面内容，二者互为呼应，相辅相成，使得公文表意十分严密、完整。

二、应　不应。在严格程度上,此组模态词语较之前组相对弱些,但也不允许稍事忽略。它们都表示严格,在正常情况下均应遵照办理,其中"应"用于正面,"不应"用于反面。前者如《国家税务总局关于个体工商户必须依法纳税的通告》第四条:"对个体工商户偷税、抗税等违法行为,应按照国家税收法规进行严肃处理。"此条系对个体工商户的偷税、抗税行为的处理规定,用模态词语"应"表示执行的幅度,既表明了发文者的态度倾向,又易于使受文单位理解和执行。后者如《劳动教养试行办法》第十四条第二款:"对精神病人,呆傻人员,盲、聋、哑人,严重病患者,怀孕或哺乳未满一年的妇女,以及丧失劳动能力者,不应收容。"此例系对"不应收容"的对象范围所作的规定,运用模态词语"不应",使得表意十分明确、突出,语气坚定有力。

三、得　不得。这也是一组具有对立关系的模态词语,其中"得"用于正面,表示可以或能够;"不得"用于反面,表示不可以或不能够。在指示性和法规性公文中,此组模态词语的使用频率很高。前者如"地名一律用全名,……仅在两个以上著名城市或著名省份联写在一起使人一看就明白的时候,始得用简称"。(《中共中央关于纠正电报、报告、指示、决定等文字缺点的指示》)此例是对地名表述问题的规定,即一律要写全称,只是在特殊情况下(两个以上著名省市联写使人一看即明),方可使用简称。用模态词语"得"后承"特殊情况",表态明确,既恰切又庄重。后者如《国务院关于严格控制到著名风景游览胜地开会的通知》第三条:"接待国外旅游者比较集中的城市的宾馆、饭店,在旅游旺季,未经主管部门批准,不得接受安排会议任务。"此条系对接待国外旅游者比较集中城市的宾馆、饭店在旅游旺季不能安排会议的规定,用模态词语"不得"明确表示出发文者的观点和态度,既严明坚定,又不显强硬,便于受文单位遵照执行。

四、可以　不许(可)。此组模态词语,在严格程度上较之前面几组又显轻些。其中"可以"用于正面,表示允许有所选择,在一定条件下可如此去做,有一定的灵活性和自由度;"不许(可)"用于反面,其表意与上述"不得"相近。前者如《人民警察使用武器和警械的规定》第二条:"人民警察在执行逮捕、拘留、押解人犯和值勤、巡逻、处理治安案件等公务时,可以根据本规定,使用武器和警械。"此例中运用模态词语"可以"构成义务模态判断中的允许判断,表示出"允许有所选择"的意向,给执行者以机动处置的权利。显然,它与前述"必须""应""得"等模态词语相比,语气较轻,其严格程度亦较舒缓。后者如:"凡转发文电,并须将转发文电的上下款及年月日照旧保留,不可省略。"(《中共中央关于纠正电报、报告、指示、决定等文字缺点的指示》）此例中运用模态词语"不可"对转发文电的上下款及年月日的处理方法作出规定，语意明确，分寸适度。

五、宜　不宜。此组模态词语表示允许稍有选择，在条件许可时首先应当这样去做，其中，"宜"用于正面，"不宜"用于反面。这组模态词语也有一定的灵活性和自由度，但也不能随心所欲。例如《国务院关于建立民族乡问题的通知》第二条："建立民族乡，少数民族的人口在全乡总人口中所占的比例，一般以百分之三十左右为宜。"此条是对民族乡中少数民族人口比例的规定。"一般以百分之三十左右为宜"，其中"百分之三十"是基准线，围绕这一比例可以略有浮动。由于使用模态词语"宜"，使得表意十分明确、清晰，便于理解和把握。又如《仓库防火安全管理条例》第三十五条："库房内一般不宜安装电器设备……"此条是对库房内电器设备安装问题的规定。运用模态词语"不宜"，表明并非硬性禁止，而只是在一般情况下的不适宜。语意明晰，措辞适度、得体，其执行的选择度和灵活性显而易见。

134　公文写作中怎样恰当使用古语词？

古语词是现代人为了满足交际的需要，进一步丰富现代汉语词汇，在现代汉语已经形成的基础上所吸收的古代汉语词汇。它包括一般所说的文言词和历史词。其中前者所代表的事物和现象依然存在于人们的现实生活之中，诸如"若干""如此""之""乎""者""与""及""亦"等；后者则系在人们的现实生活中已经消失的历史上的事物或现象，如"宰相""钦差大臣""丞相"等。在公文写作中，古语词尤其是文言词的使用是常见的、大量的，它具有特殊的表意功能。如能恰当地运用，可使公文语言精练简约、典雅庄重，富有概括力，从而极大地增强其表达效果。

古语词在公文中的应用范围极广，而且在长期的公文写作实践中，人们对古语词的使用已经形成了具有较为稳定的规律性特点。它既可用于公文标题之中，也可用于正文的主体部分，还可用于开头和结尾。兹概要举述如下：

一、标题。公文标题中运用古语词，最主要的是"若干"一词。在表意上，此古语词较为宽泛，具有不定指性，但给阅者的概念却极为准确、明晰，而且由于它的使用，还给整个标题涂上了一层庄重古朴的色彩。这也是公文语体风格的重要表现之一。如《中共中央关于加速农业发展若干问题的决定》《关于党内政治生活的若干准则》《中国共产党中央委员会关于建国以来党的若干历史问题的决议》等等便是。这些标题中的"若干"即系文言词,属于古语词。显见,由于它的使用,极大地增强了公文标题的表现力,倘若代之以具体概念,则不仅与实际情况不符,而且还会使整个标题黯然失色。

二、开头。古语词在公文开头部分运用频率也较高,其中最主要的有两方面:一是表示行文的引据,如《中共××市委、××市人民政府关于××县直属机关设置和编制总额的批复》一文的开头:"你县×年×月×日《关于县直属机关机构设置和人员编制的请示》收悉"。其中的"悉"即为古语词。二是用以表示行文的缘由,如《中共中央关于纠正电报、报告、指示、决定等文字缺点的指示》一文的开头:"现在党政军来往电报及其他报告、指示、决定等文件,写得好的,确实不少。这些电报或文件,写得清楚明确,生动活泼,使人便于阅读,发生极大效力。但同时尚有许多文电,在文字上存在着严重缺点,必须予以纠正。这些缺点之最常见者,有滥用省略、句法不全、交代不明、眉目不清、篇幅冗长五类。兹分别规定纠正办法如下"。这段文字的中心意向在于阐述行文的缘由,以便使受文者深刻认识和了解发文的必要性和重要性。其中加着重点之处均为古语词,由于它们的使用,使得行文简练、庄重,表意明确严整,充分体现了指示文种的语体风格。

三、主体。公文正文主体之中使用古语词的频率就更高,可谓俯拾皆是。不妨随机举述两例:"或作讲演,则甲乙丙丁、一二三四的一大串;或作文章,则夸夸其谈的一大篇。无实事求是之意,有哗众取宠之心。华而不实,脆而不坚。自以为是,老子天下第一,'钦差大臣'满天飞。这就是我们队伍中若干同志的作风"。(毛泽东《改造我们的学习》)此例中运用了"钦差大臣"等一系列古语词,极其生动地为主观主义者画了像。又如"这些朋友们的心是好的,他们也是爱国志士。但是'先生之志则大矣',先生的看法则不对,照了做去,一定碰壁。因为估计不符合真相,行动就无法达到目的;勉强行去,败军亡国,结果和失败主义者没有两样。所以也是要不得的"。(毛泽东《论持久战》)此例中,作者运用古语词"先生之志则大矣",具有明显的讽刺意义。

决定类、告知类和法规性公文中,古语词的使用就更为多见。这是由它们自身的性质和特点所决定的。

四、结尾。公文结尾运用古语词的情形较多,主要表现为各种不同的结尾语,往往使用不同的古语词。如请示文种的结尾"妥否,请批示""妥否"一词的使用,既简练又庄重;其他诸如法规体公文如"本条例自发布之日起执行"、批复文种的结尾语"此复"、通知文种的结尾语"特此通知"、函文种的结尾语"即请函复""请予大力协助"等等,均属此类。

由上所述,不难看出,在公文中恰当运用古语词具有极其重要的作用。首先,它可使行文简洁匀称,生动有力,富于节奏感。例如"伯承最反对军事指挥上墨守成规,粗枝大叶,大而化之"(《悼伯承》,见《邓小平文选》第3卷,第187页)。此例"大而化之"中的"而""之"均为古语词,它们与"大""化"结合使用,其作用在于与前面"墨守成规""粗枝大叶"一起构成四字句,能够收到简洁匀称之效。其次,它可使行文具有庄重严肃的感情色彩。再次,恰当运用古语词,还可以表达幽默、讽刺的意义。这些,可从上述实例中略见一斑,此不赘言。

公文中运用古语词应注意两点:一是要适度,不要用得过多过滥。否则,"之乎者也"之类充斥全篇,势必影响其表达效果;二是要贴切。即指对古语词的使用,一定要注意结合特定的语境和上下文内容来进行,做到恰切得体,切忌牵强附会,生拼硬凑,否则就会使公文显得不伦不类,从而起不到应有的表达效果,甚至适得其反。

135 公文写作中怎样恰当使用介词结构?

在公文写作中,介词结构的使用频率极高。除部分会议纪要、简报、调查报告外,几乎所有公文的标题,都含有介词结构;许多公文的开头、结尾,由于表述的需要,也都使用一些约定俗成的介词结构。至于公文内容之间的过渡,公文中大量的推理等,在很多情况下,也离不开介词结构。

公文标题中的介词结构,只有一个,即由介词"关于"和它的宾语结合起来的介词结构。公文标题,一般由三个要素组成,即发文机关、事由、文种。这其中,发文事由就是由含有"关于"的介词结构来表示的。例如《中共中央关于经济体制改革的决定》这一标题中,发文机关是"中共中央";使用的文种是"决定";发文事由是"关于经济体制改革"。"关于经济体制改革",就是一个介词结构。

不仅公文标题要使用介词结构,而且公文正文也离不开介词结构。许多公文正文的开头,或者段落的开头,往往用来说明行文的目的、根据、原因或者背景等,这时候,一般使用由介词"根据""依据""按照""遵照""为了""为此""由于""关于""鉴于""随着"等与名词、代词、名词性词组组成的介词结构,在句子中充当状语、定语,或者补语。例如:"随着城乡经济体制改革的逐步展开,必须相应地改革科学技术体制。这是关系到我国现代化建设全局的一个重大问题。为此,中央作出如下决定"(《中共中央关于科学技术体制改革的决定》)。"以毛泽东同志为主要代表的中国共产党人,根据马克思列宁主义的基本原理,把中国长期革命实践中的一系列独创性经验作了理论概括,形成了适应中国情况的科学指导思想,这就是马克思列宁主义普遍原理和中国革命具体实践相结合的产物——毛泽东思想。"(《中国共产党中央委员会关于建国以来党的若干历史问题的决议》)以上两例,一是公文的开篇,一是公文一段的开头,都使用了介词结构。前者通过推理、判断,说明了行文的目的;后者则说明了毛泽东思想形成的理论和现实根据。

公文的结尾,亦时常使用一些含有"为要""为盼""特此函报""特此函商""特此函达"等介词的约定俗成的介词结构。例如《全国博士后管委会关于进一步明确博士后研究人员身份的通知》,在正文结束后,以"特此通知"收尾。

在公文写作中,为什么介词结构的使用频率如此之高?因为整篇公文的表述,即阐述政策规定和政策思想的过程,可以说是一个运用概念、进行判断和推理的过程,同时又要求使用的语言必须概括精练。而运用介词结构,正好能够比较恰切地反映和表达这样的推理思维过程。这就是在公文写作中,介词结构使用频率高的原因。

136 公文写作中怎样规范使用汉字?

关于公文中的用字问题,《党政机关公文处理工作条例》中有明确规定,即"公文中使用的汉字……按照有关国家标准和规定执行。民族自治地方的公文,可以并用汉字和当地通用的少数民族文字"。第十九条中还进一步规定:公文要"表述准确,文字精练"。这些,就是对公文中文字使用的规范化要求。

那么,公文用字怎样才能做到规范呢?最主要的一条就是要严格执行党和国家制定并正式颁布的用字法律、法规的规定,不写繁体字、异体字,也不随意滥造简化字。

2000年10月31日，第九届全国人民代表大会常务委员会第18次会议审议通过了《中华人民共和国国家通用语言文字法》，对语言文字的规范使用包括公务文书中的文字使用作出了明确规定，在公文写作实践中应当严格遵照执行，以确保公文用字的规范化和标准化。对此，要特别注意把握以下几点：

一、不写繁体字。1956年的《汉字简化方案》公布并分批推行后，繁体字的使用范围受到了限制，即凡面向公众的社会用字必须规范化，要使用国家正式公布的简化字，已经被简化了的繁体字，只能用于古籍整理出版、文物古迹、书法艺术等方面。据此，公文用字应以国家正式公布的简化字为准。

二、不用异体字。废除异体字是国家文字改革的重要内容之一，1955年国家公布的《第一批异体字整理表》，废除了1055个异体字。除翻印古书或用作姓氏以外，一般不能再用。对此，公文写作也需依照执行。然而，在实践中，这些不规范的异体字仍时有所见，应当坚决加以纠正。

三、不要滥造简化字。公文中使用简化字应以2013年6月5日国务院公布的《规范汉字表》为准。凡是不符合表中规定的简化字，都不合规范，不能使用，更不能随意滥造。公文中如果运用不规范的简化字，或者随意滥造简化字，势必严重损害公文的质量和效用。

137 怎样规范表述一些特定提法？

在公文写作过程中，经常涉及一些具有特定意义的提法表述，而且应当遵从统一的规范，以确保公文的质量和效用的发挥。

一、称"公务员"不称"国家公务员"。《中华人民共和国公务员法》自2006年1月1日起正式施行，原来的《国家公务员暂行条例》同时废止。原《暂行条例》中的"国家公务员"概念将被《公务员法》中的"公务员"概念替代。国家人事部有关负责同志表示，我国公务员没有"国家公务员"和"地方公务员"之分，"国家公务员"概念容易引起误解。今后，"国家公务员"将统一改称"公务员"，以后制定有关法规、政策文件以及在正式场合，均使用"公务员"这一新的法律概念。

二、用"五年规划"取代"五年计划"。关于我国国民经济和社会发展计划，从"一五"到"十五",均称为"计划",但值得注意的是,从"十一五"开始,已经将其由"计划"调整为"规划"。党的十八届五中全会作出了关于"十三五"规划的重大决定。规划取代计划,是中国在宏观经济运行方面变政府主导为以市场为基础的进一步转变,展示中国作为一个迅速发展的经济体,是世界众多市场经济国家的一员;一字之变,与构建和谐社会的宏伟目标紧密相连。

从公文写作的角度来说,规划是一种带有全局性、方向性的中期(如三五年)计划。它与一般"计划"相比,一是内容不同,"规划"的内容属于全局性的部署,"计划"是实施"规划"的具体方案;二是时间不同,"规划"是较长一个时期的科学展望,"计划"一般是全年或半年的;三是要求不同,前者定方案、定规模,富于理想、展望远景,后者定指标、定时限、定任务、定措施,富于现实性,具有强烈的约束力与紧迫感;四是"计划"既服从于"规划",又对"规划"起修改、补充和完善作用。

三、慎用"经济腾飞""国际(内)领先"等评价性语句。因为"腾飞"是一个形象性的动词,其以什么为起点,又"腾飞"到什么高度,缺乏量的规定性,容易引起歧义和歧解;而在评价有关科技成果水平时又常出现"国际(内)领先"等等的表述。当然其中不乏"名副其实"者,但也确实存在浮夸和虚假的现象。

四、称"一级演员""一级教授"而不称"国家一级演员""国家一级教授"。按照规定,在我国的专业技术职务序列中,表演艺术专业的最高技术职务称为"一级演员",对应新闻专业的"高级记者",大学里的"教授",任何文件中都未有"国家"二字。如果冠以"国家",就难免给人造成误解,似乎"一级演员""一级教授"还有国家级、省级、市级之分,而这显然是不正确的。

138 公文写作中怎样正确运用数字?

公文写作离不开数字。它能够给人以确定无疑的概念,并能使人增强量的直感,从而加深对事物本质和规律的认识。公文中恰当地运用数字,能够起到文字表达所不能替代的作用,从而极大地增强行文的说服力;反之,如果运用不当,就会严重影响公文的质量和效用,甚至给实际工作造成难以预料的损失。具体地讲,公文写作中运用数字应当注意做到以下几点:

一、要真实。真实是公文中运用数字的生命,它直接关系到一篇公文的质量和效用，也在一定程度上反映出发文机关及公文写作者的工作作风。唯其真实，才有力量，才能实事求是地反映客观事物。具体而言，真实是指写进公文中的数字，必须是从实践中得来，是确确实实存在的，而绝不是凭空杜撰甚至弄虚作假胡乱编造的"水数字"。

二、要准确。准确是公文中运用数字的关键所在，它与真实相辅相成。具体是指写进公文中的数字，必须与客观实际相符合，要准确地反映事物发展变化的程度，绝不能搞"主观推测"，或者使用"大概""也许""差不多""可能"等模糊度强的词语，有一说一，有二说二，绝不能随意夸大或缩小。而要做到这一点，要求公文写作人员必须深入实际，认真进行调查研究，尽力获取第一手材料。同时，在语言表述上也要力求准确无误，给人以明晰的概念。应当明确的是，对于诸如"据不完全统计"之类的表述，因其如实反映出了客观事物的可靠程度，故而也是一种准确，而不应视为含糊不清。此外，公文中涉及的诸如"增加""减少"等词语后面所带"了""到"等表示事物数量增减的词语，表示概数和基数的词语，表示界限阈的词语，等等，要经常使用，也都要准确地加以表述，不能粗疏。

三、要统一。即指写进公文中的数字，一定要认真检查，仔细核实，确保前后一致，避免相互"打架"。各个分数之和要与总数相等，统计口径要一致，计量单位的使用也要前后一致，所列举的数字要具有可比性，以确保公文中数字表述的准确性和规范性。同时，对于数字的书写和使用也要保持统一，要严格按公文法规中的规定执行。对于同样数字，按规定应当使用汉字书写的，就不能随意改换成阿拉伯数码，反之亦然。绝不能此处用汉字，而在彼处又用阿拉伯数码。在这方面，实践中有些单位的公文做得很不够。

四、要规范。即指对于数字的使用必须符合公文法规和其他有关规定，不能随意而为。哪些情况下要用汉字数字，哪些情况下又要用阿拉伯数码，都有特定的范围和要求，必须依照《党政机关公文处理工作条例》和《出版物上数字用法的规定》(GB/T15835—2011)认真遵照执行。此外，按《党政机关公文格式》的规定，公文中的结构层次序数也有其特定的规范要求，即第一层为"一"，第二层为"（一）"，第三层为"1."，第四层为"（1）"。

139 公文写作中怎样恰当运用四字格词组？

"四字格"词组是现代汉语词组的基本结构形式。由于它具有简洁凝练、匀称稳密、铿锵和谐、易读易记的特点，富于概括性和表现力，故在公文写作中被广泛地应用，并产生了极强的修辞表达效果。

从总体上看，公文中运用"四字格"词组主要有如下诸种表意功能：

一、表示方针、政策界限。即通过"四字格"词组的运用来阐明党和国家的某项方针、政策。如邓小平同志在《贯彻调整方针，保证安定团结》一文中指出："生产建设、行政设施、人民生活的改善，都要量力而行，量入为出。"（着重号系作者标加，下同）例中运用"量力而行""量入为出"两个四字格词组，很好地阐明了党的调整方针，同时也使行文显得精练无比。

二、表示条件。例如邓小平同志《在全国科学大会开幕式上的讲话》中有这样一段话："无数事实表明，只有全副身心投入进去，专心致志，精益求精，不畏劳苦，百折不回，才有可能攀登科学高峰。"此例中连续运用四个"四字格"词组，构成整齐的排比句式，并列为攀登科学高峰的必要条件，很好地概括了四个方面意思。整段话整散结合，朴实无华，堪称典范。

三、表示评价。即运用"四字格"词组来表达一种主观对客观的认识或态度，它多见于下行公文之中。例如："在长期的测绘工作中，他们不计较个人的名利得失，怀着对祖国和人民的无限忠诚，凭着高度的主人翁责任感和强烈的事业心，奔波跋涉、吃苦耐劳、不畏艰险、默默无闻地开拓进取，克服了种种难以想象的困难，多次经受住高山缺氧、沙漠干渴、冰雪严寒、高温酷暑、洪水猛兽和断水断粮等生与死的严峻考验。"（《国务院关于表彰国家测绘局第一大地测量队的决定》）例中连续运用"奔波跋涉""吃苦耐劳"等11个"四字格"词组，对国家测绘局第一大地测量队全体成员的工作热情和无私奉献精神作出了恰切、公正的评价。既有简洁匀称之效，又增强了语言的节奏感，使行文生动活泼，富有文采。

四、表示列举。即通过"四字格"词组的形式来列举某方面的问题和现象。例如："官僚主义现象是我们党和国家政治生活中广泛存在的一个大问题。它的主要表现和危害是：高高在上，滥用权力，脱离实际，脱离群众，好摆门面，好说空话，思想僵化，墨守成规，机构臃肿，人浮于事，办事拖拉，不讲效率，不负责任，不守信用，公文旅行，互相推诿，以至官气十足，动辄训人，打击报复，压制民主，欺上瞒下，专横跋扈，徇私行贿，贪赃枉法，等等。这无论在我们的内部事务中，或是在国际交往中，都已达到令人无法容忍的地步。"（邓小平《党和国家领导制度的改革》）这段文字中先后运用了 24 个"四字格"词组（其中有相当一部分是成语），从不同角度、不同方面极其深刻而又有力地揭露了官僚主义的主要表现及其严重危害。同时，这些"四字格"词组中又蕴含着多种修辞方式的运用（包括比喻、排比、层递、借代、比拟、引用等等），从而使行文既简洁凝练，又形象生动，令人拍案叫绝。

五、表示情状或问题。在公文写作中，运用"四字格"词组来表述有关方面的情况或问题也较多见。比较有代表性的如中纪委《关于共产党员必须严格遵守党章的通知》一文中有这样一段话："必须清醒地看到，有少数党员，包括一些党员领导干部无视党的政治纪律，借改革、开放之机，公开发表违背党的十一届三中全会以来的路线、方针、政策的言论。他们捕风捉影，歪曲事实，蛊惑人心，甚至公然否定四项基本原则，丑化和否定党的领导，攻击社会主义制度，使资产阶级自由化思潮在一些地方和部门泛滥开来。"例中运用"四字格"词组来说明在少数党员包括一些党员领导干部身上所存在的问题，指出了问题的严重程度，从而使人充分认识到行文的必要性和重要性。

六、表示希望或要求。例如《国务院关于表彰全国劳动模范、先进工作者的决定》一文中有这样一段话："国务院希望获得全国劳动模范和先进工作者光荣称号的同志，谦虚谨慎，戒骄戒躁。保持和发扬自力更生，艰苦奋斗，无私奉献，拼搏进取的精神，再接再厉，奋勇前进，在我国社会主义现代化建设事业中作出新的更大的贡献。"此例中先后运用了 8 个"四字格"词组，对获得全国劳动模范和先进工作者光荣称号的同志提出殷切的希望和要求，语句精练，节奏明快，读之令人振奋，深受鼓舞。

七、表示哀悼。在公文中运用"四字格"词组，还具有庄重典雅的特点。特别是一些礼仪类公文，更多地借助于"四字格"词组来组句成文。例如毛泽东同志致蔡元培先生家属的唁电，通篇由 7 个"四字格"词组构成："孑民先生，学界泰斗，人世楷模，遽归道山，震悼何极！谨电驰唁，尚祈节哀。"区区 28 个字，深切表达了毛泽东同志的痛悼和慰问之情。而且，这种"四字格"词组的运用很适合哀祭文的语体特点，既简明扼要又庄重典雅，堪称范例。

八、表示规范。这主要见之于公约、守则、职业道德规范等规章制度类公文,通常以"四字格"词组的形式来结构成篇,用以作为人们的道德和行为规范。例如某次列车《文明车厢公约》:"接待旅客,文明礼貌,敬老爱幼,服务周到,饮食供应,满足需要,窗明地净,环境美好,优良秩序,安全确保,欢迎旅客,监督指导。"这种规章制度类公文,多系韵文,四字一组,合辙押韵,富有节奏感,故而具有极其广泛的实用价值。

140 公文写作中怎样恰当运用专业术语?

公文专业术语是人们在长期的公文写作实践中形成并使用的特殊语言,它对公文内容的准确表达具有十分重要的作用。可以这样说,专业术语的运用是公文门类在林林总总的社会科学领域得以立足的必要条件之一,也是充分发挥公文的社会效用的重要因素。没有这些专业术语,就显现不出公文学科的特色。因此,必须充分重视公文中各类专业术语的使用。

从总体上来看,公文中运用的专业术语主要有如下几类:

一、称谓语。即公文中对不同的行文对象的特定称谓用语。常见的有"贵""该""本""我""你""他"等等。写作时,应当根据不同的行文方向和隶属关系,恰当选用,不可随意为之。

二、起首语。即公文的开篇语,它在文中的位置,关系重大。公文写作不可不重视起首语的运用,因为它是行文先锋(开头)的"尖兵",直接关系到全篇公文的命运。公文中常用的起首语大体上可分为四类:1.表目的的,如"为""为了"等;2.表根据的,如"根据""遵照""按照""依照"等;3.表原因的,如"鉴于""由于""随着"等;4.表态度、方式的,如"兹定于""兹有""兹派""兹将""兹介绍""欣闻""欣悉"等等。

三、经办语。常用的有"拟""拟定""拟于""拟予""草拟";"布置""部署""计划""决定""安排""审定""审核""审批""审签""批阅""批复";"出示""出具""赋予""付诸""会同""会签""会审""会晤";"实施""施行""公布""颁布""发布""颁发""颁行";"报请""报告""报批""报呈""呈请""呈阅""呈签";"递交""申报""递送""送审""传阅""提请""准予""签发""签署""签证""签字";"业已""业经""报经""业于";等等。这类专业术语数量颇多,不胜枚举。

四、时间语。常用的有"最近""目前""不久前""迅即""时限""时效""时宜""顷刻""过去""现在"等等。这些时间语,多系表量模糊而表意准确的模糊语言。

五、期请语。常用的有"请""务请""恳请""即请""请予""请示";"希""希望""务希""即希""尚希""尚祈""尚盼""尚望";"接洽""商洽""商定""商议""商酌";"须即""须经""务须""应予""应当""悉力""悉心"等。

六、询问语。常用的有"当否""妥否""可否""是否可行""是否同意""是否妥当""意见如何"等等。

七、表意语。常用的有"应""拟""责成""批准""同意""欠妥""不妥""照办""禁止""取消""力戒""力避""切勿""切记""严惩""严厉""查询""查勘""查证""酌定""酌办"等。

八、谦敬语。常用的有"承""承蒙""不胜""大力""通力"等。

九、过渡语。即公文层次或段落以及语句前后之间的连缀语。常用的有"为此""现将""特作""基于""对此""据此""总之""由此观之"等等。

十、结尾语。即位于公文结尾部分的固定性语句,具有使行文显得简洁凝练、典雅庄重的功用。常用的有"此令""此复""特此通知""特此报告""希照此办理""请即遵照执行""现予公布""妥否,请批示""请予函复""为荷"等等。

141 公文写作中怎样恰当运用熟语?

熟语是现代汉语中一种较为特殊的语言现象。它是人们久经沿用而定型的词组或语句,主要包括成语、惯用语、谚语、格言和歇后语等五种具体表现形态。由于熟语具有丰富的内容和精练的形式,富有表现力,故在公文写作中被不同程度地加以运用。

一、成语。成语是一种相沿习用的固定词组,具有表意的整体性和结构的凝固性特点。在公文写作中,成语的使用是常见的、大量的。如能恰当地运用,可使公文语言表达趋于简洁凝练,富有概括力和节律感,从而极大地增强其修辞效果。就总体看,公文中运用成语具有多种表意功能,诸如用以表示观点或态度,表示条件,表示列举,表示对比,表示评价,表示解释,表示情状或问题,等等。例如"或作讲演,则甲乙丙丁、一二三四的一大串;或作文章,则夸夸其谈的一大篇。无实事求是之意,有哗众取宠之心"。(毛泽东《改造我们的学习》)此例系对主观主义态度的形象化揭露和鞭挞,用"无""有"二字引出两个具有鲜明对照关系的成语,给人以极其深刻的印象,从而使之对主观主义的工作态度和作风有了明确、具体的认识和理解。

二、惯用语。它是口语中短小定型的习惯用语,其主要特征是简明生动,通俗有趣。一般由三个音节组成,表达整体意义。但其原有意义已发生转化,而被一种新的意义所代替。在公文写作中,恰当地运用惯用语,可使行文生动活泼,富有文采,从而增强其表达效果。例如"现在有些同志对于西方各种哲学的、经济学的、社会政治的和文学艺术的思潮,不分析、不鉴别、不批判,而是一窝蜂地盲目推崇"。(邓小平《党在组织战线和思想战线上的迫切任务》)这里,作者运用惯用语"一窝蜂"指出了"有些同志"对于西方学术文化介绍方面的错误倾向,既简练明快,又生动形象,其表达效果颇佳。

三、谚语。谚语是人民群众口头流传的通俗、简练而又含义深刻的固定语句,包括农业谚语、讽诫谚语和生活知识谚语等。它一般都能揭示客观真理,富于教育意义。由于谚语具有句式匀整、音调和谐、具体通俗、形象生动的特点,故在公文写作中适当地加以运用,能够有效地增强其表达效果。例如"我们共产党员应该经风雨,见世面;这个风雨,就是群众斗争的大风雨,这个世面,就是群众斗争的大世面。'三个臭皮匠,合成一个诸葛亮',这就是说,群众有伟大的创造力。中国人民中间,实在有成千成万的'诸葛亮',每个乡村,每个市镇,都有那里的'诸葛亮'"。(毛泽东《组织起来》)这里,作者运用谚语"三个臭皮匠,合成一个诸葛亮",用以表明人民群众的聪明才智和创造能力,既具体又形象,富有表现力。

四、格言。格言是具有教育意义的警句。一般是出自名人之手,而在群众中广泛流传的语句。它内容精辟,蕴意深刻,能给人以警策和启示,并能增强行文的说明力。如"'流水不腐,户枢不蠹',是说它们在不停的运动中抵抗了微生物或其他生物的侵蚀。对于我们,经常地检讨工作,在检讨中推广民主作风,不惧怕批评和自我批评,实行'知无不言,言无不尽','言者无罪,闻者足戒','有则改之,无则加勉',这些中国人民的有益的格言,正是抵抗各种政治灰尘和政治微生物侵蚀我们同志的思想和我们党的肌体的唯一有效的方法"。(毛泽东《论联合政府》)此例中,作者集中地运用"流水不腐,户枢不蠹""知无不言,言无不尽""言者无罪,闻者足戒""有则改之,无则加勉"等四则格言,用以说明我们经常地检讨工作,在检讨中推广民主作风,开展批评和自我批评的必要性,并且指出这是抵抗各种政治灰尘和政治微生物侵蚀我们同志的思想和我们党的肌体的唯一有效的方法。语句精练,寓意深刻,能够促人警醒,催人奋进,具有很强的说服教育作用和艺术感染力。

五、歇后语。歇后语是由近似谜面、谜底两部分组成的带有隐语性质的口头用语。有些公文,根据其内容表达的需要和特定的语言环境,恰当地运用歇后语,可使行文生动活泼,饶有趣味,并给阅者以深刻印象,收到较好的表达效果。例如:"我们反对主观主义和宗派主义,如果不连党八股也给以清算,那它们就还有一个藏身的地方,它们还可以躲起来。如果我们连党八股也打倒了,那就算对于主观主义和宗派主义最后地'将一军',弄得这两个怪物原形毕露,'老鼠过街,人人喊打',这两个怪物也就容易消灭了。"(毛泽东《反对党八股》)这里,作者运用歇后语"老鼠过街,人人喊打"极其形象地说明了打倒党八股以后给主观主义和宗派主义所造成的岌岌可危的态势,给人留下极其鲜明而又深刻的印象。

公文中运用歇后语,要特别注意其适用的场合。在庄重性的公文中,不宜使用歇后语,以免产生副作用。

142 公文语段的主要结构形式有哪些?

公文语段的组合标志是指公文语段中句子和句子之间的外在联结因素及其表现形式。它以一定的语言手段为媒体,在形式上将构成语段的各个句子有机地联系起来,其作用在于帮助受文者正确地认识句间关系,准确理解和把握公文中所表述的基本内容,并使之具有较强的逻辑性和严密性,从而更好地发挥其应有的效用。

从总体来看,公文语段的组合标志最主要的有如下几种:

一、关联。即以关联词语为组合标志的语段。在公文语段中,能够用来组合句子的关联词语很多。诸如"因为""因此""所以""但是""然而""可是""由于"等等,它们既是组句的纽带,又能清晰地标识语句之间的关系。例如:"我们的工作中还有失误和缺点,我们的面前还有许多困难。但是,胜利前进的航道已经打通,党在人民群众中的威信正在日益提高。"(《中国共产党中央委员会关于建国以来党的若干历史问题的决议》)此例前后两句在意念上是对立的,中间使用关联词语"但是",构成转折语段。通过这种转折,使人们认识到失误和缺点是次要的,困难是暂时的,这就进一步激发了人们建设社会主义的热情,坚定了人们的必胜信念。

二、指代。即以指代词语为组合标志的语段。在公文语段中所运用的指代词语主要是指示代词和人称代词,而以指示代词最为多见。恰切地运用指代词语,能使公文语言表达简洁凝练,避免重复累赘,具有很强的修辞效果。例如《中共中央关于当前报刊新闻广播宣传方针的决定》一文的开头:"中央已经决定,在近两年实行调整、改革、整顿、提高方针取得初步成就的基础上,对经济实行进一步的调整,在政治上实现进一步的安定。这是三中全会实事求是、纠正'左'倾错误的指导思想的进一步贯彻,是保证社会主义现代化建设顺利进行的重大决策。"此例中运用指示代词"这"指代"中央已经决定"的内容,表意既明确又简练,毫无赘余之感。

三、物联。即以某一事物为组合标志所构成的语段。它可以是具体的"物",也可以是具体的"事",无论属于何种情形,都是作者思路的反映,是语段的意义中心所在。例如:"现代经济发展史充分证明,企业职工科学技术水平的高低,在很大程度上决定了企业经营管理水平的高低,劳动生产率的高低和生产发展速度的快慢。现代化企业的主要标志是具有较高科学技术水平,而这种科学技术水平只有通过职工系统的学习才能掌握。社会主义企业的党政领导如果只抓生产指标的制定和完成,不重视提高职工的政治思想觉悟和科学技术水平,不抓职工教育,甚至把职工教育看成是耽误生产的额外负担,那就说明这些领导人患了近视病,还不懂得什么叫做现代化建设。"(《中共中央、国务院关于加强职工教育工作的决定》)此例以"科学技术水平"作为语段的组合标志,具有提纲挈领、一以贯之的重要作用。整个语段中的各个句子,均以之为轴心进行表述,前后衔接缜密谨严,文意鲜明顺畅,从而充分有力地说明了科学技术在企业经营管理和生产发展中的重要性。

四、时间。即以时间词语为组合标志的语段。这种时间词语,可以是某一确切的时间,也可以是"最近""以前""现在""以后"等弹性概念。应当注意的是,以时间词语为组合标志的语段通常要按照时间的先后顺序进行表述,而不宜随意为之。例如:"当前要重点搞好现有木材加工和综合利用工厂的挖潜、革新、改造,提高生产能力和产品质量。今后要有计划地发展林区加工和综合利用。木材综合利用属于轻工业性质,各地区、各部门要从资金、燃料、动力等方面给予支持。"(《中共中央、国务院关于保护森林发展林业若干问题的决定》)此例中所用的两个表示时间的词语均为概数,但表意却非常明晰,分别规定了当前和今后的工作任务,便于理解和执行。

五、承省。即以承省为组合标志而构成的语段。在公文中,这种承省包括承前省和蒙后省两种情形,与上述指代语段相比,具有同样的修辞作用,即它也可使语言表达趋于简练,并避免不必要的重复。必须注意,运用承省语段一定要恰切适当,做到当省则省,不当省则不省。否则,当省而不省,就会使行文显得重赘拉杂;不当省而省,则会令人莫名其妙,不知所指。例如:"公安机关必须严密注视来自国外和海外的敌情。密切掌握和及时分析台湾和国外特务情报机关的动向。加强秘密侦察、情报工作,恢复、建设各种必要的现代化阵地和手段,强化反间谍、反行动破坏、反盗窃情报等活动,积极开展同国内外特务间谍的隐蔽斗争。侦察、情报、保卫、警卫部门要提高警惕协同配合,保证党和国家的首脑机关、要害部门和领导人的安全,保护党和国家核心机密的安全。"(《中共中央关于加强政法工作的指示》)此例是由四个分句组合而成的语段,其主语都是"公安机关"。但后三个分句的主语未予标示,而是采用承前省略的办法来处置,既避免了重复,又使语段表达得更加简洁明快,富于表现力。

六、排比。即以句子的排比为组合标志所构成的语段。由于这种语段的内容紧密相关、结构相同或相似、语气一致,故能收到极强的修辞效果。例如:"最近以来,在各级政党机关中,一些中央曾三令五申加以制止的不正之风不但没有完全刹住,而且在新形势下又有所发展,出现了一些性质十分严重的新问题。比如一些机关违反规定滥用外汇大量购买小汽车,某些领导干部争相更换豪华汽车;一些机关乘干部新老交替之际,巧立名目,安排领导干部轮流出国观光旅游,或用公款到处游览,以此作人情;一些机关利用手中的权力,私自筹款经商,办企业,开公司,甚至投机诈骗,用非法手段牟取暴利,一些领导干部及其子女、配偶,也利用职权和某种方便,经商牟利,以饱私囊;一些机关请客送礼成风,讲排场,比阔气,愈演愈烈;一些机关乱收费、乱摊派,甚至弄虚作假,敲诈勒索,对中央规定置若罔闻,我行我素。所有这些腐败现象,都是同社会主义精神文明背道而驰的。"(《中共中央办公厅、国务院办公厅关于解决当前机关作风中几个严重问题的通知》)此例以"一些"作提示语,构成排比语段,对当前机关作风中存在的问题加以列举,文意贯通,语势强劲,从而使人充分认识到问题的严重性和解决问题的必要性。

七、比喻。即以连续用喻为组合标志所构成的语段。恰当运用比喻语段,可以收到形象生动、说理透辟的修辞效果。例如毛泽东同志的《星星之火,可以燎原》一文的结尾,在对中国革命高潮快要到来的"快要"二字作出解释时,即运用了比喻语段:"它是站在海岸遥望海中已经看得见桅杆尖头了的一只航船,它是立于高山之巅远看东方已见光芒四射喷薄欲出的一轮朝日,它是躁动于母腹中的快要成熟了的一个婴儿。"这里,作者采取连续用喻的方法,形象有力地说明了中国革命高潮到来的必然性,批驳了有关中国革命高潮的虚无主义论调,坚定了人们的必胜信念。

八、设问。即以设问为组合标志所构成的语段。它在公文中的运用也较广泛,例如毛泽东同志的《人的正确思想是从哪里来的?》一文的开头:"人的正确思想是从哪里来的?是从天上掉下来的吗?不是。是人的头脑里固有的吗?也不是。人的正确思想,只能从社会实践中来,只能从社会的阶级斗争、生产斗争和科学实验这三项社会实践中来。"例中首先提出问题,引起读者的重视和思考,然后又从客观唯心主义和主观唯心主义的角度分别设问,并随即加以否定。通过论证,最后得出唯一正确的答案,破立结合,理据充分,令人信服。

九、过渡。即以过渡段为组合标志所构成的语段。在公文中,这种过渡段较为多见,它能够起到承上启下的作用,使行文前后贯通和谐顺畅。例如中央纪律检查委员会和中央政法委员会联合发布的《关于依法严厉打击严重投机诈骗罪犯的通报》一文,在列述投机诈骗案件的基本情况及其表现,深刻挖掘原因的基础上,提出了具体的防治措施和要求。中间用一过渡段:"为了迅速扭转这一严重情况,我们提出以下几点要求。"既承接了上文,又开启了下文,使行文浑然贯通,勾连紧密。倘若不用这一过渡语段,就会给人以割截断裂、生硬突兀之感。

公文语段的内蕴比较复杂,其组合标志也多种多样。对其进行认真研究和把握,可以帮助我们强化逻辑思维能力,使语言表达更趋于准确、凝练、缜密、严谨,从而极大地提高公文写作的质量和水平。

143 公文中怎样恰当使用社会流行语?

自改革开放以来,随着社会形势的不断发展,作为人类最重要的交际交流工具的语言也发生了一些变化。其中最突出的表现就是各种社会流行语的产生,它广泛地应用于社会政治、经济、文化、生活等各个领域,是特定时代社会生活、社会心理、社会热点,以及风俗、时尚、文化观念和价值取向的具体、生动的反映。社会流行语的出现和使用,给公文写作领域带来了一个不容回避的问题:公文中应当如何正确对待社会流行语?又如何正确加以使用?

一、就总体来看,近些年来所出现的社会流行语主要有这样几个方面的情况:1.反映党和国家的有关方针、政策,如"两手抓、两手都要硬""反腐倡廉""扫黄打非""严打""希望工程""菜篮子工程""一带一路""三严三实""要实现四个新常态""党风廉政建设和反腐败斗争永远在路上""把权力关进制度的笼子里""治大国如烹小鲜""鞋子合不合脚,自己穿着才知道""要坚持'老虎''苍蝇'一起打"等等;2.反映社会经济繁荣发展的景象,如"市场经济""知识经济""外资企业"等;3.反映人们的物质生活和精神生活的变化,如"卡拉OK""微波炉""面的""家庭影院""寻呼机"等等;4.反映人们生活观念、择业观念的变化,如"下海""第二职业""钟点工"等;5.反映科技进步和发展的,如"上网""网吧""多媒体""互联网""克隆"等等。

大量的社会流行语的涌现,正是我们这个不断发展、不断变化的社会的投影。公文作为表述社会组织(集团)意志的文书,担负着治国安邦、传递策令、沟通信息、实施管理的重要使命,它必然要涉及对社会流行语的使用,但具体如何使用,就要注意把握它的适用范围和界限,做到适度得体。在这个问题上,我们必须采取正确的态度,不能走向两个极端。既不能由于流行语的出现所导致的洪波涌起,泥沙俱下而一概排斥,因噎废食,也不能不加甄别和遴选而一概拿来,兼收并蓄。据此,公文中对待社会流行语的使用,从根本上讲是要遵循规范化的原则,而规范化的真正含义不是限制使用,而是要积极地、有选择地吸收和容纳,使之在公文中有效地发挥作用,从而极大地增强公文的表现力。

二、具体来讲,要在公文中正确使用社会流行语,应当注意做到如下三点:

1.留心观察,勤于积累。面对既繁杂纷呈又丰富多彩的社会流行语,公文写作者首先应当注意留心观察,广搜博取,并逐步加以积累,不厌其多。这是在写作时能够正确运用的基础。

2. 要准确理解和把握所用社会流行语的含义。每一条社会流行语都有特定的内涵,但有些流行语的"名"与"实"相去较远,倘若不求甚解,就难免导致错用。如"搜狐""雅虎""酒屋"等,仅从字面来看,人们很难将其与计算机领域联系起来,就连"两手抓""两手都要硬""菜篮子工程"等亦是如此,若不了解党和国家的有关方针政策及时代背景,也会出现理解和使用上的障碍。因此,弄清所用流行语的确切含义,是正确使用的关键,那种满足于一知半解、"想当然"甚至人云亦云的做法,是极其有害的。

3. 要注意把握社会流行语的使用情境。具体是指:

①对于那些适应我国政治、经济和文化发展需要而产生的大量的社会流行语,因其代表和反映了人民的意志,富有新意和表现力,故而在公文中应当尽可能地吸收和运用,以极大地增强公文的表达效果。如"扫黄""打假""第三产业""市场经济""知识社会""高科技""高品位""高消费""超一流""时代感""动感"等等,这方面的例子举不胜举。

②对于那些术语化较强的社会流行语,在公文中应加以必要的阐释或说明,特别是在法规性、指令性公文中,更应如此。例如北京市公安局发布的《关于加强北京地区"网吧"安全管理的通知》,文中涉及了"网吧"这一流行语,由于其较为术语化,而且因是"通告",其所涉及的受文对象是一定范围内的人民群众,因此必须在文中对"网吧"的确切范围和含义作出清楚的定位阐释。该通知第一条规定:"'网吧'是指通过计算机与公众信息网络联网,向消费者提供上机学习、信息查询和交流等服务的经营性场所。"这就使通告的受文对象对该通告的适用范围有了确切了解,有利于通告的贯彻施行。

③对有些社会流行语可作保守处理,需用即用,能不用则不用。例如"打的""面的""卡拉OK""练歌房""老板""打工仔"等等,对于诸如此类的流行语,公文中不宜用得过多,但有时会出现确需使用的情况,例如为了加强道路交通管理或加强对公共娱乐场所的管理而制定相应的行政法规时,诸如"面的""卡拉OK"等流行语就要不可避免地被写入其中,在这种情况下,就可使用无妨。

④有些社会流行语的使用必须慎重,不能入文。这主要是指那些表意含混或者已被扭曲了本义甚至含有不健康因素在内的一些流行语,诸如"土力地什

饼""发烧音响""酷毙了""很 1""帅呆了""伊妹儿"等等,如果盲目运用到公文中,不但起不到应有的表意功用,反而会令人莫名其妙,不知所云,使公文变得不伦不类,从而严重损害其质量和效用,贻害工作。同时,这些流行语也与公文的性质要求格格不入,必须严加注意。

144　公文中怎样对待网络用语?

近年,随着网络的普及,各种调侃玩笑的网络语言盛行,这完全属于民间自发创造的语言,这种先天不足决定了它具有歧义性,像"亲""伤不起""HOLD住"等如果用得不恰当,会引来许多笑话;特殊性,即在特殊环境中创造的具有特殊含义的词,如果脱离了相应的环境,那么它就失去了意义;生命力不强,据报道,从 2006 年到 2010 年的近 3000 条年度新词语中,在 2011 年语料库中还能留存的仅剩 40%。

严肃、规范化是机关公文应有的原则,政府机关是国家的门面,一个法治社会,政府公文、法律条文就应该规范严谨,来不得半点儿马虎。否则就会让政府办事人员陷入尴尬的境地,有损政府的公信力。让政府公文拒绝网络语言也与我国推广普通话与简体字的方向是一致的。

机关公文拒绝网络语言,不仅给政府机关办事人员一个规范,也给人们今后学习和使用规范汉语一个良性导向,这将对我国进一步规范汉语的运用产生非常积极的影响。

145　公文中怎样正确运用"等"和"等等"?

在公文写作中,要经常使用"等"和"等等"这两个助词,附在两个或两个以上并列的名词或词组后面,用以表示列举概括或列举未尽。由于二者词性相同且表意一致,故在写作实践中常常被人们混用或错用,以致影响了文意的正确表达。因此,很有必要对其进行辨析。

一、表示列举未尽,且后面再无其他词语时,既可用"等",也可用"等等";而当后面有其他词语时,只能用"等"。例如:

林区职工、社员群众,以及机关、部队、学校、厂矿企业等单位,都要改烧枝叶、茅柴。有条件的地方,应当实行以煤代木,发展沼气和小水电等,大力节约木材(《中共中央 国务院关于保护森林发展林业若干问题的决定》)。

此例先后涉及两个"等"字,虽然都表示列举未尽,但用法不同。前面的"等"字之后有名词"单位",故不能改用"等等";后面的"等"字之后没有其他词语,故此处亦可使用"等等"。

二、无论"等"还是"等等",其前面所列举的名词或词组一般都不得少于两项。但是,如果"等"字前面为指人的名词或人称代词时,其所列举的内容可以是一项,"等等"没有这种用法。例如:

1. 各级党委、政府、工会、共青团、妇联和科协等要共同努力,把这件事办好(《中共中央、国务院关于加强职工教育工作的决定》)。

2. 党的十一届三中全会以来,为了加强和改善党的领导,中央已经采取或正在采取一系列重要的措施,如废除领导干部职务实际上存在的终身制,吸收坚定执行党的路线,具有独立工作能力而又年富力强的同志参加各级领导工作,实行党政分工,恢复和健全集体领导和个人分工负责相结合的制度,在决定重大问题时注意听取有学问的专家、学者的意见,加强思想政治工作的领导,等等(《中共中央关于各级领导干部要亲自动手起草重要文件,不要一切由秘书代劳的指示》)。

以上两例中,"等"和"等等"前面所列举的内容均不止一项。其中例1列举出六个单位之后用了一"等"字将要求"办好这件事"的有关单位表述得既明确又具体;例2列举了六项内容,用以说明中央在加强和改善党的领导方面所采取的一系列重要措施,表意严整清晰,富有说服力。

3. 陈××等竟然置党纪国法于不顾,公然收受贿赂,完全丧失了共产党员的起码条件,造成了极其恶劣的影响(《中共××市纪委关于陈××等受贿问题的通报》)。

此例中,"等"字前面是人名,列举的内容只有一项。

三、表示列举未尽,且系指人的名词和专有名词时,一般只能使用"等"而不能用"等等"。例如:

1. 毛、周、刘、朱等少数领导人和一些革命先烈的纪念设施,以及革命历史的纪念设施,应当有,应当管理好,但是必须严格控制,防止多建滥建(《中共中央关于坚持"少宣传个人"的几个问题的指示》)。

2. 全国灌溉面积由1952年的三亿亩扩大到现在的六亿七千多万亩,长江、黄河、淮河、海河、珠江、辽河、松花江等大江河的一般洪水灾害得到初步控制(《关于建国以来党的若干历史问题的决议》)。

例1中"等"字之前所列举的是人名,例2中"等"字前面所列举的是江河名称(专有名词),这些都属于固定用法,只能使用"等"字而不能用"等等"。

四、"等"与其前面所列举的名词或词组之间不能出现停顿,而"等等"与前面的词语之间可以用逗号隔开。但下例这种用法是错误的:

各宣传、教育部门和群众组织,以及中小学校,都要充分利用多种形式经常向广大群众、中小学生和儿童进行交通安全常识的教育,如广播、图片、展览、文艺,等(《××省人民政府关于加强交通安全管理的规定》)。

此例把"等"字与其前面的名词用逗号隔开是不正确的,既有悖语法规则,又不符合阅读习惯。因此,应删掉逗号,或将"等"改为"等等"。

五、表示列举未尽之意时,"等等"可以重复使用,而"等"没有这种用法。例如:

目前,纯棉布市场较为呆滞的品种有:什色线卡华、女线呢、条格布、花型陈旧的各种花布,等等,等等(《棉花仍是"大路货"——××市棉布市场的调查》)。

此例重复使用了两个"等等",用以列举该市纯棉布市场较为呆滞的品种。这里的"等等"不能换成"等"。但在一般情况下,还是应以不重复使用"等等"为好,以使语言表达简练明快。

此外,需要注意的是,实践中还时常有人在"等"和"等等"前面错加省略号。例如:

市文化局、市卫生局、市公安局……等10个局级机关曾经联合发出通知,要求各地认真做好此项工作(《××市人民政府关于加强社会主义精神文明建设的实施方案》)。

例子中用"等"表示列举概括,但在其前面使用了省略号,殊无必要。因为现代汉语中的省略号只能用于表示列举未尽,没有表示列举概括的功用,故而应予删去。

146 公文写作中的用词规范有哪些？

公文作为传递策令、沟通信息、推动公务活动开展的重要工具，特别注重对各种词语的选择和使用，讲究"炼词"的艺术性。它直接关系到公文的内容表达，关系到它的质量和效力。就通常而言，在公文写作中要做到正确用词，应当注意把握以下几点：

一、要注意区别词语的不同含义，务求词义确切。现代汉语的词汇非常丰富，词义也极其复杂，从不同角度可以划分出不同的类别。在公文写作中，对于词语的使用首先应当做到词义要确切，包括同义词的辨析、词义的轻重、适应范围以及切合对象等方面，必须做到准确无误。要特别注意根据公文表达对象的要求，严格辨析同义词之间的细微差别，准确加以选用，使所用之词符合表达对象的实际。请看如下几例：

1."有来犯者，只要好打，我党必定站在自卫立场上，坚决、彻底、干净、全部消灭之（不要轻易打，打则必胜），绝对不要被反动派的气势汹汹所吓倒。"（引自《毛泽东选集》第4卷，第1052页）

这里，作者连用了"彻底""干净""全部"等三个近义词，突出强调了我党歼灭"来犯者"的态度和决心，语意极其强烈。

2."你们的这样许多言论行动，既然和敌人汉奸的所有这些言论行动一模一样，毫无二致，毫无区别，怎么能够不使人们疑心你们和敌人汉奸互相勾结，或订立了某种默契呢？"（《毛泽东选集》第3卷，第864页）

这段文字，作者一连用了"一模一样""毫无二致""毫无区别"等三个近义词语，旨在强调国民党反动派与敌人汉奸的言论行动完全相同，从而充分有力地揭露了国民党的反动本质。

3."我是主张先把本民族的东西搞通，吸收外国的东西要加以溶化，要使它们不知不觉地和我们民族的文化溶合在一起。这种溶合是化学的化合，不是物理的混合，不是把中国的东西和外国的东西'焊接'在一起。"（周恩来《在文艺工作座谈会和故事片创作会议上的讲话》）

此例中，通过"溶化""溶合""化合""混合""焊接"等意义上有联系但又有区别的词语的辨正，来形象地说明"溶化"是这样的，不是那样的，从而进一步阐明"溶化"的真实含义。

在对近义词进行认真区辨、准确使用的同时，还要特别注意对名词、动词、形容词和副词等关键词语的锤炼。因为锤炼体现着公文写作者语言表达的功力，如能恰当选用，可以收到最佳的修辞效果。高尔基说："必须善于从中挑选最准确、最明晰、最生动的词语。"（《论社会主义现实主义》）只有这样，才能确保公文文意的正确表达。

二、要注意区别词语的感情色彩和语体色彩。对于感情色彩，主要指要明确表示出作者的意图和指向，或赞成或反对，或歌颂或暴露，必须旗帜鲜明，毫不隐讳，以增强语言的表现力。要正确区分褒义词、贬义词和中性词，不能错用或滥用，否则就会因褒贬失宜而影响词义的正确表达。对于语体色彩，主要包括口头语体色彩和书面语体色彩两种，要注意区别使用，即要用严谨、庄重、简洁而又典雅的书面语体，摒弃口头语体，勿使介入。例如："宋庆龄同志……是爱国主义、民主主义、国际主义和共产主义的伟大战士，是保卫世界和平事业的久经考验的先驱，是全体中国少年儿童慈爱的祖母……"（《中共中央关于接收宋庆龄同志为中国共产党正式党员的决定》）这段话用词极富书面语体色彩，如果使用口头语体入文，例如为了表示"亲切"，将书面语词"祖母"换成同义词"奶奶"，就会破坏全文的庄重色彩，削弱这一决定的严肃性。

三、要注意区别词义在不同语境中的不同变化。即要掌握好一词多义的运用，既要注意它的基本意义又要了解它的引申意义，而这对于保证用词的准确性和丰富变化、提高公文写作的质量是十分必要的。应当说，一词多义，是语言发展的结果，因此，写作时要区分场合，正确使用。

四、要注意选用通俗易懂之词，不要生造词语，也不要使用那些专业性特别强而别人难以看懂的专用语。比如"龌龊""怯懦""彷徨"等词就不如"肮脏""胆小""犹豫"等词易懂。有人把"成人教育"生造成"成教"，把"为外宾参观游览进行向导"生造成"旅游外导"，还有人生造四字格式的成语"言笔交加""风雨联合"等，令人难懂。为了做到明白易懂，即使是专业性比较强的公文，也应在不损害内容表达的前提下，尽量写得让人看得明白。

五、要掌握公文写作的特定用词。在公文写作的长期实践中，形成了一些特定的词语，不同的特定用词分别服务于不同语境的需要，掌握好这些特定用词对于提高公文写作速度是必要的。如"根据、遵照、为了、关于、随着……"均属公文开端用词；"我（处）、你（局）、本（委）、贵（校）"均属公文称谓用词；"拟请、恳请、特、报请、可否请批示"均属公文中的期求用词;"责成、交办、试办、办理、执行、可行、可办、同意、照办、批准、原则同意"等均属公文中审批、批办用词;"为荷、特此××、为……而努力、祝……"等均属公文的结尾用词。对上述一些公文常用词语,应当根据公文表达的不同对象和行文的不同关系,按照不同需要有选择地加以使用。

147 公文写作中的炼句规范有哪些?

句子是公文中的意义单位,意义明确与否及所能理解的难易程度与句子的繁简成正比。一篇公文正是通过若干个句子、运用一定的句式而集句成文,记载和传递形形色色的公务信息。因此,在写作过程中必须根据各种不同的情况使用恰当的句式,注重变化,使写出来的公文显得富有生气和活力。

公文写作中要正确使用句式,一般应当注意把握如下几点:

一、要将长句和短句交替运用,使行文铿锵有力。长句是指形体长、词数多、结构比较复杂的句子,短句是指形体短、词数少、结构比较简单的句子。长句和短句,各有各的特点,其中前者表意严密,气势畅达,后者简明活泼,刚劲有力。公文写作中既不能单纯使用长句,也不能一味使用短句,而应将二者有机地结合起来,兼容并取,错落有致,使行文富于变化,从而增强其表达效果。例如:"世界在变化,我国改革开放和现代化建设在前进,人民群众的伟大实践在发展,迫切要求我们党以马克思主义的理论勇气,总结实践的新经验,借鉴当代人类文明的有益成果,在理论上不断扩展新视野,作出新概括。只有这样,党的思想理论才能引导和鼓舞全党和全国人民把中国特色社会主义事业不断推向前进。"例中通过长句和短句的交替运用,使行文铿锵有力,气势畅达。

二、要将整句和散句结合起来,使行文错落有致。整句是指结构相同或相似、长短一致或接近的句子,散句是指结构灵活、长短不一的句子。与长句和短句一样,整句和散句也各有特点,在公文写作中也要将二者结合起来使用,以便使语言表达波澜起伏,引人入胜。例如:"或作讲演,则甲乙丙丁、一二三四一大串;或作文章,则夸夸其谈一大篇。无实事求是之意,有哗众取宠之心。华而不实,脆而不坚。自以为是,老子天下第一,'钦差大臣满天飞'。这就是我们队伍中若干同志的作风。这种作风,拿了律己,则害了自己;拿了教人,则害了别人;

拿了指导革命,则害了革命。"(引自毛泽东《改造我们的学习》)此例是整句和散句交错运用的典范,其中整句有结构相似的,有结构相同的对偶句、排比句,还有字数相同的。不仅散中有整,而且整中见散,使行文错落有致,跌宕起伏,富有节奏,充分显示出了公文语言的感人力量。

三、要注意表意的明确性,不用含混不清似是而非的句子。诸如"麦苗正蜕变出油油的绿意",其中"蜕变"为何,"油油的绿意"又是一种什么形态,令人难以名状;至于类似"我被青春撞了一下腰""像雾、像雨,又像风""星星还是那个星星,月亮还是那个月亮,山还是那座山,梁还是那道梁""天不刮风天不下雨天上有太阳,……走了太阳来了月亮又是晚上"等晕天眩地的句子,更在摒弃之列。

148 公文写作中常用的句式有哪些?

在长期的公文写作实践中,由于具体的内容表达需要,业已形成了一系列较为稳定的特殊句式,它以遵守一般写作炼句的修辞规律为基础,是公文写作中一些具有特殊规律性的句式组合。恰当地掌握这些特定句式,不仅可以提高公文写作的时效,而且还有利于将公文写得言简意赅,鲜明生动。从实际运用的情况来看,公文写作中所使用的特定句式主要有以下八种:

一、以"为""为了"作语言标志、以自我说明为特征的目的句式。在公文开篇交代行文目的,是公文的一种普遍而又基本的写法。其突出的特征就是以介词"为"或者"为了"作为语言标志,由发文主体直接阐述行文的目的。具体分为两种情况:1.以"为"或"为了"作起首语,在其后直接写出目的对象和内容;2.以"为"或"为了"作过渡语,在其后用"此""这一问题"等来指代先行语句中通过叙述所提出的公务活动中的问题,以此说明行文的缘由和必要性。

二、以"……了"为特征的陈述句式。在公文写作中,特别是工作报告、工作总结、通报、简报、调查报告等文种的写作,要大量使用以"了"为特征的陈述句式,其目的在于使语言表达趋于简练明快,给人以一目了然之感。它一般紧随"完成""解决""取得""克服""开展""推动"等动词之后,用以表达事物的已然时态,其后面接宾语,构成一种完成了某项工作或任务,解决了某一问题或困难,取得了某一成绩或进展的动宾句式。

三、以"必须""禁止"等强调语为特征的祈使句式。这种句式主要用于下行文之中,其作用在于进一步加强语势,给人一种令行禁止、不容置疑之感。具体分为两种情况:1.带有命令语气以示肯定的句式。例如"必须搞好非典型肺炎的防治工作",其中的"必须"即是强调性词语,用以表明发文者的观点或态度。2.带有禁止语气以示否定的句式。例如"严禁巧立名目,利用公款铺张浪费""不准以任何方式将公款私存"等,其中的"严禁""不准"等强调性词语具有庄重、严肃的语体色彩。

四、以"凡……者(的)"为标志的判断句式。"凡……者(的)"是公文中使用频率较高的一种句式,具有表"全称判断"的功用,表明所有这一类型的人或事物全部包括在内,无有例外。同时,它还具有庄严色彩。此外,应当注意,"凡……的"除具有表全称判断的作用外,还往往带有贬义。

五、以"将"字结构组成的宾语提前句式。此种句式主要见之于批转或转发性通知以及以复体行文形式发布的通知、报告等文种的写作,通常用"现将"作为起首语,旨在提起受文对象注意,并使行文语气刚劲有力。例如"现将《关于加强当前安全保卫工作的通知》发给你们,请认真贯彻执行"。显然,这种"将"字提宾的句式要比诸如"现在发给你们……"之类的正装陈述句具有较强的修辞表达效果。

六、前虚后实、以虚带实的"重后"句式。例如请示的结尾用语即是如此,这里所说的重后,是指一句话中两种截然不同的含义,一个为虚,一个为实,而且前虚后实,即所谓"重点后置"。"是否可行,请批示""妥否,请批示"等语句中,发文主体所希望批的是"妥"而不是"否",是"是"而不是"否",前半句中的"否"只是一种虚意,而后半句才是实意,是行文的目的所在。这种重后句式,既使文字精练,又体现出了行文主体的肯定性要求与对工作的严肃态度。

七、把几个并列成分连在一起,由句中一个相同意思的成分综合成句的综说句式。它既可以是综说修辞在前,并列成分在后;也可以是并列成分在前,综说修辞在后。其作用主要在于使行文趋于精练,而且富有气势。例如"必须大力加强干部队伍的革命化、知识化、年轻化和专业化建设"即为一个综说句式,其中"大力加强干部队伍"为综合,"革命化、知识化、年轻化和专业化"为四个并列成分,如果不采用综说句式,势必分成四个分句进行表述,而这又显然使行文烦冗累赘,令人生厌。

八、以数词缩语为特征的紧缩句式。公文写作讲求言简意赅,精练扼要,这是一条基本原则。为此，往往要对一些内容特定的长句通过附以数词的手法进行高度的浓缩，例如把"讲学习、讲政治、讲正气"概括为"三讲"；把"中国共产党要始终代表中国先进生产力的发展要求，始终代表中国先进文化的前进方向，始终代表中国最广大人民的根本利益"概括为"三个代表"，等等，可以看出，以数词或数量词加名词或名词性词组的方式是这种紧缩句式的重要特征。应当注意的是，在公文中运用数词缩语必须做到表意明确清晰，切忌盲目追求紧缩而使句意难懂，令人费解甚至误解。

149 公文写作怎样做到明确无疑？

公文写作要做到明确无疑，清晰可鉴，让人一目了然，这是一条最基本的要求，也是顺利实现行文目的、确保公文质量和效用的前提条件。

一、观点要明确。即在公文写作过程中要注意明确提出问题，然后靠深刻有力的分析，揭示事物的本质和内在联系，经过分析、综合使问题得到鲜明的解决或回答。毛泽东同志在《反对党八股》一文中，批评"甲乙丙丁，开中药铺"的写作方法，就是指文章写作中存在的只罗列现象，而不提出、分析和解决问题的不良文风，属于观点不鲜明。公文写作的明确性程度如何，是体现公文质量与水平的重要标志。它要求一篇公文中所提出的观点和主张必须旗帜鲜明，毫不隐讳。赞成什么，反对什么；提倡什么，禁止什么；同意什么，否定什么，都必须直陈己见，让人一目了然。特别是决定、通知、批复等诸多下行文，更需如此。即便是报告、请示等上行文，如提出几种可供选择的建议、办法或措施，也要明确提出发文单位的倾向性意见，这样做有利于信息的传递以及问题的研究和解决。切忌吞吞吐吐，模棱两可，更不能八面玲珑，回避矛盾。

二、叙事要明确。叙述是公文写作中运用最广泛的一种表达方式。除计划体、法规体公文一般不采用叙事和指令性文体较少使用叙事外，其他如通知、通报、报告、请示、会议纪要、调查报告、讲话稿、典型材料等都必须以叙事为基础。而公文叙事的最基本要求就是要"实叙其事，从某年月日而来，从何人何地何证据，一一叙明，语语确凿，不得一辞娇艳，毋庸半句虚浮"（太平天国《戒浮文巧言谕》）。如果叙事失之明确，过于简略，就会令人莫名究竟，难得要领。例如有一篇关于省政府机关贯彻中纪委《公开信》解决建房分房中的不正之风进展情况的通报,其中只写了检查验收的情况,而对省直机关存在的问题和查处的情况却一笔带过,未加明确而又详尽的叙述,显然与此类通报的写作要求不相符合。

三、逻辑要明确。是指公文写作中所运用的概念、判断和推理必须合乎逻辑规则,让人明确所指。在公文写作实践中,因违反逻辑而导致表意不明的问题时有所见,例如有一份《中共××县委政法委关于政法部门加强联合,共同搞好社会治安秩序整顿工作的通知》,其中对"政法部门"就使用了诸如"政法单位""政法机关""政法各部门""公检法司""政法治安管理部门""政法、公安机关"等各种不同的称谓,前后不一,造成混乱。因此,当同一概念在一篇公文中不止一次出现时,必须做到前后一致,明确无误。同时,所运用的判断和推理也都要遵循明确性的原则。

四、结构要明确。由于公文的内容、社会功用以及受文对象不同于一般文章,因而就决定了其结构上的特殊性,既要明确反映每篇公文的策见内容,又要着眼于为实际应用服务。这就要求在谋篇布局上必须注意讲究艺术,突出表现为要普遍使用标题显旨、篇前撮要、分设小标题、提炼段旨句、标示序码等手段,甚至在法规性文件中要专门采用章条款分列的形式等,以使公文结构视觉化,条分缕析,眉目清楚,明确无疑。在具体行文过程中,还要顾及层次段落的划分、过渡照应的安排、背景情况的交代甚至句子结构的设置等等,都要处理得恰切得体,它们是确保公文写作臻于明确所不可缺少的重要因素。

五、用语要明确。即公文用语要简明通俗、明白晓畅,具有强烈的人民性。不要生造谁也不懂的话,也不要使用那些生僻难懂的古语词,要能够使受文对象所接受、所使用,使之愿意读、读得懂。实际上,关于公文写作的明确性问题,中央早就有过明确的规定。1951年2月中共中央颁发的《关于纠正电报、报告、指示、决定等文字缺点的指示》一文中对诸多文电在文字上所存在的严重缺点,列举出滥用省略、句法不全、交代不明、眉目不清、篇幅冗长等五大类,而这些都是直接导致公文失之明确的重要原因和主要表现。值得注意的是,这篇《指示》中不仅提出了"问题",更重要的是给出了解决"问题"的具体办法,尤其是针对"眉目不清"的现象所作出的开门见山、篇前撮要、段前明旨的规定,意义十分重大,影响深远,对公文写作如何做到明确具有极强的针对性和指导意义。因此,在公文写作过程中,要使之符合明确性的要求,必须依循《指示》中的诸项规定去做,真正将其落到实处。这样一来,这篇《指示》即应成为每个公文写作人员的必读文件。

150 公文写作怎样做到准确？

从总体上看,公文的准确性主要体现在以下四个方面:

一、策见的准确。"策见"即政策、见解,它是公文的灵魂和统帅。具体地讲,就是公文中所要反映和体现的基本立场、观点,所提出的措施、意见和办法等,必须准确明晰,不容置疑。如果策见不准确,即使在事实、文法和逻辑方面没有差错,也不能挽救这一篇公文,使其由错误的变成正确的。这样的公文,对于实际不具任何指导意义,而只能走向反面。

二、事实的准确。事实是指用以说明和证实观点或结论的事件或情况,是公文准确性的基础和前提。公文中的事实表述不准确,所提出的策见就会变得无所依托,缺乏说服力和论证性,从而也就从根本上失去了通篇公文的意义和价值。

三、文法的准确。公文的准确性还表现为必须遵守文法。必要的主语、谓语、宾语必须完备无误,否则,就会导致句意不明。单句复句,必须分清,不要使用组织错误和不合理的句子。代名词,必须紧跟所代的名词。形容词、副词词尾,尽可能分用"的""地"加以区别。其中形容词是形容名词的,例如"伟大、光荣、正确的中国共产党",放在名词之前用"的"字区别之。副词主要是形容动词的,例如"坚定不移地走社会主义道路",放在动词之前加"地"字区别之。如此,方能使语意清晰、表达准确。

四、逻辑的准确。公文的准确性仅有上述三个方面是不够的,还要合乎逻辑。对此,毛泽东同志曾有多次论述,其中最主要的还是《工作方法六十条》第三十七条,着重指出:"准确性属于概念、判断和推理问题,这些都是逻辑问题。鲜明性和生动性,除了逻辑问题以外,还有辞章问题。现在许多文件的缺点是:第一,概念不明确;第二,判断不恰当;第三,使用概念和判断进行推理的时候,又缺乏逻辑性;第四,不讲究辞章。"并且进一步强调:"看这种文件是一场大灾难,耗费精力又少有所得。一定要改变这种不良的风气。"可见,毛泽东同志将准确性问题归结为"逻辑问题",充分说明了其在公文内容表达中的重要性。公文写作必须合乎逻辑,包括概念、判断、推理的运用等,都必须符合逻辑规律,以保证公文内容的准确表达。

151 | 公文写作怎样做到简洁？

一、一事一文，主旨明确。公文行文必须做到主旨明确、集中、单一，力戒枝蔓横生，烦冗芜杂。每份公文要解决什么问题，必须首先确立一个明晰的中心，然后再紧紧围绕这一中心去组织材料。除综合性报告以外，一般应采用"一事一文"的方法，特别是请示类公文，更应如此。这样做，既便于承办，又便于事后立卷归档，并能有效地缩短行文篇幅。否则，一文数事，势必形成"多中心"，造成冗长杂乱的现象，令人不得要领，从而影响行文目的的顺利实现。

二、用语简洁明快，干净利落。公文总要直接地、迅速地传递某种信息，因此，其用语必须做到言简意赅，精练概括。具体包括：

1. 摒弃不必要的解释和说明。在公文写作中，为使阅者准确理解有关内容，有时需要对其进行解释或说明。但要注意遵循"必要"和"适度"的原则，切忌过多过滥，造成篇幅上的烦琐和冗长。这样，对于"亦即""就是说""换言之"等等，诸如此类的解释或说明性语句，应尽力避免。

2. 删掉可有可无的字、词、句、段。公文初稿写完后，要反复检查，认真修改，重点应在语言表达方面下些功夫，竭力将可有可无的字、词、句、段删去，毫不可惜。为此，要特别注意：删掉这一字、词、句、段对公文内容有没有影响？会不会使人产生歧义？上下文义是否仍然连贯、顺畅？等等，如无妨碍，则应大胆删削，以省减文字，缩短篇幅。

3. 淘汰层层"套话"，既不要开头"戴帽"，也不能结尾"穿靴"。现行公文写作中，"套话"屡禁不止，其表现有二：一是开头"戴帽"，如"在中央×××文件精神指引下，在上级党委、政府的关怀下，在本单位领导的直接指挥下，经过全体干部和职工的共同努力……"等；二是结尾"穿靴"，如"让我们共同奋斗吧""我们虽然取得了上述成绩，但距离领导要求还相差很远"等等。这两种倾向，只能导致文字表达上的空洞浮泛，而不具任何实际意义，均应坚决剔除。

三、贵用"直笔"。草拟公文应当做到"直述不曲"，这是由公文本身的性质所决定的。公文具有很强的政策性和指导性，因此在撰写时必须做到直言其事，只要能将有关内容准确清楚地予以表达即可，力戒拐弯抹角，含蓄隐讳。多用概括性、陈述性的语言，少用或不用描写性、抒情性的语言。对事物或问题的情状作过多铺陈或"渲染",势必导致篇幅上的冗长杂乱,从而影响公文的质量及效用。

四、适当运用缩略语。缩略语是语句或语意的概括和浓缩,如能恰当使用,可使公文内容简洁精练,富于概括性和表现力。以数概省略为例,将习近平总书记关于作风建设的讲话精神"严以修身、严以用权、严以律己,谋事要实、创业要实、做人要实"缩略为"三严三实",很显然,后者精练概括,易于记忆,同时又能节省笔墨,缩减篇幅。

五、要善于运用数字和图表说明问题。在公文写作中,特别是在总结类文体的写作中,往往涉及对事物的特征、性状、本质等的介绍,在这种情况下,如用文字表述,未免过于烦冗。倘能列举数字进行说明,则不仅能使阅者对所述内容有较具体的了解,还可使行文简洁凝练,说服力强。图表说明也是如此,它通常借助于插图、表格、照片等进行说明,能使公文内容集中概括,令人一目了然,可以代替许多烦冗的文字叙述。

152　公文写作怎样讲究庄重?

一、适当运用文言词语和文言句式。在当今公文中,文言词语和文言句式的使用频率很高,它们能使公文语言表达趋于简练和庄重,表现力极强。诸如"此复""收悉""贵(厂、局)""为荷""兹……""业经""即予""凡……者"等等,不胜枚举。这些文言词语和文言句式的使用,给公文涂上了一层古朴庄重的色彩。

二、运用规范的书面语言,少用或不用口语和俗语。书面语和口语是两种重要的语言表达形式,它们各有各的特点,各有各的适用场合,各有各的表达效果。其中口语给人的感觉是亲切、自然,而书面语则显得庄重严肃。正因如此,写进公文中的语言,应当是规范化的书面语言,口语和俗语不能入文。同样一个概念,口语和书面语即应有所区别。如"钱——资金""做小买卖的——商人""媳妇——妻子""奶奶——祖母""上西天——逝世"等等,这些对应概念,公文写作中只能使用后者,如果用了前者,既不规范,又有失庄重,与公文的语体特点和要求不相协调。

三、要使用通行的标准语言,不用方言土语以及表意模糊的社会流行语。

写进公文中的语言,必须是现代汉语的标准语,对于那些大多数人无法弄懂的方言土语要尽可能地避免使用。因为它妨碍公文信息的准确交流,容易引起误解错用,同时也有损于公文的庄重性。

四、多用叙述性、陈述性语言,忌用描绘性、抒情性语言。公文写作讲究"直陈其事",用朴实无华的文字将事情交代清楚即可,决不能随意铺陈、渲染和藻饰,滥用文学语言,以维护公文用语的庄重性。

153 公文写作怎样讲究可读性?

一、适当运用一些艺术修辞手法。公文语言表达虽然以科学修辞为主,但它并不排斥艺术修辞。相反,在某些特定语境中,适当运用一些艺术修辞手法,可以极大地增强公文的表现力,使行文新鲜活泼,生动感人。从实践来看,除双关、象征等少数"辞格"外,绝大多数艺术修辞手法诸如排比、层递、比喻、借代、引用、设问等等,均可在公文领域登堂入室,并显现出独特的风采。例如:"它是站在海岸遥望海中已经看得见桅杆尖头了的一只航船,它是立于高山之巅远看东方已见光芒四射喷薄欲出的一轮朝日,它是躁动于母腹中的快要成熟了的一个婴儿。"(毛泽东《星星之火,可以燎原》)此例系毛泽东同志对"中国革命高潮快要到来"之"快要"二字所作的解释。作者运用排比(以"它是"为提示语)和比喻(以"远方来的航船""初升的朝日""将出世的婴儿"为喻体)两种辞格,极其形象而又生动地说明了中国革命高潮到来的必然性,从而有力地驳斥了当时有关革命高潮问题的虚无主义论调,坚定了人们的必胜信念。

二、要融进"形象思维",即指在语言表达,特别是在词语的选择使用上,应力求运用恰当贴切的形象化语言。具体分为以下两种情形:

1.适当地描绘形象,使语言具有立体感。例如:"第一部分是有余钱剩米的,即用其体力或脑力劳动所得,除自给外,每年有剩余。这种人发财观念极重,对赵公元帅礼拜最勤,虽不妄想发大财,却总想爬上中产阶级地位。他们看见那些受人尊敬的小财东,往往垂着一尺长的涎水。这种人胆子小,他们怕官,也有点怕革命。"(毛泽东《中国社会各阶级的分析》)这段文字多处运用形象化的语言,使抽象的道理具体化。

2.恰当地运用惯用语和科学术语等,以增强语言的形象化色彩。前者如

"走后门""开绿灯""踢皮球""挖墙脚""抓辫子""吃大锅饭"等;后者如"动手术"(医学术语)、"十二级台风""雷阵雨"(气象学术语)、"第三世界""统一战线"(政治学术语)、"大合唱"(音乐学术语)等。在公文写作中,如能恰当地运用这些惯用语和科学术语,可以极大地增强语言的表达效果,使行文生动活泼,洗练畅达。

三、要注意讲求语言表达的节奏感,做到声韵和谐,读来爽口,听之悦耳。公文用语与节奏感和语音的和谐不无关系,在选词时要注意词语的声音,多用双音节复合词;在用句时要注意声音的协调,句式要富于变化,长句和短句、整句和散句交替使用,做到疏密相间,自然顺畅,努力增加语音的声律美和节奏感。公文语言讲求节奏感,可以大大增强公文本身的生动性,有利于加深阅者对公文基本观点和中心思想的理解。

154 公文写作怎样正确运用名称?

准确、科学地表述各种事物名称,是公文写作的一项重要内容。关于这一问题,国家历来的公文法规都作出了比较明确、具体的规定。而且,在公文写作实践中,人们对各种名称的表述也逐渐形成了一系列较为固定的规范化要求。综合起来,主要应认真把握和遵循如下几条原则:

一、统一性。是指在公文写作中,对于名称的运用,必须注意保持行文前后的一致性,不能出现同一名称在一篇或数篇公文中有不同的表述的情况。如果确有变动,则应用括号予以标注说明。此外,统一性原则还表现为对各种译名的表述要一致,亦即凡属外国国名和重要的或常见的人名、地名、党派、政府机构、报刊等的译名,均应以新华社的译名为准。

二、明确性。在公文写作中,有些文种如通告等,往往需要运用专业术语(名称)。对此,必须准确理解其真正含义,对于那些类似和相关的术语,更要区别清楚,避免用错。难懂的术语能不用的最好不用,以保持名称表述的明确性。否则,就会影响公文内容的正确表达,妨害公文的应有效用。还有,要注意避免出现交代不清的名称。对于那些鲜为人知的物品名称或计量单位名称,如确需使用,应予以加注说明。一篇公文中第一次出现的县、市、地区、军分区、乡、村等名称之前应当冠以所属省份或地区名,但全国闻名的市例外;"组织上""领导上""上级""群众"等是集合名称,只能在泛指的情况下运用。只有这样,才能保证公文中名称表述的明确性。此外,各种名称在公文中第一次出现时,应尽量用全称。如果名称太长确需使用简称,则应在第一次出现全称时,后面用括号加以标注说明。简称要按照一般习惯用法简化,不要随便硬造或苟简。

三、时效性。即指对于公文中的名称表述,一定要注意其时间效力。有些名称随着时间的嬗递和社会形势的变化而被明令禁用,有些名称又有新的更动,特别是人的职务、级别、单位等可能经常有所变动,这样,其原有的效力就会消失。对此,在公文写作中均应及时作出反应,注意分清场合,不可因循旧有名称不变,否则往往容易铸成错误。但是应该注意,使用新名称时应同时将原名称予以注明。

四、空间性。即指有些名称的使用还要受到地域的限制,因地而异。在不同地区,对于同一名称的使用包括其含义和用法等可能不尽一致。在此种情况下,必须慎重从事,不可草率造次。这就是说,对于名称的使用,应以普遍、能被一般读者或群众所熟悉为宗旨,而不要使用"地方名称"。

五、程序性。公文写作中对于各种名称的表述还要注意讲求顺序,不可随意而为。主要包括:1.对于人名的排列,既可按其姓氏笔画为序,也可以其职务级别为序。要特别注意涉及若干人的职务时,应根据场合按照有关规定正确排列;2.对于地名,应当按照由大到小的顺序排列。如属同一层次的地名,则应按规定的顺序排列;3.对于同级机关名称的连用,则应按其各自的法律地位和使用习惯排列。如县级机关应是"县委、县人大、县政府、县政协、县纪委"。其他层级机关的排列顺序亦是如此,不可前后错位;4.各省、市、自治区并称时,必须按照"各省、自治区、直辖市"的顺序排列。

六、准确性。这是公文写作运用名称的关键所在。名称表述不准确,就失去了其存在的意义和价值。这里,要特别注意各种事物名称连用时其相互之间的逻辑关系,不能彼此包容或相互交叉。如"各机关、单位、工厂、学校",这种表述就有欠准确,因为"机关""工厂""学校"三个概念之间是并列关系,而"单位"与这三个概念之间则是属种关系。在逻辑学上,具有属种关系的概念(名称)不能并列使用;还有,对于一些具有特殊含义的名称,要做到准确表述。如"左倾""右倾"的错误,要加引号,不容疏漏,但"极左"不加引号;"文化大革命"则必须加引号;"百花齐放、百家争鸣"只用一个引号,不能写成"百花齐放""百家争鸣";等等。公文中如涉及对有关法律、法规名称的引用,应特别注意其表述的准确性。如《中华人民共和国国家赔偿法》，可写为"我国《国家赔偿法》"，但不得写为"《赔偿法》"，以保持其准确性；同时对有关条款项目的引用亦应做到准确，不能将"第×款"写成"第×项"。此外，还要注意对人名、地名及其他各种专用名称的表述，应当防止误用同音的别字，以保持其准确性。

155 什么是"撮要"表达技法？

"撮要"是公文写作中常用的一种重要技法，包括篇前撮要与段前撮要两种情况。其基本含义是用简明扼要的语句将一篇公文或公文中的某一层次或段落的核心内容加以概括，置于公文的篇首或段首。其目的是为了使公文所要表达的内容更加鲜明、突出、醒目，更加易于读者理解和把握，使之较为直接地领会全文的精神实质，达到提纲挈领、纲举目张之效。

公文写作中运用"撮要"表达技法，应当注意做到如下几点：

一、确切。"确切"是撮要的生命所在。无论是"篇前撮要"还是"段前撮要"，其对全篇公文或对公文中某一层次或段落内容的概括务必准确恰当，既不能失之于宽，也不能失之于窄，否则就起不到"撮要"的作用。实践中，这种撮要句概括失准的现象并不在少数，应当加以注意。要对公文所要表达的内容加以确切了解和把握，抓住要害，弄清精髓，并要在用语上仔细揣摩，反复推敲，以求确切。

二、精练。既然是"撮要"，其对语言的运用就必然要十分简要精练。要用高度概括的语句对全篇公文或对其某一层次或段落的内容作出表述，切忌言不及义，拖沓烦冗。特别是段前撮要，有些层次或段落本来就较短，因而其段旨句就要求更加精练，必须做到"立片言而居要"，唯其如此，方能使之成为该段之"警策"，收到应有的表达效果。

三、实在。即指对于篇旨句和段旨句的概括必须切合公文的实际内容，切忌避"实"就"虚"，诸如篇旨句讲些目的、意义之类的"套话"，段旨句为求匀称和谐而有意拟制诸如"关于……问题"构成的排比句式之类，让人产生堆砌、拼凑之感。这里，我们绝不是否定各段旨句之间在布局结构上的匀称搭配，只不过是主张不要过分追求，刻意而为，进而使之成为一种文字游戏，那样会给公文内容的表达造成负面影响。

156 公文写作中撮要的具体表现形式有哪些？

"篇前撮要"在具体运用上,要因文而异,针对不同的文种采用不同的形式:

一、综合性工作总结、工作报告、情况简报、会议纪要、调查报告等陈述性文件,其篇前撮要多表现为"情况概述式"。即用非常简明的语言,或概述某一时期、某一方面工作的基本情况,或综合交代文中的基本内容,或简略写明会议的自然情况,或简要说明某一活动的主要收获等。

二、章程、条例、规定、办法等规章制度性文件,其篇前撮要多表现为"提纲挈领式"。即或写一个"总纲",或写一个"总则",或写一个"前言",或写"一、二、三……"几个条条。"总纲"用以阐明一个政党、社会团体的性质、地位、奋斗目标、指导思想、总的任务、基本要求等,是一个章程的"纲";"总则""前言"和开头并列的"一、二、三……"几个条条,用来写明订立本规章制度的目的、意义、要求、根据、原因、动机、适用范围等,是一个规章制度的"要领"所在。

三、意见（下行的）、决定、决议、通知、通报、布告、通告等决策指令性文件,其篇前撮要多表现为"目的依据式"。即把制发文件的目的、依据、原委、基本要求等,用简明的语言高度概括于文件的开端处。在交代目的时,通常以"为……""为了……"做句首,形成一个比较固定的目的句;在交代原委时,通常以"当前……""近一个时期……"等做句首,形成一个比较固定的陈述句;在阐述中心思想、基本要求时,通常以"为此……""决定……""必须……"等强调语做句首;在讲明依据时,更多在句首使用"根据……""遵照……""按照……"等。

四、请示、申请函的篇前撮要多表现为"交代缘由式"。即在开头着重讲明请示的原因,却很少像决策指令性文件那样在开端处一般先交代目的。请示的目的句通常置于"缘由"之后,并以"为此……""为……""鉴于……""为解决上述问题……"等做句首,形成目的前置,这就是请示与申请函篇前撮要的特殊之处。

五、批复、复函的篇前撮要多表现为"引述来文式"。即以引述来文的日期、发文字号或标题作为本文的开端。

六、讲话稿的篇前撮要,一般表现为"观点结论式"。即把讲话的中心观点及结论性的意见置于开头,然后再讲内容、事项和具体问题。为了吸引听者,做到"起句当如爆竹,骤响易彻",有些讲话稿在交代观点、说明结论时又多采用"明知故问"的方法。

七、计划、规划、工作要点、方案、安排等计划性文件,其篇前撮要基本表现为"起句立意式",即开端处要用简明的语言,讲清制订计划的指导思想、总的目标与基本主张。

157 公文写作中的简称有哪些结构形式?

一、标数概括。这种简称具有多种表现形式,其总的特点是由数词加名词或名词化的词、词组这样两部分组成,如"坚持社会主义道路,坚持人民民主专政,坚持党的领导,坚持马列主义、毛泽东思想"简称为"四项基本原则"等;在这一总的特点之下又可将其划分为如下三种类型:一是单重式。这种标数概括的简称通常由一个数词加名词或名词化的词、词组构成,例如"八项规定""五条禁令""三个代表"等;二是双重式,即由两个数词加名词或名词化的词、词组构成,如"双增双减""一个中心两个基本点""一国两制""三大纪律八项注意"等;三是多重式,即由三个或三个以上的数词加名词或名词性的词组构成,如"五讲四美三热爱""两参一改三结合""五有六定七不准""三级两类一网考"等。

二、取前舍后。如"蹲点调查"简称为"蹲点","蹲坑守候"简称为"蹲坑","非典型肺炎"简称为"非典"等。

三、舍前取后。如"中国人民解放军"简称为"解放军","高致病性禽流感"简称为"禽流感"等。

四、选取全称中有代表性的语素或词。如"中国共产党中央委员会"简称为"中共中央","全国人民代表大会"简称为"全国人大","非典型肺炎"简称"非典"等。

五、合并相同成分。亦即省略两个词中的一个相同的语素,如"工业、农业"简称"工农业","离休、退休干部"简称为"离退休干部","复员军人、转业军人、退伍军人"简称为"复转退军人","病害、虫害"简称为"病虫害"等。

六、标义概括。例如1987年公安部颁发的《公安机关办理刑事案件程序规定》简称为"一百二十条",它没有从表面上将其简称为"规定",而是根据该法规的条款数目(共计120条)而进行归纳,此即所谓"标义概括"。

七、取全称首尾。亦即将全称的首字和尾字保留,省略其余的内容,如"中华人民共和国"简称"中国","扫除文盲"简称"扫盲","归国华侨"简称"归侨","微型计算机"简称"微机","整顿党风"简称"整风","外交部长"简称"外长","军人家属"简称"军属","烈士家属"简称"烈属"等。

八、舍全称首尾。例如"快速记录"简称"速记","历史地理"简称"史地","物理化学"简称"理化","人民警察"简称"民警"等。

158 公文写作中怎样运用省略技巧?

一、对于社会实践提出的一些重大而敏感的政治问题,在公文写作中不能给予回避,而又难于表述时,就要敢于和巧于用省略来处置。

例如在《胡乔木文集》第二卷中,收入了《谈〈关于建国以来党的若干历史问题的决议〉对"文化大革命"的几个论断》一文。此文有这样几段话,可以作为运用省略技巧的典范:

……最大的争论问题,就是毛泽东思想。我们认为,一定要讲毛泽东思想,而且毛泽东思想不包括毛主席的错误。……

我们党在很困难的条件下达到社会主义的胜利,虽然也有其他许多同志的贡献,但是,我们把他们的著作摆在一起,比方说,把少奇同志的著作,恩来同志的著作,跟毛主席的著作摆在一起一比,就可以看出来,在少奇同志的著作中,在恩来同志的著作中,就缺少很多东西,这是很难相提并论的。将来周恩来同志的选集出版以后,大家一看就可以看清楚。我们所要的毛泽东思想,就是这个毛泽东思想。……

我们现在写若干历史问题的决议,对毛主席的批判是够严厉的。以为今天把毛泽东搞得愈臭越好,这究竟会达到一种什么样的结果?究竟能够适合于什么人的利益?的确要认真思考一下。我们当然要实事求是,同时也不能不顾全大局。所以,我们还是以为,要坚持毛泽东思想,也用毛泽东思想的科学体系这个提法。……

胡乔木同志的这几段话出色地运用了省略的技巧。其中谈到有其他许多同志的著作,不能与毛泽东著作相提并论。可是只列举了刘少奇、周恩来同志的著作,而"许多其他同志"就略而不提了,省得极好;在将少奇、恩来同志的著作与毛主席的著作进行比较时,只说少奇、恩来同志的著作中"缺少很多东西",至于这"很多"究竟指的是什么?又略而不说了,省得绝妙;在谈到不能否定毛泽东和毛泽东思想时,接连用了两个设问:究竟会达到什么结果?究竟适合于什么人的利益?用得十分巧妙,妙就妙在只问不答,让读者去思索。继而在谈及对毛泽东及毛泽东思想的评价时,又进一步强调既要实事求是,又要顾全大局。而这当时的"大局"又是什么呢?又是略而不叙了。上述这些略而不提、不说、不叙之处,绝不是作者一时的疏忽。因为"他回答你的问题时,不但能说明是什么,而且说明为什么,总要讲出一番道理",而是使用了"出手不凡,思想内容深邃,表述技巧高超,用字遣句讲究"的公文省略之法(李琦、逢先知、金冲及、潘荣延《党的文献工作的奠基人》,人民日报 1993 年 5 月 30 日)。

二、对于公文表述中一些特定的内容,譬如读者一看便知的语义信息;标题中已经蕴含的内容;约定俗成或已被社会公认的人名、地名、事物名称等,也可以使用省略的技法来处理。

三、对于一些含有附件的公文,附件所涉及的内容,在正文中也往往采用省略的办法来处置。

此外,公文中的某些内容,如果在已发的其他公文中已作过表述,本公文又需涉及,则亦可采用省略的办法处置。

159 公文写作中怎样恰当运用事例?

公文写作究竟如何运用事例呢?主要应认真把握如下五性:

一是真实性。真实是公文写作运用事例的基础和前提,事例不真实,就会失去其存在的意义和价值,造成不良影响和难以预料的损失。这里,真实包括两层含义:其一,它必须是现实生活中客观存在的,而不是公文写作人员为着某种目的随意杜撰的;其二,它必须能够反映客观事物的一定本质,而不是个别的、偶然的表象。要做到真实,就要求公文写作人员必须深入实际,认真进行调查研究,切实获取和掌握第一手材料,而决不能凭借传闻或者道听途说进行写作,更不允许随意编造。同时,还要有正确的思想意识和思想方法,不能随意扬"善"或隐"恶"。

二是准确性。所谓准确,就是要确凿无疑、可靠无误。它与上述"真实"相辅相成,一本所系。它是公文写作运用事例的生命,特别是对于工作报告、工作总结和调查报告这类文种,在汇报工作、反映情况、总结成绩时,更要求事例运用的准确,包括对人物言论的记述,对有关问题或事件发生的时间、地点、过程、起因和结果的叙写,对有关数字、名称等的表达,等等,均应如此。如是间接材料,必须反复核实,方可运用。要做到准确,首先要求公文写作人员必须具有较强的语言表达能力,要能够用简明扼要的文字将所获取的事例恰如其分地"描述"出来。写入公文中的事例,必须与客观实际相吻合,不容出现差错。这样,用语要肯定,不宜使用诸如"也许""大概""可能"等模棱两可的词语(工作总结文种尤应禁忌),否则就有失准确;但是对于那些如实说明事物可靠程度的词语如"据不完全统计"等,不在此列。其次,要求作者必须深入实际,注重调查研究,力争运用第一手材料。对此,上文在阐述事例的真实性要求时已很明确,此不赘言。只有在真实的前提下,才能保证事例的准确性。

　　三是典型性。这是公文写作运用事例的关键。事例不典型,就缺乏说服力。所谓典型,究其含义,应是具有某种代表性的,能够集中反映一般事物的本质和规律的东西,它是同类事物的代表。典型既有正面的、先进的,也有反面的、落后的,还有代表事物的发展趋势或方向以及反映事物一般的、平均的发展水平的典型。由于作者在实践中所获取的事例往往不止一个,但又不能将它们都写入公文,在这种情况下,就应采用比较分析的方法,对这些事例进行认真权衡,反复比较,选用最有代表性、最能说明问题的事例即所谓典型事例入文。

　　四是针对性。即对事例的运用,必须针对行文的观点或结论来进行,这是公文写作运用事例的目的和宗旨。缺乏针对性,就不足以说明问题。由于公文中的事例是为说明、印证所提观点或作出的结论服务的,因此对于事例的选用,必须紧紧围绕观点或结论进行。当然,观点或结论来源于事例,是从大量的事例中提炼升华而来,又反过来统辖事例。没有事例的扶助和烘托,观点或结论只能是空洞抽象的说教,也难以令人接受。但是,如果所运用的事例与观点或结论的结合不够紧密甚至相悖,即缺乏针对性,就会失去其自身应有的效用,有损于通篇公文的质量。为此,就要求对事例的运用,必须能够充分、有力地说明观点或结论,使二者相互印证,互为补充,达到有机的统一。

　　五是生动性。生动性是公文写作运用事例的基本要求。事例不生动,就没有吸引力和可读性。由于事例是客观存在的事实,而事实本身往往就是五光十色、生动感人的,因此,写作时无需过多地刻意渲染、铺陈和藻饰,只要将事实客观、准确地描述出来，就会给人以生动之感。但是，常有这样的情况：原本很是生动的事例，由于作者的不适当描绘，却显得干瘪枯燥，笼统空泛，难以引起阅者的兴趣。这样的事例，也就难以产生应有的效用。为此，就要求公文写作人员在具备较高语言表达能力的基础上，深入实际，准确、具体地了解和把握事实的来龙去脉，对其中的重要细节包括人物的一言一行，都不要轻易放过。

160 公文写作中怎样规范运用引用？

一、完整。所谓完整，是指在公文写作中，一定要保持引用材料的齐全和完备，力戒割裂肢解，挂此漏彼。这里，引用材料无外乎下列五种：公文或其他文件材料、领导讲话、成语典故、民谚俗语、经典著作。引用时都必须做到齐全、完整，不容疏漏。现行公文写作中，引用不完整的突出表现是在引用公文或其他文件材料时，或只引标题，或只引发文字号，这种引用方法都有失规范。那么，究竟怎样引用才算完整呢？按照公文法规的规定："引用公文应当先引标题，后引发文字号。"由此可见，标题和文号是引用公文必备的要素，缺一不可，否则就是不完整。

二、准确。即指在公文写作中，必须保持引用材料的绝对准确，使引用材料与原文完全吻合，毫厘不差。具体地讲，主要包括如下两个方面内容：

其一，无论直引、意引或是二者综合运用，都必须做到准确无误。直引是直接引用有关原文，并用引号加以标明，其特点是既真实又准确。意引是对原文或原话进行综合归纳，作概括叙述，不加引号。与直引相比，它具有使行文简洁凝练、重点突出之功效。但是，由于这种引用是对原文或原话的概述，因而要做到准确，有一定难度。现行公文写作中，引用不准确的主要症结就在于此，或以偏概全，或断章取义，等等。要避免这一问题，必须对原文或原话进行认真揣摩，反复咀嚼，熟悉和掌握其确切含义，然后再选择恰当的语句对所要引用的内容进行概括，切忌掺杂个人的主观认识和评价。特别是对那些内容复杂、篇幅较长的原文，更应慎重从事。直引与意引相结合，系指在一段完整的引文中，既有直引，又有意引，二者互为补充，相得益彰。它可使公文内容表达既真实严整，又准确具体，具有直引和意引的双重效应。

其二，对原文中序数的引用以及法律、法规条款项目的引用必须做到准确无误。原用汉字作序数，引用时也须用汉字，不能随意更动。例如《党政机关公文处理工作条例》全部采用以汉字数字标注序号的方法，引用时必须准确无误，如"根据新《条例》第十七条第四项规定……"，引用时就不能写成"根据《条例》第17条第4项规定"；原用阿拉伯数码作序号的也应如此。

其三，得体。所谓得体，包括三层含义：一是引用必须结合上下文内容进行，使之衔接自然，勾连紧密。无论从思路还是行文语气方面都要做到贴切自然，天衣无缝。切忌牵强附会，将原本与行文关系不大甚至毫不相干的内容硬行扯在一起。那样，不仅达不到引用的目的，而且还会严重损害文稿的质量。二是引用要适度，亦即对引语的选择要恰当、得体，只要能够说明问题即可。切忌贪大求全，致使引语过长过多，烦冗累赘，令人生厌。实践表明，引用失度，往往容易导致行文空洞无物、枯燥乏味，对此，必须严加注意。三是引用还要尊重公文的语体风格，即要做到平实、明快、庄重。对于那些有损公文语体风格的内容，诸如庸俗用语、歇后语、浮言藻句等等，一般不宜引用。现行公文写作中，引用不得体的主要表现有两种情况：一是乱"贴标签"，生拉硬拽，或用有关理论去"套"实际工作中的问题，或将实际工作中的问题无限上"纲"，硬行提到思想路线、政治路线的高度，令人难以置信；二是喧宾夺主，随意滥引。或大段抄录，冲淡行文主旨；或画蛇添足，既长且空。这两种表现均有失得体，必须予以注意。

其四，有序。所谓有序，是指：第一，公文中涉及的对引文出处的标注如经典著作的卷次、版次、页数或编、章、节、目，期刊的年度、期数、页数等等要讲究顺序，不能任意颠倒；第二，引用公文一定要按照标题在先、文号在后的顺序书写（如前所述）；第三，公文特别是司法文书中对有关法律或法规的条、款、项、目的引用也要讲究顺序。

目前，在实际写作中，引用无序的突出表现是在引用有关经典著作时，涉及其版次、卷次、页数的标注，或先写卷次，再写版次，后写页数；或先写卷次，再写页数，后写版次，等等，很不统一。正确的方法是按"卷次—版次—页数"的顺序标注，即"××××（见《××××》第×卷，××出版社×年版，第××页）"。其他诸如对有关著作的编章节目以及期刊的年度、期数、页数等的标注问题相对较少。这里，还要注意对法律或法规中具体内容的引用，必须按照条、款、项、目的排列顺序，不能疏忽。但是，如果该法律或法规系采用条下不设"款"而直接列"项"的方式，则应打破这一程序，作"越位"处理。

总之，完整、准确、得体、有序八个字，是公文引用应当遵守之要诀。

161 公文起草的基本要求有哪些？

起草是公文拟制的首要环节，必须讲求艺术。在内容确定之后，公文的制发工作就转入文稿的起草阶段，也称拟稿阶段或撰稿阶段。公文的起草，是作者根据写作构思，按一定的结构形式，运用书面语言把所要写的内容反映出来，固定下来，使之物态化（成为书面材料）的行为方式和行为过程。一般从形式到内容都还比较粗糙，它是供讨论、修改和审批使用的。起草的时候，起草者必须首先明确文稿起草的基本要求，具体表现为：

一、观点明确。观点就是对公文涉及的事项或问题所提出的见解、主张或所持的态度。观点明确，有以下四层含义：

1. 符合国家规定。公文是推动公务活动开展的重要工具，因此，公文中所涉及的内容一定要符合党和国家的方针、政策、法律、法令和法规的有关规定，不得与之相违背。只有这样，才能确保公文的法定性、权威性和有效性。

2. 符合领导意图。正确的领导意图，是党和国家的方针、政策等在公文所涉及实际问题上的具体化。它既反映、体现党和国家的方针、政策，又不是党和国家的方针、政策；它是机关领导成员集体根据国家的方针、政策等解决实际问题时形成的具体意见、主张、办法。公文是机关领导成员集体意图或意志的体现，当然必须符合这个集体的意图、意志。

3. 有具体的意见措施。公文是为办理实际公务而制发的，必须讲求实用性，即必须拿出具体的意见，提出具体措施；否则，就会成为"一张空文"，毫无价值。

4. 文字表达准确、鲜明。公文的观点是什么，不是什么；赞成或反对什么，肯定或否定什么，都要用语言文字清清楚楚地、分寸得当地表达出来，绝不能含糊不清、抽象笼统。

二、材料精当。

1. 真实确凿。真实确凿，就是指摄入公文中的材料必须与客观事实的本来面目相符，而且是完全相符，不得有一丝一毫的变形走样。公文的材料也要经过选择、提炼、加工，在这个过程中，本来就容易、就有可能掺入人的主观因素，加之公文又有直接功利性，材料中掺入人的主观因素的机会就更多、可能性更大。正因为如此,对公文材料真实性的要求也就更高、更严。

2. 清楚简约。这是表达方面的问题。包括两个方面,一是公文内容所涉及的人、地、事、因、果要交代得一清二楚;二是对人、地、事、因、果的交代要概括、简明,不能繁冗。

3. 充分有力。材料充分有力,有两层含义:一是材料要与观点保持一致,能够确实支持观点,说明观点;二是材料要典型,能够充分地适应并满足观点的需要,有力地说明观点。

三、条理清楚。所谓条理清楚,就是指要做到言之有理,言之有序,主要表现在三个方面:

1. 观点与材料有机结合。是指起草公文时,要善于运用具体的材料说明具体的观点,而不是任意堆积材料、罗列材料或随意举例,把材料和观点硬行拼凑在一起。观点来自材料,材料证实观点,这就是观点和材料之间的内在逻辑联系。公文写作一定要遵循并显示这种规律性。

2. 前后关系清楚。即指公文的上下文之间要紧密联系,而不能相互脱节。要做到这一点,必须善于发现并揭示公文上下文内容之间的内在因果关系。

3. 结构布局得当。结构布局得当,是公文条理清楚的一个重要条件。结构布局的方式是多种多样的,往往因内容和文种而异,安排时要善于具体对待,不可强求一律,形成僵死的模式。

四、角度得体。各种公文,甚至每份公文,由于内容、意图、作用、对象以及行文方向的不同,在写作时都有各自的特定角度。角度往往具体体现在行文上,显示在语言的语词、语气和文字的繁简等方面。

162 起草的程序和方法有哪些?

一、领会意图。内容一经确定,公文的制发工作即转入起草阶段。这时,机关领导者根据实际需要和可能,确定文稿起草者,交代写作任务。这是公文起草的第一个程序。

领会制发意图,要全面、深刻、准确,要悟出其精神实质,把握住重点或关键。做到这一点,起草时便方向明确,就会少走或不走弯路,能够确保文稿的质量。对于领导者来说,交代起草任务时,要尽可能地把制发意图交代得具体、清楚、全面一些。这个环节,是起草一篇文稿的前提,不可忽视。

二、精心构思。这是公文起草的第二个程序,也是起草的中心环节。

构思,简单地说就是酝酿思考;具体地说,则是根据主旨表达的需要去组织材料,安排结构,并在头脑中形成公文基本格局的一系列思维活动过程。这个过程,是起草者的思想逐步展开并深刻化、具体化的过程,是思路逐步理清并条理化、明朗化的过程;也是文稿的文理逐步清晰,层次逐步分明的过程,是结构布局逐步形成并最后确定的过程。如果说起草是公文由主观意识走向文字存在的桥梁,那么构思则是公文由主观意识走向文字传达的桥梁。可以说,如果没有构思这个环节,文字传达几乎是不可能的;即使匆匆落笔,也绝不会起草出好的文稿。所以,起草公文文稿,一定要在构思上下大功夫,下苦功夫,即呕心沥血、惨淡经营一番。在这个环节上下功夫越多、越深,构思就越成熟。落笔起草时,如果文字表达能力较强,就会下笔如有神,一挥而就。

三、认真草拟。草拟就是以文字为符号,把公文的内容传达出来,记录下来,使内容由看不见的主观意识物化为看得见的书面存在的行为方式和过程。文稿草拟,应该认真做到以下几点:

1. 遵循提纲又不拘守提纲。提纲毕竟只是文稿的"蓝图",并非就是文稿。起草时,应该大致遵循它所列出的纲目,遇有失当之处,宜作适当变动,或调整,或补充,千万不要过于拘泥,被它束缚住手脚。这里,"变"是常格,有必然性,不足为怪。

2. 表述要力求准确无误。这里是从认识上说的。准确无误,以正确为前提,所以它有两重含义:一是能如实地反映内容的本来面目(状貌、性质),达到正确;二是在正确的基础上,能够反映出内容的程度(即"度")。现在常说的"基本上"是个不确指的语词,公文中一般不能随意使用。

3. 语言要准确。准确,是公文对语言的第一位的要求,公文的语言固然应该平实、简练、庄重,但首先必须做到准确,只有语言准确,才能真正达到表述上的准确无误。由于公文内容的实用性的规定,只要不是有意舞文弄墨或表达能力低下,用语只要做到准确,就会显得平实、简练、庄重。

4. 要一气呵成。一气呵成或一挥而就,是比较难的,但要努力做到。起草是一种复杂的精神劳动或思维活动,一篇文章或一份文稿若不一气呵成,往往会使思维中断,文势受阻,再接着写,又要酝酿一番,比较费力。所以起草文稿,最好是一气为之,气未尽而文已成。篇幅较长的文稿,当然难于一气呵成,不过也要尽可能地集中精力,力争在短时间内完成。

163 公文构思的方法有哪些?

首先,运用归纳法或演绎法等逻辑方法,对材料进行分析、综合,挖掘出材料的思想含义,即本质,并进而从诸多思想含义中找出起主导作用或占主导地位的中心含义,即主旨。

试图确立主旨的时候,要重视初念,即第一个想法。初念闪现出来之后,要赶快把它捕捉住。方法是先用一个逻辑学上的判断把它表述出来,再马上用文字把表述这个的句子记录下来。记录下来之后,再反思材料,根据材料的诸方面的思想含义,进行反复推敲,必要时,还要与领导者共同研究一下,看记录下来的初念是不是材料的中心含义。如果是材料的中心含义,还要看它是否切合文书的制发意图,看表述得是否准确到位。是材料的中心含义,又切合制发意图,并且表述得准确到位,这种初念,往往就是公文的主旨。

其次,主旨确立之后,接着便应根据主旨的需要,想一想,从哪几个方面去说明它;想好以后,最好用拟提纲的方式把它固定下来(必要时,要对提纲作适当修改)。完成了这一步,文稿的结构框架就形成了。之后还要考虑每个部分由几个自然段构成,并确立段旨。自然段的划分和确立,在构思阶段很难精确,所以宜粗不宜细,有个基本设计就可以了。接下去则是根据主旨和段旨的需要,按照结构布局的次序,顺次安排材料。当初是材料规定主旨,现在则是主旨选择、规定材料。材料配置要恰当,而所谓恰当,就是要能够说明主旨。安排材料,忌主观随意性,不要任意罗列材料,更不得以材料丰富自炫,大量堆积材料。最后,再反观以上各个方面,大致地通盘考虑一下如何开头,如何结尾,如何过渡,如何照应,等等。这一步,一般也是只宜作出大致构想,不必过于精细。作为有效的辅助手段,往往需要列出书面提纲,把上述几个方面记录下来,即把构思结果固定下来,勾画出文稿的蓝图。

这就是构思的基本过程和方法。之所以说是"基本的",是因为严格地说,构思贯穿公文文稿起草过程的始终。即使落笔为文,甚至到了修改阶段,构思活动还在进行。肯定先前构思结果的正确,予以维持;或发现先前构思结果的失当,予以修正,直到修改完毕,拍板定稿,构思才告结束。

164 如何运用角色理论修改公文文稿？

社会学认为，每个人在具体的社会活动中都扮演着一定的角色。根据"角色理论"的要求，要成功地修改自己的文章，可视情况扮演如下角色：

一、"旁观者"。初稿写成后，先不要急于动笔修改，可对其进行"冷处理"，因为此时作者的思想感情尚处于一种特别的兴奋状态之中，很难自攻自破已成的心理定式。在这种情况下进行修改，其效果显然不会理想。此时作者的身份仍系"当局者"，若能一改其位，在"冷却"适当的时间之后，再以"旁观者"的面目出现，就会公正、客观地看待自己的"作品"。也就是说，作者在兴奋异常或头脑正热的情况下不宜立即着手修改，而应放置适当的时间，进行"冷却"，然后以"旁观者"的角色开始修改，因为"角色"变了，"眼光"也就容易变，问题也就容易被发现。

二、"朗读者"。"朗读"，即大声地读，通过朗读可以充分发现问题。经验告诉我们：潜伏于笔下的文病，看时不见，读时现。对此，叶圣陶先生曾说："语言的连贯性怎样，放到口头去，最容易辨别出来。"朗读之时，可以同时调动口、耳、心等多种器官介入文稿，这就极易提高文稿的质量。

三、"求教者"。修改文章要虚心向别人求教，请别人指点迷津，也是一种行之有效之法。要发扬"不耻下问"的精神，甘当"小学生"，多听取他人的意见，择其善者而从之，这样，将是大有好处的。

165 公文写作中怎样恰当运用形象思维？

一、适当运用艺术修辞手法，使抽象深奥的事理形象化。公文不使用全部辞格，不作极度的修饰和铺张扬厉，而只是少量选用排比、递进、比喻、借代、对比、设问、反问、引用等诸种形式整齐、有庄重感的辞格。在公文写作中，特别是在公告、决定、决议、公报、命令（令）等带有号召、宣布、褒奖、倡议性的文种中，适当地运用这些艺术修辞手法，能够使行文新鲜活泼，生动感人，富有表现力和感染力。

二、恰当运用社会流行语和简称用语,使行文富于形象化色彩。社会流行语是广为大众流传的一种口头用语。它比较直接客观地反映着社会思潮的变化变革,反映出社会群体意识的变化趋势,折射出现实生活在一定时间内的习惯风尚。在公文写作中,适当地吸收和运用这些社会流行语,有利于增强行文的时代感和吸引力,使之形象生动,新颖活泼。

三、恰当地描绘形象,使语言具有立体感。在公文写作中,由于具体的内容表达需要,有时还使用形象描绘的方法,或勾勒出某一(类)人物,或建构某一情节,或阐释某一事理,使行文妙趣盎然,异彩纷呈。例如《国务院批转国家经委、国务院体制改革办公室关于实行工业生产经济责任制若干问题意见的通知》一文中有这样一段话:"实行经济责任制,目前还处在探索阶段,各地区、各部门要加强领导,要摸着石头过河,水深水浅还不很清楚,要走一步看一步,两只脚搞得平衡一点,走错了收回来重走,不要摔到水里去。"这份"通知"本是政策性极强的文件,却采用独树一帜的表达手法,运用"要摸着石头过河"等一系列生动形象的语句,使抽象的事理鲜活起来,既提出了在探索阶段实行工业生产经济责任制的基本原则和基本要求,又使行文显得生动活泼,文势流畅,能够给人以动感,易于理解和执行。

四、通过对词语的活用来强化语言形象。所谓对词语的活用,是指突破词语的一般用法,在具体的语言环境中显示出其特殊意义。这种活用以后的词语,是作者感情倾向的反映,因其富有独特的魅力,既形象又生动,故能给人以别开生面之感。例如毛泽东同志的《质问国民党》一文中有这样的文字:"这也是国民党人说的话儿呢?我们常常觉得,这一类(物以类聚)国民党人的嘴里,是什么东西也放得出来的,果不其然,于今又放出了一通好家伙!"从感情色彩上讲,"放"系一中性词,它本身没有褒贬意义,但是由于作者的活用,便使之具有强烈的感情色彩,让人感到"这一类国民党人"是在"放屁",既含蓄又辛辣,生动传神。

166 公文写作中怎样调整语言密度?

语言密度的大小与用字的多少成正比。字数多,则语言密度大;字数少,则语言密度小。公文写作要求以最小的语言密度来表现语言容量最为丰富的内容,做到言简意赅,文约意丰。但在有些情况下,公文写作又必须使用密度大的语言,以便使内容表达更为详尽、具体,更具有说服力和论证性。

第一,要根据不同的文种特征及要求进行调整。不同的文种,其语言密度各异。一般而言,凡是涉及以陈述事实或阐述理由为主的公文,其语言密度往往较大,例如工作报告、调查报告、先进事迹材料等等,通常如此。而那些带有告知和指令性的公文,其语言密度一般相对较小,往往只需将有关内容交代明白即可,不需过细陈述。例如通知、公告、通告、命令、批复、函等文种通常这样做。值得注意的是,即便是同一事件,在不同的文种中其语言密度的大小也会有所不同。例如在事故性调查报告中,对有关事实的叙述要求详尽、具体,要交代出事故发生的来龙去脉,给人以完整的印象,这样其语言密度就大;而据此拟写的处分决定或者批评性通报,其对有关事实的叙述则要予以概括,语言密度要小。因此,在写作过程中要视具体情况考虑删存,使语言密度适当。

第二,要根据公文不同的结构要素进行调整。通常情况下,标题、正文的开头部分以及结尾,其语言密度相对要小。特别是公文的标题,它是全篇的眉目,必须准确、简要地概括出公文的主要内容,而要做到简要,其用语必须高度精练、浓缩,尽可能地将语言密度控制在最小限度之内,切忌拉杂冗长。开头部分是公文行文的"先锋",是全篇内容的总括,一般要交代清楚行文的目的、依据、缘由、背景等诸项内容,其用语也要求简明扼要,开门见山,力戒言不及义,套话连篇。而要做到这一点,就要求其语言密度要小,要富有概括性,寥寥几句即说明问题,给人以单刀直入、开宗明义之感。如果开头部分语言密度过大,就往往会导致行文铺陈过多,令人难得要领,不利于阅者准确迅速地理解和把握公文的中心意旨,进而也就不利于公文内容的贯彻施行。主体部分是用来阐述公文内容的,是标题"事由"要素及开头所述内容的具体化,因而其语言密度较大,特别是有些所涉及内容事项较为单一的公文,其语言密度就更大。公文结尾部分是全篇的收束,要求干净利落,意尽言止,力戒画蛇添足,无病呻吟。反映到文字上,要求其语言密度一定要小,只要能说明问题即可。甚至有些公文干脆省略结尾,更显得简洁利落。

值得提及的是,不少公文正文部分的写作往往采用撮要标目的表达技法,其在某一层次或段落之前需要设立一个段旨句,以清眉目。要注意这个段旨句也应同公文标题一样,其语言密度一定要小,切不可失之于长。

第三,要根据不同的行文目的进行调整。每篇公文都有明确的行文目的,这样反映到内容表达上就势必有所侧重,或是着重陈述事情的经过和缘由,或是重在分析产生问题的原因,或是着重提出解决问题的办法和措施等等,而这也就相应地对其语言密度的调整作出了限定。例如情况报告的写作,一般要分为问题或情况概述、集中分析产生问题的原因,提出解决问题的意见和办法等三部分,而这三部分内容的详略处理亦即语言密度的调整是不同的,其中第一部分内容要略写,语言密度要小,这是没有疑义的;关键是第二、三部分的叙写,其语言密度的大小应视不同的行文目的而定。如果行文重在分析原因,则第二部分的语言密度要大;反之,如果行文的目的重在提出解决问题的办法,则第三部分的语言密度要大,第二部分的语言密度要相对小。

第四,要根据不同的表达方法和内容转换的需要进行调整。公文写作中经常使用一些独特的表达方法,反映到语言的疏密上也很有特点。例如虚笔与实笔相结合是为了使主述事件与中心观点不重复表述而采取的一种重要手法,其中"实"是指详细、具体、全面、深刻,"虚"是对实而言,即指略其详情、概其轮廓,舍其细节、取其整体,省其处延、选其内涵,弃其全文、留其要领。在一篇公文中,对于事件或道理,如在前面作实写,即语言密度大,则在后面只能使用虚写,语言密度要小。还有,公文中经常使用的"但书"方法,即先从正面说,然后用"但是"加以转折,作"但"后文章,这种写法,随着其内容的转换,前面往往使用小密度的语言,寥寥几笔,而在"但"后则使用高密度的语言,进行具体阐述,从而使行文疏密有致,重点突出,也使公文的内容表达更趋完整和严密。

167 公文写作中怎样恰当运用叙述?

叙述是文章的基本表达方式之一,其基本特点在于陈述"过程",把人物的经历或事物发展变化的过程用语言表述出来,即开始怎样,经过怎样,结果如何,这就是叙述所要介绍和交代的主要内容。人物、事件、时间、地点、原因、结果是叙述的六要素。在公文写作中,叙述这种表达方式被广泛地运用。但这种叙述与文学作品的叙述具有明显区别,文学作品对人物、行为、经历的叙述,可以根据作者的创作意图和作品的主题,展开想象,对材料加以生发、扩展,而公文则不能,它要忠于事实真相,忠实于事物发展的本来面貌,严禁渲染、夸张和想象,要根据特定的材料,选取最能说明问题、最有能力表现主旨的主要事实和情况加以叙述。

在公文写作中,要正确运用叙述这一表达方式,需要做到以下几点:

一、准确、完整。即在叙述时必须从实际出发,实事求是地交代出人物的活动、经历情况以及事件发生的时间、地点、原因、结果等诸要素,不能疏漏。有时为表达简练起见,可将"原因"和"结果"进行合并,即写成"为什么"。

二、简洁、概括。公文的叙述要求文字简洁,概括性强,而不要求详叙。因此,它常常使用概括的方式,即用明确而又简洁的文字将许多事物的共同特点或某一事物的发展变化特点表述出来。这种写法,能给阅者以总的清晰的印象。

三、灵活、得体。由于公文的叙述方式不止一种,因而写作时应根据内容表达的需要灵活选用,不可拘泥于某一种。一般来讲,顺叙最为常用,应重点掌握,同时,叙述时还应注意详略得当,因事物有主次之分,叙述时也要突出重点,不能平分秋色。重要的、对事物发展过程起关键或决定作用的就详写,反之则略写。

168 公文写作中怎样恰当运用议论?

议论就是讲道理,论是非,辩曲直。它是在一篇文章中作者通过运用大量的事实材料,以逻辑推理来明辨是非、阐明道理,从而表明自己的观点或主张的一种文字表述。包括三要素,即论点、论据和论证。论点是第一要素,是作者对论题所持的观点,具有"统帅"作用,挈领文章的全局。论据是作者为了证明论点的正确性或者反驳反面论点而选择的事实或理论依据,它应具有真实性和典型性,力求新颖。论证,又称"论证过程",是以论据来证明论点的过程和方法,其目的在于揭示论点与论据之间的逻辑关系。议论在公文中的运用极为广泛,要正确运用议论这一表达方式,需要注意做到如下几点:

一、论点正确、鲜明。公文中议论的论点必须正确地反映客观的真实情况,不能虚构和假设。否则,议论就失去其存在的价值,有损于公文的严肃性。要"吃透两头",既要符合党和国家的方针政策规定,又要符合工作实际,做到有理有据,入情入理。

二、论据充分、可靠。公文中议论的论据主要有三种:一是事实论据(事情的概况和原委),二是理论论据(党和国家的方针政策、法律法令或行政法规、上级的指示精神、某一会议的议项),三是历史论据(案件中的原始资料)。使用时必须注意其真实性和可靠性。否则,论据失真,论点也就无所依附,站不住脚。

事实论据要确凿可靠,有据可查,合乎实际;理论论据要完整引用,不能断章取义,甚至肆意歪曲。要围绕观点恰当地选用材料,做到观点和材料相统一。

三、论证周密、有力。论证是运用逻辑推理阐明论点和论据关系的过程。有两种形式,即立论和驳论。公文写作中使用论证主要采用立论方式,对所提观点、意见和主张作正面论述,即使对某个问题持否定态度,一般也从正面加以阐明,而不去直接反驳。论证时思维要周密,推理要合乎逻辑,只有这样,才能令人信服,不容置疑和辩驳,具有强大的说服力。

169 公文写作中怎样恰当运用说明?

说明也是公文写作的一种常用表达方式,指用言简意明的文字把事物的形状、性质、特征、成因、关系、功用等等,解说或介绍清楚。它是相对叙述、议论而言的一种表达方式,依其应用范围的不同,可以分为实体事物说明和抽象事理说明两大类。前者是用于对人、事、物的介绍,后者用于阐明事理、意义。但它又不同于叙述和议论,说明重在表现形式上的真实性、准确性和科学性。

说明在公文写作中的运用相当广泛。如命令体公文中的办法或措施,决定类公文中的内容指示,知照性公文中的情况介绍,法规性公文中的条款项目等,都需要借助说明来加以表述。因此,要加强对说明的研究,认真掌握其特点和规律,这对提高公文的质量是极为有益的。

公文写作中运用说明的表达方式,应当注意以下几点:

一、要反映事物的特征。"特征"即一事物区别于他事物的特性。说明能否达到目的,关键在于能否把握事物的特征,只有抓住了特征,把特征解说明白,才能给人以深刻的印象。

二、要坚持客观求实的态度。说明重在表述客观事物的本质、特点和规律,揭示事物发展的内部联系,因此,必须坚持科学的态度,客观地、实事求是地进行解说或介绍,切忌主观臆断,更不能凭空编造。

三、用语要准确、简洁、朴实。说明要客观地解说事物和剖析事理。因此,就要求在语言运用上准确无误地揭示客观事物的本来面貌。同时,还应注意用语的简洁洗炼,通俗畅达,摒弃冗词赘句,力戒矫揉造作,华而不实。

170 公文写作需要哪几个方面基本功的训练?

一、讲读能力训练。从表面看来,讲读能力似乎与写文件的能力无关,其实大不然。讲读是对一份文件的立体展示。是把文字表述改用口头表述。比较好的讲读能力,要求句读节奏分明,基本观点、主要观点能够通过音节突出出来,语气词要充分显露,以烘托文件的思想和倾向,从而使文件表述的气势通过口头表述恰如其分地得到传递。

二、听辨能力训练。为了提高工作效率,要求公文写作人员从自身挖掘潜力,充分开通听觉感官,使视觉器官和听觉器官两者交替使用,增加作业时间,从而有助于文件的拟制。不仅如此,为了适应现代化的宣传手段的要求,越来越多的公文需要依靠听力传递。一篇公文写得再好,看起来感人,但听起来不懂,就不能算是一篇好公文。

三、复述能力的训练。所谓复述能力,就是口头造句的能力。有一些文件的起草,就是由领导人或者拟稿主述人口授而记录下来的。因此,要求每一位公文写作人员要有意识地提高自己复述能力的顽强训练。要注意把公文常用的基本提法复述准确;经常背述一些东西,有好的记忆力,再训练复述力就会容易得多;多作口授记录的训练。复述能力的强弱,要看一次复述的字数,更要看复述语言的准确和严谨。

中编

公文文种实例鉴赏

171 什么是决议？

决议属于议决体公文。根据《党政机关公文处理工作条例》的规定，"决议"适用于会议讨论通过的重大决策事项。从实质上讲，决议主要起着一种动员令的作用，能够较快地统一大家的思想和行动，使各方面的力量有机地协调起来，为一个总的目标而奋斗。

决议按其内容主要有审议批准性决议、方针政策性决议、专门问题性决议和公布号召性决议等几类。

172 决议的写作要领有哪些？

一、要把握会议的中心。决议是会议产生的成果之一，体现着会议的中心思想及结论性意见，代表了与会者的群体态度。因此，要写好决议，首先要吃透会议精神，了解会议的背景、形势及目的；理解会议的主旨，掌握会议的肯定性意见和其他不同意见及要求，知晓会议的多种状态及其中的最佳方案。

二、要注意成文的时效性。有的决议时限性很强，即使有些大型会议事先可以拟出提交会议进行讨论的决议稿，但也要在会议进行期间不断进行修改、补充和调整，以便按时提交会议讨论和通过。所以，要求成文迅速、及时。

三、要注意做到叙议结合。在写法上要注意做到叙议结合，定性准确，评价恰当，切忌纠缠细节。行文要富有逻辑力量，激发人们执行决议的积极性和自觉性。

范例与简析

▶ 例文1

中国共产党第十八次全国代表大会
关于十七届中央委员会报告的决议

(2012年11月14日中国共产党第十八次全国代表大会通过)

中国共产党第十八次全国代表大会批准胡锦涛同志代表十七届中央委员会所作的报告。报告高举中国特色社会主义伟大旗帜,以马克思列宁主义、毛泽东思想、邓小平理论、"三个代表"重要思想、科学发展观为指导,分析了国际国内形势的发展变化,回顾总结了过去五年的工作和党的十六大以来的奋斗历程及取得的历史性成就,确立了科学发展观的历史地位,提出了夺取中国特色社会主义新胜利的基本要求,确定了全面建成小康社会和全面深化改革开放的目标,对新的时代条件下推进中国特色社会主义事业作出了全面部署,对全面提高党的建设科学化水平提出了明确要求。报告描绘了全面建成小康社会、加快推进社会主义现代化的宏伟蓝图,为党和国家事业进一步发展指明了方向,是全党全国各族人民智慧的结晶,是我们党团结带领全国各族人民夺取中国特色社会主义新胜利的政治宣言和行动纲领,是马克思主义的纲领性文献。

大会认为,报告阐明的大会主题对我们党带领人民继往开来、奋勇前进具有十分重大的意义。全党要高举中国特色社会主义伟大旗帜,以邓小平理论、"三个代表"重要思想、科学发展观为指导,解放思想,改革开放,凝聚力量,攻坚克难,坚定不移地沿着中国特色社会主义道路前进,为全面建成小康社会而奋斗。

……

▶ 简析

这篇决议写得策见明确,架构清晰,内容丰富,事项具体,彰显出了决议文种的应有特色,是我党历史上一份十分珍贵的文献。全文开门见山,起句立意,直接表明行文的观点即"批准十七大报告",并进行总体评价,给人以单刀直入、简洁明快之感。主体部分分别以"大会认为""大会强调""大会同意""大会指出""大会号召"等提领性语句,从不同侧面、不同角度对十七大报告所提出的有关党的建设和国家发展所取得成就的阐述以及今后的工作目标,既实事求是,又精当恰切,充分体现出了决议文种的谋篇技巧与逻辑架构,特别是在语言运用上,通过一系列四字句和六字句的恰当使用,使行文显得简洁洗练,富有韵律感和节奏感,例如"以保障和改善民生为重点,提高人民物质文化生活水平,多谋民生之利,多解民生之忧,加快健全基本公共服务体系,反腐倡廉必须常抓不懈,拒腐防变必须警钟长鸣。要坚持中国特色反腐倡廉道路,坚持标本兼治、综合治理、惩防并举、注重预防方针,全面推进惩治和预防腐败体系建设,做到干部清正、政府清廉、政治清明"。此外,文中还大量使用排比修辞,例如"在新的历史条件下夺取中国特色社会主义新胜利,要牢牢把握以下基本要求:必须坚持人民主体地位,必须坚持解放和发展社会生产力,必须坚持推进改革开放,必须坚持维护社会公平正义,必须坚持走共同富裕道路,必须坚持促进社会和谐,必须坚持和平发展,必须坚持党的领导"。十分准确恰当,极大地增强了行文的表达效果。

例文 2

第十二届全国人民代表大会第三次会议
关于政府工作报告的决议

(2015 年 3 月 15 日第十二届全国人民代表大会第三次会议通过)

第十二届全国人民代表大会第三次会议听取和审议了国务院总理李克强所作的政府工作报告。会议充分肯定国务院过去一年的工作,同意报告提出的 2015 年工作总体部署、目标任务和政策措施,决定批准这个报告。

会议号召,全国各族人民紧密团结在以习近平同志为总书记的党中央周围,高举中国特色社会主义伟大旗帜,全面贯彻党的十八大和十八届三中、四中全会精神,以邓小平理论、"三个代表"重要思想、科学发展观为指导,深入贯彻习近平总书记系列重要讲话精神,按照全面建成小康社会、全面深化改革、全面依法治国、全面从严治党的战略布局,坚持稳中求进工作总基调,主动适应经济发展新常态,凝心聚力,攻坚克难,开拓创新,扎实工作,促进经济平稳健康发展和社会和谐稳定,为实现"两个一百年"奋斗目标、实现中华民族伟大复兴的中国梦而努力奋斗!

▶ **例文3**

第十二届全国人民代表大会第三次会议关于
2014年国民经济和社会发展计划执行情况与2015年
国民经济和社会发展计划的决议

(2015年3月15日第十二届全国人民代表大会第三次会议通过)

第十二届全国人民代表大会第三次会议审查了国务院提出的《关于2014年国民经济和社会发展计划执行情况与2015年国民经济和社会发展计划草案的报告》及2015年国民经济和社会发展计划草案,同意全国人民代表大会财政经济委员会的审查结果报告。会议决定,批准《关于2014年国民经济和社会发展计划执行情况与2015年国民经济和社会发展计划草案的报告》,批准2015年国民经济和社会发展计划。

▶ **简析**

以上是十二届全国人大三次会议若干决议中的一部分。这类决议在内容结构上大都由三个部分组成,一是审议的对象(如工作报告、法律法规、机构组织、人员任免、财政预决算、国民经济和社会发展计划等);二是表明态度;三是进而发出号召,提出要求。至于例文3由于被审议批准的是某一重要方面的具体事项,所以,不像前述两篇决议那样再写一段号召与要求。

173 什么是决定?

根据《党政机关公文处理工作条例》的规定,决定是对重要事项作出决策和部署、奖惩有关单位和人员,变更或者撤销下级机关不适当的决定事项时而制定的一种指挥性公文,属于下行文种。上至党和国家的重大决策和战略部署,下至基层单位的奖惩事宜均可使用。

174 决定的写作要领有哪些？

一、要注意把握决定事项的历史和现实背景。撰写决定既要了解历史，掌握政策的连贯性；又要了解现实，掌握有关现实情况，并进行分析，抓住问题的实质和焦点，据以作出切合实际的判断和决策。只有这样，才有利于受文者遵照执行。

二、要注意把握决定的多种结构形式。要根据不同类型的决定，恰当地运用适宜的结构形式。一般而言，分条列述式结构往往适用于法规政策性决定；篇段合一式结构往往适用于决策知照性决定；而撮要分条式或分部分式的结构则往往适用于方针政策性和部署指挥性的决定。至于表彰或者处分性的决定，则通常是采用"分列自然段"的写法。在具体写作过程中，要视情况选用，以使决定的内容得以圆满地表达。

三、要注意处理好内容的详略，做到该详则详，当略则略，详略得当。例如知照性的决定，往往要用较多的笔墨去写决定的缘由和依据，而决定事项部分文字相对较少；反之，部署指挥性和法规政策性的决定，缘由和依据部分往往用字较少，而具体事项部分则用字较多。奖惩性的决定，由于其主体部分要写出先进或者错误的事实，故而用字较多，而决定依据及决定事项部分则用墨较少。

四、要注意合理安排各种不同类型决定的结构。首先要准确地写明标题。决定的标题通常由作出决定的机关或通过决定的会议名称、决定的事项（即内容）和文种三部分组成，这三部分应当齐全、准确、简明。如果是由某次会议通过的决定，还应在标题下面标明该决定是在什么时间、什么会议上通过的；其次要注意如果是普发性的决定，一般不写主送机关名称，制发决定的机关名称在标题中标明，发文时间一般标注于标题之下，外加圆括号；再次，要注意根据不同类型的决定恰当地运用适宜的结构形式。一般说来，决定正文部分的结构形式主要有篇段合一式、分条列述式、段旨撮要式、分列小标题式以及分块式等多种形式，要按照内容的多少和工作的实际需要来恰当安排。

范例与简析

▶ 例文1

中共中央关于全面推进依法治国若干重大问题的决定

（2014年10月23日中国共产党第十八届中央委员会第四次全体会议通过）

为贯彻落实党的十八大作出的战略部署，加快建设社会主义法治国家，十八届中央委员会第四次全体会议研究了全面推进依法治国若干重大问题，作出如下决定。

一、坚持走中国特色社会主义法治道路，建设中国特色社会主义法治体系

依法治国，是坚持和发展中国特色社会主义的本质要求和重要保障，是实现国家治理体系和治理能力现代化的必然要求，事关我们党执政兴国，事关人民幸福安康，事关党和国家长治久安。

全面建成小康社会、实现中华民族伟大复兴的中国梦，全面深化改革、完善和发展中国特色社会主义制度，提高党的执政能力和执政水平，必须全面推进依法治国。

……

▶ 简析

这是一篇部署指挥性决定。全面推进依法治国，是党的十八届四中全会作出的一项重大战略决策，是当前和今后相当长的一段时间内党和国家的行动纲领。行文开门见山，直截了当地交代出了行文的目的，引出决定事项。主体部分以立题的形式，分别从坚持中国特色社会主义道路，建设中国特色法治体系；完善以宪法为核心的中国特色社会主义法治体系，加强宪法实施；深入推进依法行政，加快建设法治政府；保证司法公正，提高司法公信力；增强全民法治观念，推进法治社会建设；加强法治工作队伍建设；加强和改进党对全面推进依法治国的领导等七个大的方面，从不同的角度，涵盖不同的领域，对如何全面推进依法治国这一重大战略决策进行详尽具体而又周密严谨的阐述，内容集中，条理清晰，结构紧凑，堪称范例。此类决定，在内容安排的总体布局上具有明显特

征,突出表现为其所设置的各种决定事项,通常都是首先表述诸如重要性和必要性等方面的内容,中间是相关办法和措施;而最后一项又通常是关于加强组织领导方面的要求。对此,这篇决定非常规范,值得细细品味和借鉴。值得提及的是,文中所列的七个分标题,每个分标题之下都采用撮要标目的写作技法,即先用一个撮要句对该层次或段落进行高度概括,然后再进行具体阐述,而且文中还十分讲究用语的精整和谐,也是这篇决定的显著特色之一。还有,这篇决定在写作技巧方面有一个成功之处就是善于采用抑扬结合的手法。既有正面的要求,又有违反规定的处理措施,正反对举,相辅相成,体现出行文的逻辑性和严谨性。例如在第四个专题"保证公正司法,提高司法公信力"之中,明确指出"加强对司法活动的监督。完善检察机关行使监督权的法律制度,加强对刑事诉讼、民事诉讼、行政诉讼的法律监督。完善人民监督员制度,重点监督检察机关查办职务犯罪的立案、羁押、扣押冻结财物、起诉等环节的执法活动。司法机关要及时回应社会关切问题。规范媒体对案件的报道,防止舆论影响司法公正"。显然这是从正面加以规定,紧接着又进一步指出"坚决破除各种潜规则,绝不允许法外开恩,绝不允许办关系案、人情案、金钱案。坚决反对和克服特权思想、衙门作风、霸道作风,坚决反对和惩治粗暴执法、野蛮执法行为。对司法领域的腐败零容忍,坚决清除害群之马"。这显然又是从反面加以阐述,体现出了很强的规定性。此外,这篇决定中还大量使用四字句和六字句等,例如"各级领导干部要对法律怀有敬畏之心,牢记法律红线不可逾越、法律底线不可触碰,带头遵守法律,带头依法办事,不得违法行使权力,更不能以言代法、以权压法、徇私枉法"。使行文富有节奏感和可读性,表现力极强。

▶ 例文 2

中共中央国务院关于表彰全国
劳动模范和先进工作者的决定

(2015 年 4 月 28 日)

  2010 年以来特别是党的十八大以来,在全面建成小康社会、加快推进社会主义现代化、夺取中国特色社会主义新胜利的伟大实践中,各行各业涌现出一大批爱岗敬业、勇于创新、品格高尚、业绩突出的先进模范人物。他们是我国工人阶级和广大劳动群众的优秀代表,是坚持中国道路、弘扬中国精神、凝聚中国力量的时代楷模。为表彰他们的突出贡献，弘扬伟大的时代精神、创业精神、奉献精神，进一步激励全国各族人民积极推进"四个全面"战略布局，促进经济平稳健康发展和社会和谐稳定，值此"五一"国际劳动节之际，党中央、国务院决定，授予白永明等2064人全国劳动模范荣誉称号，授予吴妵等904人全国先进工作者荣誉称号（表彰名单略）。

希望获得全国劳动模范和先进工作者荣誉称号的同志，珍惜荣誉、再接再厉，继续做坚定理想信念的模范、勤奋劳动的模范、增进团结的模范，努力在新的征途上再创新业、再立新功。

全国各族人民要更加紧密地团结在以习近平同志为总书记的党中央周围，全面贯彻党的十八大和十八届三中、四中全会精神，高举中国特色社会主义伟大旗帜，以邓小平理论、"三个代表"重要思想、科学发展观为指导，深入贯彻习近平总书记系列重要讲话精神，积极培育和践行社会主义核心价值观，大力弘扬"爱岗敬业、争创一流，艰苦奋斗、勇于创新，淡泊名利、甘于奉献"的劳模精神，营造劳动光荣、知识崇高、人才宝贵、创造伟大的社会氛围，通过辛勤劳动创造更加幸福美好的生活，为实现"两个一百年"奋斗目标、实现中华民族伟大复兴的中国梦而努力奋斗！

▶ 简析

这是一份针对众多单位和个人发布的表彰性决定。正文开头部分先用一个自然段交代2010年以来特别是党的十八大以来各行各业所涌现出来的先进人物，并作出概括性评价，此即行文的依据和背景情况，在此基础上引出予以表彰的事项。文中紧接着用一个自然段对受到表彰的全国劳动模范和先进工作者提出希望和要求，最后用一个自然段进一步对全国各族人民提出总体希望和要求，句子长短交替使用，读起来铿锵有力，和谐悦耳，体现出了时代特色，也使表彰决定的文外意义更加彰显。从总体上看，全文写得层次清楚，条明理晰，布局严谨，用语得体，是一篇值得细细品味的表彰性决定的佳作。

175 什么是命令（令）？

根据《党政机关公文处理工作条例》的规定，命令（令）是法定的领导机关或领导人对下级发布的一种具有强制执行效力的指挥性公文。根据新《条例》的规定,命令(令)适用于公布行政法规和规章、宣布施行重大强制性措施;批准授予和晋升衔级,嘉奖有关单位及人员。

命令和令在古代有所区分,在现代则区别不大,已合并为一个文种。只是在不同的场合,文种名称的使用有细微的区别,例如《中华人民共和国国务院令》《戒严令》《国务院关于在我国统一实行法定计量单位的命令》等。

根据用途的不同,命令(令)可以分为公布令、行政令、嘉奖令、通令、任免令、通缉令、赦免令等。

176 | 命令(令)的写作要领有哪些?

一、要严格按照发文权限行文。根据《宪法》规定:只有国家主席、全国人大常委会委员长、国务院总理、各部部长、各委员会主任和地方各级人民政府可以使用"命令"文种,省以下机关的职能部门不能使用。

二、命令是指挥性公文,语言应当准确,不能使人产生歧义;语气应坚决果断,斩钉截铁,切忌使用商量语气。

三、撰写和签发命令必须严肃认真。既不得滥用命令(令),也不得朝令夕改,使下级无所适从。制发机关及签发人必须具有法定的权威性。

四、结构要严谨精悍,篇幅要短小,使人易读易记,便于理解和执行。

范例与简析

▶ 例文 1

中华人民共和国主席令

第二十九号

《中华人民共和国国家安全法》已由中华人民共和国第十二届全国人民代表大会常务委员会第十五次会议于 2015 年 7 月 1 日通过,现予公布,自公布之日起施行。

中华人民共和国主席 习近平

2015 年 7 月 1 日

▶ 简析

这是一篇非常规范的发布令。发文机关标志采用"发文主体加文种"的结构形式,题下标明令号;正文部分采用篇段合一的结构形式,将发布命令的依据及施行日期明确具体地交代出来,便于受文单位贯彻执行。

▶ 例文 2

中华人民共和国主席特赦令

为纪念中国人民抗日战争暨世界反法西斯战争胜利 70 周年,体现依法治国理念和人道主义精神,根据第十二届全国人民代表大会常务委员会第十六次会议的决定,对依据 2015 年 1 月 1 日前人民法院作出的生效判决正在服刑,释放后不具有现实社会危险性的下列罪犯实行特赦:

一、参加过中国人民抗日战争、中国人民解放战争的;

二、中华人民共和国成立以后,参加过保卫国家主权、安全和领土完整对外作战的,但犯贪污受贿犯罪,故意杀人、强奸、抢劫、绑架、放火、爆炸、投放危险物质或者有组织的暴力性犯罪,黑社会性质的组织犯罪,危害国家安全犯罪,恐怖活动犯罪的,有组织犯罪的主犯以及累犯除外;

三、年满七十五周岁、身体严重残疾且生活不能自理的;

四、犯罪的时候不满十八周岁,被判处三年以下有期徒刑或者剩余刑期在一年以下的,但犯故意杀人、强奸等严重暴力性犯罪,恐怖活动犯罪,贩卖毒品犯罪的除外。

对 2015 年 8 月 29 日符合上述条件的服刑罪犯,经人民法院依法作出裁定后,予以释放。

中华人民共和国主席 习近平
2015 年 8 月 29 日

▶ 简析

这是习近平主席于 2015 年 8 月 29 日签署的一篇特赦令,系根据十二届全国人大常委会第十六次会议 29 日通过的全国人大常委会关于特赦部分服刑罪犯的决定,对参加过抗日战争、解放战争等四类服刑罪犯实行特赦。全文首先一针见血地表明特赦的目的、依据,紧接着列述四种特赦的情形,对每种情形的阐述都十分准确严谨,而且第二和第四种情形还有单独的例外,将依法治国理念和人道主义精神渗透于文中,具有强烈的震撼力和社会影响力。

▶ 例文3

陕西省人民政府关于实行封山禁牧的命令

各市、县、区人民政府,省人民政府各工作部门、各直属机构:

为了巩固退耕还林(草)成果,加快生态环境建设步伐,实现生态、经济、社会可持续发展,省政府决定在全省实行封山禁牧。特发布命令如下:

一、封山禁牧的区域是:榆林市、延安市、铜川市、咸阳市各县、区的全部行政区域;西安市、宝鸡市、渭南市各县、区的渭河以北地区;汉中市、安康市、商洛市各县、区的林业用地(包括退耕还林还草地);西安市、宝鸡市、渭南市各县、区渭河以南地区的林业用地。从20××年4月1日起实行封山禁牧。

二、在封山禁牧区域内,严禁放牧(主要指羊),严禁毁林开荒,严禁非法砍伐林木、侵占林地,严禁毁林采种、非法采脂、剥皮、挖根和乱挖野生苗木,严禁非法狩猎和野外用火,严禁非法采石、采矿和取土,严禁损坏、移动生态建设标志和设施。

三、封山禁牧后,各地要抓住国家实施西部大开发的机遇,采取人工造林、封山育林相结合的方式,加快退耕还林(草)步伐,提高退耕还林(草)质量。要大力调整农业和农村经济结构,依托资源,面向市场,发展区域特色经济,努力增加农民收入。要加快建设高标准基本农田,为解决好群众长远生计创造基础条件。要加快农村基础设施建设,着力开发再生能源,改善群众生产生活条件。要推行人工种草、秸秆利用、舍饲养畜,改进畜牧业生产方式,大力发展畜牧业。对生产条件差、生存环境恶劣;居住分散、边远的人口,要与扶贫开发相结合,坚持有土安置的原则,有计划地实行移民搬迁,确保退耕还林退得下、还得上,稳得住、能致富、不反弹。

四、各级政府要把封山禁牧工作列入重要议事日程,认真研究,周密部署,精心组织实施。要运用群众喜闻乐见的宣传形式和手段广泛宣传,教育群众,提高认识,自觉实行封山禁牧。要界定区域,设立标志,健全管护制度,落实管护责任。各级林业部门要坚持造林与管护相结合的原则,履行职责,依法加大管护工作力度。对因监管不力使封山禁牧工作流于形式的,要追究林业行政部门的责任。各级农畜行政部门要加强技术指导和服务工作,全力推行舍饲养畜。各级水利行政等有关部门都要立足本职,搞好服务,促进封山禁牧工作顺利实施。

省长 ×××
20××年3月10日

▶ 简析

这是以陕西省人民政府的名义发布、由省长签署的关于实行封山禁牧的行政令,全文主旨明确,层次清晰,结构严谨,行文规范。

1. 本文标题使用的是下行文常用的"三项式标题"。

2. 主送机关排列体现了"先外后内"的原则。

3. 开头的"发令缘由"以"目的句"领起、用承启语承上启下干净利索。

4. 由承启语引出的四条"命令事项"层次清楚、结构严谨:第一条明确了封山禁牧的区域与开始时间;第二条用七个"严禁"对封山禁牧的"封"与"禁"进行了准确阐释;第三条用六个"要"阐述了封山禁牧区的发展方向;第二与第三条,一禁一行,一反一正,对比强烈,行止清楚,写得甚好;第四条用七个"要"对"各级政府""各级林业部门""各级农畜行政部门"和"各级水利行政等有关部门"分别提出了工作要求,也可把此条视为全文的要求式结尾。

5. 机关发令、首长签署,体现了机关发令的统一做法。

177 什么是公报?

公报是《党政机关公文处理工作条例》中规定的主要公文种类之一,适用于"公布重要决定或者重大事件"。党和国家的重大政治事件包括历次中央全会如十八届一中全会一直到十八届六中全会等,通常都要发布会议公报。国家最高行政机关的统计部门经常以公报形式向国内外公布有关国民经济和社会发展等方面的情况。

178 | 公报的写作要领有哪些？

一、要注意区别公报与公告，不要混用。从文种的适用范围上看，公报与行政公文中的公告极其相近，其所涉及的内容均为党和国家的重要事项，而且辐射范围也相同，均是面向国内外发布。但从实际情况看，二者仍然存在差别，其中在很大程度上取决于使用上的习惯性。诸如公布重要会议情况，多用"公报"；公布党和国家领导人的重要出访活动及人事变动，多用"公告"；公布重大事件，多用"公报"，而公布重要消息，则多用"公告"；公布有关人口普查、经济发展和国家计划执行情况，多用"公报"，公布重要事项，则多用"公告"。

二、要注意公报内容事项的选择。从公报文种的适用范围来看，它所涉及的内容有两项，一是重要决定、重大决策；二是重大事件。由于它的使用者是党和国家高级管理机关，而且内容重大，因此就使得这一文种具有很强的庄重性和严肃性，一经发布，即在国内外引起强烈反响。

三、要注意公报的发布形式。从实践来看，公报的发布往往既不同于一般的例行公文，也不同于用于张贴的布告，而多是通过新闻渠道刊登和播发。在这一过程中，如果以新闻形式发布，则称《新闻公报》；以党和国家机关名义直接发布重要决定或重大决策的，称为《发布公报》；两个或两个以上的政党、国家、社会团体的代表将会谈达成的协议通过正式文件公之于世，则称为《联合公报》。正因如此，就使得公报在发布形式上呈现出一种多样化的特征。

四、要做到重点明确，主旨突出。有些公报，特别是会议公报和涉及统计情况的公报，内容往往比较繁杂，因此，在撰写时必须抓住重点，突出行文的主旨。要把写作重点放在对事件的陈述和观点的阐述上，而且要紧扣全文的核心内容来写，切忌杂芜并陈，令人难得要领。

五、要注意用语的准确性和概括性。公报作为党和国家高级管理机关使用的公文，用以公布重大事件或重要决策，因此它十分讲究用语的准确性和概括性。是什么，不是什么；应当怎样做，不应怎样做，必须确切无误地传输给读者，而且要最大限度地使用低密度的语言；用较少的文字涵盖丰富的内容，做到言约意丰。只要认真品味党的《十八届六中全会公报》和《中美上海联合公报》中的语言，我们就不难体会和理解公报文体的语言特性和要求。

范例与简析

▶ 例文

中国共产党第十八届中央委员会第六次全体会议公报

(2016年10月27日中国共产党第十八届中央委员会第六次全体会议通过)

中国共产党第十八届中央委员会第六次全体会议,于2016年10月24日至27日在北京举行。

出席这次全会的有,中央委员197人,候补中央委员151人。中央纪律检查委员会委员和有关方面负责同志列席会议。党的十八大代表中部分基层同志和专家学者也列席会议。

全会由中央政治局主持。中央委员会总书记习近平作了重要讲话。

全会听取和讨论了习近平受中央政治局委托作的工作报告,审议通过了《关于新形势下党内政治生活的若干准则》和《中国共产党党内监督条例》,审议通过了《关于召开党的第十九次全国代表大会的决议》。习近平就《准则(讨论稿)》和《条例(讨论稿)》向全会作了说明。

全会充分肯定党的十八届五中全会以来中央政治局的工作。一致认为,面对复杂的国际国内形势,中央政治局高举中国特色社会主义伟大旗帜,坚持以马克思列宁主义、毛泽东思想、邓小平理论、"三个代表"重要思想、科学发展观为指导,全面贯彻党的十八大和十八届三中、四中、五中全会精神,深入贯彻习近平总书记系列重要讲话精神和治国理政新理念新思想新战略,把握时代大势,回应实践要求,团结带领全党全国各族人民同心协力、苦干实干,统筹推进"五位一体"总体布局和协调推进"四个全面"战略布局,开展"两学一做"学习教育,推动全面深化改革、供给侧结构性改革、国防和军队改革迈出重大步伐,党和国家各项工作取得新的重大进展。

……

▶ 简析

这是一篇会议公报。此类公报主要是由"引言"(即会议召开的时间、地点等)、"基本情况"(即出席会议的人员、议题及主要活动内容)、"决定事项"与

"会议的号召与要求"四方面内容组成。

由于是会议公报,涉及的是对会议全部内容的反映,代表全体与会人员的意志,因此文中通常使用"全会听取""全会指出""全会强调""会议审议""会议决定""全会号召"等标志性语句,并以之提领一项议题内容,这是会议公报常用的一种表达方式。如例文第一自然段为引言,交代了召开会议的时间、地点,紧接着陈述会议的基本情况,交代了出席会议的人员以及会议的主要议题,然后集中反映会议的决定事项,并用"全会指出""全会认为""全会提出""全会强调""全会审议""全会号召"等语句提领,全面反映出会议的议定事项和主要精神,并在结尾段发出号召,撼人心魄,催人奋进。全文写得内容完整,语言简练,层次清晰。

179 什么是公告?

根据《党政机关公文处理工作条例》的规定,公告是向国内外宣布重要事项或者法定事项时使用的文种。

公告按其内容,主要分为以下两种类型:

一、重要事项公告。是指公布国家重大的政治、经济活动或重要法律、法规等内容的公告。例如公布国家领导人的选举或任命事项、公布重大事件或重要科技成果等。

二、法定事项公告。指由政府有关职能部门根据某一法律或法规的规定,依照法定程序发布的某些具有专门性质事项的公告,例如国家工商行政管理部门发布的关于企业法人登记注册的公告等。

180 公告的写作要领有哪些?

一、公告的内容表述应简明扼要,直陈其事,就实避虚,一事一告。

二、公告的语言要庄重严肃,朴实无华,不发表议论,也不加说明和解释,更不能使用渲染性的语言或形容词进行带有感情色彩的夸张描述。

三、由于公告具有新闻性的特点,故应及时、迅速地将所发生的重大事项向社会公布,以发挥其应有的作用。

四、严肃对待,不可乱用。什么是"公告"中的"公"?把它简单地理解为"公开",是不合适的。这里的"公"与"公文"中的"公"都不可作"公开"来解释,要知它们具有特殊的政治含义,是党和国家权力的象征,因此,它的使用者势必是党和国家的高级管理机关。而且在内容上,必须是"重要事项"或者"法定事项"。一般的基层机关,地方各级行政主管部门和企事业单位不得使用"公告"来发布遵守或周知事项,公民个人更无权使用"公告"。至于目前我们在媒体上所看到的那令人眼花缭乱的"公告"(如迁址、变更电话号码、商品促销、清仓大甩卖……),理应加以杜绝。地方各级行政主管部门,根据职权发布周知事项,按照公文处理法规的规定,应用"通告",切不可随心所欲地滥用"公告"。

五、"告"当"公"之告。发布公告,在内容的选择上必须注意符合两个方面:一是重要事项,一是法定事项。所谓"重要事项",就是国内外关注的,尤其是有必要让国外了解的大事。施行新《宪法》、国家机关作出重大决策、国家机关重要人事任免、国家领导人的病情及治丧情况等都属于这类事项,应该使用公告来公布;所谓"法定事项",既包括由国家立法、司法等机关依法决定的事项,也包括依照我国有关法律的规定,应该使用"公告"这一文种予以公布的事项。

范例与简析

▶ 例文 1

<h3 style="text-align:center">中华人民共和国财政部公告</h3>

2015 年第 87 号

根据国家国债发行的有关规定,财政部决定发行 2015 年记账式贴现(十七期)国债(以下简称本期国债),已完成招标工作。现将有关事项公告如下:

一、本期国债计划发行 100 亿元,实际发行面值金额 100 亿元。

二、本期国债期限 182 天,经招标确定的发行价格为 98.808 元,折合年收益率为 2.45%,2015 年 11 月 16 日开始计息,招标结束后至 11 月 18 日进行分销,11 月 20 日起上市交易。

三、本期国债低于票面面值贴现发行,2016年5月16日(节假日顺延)按面值偿还。

其他事宜按《中华人民共和国财政部公告》(2015年第1号)规定执行。

特此公告。

中华人民共和国财政部
2015年11月13日

▶ 简析

这是内容较为简短的一类公告。标题由发文机关名称和文种两个要素组成,其下注明发文字号;正文部分以直接分条的形式,交代出了发布的公告事项,并以专用尾语"特此公告"作结。从行文的语势上看,显得严谨庄重,干净利落。

▶ 例文2

质检总局关于防止新型冠状病毒传入我国的公告

2012年第147号

世界卫生组织9月23日报告,英国确诊1例人感染新型冠状病毒病例,该病例发病前具有去往沙特阿拉伯王国旅行史,发病期间曾在卡塔尔多哈一家医院救治。此前沙特阿拉伯曾报告1例感染新型冠状病毒的死亡病例。为防止该型病毒传入我国,保护我国前往上述地区人员的健康安全,根据《中华人民共和国国境卫生检疫法》及其实施细则的有关规定,现公告如下:

一、来自上述地区的人员,如有发热、咳嗽、气促、呼吸困难等急性呼吸道症状,入境时应当主动向出入境检验检疫机构口头申报。入境后出现上述症状者,应当立即就医,并向医生说明近期的旅行史,以便及时得到诊断和治疗。

二、检验检疫机构应当加强对来自上述地区人员的体温监测、医学巡查等工作,对申报或现场查验发现有上述症状的人员应当仔细排查,对发现具有急性呼吸道症状的嫌疑者,应当及时按规定程序采取医学措施。

三、检验检疫机构应当在口岸利用显示屏、广播和发放宣传册等多种形式告知出入境旅客有关感染冠状病毒疫情信息和防病知识，增强出入境人员防病意识。前往上述地区的人员，可以向出入境检验检疫机构及其国际旅行卫生保健中心咨询或登录国家质检总局网站（http://www.aqsiq.gov.cn）卫生检疫与旅行健康专栏，了解该地区的疫情和有关预防方法。旅行中或旅行后发现上述相关症状者，应当立即就医，并在出入境时向检验检疫机构申报。

四、前往上述地区的人员应当保持良好的个人卫生习惯。如果出现较重的感冒、发热症状应当立即就医。

本公告自发布之日起生效，有效期3个月。

质检总局

2012年9月27日

▶ 简析

这是国家质检总局发布的公告。与前例相比，这篇公告在结构布局上更为完整。开头部分首先概述国外有人感染新型冠状病毒病例，交代出发布公告的缘由，并用此类文种管用的目的和依据语句引出下文。主体部分采用分项表述的形式，从四个不同方面将如何防止感染新型冠状病毒事宜予以明确，十分明确具体，便于理解和掌握。

▶ 例文3

教育部关于2008—2009学年度国家奖学金获奖情况的公告

根据《财政部教育部关于印发〈普通本科高校、高等职业学校国家奖学金管理暂行办法〉的通知》（财教〔2007〕90号）和《教育部财政部关于印发〈国家奖学金评审办法〉的通知》（教财〔2007〕24号）的有关规定，教育部、财政部联合成立了国家奖学金评审领导小组，设立了国家奖学金评审委员会，按照客观、公平、公正的原则，对各省（区、市）、计划单列市及新疆生产建设兵团教育行政部门，中央有关部门（单位）教育司（局）和教育部直属各高等学校报送的国家奖学金评审材料进行了认真的评审。经评审确定，北京大学苏盼、清华大学唐文斌等50014名学生获得2008—2009学年度国家奖学金,每人奖励8000元,现特予以公告。

希望全国高等学校学生以获奖学生为榜样,勤奋学习、积极进取,力争在德、智、体、美等方面全面发展,努力成为中国特色社会主义事业的建设者和接班人。

2008—2009学年度国家奖学金获奖者名单将在教育部门户网站上刊登。

中华人民共和国教育部
2010年1月8日

▶ 简析

教育部作为国家教育行政主管部门,使用"公告"发布国家奖学金获奖情况,属于向全社会公开告知重要事项,是完全适当的。这篇公告先用一个自然段叙写发布公告的背景和依据,并以此明确交代公告事项,然后另段提出希望要求。全文写得理据充实,事项明晰,结构顺畅,堪称典范。

对于内容相对简单一些的公告,其正文部分往往只将公告事项予以明确交代,而不另提希望和要求。

181 什么是通告?

按照《党政机关公文处理工作条例》的规定,通告适用于在一定范围内公布应当遵守或周知的事项,属于一种告知性公文。

通告一般可分为法规性通告和具体事项性通告。

一、法规性通告。这是在一定范围内公布政府有关法令、法规、政策,要求有关人员遵守、执行的通告。

二、事项性通告。这类通告主要是专业性部门用于公布具体的事务,诸如停水、停电、停气,因道路维修等原因禁止车辆通行、出租车验照、单位更名等具体事项。

182 通告的写作要领有哪些？

一、要注意讲究政策性、法规性。通告的事项是党的方针政策和国家法律、法令、法规在某些事项上的具体体现。因此撰写通告必须注意政策性、法规性，使每一项措施、规定和要求都符合法律、法规和政策，体现党和人民的利益。只有这样，才能保证通告的权威性。

二、内容要突出、集中，给人印象应深刻。无论通告中涉及多少事项，都应紧扣中心，使主题突出和集中，凡与通告的事项关系不大，或虽有一定联系但是对通告对象不会造成什么影响的，都不应写进通告之中。

三、事项要明确具体，表示态度应鲜明。通告的目的在于让公众知晓通告内容，以便遵守和执行。因此，在写作通告时，提倡什么，反对什么，态度要鲜明，事项要具体，切忌事项和要求抽象笼统，使公众不得要领，无所适从。

四、语言通俗易懂，便于公众理解。因为通告专业性较强，在写作时应注意使用一定的容易为公众所理解的专业术语。同时，由于通告多是在某些特定地区发布，故应尽量避免使用难懂的方言土语。

五、要正确区分"公告"与"通告"，切忌混用或错用。公告、通告虽都是公开发表的广泛告知性公文，但它们之间也存在一定的差异。首先在发布的形式上，它既可以采用公开张贴或报纸刊登、电台广播、电视转播的形式予以公开发布，有时也可采用内部行文的方式，这与"公告"等告知性文种是不同的；其次是在发布的范围上，"公告"一般没有限制，其所涉及的内容事项往往是知道的人越多越好，范围越广越好，而通告只是向一定范围内的人民群众公布；再次，从发布机关的权限及所涉及的内容来看，"公告"是党和国家机关使用的，"通告"的使用者虽较前面"公告"广泛，但一般也是具有一定权威的机关及管理部门。在内容上除一部分是为了周知用的，较多的是用以规范人们的社会行为，要求人们不但要知晓，而且要严格遵守与服从，这在某种程度上与法规很近似。

范例与简析

▶ 例文1

贵州省人民政府关于加强安全生产的通告

为保障国家财产和人民生命财产安全,促进全省社会稳定和经济建设健康发展,根据国家"安全第一、预防为主"的安全生产方针和有关法律、法规和规章,通告如下:

一、各级人民政府要从讲政治、保稳定、促发展的高度,把安全生产工作纳入重要议事日程,实行安全生产工作领导负责制和安全生产工作考核一票否决制。

二、各级安全生产综合管理部门和安全生产执法监督部门,必须严格执行国家安全生产规范和标准。对违反国家安全生产规范、标准和下列有关规定的单位要采取强制措施,限期整改并令其停业整顿,对有关企业经营者和行政机关工作人员要追究其责任,造成安全事故、导致人员伤亡的要追究刑事责任。

(一)小煤矿必须依法取得《采矿许可证》《煤炭生产许可证》及《矿山安全生产条件合格证》《矿长安全资格证》后方可从事生产经营。

(二)营运车辆(包括农用车)和船舶,严禁违章超速、超员、超载和酒后驾驶。

(三)易燃易爆品的生产、运输、储存、使用,必须严格执行国家的有关规定。运送易燃易爆物品,必须向安全生产管理部门和公安部门申报,并按规定路线、规定时间进行,未经批准,不准在节假日和白天通过城镇人口稠密地区。

(四)宾馆、酒店、饭店、医院、学校、商场、旅游景点、集贸市场、办公大楼、人员密集的生产场所和公共娱乐场所,必须完备消防设施,设立安全通道,并设置醒目的警示标志和安全须知。

(五)建筑施工企业要严格执行安全、文明施工规范,采取安全防护措施,确保行人、车辆和施工人员安全。

(六)城市燃气要加强安全监控,凡在燃气管、井上搭建的各种影响安全运行的建筑要限期拆除。

（七）锅炉、压力容器、压力管道、电梯、客运索道、游艺机等特种设备和设施必须经过质监部门的安全技术性能检查和检验，并获得质监部门的安全认证。

三、企业在生产经营活动中必须严格遵守国家发布的各项安全生产法律、法规和规章，建立安全生产工作机构，配备专门人员，完善各项管理措施，确保安全工作有人抓，安全隐患有人管，安全事故能得到及时处理。

四、企业要教育广大职工知法、懂法、守法、严格遵守劳动纪律和安全规程。要对安全管理人员进行经常性的安全法律、法规、规章和管理知识培训，提高安全管理水平；车辆、船舶驾驶人员和电工、焊工、起重工、锅炉、压力容器操作人员、爆破工、瓦斯检验员等特种作业人员应经专门培训并取得特种作业资格后，方能上岗作业。

五、各级政府、企事业单位在节假日、重大活动、旅游旺季应建立健全安全检查、安全值班制度，制定安全事故应急措施。

六、实行安全事故责任追究制。按照"事故原因没有查清不放过，事故责任者没有严肃处理不放过，广大职工没有受到教育不放过，措施没有落实不放过"的原则，严肃查处安全事故，依纪依法处理事故责任者，并按国家规定及时报告，不得隐瞒不报、虚报或故意拖延报告。对改变事故性质、隐瞒事故真相、包庇纵容事故责任者的，要从重从严处理。

七、各新闻媒体要积极宣传安全生产法律、法规和安全常识，报道安全生产和妥善化解事故的先进典型，对违反安全生产法律、法规的行为和存在的严重事故隐患而未能如期整改的要进行揭露和曝光，以强化全社会的安全意识，增强全民的自我防范能力。

八、本通告在报刊、电视、广播电台公布，可张贴至企业单位、村民组、居委会。县级以上人民政府要根据本通告的要求和国家有关规定，结合本地区的实际情况和安全生产实际，适时发布保障当地安全生产的具体措施。

九、本通告适用于我省行政区域内所有行政和企、事业单位。

▶ **简析**

这篇通告的正文由两层内容组成。第一自然段为第一层，交代了发布通告的目的和依据;第二层为通告事项,是全文的主体和核心,也是行文的重点所在,采用分条列项的形式,具体阐述通告的事项。既有对各级人民政府的总体要求,又有对各级安全生产综合管理部门和安全生产执法监督部门以及企业、新闻媒体的要求,内容规定十分完整、全面;特别是对各级安全生产综合管理部门和安全生产执法监督部门所提的要求,又进一步分为七个小项,显得非常明确具体。从行文技巧上看,全文条理清楚,前后衔接顺畅,堪称通告写作的范例。

▶ 例文 2

××大学党委宣传部关于进一步加强安全生产的通告

各单位:

接省委教育工委、省教育厅加强安全生产有关文件通知要求,各单位须在年底前抓好学生安全、教育安全工作。学校高度重视此项工作,校领导亲自带队于 12 月 5 日下午分别在友谊校区和长安校区进行安全生产大检查,重点检查教学科研重点部位、楼宇消防安全和食品卫生安全,并要求全校各单位进一步加强安全生产工作。现将有关事项通告如下:

一、各单位要建立安全工作责任制,加强安全工作的领导和建设,杜绝安全隐患;

二、各单位要进行一次全面安全检查,特别是对重点部位的安全隐患排查,要针对存在的问题提出解决办法和整改方案;

三、各单位要积极组织开展安全应急演练工作和自救逃生教育;

四、各单位要做好教职工安全知识教育。

学校要求,各单位要充分认识到安全生产的重要性和紧迫性,切实保障集体和教职工生命财产安全,保障学校教育教学和人才培养工作的正常进行。学校希望,各单位特别是学生口、后勤服务口采取积极措施,切实做好安全生产工作。

特此通告。

党委宣传部
2014 年 12 月 5 日

▶ 简析

这篇通告的写作很成功。标题采用"发文机关＋事由＋文种"的结构模式；正文开头部分，先用一个自然段交代出行文的依据及事项，并用过渡语"现将有关事项通告如下"引出主体部分。整个主体部分共由四项内容组成，分别就建立安全工作责任制、进行全面安全检查、组织开展安全应急演练工作和自救逃生教育、做好教职工安全知识教育等方面的事宜作出规定，最后另段提出要求，并用"特此通告"这一固定尾语作结，层次清晰，富有逻辑性，堪称此类文书写作的典范。

183 什么是意见？

按照《党政机关公文处理工作条例》的规定，"意见"适用于对重要问题提出见解和处理办法。作为一种法定公文，意见具有这样几个方面的特点：一是行文方向的多样性。在法定公文组群中，绝大多数文种在行文方向上都具有严格的限定性。但从意见的实际运转情况看，它既可以下行，也可以上行，还可以平行，呈现出灵活性的特点；二是党政工作中的适应性。意见这一文种不仅在党内使用，而且用于党政机关联合发文，还用于各级政府机关及其职能部门的上行、下行与平行。因此，它在党政机关的公文处理工作中具有广泛的适用性；三是注重笔墨的多样性。意见文种中所提出的见解明确、有新意，所提办法力求切合实际，这是意见写作的"共性"。然而，具体到某一篇意见来说，语态又很不相同。对上，它通常体现出较强的参谋和建议性；对下，它又往往体现出较强的指导和执行性；而对平级机关和单位，意见又具有较强的参考性。

184 意见的写作要领有哪些？

一、意见的表现形式有两种，一为"指导意见"，二为"实施意见"。写前者可以写得原则一些，提出大体要求和办法即可；写后者则需更为明确具体，以便规范实施。

二、无论写"指导意见"还是写"实施意见"，都要注意针对性、实效性，力戒空泛地发表见解和主张。

三、从文种的地位变化看"意见"。"意见"这个文种,虽在实际工作中人们都很重视,但过去很长一段时间未能登上法定文种的大雅之堂。直到1996年5月3日和2000年8月24日,"意见"才被党和国家的公文管理法规列为主要公文文种之一,从而赋予其法定文种的地位。由此可见,这一文种的地位变化,是加强党的建设和依法治国的需要,是加速机关工作民主化进程的需要。

四、意见的行文方向是多角度的。"意见"这个文种,既可以下级写给上级,类似一种建议;又可以是上级发给下级,似同指示;也可以发给平级,所提意见供对方参考;显然它是上、平、下三种行文方向兼而有之。

五、政策性要强,要掌握材料。"意见"的执笔人必须全面深刻地领会和掌握党的有关方针、政策,以此作为提出意见的指导思想,这是写好意见的基础。执笔人必须掌握大量的第一手材料,从中把握问题的本质和有关事宜的规律性。

范例与简析

▶ 例文1

××市公安局××分局
关于进一步强化社区警务工作的意见

市局:

在刚刚过去的一年,我分局在市局的正确领导下,立足于建立打防控一体、警企民联动的治安防范体系,大力推进社区警务战略,全面强化基础工作和队伍建设,突出解决让人民满意的问题。特别是通过警力的整合、阵地的前移、打防布局的调整和民力资源的开发,切实提高了对社会治安的控制能力,初步实现了市委提出的"社会治安要打翻身仗"的目标。

新年伊始,万象更新,公安工作任重而道远。第二十次全国公安工作会议给公安机关提出了许多新的要求,机遇与挑战同在,困难与优势并存。作为哈市管辖区域面积最大、人口最多、地理位置最为重要的龙头分局将如何把握机遇,迎接挑战,与时俱进,是摆在我们面前的现实问题。早在去年年末,分局党组已着手对新一年的公安工作进行了分析和研究,并提出了"整体工作上水平、重点工作搞突破"的工作思路。与此同时,分局按照市局提出的"打防要有新力度，改革要有新突破，服务要有新举措，形象要有新变化"的工作要求，一方面由党组成员深入基层单位，进行深入的调查研究，认真查摆，及时发现当前工作特别是社区警务工作中存在的问题和不足；一方面，责成朱涛同志组织有关人员赴外地市公安机关进行考察和学习，用先进的经验和做法来完善自身的不足。经过一系列的调查和论证，分局党组在立足现有，深挖潜能，通过调整人口管理手段和方式来推进社区警务工作的深入开展这一问题上达成了共识，并准备先行启动，先期试点。

一、当前人口管理方式的不足之处

（一）实效性不强。我们对社区民警人口管理的要求是"两知"和"两熟悉"。"两知"，即社区民警对在责任区居住年满16周岁以上和45周岁以下的男性，以及有违法犯罪经历的女性要普遍熟悉，要达到知身份、知现实表现；"两熟悉"，即责任区民警和群众互相认识、互相熟悉。在责任区工作半年以上的民警熟悉率要达到60%，一年以上的要求达到80%，两年以上的要求达到95%以上。另外，对暂住人口、出租房屋、重点人口、"五种"监视对象、邪教组织成员及轻微违法犯罪人员等均有详细的较高标准的熟悉规定。

从我们实际工作情况看，存在两个问题。一是由于社区民警在人口熟悉上的工作量大，很难达到规定的标准。社区民警在熟悉并管理人口的同时，还要负责辖区安全防范、治安管理及刑事犯罪的打击工作，特别是治安案件的查处工作牵扯了民警很大一部分精力，使其难以真正沉到社区开展人口熟悉工作，更谈不上达到上级规定的人口熟悉标准。由于工作负担大，责任区民警的思想压力沉重，工作态度消极。多数民警都是临阵磨枪，在考核时下"功夫"，想"办法"，应付现象突出。另外，由于工作量大，导致工作的重点不突出，以至于削弱了需要管好的几类特殊人口的管理力度，失去了人口管理的效力，难以实现管理人口的目的。二是现行的人口管理方法在实际工作中发挥作用不明显。现行的人口管理办法是计划经济条件下人口管理方式的延伸，至今也没有做大幅度的调整和改进。由于当时人员的流动极小，流窜犯罪少，因此此种管理方式有效。但随着形势的发展变化，随着人口流动大潮的出现，流窜犯罪的问题突出。2003年，本区人员违法的共有427名，仅占全区实有人口的万分之四。从破案情况看，本区人员在本区作案的有312起,仅占全区破案的13%。因此,将工作的重点放在本区的人口管理上,只能是事倍功半,效果不明显。

(二)警力耗损问题突出。2003年4月警力整合后,我局初步实现了"小机关,大基层"的警力分布格局,基层派出所的警力也由过去的534名增至838名,占全局总编制的63%,有效解决了基层警力不足的问题。目前,我局共有513名社区民警(不包括59名兼片副所长)。以我区实有的291000户计算,平均每名社区民警管理560户左右。这部分人员主要负责人口管理和居民区的安全防范。从去年的统计数据来看,一方面,居民区可防性案件共发1136起,仅占全区发案总数的13.2%。用全局40%多的警力来控制仅占全区发案13.2%的可防性案件,即使是可防性案件大幅下降,也不能不说是一种警力的浪费。另一方面,路面案件发生3111起,占全区发案总数的36.2%,由于没有专业巡防力量,仅靠社区民警兼职工作,难以得到有效控制。与此同时,治安案件日益增多。由于程序复杂,查处的难度较大,在没有专职治安民警的前提下,为了使这些案件及时得到查结,社区民警要付出很大的精力,以至于人口管理和社会面控制的力度不强,顾此失彼。

二、调整人口管理方式的设想及可行性

(一)改变现有的人口管理方式。借鉴外地市人口管理的成功经验,我们将对现行的人口管理方式进行调整。具体的管理方法为"三管三到位":重点人口重点管,即管好两头,一头是党政领导、人大代表、政协委员、著名企业家、知名人士等,主要是保证上述易受侵害目标的安全;另一头是有前科劣迹和刑嫌人员、治安危险分子及其他重点人员,对于上述人员必须全部熟悉,预防并控制其实施犯罪;一般人口微机管,也就是通常所说的中间段的人员,主要是通过输入微机和警务通,便于查询即可,另外,输入的过程,也就是对人口的一种熟悉;流动人口和暂住人口必须管。对这部分人员,由社区民警加上辅警人员对其进行动态式管理,及时发现、登记、照相、办证、跟踪管控。此种管理方式可以将社区民警从繁重而又不必要的工作中解脱出来,充分体现了"优化筛选、突出重点、提高效率,为打击和管理服务"的原则。

(二)扩大责任区民警的管理户数。由于人口管理方式的改变,工作效率的提高,使扩大责任区民警的管理户数的设想变为现实。以每名民警管理1200户计算,仅需243名警力。以荣市派出所和王岗派出所为例:荣市派出所辖区人口有9300户,按新的人口管理办法,需要重点管理的人口仅有120名,其中需要重点保护的对象40名,重点人口80名;王岗派出所辖区人口有12190户,按照新的人口管理办法,需要重点管理的人口有172名,其中需要重点保护的对象12名,重点人口160名。虽然责任区民警的管理户数增加了一倍,但实际需要管理的人员总量大幅减少。在警力减半的前提下,由于重点突出,工作效率有所提高。至于责任区民警管理的具体户数,可以1200户为标准,结合实际情况上下浮动。

(三)增设派出所领导下的巡防警和治安警。从我区情况看,路面案件虽然有所下降,但是仍然没有得到很好的控制,要想拉动发案总量的大幅下降,必须在控制路面案件上下大功夫。同时,由于形势的要求,治安案件的查处工作也应当作为派出所的一项重要工作予以加强。因此,在条件允许的前提下,通过设立派出所领导下的巡防警和治安警,来加大社会面巡控和治安案件的查处力度,实属必要。如果按新的人口管理办法,在不影响管理效果的前提下,我们可以从社区民警中抽出270名警力,平均每个派出所10名。根据派出所的工作实际,科学安排巡防警和治安警的人数,分别负责社会面的巡控和治安及刑事案件的查处。

(四)对派出所领导下的各警种实行捆绑式考核,强化彼此间的协作与配合。将巡防警和治安警沉入到社区,与社区民警一同工作,实行警长负责制。一方面在警种职能各有侧重的前提下,实现了警力资源的集中共享;另一方面便于加强警种之间的协作与配合。真正做到社区防范一起搞,刑事案件一起破,治安案件一起查,通过打击发现防范中的薄弱环节,通过巡防为打击服务,通过查处案件提高民警化解矛盾的能力。也就是说,通过挖掘自身潜能,发挥警务区内各警种的整体合力,实现"一专多能",真正将派出所和社区建设成为机动灵活的战斗实体。

×××市公安局南岗分局(公章)
20××年1月14日

▶ 简析

这是一篇建议性意见,写得很规范。全文就如何进一步强化社区警务工作问题表明见解,进行精当而切实的阐述,并提出了具体的处理办法。首先对过去一年的工作进行扼要回顾,明确新一年工作的主要任务和设想,以此作为行文的依据和缘由,转入主体部分。主体部分分为两大层次,一是"当前人口管理方式的不足之处",从实效性不强和警力耗损问题突出两个方面加以阐述;二是"调整人口管理方式的设想及可行性",针对所存在的问题,提出了"改变现有的人口管理方式""扩大责任区民警的管理户数""增设派出所领导下的巡防警和治安警""对派出所领导下的各警种实行捆绑式考核,强化彼此间的协作与配合"等四条解决办法,理据充分,富有说服力。从写作手法上看,全文以介绍背景和缘由开篇,采用撮要句提领各个层次内容,然后自然引出解决措施,而且善于运用数字来说明问题,从而使得全文的内容安排及结构布局十分严谨有序,用语精练流畅。

▶ **例文 2**

国务院办公厅关于加强金融消费者权益保护工作的指导意见

国办发〔2015〕81 号

各省、自治区、直辖市人民政府,国务院各部委、各直属机构:

金融消费者是金融市场的重要参与者,也是金融业持续健康发展的推动者。加强金融消费者权益保护工作,是防范和化解金融风险的重要内容,对提升金融消费者信心、维护金融安全与稳定、促进社会公平正义和社会和谐具有积极意义。随着我国金融市场改革发展不断深化,金融产品与服务日趋丰富,在为金融消费者带来便利的同时,也存在提供金融产品与服务的行为不规范,金融消费纠纷频发,金融消费者权益保护意识不强、识别风险能力亟待提高等问题。为规范和引导金融机构提供金融产品和服务的行为,构建公平、公正的市场环境,加强金融消费者权益保护工作,经国务院同意,现提出如下意见:

一、指导思想

以党的十八大和十八届三中、四中、五中全会精神为指导,认真落实党中央、国务院决策部署,坚持市场化和法治化原则,坚持审慎监管与行为监管相结合,建立健全金融消费者权益保护监管机制和保障机制,规范金融机构行为,培育公平竞争和诚信的市场环境,切实保护金融消费者合法权益,防范和化解金融风险,促进金融业持续健康发展。

……

▶ 简析

从现实使用情况看,意见的篇幅一般比较长,这是由意见的内容所决定的,因为它是用于对重要问题提出见解或处理办法,所以不是简单的一段或几段所能承载的。这篇意见紧紧围绕"加强金融消费者权益保护工作"这一主题,首先在开头部分开门见山,充分肯定了金融消费者在金融市场以及金融业发展中的重要作用,以此为基点,进一步阐述了加强金融消费者权益保护工作的重要意义,并列举出当前在金融消费者权益保护方面所存在的问题,紧接着笔锋一转,用介词"为"提领表明行文的目的,非常简洁,直接切入主题,转入主体部分。

主体部分从"指导思想""工作要求""规范金融机构行为""完善监督管理机制""建立健全保障机制"等五个方面加以展开,每一部分都具有相对独立性,但同时又有内在的必然联系,可以看出,行文系从思想认识、工作任务和重点、方式方法等不同侧面、不同角度加以阐述,使意见的主旨具体化,既提出了问题,又对问题进行了简明扼要的分析,并着重给出了解决问题的办法和措施。既务虚,又务实,虚实结合,相得益彰。

从表现形式上看,全文虽然是从五个大的方面进行阐述,但更注重条理的统一性。本意见是针对加强金融消费者权益保护工作而言的,先说思想认识方面的内容,然后交代具体的工作任务目标及办法措施,符合人们的认知程序和事理发展顺序,前后相连,浑然一体,这种写法对于处理重要问题着重从办法上来提出解决措施的意见具有参考价值。而且,全文重在阐明的加强金融消费者权益保护工作的基本要求和方式方法,占用篇幅较大;而对于有关思想认识方面内容的表述则相对简略,从而使行文重点突出,主次分明,便于意见的贯彻执行。

从行文的内在逻辑结构上可以看出,前两条所讲的指导思想以及工作要求的内容属于"务虚",后面各条具体办法和措施属于"务实",虚实结合,相得益彰。而且在结构布局上,前两条属于总的原则要求,后面各条属于具体的工作措施,这是此类意见写作最普遍、最常用、最基本的内在逻辑结构模式。每条之前都有一个显示段旨的小标题。全文主旨显露,要求清楚,一目了然。

185　什么是通知？

通知是党政机关常用的一种公文。在我们党和国家历次发布的公文处理法规中，一直将其列为主要公文种类之一。从实际情况来看，通知是党政机关发文数量最多、使用频率最高、适用范围最广的一个文种。按照《党政机关公文处理工作条例》的规定，通知适用于发布、传达要求下级机关执行和有关单位周知或者执行的事项，批转、转发公文。由此可以看出，通知文种的适用范围极广，呈现出一种明显的多功能的特性。

通知的类型多种多样，主要有转发性通知、批转性通知、发布性通知、指示性通知、任免性通知、事项性通知。

186　通知的写作要领有哪些？

一、要拟定一个明晰恰切的标题。通知的性质及功用决定了在写作时必须十分关注其标题的拟制，要使读者一看标题便知通知什么或要求做什么事情，为此，就需要写明有关表示通知类型的词语，如在文种之前冠以"紧急""特急""补充""联合"等等。

二、对于非周知性的通知，应一律写明主送机关名称，不论被通知的机关为几个，都应这样做。

三、不论是哪种类型的通知，其事项部分都要写得符合实际，切实可行；应知应办的事项要交代清楚，文字要简练准确，语气要恳切庄重。

四、在撰写转发性通知的标题时，经常会遇到几个"通知"重复出现的问题，如《××县人民政府转发××市人民政府转发××省人民政府关于××（事由）的通知的通知的通知》。对于这种情况，为了防止重叠和烦琐，按照惯例，可以省略中间层次（即市政府）和自己所使用的两个"通知"，只保留文件发源处的一个文种"通知"。这样，即可将标题简化为《××县人民政府转发××省人民政府关于××（事由）的通知》。为了弥补如此变通后可能出现的遗憾，应把被删掉的中间层次写进公文的开头，如："近接市人民政府于×月×日发来省人民政府关于××(事由)的通知(×政发〔2015〕6号),现转发给你们……"由于标题中已有"通知"字样,省略了自己的那个"通知"也不会引起歧义。

范例与简析

▶ 例文1

中共中央办公厅　国务院办公厅
关于印发《党政机关公文处理工作条例》的通知

中办发〔2012〕14号

各省、自治区、直辖市党委和人民政府,中央和国家机关各部委,解放军各总部、各大单位,各人民团体:

《党政机关公文处理工作条例》已经党中央、国务院同意,现印发给你们,请遵照执行。

中共中央办公厅
国务院办公厅
2012年4月16日

▶ 简析

这是一篇发布性通知。标题采用三要素俱备的形式,交代出发文机关名称、发布对象和文种;主体部分采用篇段合一的结构模式,开门见山表明态度,并提出明确具体的要求。

▶ 例文2

国务院关于调整和完善
固定资产投资项目资本金制度的通知

国发〔2015〕51号

各省、自治区、直辖市人民政府,国务院各部委、各直属机构:

为进一步解决当前重大民生和公共领域投资项目融资难、融资贵问题,增加公共产品和公共服务供给,补短板、增后劲,扩大有效投资需求,促进投资结构调整,保持经济平稳健康发展,国务院决定对固定资产投资项目资本金制度进行调整和完善。现就有关事项通知如下:

一、各行业固定资产投资项目的最低资本金比例按以下规定执行。

城市和交通基础设施项目:城市轨道交通项目由25%调整为20%,港口、沿海及内河航运、机场项目由30%调整为25%,铁路、公路项目由25%调整为20%。

房地产开发项目:保障性住房和普通商品住房项目维持20%不变,其他项目由30%调整为25%。

产能过剩行业项目:钢铁、电解铝项目维持40%不变,水泥项目维持35%不变,煤炭、电石、铁合金、烧碱、焦炭、黄磷、多晶硅项目维持30%不变。

其他工业项目:玉米深加工项目由30%调整为20%,化肥(钾肥除外)项目维持25%不变。

电力等其他项目维持20%不变。

二、城市地下综合管廊、城市停车场项目,以及经国务院批准的核电站等重大建设项目,可以在规定最低资本金比例基础上适当降低。

三、金融机构在提供信贷支持和服务时,要坚持独立审贷,切实防范金融风险。要根据借款主体和项目实际情况,按照国家规定的资本金制度要求,对资本金的真实性、投资收益和贷款风险进行全面审查和评估,坚持风险可控、商业可持续原则,自主决定是否发放贷款以及具体的贷款数量和比例。对于产能严重过剩行业,金融机构要严格执行《国务院关于化解产能严重过剩矛盾的指导意见》(国发〔2013〕41号)有关规定。

四、自本通知印发之日起,凡尚未审批可行性研究报告、核准项目申请报告、办理备案手续的固定资产投资项目,以及金融机构尚未贷款的固定资产投资项目,均按照本通知执行。已经办理相关手续但尚未开工建设的固定资产投资项目,参照本通知执行。已与金融机构签订相关合同的固定资产投资项目,按照原合同执行。

五、国家将根据经济形势发展和宏观调控需要,适时调整固定资产投资项目最低资本金比例。

六、本通知自印发之日起执行。

国务院
2015年9月9日

▶ 简析

这是一篇指示性通知。全文先用一个独立且简短的开头"撮要",表明发布通知的目的,并用"现就有关事项通知如下"这一惯用过渡语句提领下文,转入主体部分。从结构布局上讲,全文采用"总—分"的结构形式,开头部分为"总",然后分别从各行业固定资产投资项目的最低资本金比例,城市地下综合管廊、城市停车场项目,以及经国务院批准的核电站等重大建设项目,金融机构在提供信贷支持和服务时的政策及相关要求等几个方面进行具体阐述,此为"分"。从整体上看,全文内容严整、结构顺畅,是指示性通知写作的典范。

▶ 例文3

国务院办公厅 中央军委办公厅转发保监会
发展改革委　财政部　总参谋部　总政治部　总后勤部
总装备部关于推进商业保险服务军队建设指导意见的通知

国办发〔2015〕60号

各省、自治区、直辖市人民政府,国务院各部委、各直属机构,各军区、各军兵种、各总部、军事科学院、国防大学、国防科学技术大学,武警部队:

保监会、发展改革委、财政部、总参谋部、总政治部、总后勤部、总装备部《关于推进商业保险服务军队建设的指导意见》已经国务院、中央军委同意,现转发给你们,请认真贯彻执行。

推进商业保险服务军队建设工作,有利于军民融合深度发展,拓宽保险服务领域,完善具有中国特色的军人保险制度体系。各地区、军地各有关部门要站在战略和全局的高度,充分认识商业保险服务军队建设的重要意义,自觉把思想和行动统一到党中央、国务院、中央军委决策部署上来,以高度负责的精神,认真履行职责,加强组织协调,抓好工作落实,提供优质高效的商业保险服务,以实际行动促进国防和军队现代化建设,维护国家改革发展稳定大局。

国务院办公厅
中央军事委员会办公厅

2015 年 7 月 30 日

▶ 简析

这是一篇批转性通知。这种通知在写法上一般包含两层意思：一是批转或转发的原因、依据或目的；二是批转或转发的一般性要求。常用"现转发给你们，请认真贯彻执行""现转发给你们，请结合实际情况参照执行"等固定性语句。内容复杂一些的则提出具体的执行要求。

▶ 例文 4

国务院关于公布《通用规范汉字表》的通知

国发〔2013〕23 号

各省、自治区、直辖市人民政府，国务院各部委、各直属机构：

国务院同意教育部、国家语言文字工作委员会组织制定的《通用规范汉字表》，现予公布。

《通用规范汉字表》是贯彻《中华人民共和国国家通用语言文字法》，适应新形势下社会各领域汉字应用需要的重要汉字规范。制定和实施《通用规范汉字表》，对提升国家通用语言文字的规范化、标准化、信息化水平，促进国家经济社会和文化教育事业发展具有重要意义。《通用规范汉字表》公布后，社会一般应用领域的汉字使用应以《通用规范汉字表》为准，原有相关字表停止使用。

国务院

2013 年 6 月 5 日

▶ 简析

这是一篇发布性通知。标题采用完整式结构，令人一目了然；正文部分先用一个自然段交代公布的对象和内容，接下来另段阐明公布《通用规范汉字表》的意义，并提出相关要求。全文结构紧凑，文势顺畅，堪称典范。

187 什么是通报？

通报是告知性的下行文种,适用于表彰先进、批评错误、传达重要精神和告知重要情况。它是上级机关用以沟通信息、交流经验、传达情况、批评错误、教育干部和群众的重要工具。凡是有价值的信息和具有典型示范性的、能够起到普遍教育或警诫意义的事项,都可以用通报下发到有关机关或单位。

因此,通报具有典型性、及时性、真实性和新闻性的特点,各级各类党政机关、企业事业单位、社会团体都可以使用通报。

根据内容的不同,通报可以分为表彰性通报、批评性通报和告知性通报三种。其中表彰性通报包括表彰先进单位和先进个人,重在介绍其先进经验或事迹,以便树立典型,使大家有所效仿,见贤思齐,从而尽心竭力地做好本职工作;批评性通报是用来批评、处分错误行为,以示警戒,要求被通报者和大家吸取教训的通报;告知性通报是在一定范围内传达重要情况和动向,以指导面上工作为目的的通报。

188 通报的写作要领有哪些？

一、要有针对性。通报作为一种重要的下行文种,其使用是一件十分慎重和严肃的事情。特别是通报中涉及的都是现实的人或事,并且不扬则抑,非褒即贬,发送面也比较广泛,故制发通报时,应当具有明确的针对性,选择具有典型意义、指导意义和借鉴意义的材料或事件,以发挥通报应有的影响和作用。

二、要抓准时机。对于工作中好的和不良的倾向和苗头,都要能及时发现,予以表彰或批评;否则,错过时机,就失去了通报对实际工作的指导作用。

三、事实要准确。发文机关对所通报的事实必须认真核实,将时间、地点、人物、数据、事件等都写清楚,无论是对好人好事的宣扬还是对不良倾向的批评,都要力求恰当适度,掌握好分寸。

四、用语要简明。通报的目的不在于褒贬一人一事,而在于教育和警诫广大干部和群众。因此,叙述事件、情况,要做到言简意赅,内容明确具体,使人一看便知发文机关的目的和要求。

五、要明确直达与转述,在表达手法上有所侧重。如前所述,根据通报发布方式的不同,可将其分为直达式与转述式两种类型。其中前者是以领导机关名义直接下发,后者则是对下级来文加写按语后予以批转;一个是单体行文,一个是复体行文。有鉴于此,在写作时其表达手法也就各不相同。直达式通报侧重于叙事,兼以必要的说明;而转述式通报则侧重于议论,属评价性文字。应注意这种评价性文字不是对下级来文内容的简单重复,而是在此基础上的提炼与升华,要起到画龙点睛的作用,以指导下级机关的行动。从这个角度讲,它是转述式通报写得是否成功的关键所在。

范例与简析

▶ 例文1

教育部办公厅关于表彰2014年度教育信息工作先进单位、先进个人的通报

各省、自治区、直辖市党委教育工作部门、教育厅(教委),各计划单列市教育局,新疆生产建设兵团教育局,部属各高等学校,有关省部共建、省部共同重点支持建设高校:

2014年,各地各高校认真贯彻落实党中央、国务院关于教育工作决策部署,围绕教育改革发展稳定大局,结合本地本校实际,收集报送了大量信息,为推动教育事业科学发展发挥了重要作用,涌现出一批先进典型。为充分调动各地各校加强教育信息工作的积极性、主动性、创造性,进一步推动教育信息工作,决定对四川省委教育工委、省教育厅等56个先进单位、北京市教委办公室聂荣等56名先进个人予以通报表彰。

希望受表彰的先进单位和个人珍惜荣誉,发扬成绩,不断总结经验、探索规律,着力提升教育信息收集报送水平。各地各校要坚持服务大局、及时高效、全面准确、开拓创新,加强信息综合加工,努力增强信息报送的时效性,更好服务于教育科学决策、民主决策、依法决策,为推动教育事业科学发展,维护教育系统和谐稳定做出新的贡献。

附件:1. 2014年度教育信息工作先进单位名单.doc
　　　2. 2014年度教育信息工作先进个人名单.doc

教育部办公厅
2015 年 4 月 21 日

▶ 简析

　　这是一篇表彰性通报。正文开头部分采用总括的手法，概括表述各地各高校在 2014 年收集报送信息方面所取得的成效，以此作为行文的缘由，用语高度凝练，言简意赅；接下去用介词"为"构成的目的句提领制发通报的核心意图和内容，然后提出了明确具体的希望和要求。从总体上看，全文结构层次清晰，逻辑缜密，首先概述事实，继而作出表彰，然后提出希望要求，这样环环相扣，给人一种水到渠成之感，不容置疑。值得提出的是，此文所表彰的对象既有单位又有个人，故而在叙述事实时偏重于概括。如果是具体的人物，则对其先进事迹行为的叙写就要相对详尽一些，而且要予以分析评价，强调事件的意义，挖掘原因。这是写作表彰性通报应予以特别注意之处。

▶ 例文 2

**工业和信息化部
关于批评北京奇虎科技有限公司和深圳市
腾讯计算机系统有限公司的通报**

北京奇虎科技有限公司、深圳市腾讯计算机系统有限公司，相关互联网信息服务提供者：

　　近日，北京奇虎科技有限公司和深圳市腾讯计算机系统有限公司（以下简称两公司）在互联网业务发展中产生纠纷，采取不正当竞争行为，甚至单方面中断对用户的服务，影响了用户的正常业务使用，引起用户不满，造成了恶劣的社会影响。事件发生后，工业和信息化部高度重视，会同相关部门及时了解情况，平息争议，坚决维护用户合法权益和市场秩序。经研究，现对两公司通报批评，并对两公司及相关互联网信息服务提供者提出如下要求：

　　一、责令两公司自本文件发布 5 个工作日内向社会公开道歉，妥善做好用户善后处理事宜。

　　二、责令两公司停止互相攻击，确保相关软件兼容和正常使用，加强沟通协商,严格按照法律的规定解决经营中遇到的问题。

三、我部将依据职权,会同相关部门对两公司涉嫌违反相关法律规定的行为进行进一步调查处理,责令两公司做好配合工作。

四、责令两公司从本次事件中吸取教训,认真学习国家相关法律规定,强化职业道德建设,严格规范自身行为,杜绝类似行为再次发生。

五、相关互联网信息服务提供者要引以为戒,遵守行业规范,维护市场秩序,尊重用户权益,共同促进互联网行业健康、稳定、持续发展。

工业和信息化部
20××年11月20日

▶ 简析

这是一篇批评性通报。开头部分先概括交代了事件的基本情况,用语高度概括;主体部分从五个方面对两公司及相关互联网信息服务提供者提出了非常明确具体的要求,指明问题的性质,具有很强的针对性和指导性。从结构布局上讲,全文结构完整,行文主旨清楚、逻辑严密,令人一目了然。

▶ 例文3

河南省人民政府
关于2014年度产业集聚区考核晋级结果的通报

豫政〔2015〕20号

各省辖市、省直管县(市)人民政府,省人民政府各部门:

根据《中共河南省委办公厅河南省人民政府办公厅关于印发〈河南省市县经济社会发展目标考核评价工作试行办法〉等三个考核评价办法的通知》(豫办〔2014〕2号)规定和2014年度全省产业集聚区综合评价结果,经研究,决定郑州经济技术产业集聚区为六星级产业集聚区,郑州航空港产业集聚区为五星级产业集聚区,郑州高新技术产业集聚区等24个产业集聚区为二星级产业集聚区,郑州马寨产业集聚区等80个产业集聚区为一星级产业集聚区。

希望各产业集聚区进一步增强紧迫感和责任感,抢抓机遇,勇于创新,不断开拓进取,推动晋级升位,实现更大规模、更高水平发展,为促进全省经济社会平稳健康发展做出新的更大贡献。

附件:2014年度河南省星级产业集聚区名单

河南省人民政府
2015 年 4 月 2 日

▶ 简析

这是河南省人民政府发布的关于2014年度产业集聚区考核晋级结果的通报。全文先用一个自然段扼要交代了行文的依据和背景情况,紧接着转入通报事项部分。整个主文部分由两大层次组成:通报依据及内容、希望和要求。从逻辑结构布局上讲,这三方面内容既有考核结果的公示,还有对下一步工作的要求,前后贯通,内在结构顺序非常严谨清晰,表意清楚具体,令人深得要领。

▶ 例文 4

广东省人民政府
关于表彰全省反走私先进集体的通报

粤府〔20××〕2 号

各地级以上市人民政府,各县(市、区)人民政府,省政府各部门、各直属机构:

20××年全国打击走私工作会议以来,全省各地、各反走私职能部门在省委、省政府的正确领导下,按照"打防结合、综合治理、突出重点、坚持不懈"的工作方针,坚定不移地开展反走私斗争,切实加强反走私综合治理,积极推动区域反走私合作,继续有效地遏制了大规模走私活动,为促进广东省经济社会又好又快发展和构建和谐广东作出了积极贡献,涌现出一批团结奋斗、英勇善战、成绩突出的先进典型。为弘扬正气,振奋精神,夺取反走私斗争的新胜利,省人民政府决定授予海关总署广东分署缉私局情报技术处等 40 个单位"广东省反走私先进集体"称号。

希望受表彰的单位珍惜荣誉,戒骄戒躁,再创佳绩。全省各级缉私部门和广大干部职工,要以受表彰的单位为榜样,深入贯彻党的十七大精神,坚决全面贯彻落实党中央、国务院和省委、省政府关于打击走私的一系列方针、政策,深入持久地开展反走私斗争,为实现广东省经济社会又好又快发展、构建和谐广东作出新的更大贡献。

附件:广东省反走私先进集体名单

广东省人民政府
20××年1月10日

▶ 简析

这是一篇对若干集体的表彰,写作很规范。1. 标题采用三项式标题;2. 正文结构分为三个层次:其一是表彰缘由。将40个先进集体的事迹概括为"坚定不移地开展反走私斗争,切实加强反走私综合治理,积极推动区域反走私合作""团结奋斗、英勇善战、成绩突出""为促进广东省经济社会又好又快发展和构建和谐广东作出了积极贡献"。这些介绍是表彰先进的必要铺垫。其二是表彰决定。即"授予海关总署广东分署缉私局情报技术处等40个单位'广东省反走私先进集体'称号"。其三是希望号召式尾语。"希望受表彰的单位珍惜荣誉,戒骄戒躁,再创佳绩",并要求"全省各级缉私部门和广大干部职工,要以受表彰的单位为榜样"。

▶ 例文5

关于天津市2008年度主要污染物总量减排考核结果的通报

津政办发[20××]45号

各区、县人民政府,各委、局,各直属单位:

按照原环保总局《关于印发〈主要污染物总量减排核算细则(试行)〉的通知》(环发[20××]183号)和市人民政府《批转市环保局市发展改革委拟定的天津市"十一五"主要污染物总量减排监测办法的通知》(津政发[2009]3号)、《批转市环保局市发展改革委拟定的天津市"十一五"主要污染物总量减排统计办法的通知》(津政发[2009]4号)等有关规定,结合我市各区县主要经济运行指标、社会发展情况以及减排措施落实情况等,市环保局会同市发展改革委、市监察局、市统计局对各区县和有关责任部门2008年度主要污染物(化学需氧量、二氧化硫)总量减排任务完成情况进行了考核。经市人民政府领导同志同意,现对考核结果予以通报。

　　附件:1.20××年度化学需氧量减排任务完成情况考核结果

　　　　2.20××年度二氧化硫减排任务完成情况考核结果

20××年4月16日

▶ **简析**

例文是对某一具体对象有关情况的通报。

这种通报的写作结构比较简单,一般首先用扼要文字交代通报的依据或缘由,然后陈述通报的具体情况。对于情况的叙写也有详略之分,集中反映问题的通报,则应该对分散存在的问题进行分析梳理,整理归类,并在通报中加以介绍。在陈述情况的基础上提出下一步工作的意见与要求,内容简单的可以省略。这篇通报当属后种。

189 什么是报告?

根据《党政机关公文处理工作条例》的规定,报告是用于向上级机关汇报工作,反映情况,回复上级机关询问的公文。

"报告"按所涉及的内容不同,又可分为"综合性报告"与"专题性报告"。凡涉及一个单位、地区、系统全面工作情况的报告为"综合性报告";只涉及某一方面、某一专项的事情,称为"专题性报告"。"综合性报告"并不等于"综合性工作总结",前者是多方面的工作情况综合,主要是表述工作的进展情况,不搞经验上的提炼,不作理论上的阐述;而工作总结只是概略地表述工作情况,侧重于在事实的基础上拿出经验,提炼出体会,使认识上升到理性的高度。

190 报告的写作要领有哪些?

一、汇报的工作内容必须真实可靠。报告具有汇报性的特点,因此报告的内容必须真实可靠,不能有丝毫虚假,无论是成绩、经验还是问题、教训,都必须忠于事实,有喜报喜,有忧报忧。假报情况,着意敷衍,文过饰非,报喜不报忧或夸大成绩、缩小问题,甚至歪曲事实、捏造事例或者数字,这些做法都是错误的,都是写报告的禁忌。

二、反映的情况要有信息价值。在报告内容方面,应该着重反映那些政策性强、影响面大、带有动向性的情况和问题。汇报的工作要实在,反映的情况要有价值。建议报告要切合实际,合情合理;答复报告要有问必答,有答则明。在材料安排方面,应点面结合,既有概貌介绍,又有典型材料,做到重点突出,详略得当。只有点没有面,内容就会显得零碎;只有面没有点,内容就会显得平板干瘪,缺乏深度。点面结合,有详有略,才能使内容具体而不空泛,有信息量和说服力。

三、对情况要有分析、有看法。无论是综合报告还是专题报告,都应避免罗列情况,冗长琐碎,写成"流水账"。应该把情况、问题归纳起来,进行认真的、实事求是的分析,使之条理化,并具体地提出解决问题的意见和措施。切忌矛盾上交,只摆情况,不作分析;或只提问题,向上级要办法。

四、报告中不能夹带请示事项。报告与请示是公文中的两种文体,各有各的内容和写作要求,不要混为一谈。报告这种文体不需要上级批复,如果夹带请示事项,势必贻误工作。

范例与简析

▶ 例文1

北湖区安监局关于开展"三满意"活动的工作报告

今年以来,我区的安全生产工作在区委、区政府的正确领导和上级安监部门的指导下,紧紧围绕"一区三中心"建设,服务科学跨越发展、服务社会、服务基层、服务群众,坚持"安全第一、预防为主、综合治理"的方针,以科学发展观为指导,深入开展安全生产年活动,认真贯彻落实中央、省、市、区会议精神,加大安全投入,完善目标管理,深化专项整治,强化检查整改,严厉打击非法生产,加强现场监管监察,安全生产形势持续稳定。

一是加强领导,周密部署。全区召开建设开放型政府、开展"三满意"活动动员大会后,我局立即行动起来,组织召开了全局干部职工动员大会,主要领导在会上亲自作动员讲话。4月22日,我局召开了班子会议,传达了区政府常务会议和全区政府系统办公室主任会议精神；5月7日，召开党委扩大会议，传达学习全区为民办实事、电子政务、三项制度、厉行节约暨依法行政会议精神。为确保"三满意"活动顺利开展，成立了安监局"三满意"活动领导小组。由局长王方生任组长，党组书记谭志云任常务副组长，副局长陈铁牛、纪检组长李良智、总工程师刘长春任副组长，各股室负责人和其他干部职工为成员，形成了一把手负总责、层层抓落实的工作格局，并制定了切实可行的三满意活动实施方案。

二是加强学习，查摆问题。高素质的干部队伍是建设开放型政府，做到群众满意、基层满意、社会满意的关键所在。我局按照区委、区政府的统一安排部署，认真组织开展了学习实践科学发展观活动，进一步树立了科学发展理念。此外，组织全局机关干部参加我区政务职业道德和政务礼仪培训，办公室主任分别参加了北湖区新闻通讯培训和电子公文传输系统培训；组织干部职工观看电教片两场次，观看电影《缉毒警》《雪红》两次。同时，认真抓好普法教育，推动依法行政工作，学习了《湖南省违反矿产资源管理规定责任追究办法》新消防法、国家安全法律法规知识和《湖南省见义勇为人员奖励和保护条例》等。结合学习实践科学发展观活动，开展了建设开放型政府机关大讨论活动，认真查找机关行政效能建设中不适应科学发展要求的突出问题。我局设立并公布了热线电话、征求意见箱和电子邮箱，向各乡镇、矿山企业、各生产经营单位发放征求意见函67份。5月22日，又召开了专题征求意见会。通过信函、传真、电子邮件、当面送达、会议等形式，共收回征求意见表33份，征求到的意见和建议，经整理为6条。通过大家自己找、群众提、同志帮，明确了问题所在，提出的意见和建议十分中肯。

三是健全制度，公开承诺。围绕办事公开、政务公开、提高行政效率、改善工作作风等要求，我局建立健全了公开承诺制、限时办结制等多项制度。将我局政务公开内容、工作动态及时在北湖政府门户网站公布。并对全社会郑重承诺：准确及时贯彻执行国家安全生产的法律法规及政策文件之规定，指导区域内企业依法开展生产经营，确保事故控制指标的实现和广大人民群众的生命财产安全；加大对矿山企业的安全监管，深入开展重点行业和领域的安全生产隐患集中治理行动，明确了隐患治理责任，对重大事故隐患进行了挂牌督办；提升机关行政效能，凡由我局审批、核准事项,均在10个工作日内办结,根据办理事项的情况,实行特事特办。同时开展重点岗位行风评议活动,推出行政许可、工商贸、矿山安全监管服务等岗位,向社会公布,并接受群众评议。

四是结合实际,开展活动。1.强化保障,全面落实安全生产工作措施。一是加强安监队伍建设,强化了安全保障。区安委办继续组织开展安监站的达标创建和示范乡镇创建活动,安监站达标建设在上一年达标5个的基础上,今年力争达标7个,解决建设资金14万元,示范乡镇活动继续深入开展。并按照上级要求,加快安全生产执法队伍建设进度,将现有的执法队伍进行有效资源整合,同时适当增加区安监局、区煤炭局的人员编制,加强安全生产监管力量。加大投入,有效保障安全生产,立即投入100万,在全区开展高危企业安全生产标准化建设,全年计划投资1500万用于安全生产设备设施资金投入。二是广泛开展安全生产宣传教育培训。积极加大安全生产宣传力度,形成全区上下抓安全生产的氛围,特别重视安全生产人员的宣传教育和培训,加大了安全生产月咨询日培训。在全区安全生产大会上对鲁塘7·3事故和其他地区较大以上事故进行了安全生产警示教育。今年以来,全区已举办各类培训班6期,并多次组织企业参加省、市举办的安全生产业务培训班,培训安全管理人员、从业人员8000余人,有效提高了从业人员的安全意识和安全技能。2.周密部署,积极行动,全面开展隐患排查治理工作。全区加强安全生产工作的组织领导,分别召开了区委常委扩大会议和全区安全生产工作紧急会议,对当前的安全生产大检查及隐患排查工作进行了全面部署,区政府在部署开展安全生产年活动的基础上结合上级精神下发了《关于在全区开展隐患排查治理切实加强安全生产工作的紧急通知》,对当前的安全生产大检查大整改行动、安全生产集中执法行动、重大事故隐患挂牌督办工作进行了具体安排。坚决做到九个确保:即要确保煤矿、非煤矿山、道路交通、烟花爆竹、建筑施工、危爆产品、尾矿库、公众密集场所消防安全、食品等重点行业和领域的安全生产。

各级各部门积极发挥安全生产监管职能,积极组织,迅速行动,全面落实会议精神:一是坚持不懈地抓好安全生产宣传教育工作,广泛动员,积极行动,努力提高企业从业人员的生产安全意识;二是立即组织开展安全生产专项整治行动,深入进行隐患排查治理和安全生产执法工作,坚决把治大隐患防大事故落到实处,重点检查了煤矿、非煤矿山、危爆物品、烟花爆竹、道路交通、建筑、水利、人员密集场所消防、食品安全等重点行业和领域，排查出安全隐患338条，按照要求采取强硬措施限期整改，重大事故隐患全部实行挂牌督办，不及时进行隐患整改或整改不到位的进行了行政处罚，有效地防范生产安全事故的发生，确保万无一失；三是加强尾矿库安全监管工作，杜绝非法复选现象，确保汛期安全。明确责任，责令新田岭矿区等8家尾矿库进行闭库设计，对4家在用尾矿库责令隐患整改，并明确了责任单位和责任人，加大危库、险库治理和排洪力度，确保在雨季不发生尾矿库垮坝溃堤事故。四是加强鲁塘矿区的抽排水工作，对26个矿井下井整改隐患，主要进行巷道维修、检修矿山机械设备和排水，目前已排出巷道积水20多包，基本消除了矿区水患威胁。五是严格执行值班制度，增强了备勤力量，加强对突发事件的预警预测和应急救援工作，坚持24小时领导带班值班制度，对鲁塘、新田岭、芙蓉三个矿区加强了重点巡防，并督促做好安全保卫工作。六是多方协调，积极向上争取安全生产项目资金，现尾矿库隐患治理项目经费已通过专家论证并以区政府名义形成请示上报到省安监局，正在等待批复，鲁塘防治水、交通安全基础设施和防雷设施项目经费已分别由各部门拟定可行性报告向上级政府主管部门和财政部门争取资金。

局党组高度重视"三满意"活动，行动迅速，服务基层，集中力量，全力开展安全生产大检查、大排查工作，针对重点领域和行业扎实推进安全生产专项整治及集中执法行动，对煤矿、非煤矿山、烟花爆竹、危险化学品等重点企业加强安全监控，重点工程项目全程进行安全生产监控，确保了我区安全生产形势的稳定好转。

特此报告。

▶ 简析

这篇例文从标题看是专题报告，但从内容上看，又属于综合性的报告，重在介绍做法和措施，这也是写作报告文种中最常用的一种写法。本文在写法上具有一定的参考价值。

开头部分占用一个自然段概述"我区的安全生产工作"情况，这种写法有助于上级机关对所做工作的全面了解和掌握，形成深刻的印象。但问题在于未能紧紧围绕全文核心内容叙写，所谓"三满意"并无任何交代，给人突兀之感。

主体部分是从横向的四个方面来介绍具体的做法和措施,采用分列小标题的形式,包括"加强领导,周密部署""加强学习,查摆问题""健全制度,公开承诺""结合实际,开展活动",以此说明成绩的取得是几个方面联合发挥效用的结果。这种写法非常符合一般管理学的基本原理,有领导的因素、学习的因素、制度的因素、方法的因素等几个方面。这几个方面几乎在任何报告中都要涉及,只是侧重点不同,所以应该引起注意并学会借鉴。此外,这四个方面内容是有详略安排和侧重的,特别是第四个问题"结合实际,开展活动",又进一步从"强化保障,全面落实安全生产工作措施"和"周密部署,积极行动,全面开展隐患排查治理工作"两个方面进行具体阐述,而且注重运用具体数字说明问题,令人信服不已。对各级各部门如何全面贯彻落实会议精神的做法也写得颇为细化,使行文显得厚实,具有较强的说服力。

▶ 例文 2

四川省教育厅关于值守《阳光政务》热线情况的报告

省政府:

按省纠风办要求,9月8—11日,四川省教育厅值守《阳光政务》节目热线,结合群众热切关注的问题,我们就"坚持科学重建振兴四川教育""生源地信用助学贷款办法及程序"和"'9+3'免费职业教育政策解读"等方面和听众进行了交流。教育厅副厅长唐小我带领基教处、计财处、监审处、职成处、法规处、学生资助中心等处(室)负责人值守热线,同时组织全省教育系统同步收听,上下联动,把问题解决在基层,以为民办实事的实际行动,实现了高质量的上线效果。四天来,我们共接听、受理20余个听众电话,对听众反映的问题,我们逐一进行了调查、核实、处理,并及时在热线上进行反馈。现将值守热线的有关情况报告如下:

一、关于内江刘女士反映东兴区东兴街道育苗幼儿园无证办园,用报废车接送小孩的问题。

经查,反映属实。教育厅领导对此高度重视,立即责成法规处、基教处负责同志赶赴内江东兴区调查取证。违规举办的育苗幼儿园当天就被当地政府的联合执法队予以了取缔。

二、关于仪陇县听众反映老木乡小学收费100元的问题。

经查,反映属实。该小学实际应收 15 元作业本费,但个别教师代保险公司收了保险费和代文轩书店收了教辅资料费。仪陇县教育局决定:一是违规收费教师负责全部清退违规收取的费用;二是扣发该教师今年的绩效工资;三是学校校长向教育局写出书面检查。

三、关于简阳一听众反映小孩读初中还在交费是否合理的问题。

经查,反映不实。该家长反映的学校收费是严格按照规定进行的,该家长实际上将学生自愿购买的教辅资料当成了教科书。

四、关于温江听众黄永亮反映成都中医药大学"普通奖学金今年暑期未发",并咨询本科生是否有补助的问题。

1. 普通奖学金问题。普通高校国家计划内研究生普通奖学金的补助及补助标准仍执行原国家教委、财政部《关于提高普通高等学校研究生奖学金标准的通知》(教财〔1996〕85 号)要求,硕士研究生分三档:200 元/月·生、220 元/月·生、240 元/月·生,并规定各高校在发放普通奖学金时,可按上述标准向下浮动 50 元,由学校集中掌握,用于鼓励研究生从事"三助"工作的报酬。通常有两种方式:一种是降低标准,可按 12 月/学年发放;另一种是不降低标准,按 10 月/学年发放。成都中医药大学采取的是第二种方式。

2. 在校本科生的生活补助问题。根据 2007 年国家制定的新资助政策,普通高等学校在校本专科学生中,家庭经济困难学生可享受国家助学金的资助,其中优秀的还可被评为励志奖学金获得者。从实施的情况看,我省每年约近 30% 的大学生享受了国家助学金的资助。

五、关于金堂县林先生反映云合镇磨盘村小学收费达 400 元,且要求学生必须在学校食堂吃饭是否合理的问题。

经查,反映基本属实。该小学实际只能收 15 元作业本费。但学校在收费时,将学生在校的生活费也一并收取。金堂县教育局已责成学校整改:一是加强与学生家长沟通;二是对已交费在学校吃饭的学生进行清理,对不愿意在校就餐的学生,立即清退费用;三是坚决杜绝强迫学生在校吃饭。

六、关于中江县听众胡兴国反映其 8 岁残疾儿子入学的问题。

据了解,中江县特殊教育学校目前正在灾后扩建,完工后明年春天即可扩大招生,届时就可将小孩送至该特教校读书,并已将该情况告知了胡兴国本人。

七、关于仁寿听众王玉堂反映有关进城务工人员子女入学的政策问题。

我厅责成双流县教育局电话联系到王玉堂本人，向他介绍解释了进城务工人员子女入学的相关政策、程序、办理手续等情况。9月8日下午5点，教育厅基础教育处又电话回访了王玉堂，他表示已清楚相关政策规定，对省、市、县教育部门的及时答复非常满意。

八、关于外地户口的学生在成都读职高不能和当地学生享受同等待遇的问题。

我厅职成处经过调查了解，在线进行了解答：从2009年起，成都市政府决定，市财政出资发放职业教育券。发放对象是具有成都市户籍初中毕业生就读成都区域内中等职业学校（包括省属学校和技校）的学生。该项政策是成都市政府出台针对成都市民的民生工程，由成都市本级财政出资。非成都籍的学生不在政策范围之内。

国家和省上对农村学生就读中职教育有明确的资助政策，从2007年起，对具有中职全日制正式学籍的在校一、二年级所有农村户籍的学生资助生活费；资助标准为每生每年1500元。同时，国家正在研究制定逐步免除中职教育学费的相关政策。

从值守热线的总体情况看，除咨询相关政策、法规外，群众反映问题主要集中在规范教育收费、学生资助和绩效工资三个方面。为此省教育厅副厅长唐小我在9月11日《阳光政务》热线一周总结时，专门进行了强调：

一是关于规范教育收费问题

今年是国务院在全国范围内实行城市义务教育经费保障机制的第一年，为此，我省高度重视治理教育乱收费工作，春季开学后，省教育厅即组织11个检查组，由厅领导带队，对全省21个市州的52个县（区）175所学校的开学工作进行了检查。随后又专门安排部署了全省中小学教育乱收费专项清理检查，清理检查工作分为自查、重点抽查、处理整改三个阶段。清理检查工作的重点是学校服务性收费，主要对伙食费、补课费、兴趣班收费、家校通收费、教辅资料费、教师有偿补课等进行了检查。通过检查，对办学和收费行为作了进一步规范，群众投诉率大幅下降，收到了较为明显的效果。据统计，今年我省各级部门共组织教育收费检查组700个，查处违规收费金额184万元,已经督促清退178.9万元,对67名责任人进行了处理。

二是关于家庭经济困难学生资助政策体系的问题

党和国家高度重视家庭经济困难学生资助工作,将其作为在教育领域贯彻落实科学发展观,保障和改善民生,促进教育公平,办好人民满意的教育,维护高校乃至社会稳定,保障广大学生尤其是家庭经济困难学生切身利益大事,倾尽全力抓紧抓好。

近几年来,出台了一系列的资助政策,建立了较为完备的、基本覆盖各级各类学校的家庭经济困难学生资助政策体系。

……

三是关于绩效工资问题

国家决定从2009年1月1日起,率先在义务教育学校实施绩效工资分配制度改革,充分体现了党中央、国务院对教育工作的高度重视和对广大教师的亲切关怀,是依法行政的必然要求,也是深化和推进教育人事制度改革的需要。省委、省政府和地方各级党委、政府高度重视义务教育学校实施绩效工资工作,按照精心组织、周密安排、稳步操作、狠抓落实的要求,积极推进义务教育学校绩效工资的实施。绩效工资分为基础性绩效工资和奖励性绩效工资两部分。基础性绩效工资一般按月发放;奖励性绩效工资要在考核的基础上,根据教师的实际贡献情况由学校进行分配。目前,我省已有部分地区兑现了义务教育学校教师的基础性绩效工资,其他地区正按照9月底兑现的要求,抓紧部署,力争尽早兑现。

另外,按照国家的统一部署,非义务教育学校将从2010年1月1日起实施绩效工资,省教育厅将在省委、省政府的领导下,积极配合省级有关部门,认真做好非义务教育学校实施绩效工资的相关工作。

▶ 简析

这是四川省教育厅写给省政府的一篇专题性工作报告。全文围绕值守《阳光政务》热线情况这一主题,首先用扼要文字概述值守《阳光政务》节目热线的依据、背景及基本情况,并用"现将值守热线的有关情况报告如下"这一过渡语提领下文,给人以顺理成章之感。在主文部分,采用分列小标题的形式,从八个方面对"值守"过程中所接触到的问题进行表述。每一问题都将调查和了解的情况及办理结果逐一进行归纳梳理,作出汇报,针对性很强,具有令人不容置疑的说服力。尽管听众所提出的问题各种各样,但都能依照有关政策法规规定作出解答,有理有据,妥当得体。在此基础上,行文又将群众反映的问题集中梳理为三个方面,分别提出了相应的对策和措施,并交代了办理的情况和结果。从写作技法上看,行文注重采用撮要表达的形式,以"关于××问题"的排比句式构成的"要句",分别提领一个方面的内容,给人以匀整、协调之感。总之,全文主旨明晰集中,条理清楚,用语简练,所提出的对策和措施富有针对性和可行性,能够为上级决策提供强有力的支持。

▶ 例文3

关于治理水质污染问题的报告

××市人民政府:

前接×政发〔20××〕106号函,询问我县水质污染原因及治理问题,现将有关情况报告如下:

我县水质现污染较严重,其主要原因:一是公众环境保护意识差,一些居民随意向河道坑塘倾倒垃圾;二是我县市政基础设施薄弱,无污水处理厂,居民生活污水直接排入大环境;三是近几年,我县"三业"发展较快,其废水杂物直接排入护城河及坑塘,造成水质严重污染;四是县纸厂停产治理后,虽有污水处理系统,但运行费用高,工程设计落后,不能做到不间断达标排放。

解决水质污染问题的根本途径:首先是建设污水处理厂,目前,县政府正在积极筹备之中。其次,加大宣传力度,提高全民环保意识,减少污水无序排放。其三,加大环保监督检查力度,确保排污企业治污设施正常运行,达标排放,促进水质好转。其四,环保部门依法行政,严格执法,从源头把关,减少各种污染。

专此报告。

××县人民政府
20××年4月29日(印章)

▶ **简析**

这是一则答复报告,是根据上级机关的询问而作出的回答。第一段,简叙来文询问的事项,并过渡到正文。第二段、第三段是按照上级的所问所做的回答,先说水质污染较重,并从四个方面进行了解释,回答简明,符合事实。解决问题的根本途径也是从四个方面进行解答的。结尾使用了专门的结尾语。答复报告要注意有问有答,要有较强的针对性。

191 什么是请示?

根据《党政机关公文处理工作条例》的规定,请示是下级机关向上级机关提出要求,请求上级机关给予指示或批准的公文。下级机关一般需要请示的问题有:对有关方针、政策、指示、决定中不了解的问题;工作中发生重大问题和原无规定、难以处理的问题;由于本单位、本地区的特殊情况而造成的难以处理或需要变通处理的问题;不属于本单位权限范围内,须经上级批准后方可决定的问题等。

当涉及以上问题时,下级机关应以请示文种向上级机关行文。但在不少机关中,特别是一些基层机关,常用报告代替请示或将两种文体混淆使用。例如《××市××区人民政府关于追加扶贫经费的报告》,这篇"报告"陈述的理由是贫困现象严重,申请的是追加扶贫经费。按国家公文法规的规定,应用请示而错用了报告;又如,××大学××处《关于筹建教职工活动中心的请示报告》,该文名称出现的"请示报告"混淆了文种界限,按照公文法规的规定,这是不允许的。

192 请示的写作要领有哪些?

一、要一文一事。任何机关都有一定的职权范围,在请示行文中如果不是一文一事,就有可能出现某些事项属于职权范围之内,而有些事项却超出职权范围的情况,以致使领导机关难于批复,影响请示目的的顺利实现。

二、不要多头请示。多头请示容易因责任不清、互相扯皮而延误工作。因此，请示行文只能主送一个机关。

三、一般不要越级请示。在特殊情况下必须越级行文时，应当同时抄送被越过的上级机关。

四、不要与报告混淆使用。请示与报告虽同属上行文，但两者之间却有着严格的区别。比如，"报告"对上级没有肯定性的批复要求，而"请示"则相反；在行文时间上，"报告"是事中或事后行文，而"请示"则是事前行文；上级对下级报送的"报告"，可作批示也可以不作批示，一切全由上级酌情处理；而"请示"则不然，不论所请示的事项上级同意与否，按理都应及时作出批复，但使用的文种都是"批复"。

五、不要与上行的意见混淆使用。"请示"与上行的"意见"非常近似，具有一定的交叉性，它们都是要求上级机关对自己所提的事项或问题，或给予批准，或给予指示，或予以认可，即这两个文种的行文方向与目的在某种程度上有着同一性，但是它们之间又存在着离散性，主要表现在所提的事项与内容不尽相同。"请示"的内容较多涉及的是"人、财、物、机构、编制、出境出国"以及工作中遇到的需要上级作出决定的重大问题或应由上级加以审批的事项等具体问题，也即人们通常所说的"硬件"；而上行"意见"的内容则多是对工作中一些重大问题提出见解和处理办法以及所遇到的困难等，要求上级给予指示或支持，这就是人们通常所说的"软件"。

六、请求拨款的应附预算表；请求批准规章制度的，应附规章制度的内容；请示处理问题的，本单位应先明确表态。

七、联合行文时要搞好会签。会签时，应将主办机关排在首位。

范例与简析

▶ 例文1

**阜康市安全生产监督管理局
关于划转煤矿事故伤亡指标的请示**

昌吉州安全生产监督管理局：

　　近年来，随着国家对煤炭产业政策的进一步调整，我市根据国家的有关政策法规将部分规模小、资源回收率低、安全生产条件差的小煤矿进行了关闭和整合，调整了煤炭产业结构，先后引进了新疆八钢、新疆有色集团、特变电工、徐矿集团、天龙矿业等企业集团来我市进行开发、整合煤炭资源。目前八钢佳域公司投资2468万元建设的年产9万吨煤矿技改项目已全面动工建设,已完成投资1010万元,预计2007年可建成投产;新疆有色集团公司投资3000万元建设的年产9万吨天池大平滩煤矿已于2004年建成投产;特变电工投资的天池能源煤矿投资4258万元建设的年产15万吨的天池一矿技改工程项目已全部完工,已通过新疆煤矿安全监察局的验收;天龙矿业投资3189万元建设的年产15万吨金龙煤矿,主、副井已建成并形成了通风系统,完成投资1500万元,预计2006年底可建成投产。以上煤矿在建设过程中和建成投产后,如安全管理工作不到位,安全责任不明确,随时都有可能发生伤亡事故。为了进一步抓好此类煤矿的安全生产,明确此类煤矿安全管理责任主体和事故伤亡指标分解主体单位,经我局研究,建议将以上煤矿的安全管理责任主体和事故伤亡指标均划转给其总公司管理。我市只履行综合安全管理的职责,指导协调、督促企业抓好安全生产工作。

妥否,请批示。

阜康市安全生产监督管理局
20××年8月2日

▶ 简析

这是阜康市安全生产监督管理局写给昌吉州安全生产监督管理局的一份请示,全文主旨明确,重点突出,层次清晰,用语精练,有许多可资借鉴之处。

标题由"事由"和"文种"两个要素构成,直接揭示出请示的核心内容,令人一目了然。

正文部分首先占用重头篇幅陈述"请示理由",交代了阜康市安全生产监督管理局对所属小煤矿进行关闭和整合以及对煤炭产业结构进行调整的情况,列举出具体的事例和数字,以此作为请示的依据和缘由,给人以充分翔实之感。在此基础上,提出行文的中心观点,并用"为了……"这一特定目的句引出请示的具体事项。值得注意的是,与其他文种相比,请示的目的句位于第二层次之首,而不在行文的开篇,这是请示写作的一个重要特性。

请示事项部分,以建议的口吻,提出具体明确的意见,即"将以上煤矿的安全管理责任主体和事故伤亡指标均划转给他们的总公司管理。我市只履行综合安全管理的职责,指导协调、督促企业抓好安全生产工作",表意明确集中,既精练又扼要。这种写法很值得借鉴。

▶ 例文2

警察职业学院
关于购置办公设备需用资金的请示

省公安厅:

近年来,随着公安机关"三基"工程建设的深入开展,我院以教育训练为中心的各项工作取得了明显进步,向正规化、制度化和规范化建设方面迈出了坚实的一步。但由于我院系由原省警察学校更名而成,且始建较早,条件及环境比较简陋,部分办公桌椅、电脑、空调等办公设备业已严重老化,降低了办公效率,远远不能适应公安教育形势发展的需要。特别是从2007年起,省厅每隔三年要对所属各人民警察训练基地进行考核评估,今年评估工作在即,我院的硬件设施建设包括相关的办公设备尚未达标,急需更新和充实;再加上筹建全省公安机关心理健康服务中心和组建战训队,也需要添置相应的办公设备,以进一步改善教职工的办公和生活环境。为此,经我院领导班子集体研究,拟对不能正常使用的办公设备进行更新、添置,于近期通过自采方式购置一批办公设备(详见附表),计需资金56450元,所需资金拟在我院正常经费或专项经费中列支。

妥否,请批示。

(联系人:×××,联系电话:××××)

2013年6月7日

附表:(略)

▶ 简析

这篇请示的写作很成功。标题采用三要素齐备的结构形式,交代出请示的机关名称、主要内容和文种,让人一目了然。主文部分先用较多篇幅陈述请示的缘由,既有背景情况的交代,又有学院现有办公设施状况的介绍,在此基础上,重点通过对省厅组织的人民警察训练基地进行考核评估以及筹建全省公安机关心理健康服务中心和组建战训队两项重点工作需要进一步强化硬件设施建设和配备相应办公设备的叙写，使行文缘由更加充分，理据更加充实，具有很强的说服力。然后，使用"为此"引领表明行文的目的和具体的请示事项，包括办公设备购置的方式、所需资金数额及来源等，都交代得明确清晰，毫无疑义。对所要购置的设备项目，则在文后以附表的形式处理。此外，在结构设置上也很规范，符合请示文种拟制的格局和基本要求。

193 什么是批复？

根据《党政机关公文处理工作条例》的规定，批复是上级机关对下级机关请示事项作出答复的公文。批复要对请示事项明确表示同意或不同意、批准或不批准的态度。批复是具有指示性质的公文，而且属于被动行文，下级部门要解决请求的问题必须以批复内容为依据。

194 批复的写作要领有哪些？

一、慎重对待，及时答复。批复既是上级机关指示性、政策性较强的公文，又是对下级机关请求指示、批准的答复性公文，因此，撰写批复要做到慎重、及时。批复机关收到请示后，要及时进行周密的调查了解，掌握有关情况，根据现行政策法令及办事准则，经认真研究后，及时给予答复。

二、针对请示进行答复。请示要求一文一事，批复也应有针对性的一文一复，请示要求解决什么问题，批复就答复什么问题，上下行文要互相对应。

三、要明确态度。批复意见不管同意与否，必须十分清楚明白，态度明朗。不能含糊其词，模棱两可，以免下级机关无所适从。

批复的主送机关非常明确，只有请示机关一个，如果所请示问题带有普遍性，或需告知其他一些机关，可用如下办法处理：一是除批复原请示单位外，并转有关单位；二是将批复抄送有关单位；三是将有关意见另用"通知"行文。将本机关对一些普遍性问题的意见及时传达下去。

四、不与复函混用。批复与复函由于都是回复来文的公文，有时也会被人们混用。两者的区别在于：从行文关系看，批复是上级机关向下级机关的答复用文,属于下行文;复函一般是向不相隶属机关的答复用文,属于平行文。从行文内容看,批复多属于对重大原则和政策性问题作出决定、批答,而复函多用于一般性事项的回复。

范例与简析

▶ 例文 1

**国家安全监管总局关于中国铝业重庆
80 万吨氧化铝项目初步设计安全专篇的批复**

中国铝业公司:

　　你公司《关于中国铝业重庆 80 万吨氧化铝项目矿山安全设施设计审查的请示》(中铝安发〔20××〕374 号)收悉。依据《非煤矿矿山建设项目安全设施设计审查与竣工验收办法》(原国家安全监管局令第 18 号)、《关于印发非煤矿矿山建设项目初步设计〈安全专篇〉编写提纲和安全设施设计审查与竣工验收有关表格格式的通知》(安监总管一字〔20××〕29 号)和《关于印发氧化铝建设项目氧化铝部分初步设计〈安全专篇〉编写提纲的通知》(安监总管一〔20××〕46 号)等有关规定要求,国家安全监管总局组织专家对《中国铝业重庆 80 万吨氧化铝项目初步设计安全专篇》(以下简称《安全专篇》)进行了审查,形成了专家组审查意见(见附件)。经研究,现批复如下:

　　一、原则同意专家组的审查意见。同意该项目通过安全设施设计审查。修改后的《安全专篇》基本符合有关规定,内容符合工程实际,采取的应对措施合理可行,可以作为安全设施施工图编制及建设的主要依据。

　　二、你公司要督促业主单位切实承担起安全生产主体责任,加强项目建设期间和试运行阶段的安全管理,保障作业现场的施工安全,确保各项建设工程符合国家有关安全法规和标准的要求。

　　附件:1. 中国铝业重庆 80 万吨氧化铝项目初步设计安全专篇审查会专家审查意见
　　　　2. 中国铝业重庆 80 万吨氧化铝项目初步设计安全专篇复审会专家审查意见

20××年 4 月 27 日

▶ 简析

这是一篇指示性批复。此类批复的正文一般在开头部分交代批复引据,应当载明来文机关名称、标题及发文字号,发文字号要用括号标注。引据之后,常用过渡句"经研究,现答复如下""现就……问题答复如下"等提领下文,即批复的具体事项。事项部分不论篇幅长短,都应首先表明态度,即表明同意还是不同意。如系同意,一般情况下不再叙写理由,只是在为了强调某一问题或进而有所需求时,才写有指示性的意见;如不同意,则需写明理由,以使下级机关理解和接受。这篇批复除明确表示"原则同意专家组的审查意见。同意该项目通过安全设施设计审查"外,还就如何确保各项建设工程符合国家有关安全法规和标准的要求问题提出具体意见。由于文字较长,文中又采用了"撮要分条"的结构形式,第一条是对请示事项的明确答复,第二条是对落实措施的具体指示,前后相继,衔接顺畅,层次十分清楚。

▶ 例文2

国务院关于福州市城市总体规划的批复

国函〔2015〕125号

福建省人民政府:

你省关于报请审批福州市城市总体规划的请示收悉。现批复如下:

一、原则同意《福州市城市总体规划(2011—2020年)》(以下简称《总体规划》)。

福州是福建省省会、海峡西岸经济区中心城市之一、国家历史文化名城、滨江滨海生态园林城市。《总体规划》实施要深入贯彻党的十八大和十八届三中、四中全会及中央城镇化工作会议精神,坚持经济、社会、人口、环境和资源相协调的可持续发展战略,提高新型城镇化质量和水平,统筹做好福州市城乡规划、建设和管理的各项工作。要不断增强城市综合实力和可持续发展能力,完善公共服务设施和城市功能,逐步把福州市建设成为经济繁荣、社会和谐、生态良好、特色鲜明的现代化城市,在支持福建省科学发展、跨越发展中发挥更大作用。

二、重视城乡区域统筹发展。在《总体规划》确定的4792平方千米城市规划区范围内,实行城乡统一规划管理。加强城中村和城乡接合部地区的规划建设管理,城镇基础设施、公共服务设施的建设应当统筹考虑为周边农村提供服务。根据市域内不同地区的条件,重点发展县城和基础条件好、发展潜力大的重点镇、中心村,优化村镇布局,促进农业产业化和农村现代化。做好区域性空间开发管制,根据福州市资源、环境条件和城市发展实际,研究划定城市开发边界。加强山海联动,促进中心城区与平潭综合实验区的协调发展。

三、合理控制城市规模。到2020年,中心城区常住人口控制在410万人以内,城市建设用地控制在378平方千米以内。要贯彻城乡规划法关于"先规划、后建设"的原则,禁止在《总体规划》确定的建设用地范围之外设立各类开发区和新城新区。坚持节约和集约利用土地,严格控制新增建设用地,加大存量用地挖潜力度,合理开发利用城市地下空间资源,提高土地利用效率,切实保护好耕地特别是基本农田。

四、完善城市基础设施体系。要进一步完善公路、水运、铁路、机场等交通基础设施,改善城市与周边地区交通运输条件,加强城市内外交通衔接。加强轨道交通的规划建设,建立以公共交通为主体,各种交通方式相结合的多层次、多类型的城市综合交通体系。坚持先地下、后地上的原则,统筹规划建设城市供水水源、给排水、污水和垃圾处理等基础设施,划定基础设施黄线保护范围。重视城市防灾减灾工作,加强重点防灾设施和灾害监测预警系统的建设,建立健全包括消防、人防、防洪、防涝、防风、防震和防地质灾害等在内的城市综合防灾体系。

五、建设资源节约型和环境友好型城市。要按照促进生产空间集约高效、生活空间宜居适度、生态空间山清水秀的总体要求,形成合理的城市空间结构,促进经济建设、城乡建设和环境建设同步发展。要切实做好节能减排工作,明确责任主体,落实工作措施,淘汰落后产能,严格控制污染物排放总量,支持发展绿色建筑。加强城市环境综合治理,提高污水处理率和垃圾无害化处理率,限期达到《总体规划》提出的各类环境保护目标。划定城市蓝线保护范围,加强对滨海地区、生态景观廊道和水系的规划控制,提高水资源利用效率和效益,建设节水型城市。要加强对鼓山等风景名胜区、自然保护区、森林公园以及湿地、水源地等特殊生态功能区的保护,制定保护措施并严格实施。

六、创造良好的人居环境。要坚持以人为本，统筹安排关系人民群众切身利益的教育、医疗、市政等公共服务设施的规划布局和建设，推进城乡基本公共服务均等化。将城市保障性住房的建设目标纳入近期建设规划，确保保障性住房用地的分期供给规模、区位布局和相关资金投入。根据城市的实际需要与可能，稳步推进城市有机更新和棚户区、城中村、城乡危房改造，不断改善人居环境。

七、重视历史文化和风貌特色保护。要统筹协调发展与保护的关系，按照整体保护的原则，切实保护好城市传统风貌和格局。要编制历史文化名城保护专项规划，落实历史文化遗产保护和紫线管理要求，重点保护好三坊七巷、朱紫坊、上下杭等历史文化街区，华林寺大殿、昙石山遗址等各级文物保护单位及其周围环境。加强绿化工作，划定城市绿地系统的绿线保护范围。保护好屏山、乌山等自然山体以及闽江、乌龙江等水体与城市协调发展的格局，加强对建筑高度、体量和样式的控制和引导，突出山、水、绿与城市建设有机结合及滨江滨海生态园林城市的风貌特色。

八、严格实施《总体规划》。城市建设要实现经济社会协调发展，物质文明和精神文明共同进步。城市管理要健全民主法制，坚持依法治市，构建和谐社会。《总体规划》是福州市城市发展、建设和管理的基本依据，城市规划区内的一切建设活动都必须符合《总体规划》的要求。要结合国民经济和社会发展规划，明确实施《总体规划》的重点和建设时序。城市规划行政主管部门要依法对城市规划区范围内（包括各类开发区）的一切建设用地与建设活动实行统一、严格的规划管理，市级城市规划管理权不得下放，切实保障规划的实施。要加强公众和社会监督，提高全社会遵守城市规划的意识。驻福州市各单位都要遵守有关法规及《总体规划》，支持福州市人民政府的工作，共同努力，把福州市规划好、建设好、管理好。

福州市人民政府要根据本批复精神，认真组织实施《总体规划》，任何单位和个人不得随意改变。你省和住房城乡建设部要加强对《总体规划》实施工作的指导、监督和检查。

国务院

2015 年 7 月 27 日

▶ 简析

这篇批复的标题采用三要素齐备的形式,让人明确无疑地了解作出批复的机关名称、批复事项和文种;正文部分先用一个自然段交代出批复引据,并用"现批复如下"这一惯用过渡语提领下文。主体部分针对请示事项即福州市城市总体规划事宜作出明确答复,包括总体态度和要求、重视城乡区域统筹发展、合理控制城市规模、完善城市基础设施体系、建设资源节约型和环境友好型城市、创造良好的人居环境、重视历史文化和风貌特色保护以及严格实施《总体规划》等八个方面,顾及福州城市建设的各个方面,而且既考虑到现实状况,又兼顾未来发展需要,既有城市硬件建设标准要求,又有软件建设要求,内容详尽,表述清晰,政策界限和相关要求十分严整有力,堪称此类批复写作的典范。

▶ 例文3

教育部关于青海省2010年进行普通高中新课程实验的批复

青海省教育厅:

《青海省教育厅关于2010年秋季全省普通高中进行课程改革的请示》(青教基〔2010〕33号)收悉。经研究,同意你省于2010年秋季开始进行普通高中新课程实验。请认真贯彻《教育部关于进一步加强普通高中新课程实验工作的指导意见》(教基〔2005〕6号),学习借鉴先期实验省份的有益经验,结合实际,切实做好以下几方面工作。

1. 加强组织领导。要在省级人民政府的领导下成立普通高中课程改革工作领导小组,统筹协调各有关职能部门,切实解决好经费投入、师资配备、条件保障以及重大政策研究等问题。研究制订符合本省实际的实验工作方案,开展广泛的动员和宣传,引导社会各界正确理解课程改革的精神和基本要求,确保普通高中新课程平稳顺利地实施。

2. 加强专业指导。充分整合省内科研院所专家学者、教研人员、校长和教师等专业资源,建立专家咨询和指导系统,围绕新课程实施的重点、难点问题开展深入研究和实践探索,加强对普通高中尤其是农村区域普通高中的跟踪指导。同时,加强教研队伍建设,创新教研机制,改进教研方式,充分发挥各级教研人员的教学研究、指导与服务作用。

3. 加强教师队伍建设。要积极协调编制和人事部门,按照普通高中新课程方案的要求,适应高中增设选修课、通用技术课和艺术课的需要,采取有力措施,补充并合理配置教师资源,保障开足开齐课程。要从实际出发,因地制宜地开展各级教育行政人员、教研人员、校长和教师的培训,特别要加强教师培训,帮助广大高中教师深入理解新课程理念,把握好新课程的教学内容和方法。同时要为教师培训提供必要的经费和条件保障。

4. 加强教材选用管理和监督。要认真落实《教育部办公厅关于做好普通高中新课程实验教材选用工作的通知》(教基厅〔2005〕8号)精神,组建切实代表基层学校意愿的教材选用委员会,按照科学、公开、透明的选用程序,实事求是地选择符合本地师资水平和教学实际的教材。同时,要加强对教材选用过程的监督,及时处理教材选用中出现的问题。

5. 积极推进考试评价制度改革。要结合本省实际,研究制订学生综合素质评价方案,全面实施综合素质评价。要探索建立普通高中学业水平考试制度,确保普通高中教育的基本质量。同时,要按照《教育部关于普通高中新课程省份深化高校招生考试改革的指导意见》(教学〔2008〕4号)精神,在教育部的指导下做好相关工作,确保既要贯彻落实高中课程改革的精神和基本要求,又要积极稳妥地推进高考改革。

特此批复。

中华人民共和国教育部
2010年7月19日

▶ 简析

此文属于一篇指导性批复。这份"批复"文字稍长,全文1000多字,在批准青海省于2010年秋季开始进行普通高中新课程实验这个具体事项的同时,教育部还就加强组织领导、加强专业指导、加强教师队伍建设、加强教材选用管理和监督以及积极推进考试评价制度改革等问题提出了五条指示性意见,要求青海省教育厅协商有关方面认真执行。由于文字较长且又有多项批示要求,所以作者采取了"撮要分条"的结构形式。

例文标题采用的是公文标题的通常写法,即由"制文机关""事由"与"文种"组成,在"事由"之前加入介词"关于",在"文种"之前使用助词"的"字,形成以"文种"为中心的偏正词组结构。

例文的开头是批复的"引语",包括请示标题及发文字号,并以"收悉"这一特定惯用词语批复缘起和依据。紧接着明确表明态度,提出要求,转入批复的"内容"部分。在主文部分的五项内容中,紧紧围绕"进行普通高中新课程实验"这一核心事项,分条列项地提出了一系列要求。这种写法是必要的,它代表了上级机关对批复内容的政策性和指导性,也是符合法律规定的。所以批复不能简单用同意或不同意的方式来写,必须提出明确的要求,这是负责任的表现。为了醒目起见,在每一个具体要求之首处都有一个显示段旨的小标题,并加以序号标明之,从而使人一目了然,便于理解和掌握。

195 | 什么是议案?

根据《党政机关公文处理工作条例》的规定,议案是指用于各级人民政府按照法律程序向同级人民代表大会或人民代表大会常务委员会提请审议事项的一种公文。

196 | 议案的写作要领有哪些?

一、要注意议案正文内容的完整性。要写明立案理由和议案事项,不能有所缺漏。如提出制定或修改法规的议案,还应提出法规的主要内容或修改意见。

二、注意议案内容的单一性和有限性。议案的写作讲求一事一案,不能把内容不同的两件以上的建议、意见写进同一份议案,以便处理。同时,所提议案事项必须限定在本级人民代表大会及其常务委员会的职权范围内,否则不能作为议案。

三、议案多采用贯通式(段落式)结构或篇段合一式结构,语言应力求简明、清楚。

四、为写好议案,提出议案的机关或代表应在人大会前通过视察、调查、走访等形式,广泛听取人民群众的意见和要求,熟悉有关法律规定,了解具体实际,使提出的议案既能反映群众的意愿,又切实可行。

范例与简析

▶ 例文1

××市人民政府关于提请审议
废止《××市城市流浪乞讨人员收容遣送规定》的议案

市人大常委会:

今年6月20日,国务院公布了《城市生活无着的流浪乞讨人员救助管理办法》,并宣告废止《城市流浪乞讨人员收容遣送办法》。鉴于《××市城市流浪乞讨人员收容遣送规定》是依据国务院《城市流浪乞讨人员收容遣送办法》而制定的,为了使地方性法规与行政法规相统一,拟订了《废止〈××市城市流浪乞讨人员收容遣送规定〉的决定(草案)》,现提请审议。

市长:××
2014年8月12日(印章)

▶ 简析

这是一篇法律法规方面的议案,写法比较简单。正文部分主要是陈述提出议案的缘由或依据,在此基础上进一步陈述提请审议的事项,最后表明提请审议的要求。此文采用篇段合一的结构形式,完整地体现出"缘由(依据)—事项—要求"三层内容,写得很规范,是学习法律法规议案的范本。

▶ 例文2

××市人民代表大会常务委员会主任
会议关于提请审议决定××市
代理市长的议案

××市人民代表大会常务委员会:

根据省委决定,景××同志出任冀海油田党委书记,不再担任××市市长职务。景××同志已向市人大常委会提出了辞去××市市长职务的请求。按照《××市人民代表大会常务委员会任免国家机关工作人员条例》第五条第一款规定,"在市长因故不能担任职务的时候,根据市长或市人大常委会主任会议的提名,从副市长中决定代理市长"。经主任会议研究,提请张越同志为××市代理市长。

请审议决定。

2014年5月31日

▶ 简析

这是一份人事机构议案。人事机构议案是指就政府工作部门领导人职务的任免,工作机构的增加、撤销或合并而提请同级人民代表大会或人民代表大会常务委员会审议。与法律法规议案一样,此类议案的写法也较简单,正文部分主要是陈述议案的缘由或依据以及提请审议的事项两项内容,最后表明提请审议的要求。在文字表达上一定要写得简明扼要、精练概括,寥寥几句即说明问题,既不要泼墨过多,也不要有过当之语,否则就会影响议案的应有价值。这篇议案写得符合规范。

197 什么是函?

根据《党政机关公文处理工作条例》的规定,函是不隶属机关之间用于商洽工作、询问和答复问题请求批准和答复审批事项的一种公文。公函是正式文件,应按正规形式的公文处理。在一般情况下,函是用于不相隶属的机关之间商洽工作、咨询和答复问题的公文,不具备指导作用,也无批准效力。

198 函的写作要领有哪些?

一、要正确区分公函与便函。"函"是党和国家行政机关使用的一个主要文种,行文时要采用正式文件的标印格式,它的红色版头是由发文机关全称或规范化简称加"文件"二字组成的。因此,不能把机关日常使用的普通"信函"(也叫"便信""便函")与"函"混为一谈,信函不是正文公文。

二、入木三分，用语平和。当遇有属于纠纷、交涉性的事情，相互致"函"时，也要注意掌握分寸，抑制过激词语，做到叙事入木三分，但用语要显得平和，即"外柔内刚"，切不可使用怒斥、讨伐等语调。俗话说"有理不在声高"，这是由"函"文种的性质所决定的。例如1947年1月20日中共中央革命军事委员会为《皖南事变发表的命令和谈话》（《毛泽东选集》第二卷）与《共产党第七参政员为重申不能出席本届会议理由复参政会函》（1941年3月8日，《中共中央文件选集》第13卷），同属针对"皖南事变"的，但由于文种形式不同，其语气却大相径庭，前者语气十分强劲、激烈，后者措辞虽也激烈，但又十分讲究尺度，有理有节。这就更使我们领略到"函"的写作用语特色。

三、要准确理解"函代批复"。对于下级机关的"请示"，由上级机关进行批复时要使用"批复"，但当这种批复是由上级机关的办公厅（室）代行时，由于它们之间形成了一种平行关系，故用"函"代行"批复"来行文，这就是人们通常所说的"函代批复"。因为从公文外形上看它是一份"函"，而实质上是一份千真万确的"批复"。"函代批复"里的"代"字，万万不可当作"代替"来理解，而是强调它的实质，是形式与内在的完整与统一。函有问函和复函两种发文的形式。其正文内容一般可分为开头和主体两个基本部分。

四、一函一事。无论问函、复函均应做到一函一事，不要把性质不相关的几件事在一份函中叙述。一份函所涉的问题多而又互无关系，就难以集中确切地陈述或答复问题，更不能及时处理问题。

五、语言要得体、有分寸。写函应力避客套，在语言上应讲究礼貌。不能使用指示、命令式的语言，要用平等磋商的语调；应在语言上恰如其分地体现出行文机关的"地位"和姿态，这样才能充分发挥函的作用。

范例与简析

▶ 例文1
国家安全生产监督管理总局办公厅关于请协助做好省级煤矿安全监管煤炭行业管理部门和省属国有重点煤矿企业通讯录编印工作的函

各产煤省、自治区、直辖市人民政府办公厅：

按照《国务院办公厅关于加强煤炭行业管理有关问题的意见》（国办发

〔20××〕49号）要求，国家安全监管总局和国家煤矿安监局要加强对地方相关煤炭行业管理和煤矿企业安全基础管理工作的指导；国家煤矿安监局要继续履行好检查指导地方政府监管煤矿安全工作的职能。为建立与各产煤省（区、市）煤矿安全监管、煤炭行业管理部门以及省属国有重点煤矿企业的正常工作联系，落实好国务院赋予的职责，经研究，决定编印《省级煤矿安全监管、煤炭行业管理部门和省属国有重点煤矿企业通讯录》，请贵办协调省级煤矿安全监管、煤炭行业管理部门按附表（Excel表可在安全监管总局网站www.chinasafety.gov.cn"公告公文栏"下载）要求填报通讯录（省属国有重点煤矿企业由煤炭行业管理部门统一填报），于20××年1月15日前传真并以电子邮件方式报国家安全监管总局值班室。

联系电话：（010）64463200，传真：（010）64237417

E-mail：msc@chinasafety.gov.cn

国家安全生产监督管理总局办公厅
20××年12月30日

▶ 简析

从行文的内容要求和性质上看，此文属于一份商洽函。标题采用公文标题标准结构形式，令人一目了然；主体部分首先交代发函的依据、目的及相关事项，然后表明请予协助（商洽）的具体事项，并提出有关要求。值得注意的是，此文标题中虽然有"请协助做好"的字样，却不能将其归属为"请求批准函"的范畴。

▶ 例文2

国家安全监管总局关于信息研究院
申报工程咨询单位资质的函

国家发展改革委：

根据《国家发展改革委办公厅关于20××年工程咨询单位资格申报有关事项的通知》（发改办投资〔20××〕486号）和《工程咨询单位资格认定办法》（国家发展改革委令第29号）规定，我局对所属信息研究院上报的工程咨询单位等级申请材料进行了初审。同意信息研究院申报煤炭专业丙级工程咨询资质,服务范围为规划咨询、编制项目建议书、编制可行性研究报告、项目申请报告、资金申请报告和评估咨询。

现随函报送有关材料,请予审核。

国家安全监管总局
20××年5月22日

▶ 简析

从性质上讲,此文是一份申请函。申请函系向主管部门请求批准事项使用的。例文是国家安监总局就所属信息研究院申报工程咨询单位资质一事给国家发展改革委员会的函。标题是由发文机关、事由和文种组成的完整性标题;正文共分两大层次,第一个层次写的是要求申报的依据、缘由、背景,即为什么要提出申报工程咨询单位资质的申请;第二个层次写的是需要免税的具体事项,即"申报煤炭专业丙级工程咨询资质,服务范围为规划咨询、编制项目建议书、编制可行性研究报告、项目申请报告、资金申请报告和评估咨询"。最后用"现随函报送有关材料,请予审核"作结。

▶ 例文3

国家安监总局关于中央企业在浙原油储存设施
安全监管法规适用问题的复函

浙江省安全生产监督管理局:

你局《关于中央企业在浙原油储存设施安全监管法规适用问题的请示》(浙安监管危化〔20××〕15号,以下简称《请示》)收悉。经研究,现函复如下:

一、关于《危险化学品安全管理条例》是否适用对原油储存设施安全监管问题

《危险化学品安全管理条例》(国务院令第344号)第七条规定:"国家对危险化学品的生产、储存实行统一规划、合理布局和严格控制,并对危险化学品生产、储存实行审批制度。"原油列入《危险化学品名录》,但原油的储存形式有多种,一类是专门储存原油,如港口专门储存油库,另一类是附属储存原油,如石油勘探、开采的辅助储存,或者石油长输管道的附属储

存。《危险化学品安全管理条例》中危险化学品储存主要是指前一类的专门储存。对石油勘探、开采的辅助储存，或者石油长输管道的附属储存，是作为石油开采、运输的一部分，不属于危险化学品储存建设项目，故《危险化学品建设项目安全许可实施办法》（国家安全监管总局令第8号）第二条明确规定："危险化学品的勘探、开采及辅助的储存，石油、天然气长输管道及其辅助的储存，城镇燃气辅助的储存等建设项目，不适用本实施办法。"所以，辅助储存和附属储存原油的安全监管应当适用《非煤矿矿山企业安全生产许可证实施办法》（国家安全监管总局令第20号）。

二、关于原油储存区域项目是属于危险化学品储存建设项目还是属于非煤矿山建设项目问题

关于原油储存区域项目是划分为危险化学品储存建设项目管理，还是划分为非煤矿矿山建设项目管理，按照国家安全监管总局现行规定进行办理。如果原油储存区域项目属于勘探、开采及辅助的储存，或者属于石油长输管道及其辅助的储存，则根据《危险化学品建设项目安全许可实施办法》第二条规定，不作为危险化学品储存建设项目管理。否则，原油储存区域项目作为危险化学品储存建设项目管理。20××年6月，国家安全监管总局以安监总厅管一函〔20××〕172号文件，对你局《关于中国石化管道储运分公司册子岛油库二期工程原油储罐工程安全预评价工作涉及有关问题的请示》（浙安监管危化〔20××〕66号）进行了答复。明确"凡以石油、天然气勘探、开采及其辅助储存，石油、天然气长输管道及其辅助储存立项、批准的建设项目，其安全预评价、设计审查和竣工验收工作按照《非煤矿矿山建设项目安全设施设计审查与竣工验收办法》（原国家安全生产监督管理局令第18号）等规定执行。凡以石油、天然气储存设施立项、批准的建设项目，其安全论证、安全预评价、设计审查和竣工验收工作按照《危险化学品建设项目安全许可实施办法》（国家安全生产监督管理总局令第8号）等规定执行"。《请示》中提到的"白沙湾原油储罐一、二期建设项目"，属于"石油、天然气长输管道及其辅助储存立项、批准的建设项目"等有关问题，国家安全监管总局安监总厅管一函〔20××〕16号文件已予以明确。

三、关于陆上石油天然气管道储运公司安全生产许可证有关问题

以石油勘探、开采及其辅助储存，石油长输管道及其辅助储存作为非

煤矿矿山的一部分,《非煤矿矿山企业安全生产许可证实施办法》(国家安全监管总局令第20号)第十八条明确规定:"对中央管理的陆上石油天然气企业,向企业总部及其直接管理的分公司、子公司以及下一级与油气勘探、开发生产、储运直接相关的生产作业单位分别颁发安全生产许可证;对设有分公司、子公司的地方石油天然气企业,向企业总部及其分公司、子公司颁发安全生产许可证;对其他陆上石油天然气企业,向具有法人资格的企业颁发安全生产许可证。对海洋石油天然气企业,向企业及其直接管理的分公司、子公司以及下一级与油气开发生产直接相关的生产作业单位、独立生产系统分别颁发安全生产许可证;对其他海洋石油天然气企业,向具有法人资格的企业颁发安全生产许可证。"国家安全监管总局办公厅《关于调整石油天然气管道储运单位安全生产许可证颁发管理有关事项的通知》明确,"中央管理企业下属的二级石油天然气管道储运单位(如中石油管道分公司、中石化管道储运分公司等)向国家安全生产监督管理总局申请办理安全生产许可证;三级石油天然气管道储运单位(包括跨省和不跨省的分公司、管理处)向其工商注册所在地的省级安全生产监督管理局申请办理安全生产许可证"。安监总厅管一函〔20××〕16号文件已明确指出,甬沪宁管道工程(一期)安全设施竣工验收后,安全生产许可证已由甬沪宁管道生产经营单位中国石油化工集团管道储运分公司南京管理处所在地的江苏省安全监管局颁发。国家安全监管总局向中国石油化工集团公司储运分公司颁发非煤矿矿山安全生产许可证,许可范围为"储运"。这里讲的"储运"不是许可其储运项目的建设,而是符合安全生产条件,准许其在许可范围内生产运营。中国石油化工集团公司储运分公司建设"以石油、天然气勘探、开采及其辅助储存,石油、天然气长输管道及其辅助储存立项、批准的建设项目",属于非煤矿矿山安全生产许可证的许可范围,无需变更;若建设"以石油、天然气储存设施立项、批准的建设项目",待项目竣工验收后必须变更其非煤矿矿山安全生产许可证的许可范围,增加危险化学品相关内容。

四、其他事项

对于中央企业及其设在地方的下属单位,国家安全监管总局在实施行政许可时应当充分听取省级安全监管部门的意见。国家安全监管总局将对中央企业及其设在地方的下属单位的有关行政许可的范围重新进行划分，以有利于行政许可工作的实施。今后，凡对石油开采后输送到炼油、化工企业厂区前和天然气开采后输送到城镇管网、化工企业厂区前的管道线路及其附属设施的安全监管，统一纳入非煤矿矿山安全监管的范围。单独立项的石油天然气储存设施、输送进口液化天然气（LNG）管道及其附属设施以及炼油、化工企业厂区内石油天然气储存设施的安全监管，统一纳入危险化学品安全监管的范围。

国家安监总局
20××年7月8日

▶ 简析

例文是国家安监总局答复浙江省安监局关于中央企业在浙原油储存设施安全监管法规适用问题的函。从行文角度讲，此份公函的篇幅较长，内容较为具体，答复事项条明理晰，针对性极强。开头为批复引据，首先交代复函的依据，即来函的时间、文号，并用过渡句"经研究，现函复如下"提领下文。主体部分针对来函所提出的事项，分别从《危险化学品安全管理条例》是否适用对原油储存设施安全监管问题、原油储存区域项目是属于危险化学品储存建设项目还是属于非煤矿山建设项目问题、陆上石油天然气管道储运公司安全生产许可证有关问题以及其他事项等四个方面进行回答。对答复意见的表述，十分注重依据性和合理性，而且态度十分明朗。例如"如果原油储存区域项目属于勘探、开采及辅助的储存，或者属于石油长输管道及其辅助的储存，则根据《危险化学品建设项目安全许可实施办法》第二条规定，不作为危险化学品储存建设项目管理。否则，原油储存区域项目作为危险化学品储存建设项目管理"。"国家安全监管总局向中国石油化工集团公司储运分公司颁发非煤矿矿山安全生产许可证，许可范围为'储运'。这里讲的'储运'不是许可其储运项目的建设，而是符合安全生产条件，准许其在许可范围内生产运营。"理据充分，政策性很强，具有令人不容置疑的说服力。通篇的答复意见都是如此，从而构成这份公函的突出特色，很值得借鉴。

▶ 例文 4

关于填报安全生产宣传文化体系
建设情况调查表的函

各省、自治区、直辖市及新疆生产建设兵团安全生产监督管理局，各省级煤矿安全监察机构：

按照国家安全监管总局开展安全生产若干重要问题调研工作（《国家安全监管总局办公厅关于开展安全生产若干重要问题调研工作的通知》）的要求，由我司牵头开展安全生产宣传文化体系调研。通过调研，深入了解掌握全国安全生产宣传文化体系建设的现状，发现总结好做法、好经验，找准存在的不足和问题，进一步明确宣传文化工作的目标和思路，提出科学建议和具体措施，加快推进安全文化建设，为安全生产监管监察工作提供有力的思想保障、精神动力和舆论支持。

为及时了解全系统安全生产宣传文化体系建设情况，请各单位按要求填好调查表（附后），于9月20日前报国家安全监管总局政策法规司新闻宣传处。

联系人：赵歌今 安元洁
联系电话：010-64463053（带传真），64463024
附件一：安全生产新闻宣传情况调查表
附件二：安全文化研究调查表
附件三：安全生产文化网络宣传调查表
附件四：安全生产文化艺术调查表

国家安全生产监督管理总局政策法规司
20××年9月1日

▶ 简析

此文属于一份告知函。告知函的正文通常包括两项内容。（1）告知缘由。说明制发本函的依据、背景和缘由。如例文的第一个自然段，即是对有关依据及发函缘由的交代，然后另段表述告知事项。（2）告知事项。这是此类函的主体部分，要将告知对方有关事项的具体内容及应注意的问题陈述清楚。例文

"为及时了解全系统安全生产宣传文化体系建设情况,请各单位按要求填好调查表(附后),于9月20日前报国家安全监管总局政策法规司新闻宣传处",以目的句统领,将告知的事项及相关要求作出明确交代,并附具体联系方式及相关附件,便于受函单位落实。

▶ 例文5

<h3 style="text-align:center">教育部关于授予辽宁省大学生创业教育实训
基地"国家大学生创业示范基地"称号的函</h3>

辽宁省人民政府:

  辽宁省多年来一直高度重视高校毕业生就业创业工作,通过财政支持省、市建立大学生创业资金,完善创业政策体系,开展创业教育和创业培训,建立省、市、高校创业孵化基地等多种形式,为大学生创业创造条件、提供支持,取得显著成效和宝贵经验。特别是2009年建成辽宁省大学生创业教育实训基地,开展了创业教育、培训实训、企业孵化、项目对接、政策试验、理论研究、师资培训等一系列工作,为大学生自主创业提供了比较完善的配套服务,促进了一大批大学生成功创业,在全国起到了积极的示范作用。

  为进一步发挥辽宁省大学生创业教育实训基地的示范作用,在全国范围进一步加大力度推进大学生创业工作,我部决定授予辽宁省大学生创业教育实训基地"国家大学生创业示范基地"称号。

  特此函告,希望辽宁省大学生创业教育实训基地以此为契机,在你省政府的领导支持下,不断积极探索、开拓创新,为促进大学生自主创业做出更大贡献。

中华人民共和国教育部
2010年4月22日

▶ 简析

  此文系教育部就授予辽宁省大学生创业教育实训基地"国家大学生创业示范基地"称号一事给辽宁省人民政府的告知函。从全文的结构布局与写法上看,标题采用三要素具备的形式,交代出发函的机关名称、主要内容和文种,令人一目了然;主体部分总共分为三层内容,首先用扼要语句陈述辽宁省政府多年来对高校毕业生就业创业工作的重视、所采取的方法措施以及取得的显著成效,以此作为发函的缘由和依据,紧接着另段表明行文的目的和事项,最后提出相关的希望和要求,前后文意贯通,勾连紧密,严谨顺畅,一气呵成,是函文种写作的典范之作。

199 什么是纪要?

纪要是将会议的主要情况和研究、解决的主要问题进行归纳、概括而形成的一种公务文件。纪要的作用是用来记载会议主要情况和议定事项。纪要原称为"会议纪要",新《条例》发布后业已简化为"纪要"。

纪要在行文关系上,可采取转发(印发)或直接发出的形式,类似于通知;也可以报送给上级,类似于会议情况报告,向上反映情况。

纪要按其内容和表达形式的不同,可分为"指示型纪要"与"通知型纪要"。

200 纪要的写作要领有哪些?

一、纪要是对所有会议材料的概括、综合和提炼,因此,要写好纪要,必须认真做好材料的搜集、整理和加工工作。要注意搜集、掌握会议情况,并按照会议精神和领导意图对材料进行恰当的筛选,对选用的材料进行分析,然后围绕纪要的主旨进行精心安排。

二、纪要的篇幅不宜过长,语言表达要简明扼要。叙述中可兼记与会者的发言,以增强会议纪要的真实性和生动性。在表述方式上,通常使用第三人称,并在每一层次之首冠以"会议认为""会议强调""会议指出""会议希望""会议号召"之类的标志性用语。

三、内容必须真实。要准确反映会议的真实情况和基本精神;同时,要限于会议议及的内容,不可旁骛其他,或者将执笔者个人的见解掺杂进去。

四、要注意纪要与决议、记录、简报、公报等文种的区别。这些文种均属会议文件,都是会议的直接产品。但由于它们产生的方式和各自的作用不同,所以又有着一定的区别。大会决议是按照多数表决通过的,而纪要主要是由会议主持机关审定制发的;决议的内容要较纪要原则,而纪要要求详尽具体。会议记录是完成纪要写作的客观原始材料之一,经过筛选、整理的会议记录才能写入纪要。简报主要用于反映会议动态、沟通情况,所载内容只具有参考性,不像纪要在兼有反映情况、沟通信息功能的同时,还具有指挥的权威性。公报的内容与纪要有类似之处,但公报是报道会议核心内容的,十分简要,是纪要的要点,另外公报仅用于党和国家的高层次会议。

范例与简析

▶ 例文1

全国中小学民族团结教育工作部署视频会议纪要

为认真贯彻中央关于切实做好民族团结教育的有关精神,全面部署新时期、新阶段全国中小学民族团结教育工作,根据教育部办公厅、国家民委办公厅印发的《学校民族团结教育指导纲要(试行)》有关要求和工作安排,2009年5月11日,教育部、国家民委共同召开了全国中小学民族团结教育工作部署视频会议。

一、会议的基本情况

(一)会议形式:会议在北京设立了视频主会场。教育部党组成员、副部长鲁昕,国家民委党组成员、驻委纪检组组长杜鹃出席会议并作了重要讲话。中央统战部二局、国家宗教局业务四司,教育部基础教育一司、基础教育二司、职业教育与成人教育司、民族教育司、思想政治工作司,国家民委教育科技司和北京市教委,内蒙古自治区教育厅和广东省民委有关负责人参加了北京主会场会议。除主会场外,各省、自治区、直辖市和新疆生产建设兵团设立了视频分会场,各教育厅(教委、教育局)、民(宗)委(厅、局)分管领导和有关处室负责人以及部分学校教师代表参加了分场会议。

(二)会议的目的和任务:会议以邓小平理论、"三个代表"重要思想和科学发展观为指导,认真贯彻党的十七大精神和《中共中央国务院关于进一步加强民族工作加快少数民族和民族地区经济社会发展的决定》《国务院办公厅关于严格执行党和国家民族政策有关问题的通知》，深入分析做好中小学民族团结教育工作的重要性、紧迫性和长期性。会议按照中宣部、国家民委印发的《党和国家民族政策宣传教育提纲》和教育部办公厅、国家民委办公厅联合印发的《学校民族团结教育指导纲要（试行）》（以下简称《指导纲要》）有关要求，对今后一个时期中小学全面开展民族团结教育工作的目标任务、方法和具体措施进行全面部署。

（三）会议的基本内容：会议听取了鲁昕副部长和杜鹃组长的重要讲话。北京市教委、内蒙古自治区教育厅和广东省民委的负责同志就本地中小学开展民族团结教育工作的情况及进一步做好中小学民族团结教育工作的思路作了会议发言。

二、要深刻认识在中小学开展民族团结教育工作的重要性、紧迫性和长期性

1. 要始终坚持用党和国家的民族理论和民族政策教育青少年，为全面构建社会主义和谐社会打下坚实的思想基础。（略）

2. 加强学校民族团结教育，自觉维护各民族的紧密团结，是中华民族核心利益的根本要求。（略）

3. 大力推进学校民族团结教育，不断增强各民族的凝聚力和向心力，是中国特色社会主义伟大事业取得最终胜利的根本保证。（略）

4. 不断提高学校民族团结教育的实际效果，是正确处理民族问题，防止境外渗透，大力发展"平等、团结、互助、和谐"的社会主义民族关系的长远大计。（略）

三、扎实推进全国中小学民族团结教育工作

1. 要确立民族团结教育在中小学教育中的重要地位。（略）

2. 按照素质教育的要求，科学安排各阶段的教育教学活动。（略）

3. 有效开展学校民族团结教育工作，加强教师队伍建设是关键。（略）

4. 建立保障机制，促进学校民族团结教育有序、有效开展。（略）

5. 加强领导，大力推进学校民族团结教育工作顺利开展。

会议要求，各地要认真归纳总结自1994年试点、2000年正式开展中小学民族团结教育活动以来，本地区中小学开展民族团结教育工作的基本情况，以实事求是的态度，既要总结工作中取得的成绩和经验，又要认真查找工作中存在的不足和薄弱环节。在对本地区中小学开展民族团结教育工

作深入调研的基础上,根据会议精神以及《指导纲要》要求,结合本地区实际,统筹规划,由各地教育行政部门牵头制订本省(区、市、兵团)进一步做好中小学民族团结教育工作的具体措施和实施方案,并于 2009 年 9 月 10 日前报教育部民族教育司和国家民委教育科技司。

▶ 简析

　　这是一篇内容完整、格式规范的纪要。正文部分首先用一个自然段交代了召开会议的目的、依据、时间及会议名称等项要素,作为纪要的引言,接下来分为三个大的层次分别载明会议的基本情况;要深刻认识在中小学开展民族团结教育工作的重要性、紧迫性和长期性;扎实推进全国中小学民族团结教育工作等三个方面的议定事项,前后贯通,和谐顺畅。在具体写法上,行文注重采用撮要的表达形式,先用扼要语句对会议议定事项进行概括,然后再进行具体阐述,表意十分明确清晰,便于阅者准确地理解和把握会议的基本精神。以第三个大问题下的第 1 项内容为例,其撮要句为"要确立民族团结教育在中小学教育中的重要地位",核心是强调民族团结教育的重要性,为此,文中分别从民族团结教育的目标、主要任务以及方式方法等几个方面进行阐述,层次十分清楚,用语准确简练。此外,文中多次运用"会议指出""会议强调""会议要求""会议认为"等标志性语句,集中反映会议的讨论情况和结果,体现出纪要写作的基本特色。

▶ 例文 2

全省非煤矿山及相关行业安全生产
监管工作座谈会会议纪要

　　11 月 7 日,省安监局在南昌召开了全省非煤矿山及相关行业安全生产监管工作座谈会。会上,省安监局局长邓兴明作重要讲话,省安监局副局长龙卿吉主持会议并作总结讲话。参加会议的有各设区市安监局分管领导及相关科、室(处)负责人,中央驻赣有关单位、有关省属经济组织及部分重点企业安全部门负责人。

　　会议学习了省委、省政府领导近期关于安全生产工作的重要批示和指示精神,传达了国家安监总局湖北"鄂州会议"精神,通报了今年 1—10 月份全省非煤矿山安全生产情况,分析了瑞昌市洋鸡山金矿"6·28"透水事故和高安市和畅岭采石场"8·5"坍塌事故原因及教训,对今冬明春的安全生产工作进行了部署。各设区安监市局分管领导和有关省属经济组织等单位安全部门负责人汇报交流了安全生产工作中存在的问题和采取的措施。现纪要如下:

一、认真贯彻落实省委、省政府领导重要批示精神,坚决遏制非煤矿山安全生产事故多发势头,杜绝较大事故发生。一要认真学习,深刻领会省委、省政府领导近期关于安全生产工作的重要批示精神,吸取教训,举一反三,狠抓落实,坚决防止事故发生;二要全面分析、认清形势,明确工作方向。严下狠心,坚决查处一批不落实安全主体责任、不服从安全监管、不排查整治隐患的企业,坚决整治一批无工程技术人员及技术图纸资料不齐全、安全制度不健全、安全培训不落实且现场隐患严重的企业,坚决关闭一批事故隐患严重且整改无望、规模小、工艺落后、安全基础差、管理水平低的不合格企业,坚决取缔一批证照不全、以采代探以及违法越层造成事故的企业;三要突出抓好重点地区、重点企业、重点场所和重点时段安全生产。对采石场要严格"四查",即查安全责任、查技术措施、查作业现场、查非法生产,重点是整治"一面墙"开采;对地下开采矿山要严格"五查",即查安全责任、查矿井通风、查防水灾、查防冒顶、查安全设施,重点是整治水患、采空区地压、人员提升安全装置、冶金有色熔融金属液吊运环节、尾矿库安全度等。

二、紧急动员,全力以赴,持续深入开展非煤矿山安全生产隐患排查治理专项行动。一要做到"六个"结合,即与建设项目"三同时"制度、年度安全生产许可证检查考核、非煤矿山机械通风整治、尾矿库整治、采掘施工和地质勘探作业队伍(企业)整治、冶金有色行业指导意见相结合;二要严格落实企业的安全生产主体责任,按照"四个严格",即严格自查、对照标准、严格整改、制定方案,严格"四定""五不推"制度,严格制止"三违""三超"的要求,切实抓好落实;三要认真组织,层层落实安全生产监管责任。要认真从自身队伍找原因、找差距,克服下不了狠心、下不了决心、心慈手软、做老好人、怕得罪人、怕冒犯"老板"的心态。

三、精心谋划,周密部署,切实做好今冬明春非煤矿山及相关行业安全生产的各项工作。一要大力宣传,严格贯彻执行《关于加强金属非金属矿山安全基础管理的指导意见》，强化金属非金属矿山安全规程、爆破安全规程、地勘安全规程、尾矿库安全技术规程及冶金行业"三大安全规程"；二要认真开展安全生产许可"回头看"，加大年度考核检查工作；三要严格安全生产源头监管，切实履行好"三同时"的法定职责；四要深入组织开展矿井机械通风、尾矿库安全专项、采掘施工及勘探作业企业三项安全专项整治行动；五要认真总结，全面推广中深孔爆破开采技术，提升本质安全程度；六要积极筹备，组织开展矿山安全标准化工作；七要严格标准、全面完善，发挥检测检验、安全评价、工程设计等中介机构的技术支撑作用；八要做好冶金和有色建材等行业安全生产监管基础工作。

会议强调，全省各级安监部门、有关省属经济组织和生产经营单位，要以对广大人民群众生命财产高度负责的态度，采取更加有力的措施，切实把今年后二个月的安全生产工作抓紧、抓细、抓实，坚决防止较大事故的发生，努力全面控制今年安全生产工作的各项考核指标。要认真把明年的安全生产工作谋划好、部署好，为明年安全生产工作开好头、起好步做好准备。

▶ 简析

这是一篇内容完整、格式规范的纪要。正文部分首先用一个自然段交代了召开会议的基本情况和取得的主要成果，以此作为纪要的引言，接下来用过渡句"现纪要如下"引出纪要的主体部分。主体部分集中表述了三个大的层次，即认真贯彻落实省委、省政府领导重要批示精神，坚决遏制非煤矿山安全生产事故多发势头，杜绝较大事故发生；紧急动员，全力以赴，持续深入开展非煤矿山安全生产隐患排查治理专项行动；精心谋划，周密部署，切实做好今冬明春非煤矿山及相关行业安全生产的各项工作。显然这是会议涉及的三个方面议定事项，采用撮要表达的形式，先用扼要语句对会议议定事项进行概括，然后再进行具体阐述，使行文前后贯通，和谐顺畅，表意十分明确清晰，便于阅者准确地理解和把握会议的基本精神。还有，文中还注意运用"会议强调"等标志性语句，集中反映会议的讨论情况和结果，体现出会议纪要写作的基本特色。此外，文中运用了大量的数概式简称，诸如"四查""五查""一面墙""六个结合""三同时"制度以及"四个严格""四定""五不推""三违""三超""三大安全规程"等等，可以肯定的是，它能使行文显得简洁凝练，富有概括性和表现力。

▶ 例文 3

县长办公会议纪要

（×××）

××××××　　　　　　　2015 年 11 月 21 日

××××××××××××

议题：

1.×××××××××

2.×××××××

会议决定：

1.……

2.……

3.……

4.……

出席人：×××、×××、×××

请假人：×××、×××

列席人：×××、×××

分送：×××、×××、×××。

×××××××××

2015 年 11 月 25 日印发

▶ 简析

　　这是一篇规范的办公会议纪要，版头部分标有纪要标志，在其下居中编排编号，主体部分依次记载了会议的主要精神和议定事项，将所涉及和讨论的问题逐一表达，包括研究了什么问题、怎样决定的、如何具体落实等，写得较为规范。文后按规定要求标注了会议出席人、请假人和列席人名单，并标有完整规范的版记，值得借鉴参考。

201 什么是计划？

计划是为完成某项工作任务而预先作出打算和安排的应用文体。在未来一定时间或一个阶段内打算做什么，怎么做，预期达到什么样的目标，将这些写成书面材料就是计划。

"计划"虽不是党和国家公文法规中确定的主要、正式文种，但我们对它的使用却是非常之多。可以说大至国家，小到一个乡村、连队、车间、商店、学校，为了做好工作，搞好生产，组织好学习，都离不开计划。古语说"凡事预则立，不预则废"（《礼记·中庸》），这句话充分说明了制订计划的重要性。

"计划"是对未来一定时期内的全面工作或某项工作提出指标、要求、措施、步骤、期限的文种。它是科学管理中的主要环节，是搞好管理工作的基础，是宏观控制的依据，是获得最佳成效的途径。决策部门的领导者可以凭此统筹全局，纵横协调，综合平衡，理顺关系，减少盲目性，增强预见性，合理安排人力、财力、物力，以低消耗取得高效益，从而取得领导、指挥群众去实现计划目标的主动权。

202 计划的写作要领有哪些？

一、服从大局。任何机关、单位的工作计划都要体现党和国家的路线、方针和政策，符合国家总体战略要求，服从和服务于新时期党和国家的总任务、总目标；既要服从大局，又要体现出本机关（单位）的特点。

二、目的明确。计划应当立足于当前和今后一段时期需要解决的主要问题和要做的主要工作，突出工作重点，切忌面面俱到。

三、切实可行。制订计划要实事求是，从实际出发，深入进行调查研究，坚持走群众路线，广泛征求和听取有关人员和专家的意见，集思广益，进行科学的分析和综合平衡。既要体现改革精神，又要充分考虑计划的可行性；既积极稳妥，又留有适当余地。

四、责任分明。计划往往要牵涉各个方面，需要各个方面紧密配合，协同作战。因此,一定要明确工作计划实施过程中的任务分工,明确责任,以利于落实和检查计划所确定的各项目标的完成情况,同时也作为考核有关部门工作的重要依据。

范例与简析

▶ 例文1

××县安全生产监督管理局2015年安全生产工作计划

为了认真贯彻落实《中华人民共和国安全生产法》,强化安全生产意识,落实安全生产责任,保障人民群众生产生活安全,为全县创造一个安全稳定的经济发展环境,特拟定2015年安全生产工作计划。

一、指导思想

以"三个代表"重要思想为指针,以十八届四中全会精神统揽全局,认真贯彻"安全第一,预防为主"的工作方针,以减少安全事故为目标,加强机构队伍和法制建设,突出执法监督,完善责任体系,夯实工作基础,强化专项整治,为全县经济和社会发展提供良好环境。

二、工作目标

降低事故发生率,安全生产事故四项指数同比下降,杜绝责任事故,防止安全生产重特大事故发生。

三、工作重点

1.进一步搞好道路交通安全。一是切实加强宣传。交通、交警、农机等部门要加大道路交通安全工作的力度,认真开展多种形式的交通安全宣传教育活动,广泛宣传交通安全法规,普及交通安全知识,提高司乘人员安全意识。二是进一步加强车辆源头管理工作。认真搞好车辆年度、季度检验和法定保险工作,严禁无牌无证、带病车辆上路营运。加强农用车、拖拉机载客的安全监管,严禁农用车、拖拉机等非客运车辆载客。三是加强客运场站管理。各职能部门要督促运输企业完善安全生产规章制度,落实各项安全生产防范措施。严厉打击非法客运场站。四是加大路况的检查力度,确保道路畅通。加强对危路危桥和事故多发路段的监控和整治,消除安全隐患。

2.进一步加强水上交通安全管理,确保汛期安全。对有水上船舶、渡口的苗儿滩、湾塘、贾市等13个乡镇实行定人定点管理,切实搞好对船主的安全教育。拟定4月中旬对全县所有渡口情况进行一次全面检查,达不到安全标准的,坚决封渡。取缔"三无"船舶,禁止生产用船渡客。在高水位期交通部门要组织力量采取特别监护措施,必要时封闭渡口。切实抓好防汛工作。4—5月搞好山塘、水库的安全检查,落实汛期干部24小时值班制,确保农田水利设施和群众生命财产的安全。

3.突出抓好煤矿安全管理和非煤矿山安全的整治。县煤炭行管办要加强对乡镇煤矿的安全巡回检查,做到每矿必到,每井必下,不留死角。深化乡镇煤矿安全专项治理整顿,严格按照《小煤矿安全生产条例》规定,加大矿井的技术改造,对达不到规定的矿井,一律停产整顿,要强化安全操作管理,禁止违章操作,防止人为事故发生。安监、国土、公安部门要组织力量,对全县矿山、采石场进行安全排查、安全整顿和安全培训,加强对矿山和非煤矿的安全管理。

4.切实抓好消防安全。一是县直单位、各乡镇(场)要落实消防安全岗位责任制。二是加强公共聚集场所的消防安全。加强对歌厅、电子游戏室、美容美发厅、酒店、超市、商贸批发市场的监管,认真做好社区消防和农村防火工作。三是加强森林防火工作。加强重点森防区域监控,加强巡逻守护,落实护林人员责任,建立森林火灾报告制度和火灾扑救预案。

5.切实加强建筑安全管理。认真贯彻"消除隐患、预防事故、保障安全、严格标准、确保质量"的方针,全面落实建筑安全责任制。强化对施工队伍的安全管理和安全培训。要严格施工企业的资质管理。对重点工程实行"三同时"管理。

6.切实抓好危险化学物品及爆炸物品的管理。县安监局、公安、环保部门要搞好危险、有毒化学物品的检查和处理,对剧毒化学物品实行全过程跟踪管理。整顿和规范成油品经营市场,把好"市场准入关"和严格执行安全生产条件先审制。公安部门要严格规范民用爆炸物品储存使用,打击非法购买、使用爆炸物品的行为,取缔非法生产烟花鞭炮的个体作坊,对情节严重者依法追究刑事责任。

7.切实加强公共卫生安全管理。认真落实突发公共卫生应急条例,建立公共卫生防疫长效机制。切实抓好人畜禽高传染性疾病的防疫,特别是禽流感的防疫。加强食品卫生安全检测,加强食品市场检查,搞好学校食品卫生安全。

四、工作措施

1.进一步健全和完善安全生产责任制。加强安全生产的督查和管理,继续推行安全生产一把手负责制,实行安全生产目标管理和安全生产一票否决制,各安全生产责任部门要建立健全安全生产各项制度,制定好《重特大安全生产事故应急处理预案》,做到安全生产责任制度和措施落实到位。政府督查室、安监局要会同有关部门对安全生产责任单位进行定期和不定期督查,对安全生产责任单位的工作情况进行通报批评和表彰。

2.进一步完善安全生产监管体系。切实加强安全生产机构队伍建设。一是开展法律、法规学习和教育,组织执法人员认真学习安全生产政策法规,规范执法行为,提高执法水平。二是切实加强乡镇安监站建设,完善监管体系,健全规章制度,提高队伍素质。三是建立健全事故应急救援和预警体系。对隐患严重、容易发生事故的地区和企业实行安全生产预警,督促有关部门和企业采取紧急措施,防止事故发生。

3.强化执法监督,创新执法方式。大力推行分类监察、计划监察,正确处理好点和面、质量和数量的关系,努力降低执法成本,提高执法效率,做到年度有计划,季度有重点,月底有检查。对"五一""十一"黄金周、"元旦""春节"以及高温、雨季、冬季等重点特殊时段要做到早部署、早安排,有针对性地开展专项执法检查。

4.加强隐患排查整治,强化事故责任追究。一是加大安全检查力度,实行重大事故隐患、危险源备案制和台账制,对在各类检查和日常执法监督中发现的重大隐患和危险源,要登记台账备案,隐患不消除,台账不消号。二是把检查与执法结合起来,督促隐患整改。对安全检查中发现的事故隐患要依法下达整改通知书,该停产整顿的要坚决停产整顿,凡是消极对待或顶着不改的,要依法依规严肃处理。三是进一步加大事故查处的力度。严格按照"四不放过"原则,严肃查处每一起事故。

5.夯实工作基础,建立长效机制。一是加强教育培训,安全教育培训必须坚持经常化、制度化,加强对生产经营单位企业负责人和从业人员的安全培训教育,认真落实从业资格和持证上岗制度,不断提高干部职工的安全意识和自我防护的能力。二是加强信息报送工作。各安全生产责任部门要按照统一要求,及时准确报送事故信息和工作动态,不能瞒报、拖延不报,加强安全生产形势的分析预测,为领导决策提供依据。三是加强执法档案建设。建立健全安全生产执法监督档案,做到一文一档,一案一档,以促进安全生产执法的规范化和程序化。

▶ 简析

例文是××县安全生产监督管理局制订的2015年工作计划。从结构布局上看,全文明显地包含了前言和主体两大部分,没有单独的结尾。在具体写法上,例文先是写了一段简短的序言,交代出行文的目的,并用过渡句"特拟定2015年安全生产工作计划"提领下文。主体部分采用并列的结构模式,从指导思想、工作目标、工作重点和工作措施等四个方面进行阐述,既有"做什么",又有"怎样做",以及做到什么程度,内在逻辑关系十分紧密,给人以严谨顺畅、圆润缜密之感。特别是对工作重点和工作措施的表述,注重运用撮要表达的技法,率先提炼出段旨句,而后加以具体阐述,表意十分明晰,而这对于确保计划内容的贯彻实施显然是非常重要的。

▶ 例文2

公司党委2010年工作计划

2010年是公司抢抓国家基建投资高潮、继续巩固提高在交通基础设施领域领先地位,为全面实现"十一五"规划奠定坚实基础的关键之年。面对新的形势和任务,公司党委工作的指导思想是:以党的十七大和十七届四中全会精神为指导,坚持党建工作融入中心工作,进一步抓好干部队伍和人才队伍建设,加大基层党组织建设力度,不断丰富文明创建工作的内涵,为实现企业经营目标、推动企业和谐发展提供坚强的政治、思想和组织保证。

一、深入开展学习实践科学发展观回头看活动,着力加强党员和党员领导干部思想政治建设。

党的十七大将科学发展观写入党章,对科学发展观的时代背景、科学内涵和精神实质进行了深刻阐述,对深入贯彻落实科学发展观提出了明确要求。根据中央统一部署和上级党委的工作安排,我公司于2009年3月至 8 月开展学习实践科学发展观活动。为了巩固学习实践活动成果，公司将开展回头看活动，各级党组织和广大党员要深刻认识这次学习教育活动的重大现实意义和紧迫性，在上级党组织的统一领导下，紧紧抓住"学习调研、分析检查、整改落实"这些关键环节，精心组织，高质量地完成这项任务。要以这次学习实践活动为契机，深入开展形式多样、内容丰富的学习活动，坚持理论联系实际，坚持学以致用、注重实效，通过学习实践活动，全面提升党员干部的政治素养和政策水平，达到提高思想认识、解决突出问题、创新体制机制、促进科学发展的目标。要以科学发展观为指导，主动谋划对策，以知难而进、奋发有为的精神状态应对各种挑战，以科学的态度和辩证的思维破解各类难题，努力把企业面临的外部压力转化为企业发展的内在动力，推动企业持续健康稳定发展。

二、继续深化"四好"领导班子创建活动，切实加强各级班子建设和干部队伍建设。

当前企业面临的市场经济环境对领导干部的精神状态和领导企业科学发展的能力提出了更高的要求。全公司各级党组织要把加强领导班子建设、提高领导干部能力素质作为当前事关企业成败的重要战略任务来抓。

要按照公司党委的要求和创建标准，继续深入开展"四好"领导班子创建活动，认真总结创建活动经验，积极探索创建活动规律和方法，在分析班子现状、查找班子问题、落实整改措施中推动创建工作进一步深入，切实把各级领导班子建设成为职工群众信任和拥护的"四好"领导班子。要实现"四好"领导班子创建和党建工作与绩效考核的有机结合。

要不断提高各级领导班子和领导人员的整体素质。继续加大对领导干部的教育培训工作，强化他们的忧患意识和危机意识，进一步提高他们把握市场规律、引领企业科学发展的能力和水平。要切实落实好领导班子民主生活会制度，在领导班子内部努力营造鼓励探索、支持创新、相互宽容的良好氛围，不断增强班子的凝聚力和战斗力。要进一步完善领导班子的议事规则和决策程序，注重发挥班子集体的智慧和合力，不断提高领导班子的决策能力和水平。

要坚持正确的用人导向，不断完善干部选拔任用机制。要继续坚持德才兼备、以德为先的用人标准，使综合素质、工作实绩和群众公认成为我们选拔和任用干部的基本依据,切实将政治素质好、业务能力强、群众认可度高的干部培养和选拔到领导岗位上来。要加大干部交流力度,进一步优化班子的年龄、知识和专业结构,增强班子整体功能。要加强后备领导干部选拔培养工作,完善后备领导干部人才库。要继续坚持干部任前考核和公示聘用制度,扩大职工对干部选拔任用的知情权、选择权和监督权。

要继续完善不适岗干部的调整和退出机制。对那些经过长期考察不能胜任本职工作的干部,从既有利于企业发展又兼顾其历史贡献的立场出发,在做通思想工作的前提下,对他们进行适当的岗位调整,尽可能地让每一名干部都在最适合自己的岗位上工作,尽可能地充分发挥每个人的积极性和创造性。

三、继续加强人才队伍建设,为企业发展提供有力的人才保证。

要坚持党管人才原则,继续把人才队伍建设作为各级党组织的工作重点之一抓好、抓实,力争抓出成效。要深入贯彻十七大提出的尊重劳动、尊重知识、尊重人才、尊重创造的方针,按照我公司第十次党代会提出的关于加强人才队伍建设的思路和要求,树立科学的人才观,坚持以人为本,加大为人才服务的工作力度。要满腔热情、坚持不懈地为人才办实事、解难事、做好事,用实际行动感召和凝聚各类人才,真正把吸引高水平人才,培养、使用和管理好现有人才作为各级党组织的重要工作。

要按照管宏观、管政策、管协调、管服务的要求,建立以业绩为重点,由品德、学历、能力等要素构成的科学的人才评价机制,建立以公开、竞争、择优为导向,有利于优秀人才脱颖而出、充分施展才能的人才选拔机制,全面推进和创新人才强企战略。

要营造人才成长的良好环境,通过政策支持、精神激励和待遇提高来不断改善各类人才的工作和生活条件,形成鼓励人才干事业、支持人才干成事业、帮助人才干好事业的良好氛围,形成聚人才、兴人才的良好公司面。

要继续遵循人才分级培训原则,配合行政,统筹抓好战略性人才和一般性人才的培训工作,加大人才培训工作的力度和广度,不断提高人才队伍的综合素质。

要进一步加大对社会人才的引进力度,并切实采取措施保障其待遇,做到一视同仁。对那些思想品德、业务素质特别优秀的外聘人员,可以考虑提拔重用,为他们发挥才干、创造业绩、实现价值创造条件。

四、继续加强党组织自身建设,进一步夯实企业党的组织基础。

全公司各级党组织要以创新的精神,积极推进企业党建工作,在谋大公司、议大事、把方向上发挥政治核心作用,保证企业正确的发展方向。要在党和国家方针政策的贯彻落实方面发挥保证监督作用,在促进企业生产经营任务完成方面发挥支持协助作用,在企业重大问题决策方面发挥沟通参与作用,在构建和谐企业方面发挥指导协调作用,在加强党的自身建设、干部人才队伍建设和群众工作方面发挥领导组织作用。

企业党建工作的重心在基层,基础在基层,创新在基层,活动在基层。全公司各级党组织要充分重视并切实加强基层党建工作,进一步建立健全基层党组织,扩大党组织的工作覆盖面。要针对高度分散、流动性强、环境艰苦的企业特点,以优化组织设置、创新工作方式为重点,构建有利于项目(车间)支部开展工作的领导体制和工作机制,切实发挥项目党支部的战斗堡垒作用,努力增强工作的针对性和实效性。

要加强对党支部工作的指导和考核。各单位要根据实际情况,加强对党群干部的业务培训,对个别工作水平相对较弱的党支部,要加强对他们的指导,帮助他们练好内功,增强做好党务工作的能力。要加强对党支部建设情况的检查和考核,通过制定有效的检查和考核办法,保障各项党建工作目标得以实现。

要继续抓好党员队伍建设,按照"坚持标准,保证质量,改善结构,慎重发展"的工作方针,抓好发展党员工作,严格程序,确保质量。要深入开展"双培养"工作,努力把生产经营骨干培养成党员,把党员培养成生产经营骨干,使党员成为企业的优秀人才。要进一步严格党内组织生活,认真执行"三会一课"制度,坚持开展民主评议党员活动,定期组织开展学习、参观、研讨等形式多样的主题党日活动,在活动中增强党性意识,陶冶志趣情操,提升精神境界,塑造健康心理,激发先锋作用。

五、加强思想宣传和精神文明创建工作,为企业改革发展提供强大精神动力。

要认真贯彻落实2010年职代会精神,广泛宣传2010年企业发展面临的新形势、新目标任务以及实现目标任务的重点难点、措施办法,以此来统一思想、激发智慧,凝聚力量,从而形成上下同心、共谋发展的良好局面。

要充分发挥党建和思想政治工作研究会的作用,积极研究探讨新形势下企业党建和思想政治工作的新情况和新问题,按照"面向基层、服务一线、融入管理、贴近职工"的要求,做好在深化改革和转换体制机制过程中的职工思想政治工作,及时处理好各方面的关系,确保企业持续稳定发展。要突出抓好一线职工的思想政治工作,深入开展市场形势、质量安全和企业信誉等方面的宣传教育,进一步增强职工的危机意识、质量意识、安全意识、品牌意识和效益意识。

要积极探索思想政治工作与企业文化建设紧密结合的途径和办法,大力开展和谐文化、质量文化、安全文化、廉洁文化建设,大力弘扬企业文化理念,积极引导职工树立遵纪守法、廉洁从业、忠于职守、诚信经营、艰苦奋斗、爱岗敬业的价值理念和职业精神,努力营造融洽的内外部氛围,为实现企业又好又快发展做出积极贡献。

要继续深入开展精神文明创建活动,巩固并扩大我公司多年来所取得的精神文明建设成果。各级党组织要高度重视,加强领导,常抓不懈,扎实工作。要继续建立健全领导机构,明确创建目标,丰富创建内容,落实创建措施,争取更好的创建效果。要继续开展文明单位、文明集体、文明职工评选活动,将创建活动同生产经营紧密结合起来,切实达到促进改革、保证发展的目的。

要加大集团视觉识别规范手册的推行力度,严格标准,加强监督检查。公司党委将适时组织抽查,促使各项目在工程进度、质量、安全、形象建设上得到整体提高,并以此作为文明单位考核、评选的重要内容。

六、持续推进党风廉政和反腐倡廉工作,努力营造健康稳定的内部环境。

继续加强党风廉政教育,通过教育使企业领导人员更好地贯彻落实《国有企业领导人员廉洁从业若干规定》以及中央纪委提出和重申的国有企业领导人员廉洁自律七项要求等制度。

要继续推进廉洁文化建设,结合企业核心价值观和经营管理理念,加强对员工的教育和培训,运用多种喜闻乐见的方式,营造"廉荣贪耻"的氛围,建立完善自律与他律相结合的廉洁从业长效机制。

要继续遵循人才分级培训原则,配合行政,统筹抓好战略性人才和一般性人才的培训工作,加大人才培训工作的力度和广度,不断提高人才队伍的综合素质。

要进一步加大对社会人才的引进力度,并切实采取措施保障其待遇,做到一视同仁。对那些思想品德、业务素质特别优秀的外聘人员,可以考虑提拔重用,为他们发挥才干、创造业绩、实现价值创造条件。

公司党委
2009 年 12 月 10 日

▶ 简析

例文是×公司党委制订的 2010 年工作计划。从结构布局上看,全文明显地包含了前言、计划事项、措施和步骤、结尾等几大层次。但在具体写法上,例文并未将计划事项、措施和步骤分开来写,而是在简短的序言之后,即并列列出六项应做的工作,把目标(事项)、步骤和措施有机地糅合在一起,既有"做什么",又有"怎样做",内在逻辑关系十分紧密,给人以严谨顺畅、圆润缜密之感。这六大部分内容的提炼,紧紧围绕公司党委的工作展开,既有思想政治建设和党员队伍建设方面的,也有党组织自身建设和思想宣传、精神文明建设方面的,还有党风廉政建设方面的,内容完整细密,结构谨严。在行文上,全文的内在逻辑性很强,例如"要继续抓好党员队伍建设,按照'坚持标准,保证质量,改善结构,慎重发展'的工作方针,抓好发展党员工作,严格程序,确保质量。要深入开展'双培养'工作,努力把生产经营骨干培养成党员,把党员培养成生产经营骨干,使党员成为企业的优秀人才。要进一步严格党内组织生活,认真执行'三会一课'制度,坚持开展民主评议党员活动,定期组织开展学习、参观、研讨等形式多样的主题党日活动,在活动中增强党性意识,陶冶志趣情操,提升精神境界,塑造健康心理,激发先锋作用"。其中的"要继续抓好党员队伍建设""要深入开展'双培养'工作""要进一步严格党内组织生活"应属于"做什么"的内容,紧接其后的表述则是"怎样做"以及达到什么样的效果,像"定期组织开展学习、参观、研讨等形式多样的主题党日活动,在活动中增强党性意识,陶冶志趣情操,提升精神境界,塑造健康心理,激发先锋作用"等等,这在计划的写作中显得特别重要。

203 什么是规划?

规划是有关部门、企事业单位制订的全面或专项的、长期的宏观发展计划。用于对一定地区、一项事业或某项需要较长时期完成的工作,提出在若干年内的全局性战略部署,制订出发展远景和总体目标,并划分实现设想的阶段与步骤。它是一种粗线条的带有全局性、长远性和方向性的计划,目标远大,着眼全局,重在指导,是在总结经验、分析形势、通过科学预测的基础上的一种高层次的前瞻和决策,是战略研究、发展的蓝图,是跨进一个新阶段的远景,具有理想性、鼓舞性和指导性,便于统筹全局工作与明确方向,激发人们的工作积极性和自觉性,按步骤去实现预期目标。

204 规划的写作要领有哪些?

一、要注意规划内容的科学性和可行性。制订规划是一项比较艰巨的任务,必须事先进行认真细致的调查研究,收集与掌握大量的可靠的材料,在此基础上,着眼于国家或行业的长远大计,着力制定出方向、规模、纲领性的谋划。

二、要注意集中群体的智慧。规划涉及的内容重要、时间跨度大,事关一个地区或单位的发展全局,因此在正式落笔起草之前,必须组织有关人员认真进行研究讨论,广泛听取各方面的意见和建议,不断进行补充和修订,使之具有科学性、系统性、完整性和可行性。实践证明,规划的制定需要集中大多数人的智慧,绝不能靠某一个人去"闭门创造"。

三、规划不同于一般的计划。"规划"是一种带有全局性、方向性的中期(如三五年)计划。它与一般"计划"相比,一是内容不同,"规划"的内容属全局性的部署,"计划"是实施"规划"的具体方案;二是时间不同,"规划"是较长一个时期的科学展望,"计划"一般是全年或半年的;三是要求不同,前者定方案、定规模,富于理想、展望远景,后者定指标、定时限、定任务、定措施,富于现实性,具有强烈的约束力与紧迫感;四是"计划"既服从于"规划",又对"规划"起修改、补充和完善作用。

范例与简析

▶ 例文

安全生产"十三五"规划

为贯彻落实党中央、国务院关于加强安全生产工作的决策部署,根据《中华人民共和国安全生产法》等法律法规和《中华人民共和国国民经济和社会发展第十三个五年规划纲要》,制定本规划。

一、面临的形势

(一)新进展。

"十二五"期间,党中央、国务院高度重视、大力加强和改进安全生产工作,推动经济社会科学发展、安全发展。党的十八大以来,习近平总书记作出一系列重要指示,深刻阐述了安全生产的重要意义、思想理念、方针政策和工作要求,强调必须坚守发展决不能以牺牲安全为代价这条不可逾越的红线,明确要求"党政同责、一岗双责、齐抓共管、失职追责"。李克强总理多次作出重要批示,强调要以对人民群众生命高度负责的态度,坚持预防为主、标本兼治,以更有效的举措和更完善的制度,切实落实和强化安全生产责任,筑牢安全防线。习近平总书记和李克强总理的重要指示批示,为我国安全生产工作提供了新的理论指导和行动指南。各地区、各有关部门和单位坚决贯彻落实党中央、国务院决策部署,进一步健全安全生产法律法规和政策措施,严格落实安全生产责任,全面加强安全生产监督管理,不断强化安全生产隐患排查治理和重点行业领域专项整治,深入开展安全生产大检查,严肃查处各类生产安全事故,大力推进依法治安和科技强安,加快安全生产基础保障能力建设,推动了安全生产形势持续稳定好转,全面完成了安全生产"十二五"规划目标任务。全国生产安全事故总量连续5年下降,2015年各类事故起数和死亡人数较2010年分别下降22.5%和16.8%,其中重特大事故起数和死亡人数分别下降55.3%和46.6%。

……

▶ **简析**

　　这篇安全生产"十三五"规划的突出特点表现为内容全面、完整,富有科学性和可行性;结构安排严谨有序;用语准确精练。安全生产所涉及的领域很多,诸如煤矿、道路交通、非煤矿山、危险化学品、烟花爆竹、建筑施工、特种设备、工贸行业等等,将如此众多行业的安全生产问题聚于一篇规划之中,如果作者没有全面细致的调查研究、没有高超的布局谋篇技巧和驾驭语言的能力,是很难担此重任的。从总体上看,全文由前言和主体两大部分组成,前言部分交代了制定规划的目的和依据;主体部分占用重头篇幅,并列阐述了五项内容:面临的形势,指导思想、基本原则和规划目标,主要任务,重点工程,保障措施。各项内容虚实相映,互为补充,既明确了"做什么",又交代了"怎么做""做到什么程度",内在逻辑结构十分严谨,体现出了规划文体的基本写作原则和要领。特别是将相关内容事项通过设立专栏的形式反映出来,既明确集中,又醒目直观。此外,对于"主要任务"的表述,注重以撮要句提领,使任务事项十分明晰,便于掌握和贯彻执行。

205 | 什么是纲要?

　　"纲要"是一种重要的计划体公文。它是一种既具有远景发展设想,又具有较强的政策性、思想性、指导性的提纲挈领式的计划性文种。
　　与其他计划性文种相比,其突出的特点是:在时间上,不像"设想"的跨度那么大,又不似"计划""安排"的跨度那么小,多在 5 至 10 年之间;在空间上,局面比较大,多用于全局或某一方面重要工作的发展设计;在内容上,多为经济和社会发展,文字表述多为条款式,即由若干方面的诸多条条组成,全文的条条统一排列序号。

206 | 纲要的写作要领有哪些?

　　一、内容要简要概括。由于纲要是一种带有政策性、思想性、指导性的提纲挈领式的计划，其所涉及的内容事项重大，时间跨度较长，因此要在较短的篇幅内容纳诸多内容，必须注意讲求概括性。要而不繁，是纲要写作的要诀。

二、条理要清晰，层次要分明。无论采用何种形式拟写纲要，都应当载明背景与总的要求、目标与任务、措施与办法等几个方面的内容，要使全文体现出一种内在的必然联系，给人以条明理晰、层次清楚之感。

范例与简析

▶ 例文

社会保障"十二五"规划纲要

人力资源社会保障部　发展改革委　民政部
财政部　卫生部　社保基金会

社会保障与人民幸福安康息息相关，事关改革开放和社会主义现代化事业全局。党的十六届六中全会和十七大提出，到2020年要基本建立覆盖城乡居民的社会保障体系。"十二五"时期是实现这一目标的关键时期，根据《中华人民共和国国民经济和社会发展第十二个五年规划纲要》，编制社会保障"十二五"规划纲要。

一、发展环境

"十一五"时期，是建国以来社会保障体系建设发展最快的时期，社会保障制度建设取得突破性进展，覆盖城乡居民的社会保障体系框架基本形成。公布了《中华人民共和国社会保险法》，修订了《工伤保险条例》。建立新型农村社会养老保险（以下简称新农保）制度并开展试点，全面建立企业职工基本养老保险省级统筹制度，建立并全面实施城镇居民基本医疗保险制度，新型农村合作医疗（以下简称新农合）制度和城乡医疗救助制度普遍实施，职工基本医疗保险制度进一步完善。建立和实施农村最低生活保障制度、城市生活无着的流浪乞讨人员救助制度，完善了灾害救助、临时救助等制度，社会慈善、社会捐赠、群众互助等社会扶助活动和志愿服务活动制度化建设取得明显成效。社会保障覆盖范围从城镇扩大到农村，从国有企业扩大到各类用人单位，从职工扩大到灵活就业人员和城乡居民，越来越多的人享有了基本社会保障，并解决了一批历史遗留的突出问题。社会保障水平有较大幅度提高。社会保障管理服务体系初步建立，形成了以各级社会保险经办机构为主干、以银行及各类定点服务机构为依托、以社区劳动保障工作平台为基础的社会保障管理服务组织体系和服务网络,并逐步向乡镇、行政村延伸。"金保工程"一期建设任务顺利完成,建立了中央、省、市三级网络,并全部实现省、部联网。

……

▶ 简析

"纲要"属于一种重要的计划体公文。它是对某一时期或某一方面的重要工作如何完成,从指标、要求、方法、步骤到措施所作出的书面回答,具有极其重要的指导和规范作用。一般而言,"纲要"不同于"方案""安排""打算"等计划体公文,突出表现为它只是一种提纲挈领式的粗线条勾勒,而且适用时间也较长。正因为如此,在写法上,这种计划有其特定的内容要求与表现形式。这篇《社会保障"十二五"规划纲要》采用分条列项的结构模式,全文共分10个大问题,首先用一个自然段交代制定纲要的背景、缘由、依据和重要性,表明纲要的时间区域,给人以总体印象,然后分为10个大问题进行表述。既有对发展环境的总体评估和认识,又有明确的指导思想和发展目标,更有详尽具体的措施和推进的办法,对于如何加强和推进社会保障这一惠及国计民生的重大问题阐述得非常准确到位,使人"看得见、摸得着",易于贯彻落实;特别是文中注重使用表格的形式对所述内容加以印证和说明,十分清晰,给人以一目了然之感,体现出很强的说服力和可信度。

207 | 什么是要点?

要点也是一种重要的计划体公文。它以简要的文字,反映一个单位在一定时间内工作计划的主要方面和要点,内容十分扼要。

"工作要点"是指通常在一个时期的工作计划尚未正式出台(如年初需等上级机关的"计划")之前,先制订"工作要点"发给下级,待正式的计划出台后,"工作要点"的使命即告完结,所以人们也称它为"准计划"。它与一般"计划"的最主要区别在于一个"要"字。"要点",顾名思义,就是一般工作计划的主要之点,这种"要"突出体现为:内容是工作的主要方面,不像"计划"要兼顾各方;

内容是工作的重要之点,比较原则,不像"计划"兼顾一般,比较具体;内容表述十分扼要,一般篇幅较短,不像"计划"往往需要较长的篇幅。

208 要点的写作要领有哪些?

一、目的明确,重点突出。写进工作要点中的内容,一定要有目的性,要紧紧围绕本单位在一定时期内的中心工作,有目的、有重点地进行阐述,切忌主次不分,漫无目标。

二、要吃透"两头"。一方面要认真学习上级的文件和指示精神;另一方面必须系统了解本单位和本系统的有关情况,把握其有利条件和不利因素,弄清发展工作的潜力。

三、用语要简练。由于是工作计划的"首要之点",故在文字表达上一定要简练,要直陈其事,无须修饰,所提出的措施和办法不必展开,以求内容与形式的和谐一致。

范例与简析

▶ 例文

2014 年煤矿安全工作要点

2014 年煤矿安全工作的总体思路是:认真贯彻落实党的十八届三中、四中全会和中央经济工作会议精神,深入贯彻落实科学发展观,坚持"安全第一,预防为主,综合治理"的方针,牢固树立以人为本、执政为民、安全发展的理念,以深入贯彻落实《国务院关于进一步加强企业安全生产工作的通知》(以下简称国务院《通知》)精神为核心,以强化企业安全生产主体责任为重点,继续深入开展"安全生产年"活动,进一步加强煤矿安全基础建设,加强安全监察监管,不断深化安全生产"三项行动""三项建设",着力降低事故总量,有效防范和坚决遏制重特大事故,努力开创"十二五"煤矿安全生产工作新局面。

根据上述总体思路,要突出抓好以下8个方面、33项重点工作:

一、深入贯彻执行国务院《通知》要求,进一步推动企业落实主体责任

紧紧抓住机遇、深入贯彻落实国务院《通知》精神,扎实有效推动各项工作。

1. 加大宣传贯彻力度。健全完善一整套机制和制度,通过继续深化"安全生产年"活动,深入持久地开展学习宣传,领会好、执行好国务院《通知》精神。

2. 加大执行落实力度。督促各地制定出台贯彻落实的实施办法和配套措施,强力推动企业安全生产主体责任落实到位,规范煤矿安全生产行为。切实加强煤矿领导现场带班、隐患治理和事故查处挂牌督办等重要制度的落实。

3. 加大监督检查力度。定期组织专项调研督导活动,通过督促检查煤矿企业落实国务院《通知》精神的具体做法、了解各地贯彻落实进展情况,并针对存在的问题,提出改进和加强的意见建议,务必把国务院《通知》的每一条要求都落实到位,进一步推动煤矿企业落实安全生产主体责任。

二、强化安全监察监管,进一步推进"打非治违"行动深入开展

紧紧围绕落实国务院《通知》精神及有关要求,进一步加大执法力度,扎实推进"打非治违"。

4. 明确"打非"重点。以非法违法生产经营建设行为和事故多发地区、新建技改、整合重组煤矿为重点,抓住关键,实施准确打击、重点打击、有效打击,该停产整顿的要坚决停产整顿,该取缔的要坚决取缔,该关闭的要坚决关闭。

5. 强化"打非"责任。推进地方加强对安全生产执法工作的组织领导,完善联合执法机制,依法严厉打击非法违法生产经营建设行为;对"打非"工作不力、未能取得实质性进展,特别是包庇纵容非法违法行为、因非法违法导致事故发生的有关责任人,要严肃追究责任。

6. 规范企业行为。督促企业健全完善安全生产规章制度,加强煤矿生产过程安全管理,严肃处理违章指挥、违章作业、违反劳动纪律的行为。

7. 加大执法力度。依法严厉打击煤矿无证无照生产、不具备安全条件擅自生产、关闭取缔后"死灰复燃"以及未批先建、批小建大等非法违法行为,严肃查处煤矿超能力、超强度、超定员组织生产等违规违章现象。

三、强力推进先抽后采、综合治理的根本措施,进一步深化煤矿瓦斯防治工作

全面贯彻落实全国煤矿瓦斯防治工作电视电话会议精神,按照张德江副总理重要讲话要求,以先抽后采、综合治理为根本措施,有效防范和坚决遏制重特大瓦斯事故。

8. 突出预防为主。以落实保护层开采和大面积预抽煤层瓦斯区域防突措施为重点,督促煤矿企业严格做到不采突出面、不掘突出头;把能否落实"两个四位一体"综合防突措施作为评估煤矿是否具备煤与瓦斯突出防治能力的重要指标,有效提升矿井防治技术水平。

9. 强力推进抽采达标。认真落实《煤矿瓦斯抽采基本指标》要求,出台《瓦斯抽采达标规定》,督促煤矿企业建立瓦斯抽采达标自我评估体系,组织各地开展瓦斯抽采达标监督检查和专项监察,建立和完善瓦斯抽采管理和考核等制度,督促高瓦斯和突出矿井严格落实瓦斯应抽尽抽、不抽不采的要求,对抽采不达标的矿井实施停产整顿。

10. 强化瓦斯防治基础工作。修订《矿井瓦斯等级鉴定办法》,进一步规范矿井瓦斯鉴定工作,从基础入手严格矿井瓦斯管理。加快瓦斯灾害防治等关键技术、先进装备的推广应用,进一步推进煤矿建设瓦斯防治工作体系,落实"通风可靠、抽采达标、监控有效、管理到位"的要求。

11. 加强现场管理。切实做到"三严格、三加强",即:严格遵守采掘作业的安全操作规程,严格落实"两个四位一体"综合防突措施,严格执行领导干部带班下井制度;加强作业现场瓦斯实时监测监控,加强通风管理,加强现场劳动组织管理,有效防范事故。

12. 发挥政策引导作用。认真执行安全费用提取使用规定,组织落实好国债补助资金支持的煤矿瓦斯防治和安全技术改造项目,加强协调、推动落实瓦斯抽采达标、发电上网加价、利用补贴政策等落实到位。

四、坚决淘汰落后生产能力,进一步推进企业兼并重组和整合技改工作

深入贯彻落实《国务院关于进一步加强淘汰落后产能工作的通知》和国务院办公厅转发的《关于加快推进煤矿企业兼并重组的若干意见》要求,研究制定相关措施,严格安全许可,扎实推进工作。

13. 规范企业兼并重组。继续支持有条件的大型企业或企业集团兼并

重组小煤矿；督促指导参与兼并重组的各方，明确主体，落实责任，加强管理，加大投入，提高水平，防范事故。

14.坚持严格准入和有序退出。新建、在建和整合技改矿井，要充分考虑地质灾害、技术防治水平等因素，科学进行规划设计和安全评价；经论证现有技术难以有效治理的高瓦斯矿井、煤与瓦斯突出矿井和其他灾害严重的矿井，要下决心停产整顿，有序退出。

15.加强检查执法。督促各地认真落实13部委局《关于进一步规范煤矿资源整合技改工作的通知》要求，对相关矿井进行全面清理整顿，并严格执法，对那些借整合或技改之名、行违法违规组织生产之实的矿井，坚决依法予以关闭。

五、以推进安全质量标准化建设为重点，进一步强化安全基层基础管理遵照张德江副总理重要讲话要求，落实岗位安全责任制，积极创建安全质量标准化矿井，推进小煤矿机械化，认真组织开展安全培训，提升班组安全管理水平，强化安全基础管理。

16.深化安全质量标准化建设。不断推进以"三达标"（岗位达标、专业达标、企业达标）为内容的煤矿安全质量标准化建设，选树典型，总结经验，适时命名表彰一批示范企业。同时，对2011年底达不到省级安全质量标准化最低等级的煤矿，一律停产整改；限期仍未达标的，要依法予以关闭。

17.扎实推进煤矿班组安全建设。研究出台《煤矿班组安全建设规定》（暂定名），督促指导企业研究编制建设规划和管理标准，切实发挥班组安全生产前沿阵地作用，认真抓好"五落实"。同时，加大宣传力度，掀起一个煤矿班组安全建设的新热潮。

18.督促企业严格落实领导带班下井制度。把企业执行该制度情况作为煤矿安全执法的重要内容，对达不到《煤矿领导带班下井及安全监督检查规定》要求的，要严肃问责。

19.继续深化煤矿隐患排查治理。督促指导各地区、各煤矿企业认真执行和落实隐患排查、治理、报告制度和重大隐患挂牌督办制度，建立并实施风险预控管理体系。对存在重大隐患的，必须停产整改，并要实行整改效果评价，确保整改到位。

20.大力推进小型煤矿机械化。按照4部门《关于推进小型煤矿机械化的指导意见》，督促各地制定发展规划，推进组织实施。

21. 强化安全教育培训。出台《煤矿安全培训规定》,规范煤矿安全培训工作,不断提高从业人员素质。督促企业做到"三项岗位人员"持证上岗、煤矿职工全部培训合格后上岗,依法依规与职工签订劳动合同,切实维护职工合法权益。

22. 监督检查中央企业煤矿安全生产工作。坚持属地管理原则,督促落实地方煤矿监管部门对中央企业煤矿的日常监管工作;执行和落实统计分析制度,定期召开交流分析会议;开展督导调研,指导中央企业煤矿安全生产工作。

23. 加强和改进煤矿生产能力管理。修订《煤矿生产能力核定办法》,指导和监督地方煤炭行业管理部门开展煤矿生产能力核定工作。

六、坚持实施"科技兴安"战略,进一步提升煤矿安全保障能力

积极建立与工业化、信息化发展相适应的煤矿安全科技支撑体系,切实提高煤矿技术装备水平和安全保障能力。

24. 加快建设完善井下安全避险"六大系统"。全力推进"六大系统"建设步伐,加大督促检查力度,发挥典型示范作用,推进实现分期建设的目标;逾期未达标的,依法暂扣安全生产许可证。

25. 推进加强煤矿安全技术管理。认真督促企业落实安全生产技术管理责任制,宣传好、贯彻好、应用好《煤矿总工程师技术手册》。出台《关于进一步加强煤矿企业技术管理工作的意见》,强化企业技术管理机构的安全职能,落实安全技术管理责任,加强企业安全技术队伍建设。

26. 大力支持科技研发和推广应用。围绕瓦斯、水害、火灾等重大灾害预警和防治体系建设,积极组织开展产学研科技攻关,在大力推广煤矿新技术、新装备的同时,及时淘汰落后技术、装备。

七、严格事故查处和责任追究,进一步用事故教训推动工作

以切实维护广大人民群众最关心、最直接、最现实的利益为出发点,严格按照"三项基本要求"和"四不放过"原则,进一步提高煤矿事故调查处理工作的能力和水平。

27. 以更加严肃的态度查处事故。做到"四个更加注重",即:更加注重分析研究事故深层次的技术和管理原因,提高事故调查质量;更加注重事故调查过程中的协调沟通,提高事故按期结案率;更加注重完善挂牌督办制度,完善并落实事故后约谈、现场分析会、事故通报和跟踪督导"四项制

度",确保责任追究落实到位,公开曝光到位;更加注重总结各类事故中的共性和规律性问题,并及时上升为法律法规、规程标准。

28. 以更加严格的要求追究责任。做到"四个加大",即:加大对非法违法生产导致事故的查处力度,加大对重大隐患整改不力引发事故的查处力度,加大对事故瞒报、谎报、迟报、逃匿行为的责任追究力度,加大对责任追究落实情况的监督检查力度。同时,突出预防,厉行责任追究"关口前移",对重大隐患整改不彻底和"打非治违"不力的,要追究责任。

29. 以更加严厉的手段查处事故背后的腐败行为。加大煤矿事故举报信息核查力度,加大对重特大事故背后腐败行为的追查和惩处力度,并充分发挥社会和舆论的监督作用。

30. 以更加有效的措施加强煤矿职业安全健康工作。贯彻落实《煤矿作业场所职业危害防治规定》,督促煤矿企业落实职业危害防治主体责任;将煤矿作业场所职业危害监察列入"三项监察"的重要内容,认真做好申报工作。

八、继续深入开展创先争优活动,进一步加强安全监察监管队伍执法能力建设

深入开展以"争做安全发展忠诚卫士、创建为民务实清廉安监机构"为主题的创先争优活动,更好地履行党和人民赋予的职责。

31. 不断提高思想认识。深入学习贯彻党的十七届五中全会和中央经济工作会议精神,贯彻落实中央领导同志关于深入开展创先争优活动的一系列重要讲话精神,积极投身于创先争优活动,不断提高政治意识、宗旨意识、大局意识、责任意识,认真履行工作职责。

32. 加强党风廉政建设。认真贯彻落实党中央、国务院和中央纪委关于加强党风廉政建设的有关规定,不断强化党风廉政建设"一岗双责",强化监督,廉洁从政。

33. 强化业务能力建设。加强教育培训,不断提高执法效率效能;关心爱护基层执法人员,不断改善执法条件,进一步增强队伍的凝聚力和执行力。

▶ 简析

此文系国家煤矿安全监察局所拟制的一份工作要点。全文明显地分为前

言和主体两大部分,其中前言部分用扼要语句交代了制订要点的总的指导思想,给人以概括的了解,紧接着主体部分采用条项贯通的结构形式,顺次列出了8大方面、33项重点工作。对于每一方面重点工作的叙写,先用扼要语句进行概括,紧接着又另行加入一段解释性说明性文字,以突出该方面工作的重心所在,彰显出了这篇要点的写作特色。而且,对于每一项重点工作的表述,均采用了撮要表达的手法,要句明确集中,便于理解和把握,而这对于计划内容的贯彻执行是十分必要的。在这方面,本文堪称典范。

209 什么是方案?

方案是按有关管理目标,对未来要做的某一重要的专门事项,从总体筹划上所作的最佳选择与安排。

方案是计划的一种具体表现形式,侧重于对某一专项工作从目的、要求到方式、方法到具体进度做出详尽的安排,内容单一,专业性强,在实践中具有较高的使用频率。

210 方案的写作要领有哪些?

一、要体现创意。在实践中,机关单位所开展的各种专项活动往往很多,并进而需要形成相应的实施方案。由于这一计划文种使用频率较高,故而时常出现因循陈规,"旧瓶装新酒",将新的工作、新的活动内容套用老的方案,既不符合这一文种的写作要求,也不利于工作的顺利开展。因此,撰写方案应讲求开创性,要在具体的步骤安排、实施办法等方面不断提出新的思路,体现出新的创意,以最大限度地推动工作的深入开展。

二、要体现科学性和可行性。即指方案当中所提出的有关任务目标、步骤安排、落实办法、措施和要求等,一定要符合客观的实际情况,要着眼于工作的发展变化趋势,本着务实的态度及科学合理的原则加以制定,以利于取得预期的效果。

三、要注意协调性。即要注意所提出的方案一定要与上级的指示精神相协调,防止出现抵触的现象,同时还要注意方案本身的综合平衡,防止出现计划与执行的矛盾。

范例与简析

▶ **例文**

中央和国家机关公务用车制度改革方案

　　为贯彻落实党的十八大和十八届三中全会精神以及《党政机关厉行节约反对浪费条例》,推进中央和国家机关公务用车制度改革,加快建立新型公务用车制度,有效降低行政成本,根据《关于全面推进公务用车制度改革的指导意见》,制定本方案。

　　一、目标和原则
　　(一)总体目标
　　围绕建设节约型、廉洁型机关的要求,坚持社会化、市场化方向,转变传统的公务用车运行管理方式,合理有效配置公务用车资源,创新公务交通分类提供方式,实现公务出行便捷合理、交通费用节约可控、车辆管理规范透明、监管问责科学有效,为全国公务用车制度改革作出示范。
　　(二)基本原则
　　1.坚持制度创新、保障公务出行。改革公务用车实物供给方式,取消一般公务用车,普通公务出行方式由公务人员自行选择,实行社会化提供并适度补贴交通费用,从严配备定向化保障的公务用车。
　　……

▶ **简析**

　　这是一则关于公务用车改革的方案。与其他计划体公文相比,方案更注重体现解决问题的整体性和复杂性,本文就充分表现了这一点。
　　开头部分,说明了制定方案的目的和根据,表明了实施方案的主体,并用过渡句"现提出如下具体工作方案"引出主体部分的内容。
　　主体部分是本文的重点,包括四项内容。一是公车改革的总体目标和原则,既有总体目标,又有基本原则,非常明确具体,让人一看便知,易于掌握和执行;二是公车改革的主要任务即重点方面和内容,文章的标题是中央国家机关公务用车的改革方案,这部分即重点介绍了实施这项活动的具体内容,主要包括改革范围、改革方式、车辆处置、司勤人员安置等几个方面,每项内容均加到明确具体,界限清晰,这是方案写作必须做到的,要细致入微,不能让人模糊不清;三是保障措施,包括加强保留公务用车管理、严格财务管理、加强公务用车纪律检查和审计、切实保障公务出行等几个方面,规定得也十分明确详尽,既有正面规定,也有反面的禁止措施,应该怎样做,不能怎样做,界限十分清楚;既有原则性要求,也有符合实际的部署,还有明确的所要达到的目的,充分体现了方案这一文种的特殊性;四是加强组织实施。采用撮要表达的形式,从四个方面提出了明确具体的工作要求。从总体上看,该文的内容虽然复杂,但仔细进行分析,只要抓住该文的写作思路,并从符合实际的工作中去真正开动脑筋,就一定能写出有分量的公文来。

211 什么是安排?

安排是对未来短期内就某项工作作出先后安排与时间筹划、提出要求和任务的一种计划体公文。它适用于范围较小、时间较短、内容单一、要求具体的短期行为。

212 安排的写作要领有哪些?

一、要注意安排与方案的区别。从某种程度上说,安排与方案有共同之处,但也有很大的区别。安排主要用于短时间内的工作,而方案则主要用于专门性的某一中心工作或某一重要事项;同时,安排是对已经确定的一个时期工作计划的具体分解与贯彻,而方案则是对尚未定局的新问题,有待于通过此种文书来加以认定。

二、要注意区别安排与打算的不同。两者的不同主要体现在确定性程度上的细微差异。一般来说,对近期内要做的某一具体工作,由于受主客观条件的限制对其中某些指标和措施等的考虑可能还不够完善和具体,在此种情况下,即用"打算"行文,而对于已有明确指标和措施的工作事宜,则一般使用"安排"。

三、要讲究可行性。在有关时间安排上要充分考虑到实际需要与可能,尽量留有可调节的余地,不要规定得过于机械,以免画地为牢,在实际执行过程中因突然出现的变化而造成被动。

四、要注意内容组织的严密性和合理性。做到条理清楚,目标明确,措施具体,便于执行和落实。

范例与简析

▶ 例文

2013年食品安全重点工作安排

2012年,各地区、各有关部门按照国务院的部署,深入开展食品安全治理整顿,强化日常监管,严惩重处食品安全违法犯罪,消除了一大批食品安全隐患,保持了食品安全形势总体稳定向好。但制约我国食品安全的突出矛盾尚未根本解决,问题仍时有发生。为进一步提高食品安全保障水平,根据《国务院关于加强食品安全工作的决定》(国发〔2012〕20号)和国务院关于地方改革完善食品药品监督管理体制的有关精神,现就2013年食品安全重点工作作出如下安排:

一、全面排查隐患,深化治理整顿

(一)深入开展风险隐患排查整治。各地区、各有关部门要集中力量全面组织开展食品安全风险隐患大排查大整治,在种植、养殖、屠宰、生产、流通、餐饮以及进出口等各环节广泛排查各类食品安全风险隐患,深挖带有行业共性的隐患和"潜规则"。重点排查列入《食品中可能违法添加的非食用物质和易滥用的食品添加剂名单》的物质。强化进口食品检验检疫和监督管理,坚决依法处理不合格食品,防止不合格食品进入流通和消费领域。在此基础上,建立风险隐患清单,实施整治督办制度,坚决清理整顿不符合食品安全条件的生产经营单位,坚决取缔"黑工厂""黑作坊"和"黑窝点",切实净化食品市场和消费环境,有效防范系统性、区域性食品安全风险。

……

▶ 简析

　　这份工作安排写得很有特色。开篇占用一个自然段交代了制定安排的缘由和背景情况,在充分肯定一年来食品安全整顿工作取得阶段性成效的基础上,以过渡句"现就2013年食品重点安全工作作出以下安排"递进到2013年食品安全工作主要任务和有关要求的叙写。对主要任务的表述,采用撮要表达技法,紧紧围绕"加强食品安全"这一主题概括列出6个大的方面的内容事项,包括全面排查隐患,深化治理整顿;严惩违法犯罪,加强应急处置;加强能力建设,夯实基层基础;加强诚信建设,落实主体责任;加强组织保障,严格责任追究。每个大项目下面总共包含24个小项目,阐述得十分具体明确,对有关措施要求的表述也是如此,给人以清晰深刻的印象,便于安排内容的贯彻落实。在写作技巧上,全文采用分条列项的结构模式,6个大标题对称工整,下设各个项目标题均采用撮要标目的表达方式,十分连贯顺畅,重点突出,易于理解和执行。

213 什么是新闻通稿?

　　就通常情况而言,新闻通稿是新闻机构在采访到一些重要新闻以后,以统一的稿件方式发给需要稿件的各有关媒体。这就叫作通稿。随着公务活动领域的不断扩大,信息传播速度的加快和渠道的增多,越来越多的党政机关和企事业单位在对外发布新闻的时候,为了统一宣传口径,也会组织新闻通稿,以提供给需要的新闻媒体。新闻通稿是指反映各机关单位有关政策、会议、活动和事件等方面工作可供新闻发布会和新闻单位使用的稿件。

　　按照基本的表现形式,可将新闻通稿分为消息稿和通讯稿。按照报道的对象,可将其分为反映人物的新闻通稿、反映事件的新闻通稿、反映经验的新闻通稿和反映会议的新闻通稿等。

214 新闻通稿的写作要领有哪些?

　　一、要把握好报道时机。新闻通稿具有很强的时间性,要求报道得越快越好,它直接关系到宣传的效果。因此,在写作时要注意配合党和政府以及上级主管部门新的指示精神、新的方针政策和新的工作部署;要注意密切配合当前的中心工作和热点问题,及时加以反映。否则,时过境迁,就失去了"新闻"的意义和价值。

二、要准备充分。一般来说,对于所要发布的新闻通稿,应该准备两篇以上,至少保证一篇消息,一篇通讯。消息中应该包括整个事件的过程。通讯则是对消息内容的补充。既可以是整个事件组织的背景情况介绍、也可以是一些花絮或者是参与事件的人物故事等。

三、要处理好相关的要素交代。由于是新闻类稿件,就离不开新闻文体构成的诸要素,包括时间、地点、任务、事件、起因、结果等等,要根据实际情况作出恰当的处理,做到完整得体,能够切实反映问题。文字要严谨,内容要充实,数字要准确,确保稿件的全面性、真实性和时效性。

四、要力求活泼新颖。要在切实掌握充分可靠材料的基础上,运用鲜活流畅的语言增强行文的可读性,力避干瘪陈旧的叙述或者泛泛而论,这是新闻通稿写作极为重要的一环。

范例与简析

▶ 例文

<h3 style="text-align:center">体系构建协调发展改革创新</h3>

——职业教育改革发展座谈会在京召开

日前,教育部在北京召开了"职业教育改革发展座谈会"。本次会议是贯彻落实全国教育工作会议精神和教育规划纲要要求,为在新阶段、新起点、新体制下,加快构建现代职业教育体系,推进职业教育改革创新、科学发展,广泛征求战线意见。全国部分省(区、市)教育行政部门、地市人民政府、行业部门(协会)、企业、教育研究机构、职业学校院校长等36名代表应邀出席了座谈会,并针对中高等职业教育科学定位、分类指导、沟通衔接、协调发展等议题发表了意见和建议。教育部相关司局、直属单位有关同志列席了会议。

教育部副部长鲁昕同志在认真听取与会代表发言后,就"为什么要建现代职业教育体系""什么是现代职业教育体系""如何构建好现代职业教育体系"等问题讲了话。鲁昕指出，构建现代职业教育体系是经济社会发展规律和职业教育自身发展规律决定的，是产业结构调整升级、经济发展方式转变、国家教育战略目标决定的，也是实践教育规划纲要提出的系列教育新理念、满足终身教育需求的必然要求。鲁昕认为，现代职业教育体系的构建需要满足四个方面的要求：一是经济发展方式转变；二是服务产业结构调整和升级；三是体现终身教育理念；四是中等职业教育和高等职业教育协调发展。

鲁昕指出，中等职业教育具有高中阶段教育和职业教育双重属性，中等职业学校要明确以培养高素质劳动者和技能型人才为主要目标，以提高质量、加强建设和规范管理作为主要任务；高等职业教育具有高等教育和职业教育双重属性，高等职业学校要坚持以培养生产、建设、服务、管理第一线的高素质技能型专门人才为主要目标，以提高质量、创新体制、优化结构为主要任务。中高职协调发展必须符合经济社会发展规律，符合人的身心发展规律，符合职业教育发展规律。推动中高职协调发展，中等职业教育具有基础性作用，高等职业教育具有引领性作用。中高等职业学校都要明确自身定位，分工合作，在各自层次上办出特色和水平。

鲁昕强调，要以中高等职业教育管理体制改革为契机，统筹规划中高等职业教育发展，优化学校布局和专业结构，系统设计人才培养方案，探索多样化人才培养模式，加强师资队伍建设，改革招生考试评价制度，提升职业教育整体发展水平，努力形成适应经济发展方式转变和产业结构调整要求、体现终身教育理念、中等和高等职业教育协调发展的现代职业教育体系，发挥好职业教育对促进就业、改善民生、建设和谐社会的重要作用。

▶ 简析

这是教育部发布的一则关于职业教育改革发展座谈会新闻通稿。从全文来看，主题非常明确、集中、单一，标题采用正副题的结构形式，正题"体系构建、协调发展、改革创新"，对全文所反映的内容加以高度概括，副题揭示出会议名称和召开地点，二者相辅相成；主体部分首先用一个自然段扼要交代会议召开的背景和基本情况，给人以概貌的了解；然后分三个自然段概述了鲁昕副部长的讲话精神，而这三个自然段正是分别从如何构建职业教育体系、如何促进职业教育协调发展、如何推动职业教育改革创新等三个方面进行阐述的,内在逻辑关系紧密,文字严谨,概括性强,体现出了新闻通稿写作的规律性特征和基本要领。

215 什么是信访回复与答复？

信访回复和答复,是指有关部门将信访事项的办理情况、复查或复核意见回复信访人的一种文书。这是各级各部门处理信访事项的一个重要环节,是信访人通过信访活动求得的结果。

由于信访活动所涉及的内容比较复杂,所以其具体的种类也就多种多样。但无论如何,其基本的结构模式和撰写要求大体相同。

216 信访回复与答复的写作要领有哪些？

一、要有准确性。由于信访回复或答复的政策性很强,代表着一级组织的意见,因此务必讲究准确性,包括对有关政策条款的援引和解释、对有关情况的认定和说明等等,其遣词造句一定要做到准确简明,恰切得体,力求通俗易懂,切勿语义两歧,令人费解或误解。

二、要有针对性。亦即写进信访回复或答复中的内容,必须紧紧围绕信访人所反映的问题进行"对号入座",决不可避而不答,旁骛枝节,更不可答非所问或者绕开问题泛泛空谈。如果信访事项不止一项,要逐一进行回复和答复,而且意见要明确具体。

三、要有时间性。信访回复或答复必须在法定期限内送达信访人,既可直接送达,也可挂号邮寄送达。要在收到信访件之后,依据有关政策条例规定,及时作出回复或答复。决不能无故拖延,以维护组织的形象和公信力。值得注意的是,如属上级机关交办的信访事项,要将办理情况向交办机关作出报告;如属其他机关转送的,也要向转送机关通报办理的情况和结果。

四、要有程序性。信访回复或答复的形成是一个复杂过程,从信访事项的登记、调查核实、协调处理到书面答复的拟写、审核、发出等,每个环节都有不同要求。在拟写时一定要严格按照特定程序进行，以确保文书的质量和效用。

范例与简析

▶ 例文

尊敬的×市长：

到目前为止，我们对"教育乱收费"还没有一个准确的定义。

1. 如果说，除了××市物价局等单位规定的几个收费项目以外的收费都是"乱收费"，那么我可以毫不夸张地说：××市的"乱收费"几乎在所有的九年义务教育的学校都存在，因为几乎所有的学校对学区以外的学生，除了收取"借读费"之外，还有数额不等的"赞助费""择校费"。如果这样，按照教育部部长对人民的承诺，××市的这些学校的校长岂不都要受到处理？

2. 如果收取"赞助费""择校费"不是乱收费，那么为什么不把这些收费列入物价局等单位公布的收费标准？为什么各校在收取这些费用时是那么的随意？是不是年收费在1.5万元以内都是允许的？政府准备采取哪些手段监督这些收费的使用？期待着您的答复！

×××

200×.9.6

关于义务教育阶段收费项目和收费管理问题的回复

×××同志：

您好！您给×副市长的邮件我局已收到。现就义务教育阶段的收费项目和收费管理方面的有关情况向您说明如下：

我市义务教育阶段实行学生免试就近入学的方法进行招生，保证每个学生在公办学校有一个学位。国家规定学校对学生收取杂费、代办费、借读费等，住宿的学生收取住宿费。其他有些项目自愿参加，按实收取。如果本人要求择校借读，根据我市规定，义务教育阶段还要交不超过1.5万元的捐资助学款。学校对学生收取的费用都是有严格管理要求的。国家规定的收费项目要用省财政厅印制的"中小学收费收据"，捐资助学款要用省财政厅印制的"捐资助学专用票据"。所有收费都要进入财政专户。代办费实行多退少补的方法,学期结束前学校将代办费支出清单打印给学生,接受学生和家长的监督。近年来,各校都将"教育收费公示表"长期在校内公示,接受社会的监督。各级物价部门和教育主管部门都加大了对中小学收费工作的检查力度,对违规收费行为进行查处。

××市教育局
200×年9月24日

▶ 简析

品读这份信访件及其答复件,可以看出其在写法上符合规范要求。针对信访件所提出的义务教育收费项目和收费管理方面的问题,答复件既有现实情况的陈述,又有国家政策规定的解释,而且着重强调每一收费项目都有严格的管理要求,包括所使用的票据情况以及经费的去向、管理使用情况等等,都交代得清清楚楚,依据充分,用语得当,富有针对性和说服力。

217 什么是总结?

总结是对已经完成的某项工作或某一阶段的工作进行全面系统的回顾和分析研究,明确所取得的经验、成绩和应当吸取的教训、存在的问题,并使之条理化、规范化的公文。

总结的作用主要在于肯定成绩、积累经验、发现问题、找出教训、认识规律、明确方向,以指导今后的工作。

总结从不同的角度有不同的分类办法,从内容含量的多少来分,主要有以下两种:

一、全面总结。又叫综合总结,主要是对一个地区、一个单位、一个部门或某一系统前一阶段各项工作进行综合性分析,是全方位、多角度、深层次的总结。

二、专题总结。也称为经验总结,是对某项具体工作或某项工作的某一侧面,或工作中某一突出问题所作的专门性分析总结。这类总结内容比较集中、单一,针对性强,写作时要求有一定的认识深度,能够概括出带有规律性、指导性的内容。从写作目的来讲,这类总结强调经验、教训或带有倾向性、普遍性的问题。因而,在写法上要求更细致、更具体、更集中,但篇幅不宜过长。

218 总结的写作要领有哪些?

一、找出规律,突出重点。总结的目的,在于立足当前、面向未来,以使对今后工作的认识更加明确、行动更加自觉、步伐更加稳健有力。为此,就必须通过总结找出工作中带有规律性的东西,即能够揭示事物本质、内在联系和指导价值的东西。所以,写"总结"应切忌"流水账"。所谓"流水账",即不分主次,不讲轻重,事无巨细,面面俱到,眉毛胡子一把抓,西瓜芝麻一起端。克服这种现象的唯一办法就是突出重点。所谓"重点",是指事物的主要矛盾和矛盾的主要方面。具体说,就是把工作中的基本经验、主要做法,贯彻党的方针政策上的成功之处,指导工作开展的得力之法,推动事业顺利进行的关键所在……总结提炼出来。只有这样的"总结",才是积累智慧的"宝库",达到认识彼岸的"桥梁"。那种"千年模样一个样"的"通用总结"(即每到年底,把上一年的"总结"找出来,改改日子,换换数字,开头增加点新的提法,以此应付上级机关)理应加以杜绝。

二、"功夫下在平时"。写"总结"最根本的一条是丰富地占有材料,"巧妇难做无米之炊"。要想解决这个问题,只靠写"总结"时才去现翻材料、现给下级打电话要数字、要例子是不行的,而是要把材料积累的功夫真正下到平时。比如对党和国家在方针、政策上一些重大的、最新的提法;上级组织有关本部门、本系统工作一些新的要求;本机关每一位领导同志在有关工作上的一些新的意图、见解、评论、想法,特别是他们走着溜着、随时随地随口而出的一些零零碎碎的想法、看法,一定要记在心中。以上这些是"上头"。还要注意掌握"下头",机关内部及下面基层单位出现的工作新动向、新苗头,以及典型人、典型事,特别是群众中出现的对工作精神的见解、评价及含义深刻的"火花"式的语言。积累的方法是处处留心,看到就摘、听到就记,越记越丰富,越记越熟悉。既有上情,又有下情,这"情"就是写总结的养料,有了丰富的养料就"如虎添翼",写起"总结"就会随手拈来,轻车熟路,否则,临起草"总结"时现抱"佛脚","先搭架子后填肉",这样临时拼凑、填充起来的"总结"势必言之无物,空话连篇。

三、"磨刀不误砍柴工"。当我们正式接受撰写"总结"的任务之后,不可急于求成,立刻铺纸操笔,匆忙动手。而应在占有大量材料的基础上,认真分析研究,进行思维加工,将零散的、感性的材料,通过归纳、分析,使其上升到系统、理性的高度,明确结论、确立观点。然后列个提纲,做个书面"设计"。待上述准备完结后,再下笔写作。从时间上看,好像这样占去了不少时间,不太划算,不如接到任务后马上动笔来得快,其实不然。前者由于经过较为充分的思考,观点确立准、材料选得精、结构思路清,这样写出的"总结"一般不会出现较大的返工;后者由于匆忙上阵,缺乏充分思考,不但写起来"缺胳膊少腿",而且由于"怀胎"月份不够是个"早产儿",所以常会出现大返工,甚至被领导推倒重来,事倍功半,反倒耽误了时间。所以说"七分想,三分写"是快速成文的一条经验。俗话说得好:"磨刀不误砍柴工。"

四、不要"十步九回头"。当按照提纲正式动笔写作时,一开始不要过多考虑文字的技巧。俗语讲"抛砖引玉""难能可贵的第一稿",要以"小卒子过河直攻向前"的精神,跑步向前把初稿铺就出来。也就如同盖大楼一样,先把四框垒起来,而后再精雕细琢。俗话讲"有了骨头不愁肉",然后再修修补补、抹灰压缝,"齐不齐,一把泥"。写"总结"也是在"冲"出初稿之后,再进行修改、推敲、润色,使之成文。总之,千万不要写写停停、停停改改。"十步九回头",改乱了撕掉,撕后再改,如此边写边改、边停边改,既浪费时光,又容易引起情绪上的烦躁,扰乱了预想的安排。总之,起草初稿犹如"冲锋",尽量一气呵成,宜粗不宜细;修改稿子时则要精雕细刻,好似"绣花",宜细不宜粗。

五、行文要规范。"总结"不是一个主要、正式文种,加之它的行文属性是"中性",因此,在上报和下发时,都要从主要、正式文种中选择"报告"和"通知"做"文件头",载运着"总结"分别向上和向下行文,切不可"天马行空,独来独往"。"总结"虽作为"附件"随"文件头"运行,但它与一般文件的附件不一样,其落款处也要加盖印章,以示负责。

六、把握症结,确定避就。写作总结这一文种常见的问题主要是:

1. 写成"流水账"。只摆工作过程,总结不出具有规律性的经验教训。或者讲几条干巴巴的、人所共知的所谓经验,没有一点新鲜味道。

2. 只讲好,不讲坏,只讲"过五关",不讲"走麦城"。歌功颂德有余,揭露问题不足。缺点和问题,只有大小之分,轻重之分,多少之分,决不存在"有""无"之分。只谈成绩,不见问题,是一种片面性,是形而上学,是不实事求是的态度。

3. 把支流当成主流,把现象当成本质。克服这种毛病的办法,除了执笔者深入实际进行调查研究,不断提高观察问题、分析认识问题的能力外,还要多同群众交换意见,多开座谈会,开展集体讨论,集思广益,抓住问题的实质,就能写出符合实际情况的工作总结来。

4.结构不连贯,不协调,甚至前后矛盾。凡是集体起草的工作总结,必须确定"主笔",对最后的文字负全责,决不能搞"分散主义"。

要想写好总结,以上四点是在撰写过程中应该必须力求避免的。

范例与简析

▶ 例文1

中共××县委组织部2015年工作总结

今年以来,我部在县委的坚强领导和市委组织部的正确指导下,坚持以邓小平理论和"三个代表"重要思想和科学发展观为指导,深入贯彻落实习近平总书记系列重要讲话精神,紧紧围绕县委中心工作,以加强党的执政能力建设为重点,不断强化全县各级领导班子和干部队伍建设、党的基层组织和党员队伍建设,以及组织部门自身建设,为加快发展,富民强县,全面建设小康社会提供了坚强的组织保证。

一、坚持"选、育、管"一条龙,各级领导班子和干部队伍建设得到了加强。

今年以来,我们始终抓住"选、育、管"三个重点环节不放松,注重教育、严格选任、加强管理,使各级领导班子和干部队伍建设得到了明显加强。一是抓教育培训。在干部教育工作中,我们始终坚持在职自学和集中培训相结合,在抓好党委党组中心组学习和干部在职自学的同时,重点开展了大规模的集中培训,先后举办了科级干部进修班、青年干部培训班、妇女干部培训班、组工干部培训班、《干部任用条例》专题辅导班、"四增一树"骨干培训班等多期干部集中培训班,同时,严格坚持干部培训申报审批制度,审批了县直机关工委、县团委等部门办班3期。在此基础上,我们还严格按照市委组织部的要求,选派了53名同志参加了上级党校和行政院校的学习培训,有效地提高了干部队伍的整体素质。二是抓选拔任用。在干部选拔任用工作中,我们在继续坚持德才兼备、实绩突出、群众公认等原则的前提下,把工作重点放在了严格程序、规范操作上,进一步提高了干部选拔任用工作的民主化程度。在今年的干部调整工作中,我们普遍实行了定向推荐、民意测验、民主评议和考察预告、任前公示、任职试用期制等改革措施,扩大了群众对干部选拔任用的知情权、参与权、选择权和监督权。今年以来共公示拟提拔干部61人,社会反映较好,公示对象均得到了提拔使用。8月份,我们制定出台了《县委常委会任免干部投票表决办法》和《县委全委会任用乡镇和县委、县政府工作部门领导班子正职投票表决办法》,在干部选拔任用工作中推行"票决制"。根据这两个办法的规定,10月份,我们对22名拟提拔、调整的干部进行了投票表决,并对1名县政府工作部门正职的拟任人选和推荐人选,逐个征求了全委会成员的意见。"票决制"的实行真正发挥了县委常委会的决策作用,有效地防止了个人说了算等用人上的不正之风。三是抓监督管理。今年以来,县委十分重视加强对领导班子和领导干部的监督管理工作,在监督管理的方式、内容、对象等各方面都有了进一步改进和加强。在监督管理的方式上,由党内监督逐步向群众监督和舆论监督延伸,由工作领域逐步向生活领域和其他领域延伸,由八小时之内逐步向八小时之外延伸,并充分利用广播、电视等媒体和群众来信、来访等渠道,不断加大干部监督管理的力度;在监督管理的内容上,坚持两手抓,一手抓作风建设,通过加强思想教育和理论学习,提高领导干部自我监督和管理的自觉性,另一手抓制度建设,通过各项规章制度的建立和完善,从根本上约束和规范领导干部的行为;在监督管理的对象上,不断扩大范围,逐步由在职领导干部向离退休老干部和年轻后备干部拓展,对于离退休老干部经常进行走访慰问,积极落实"两费"待遇,并利用节假日组织老同志进行了象棋、麻将、钓鱼等比赛,丰富了他们的文化生活,同时,把年轻后备干部的管理作为一项重要的工作来抓,出台了《关于加强科级党政班子后备干部管理工作的意见》,对德才兼备、实绩突出、群众公认、各方面条件比较成熟的后备干部,及时提拔使用。目前,我们已建立系统的后备干部人才库,共掌握各级各类后备干部近300名,其中市管后备干部30名,一把手后备干部55名,副科级后备干部214名,为加强各级领导班子建设储备了一支数量充足、门类齐全、专业配套、素质优良的后备干部队伍。

二、坚持"好、中、差"一齐抓,党的基层组织建设得到了加强。

在党的基层组织建设工作中,我们坚持抓两头、带中间的工作思路,先实行典型引路,再向面上延伸,逐步达到整体推进、全面提高的效果。今年以来,我们突出抓了三个方面的工作:一是完善工作机制。今年以来,我们继续抓好《村级党建联络员、辅导员制度》《乡镇党委"党建工作日"制度》《县级党员领导干部联系乡镇、村制度》《县直党政机关包扶后进村制度》和《县委组织部机关人员联系科级单位制度》等各项制度,有效地构造了县、乡、村联动的共建Network,形成了良好的"联创"态势。同时,我们在对基层组织建设工作的考核上,健全机制,完善内容和方法,实行"月督、季查、年评",检查后及时通报,年终根据经济、信访、综治、计生等单项工作的考评情况,结合平时考核情况,综合评定结果,实行"进类奖,退类罚,末类诫勉",使县委对各基层党组织抓基层组织建设工作考评形式和考评结果更客观、更全面、更科学。二是创新活动形式。今年以来,我们在农村基层组织建设中开展了"创建典范、整治后进"活动,其中典范村的创建由县级党员领导干部牵头,乡镇主要负责人联系,乡镇选派工作组具体负责,后进村的整治由县级党员领导干部牵头,县乡选派联合工作组具体负责,由乡镇主要负责同志任组长,县直机关单位主要负责人任副组长,一名县直机关后备干部和一名乡镇科级干部为成员驻村整治。通过"创建典范、整治后进"活动的深入开展,我县农村基层组织建设水平得到了进一步提高。同时,我们在县直机关中开展了以"比学习、比招商、比创新、比纪律、比服务、比效率,看实绩"(简称"六比一看")为主题的争先创优活动,进一步提高了机关党组织的创造力、凝聚力和战斗力。三是严格兑现奖惩。今年初,我们对2009年度农村基层组织建设工作情况进行了综合考评,并在全县组织工作会议上,对综合考评为"一类乡镇党委"的单位进行了表彰,授予五个乡镇党委"党建工作先进单位"称号,并各奖励人民币3000元。通过严格兑现奖惩,进一步激发了各基层党委"争先创优"的内在动力,有力地促进了基层组织建设的深入开展。四是扎实做好选派工作。今年是第一批选派工作收尾之年,也是第二批选派工作开局之年,选派工作任务十分繁重。对第一批选派工作,我们按照"狠抓巩固提高、确保善始善终"的要求,先后多次召开会议,研究部署第一批选派干部的考核、评定、撤回和使用工作。目前,我县第一批45名选派干部,除3名为中途调整接任之外,其余42名已全部撤回,其中13人已经得到提拔使用。选派干部撤回后,我们又采取交任务、压担子、领办发展项目等方法,认真抓好选派村继任书记人选的培养,10月份,对继任书记进行了为期3天的培训,与此同时,我们研究制定了《关于建立第一批选派干部联络、回访制度》,要求选派干部定期回访,始终与选派村保持联络,保证了选派干部离任后工作不脱节。对于第二批选派工作,打好开局至关重要,它关系到今后三年选派工作的开展。为此,我们严格选拔、严格培训、严格管理,确保了第二批选派干部能够顺利产生,按时到岗到位,迅速适应新的工作。选派干部到村后,我们及时组织人员,对选派干部的工作情况进行了全面摸底、跟踪督查,同时,制定出台了选派工作六项制度,切实加强了对选派干部的教育、指导和管理,使选派工作迅速走上正轨。

三、坚持"管、帮、带"相结合,党员队伍建设得到了加强。

一是精心组织实施了"小学教"活动。活动自2月上旬全面启动,参加学习教育活动的有18个乡镇、272个站所、448个村、14个居委,共5123人,活动期间,共举办培训班28期,参加培训共4600余人,共访户8512户,住户290户,发放征求意见表35519份,征求意见18458条,制定出整改措施2260条,为群众办实事1816件,"小学教"活动取得了明显成效。二是进一步实施"双培双带"先锋工程。今年工作的重点是围绕四个方面深入推进,即:围绕中心点,把发展作为第一要务,明确思路,制定规划;选准结合点,以典型引路,示范带动;抓住关键点,加强对发展能手教育和管理,分类指导,共同发展;把握着力点,通过支部牵头和党员、群众双向选择形式,全面推动,提高效果。目前,全县共建立示范基地120个,投入小额信贷资金1.5亿元,确定示范户3136个,参加双带党员6391名,带动农户30500户,培训党员干部17726名,培训发展能手3993名,在发展能手中培养入党积极分子1739名,发展致富能手入党269名。三是实行发展党员票决制。今年5月份开始,我们在发展党员工作中试行了票决制,并于10月份在全县全面推行。票决制实行以来,全县共有105个党支部通过票决,接收预备党员123名,否决了3名,预备党员按期转正138名,延长预备期1名。四是扎实开展党员先进性教育活动准备工作。成立了"保持党员先进性"教育活动准备工作领导小组,制发了《关于认真做好保持党员先进性教育活动准备工作的通知》和《关于认真做好保持党员先进性教育活动准备工作的实施方案》,并抽调人员组成调研组,对党支部分类、村级班子等情况进行了调查摸底,为全面开展党员先进性教育活动打下了坚实基础。

四、坚持"德、能、勤、绩"并重,组织部门自身建设得到了加强。

一是进一步深化和拓展"树组工干部形象"集中学习教育活动。在今年的活动中,我们把工作重点放在建章立制上,在对现有制度进行清理、修订、完善的同时,又建立一系列新的内部管理制度,并制定出台了"组工干部十不准",在此基础上,我们部机关于5月28日召开了制度建设经验交流会,并组织编印了《组工干部公道正派十不准暨制度建设汇编》,把各项制度规范成文,下发到各室及有关单位执行。二是扎实开展"四增一树"学教活动。坚持把活动融于工作之中,并在全体组工干部中开展了"五比五看"活动,即:比学习,看理论素质和业务素质是否得到提高;比党性,看马克思主义信仰和毛泽东思想和中国特色社会主义信念是否坚定,大局观念和群众观念是否增强;比业务,看是否成为本职工作的行家里手,语言表达能力、文字综合能力、组织协调能力、开拓创新能力是否得到提高;比作风,看公道正派和严谨细致的作风是否增强,是否求真务实、真抓实干、雷厉风行;比纪律,看是否严守党的组织纪律和干部人事纪律,是否做到廉洁自律。通过学教活动的开展,组工干部进一步增强了发展意识、开放意识、创新意识、为民意识,牢固树立了科学的发展观。三是抓好来信来访工作。今年以来,我们共办理来信来访19件次,其中来信12件、来访7次,得到了信访人的一致好评。在工作中,我们进一步完善了来信来访、登记制度、呈阅制度、分工办理制度等八项制度,明确了受理来信来访的八个方面的范围,同时提出了处理信访工作的基本要求和方法,信访工作基本上做到了案案有着落、事事有结果。四是认真开展督查督办工作。在督查工作中,我们把市委组织部督查计划印发到各室,坚持重点工作重点督查,日常工作随时督查,同时实行部领导抽查和会议通报制度,较好地保证了督查工作的有效开展。

中共××县委组织部
2015年12月9日

▶ **简析**

例文开头部分用扼要语句对全年的工作情况进行概述,给人以简练明快之感。在开头部分的概括性文字之后,主体部分集中从四个方面对县委组织部

2009年的工作情况进行系统总结,分别是:"坚持'选、育、管'一条龙,各级领导班子和干部队伍建设得到了加强";"坚持'好、中、差'一起抓,党的基层组织建设得到了加强";"坚持'管、帮、带'相结合,党员队伍建设得到了加强";"坚持'德、能、勤、绩'并重,组织部门自身建设得到了加强"。其中既有领导班子和干部队伍建设情况,又有党组织和党员队伍建设情况,还有组织部自身建设情况,可以说内容涵盖了组织部门工作的方方面面,非常完整和全面。在写法上,十分注重对各方面内容的提炼,所拟出的四个分标题显得很精整,体现出了高超的概括提炼艺术。对每方面内容的阐述,善于运用数字和事例来说明问题,例如"实行发展党员票决制。今年5月份开始,我们在发展党员工作中试行了票决制,并于10月份在全县全面推行。票决制实行以来,全县共有105个党支部通过票决,接收预备党员123名、否决了3名,预备党员按期转正138名,延长预备期1名"。通过一系列数字的运用,使行文显现出很强的说服力和论证性。而这在总结文种的写作中,是非常重要的。写作实践表明,善于运用数字和事例来说明问题,可以代替许多烦冗的文字叙述,使行文趋于简明。在这方面,例文是值得借鉴的。

▶ **例文2**

2015年春季交易会
××市纺织品交易团调研工作总结

在今年春季交易会上,我纺织品交易团重视调研工作,组成工贸结合的调研组,调研人员通过业务洽谈和召开专题座谈会进行调研,取得了一些成绩。现将工作情况总结如下:

一、本届交易会调研工作取得的成绩

(一)通过调研,基本上弄清了当前纺织品市场情况、供求关系、价格水平,对搞好本届交易会的业务成交起了良好的作用。

(二)通过调研,对于当前和今年下半年纺织品市场供求关系和价格趋势较前有更为明确的认识,有利于完成全年的经营计划,为领导确定经营决策、制定措施提供了参考。

(三)对一些重点市场和重点商品的产、销、存等情况进行了调研,积累了资料,有利于今后进行系统研究。

(四)调查了解国外纺织品和服装的品种、花色、款式、后处理等方面的流行趋势及用户对我厂产品的反映,提供给我生产部门以便改进生产,使我产品适合国外市场需要,扩大纺织品出口。

二、本届交易会调研工作的经验和体会

(一)领导重视,调动调研员的积极性,是搞好调研工作的保证,还须不断地强调和宣传搞好调研工作的重要性。

(二)本届交易会采用工贸结合的调研组织方式,是可行的较好的方式,只要加强统一领导,互相配合通气,工贸双方既可分头活动,也可合作活动。

(三)调研中要注意不断提高调研工作的质量,不仅要及时反映情况,还要在一定时间内进行分析研究,提出意见看法。调研期间,可分阶段进行,前半段应着重调研当前市场和价格,为本届交易会工作服务;后半段应着重调研趋势,为今后工作服务。

(四)调研会是进行调研的好方法,今后可多搞一些专题性的商人座谈会和业务员座谈会。

三、存在的问题和建议

(一)工作中调查多,分析研究少。在编印的简报中,介绍商人的反映多,而经过分析拿出我们的看法、建议少。调查偏重于商品,对地区市场情况缺乏系统归纳分析,拿不出有价值的意见。

(二)建议今后在交易会前,各有关公司都应提出本公司的调研提纲,以便调研组及时制定反映实际要求的调研方案。

▶ 简析

这是一则简单的专题总结,是针对某次纺织品交易会而形成的体会。整个总结的结构完整,总共包括两部分内容。开头部分陈述对交易会调研的经过,使阅读者了解事项的大概情况,起到了综括的作用。主体部分又分为三方面内容,包括取得的成绩、体会和经验以及存在的问题和建议。在写法上非常符合思考问题的程序,思路清晰,使阅读者理解顺畅、自然。先说成绩,是参加交易会后得出的条理性的实际收获,是现实的,可感的;然后是经验和体会,是对成绩的进一步分析和挖掘,是把取得成绩的结果从更深的层次加以提炼,是精神收获;最后是存在的问题和建议,是事后对整个调研工作的进一步思考,体现了解决问题的系统性和阶段性,是对上述内容的深化和完善。

219 什么是调查报告？

调查报告，就是用书面语言表达调查研究结果的一种公文文体。它是在作者对客观事物进行深入、周密的调查研究和分析综合的基础上写出来的。调查报告可以帮助我们比较全面系统地认识事物、解决问题，用以推动工作的深入开展。

调查研究的结果，要用调查报告的形式表现出来。因此，写好调查报告，不仅可以为各级领导机关制定和执行正确的方针、政策提供可靠的依据，而且对宣传辩证唯物主义的思想路线，坚持实事求是，一切从实际出发，理论联系实际的认识路线，反对唯心主义和形而上学，克服主观主义、形式主义和官僚主义，培养和造就社会主义事业的管理者和领导人才，都会发挥重要作用。

调查报告具有鲜明的特性，突出表现在以下几个方面：

一、真实性。调查报告的基础是客观事实，真实是调查报告的生命。调查所获得的材料必须是真实情况的反映，调查报告中所列举的事例、数字等必须是确凿无误的，不容许有任何虚假或浮夸。否则，就会影响和干扰决策的正确性。

二、针对性。调查报告都是就某一具体的情况、问题、事物、经验到具体的某一地区、单位或部门对相关人员进行有的放矢地调查研究，提出或回答人们最为关注的问题，而不是毫无目的地盲目调查，具有较强的针对性。

三、规律性。调查报告要通过对大量的事实材料进行分析、综合，概括升华为具有规律性的认识，以发挥其普遍性的指导作用。只反映客观事实，而没有揭示出事物的本质和发展规律，调查报告就会失去价值。

四、时效性。调查报告反映的是当前的情况和新出现的事物，揭露的是现实生活中急需解决的问题，推广的是有利于推动目前工作的经验，从这个意义上讲，它具有很强的时效性。否则，调查报告也就失去了意义。

220 调查报告的写作要领有哪些？

一、在"调查"上下功夫，确保材料的真实性和说服力。

毛泽东同志说过："没有调查就没有发言权。"同样，没有调查就没有调查报告的写作权。撰写调查报告，必须以认真、细致、周密的调查活动作为坚实的基础。只有这样，才能保证其所用材料的真实性，也才能使之具有说服力。否则，不下苦功夫进行调查，就往往容易导致报告的不真实性，或者以偏概全，或者挂一漏万，而这又势必影响通篇报告的质量，这种调查报告不会对实际工作具有任何指导作用。因此，要写好调查报告，必须对调查对象进行深入、细致地了解，力求获取全面材料，包括正面的、反面的、现实的、历史的、上层的、下层的（领导和群众），等等。只有这样，选用起来才会得心应手，左右逢源；也才能对大量的事实材料进行分析比较，从而得出正确结论。在调查过程中，还要坚持运用马列主义的立场、观点和方法来观察问题、认识问题和解决问题，它是使调查活动趋于正确的思想基础和理论基础。

二、在"研究"上作文章，确保调查报告的指导性。

"研究"是对调查所得材料的深化，也是写好调查报告的关键所在。没有这个环节，所撰写的调查报告只能是事实现象的堆砌和罗列，不具有任何实用价值。要在辩证唯物主义和历史唯物主义的指导下，通过对调查对象的精心比对和分析，将全部情况和材料进行"去粗取精，去伪存真，由此及彼，由表及里"的改造制作，扬弃表面的、支流的东西，抓住事物的主要矛盾和矛盾的主要方面，要侧重于对事物内部联系的研究，努力寻觅和挖掘出其深层意义，找出规律性，然后将其上升到理论的高度，实现认识的升华。在此基础上所得出的结论及提炼出的主旨，必然是新鲜的，具有时代特色和实际的指导意义。

三、要合理安排"框架"结构，做到眉清目楚，线条分明。

调查报告文种所涉及的内容十分广泛，它要反映出事物或事件发展的全过程，并要进行恰切有力地分析，找出根源，提出下一步工作意见。既要提出问题，又要解决问题；既要摆事实，又要讲道理；既要以材料说明观点，又要用观点统率材料。为此，在撰写时必须精心设计其框架结构，以便合理地使用所获取的材料，更好地突出全文的主旨。对其外形结构的安排方式，通常有三种：一种是分部分式,即以调查点为核心,调查了几个点,就分为几部分叙写;二是分阶段式,即按照时间顺序或事物的产生、发展和变化过程的先后顺序,将其划分为若干个阶段,逐段进行叙写,前后有所概括,有所归纳;三是分问题式,即将调查情况归结为几个方面问题,按其内容性质的主次、轻重的逻辑顺序,逐一进行叙写。究竟采用何种形式,应视具体的内容表达需要确定,要眉清目楚,有助于说明问题。

四、要力求准确,做到材料翔实,逻辑严密。

调查报告的准确性首先表现为策见的准确。所谓策见的准确,是指对复杂的事物要通过实际调查,作出彻头彻尾,彻里彻外的分析,提出精辟的见解,以此制定出正确的方针政策。例如毛泽东同志的《湖南农民运动考察报告》一文,作者在"十四件大事"一节里,使用大量的数字和具体事例,表述得十分翔实、朴素:"全省七十五县中,三十七县有了组织,会员人数一百三十六万七千七百二十七人。此数中,约有一百万是去年十月、十一月两个月内农会势力大盛时期组织的,九月以前还不过三四十万人。……截至一月底止,会员人数至少满二百万。"仅从以上片断,足见作者在引据事实上是多么严格,多么确切,没有诸如"左右""近一个时期""大概""差不多""基本上""可能"等词语。可见,没有深入细致的调查研究,没有严谨求实的工作作风,能做到这样吗?《报告》采用横式结构,将全文划分为八节,如前所述,第一节"农民问题的严重性"是开头,简要地介绍了调查对象的基本情况,提出了调查的主要问题、结论和作者的观点。做到开宗明义、主题显露,这是全文的"纲"。最末一段文字,是尾巴,对14件大事进行总结,明确提出"请读者们想一想,哪一件不好?"。然后肯定地加以结论:"说这些事不好的,我想,只有土豪劣绅们吧!"同时,引用"叶公好龙"作比喻,揭露蒋介石等的假革命嘴脸,显然这不是一个可有可无的"结尾",而是总括收束,画龙点睛,又是与开头一呼一应、一张一弛、一放一收,善始善终。

五、应注重表达手法的特定性,用语要生动活泼,耐人寻味

调查报告要用事实说话,要反映事物发生、发展和变化的过程,并要对其进行分析,找出规律性的东西,用以指导工作。这样,在写作时势必既有叙述,又有议论,是叙述和议论(即夹叙夹议)的有机结合。优秀的调查报告无一不是两种表达方式的高度统一体。在语言运用上,应力求生动活泼,富于表现力。要善用比喻、排比、引用等修辞手法,这些均有助于语言表达的生动形象。

范例与简析

▶ 例文 1

农村卫生工作调研报告

为了全面掌握我县农村卫生事业发展情况,不断促进我县农村医药卫生体制改革,推进全县农村卫生事业发展。按照县人大常委会年度工作安排,5 月下旬至 6 月中旬,县人大常委会副主任周学彪带领县人大教工委、常委会部分委员和卫生局相关同志深入许家坝、大坝场、兴隆、合朋溪、邵家桥、杨家坳、三道水、宽坪、亭子坝 9 个乡镇卫生院,12 个村卫生室和 1 家民营医院,采取听汇报、实地查看、走访群众、翻阅资料、召开座谈会等方式,了解我县农村卫生工作情况,并征求乡村医生、村干部、人大代表等对我县农村卫生工作的意见和建议。同时,还组织乡镇人大开展调研,广泛收集情况。现将调研情况报告如下。

一、对我县农村卫生工作的基本估价

近年来,我县农村卫生事业坚持以科学发展观为指导,认真贯彻落实"坚持公共医疗卫生的公益性质,坚持预防为主,以农村为重点"的工作方针,以建立覆盖全县人民医疗卫生基本制度为目标,以解决群众"看病难、看病贵"为着力点,加强组织领导,强化政府责任,坚持城乡统筹,不断深化医药卫生体制改革,全面推进我县农村卫生事业协调发展。

(一)农村医疗卫生服务体系建设得到加强,服务条件有了较大改善。近年来,县政府及相关职能部门紧紧抓住国家实施医药卫生体制改革的有利时机,积极争取国家专项资金,不断加强县乡村三级医疗卫生服务网络建设,着力改善医疗卫生条件,不断满足广大人民群众就医需求。一是服务网络基本实现了全覆盖。我县有县级医院 2 家,乡镇卫生院 27 家,民营医院 3 家,村(社区)卫生室 531 个(已建成规范化卫生室 255 所),个体诊所 12 家,药品零售企业 270 多家,县乡公立医院有病床 718 张。县乡两级医疗机构有在编人员 896 人(其中乡镇卫生院 405 人),有卫生技术人员 768 人(其中乡镇 387 人)。医务人员中大学本科 137 人,专科 419 人,中专 220 人;获高级职称的 21 人,中级职称 180 人,初级职称 428 人。基本形成了以县城为中心,乡镇卫生院为主体,村级卫生室为基础,民营诊所为补充的农村医疗卫生服务体系,极大地方便和满足了广大群众的就医需求,基本解决了农村群众看病难的问题。二是基础设施条件明显改善。初步统计,近年来各级争取中央、省、地专项资金8000多万元,用于改善业务用房、新增设备、建设标准化村卫生室、农村改厕、配置急救车等。县乡村医疗卫生条件得到了不断改善。

(二)不断强化内部管理,医技水平和服务质量有了较大提高。一是全面加强医疗卫生人员业务技能培训和职业道德教育。通过采取开展"医院管理年"等活动,采用在岗培训、选送进修和开展乡村医生培训等措施,结合"创先争优"活动对职工进行了业务水平提升和医德医风教育。二是全面加强了医疗质量管理。全县医疗机构不断完善了各项管理制度和操作规程,落实了各项质控措施,制定了医疗服务考评标准,并将服务质量与个人工资挂钩,严格实行考核奖惩,确保了医疗安全,促进了医疗卫生服务质量的进一步提高。三是实施了乡镇卫生院医疗制度改革,全面推行了聘用制和岗位管理制。2010年,制定下发了《思南县医疗机构绩效工资考核办法》,乡镇卫生院院长实行聘任制和任期目标责任制,职工实行全员聘用制,人员工资实行岗位绩效工资制。由于强化内部管理,提高医技水平和服务质量,就诊人员不断增加,业务收入不断提升。据初步统计,全县27个乡镇医院中,中心集镇卫生院年营业额超100万元的,约占乡镇总数的二分之一。

(三)新型农村合作医疗顺利推进,医疗保障能力不断提高。新农合工作自2007年开始在我县推行以来,县人民政府及相关职能部门坚持以解决农民群众看病难、看病贵为着力点,制定了《思南县新型农村合作医疗实施细则》,相继成立了县合医局和乡镇合医站。工作中强化宣传动员,创新工作机制,完善监督体系,促进了我县新农合工作扎实稳步推进。全县新农合参合率逐年稳步提高,补偿方案不断优化,补偿标准稳步提升,农民群众受益面持续扩大,保障能力显著增强。5年来,农村参合率由77%逐年提高到95%,累计筹资33988余万元(其中个人筹资4989余万元)。累计就诊134.43万人次,其中住院统筹14万人次,医疗费用31874.23万元(截至2011年5月),总报补金额达17919.15万元,报补率达56%以上。大病住院补偿封顶线由原来的4万元调整为6万元,实行了个人账户过渡到门诊报补，建立了新农合与民政医疗救助制度的无缝衔接机制，完善了农民大病医疗救助制度，使参合农民重大疾病补助总额得到不断提高，极大地解决了农民因病致贫、因病返贫问题，使民生工程得到进一步落实，合作医疗的优越性得到了进一步体现，社会和谐得到进一步促进。

（四）公共卫生工作扎实推进，基本卫生服务均等化成效显著。县政府及卫生行政主管部门坚持预防为主、防治结合的工作方针，认真履行公共卫生职责，加强卫生健康宣传教育，构建了县、乡、村三级防疫网络。一是建立了疫情报告制度。各医疗机构对发现的法定乙类传染病病例（如对麻疹、病毒性肝炎、肺结核等）及时报告。二是传染病的防治工作力度不断加大。县乡（镇）医院分别开设了肠道专科门诊，加强对外环境的监测，对报告的麻疹病人进行了个案调查。认真开展以"甲流"为重点的传染病防控工作，各乡镇卫生院按照"甲流"防控预案的整体要求设立了隔热门诊室，购置了相应的仪器设备及医疗消毒药液，有效地防止了传染病的传播。三是计划免疫工作得到强化。县人民政府认真部署，强化责任，规范接种门诊建设，免疫工作有序推进。四是妇幼保健工作稳步推进。结合农村"降消"项目的实施，县乡卫生院把孕产妇和儿童保健工作作为一项重要工作不放松，切实开展产前健康检查和妇科病普查普治工作，建立了妇幼保健和孕产妇管理系统，为妇幼保健工作科学、规范、有序开展奠定了良好的基础。五是强化职业病防治工作。加强对职业病防治知识的宣传，重点对水泥、砖瓦、化工等重点企业负责人进行职业卫生知识和法律、法规的培训，督促用人单位建立健全职业病防治责任制，制定和落实职业病防治管理措施。开展对企业职业卫生的专项监督检查和整治。如今年已经开展了全县洁具行业生产企业职业卫生专项整治，加大对造成职业中毒的有关责任单位和个人的处罚。六是开展农村居民健康档案的建立，加强对精神病及慢性病人的救治和管理。各乡镇卫生院对辖区内65岁以上老年人进行健康体检服务，并对精神病及高血压、糖尿病等慢性病筛查，建立了"一病一卡一上报"制度，适时开展家庭随访。

（五）加强食品、药品安全监管，农村食药市场得到有效净化。在食品卫生安全方面，一是加强对从事食品行业从业人员的法律法规和业务知识的培训，提高他们的法律意识和业务素质。二是加强对食品市场的检查，开展食品卫生专项整治。近3年来，开展食品卫生专项整治7000户次，罚款1万余元。此外,通过聘请药品协管员、信息员和加大对遍布全县农村的药店、村卫生室规范化药房的建设,并依法打击游医、药贩。近3年来立案查处各类非法行医案件4起,取缔非法行医场所2个、人员4人,没收医疗器械120件、药品780盒,罚款1.5万元。通过一系列的监督检查,有效地净化了农村的食品、药品市场,促进了农村食品、药品的安全。

(六)医药购销体系和乡村医疗机构管理不断创新,医疗卫生的公益性质得以体现。为了切实解决群众看病难、看病贵的问题,县人民政府及其卫生行政主管部门,积极落实国家医药卫生体制改革的有关政策,严格按照《贵州省新型农村合作医疗基本药物目录(2006年版)》,将国家规定的307种和省里增加的110种药品品种作为我县卫生机构使用的基本药品。从今年3月10日起,县乡镇卫生院药品统一实行网上采购和零差率销售,构建了有效的农村医疗基本药物供应保障体系,降低了患者的医疗成本。药品供应制度的改革,保证了药品质量,最大限度地减少了药品采供中间环节,降低了药品价格。据测算,药品实行网上采购和零差率销售后,使药品价格较以前下降了15%左右。为了进一步彰显医疗卫生事业的公益性,建立和完善了政府补偿机制,保证基本药物制度实施后乡镇卫生院的正常运转,各级财政对乡镇卫生院按照药品价额的15%予以补助。

(七)强化环境治理,农村爱卫工作蓬勃开展。一是加强健康知识的宣传教育。重点以学校、托幼机构、村寨为重点,采取上卫生知识课、专题会议、发放宣传资料、广播电视、黑板橱窗等形式对传染病的预防进行广泛宣传,提高了广大人民群众的健康意识和疾病防控能力。二是农村环境卫生整治取得阶段性成果。各乡镇结合新农村建设,把改厕和环境卫生整治作为重点来抓。自2007年以来,共改厕6000余户,各乡镇集镇所在地和县乡新农村示范点都聘请了清洁员,建立了卫生保洁制度,实行了垃圾集中处理,有效地改善了农村人居环境。

二、存在的困难和问题

(一)农村卫生队伍建设有待进一步加强。目前我县农村卫生队伍,呈现出青黄不接的现象。一是学历、职称偏低,年龄老化。目前我县405名乡镇医务人员中,还有中专及以下学历132人,中级职称只有49人,初级还占199人,489名村医中50岁以上的有178人,县妇幼中心44人中48岁以上就有28人。二是业务水平和职业道德有待提高。调研中我们了解到，绝大部分乡镇都因为人手紧缺，经费紧张，无力安排医务人员外出培训学习，造成医疗水平和服务质量难以提高。个别医务人员，特别是村医职业道德不高，乱开药方、使用过期药品、套取合作医疗资金的现象时有发生。三是缺编严重。按2003年全县编制总数1069人，都还差173人，永远不能满足发展的需要。目前有杨家坳乡、长坝乡、香坝乡、板桥乡、兴隆乡、亭子坝乡、思林乡、东华乡、枫芸乡等乡镇医务人员现有人员不足10人。县卫生监督所缺编缺员10余个。正常工作难以开展。据统计，县两家医院自聘人员225人，目前乡镇自聘人员有154人，如果按照现在的标准1.4‰的比例计算，乡镇卫生院目前缺编缺员在400人左右。由于人手不够，一些医务人员一人兼多岗，部分医院的有关科室无法运行，设备闲置。群众"看病难"的问题还客观存在。

（二）宣传工作还有待进一步加强。随着农村医疗体制的改革，政府出台了很多惠民政策，如不加大宣传力度，群众难以知晓，结果"惠民"就"会不到民"。调研中了解到，部分边远山区群众对新农合政策还不够了解，只知道乡村干部在收钱，医院药品实行零差额、妇女住院分娩实行全免费、医院药物实行基本药物制度、网上采购，群众知晓率就更低了，这些都影响着民心工程的落实，更影响了农村卫生事业的发展。

（三）农村新型合作医疗经费筹集难。一是相当部分农民认为自己身体很健康，没有生病，缴了也是打水漂，有的认为自己已参加企业的保险或学生保险或其他商业保险，所以不愿参加合作医疗。二是有的干部工作方法简单，工作不扎实，缺乏与农户沟通。有的没有主动上门，而是等待群众上门缴纳，不注意协调合作医疗服务、管理与农民的利益关系。三是由于宣传不到位，大部分群众对从个人账户过渡到门诊统筹理解不够，加之每年的缴费都有所增加，有种不信任感。

（四）财政投入还相对不足。我县对卫生事业的投入虽然逐年增加，但与周边县市相比仍有较大的差距，特别是公共卫生、医疗机构及其他方面的事业经费基数偏低，增加缓慢。一是乡镇医务人员同时承担着农村预防和保健等日常公共卫生管理职能，工作任务繁重，由于乡镇卫生院空编缺员现象严重，大部分乡镇卫生院不得不自己出资临聘人员，负荷较重。二是县合医报补监督面大，全县有540个医疗报补单位（其中村卫生室489个），还加对外地住院报补的核查，行政成本的增加，导致经费紧张。县卫生监督所负责全县5000余个食品生产经营单位、1000余个公共经营场所和50多所寄宿制学校的监管任务,经费尤显不足。三是部分医疗单位因基础设施建设经费欠账大,如文家店、三道水、县人民医院等。

(五)村级卫生室的监管工作需进一步加强。由于村医素质的参差不齐,乡镇合管站管理能力跟不上(大部分属"门外汉",非专业人士),加上"天高皇帝远",他们在从事医疗卫生工作中难免出现这样那样问题。调研中发现,存在过期药品、合医报补缺乏真实性、缺乏基本医疗急救措施等。

三、建议意见

(一)进一步加大宣传力度。一是加大农村医疗卫生事业相关政策和制度的宣传,进一步加强农村合作医疗制度的宣传,加强实施基本药物制度、药物网上采购和零差率政策的宣传,加强大病救助政策的宣传。加强"降消"项目政策的宣传。二是加大相关法律法规的宣传,切实加强《食品安全法》《传染病防治法》等的宣传。三是加强健康教育的宣传。不断增强广大人民群众对政策法律的知晓度,不断增强广大经营者遵章守法的自觉性,不断提高广大人民群众的健康意识。

(二)要加强人才队伍建设。针对全县医疗机构严重缺编缺员实际,特别是边远乡镇卫生院,一是重新核定编制,要按照现在的标准,以1.4%的比例把编制核定到各乡镇卫生院和县城医院。二是引进人才,到大专院校招录大中专毕业生到我县各医疗卫生机构工作。三是深化医疗体制改革,进一步完善绩效工资制,制定优惠政策,调动职工的积极性,使人才引进留得住。四是加大技术培训,提升医务人员业务能力。

(三)加大监督检查力度。一是加大食品药品安全检查力度,确保食品药品安全。二是加大新农合资金报补监管力度,避免新农合资金的流失。三是加大基本药物制度和零差率销售的监管工作。

(四)重视和加强中医药事业和民营医院的发展。中医药是中华民族在与疾病长期斗争过程中积累的宝贵财富,是中华民族优秀文化的重要组成部分,为人类健康作出了不可磨灭的贡献。长期以来,我县中医药事业的发展,得到上级主管部门肯定和认可,2009年被评为全国中医工作示范县。我们要举全县之力,给予重视和扶持。民营医院是公立医院的补充,是医疗体制改革的内容之一,是医疗卫生事业发展的必然,各级政府及有关部门要从政策和资金上给予大力扶持,让民营医院健康发展。

（五）继续加大资金投入力度。近年来，随着医疗体制的改革，国家对民生工程的重视，不断加大医疗卫生的投入，县人民政府及主管部门，要加大向上项目争取力度，不断改善我县医疗卫生条件，化解已建项目债务。同时，县财政也要加大公共卫生经费投入，不断推进我县医疗卫生事业的快速发展，真正满足人民群众的就医需求，提高广大人民的健康水平。

▶ 简析

这是一篇关于农村卫生工作的调查报告。从总体上看，无论是结构布局还是内容设置都符合调查报告的写作要求，而且条理清晰，逻辑性强，很值得借鉴。全文总共分为三大部分：对该县农村卫生工作的基本估价、存在的问题和困难、建议意见。行文首先用精要语言概述了有关考察活动的背景及基本情况，然后用"现将调研情况报告如下"这一过渡语句引出下文。对卫生工作的总体评价，采用分列小标题的形式，分别从农村医疗卫生服务体系建设得到加强，服务条件有了较大改善；不断强化内部管理，医技水平和服务质量有了较大提高；新型农村合作医疗顺利推进，医疗保障能力不断提高；公共卫生工作扎实推进，基本卫生服务均等化成效显著；加强食品、药品安全监管，农村食药市场得到有效净化；医药购销体系和乡村医疗机构管理不断创新，医疗卫生的公益性质得以体现；强化环境治理，农村爱卫工作蓬勃开展等七个方面进行表述，对所取得成绩的叙写概括准确，而且运用了一系列数字，增强了行文的说服力。对存在问题和意见的陈述也是如此，都采用段旨句的形式加以概括，给人以简练明快之感。从写作手法上看，就内在逻辑结构而言，这篇调查报告不仅提出了问题、分析了原因，而且理性地提出了合理化的意见和建议，是一篇有实用价值的调查报告。

▶ 例文2

办好一件事关农民健康的实事

——武安市建立农村环境卫生清洁长效机制的调研报告

"污水靠蒸发，垃圾靠风刮"，这曾经是武安市，也是目前我省大多数农村的环境写照。由于没有建设排污管网，没有垃圾存放池、填埋场，农村日益增多的垃圾无法处理。

农村环境问题事关农民身体健康。今年以来,武安市按每村平均1万元的标准,每年为全市502个村安排资金502万元,建立专业卫生清洁队,建设垃圾集中堆放池和垃圾填埋场,农村环境卫生清洁的长效机制正在逐步完善起来。

财政埋单
村村设专职清洁员

12月4日下午,记者来到武安市午汲镇格村,刚走进村口,就看到身穿橘色环卫服装的清洁员正在清扫街道。宽敞整洁的道路和城市的小街巷毫无两样。村党支部书记李刘用告诉记者,这些清洁员就是本村村民,服装是村里专门为这些清洁员配备的。

格村是武安市城郊较大的一个村落,全村3100多人。今年,他们利用武安市财政提供的农村环境卫生专项资金,又从村集体经济收入中拿出一部分,建起了卫生清洁队、清运队,每天两次清扫街道垃圾,定时将垃圾拉到填埋场。村民高兴地说:"以前过年的时候才集中打扫一回街道,还扫不彻底,现在每天都干干净净的,比过年还好哩。"

同行的武安市农工委书记王来斌告诉记者,从今年开始,市财政按平均每个村1万元的标准设立的农村环境卫生专项资金,按季度拨给乡镇。各乡镇根据辖区各村的人口数量、面积大小、村集体经济实力等情况,统筹分配到村,主要用于支付农村环境卫生劳务费用。

整治农村环境由财政"埋单",这一政策对武安农民来说,还是头一次。而对于如何保证专项资金专款专用、"阳光操作",武安市建立了一整套监督机制。

"一方面,我们要求各乡(镇)、村把资金使用情况作为政务公开、村务公开的重要内容,按季度公开明细,接受群众监督;另一方面,市纪检监察、财政、审计部门,每季度都会对全市1/3以上的乡村进行一次专项审计监督。"王来斌说。

在格村村委会外墙上,记者看到,今年第三季度村委会各项开支明细情况上了公开栏。李刘用还给记者拿出他们和清洁员签订的"卫生清扫协议",工资发放标准、职责义务、奖惩措施等情况一目了然。"这些都是日后接受审计监督而必须要留存的材料。"

王来斌表示，各村经济实力不同，规模大小不一样，因此，专项资金发放不搞一刀切。午汲镇、石洞乡经过征求农村干部群众意见，按照"大村多给、小村少给，穷村多给、富村少给"的原则，对专项资金进行了分配，并和各村签订了责任状。贺进镇按一般村每150人、居住较集中的村每200人配备1名清洁员的标准，组建了专职清洁队伍，专项资金按清洁员的数量分配到村。从各乡镇对专项资金的分配使用情况看，基本做到了科学合理。

创新思路
耕牛住进集体宿舍

从某种意义上说，把文明的生活方式、管理方式移植到农村，比给钱给物更重要。武安市参照城市环境卫生管理方式，按照定人、定点、定时的"三定"原则，指导每个村组建一支卫生清洁队，建设一批垃圾堆放池，自建或与邻村联合建设一个垃圾填埋场，做到垃圾定时清扫、定点倾倒、集中填埋、日产日清。

在武安开展农村环境整治过程中，出现了一些新问题，各乡镇基层积极应对，摸索出一系列切合农村实际的解决办法。

武安农村的一些农户养着耕牛，夏天牛比较怕热，拴在空气流通不好的棚里容易生病，一些农户便习惯把牛拴在街上的阴凉处。养牛的农户方便了自己，却让牛粪污染了街道环境。

为此，格村创新思路，为养牛的农户专门设置了牲畜集中圈养棚。在格村东南西北四个方向的出口，记者看到有村委会为农户设置的牲畜集中圈养棚，养牛户白天把牛牵过来，晚上再牵回去，很方便。该村还制定了家禽、牲畜的圈养制度，安排人员定期清理牲畜集中拴养点的粪便用于积肥，有效解决了禽畜粪便污染街道问题。

以往，农村环境缺乏整治，塑料垃圾满天飞，有的还挂在树梢上，取下来颇费功夫。午汲镇南白石村党支部书记李为刚说："调动起农民美化家园的积极性，必要时也要用些'物质刺激'。"为此，由村集体出资回收塑料袋，每公斤兑换两袋洗衣粉，塑料垃圾很快就被村民"扫荡"一空。

平均每村1万元的专项资金，如果分配到每个清洁员身上，是每年1500元至3600元不等的一笔收入。这笔收入不多，但对于某些特殊的人群来说，却能够起到雪中送炭的效果。武安市各村在清洁员的选用上，坚持优先招用有劳动能力的困难户,优先选择责任心强、身体健康的老党员。

在武安西土山乡西马庄村有一对贫困夫妇,上有年迈的母亲卧病在床,常年吃药打针,下有刚满5岁的儿子,而且丈夫又患病在身,不能干重活,生活十分困难。今年,村里安排夫妻俩当上了清洁员,每月增加收入近400元,还不耽误做农活和简单务工。夫妻俩现在干劲特别大,每天早晨,他们早早地就把卫生区打扫得干干净净,被当地村民称为"夫妻清洁员"。

综合整治
从源头上减少垃圾"产量"

据统计,在全市2600多名专职卫生清洁员中,近60%是家庭较为困难的村民,一半以上是老人和妇女,他们通过自己每天3至4小时的辛勤劳动,缓解了生活困难,同时也赢得了村民的尊重。

"经过一段时间的整治,我们发现,农村最主要的垃圾源是生活煤渣,占到农村垃圾总量的70%至80%。"王来斌给记者算了一笔账,一个人口1500人的中等村,春、夏、秋三季每天产生的废煤球就有2000多块,每天清运一次需要两辆三马车,而冬季几乎是其他季节的两倍。如果这一问题能够解决,将大大降低农村垃圾清扫、清运成本。

为此,武安市将农村环境卫生工作与实施生态家园富民工程相结合,推广沼气、秸秆气等清洁能源的使用,发展循环农业,通过财政补贴、技术服务等方式,引导农民大力发展沼气建设。

"我已经3年没有买过煤球了。"谈到沼气给生活带来的变化,武安市贺进镇水沟村的王海山一脸笑容。自从他家建了沼气池以来,做饭就没有烧过煤,算下来,王海山家一冬天至少能省300多元的买煤费用。"最重要的是生活垃圾也减少多了。"一旁的水沟村村党支部书记王增书插话说,他们全村30%的农户都用上了沼气。

据统计,目前,武安市已建成庭院沼气池2万多个,大型沼气池、秸秆气化站11个,2.8万农户用上了清洁能源,垃圾"产量"随之大大减少。

武安市委书记王俊祥认为,有"堵"更要有"疏",整治农村环境不仅要靠各种制度约束农民保持环境卫生,更要靠政府部门创新工作思路,为农村提供保持环境卫生的配套服务,引导农民尽快改变不良的卫生习惯。

"接下来,我们不仅要加快沼气等清洁能源的推广,还要把农村环境卫生工作与加强农村配套基础设施建设结合起来,进一步推进农村街道硬化

'户户通'工程。"王俊祥说。

从武安整治农村环境的实践看,农村已硬化街道一般都比较整洁,容易清扫,而没有硬化的街道比较脏、乱,即使每天清扫也是在刮地皮,一层层扫土。为此,武安市决定每年安排3000元新农村建设专项资金,重点用于村容村貌基础设施建设。

王俊祥表示,目前,武安市已经实现了道路硬化"村村通",80多个村的村内街巷全部实现硬化,但还没有完全实现硬化道路"户户通"。接下来,该市将加快硬化道路"户户通"建设,与排水设施建设配套实施,有效解决农村污水乱流问题。

▶ 简析

这篇调研报告写得很有特色,从标题到段旨的拟制以及层次组合上,都很严整规范。全文标题使用了正副题的结构形式,用"办好一件事关农民健康的实事"作主标题,概括出了全文的核心内容;副标题"武安市建立农村环境卫生清洁长效机制的调查"则作了进一步解释、补充,二者相得益彰。正文部分共分三大层次,一是财政埋单,村村设专职清洁员;二是创新思路,耕牛住进集体宿舍;三是综合整治,从源头上减少垃圾"产量"。从中读者可以清晰地看到武安市在整治农村环境方面所推出的"新招",即使不看具体内容,仅就这3个分标题来看,就能使人一目了然。

▶ 例文3

××县教育局关于农村教育事业发展的调研报告

为进一步摸清我县农村教育情况,促进全县农村教育的健康持续发展,按照县委、县政府有关通知要求,我们多次深入基层,对农村教育的实际情况进行了深入的调查研究,并制定了未来几年我县农村教育事业发展的远景规划,现将我们的调研情况汇报如下:

一、我县农村教育的基本情况

目前,我县共有各级各类农村学校190所,其中普通高中5所,乡镇初中37所,中心小学113所,完小14所,分校21所。全县农村有高中在校生6796人,初中在校生26372人,小学在校生31339人。此外,还有各类农村幼儿园109所(含鸦鸿桥镇两所民办园),在园幼儿13800人。

二、近几年的主要做法

多年来,我们坚持把发展教育作为推动经济发展和社会进步的基础工程,大力实施"科教兴县"战略,努力使基础教育适度超前发展。我们的主要做法是:

1. 以省"普九"复查为契机,不断改善办学条件。(略)

2. 大力发展学前教育和高中教育,努力实现"普九"向两头延伸。(略)

3. 合理调整农村中小学布局,不断优化教育资源,扩大办学规模。(略)

4. 加大现代化教育装备力度,努力实现教育的现代化。(略)

三、农村教育事业发展存在的问题

在农村教育发展的过程中,也存在一些问题,主要表现在以下方面:

1. 教育需求的增加与教育投入的不足这一矛盾更加突出。(略)

2. 农村教师队伍建设面临新问题。(略)

3. 初中生流失严重,控辍保学的任务艰巨。(略)

4. 农村学校布局调整工作有实际困难。(略)

5. 素质教育还有待于进一步加强。(略)

四、农村教育事业发展远景规划

总体目标:到2008年,初步建成适应玉田经济发展建设需要的现代教育体系,高标准实施素质教育,在全市率先基本实现教育现代化,把玉田县建成唐山市教育较为发达、教育质量较高的地区之一。

具体目标:

(一)形成系统优质的学前教育(略)

(二)义务教育阶段教育有长足进步(略)

(三)大力普及高中教育(略)

(四)发展职业教育,培养县域经济发展需要的技术人才

继续做好初三毕业生的春季分流工作,保证县职中心生源。合理利用撤并后的3所高中校址尝试举办高中职业教育,扩大职业教育在高中教育阶段的比例,培养更多的适合我县农村经济发展的职业技术人才,为县域经济发展做出贡献。

五、保障措施

1. 转变观念,加强领导,统筹协调,合力建设高水平教育强县。(略)

2. 建立健全教育经费投入和保障机制,保证农村义务教育投入。(略)
3. 加强教育行政执法,坚持依法治教。(略)
4. 加强学校内部管理,不断深化素质教育,努力提高教育教学质量。(略)

××县教育局
200×年4月26日

▶ 简析

这是××县教育局撰写的一篇调研报告。就实质而言,调研报告的写作应主要抓好三个环节,即调查、研究、报告。调查是事实基础,研究是提炼和升华,报告则是调查研究的具体体现,三者相辅相成,相互贯通。在写作过程中一定要正确处理好三者之间的关系,以确保行文的质量和效果。这篇调研报告写得很有特色,标题采用陈述的语句形式对全文所要反映的核心内容加以概括,给人以鲜明深刻的印象;开头部分首先用一个自然段概要交代了调查的目的、依据及有关情况,给阅者一个总体认识,并用"现将我们的调研情况汇报如下"提领下文。主体部分,采用分条列项的形式,分别从"我县农村教育的基本情况""近几年的主要做法""农村教育事业发展存在的问题""农村教育事业发展远景规划"以及"保障措施"等五个方面进行阐述,既有基本情况的介绍,又有取得的成绩和经验的归纳;既有存在问题的列摆,又有远景目标的规划以及实现规划的保障措施,等等,内容完整,主旨明确,结构顺畅,用语精当。特别值得提出的是,在具体阐述过程中,注意运用一系列数字和百分比,进一步增强了行文的说服力。这是写好调研报告的关键节点。而要做到这一点,又必须以深入细致、扎实有效的调查研究活动为前提;此外,这篇调研报告在表述手法上充分采用了撮要技法,特别是对主要做法的提炼总结以及对存在问题的归纳梳理,均先以撮要句提领,然后加以阐述,运用这种写法可使行文给人的印象深刻、事实清楚、条理分明,表达效果颇佳。此外,这篇调研报告在主体部分写完后,行文即告结束,没有专门的结尾,使行文干净利落,意尽言止,也很值得借鉴。

221 什么是述职报告?

述职报告是对一个时期内执行岗位职责的实践活动进行自我评述的总结

报告,述职报告的主要作用是使上级组织或人事部门全面细致地了解和评定某个集体或干部个人的政绩,预测干部发展潜力,促使干部忠于职守,更好地完成工作任务。

关于述职报告的分类,从述职者报告工作的内容和范围分,有综合性述职报告和专题性述职报告,其中综合性述职报告所涉及的内容范围是任现职期内的全部工作;专题性述职报告是就某项专门工作的情况作出报告。从写作的表达方式上分,有陈述性的述职报告和随感性的述职报告。从形式上分,有书面报告式和会议讲话式两种。

述职报告的特性:

一、自我述评性。述职报告是用第一人称的写法,以自述的方式,从德、勤、能、绩、廉几个方面陈述并评价自己履行职责的情况。

二、内容的客观性。述职报告中所涉及的有关思想、工作、能力、成效等几个方面的情况,是抱着对自己负责,对组织负责,对群众负责的态度,实事求是地进行汇报,客观地评价自己的成绩,恰切地分析工作中的教训和失误。

222 述职报告的写作要领有哪些?

一、态度要诚恳、谦虚。不论职位高低,能力大小,真诚的态度是关系到一个人形象的重要方面,也是一个领导干部应具有的品德。要以诚恳谦虚的态度,正确认识自己的长处和不足、成绩与失误,才有利于自身素质的提高,也有利于群众的理解。这是写好述职报告的思想基础。

二、内容上要求实、求严。述职报告的内容要实实在在,不要虚夸,既不要夸大成绩,也不要过于自谦。不要把不是自己主管的工作成绩写入自己的成绩之中,更不要把自己的失误归于客观原因之上。要注重写出事实,让事实显示自己的工作实绩,这是述职报告写作成功与否的关键。

三、文笔要简洁。在语言表达上,述职报告的写作须做到简而得要,该详则详,该略则略,重点突出,主次分明。不要单纯叙述工作过程,作过多解释,要用最简洁的语言讲清事实,做到言简意赅,干净利落。

范例与简析

▶ 例文1

煤炭局局长年度个人述职述告

一年来,本人在市委、市政府的正确领导下,按照省煤炭工业局和市委、市政府的工作部署和要求,务实创新、勤政廉政,较好地履行了自己的岗位职能职责,单位取得了良好的工作成效。现将情况回顾总结如下:

一、加强学习,提高素质,不断提高水平能力

我特别注重政治理论的学习。我认真通读了党的十八届三中、四中全会报告,并学习了相关的辅导资料和解释读本,深刻领会报告内容实质,更加坚定了自己的理想信念,更加明确了科学发展观的工作要求。党的重要刊物《实事求是》《半月谈》每期必读,并通过电视关注国际国内政治、经济形势和时事政治。年内还组织了机关和全系统"党的群众路线教育实践活动",认真学习有关读本,积极组织和参与调研活动,撰写了较高质量的学习心得和调研文章。政治上始终与党中央保持高度一致,工作上始终与市委、市政府及上级部门的要求保持高度统一。我还特别注重行政管理方面的政策、法规学习,一年中,我认真学习了近年来出台的一些法律法规,努力提高自己的政策水平,提高自己的综合分析思考决策能力。一年来,我还认真学习了煤炭行业的产业政策法规和上级文件会议精神,对新版《煤矿安全规程》反复熟读阅记,对国家安监总局和省局的煤炭工作会议精神认真领会理解,结合邵阳实际强力推进了煤矿安全基础管理工作。通过学习,提高了自己的政治思想素质和政治修养,进一步培养了勤政廉政的自觉性,进一步树立了自己正确的权利观、地位观和利益观,进一步增强了自己决策能力和工作创新能力。

二、认真履职,优化作风,各项工作成效明显

我在市政府组成部门的主要负责人岗位已是7个年头了,本人兢兢业业、默默奉献,时刻牢记党的全心全意为人民服务的宗旨,带着忠情、带着责任、带着压力、吃苦耐劳、务实创新。全年我没有休过年休假,节假日经常加班加点,手机电话24小时开通,到基层督查调研46次,到煤矿下井12

次。在本人的主持工作下，全局工作取得了良好成效，较好完成了年度各项工作目标。

一是安全生产形势实现历史最好水平。今年局机关年初即分成六个组联县联矿，到岗到责。全市煤矿杜绝了较大以上事故，死亡人数较上年比较下降了37%。全市煤矿安全生产形势稳定好转。市煤矿救护大队年内参加省内外事故抢险救援18次，全年共救活遇险人员2名，抢救遇难人员14名，挽回直接经济损失2600万元，实现了安全抢险无事故，得到了当地政府的高度赞扬与敬佩，还得到了省局的通报表扬。救护队在全省救护比武中也取得了好成绩。

二是市属厂矿企业应对经济危机成效显巨。去年至今年三季度，由于全球金融危机影响，市属煤矿安全生产和经济效益受到了严重影响，煤炭销售困难，但由于全系统应对及时，措施有力，仍然取得了良好的企业效益，销售收入总额较上年基本持平，上缴税金增长6%，职工年平均收入最高达4.5万元，濒临倒闭的煤建总公司又起死回生，东山再起，发展势头良好。

三是整顿关闭和整合技改继续深化。按照"整顿关闭，整合技改，管理到矿"的工作思路和要求。去年全市整顿关闭工作基本告一段落，全市必须技改的煤矿95家，已有82家煤矿通过了技改设计审批和进行了技术改造施工，28个煤矿年内可通过验收通过技改扩能，全市煤矿年产规模将得到整体提升。与此同时突出矿井地面瓦斯抽放、煤矿安全监控系统、正规回采工作面、金属支护和煤矿安全质量标准化工作年内有了明显进展。

四是煤矿和宝电煤业的煤电一体化工作有一定进展。在市委、市政府的统一领导下，与中国国电签订了市属煤矿和宝电的整合合作备忘录，把市属短陂桥煤矿和龙江煤矿作为第一批整合合作单位，一年来，我们组织机改制工作组人员，全力以赴，深入煤矿企业征求意见，了解情况，与宝电煤业多次协调研究，两矿整合方案已经定稿，并征得政府同意，有望农历年前启动。

五是党群工作进一步加强。市局严格执行了去年出台的《市属单位领导班子建设的工作意见》，对部分市属单位班子进行调整充实；组织了全系统人员"学习实践科学发展观活动"，并结合活动组织召开了各单位的民主生活会;全系统没有进京上省上访人员,没有群访事件,全系统和谐稳定。

三、严于律己,廉洁从政,认真执行党风廉政建设责任制

在工作中,我能以身作则,严格遵守党风廉政建设责任制的各项规定,严格执行民主集中制原则,致力维护上级组织和局党委权威,讲大局、讲团结、讲纪律、讲原则,能严格按照市纪委提出的"三个一"和"两个圈"的要求,做到了重大事项、重要工作、重大问题都提请局党委研究决定,不搞一言堂,不事先表态承诺,做到了不直接分管政工人事和财务工作,自觉接受监管,并努力净化自己的社交圈和生活圈,8小时之外以体育锻炼和读书阅报为乐。平时自己能严格要求自己的言行,不利于团结的话不说,不该做的事不为,一贯坚持意见会上提,不背后议事论人、品头论足。按局机关工作制度,不迟到早退,做到了不经商不开店,不到煤矿入股,不介绍煤矿买卖,不给煤矿提供有偿服务。年内没有参加公费学习考察活动,没有出国出境,全年仅出省开过一次会议,没有在外兼职兼酬和重复领取津贴,没有借机摆酒设宴大操大办和收受红包礼金,没有索拿卡要,没有为亲朋谋取私利和借机敛财。

▶ 简析

这是××市煤炭局局长所撰写的一份述职报告。全文不长,内容丰富、具体,总共包括三个部分:"加强学习,提高素质,不断提高水平能力""认真履职,优化作风,各项工作成效明显""严于律己,廉洁从政,认真执行党风廉政建设责任制"。其中蕴涵了德、能、勤、绩、廉等几个方面的内容,着重叙写自己在工作中的基本思路、主要做法及所取得的实际效果;为了能够充分有力地说明问题,行文中还特别注重运用一系列的数字,给人以翔实之感。这也是写作述职报告应特别予以注意的问题。实践表明,只要抓住"德、能、勤、绩、廉"这几个关键内容来写,突出主要的做法,反映出所取得的成效,就能写出一篇符合要求的规范的述职报告来。

▶ 例文2

2014年度述职报告

××警校副校长——张××

我现任××市人民警察训练学校副校长一职。我的工作岗位职责是：在学校党委的正确领导下，做好后勤服务保障管理工作和警务技能与战术教学工作。所分管的处室是总务处。

本年度，我能够以学校全年工作计划为奋斗目标，坚持以人为本，立足本职、求真务实、不断进取创新。在分管处室全体同志齐心协力的配合下，在校各处室的大力支持与协助下，克服了各种困难，使学校后勤服务与管理工作有了新的进步，所担负的教学工作也有了新的理念与创新。现将本人完成岗位工作目标情况报告如下：

一、努力学习，提高自身政治素质

今年我校的各项工作，可以说是务实创新、成绩突出的一年。作为我本人来说，能够在校党委的正确领导下，积极参加上级机关和学校组织的各项政治理论学习与各项政治活动，认真学习"三个代表"重要思想、科学发展观和党的十八大精神，积极参加大练兵活动。在政治大练兵活动中，自觉地去学习新理论，接受新理念，掌握新本领，以适应新时期、新任务的要求。为了提高学习的成效，我能坚持利用业余时间读书看报，并结合本职工作写出读书笔记和体会，能够把学习的理论知识转化为实际工作能力。一年里，自己思想稳定，在政治上、思想上、行动上自觉地与习近平为总书记的党中央保持高度一致。牢固树立了正确的世界观、人生观、价值观，保持了奋发向上的政治激情，提高了自身的政治素质，在政治上没有发生违纪行为。

二、一心一意做好本岗位工作

1. 后勤服务保障工作

我分管的总务处，是一个事务性较多的部门，各项工作繁杂，关系到学校内外方方面面。针对人员少、年龄偏大和临时性任务重、经费少等困难，自己能够带领全处同志恪尽职守，积极主动地去完成好每一项工作。今年，我与总务处的全体同志齐心协力，加班加点，保障了市局15期大练兵培训班2000余人和全省公安机关二期200余人警务技能与战术教官培训班、全省四地市278名军转干部培训班学员的服务工作；同时还保障了不同警种的业务培训班的生活服务工作；完成了部分教学器材、办公设施的采购，保障了教学、办公按时使用。全年粉刷房屋2100多平方米，车库、健身房的改造150多平方米，屋顶防水工程60多平方米，二层大教室装修100多平方米，制作各种训练教具49件套，解决了多年地沟水管跑、冒、漏问题。同时加大了对财务、医务、食堂、车辆、水电、话费等的管理力度，为学校节约资金上万元。做到了财务无较大违纪问题，食堂没有发生一起食物中毒事件，车辆安全行驶无事故，校园内无卫生死角，绿化、门前"三包"达标。

2. 教学工作

今年2月1日至3月13日，受省公安厅政治部领导指派，我参加了公安部首期选派10名教官赴香港警察训练学校的学习训练。在历时一个半月的时间里，自己克服了年龄偏大等困难，认真学习，刻苦训练，圆满完成了包括枪械、徒手控制、战术运用课程的全部训练内容，顺利结业。香港警务处为我颁发了"武力使用"教官资格证书。回校后，我能将所学到的新理念、新技术传授给培训班学员，并与警体教研室全体教官成功举办了全市公安机关首期警务技能与战术教官培训班，为全市公安机关开展的大练兵活动奠定了基础。同时还为冀中公安局大练兵培训了骨干，为市局组织的15期大练兵活动培训班学员讲授了全新的战术课程，使参训学员受益匪浅。省厅政治部领导特邀请我到省厅机关警衔晋升培训班进行授课，深受学员欢迎。因提高了自身教学能力与水平，在省厅今年11月28日至12月10日举办的两期全省公安机关警务技能与战术教官培训班训练期间，我受省厅政治部领导指派，担任了授课教官小组组长重任。在两期培训班40余天的训练时间里，我充分发挥了组织、指挥、协调的能力，在时间紧、任务重、课程新的情况下，带领来自全省各地市的11名教官，以团结务实的作风，以严谨的教学态度，发扬拼搏与创新的精神，克服困难，在短时间内，完成了学员吃、住和各种训练器材的保障工作。学员经过严格的训练，取得了训练成果，第一期培训班综合战术汇报演练，受到省厅政治部领导的高度称赞。

两期培训班在我校举办，我既负责教学训练工作，又负责教官学员的生活保障工作，我做到了不怕疲劳，不怕吃苦，甘于奉献。在40余天的训练时间里,在校吃住 30 余天,坚持在工作第一线,可以说发挥了一名老同志的模范带头作用。在省厅领导、学校领导、警体教研室、干训处全体同志的大力支持与配合下,我圆满完成了省厅领导赋予我的教学任务,为全省公安机关培养了 203 名一线警务技能与战术教官,为实现 2005 年河北省公安机关警务技能大练兵进入实战训练规划阶段,做出了自己应有的贡献。

三、严于律己,从自身做起

不论是在我分管的工作中,还是在教学工作中,我能够做到从自身做起,严格要求自己。因为我深知,领导的高度信任,全体同志对我的工作支持,我没有别的选择,只有严于律己,这样才能履行好自己的职责。自己分管后勤工作,有些工作常常需要加班加点,不能正常休节、假日,但我毫无怨言。后勤工作接触钱和物,与校外人员经常打交道,我能够做到不结交复杂的人和事,不该吃喝的坚决不去吃喝、不该要的坚决不要,不该当家的决不越权,不该报销的决不报销,不该用的车坚决不用。认真遵守了"五条禁令",遵守了学校的各项规章制度。

四、存在的主要问题

一是对后勤管理人员的管理有时不到位,要求不严,标准低,出现了个别同志有章不循,有令不行,到位率低的现象。

二是服务保障工作有时还不能及时到位,达不到规范化的管理标准。此外,在财务审批、签字执行中还存在把关不严的问题。

三是不注意工作方式方法,没有把全体同志的积极性充分发挥和调动起来。有时布置工作单刀直入,使处室领导和同志难以正常发挥自己的优势开展工作,所以我分管处室的工作出现失误,首先我应负主要责任。

在新的一年里,我校的培训工作将更加任重道远。我要继续解放思想,转变观念,与时俱进。在校党委的正确领导下,振奋精神,再接再厉,尽职尽责地完成好校党委交给我的各项任务,不辜负领导和全体同志对我工作的支持和信任。

2014 年 12 月 26 日

▶ 简析

这篇述职报告,先是交代了自身的基本情况,包括所担任的职务及所分管的工作,然后对一年来的工作情况进行概述,作自我评估;接下去从政治素质、工作能力和业绩、遵章守纪情况等几个方面进行叙写,并指出自身所存在的不足之处。最后一段是对来年工作的展望,表明自己的态度。全文写得重点突出,内容充实,条理清楚,有实实在在之意,无泛泛空谈之词,其真实性和可信度令人不容置疑。

223 什么是条例?

条例是领导机关制定或批准规定某些事项或机关团体的组织、职权等带有规章性质的法规性文件。

条例具有法规性的特点,主要表现在以下两个方面:

一、制发机关的法定性。条例的制作、发布机关有一定的限制。

二、内容的法规性。条例涉及政治、经济、文化等各个领域的重要或比较重要的事项,具有强制力和约束力,要求有关人员必须遵照执行,不得违反。

224 条例的写作要领有哪些?

一、制定符合法律。一般说来,条例应当是相关法律精神的贯彻实施。因此,制定的条例及其内容必须符合有关法律的规定以及党和国家的路线、方针、政策,这是制定条例应当遵守的一条基本原则。

二、规定有"条"有"例"。"条"是指从正面规定的条文,说明"应当做什么"和"怎么做";"例"是从反面加以说明的"例设",即对违反条例规定者应当如何处置。通常是在条例中设立"罚则"或"法律责任"专章,一般用"凡有下列行为之一者,……根据情节轻重(或列明违反条例事项),给予……处理(处罚)"。条例所具有的强制性和约束力,就是通过具体的"条"与"例"的结合体现出来的。

三、条文安排有序。在章、条的安排上,应当掌握"先原则后具体,先主要后次要"的先后次序,条例"分则"部分的条款则按照"以条为主,条前例后集中设例"的原则进行安排。

四、内容准确周密。所谓准确,是指文字含义清楚,语气肯定,庄重简洁,措施、办法、界限、标准、奖励和程序等规定具体明确;所谓"周密",指规定全面、条款周详,无疏漏;章、节、条、款层次分明。此外,还要注意与有关规章制度或法规的衔接和协调,体现出规范的连续性和一致性,不能前后矛盾,互相抵触。

范例与简析

▶ 例文1

博物馆条例

(2015年2月9日国务院令第659号)

第一章 总则

第一条 为了促进博物馆事业发展,发挥博物馆功能,满足公民精神文化需求,提高公民思想道德和科学文化素质,制定本条例。

第二条 本条例所称博物馆,是指以教育、研究和欣赏为目的,收藏、保护并向公众展示人类活动和自然环境的见证物,经登记管理机关依法登记的非营利组织。

博物馆包括国有博物馆和非国有博物馆。利用或者主要利用国有资产设立的博物馆为国有博物馆;利用或者主要利用非国有资产设立的博物馆为非国有博物馆。

……

▶ 简析

例文《博物馆条例》共由六章四十七条组成,内容非常全面、完整,其中第一章(1—9条)为总则部分,就有关博物馆工作的目的、内涵、工作方针和原则、经费保障、主管部门等方面的事项作出规定;第二章至第五章为分则部分(10—44条),分别就博物馆的设立、变更与终止,博物馆管理、社会服务以及法律责任等方面事项作出明确具体的规定,每一章又分别包括若干条目;第六章为附则(45—47条),就博物馆的溯及范围以及军队博物馆的管理等事宜作出规定,并明确施行日期。在结构安排上,全文采用的是"章断条连式"结构,内在逻辑关系十分紧密,令人无懈可击。此外,也有的条例不采用章断条连式结构,而是采用分条列款(项)的方式,逐条陈述,条项贯通,一气呵成,给人以圆润缜密之感。

▶ 例文 2

中国共产党巡视工作条例

(2015 年 8 月 3 日)

第一章 总则

第一条 为落实全面从严治党要求,加强党内监督,规范巡视工作,根据《中国共产党章程》,制定本条例。

第二条 党的中央和省、自治区、直辖市委员会实行巡视制度,建立专职巡视机构,对所管理的地方、部门、企事业单位党组织进行巡视监督,实现巡视全覆盖、全国一盘棋。

开展巡视工作的党组织承担巡视工作的主体责任。

第三条 巡视工作以马克思列宁主义、毛泽东思想、邓小平理论、"三个代表"重要思想、科学发展观为指导,深入贯彻习近平总书记系列重要讲话精神,坚持从严治党、依规治党,落实中央巡视工作方针,聚焦党风廉政建设和反腐败斗争,发现问题,形成震慑,推动党的先进性和纯洁性建设。

第四条 巡视工作坚持中央统一领导、分级负责;坚持实事求是、依法依规;坚持群众路线、发扬民主。

……

▶ 简析

2009 年 7 月,中央颁布实施《中国共产党巡视工作条例(试行)》,对于推动巡视工作制度化、规范化发挥了重要作用。党的十八大以来,巡视工作面临新的形势任务,内容和方式都作了重要调整和改变,实践中积累了丰富经验,对原"试行"的巡视工作条例不仅迫切需要进行修订,也具备了开展修订工作的基本条件。党的十八届三中、四中全会和十八届中央纪委第五次全会对改进巡视工作、修订条例作出部署,习近平总书记多次对条例修订工作提出明确要求,党内立法规划、中央深化改革工作方案将修订条例列为重点工作。条例修订工作自 2013 年 10 月启动,历经调研、论证、反复修改、不断完善的过程。2015 年 8 月 3

日,中共中央颁布实施修订的《中国共产党巡视工作条例》(以下简称"巡视工作条例")。修订中,始终坚持以下原则:一是遵循党章。严格根据党章规定,与党内有关法规精神一致,做到衔接顺畅、规范准确。二是与时俱进。深入贯彻中央巡视工作方针,充分吸纳实践创新成果。三是突出重点。不求面面俱到,重点解决事关巡视工作发展的重大问题。四是必要可行。对形成共识、确有必要的作出修订,确保可执行、易操作,重在贯彻。例文《中国共产党巡视工作条例》共由七章三十九条组成,内容非常全面、完整,其中第一章(1—4条)为总则部分,就有关巡视工作的目的、依据、职能、指导思想和工作原则等事项作出规定;第二章至第六章为分则部分(5—38条),分别就机构设置、工作程序、人员管理以及纪律与责任等方面事项作出明确具体的规定,每一章又分别包括若干条目;第七章为附则,就条例的扩展范围、实施细则的制定权限、解释权和施行日期以及原条例即行废止等事宜作出规定。在结构安排上,全文采用的是"章断条连式"结构,内在逻辑关系十分紧密,令人无懈可击。而且在内容表达和文字运用上也十分严整细密,具有很强的逻辑性,例如"巡视工作人员有下列情形之一的,给予责令书面检查、通报批评或者调整、免职、降职等组织处理;构成违纪的,按照有关规定给予纪律处分;涉嫌犯罪的,移送司法机关依法处理"。不难看出,其对违反相应的情形所给予的处理方式,从轻至重依次递增,逻辑谨严,令人信服。

225 什么是规定?

规定是领导机关、职能部门、社会团体和企事业单位对特定的事项、工作和活动所作出的关于原则、方式、方法等的规定和要求以及相应的措施。它是根据本单位或部门的实际需要而制定的行政法规性文件。

由于规定是对特定的事项、工作和活动而制定的原则、方式、方法和措施,因此,它与条例有许多相似之处,是对有关法律、法规的具体化,不过有时它比条例的规范项目和范围更窄一些。

226 规定的写作要领有哪些？

一、要注意内容的合法性。即写进规定条款中的内容必须符合党和国家的方针政策以及法律、法令的规定，不能与之相抵触。否则，就会失去规定的意义。

二、要注意内容的针对性和可行性。是指规定的条款内容必须切合实际，能够切实对某项或某方面的工作起到规范和约束作用；所提出的措施和要求要切实可行。为此，就要求用语要简练，概念要准确，避免出现含混不清的词句。

三、专用术语的使用要规范。在规定的写作中，有时需要涉及一些专用术语，要注意其表述的准确性和规范性。如有必要，应另立专门条款对术语加以界定，以利于规定事项的贯彻实施。

范例与简析

▶ 例文 1

加强中央企业有关业务管理防治"小金库"若干规定

第一条　为加强国务院国有资产监督管理委员会（以下简称国资委）履行出资人职责的企业（以下简称中央企业）的监督管理，规范企业经营业务行为，根据《企业国有资产监督管理暂行条例》《国有及国有控股企业"小金库"专项治理实施办法》和国家有关法律法规，制定本规定。

第二条　中央企业及其各级独资、控股子企业（以下简称各级子企业）应当以"小金库"专项治理工作为契机，坚持综合治理、纠建并举、注重预防的原则，从深化改革、完善制度、加强监督、注重教育等方面入手，进一步加强有关业务管理，完善内控制度，规范会计核算，强化审计监督，建立和完善防治"小金库"的长效机制。

第三条　中央企业及其各级子企业应当根据国家有关薪酬管理政策和规定，进一步完善内部薪酬管理体系，规范基层单位绩效薪酬（奖金）分配，可采取基层单位制订分配方案、劳资管理部门审核、财务部门依据明细表直接发放至职工个人的方式操作，纪检监察、审计部门应当加强对绩效薪酬（奖金）分配情况的监督，不得单独留存、二次分配或挪作他用。

第四条　中央企业及其各级子企业在合同金额之外取得的项目业主以"赶工费"等名义支付施工单位的各类奖励、补贴，是施工单位工程收入的组成部分。企业应当加强工程建设项目"赶工费"管理，统一纳入施工单位工程收入核算，不得以个人、其他单位名义单独留存或直接用于发放职工奖励、福利等。

第五条　中央企业及其各级子企业开展代扣代缴个人所得税等工作过程中取得的各类手续费收入，应当纳入企业收入统一核算，不得以往来款挂账方式自行列支，或账外存放、单独处理。

第六条　中央企业应当加强改制上市剥离资产管理，建立健全剥离资产管理制度，落实责任部门（管理机构），明确管理责任和授权权限，细化资产管理业务流程，设置剥离资产管理台账，跟踪剥离资产变动及收益状况，确保剥离资产出租、出借、处置、清理及投资等全过程得到有效控制，对所形成的资产收益应当按规定纳入企业法定账簿核算。

第七条　中央企业及其各级子企业应当本着提高效率、勤俭节约的原则，进一步强化各类会议费管理，完善各类会议申请、审批及报销程序，严格控制会议的规模、频次，压缩不必要的会议开支，规范会议报销单据、凭证管理，严禁虚构会议名目预存会议费或挪作他用。

第八条　中央企业及其各级子企业应当加强所属报纸杂志、职工食堂、物业公司等各类辅助经营实体，以及内部设立的协会、学会（分会）等各类社会团体的资产财务管理，规范财务收支核算和报账方式，定期开展资产盘点，不得账外留存任何资金和资产。上述单位代企业收取的各类费用收入均应当纳入企业账簿核算，不得单独留存或直接坐支。

第九条　中央企业应当认真做好各类废旧物资清收处置工作，规范各类材料实物的入库、领用、实际消耗及处置管理，将边角余料、报废资产等废旧物资管理，作为降本增效、增收节支活动的重要举措之一，落实废旧物资鉴定、回收、保管、处置等环节的管理责任，明确相关管理要求，建立大宗废旧物资管理和处置台账，如实记载流转情况。废旧物资处置及综合利用收入应当及时纳入企业法定账簿核算，不得账外留存或直接坐支。

第十条　中央企业应当进一步加强现金和备用金管理，建立健全现金账目,逐笔记载现金收付,做到日清月结、账款相符。对收取现金的业务,应当明确现金入账期限和管理责任,不得以个人名义存放或账外留存;对各类备用金,应当明确管理程序和报账期限,对超期限备用金应当加紧催收,不得谎报用途套取现金。

▶ 简析

这是一篇关于加强中央企业有关业务管理防治"小金库"的规定。其格式由标题和正文组成,标题采用发挥型公文标题惯用的结构形式,由事由和文种构成;正文部分直接采用条文的形式进行表述,全文分作10条,从第一条开始一以贯之,和谐顺畅,对如何加强中央企业的有关业务管理防治"小金库"问题从不同方面分别作出规定,内容完整全面,表述细致严密。尽管没有明确标出总则、分则、附则部分,但其结构层次却十分鲜明醒目,条理清晰。规定事项也十分具体、明确,含义单一,前后一致。此外,在用语上也很规范、得体,符合此类文种的写作要求。诸如"应该""应当""不应""不该""不得""方可"等词语的使用,显得较为准确、凝练、严密、肯定,界限十分清楚,避免使人产生歧义,充分体现出了法规体公文的语言特征。

▶ 例文2

关于加强印章管理和使用的规定

为进一步规范我社印章的管理和使用,现根据上级相关文件精神,并结合我社实际制定如下规定:

1.印章统一由办公室专人负责保管,印章保管人员外出时,由办公室主任指定人员代管。办公室及保管人员必须严格按规定程序范围管好和用好印章,特殊情况需报有关领导批准。

2.印章保管者要坚持原则,对上不唯命是从,亦不能滥用权力,谋取私利,违章违纪。印章管理应遵守有关保密制度,随用随锁。

3.凡机构成立,从批准之日起,由上级主管出具证明到指定的刻印社刻制单位全称公章,并印发启用通知,如系机构改称,在启用使用新印章的同时,应将旧印章截角作废。

4.凡单位撤销,其印章应由被撤销单位填写旧印章卡片边同印章上交主管机关办公室立卷备查或封存；若无保存必要，可由主管机关自行截角作废。

5. 加盖下行公文的印章，部门一般文件由部门负责人签批；部门比较重要的文件，由分管领导签批；全局性重要文件由主要领导签批后盖章。

6. 呈送市委、市政府等上级机关的请示、报告、汇报等公文，须经社主要领导签发后方可盖章；

7. 报送上级主管部门、同级有关部门的公文、信函、报表盖章及基层单位上送、出具的文函、证件、合同、协议等，需加盖本社公章的，由处室分管领导审批签字。

8. 为本社干部出具的一般证明，如户口迁移、领取邮件、身份证明、购买车票等可由印章掌管者给予盖章。

9. 凡出差需开具介绍信的，省内由分管领导签批，省外由主要领导签批。不得在空白介绍信上盖章使用，以防纰漏。

10. 凡基层要求主管机关出具证明的，重要的要经领导签批，一般的可由部门负责人或经办人签批。但不得交来人直接到办公室盖章，以防途中作弊。

11. 除上述明确规定用印外，凡未列入需用印的，属于掌管者职权范围内的小事可自行酌情处理，对超出职权范围的不得轻率办理，应请示后再盖印。

12. 加盖公章的位置要正确。公文用印要印迹清晰，位置端正，印要盖在署名中央，以盖印时能压住年月日为宜；几个单位联合行文的，印迹不可互相重叠；公文用印必须与署名一致。

13. 加盖公章时，掌管者不得把印章交给来人自行用印。

14. 建立用印登记制度，由办公室统一登记，以供查考。

15. 本规定自发文之日起执行。

简析

本文使用规定是符合实际的，而且从文中所涉及的内容看，使用这一文种是合适的。前言部分说明了制定该规定的目的，然后分别从十几个方面进行了解释和说明。写这种对某单一事物的管理规定，主要应就管理这方面的事项时，经常出现的问题有哪些，需要履行的手续应该是什么，分别予以列出并提出要求。仔细分析这篇例文就是如此：第一、二条是先提出管理的统一制度和原则,也就是规定了大局;第三、四条是从机关的成立和撤销的角度说明印章管理的最主要问题,放在这里是合适的,因为这是以下各条存在的前提;第五、六、七条是从行文的方向来说明印章使用的要求和程序;第八、九、十条是从印章的对外使用进行管理的角度所提出的要求,这样符合从内到外的原则;第十一条对管理印章者的权利作了弹性的规定;第十二条提出了使用印章的具体要求,与《党政机关公文处理工作条例》中关于印章的使用是一致的。最后两条分别对掌管印章者提出了严格要求和应当履行的登记制度,规定的最后一条是执行日期。

227 什么是办法?

办法是国家行政机关或者主管部门对某项具体工作所做的具体实施性的法规文件,是对某一方面的具体工作手续和措施加以条理化和制度化,使有关部门在办理中有所遵循。例如《公路车辆通行费收取与管理办法》《保守国家秘密实施办法》《商业银行柜台记账式国债交易管理办法》等等。它与规定相比,对象范围比较狭窄,条款内容十分具体,是政策性措施的具体化,有的办法就是为了实施某一条例或者规定而制定的。

按办法所涉及内容的不同,可将其分为实施性办法和规定性办法两大类。在发布形式上,内部行文时通常使用"通知"作文件头来颁行,而向社会上直接公布时,则往往采取"法随令出"的形式,以充分体现其行政效力。

228 办法的写作要领有哪些?

一、要注意把握办法与条例、规定等相关文种的区别。办法是介于条例、规定和细则之间的一种公文,是法规体公文中的重要成员。其与条例、规定相比,条例和规定多用于某些重大问题和重大事项,而且原则性较强,要求有关部门照章执行;而办法则往往用于具体事务或某一事项,可以参照办理。从范围上看,办法也比条例和规定要窄,往往是实施条例、规定的具体性要求。至于细则,其所涉及的内容事项就更为具体和细化。

二、要注意体现整体政策思想的准确性。由于办法与条例、规定一样,同属法规性文件,它在特定的范围内具有法定的规范性,要求人们必须认真遵守和执行,因此在撰写时必须特别注意保持整体政策思想的准确性,不容出现疏误。在此基础上,还要注意各条款之间的逻辑严密性,既要保持各自的相对独立性,又要保持内在的相互联系性,做到既无"缺口",又无"重叠",更无矛盾,便于理解和执行。

三、要注意把握其基本的结构规律。办法的写作,虽然其外形结构不一,诸如章条款式、条项贯通式等,但内在结构规律比较稳定,都是由"总则—分则—附则"三部分组成。其中"总则"用以交代行文的依据、目的、总体要求和指导思想等,"分则"用来明确陈述所要规定的具体事宜,"附则"则用以交代时效、明确解释权和修改权等。这也是包括条例、规定、章程、细则等在内的法规性文件的通用结构模式。

四、要注意用语的准确、精当、得体。因为办法是用以对有关部门和人员的行为作出具体规范的文件,因此在用语上必须注意准确性,不容出现纰漏,以致言不及义抑或语义两歧,否则就会造成麻烦,贻害工作。要特别注意一些模态词语的使用,诸如"应(该)""可(以)"等等,它们在办法中出现的频率颇高,使用时务求恰切适度,以充分体现办法所具有的原则性与灵活性相结合的特点。

五、要注意区别两种不同类型办法的写作特性和要求。如前所述,按办法所涉及内容的不同,一般将其分为实施性办法和规定性办法两大类,每种类型的办法有其不同的特性和要求,撰写时必须区别对待,以求实效。一般而言,实施性办法通常要围绕实施原件而写,着重对原件实施提出具体意见,其依附性较强,因而要求写得具体细致,以有效地指导实践;规定性办法往往是独立行文,它要针对管理对象的内容来确定,因而在写作时应力求全面系统,富有针对性和可行性。

范例与简析

▶ 例文

中央和国家机关会议费管理办法

第一章 总则

第一条 为进一步加强和规范中央和国家机关会议费管理,精简会议,改进会风,提高会议效率和质量,节约会议经费开支,制定本办法。

  第二条 中央和国家机关会议的分类、审批和会议费管理等,适用本办法。

  本办法所称中央和国家机关,是指党中央各部门,国务院各部委、各直属机构,全国人大常委会办公厅,全国政协办公厅,最高人民法院,最高人民检察院,各人民团体、各民主党派中央和全国工商联(以下简称"各单位")。

  第三条 各单位召开会议应当坚持厉行节约、反对浪费、规范简朴、务实高效的原则,严格控制会议数量,规范会议费管理。

  第四条 各单位召开的会议实行分类管理、分级审批。

  第五条 各单位应当严格会议费预算管理,控制会议费预算规模。会议费预算要细化到具体会议项目,执行中不得突破。会议费应纳入部门预算,并单独列示。

  ……

▶ **简析**

  这篇办法的突出之处在于它的结构安排,全文采用章条款分列的结构模式,从头至尾由七章三十一条内容组成,第一章为总则(第1—5条),分别交代了制定办法的目的、依据、适用范围、基本原则、监督管理权限归属等内容事项;中间各章为分则(第6—第28条)分别交代了会议分类和审批,会议费开支范围、标准和报销支付,会议费公示和年度报告制度,管理职责,监督检查和责任追究等方面的内容;第七章为附则,明确了主体部分的未尽事宜,包括各单位应当根据本办法规定制定相应的具体管理规定、中央事业单位会议费管理以及办法的解释权、生效日期和同时废止的相关文件等。从总体上看,全文内容完整,结构严谨,层次清楚,语言简练,堪称办法写作的典范。

229 什么是规则?

  规则属于规定和准则相结合的规章,是对某项工作、某一事项或某一活动所作出的规范性要求。它是国家机关、社会团体、企业事业单位为维护工作纪律、公共利益和某种秩序,以保证工作、生产和生活等活动的正常进行所制定的行为准则。

规则所管理、制约的对象和范围比较集中、单一,多是侧重于某项或某方面的工作。

作为以某种行为为对象而制定的共同准则,规则属于行政规章性质的公文,具有针对具体场合的具体行为以及自上而下制定的特点。

230 规则的写作要领有哪些?

一、要注意体现针对性。规定是对某一特定事项的规范性要求,是该项工作或活动的准则,因此,在写作时必须注意讲求针对性,要全面考虑各种可能的情况,力求做到周密详尽,责任明确,是非清楚,赏罚分明,真正做到有章可循。

二、要注意把握内容表达的先后顺序。撰写规则,其条款应当直接涉及管理范围内的特定对象,条文内应当先说规范,后提要求;先倡导,后禁止,做到内容明确,要求具体,便于理解和执行。

三、要区分规则与守则在写法上的差异。规则与守则虽然有一定的相似之处,但在内容要求、条款安排以及语言运用方面都有比较明显的不同。从内容上看,守则内容着重倡导、引导、教育有关人员遵守一定的行为、品德规定和规范,一般不写对违反者的处理;而规则既要写有一定约束力的规定和规范,同时还要写明对违背者的处理意见的要求;在条文安排上,守则一般按从原则到具体、从一般到特殊、从主要到次要的顺序安排条文,其篇幅短,条文少;规则则一般按从原则到具体,依照工作程序从前到后,从直接到间接的次序安排条文,其篇幅视内容可长可短,条文多少不等;此外,在语言运用上,守则多使用倡导与禁止相结合的对比的祈使句,使语气更为缓和,易于被接受;规则多从正面作出规定,既用祈使句,也使用陈述性的说明句,说明该怎么做。

范例与简析

▶ 例文

国务院工作规则

（2013 年 3 月 20 日国务院第 1 次全体会议通过）

第一章 总则

一、第十二届全国人民代表大会第一次会议产生的新一届中央人民政府，根据《中华人民共和国宪法》和《中华人民共和国国务院组织法》，制定本规则。

二、国务院工作的指导思想是，高举中国特色社会主义伟大旗帜，以邓小平理论、"三个代表"重要思想、科学发展观为指导，认真执行党的路线方针政策，严格遵守宪法和法律，全面正确履行政府职能，努力建设职能科学、结构优化、廉洁高效、人民满意的服务型政府。

三、国务院工作的准则是，执政为民，依法行政，实事求是，民主公开，务实清廉。

……

▶ 简析

这篇规则全文分为 11 章 58 条，其中第一章为总则，就规则的制定依据、指导思想和准则等方面的事宜作出规定；第二章至第十一章为分则，分别就组成人员职责、全面正确履行政府职能、坚持依法行政、实行科学民主决策、推进政务公开、健全监督制度、会议制度、公文审批、工作纪律、廉政和作风建设等方面的事项做出明确规定，内容非常全面、完整，具有很强的逻辑性和规范性，便于贯彻落实。从结构布局上看，全文采用章断条连的通用模式，章下分条，各条之间一气贯通，内在逻辑关系十分严谨顺畅，是规则写作的典范之作。

231 什么是细则?

细则是为了更好贯彻实施某一法规而对其中某些条款进行解释和说明的法规性文件,例如《河北省党政机关公文处理工作实施细则》,是为具体贯彻实施《党政机关公文处理工作条例》而制定的。

细则是从行政法规中派生出来的是行政法规的补充和延伸,其主要特点是:

一、规章性。权力机关和国务院不使用这一文种,通常是下级机关为实施上级机关的行政法规规章而制定的,就其性质而言属于行政法规。

二、细致性。办法侧重于措施、步骤、程序等方面作出规定,而细则是侧重与原法规、规章界限范围的划分、概念、措施的解释,比实施办法更详细具体。

三、依附性。细则就是对原有法规、规章的派生文字,必须依附于原件,不能独立行文。

232 细则的写作要领有哪些?

一、要紧扣原文条款。细则是为了能够更好地贯彻重要法规的某些条款而制定的,是这些条款规定的具体化。因此,在撰写时决不能仅在序言中提出是根据某"条例"或某"规定"中的某一条款制定的,而主体内容却离开原条款主旨去随意引申和发挥,这样会使执行者无所适从,影响法规的贯彻执行。

二、要从实际情况出发。撰写细则,不能仅就原法规条款进行字面或者演绎推理性的解释,而必须深入实际,认真进行调查研究,与本系统、本地区、本部门的实际情况结合起来。这样,所制定的细则才能做到有的放矢,切实可行,真正发挥指导与帮助执行者正确理解党和政府的方针政策并更好地贯彻执行的作用。

三、要注意把握细则的制定机关权限。制定细则的机关部门的要求相当严格,即对国务院制定的行政法规的实施细则,通常经国务院授权,由国务院所属部门或者以地方人民政府名义制定发布;下级地方人民政府可以根据上级人民政府发布的行政法规制定实施细则;地方人民政府可以根据同级权力机关发布的地方性法规制定实施细则;政府的有关部门可以根据本级人民政府发布的行政法规制定实施细则。

党的机关工作部门、社会团体、企业事业单位也可以根据本级领导机关制定的重要规章性公文制定相应的实施细则。

四、要体现出"准"与"细"的特点。"准"是指要抓住那些容易出现问题的关键之处进行解释或说明;"细"是指所制定的措施一定要做到详尽具体,界限分明,使人易于理解,便于执行。

范例与简析

▶ 例文

中华人民共和国航道管理条例实施细则

第一章　总则

第一条　根据《中华人民共和国航道管理条例》(以下简称《条例》)和国家有关法律、法规的规定,制定本实施细则(以下简称《细则》)。

第二条　中华人民共和国交通运输部(以下简称"交通运输部")主管全国航道事业。各级交通运输主管部门设置的航道管理机构是对航道及航道设施实行统一管理的主管部门。

第三条　国家航道是指:

(一)构成国家航道网、可以通航500吨级以上船舶的内河干线航道;

(二)跨省、自治区、直辖市,可以常年(不包括封冻期)通航300吨级以上(含300吨级)船舶的内河干线航道;

(三)可通航3000吨级以上(含3000吨级)海船的沿海干线航道;

(四)对外开放的海港航道;

(五)国家指定的重要航道。

……

▶ 简析

这篇细则由七章四十八条组成,是一篇较为细密的细则。其中第一章为总则,第七章为附则,中间各章为分则。本细则写作的最成功之处在于分则部分,分章对航道管理机构和职责、航道的规划和建设、航道保护、航道养护经费等几个方面的事项作出十分明确具体的规定,而且还用专章(第六章)规定罚则,使行文正反对举,相辅相成,具有极强的约束力。

233 什么是规范?

规范是机关、团体和企事业单位为了实现预定的工作目标,按照有关工作任务的实施要求而制定的行为准则,是一种具有规范性和约束力的事务性公文。

规范的特点在于"范",重点要给人们完成特定工作尤其是技术性的工作制定出一个可操作性的标准化要求,是人们开展工作的基本依据,具有较强的约束力和规范性。

234 规范的写作要领有哪些?

一、内容要详尽、周密。规范是人们从事特定工作必须遵守的规范性要求,对人们的行为具有重要的规范和约束作用,因此,在内容表述上务必做到详尽、周密,要顾及工作内容的各个方面和工作程序的各个环节,不能有所遗失,以确保其正确施行。

二、规定要具体,便于操作。规范的特点在于"范",重点要给人们完成特定工作尤其是技术性的工作制定出一个可操作性的标准化要求,因此,写进规范中的内容事项,一定要做到明确具体,应当怎样做,做到何种程度,必须提出明确的规范性标准,决不能含混笼统,让人难以捉摸,无所适从。

三、用语要确切,做到表意明晰,力避使用过于生僻的术语,以免影响规范的执行效果。如因需要非用不可,应加以必要的解释和说明。

范例与简析

▶ 例文

医院感染暴发报告及处置管理规范

第一章　总则

第一条　为规范医院感染暴发报告的管理,提高医院感染暴发处置能力,最大限度地降低医院感染对患者造成的危害,保障医疗安全,根据《医院感染管理办法》,制定本规范。

第二条　本规范适用于各级各类医院,其他医疗机构发生的医源性感染暴发的报告及处置工作依照本规范管理。

第三条　医院感染暴发报告范围,包括疑似医院感染暴发和医院感染暴发。

第四条　医院感染暴发报告管理遵循属地管理、分级报告的原则。

第五条　卫生部和国家中医药管理局负责全国医院感染暴发报告及处置的管理工作。

县级及以上地方卫生、中医药行政部门负责本辖区内的医院感染暴发报告及处置的管理工作。

……

▶ 简析

这是国家卫生部和国家中医药管理局为贯彻落实《医院感染管理办法》,进一步规范医院感染暴发报告和处置的管理工作,最大限度地降低医院感染对患者造成的危害,保障医疗安全,组织专家研究制定的一份规范。全文采用典型的章条款分列的结构模式,总共分为六章二十四条,分别就规范医院感染暴发报告的组织管理、程序、处置工作和质量管理等相关事项作出明确具体的规定,给人以确信无疑之感,便于规范内容的落实。

235 | 什么是守则？

守则是国家机关、社会团体根据上级有关指示精神和本行业、本部门、本单位、本社区等实际工作的需要,在一定范围内为工作人员或社会成员所规定的简明道德规范和行为准则。例如《国务院工作人员守则》《全国职工守则》。

守则的特点:一是针对各种人员的一般行为,针对不同的人员;二是制作灵活自由。

守则并不是机关、团体或企事业单位的行政管理文件,而是为了实现某个目标、完成某项任务、维护某种利益,由某个组织把群众的共识、愿望和需要做到的事项,集中起来写成条文,作为大家共同遵守的行为准则。

236 | 守则的写作要领有哪些？

一、要突出职业特点。制定守则是进行职业道德教育的良好形式,而社会上每种职业都有其各自的特殊要求。因此,撰写守则时必须符合社会主义物质文明、精神文明和政治文明建设的要求,这是一条总的原则。同时,还有根据不同的职业特点提出一些具体的规范和要求。例如,同样是讲究卫生,《医院工作人员守则》一般要求:"积极参加爱国卫生运动,美化环境,保持医院整洁、肃静。"《商业营业员守则》则通常要求:"店堂要整洁;商品陈列要丰满,衣着要干净大方。"而《运动员守则》则要求:"不吸烟,不喝酒,衣着整洁大方。"显然,这些要求都适合了各自的职业特点。

二、内容要具体、实在,不可过于笼统。制定守则,在内容上要把握适当的"度",一方面不能不切实际地提出过高的要求,另一方面也不能墨守成规地提出过低的要求,而应根据"三个文明"建设的实际发展需要,作出既合乎实际、切实可行,又实实在在的规定,便于有关人员进行自我对照,起到规范举止、言行的作用。

三、条文不宜过多,文字要简练,语言要规范、通俗,多用短句或结构规则的句子,以便于执行者记忆。

范例与简析

▶ 例文

安全生产守则

一、全厂职工必须认真贯彻执行党和国家安全生产的方针、政策、法令。严格遵守安全生产规章制度和本工种操作规程。

二、凡不符合安全生产要求,有严重危险的厂房、设备,职工有权向上级报告。遇有危及生命安全的情况,职工有权停止作业,并立即向有关方面反映。

三、新进厂工人、干部、学徒工、实习生(包括临时工、合同工、农民工等)必须先进行安全教育,方可从事本工种实习或操作。改变工种人员要进行新工种安全教育。对工伤痊愈、脱产(出差、回乡抢收农种等)人员,返回工作岗位上时,各单位必须严格执行复工前安全教育制度。

四、一切外来参观人员、临时工作人员必须指定专人领队,方可进入生产现场参观。

五、电气、锅炉、压力容器、起重、挂钩、吊车、焊接(切割)易燃易爆、汽车驾驶等特殊工种人员都要经过安全技术专业培训考试合格、凭证操作。

六、进行危险作业前,要采取有力的安全措施,主管厂长批准,并严格按照要求作好准备后,方可进行此项危险作业。

七、从事任何生产作业时,必须按规定穿戴好个人防护用品。女工戴好安全帽,禁止蓄长辫。旋转机床严禁戴手套操作。生产现场不准穿拖鞋、高跟鞋、裙子、大衣、赤脚、赤臂、戴头巾、围巾、领带或敞露衣襟工作。上班前不准饮酒,不准带小孩进入厂内。

八、工作前要作好一切安全准备,仔细检查设备和工作场地,排除故障和隐患,保证安全防护装置、信号、保险装置齐全、灵敏、可靠,保持设备润滑及通风良好。

九、操作者必须熟悉和掌握设备性能、工艺要求,明确加工方法,端正操作姿势。正确使用工模夹具和机器设备;讲究科学生产,不准违章冒险,盲目蛮干。

十、工作中应坚守岗位。不准串岗闲聊,打闹、睡觉和做与本职无关的事。定机定人、不准随便操作别人的机床设备。

十一、凡运转设备,不准跨越、传递物件和触动危险部分,工夹量具不得随便放在机床设备上,不得用手拉、嘴吹铁屑等。

十二、变挡调速、紧固工件、刀具、拆卸防护罩和调整机床设备时,都要先停电关车,不准无防护罩开车,不准超限、超负荷使用,中途停电,应关闭电源。

十三、深夜班、加班以及在封闭场所作业时,必须安排两人以上一起工作。交接班时要认真填写交接班簿,交接必须清楚。下班前必须切断电源,搞好设备、场地环境卫生,整理好工位器具。

十四、搞好文明生产,要保持厂区、车间、库房、走道等地整齐清洁和畅通无阻。材料、工件、工模夹具、工位设备等按规定位置堆码平稳,摆放整齐,其高度不得超过低面窄边宽度的二倍。

十五、严禁脚踩踏不平稳物件和跨越危险区域,不准从行驶的车辆中爬上跳下和抛卸物品。行走时注意来往车辆,不准在吊物下停留或通过。

十六、一切电气、机械设备的金属外壳和吊车轨道等必须有可靠的接地或重复接地装置。使用手持电动工具必须绝缘可靠,接地良好。行灯、机器及钳工台的照明,必须采用安全电压(36伏以下)。电器、机械设备只能由维修人员修理,其他人员不准擅自处理。

十七、不准随便架设临时电线。确因特殊情况需要,必须按有关规定执行。如有违章架设,上级有权停止使用。

十八、任何新安装或大修后的机电设备,未经验收合格不准擅自动用。加强机电设备的维修保养、保证正常运行,不得带病操作。可移式设备要放置稳固,以防倾倒。

十九、高空作业人员必须体检合格,严格遵守《高空作业安全规程》(距地面三米以上,工作斜面坡度45°,无平稳立足之地,应视为高空作业)。

二十、各种消防器材应按消防规范设置齐全,不准随便动用,安放地点周围不得堆放其他物品。

二十一、一切机动车辆必须严格遵守交通规则和厂区内行车规定。驾驶人员,未经有关部门训练和考试合格,不准开车。其他人员不准动用车辆。机动车辆必须具有良好的止动装置,否则严禁开动。

二十二、凡易燃易爆物品库房必须具备通风良好,标志明显。严禁存放食品和饮用品及食用。库房附近严禁烟火，并设专人负责。

二十三、各种高压气瓶必须有防震圈，搬运中不准撞击，不准擅自乱接管道。阀门安全可靠，不得乱动。

二十四、厂内所有锅炉必须建立卡片，蒸汽锅炉四大附件必须齐全（安全阀、压力表、水位表、排污阀），要灵敏可靠。经厂有关部门批准后方可使用。

二十五、生产过程中的废液、废渣、污水，应在工艺上采取可靠措施，作好防尘、防毒、防止环境污染工作。

二十六、全厂职工在生产现场内，必须服从安技监督人员的检查和指导，树立安全生产，人人有责的思想。

二十七、发生人身事故或重大未遂事故，要保护现场，及时抢救伤员，并立即向上级报告，待有关部门调查处理。对事故的处理要坚持"三不放过"原则。

二十八、凡违反工厂安全生产管理制度，不遵守劳动纪律，工作不负责任，以致造成重大事故，必须追究责任，情节严重的以党纪国法论处。

▶ 简析

这篇守则写得符合规范。全文采用分条列述的形式，总共分为28条，将安全生产工作的重要性以及如何确保安全生产这一主题阐述得明晰具体，切实可行。每一条的字数都不多，但很能说明问题，涉及安全生产的各个环节，既有正面规定，也有反面的惩戒措施，正反结合，令人无懈可击。在句型上，大多是以使用禁止性的判断句为主，强调的是在安全生产这个特定领域所受到约束的行为，应当怎样做，违反规定要受到怎样的惩处，表述得十分明确清晰，具有很强的执行力；"必须""要""不准""不得""严禁""不准"等模态词语的使用，使守则对全厂职工的约束性十分突出。在内容安排上，将安全生产所涉及的每个领域都规定得完整和到位，而且遵循了一定的逻辑顺序。由此可见，一篇简短的守则从写作的角度看，绝不是随便地把禁止的行为进行罗列，而是需要费尽一番脑力仔细斟酌才能成为一篇好的公文。

237 | 什么是制度？

制度是一个系统或单位为完成特定的工作任务和目标而制定的要求下属全体成员共同遵守的办事规程或行动准则，如医疗保险制度、保密制度、作息制度、会议制度、安全卫生制度等。它所涉及的内容十分广泛，不同的系统和单位，都有各自的管理制度用以对所属全体成员进行约束，范围明确，针对性强。

238 | 制度的写作要领有哪些？

一、内容要全面、详尽，各项规定要明确，具有可行性。在撰写制度过程中，一定要注意内容的适用性和可行性，要能够真正对所属成员的行为起到规范和约束作用，以便使之共同遵守，实现预期的工作任务和目标。

二、简明扼要，高度概括。写进制度中的内容，一般应是原则性和概括性的表述，不宜过于具体细致，以免失之严密，出现纰漏。

三、用语要准确简练，通俗易懂。制度是为了使所属人员共同遵守和执行，因此在语言表达上务求做到准确简洁，不能语义两歧，让人无所适从；也不能过于术语化，让人难以了解。

范例与简析

▶ 例文

安全生产管理制度

一、总则

第一条　为加强公司生产工作的劳动保护、改善劳动条件，保护劳动者在生产过程中的安全和健康，促进公司事业的发展，根据有关劳动保护的法令、法规等有关规定，结合公司的实际情况制订本规定。

第二条　公司的安全生产工作必须贯彻"安全第一，预防为主"的方针，贯彻执行总经理（法定代表人）负责制，各级领导要坚持"管生产必须管安全"的原则,生产要服从安全的需要,实现安全生产和文明生产。

第三条 对在安全生产方面有突出贡献的团体和个人要给予奖励,对违反安全生产制度和操作规程造成事故的责任者,要给予严肃处理,触及刑律的,交由司法机关论处。

二、机构与职责

第四条 公司安全生产委员会(以下简称安委会)是公司安全生产的组织领导机构,由公司领导和有关部门的主要负责人组成。其主要职责是:全面负责公司安全生产管理工作,研究制订安全生产技术措施和劳动保护计划,实施安全生产检查和监督,调查处理事故等工作。安委会的日常事务由安全生产委员会办公室(以下简称安委办)负责处理。

第五条 公司下属生产单位必须成立安全生产领导小组,负责对本单位的职工进行安全生产教育,制订安全生产实施细则和操作规程。实施安全生产监督检查,贯彻执行安委会的各项安全指令,确保生产安全。安全生产小组组长由各单位的领导提任,并按规定配备专(兼)职安全生产管理人员。各机楼(房)、生产班组要选配一名不脱产的安全员。

第六条 安全生产主要责任人的划分:单位行政第一把手是本单位安全生产的第一责任人,分管生产的领导和专(兼)职安全生产管理员是本单位安全生产的主要责任人。

第七条 各级工程师和技术人员在审核、批准技术计划、方案、图纸及其他各种技术文件时,必须保证安全技术和劳动卫生技术运用的准确性。

第八条 各职能部门必须在本职业务范围内做好安全生产的各项工作。

第九条 公司安全生产专职管理干部职责:

1. 协助领导贯彻执行劳动保护法令、制度,综合管理日常安全生产工作。

2. 汇总和审查安全生产措施计划,并督促有关部门切实按期执行。

3. 制定、修订安全生产管理制度,并对这些制度的贯彻执行情况进行监督检查。

4. 组织开展安全生产大检查。经常深入现场指导生产中的劳动保护工作。遇有特别紧急的不安全情况时,有权指令停止生产,并立即报告领导研究处理。

5. 总结和推广安全生产的先进经验，协助有关部门搞好安全生产的宣传教育和专业培训。

6. 参加审查新建、改建、扩建、大修工程的设计文件和工程验收及试运转工作。

7. 参加伤亡事故的调查和处理，负责伤亡事故的统计、分析和报告，协助有关部门提出防止事故的措施，并督促其按时实现。

8. 根据有关规定，制定本单位的劳动防护用品、保健食品发放标准，并监督执行。

9. 组织有关部门研究制定防止职业危害的措施，并监督执行。

10. 对上级的指示和基层的情况上传下达，做好信息反馈工作。

第十条　各生产单位专（兼）职安全生产管理员要协助本单位领导贯彻执行劳动保护法规和安全生产管理制度，处理本单位安全生产日常事务和安全生产检查监督工作。

第十一条　各机楼（房），生产班组安全员要经常检查、督促本机楼（房）、班组人员遵守安全生产制度和操作规程。做好设备、工具等安全检查、保养工作。及时向上级报告本机楼（房）、班组的安全生产情况。做好原始资料的登记和保管工作。

第十二条　职工在生产、工作中要认真学习和执行安全技术操作规程，遵守各项规章制度。爱护生产设备和安全防护装置、设施及劳动保护用品。发现不安全情况，及时报告领导，迅速予以排除。

三、教育与培训

第十三条　对新职工、临时工、民工、实习人员，必须先进行安全生产的三级教育[即生产单位、机楼（房）或班组、生产岗位]才能准其进入操作岗位。对改变工种的工人，必须重新进行安全教育才能上岗。

第十四条　对从事锅炉、压力容器、电梯、电气、起重、焊接、车辆驾驶、杆线作业、易燃易爆等特殊工种人员，必须进行专业安全技术培训，经有关部门严格考核并取得合格操作证（执照）后，才能准其独立操作。对特殊工种的在岗人员，必须进行经常性的安全教育。

四、设备、工程建设、劳动场所

第十五条　各种设备和仪器不得超负荷和带病运行，并要做到正确使用，经常维护，定期检修，不符合安全要求的陈旧设备，应有计划地更新和改造。

第十六条 电气设备和线路应符合国家有关安全规定。电气设备应有可熔保险和漏电保护，绝缘必须良好，并有可靠的接地或接零保护措施；产生大量蒸气、腐蚀性气体或粉尘的工作场所，应使用密闭型电气设备；有易燃易爆危险的工作场所，应配备防爆型电气设备；潮湿场所和移动式的电气设备，应采用安全电压。电气设备必须符合相应防护等级的安全技术要求。

第十七条 引进国外设备时，对国内不能配套的安全附件，必须同时引进，引进的安全附件应符合我国的安全要求。

第十八条 凡新建、改建、扩建、迁建生产场地以及技术改造工程，都必须安排劳动保护设施的建设，并要与主体工程同时设计、同时施工、同时投产(简称三同时)。

第十九条 工程建设主管部门在组织工程设计和竣工验收时，应提出劳动保护设施的设计方案，完成情况和质量评价报告，经同级劳资、卫生、保卫等部门和工会组织审查验收，并签名盖章后，方可施工、投产。未经以上部门同意而强行施工、投产的，要追究有关人员的责任。

第二十条 劳动场所布局要合理，保持清洁、整齐。有毒有害的作业，必须有防护设施。

第二十一条 生产用房、建筑物必须坚固、安全；通道平坦、畅顺，要有足够的光线；为生产所设的坑、壕、池、走台、升降口等有危险的处所，必需有安全设施和明显的安全标志。

第二十二条 有高温、低温、潮湿、雷电、静电等危险的劳动场所，必须采取相应的有效防护措施。

第二十三条 雇请外单位人员在公司的场地进行施工作业时，主管单位应加强管理，必要时实行工作票制度。对违反作业规定并造成公司财产损失者，须索赔并严加处理。

第二十四条 被雇请的施工人员需进入机楼、机房施工作业时，须到保卫部办理《出入许可证》；需明火作业者还须填写《公司临时动火作业申请表》，办理相关手续。

五、电信线路

第二十五条 电信线路的设计、施工和维护，应符合邮电部安全技术规定。

凡从事电信线路施工和维护等工作人员，均要严格执行《电信线路安全技术操作规程》。

第二十六条　电信线路施工单位必须按照安全施工程序组织施工。对架空线路、天线、地下及平底电缆、地下管道等电信施工工程及施工环境都必须相应采取安全防护措施。施工工具和仪表要合格、灵敏、安全、可靠。高空作业工具和防护用品，必须由专业生产厂家和管理部门提供，并经常检查，定期鉴定。

第二十七条　电信线路维护要严防触电、高空坠落和倒杆事故，线路维护前一定要先检查线杆根基牢固状况，对电路验电确认安全后，方准操作。操作中要严密注意电力线对通信线和操作安全的影响，严格按照操作规程作业。不准聘用或留用退休职工担任线路架设工作。

六、易燃、易爆物品

第二十八条　易燃、易爆物品的运输、贮存、使用、废品处理等，必须设有防火、防爆设施，严格执行安全操作守则和定员定量定品种的安全规定。

第二十九条　易燃、易爆物品的使用地和贮存点，要严禁烟火，要严格消除可能发生火种的一切隐患。检查设备需要动用明火时，必须采取妥善的防护措施，并经有关领导批准，在专人监护下进行。

七、电梯

第三十条　签订电梯订货、安装、维修保养合同时，须遵守市劳动部门规定的有关安全要求。

第三十一条　新购的电梯必须是取得国家有关许可证并在劳动部门备案的单位设计、生产的产品。电梯销售商须设立有（经劳动局备案认可的）维修保养点或正式委托保养点。

第三十二条　电梯的使用必须取得劳动部门颁发的《电梯使用合格证》。

第三十三条　工程部门办理新安装电梯移交时，除应移交有关文件、说明书等资料以外，还须告诉接受单位有关电梯的维修、检测和年审等事宜。

第三十四条　负责管理电梯的单位，要切实加强电梯的管理、使用和维修、保养、年审等工作。发现隐患要立即消除，严禁电梯带隐患运行。

第三十五条 确需聘请外单位人员安装、维修、检测电梯时,被雇请的单位必须是劳动部门安全认可的单位。

第三十六条 电梯管理单位须将电梯的维修、检测、年审和运行情况等资料影印副本报公司安委办备案。

八、个人防护用品和职业危害的预防与治疗

第三十七条 根据工作性质和劳动条例,为职工配备或发放个人防护用品,各单位必须教育职工正确使用防护用品,不懂得防护用品用途和性能的,不准上岗操作。

第三十八条 努力做好防尘、防毒、防辐射、防暑降温工作和防噪音工程,进行经常性的卫生监测,对超过国家卫生标准的有毒有害作业点,应进行技术改造或采取卫生防护措施,不断改善劳动条件,按规定发放保健食品补贴,提高有毒有害作业人员的健康水平。

第三十九条 对从事有毒有害作业人员,要实行每年一次定期职业体检制度。对确诊为职业病的患者,应立即上报公司人事部,由人事部或公司安委会视情况调整工作岗位,并及时作出治疗或疗养的决定。

第四十条 禁止中小学生和年龄不满18岁的青少年从事有毒有害生产劳动。禁止安排女职工在怀孕期、哺乳期从事影响胎儿、婴儿健康的有毒有害作业。

九、检查和整改

第四十一条 坚持定期或不定期的安全生产检查制度。公司安委会组织全公司的检查,每年不少于二次;各生产单位每季检查不少于一次;各机楼(房)和生产班组应实行班前班后检查制度;特殊工种和设备的操作者应进行每天检查。

第四十二条 发现安全隐患,必须及时整改,如本单位不能进行整改的要立即报告安委办统一安排整改。

第四十三条 凡安全生产整改所需费用,应经安委办审批后,在劳保技措经费项目列支。

十、奖励与处罚

第四十四条 公司的安全生产工作应每年总结一次,在总结的基础上,由公司安全生产委员会办公室组织评选安全生产先进集体和先进个人。

第四十五条　安全生产先进集体的基本条件：

1. 认真贯彻"安全第一，预防为主"的方针，执行上级有关安全生产的法令法规，落实总经理负责制，加强安全生产管理；

2. 安全生产机构健全，人员措施落实，能有效地开展工作；

3. 严格执行各项安全生产规章制度，开展经常性的安全生产教育活动，不断增强职工的安全意识和提高职工的自我保护能力；

4. 加强安全生产检查，及时整改事故隐患和尘毒危害，积极改善劳动条件；

5. 连续三年以上无责任性职工死亡和重伤事故，交通事故也逐年减少，安全生产工作成绩显著。

第四十六条　安全生产先进个人条件：

1. 遵守安全生产各项规章制度，遵守各项操作规程，遵守劳动纪律保障生产安全；

2. 积极学习安全生产知识，不断提高安全意识和自我保护能力；

3. 坚决反对违反安全生产规定的行为，纠正和制止违章作业、违章指挥。

第四十七条　对安全生产有特殊贡献的，给予特别奖励。

第四十八条　发生重大事故或死亡事故（含交通事故），对事故单位（室）给予扣发工资总额的处罚，并追究单位领导人的责任。

第四十九条　凡发生事故，要按有关规定报告。如有瞒报、虚报、漏报或故意延迟不报的，除责成补报外，对事故单位（室）给予扣发工资总额的处罚，并追究责任者的责任，对触及刑律的，追究其法律责任。

第五十条　对事故责任者视情节给予批评教育、经济处罚、行政处分，触及刑律者依法论处。

第五十一条　对单位扣发工资总额的处罚，最高不超过3%；对职工个人的处罚，最高不超过一年的生产性奖金总额（不含应赔偿款项），可并处行政处分。

第五十二条　由于各种意外（含人为的）因素造成人员伤亡或厂房设备损毁或正常生产、生活受到破坏的情况均为本企业事故，可划分为工伤事故、设备（建筑）损毁事故、交通事故三种（车辆、驾驶员、交通事故等制度由行政部参照本规定另行制订，并组织实施）。

第五十三条　工伤事故,是指职工在生产劳动过程中,发生的人身伤害、急性中毒的事故。包括以下几种情况:

1. 从事本岗位工作或执行领导临时指定或同意的工作任务而造成的负伤或死亡。

2. 在紧急情况下(如抢险救灾救人等),从事对企业或社会有益工作造成的疾病、负伤或死亡。

3. 在工作岗位上或经领导批准在其他场所工作时而造成的负伤或死亡。

4. 职业性疾病,以及由此而造成的死亡。

5. 乘坐本单位的机动车辆去开会、听报告、参加行政指派的各种劳动和乘坐本单位指定上下班接送的车辆上下班,所乘坐的车发生非本人所应负责的意外事故,造成职工负伤或死亡。

6. 职工虽不在生产或工作岗位上,但由于企业设备、设施或劳动的条件不良而引起的负伤或死亡。

第五十四条　职工因发生事故所受的伤害分为:

1. 轻伤:指负伤后需要歇工1个工作日以上,低于国标105日,但未达到重伤程度的失能伤害。

2. 重伤:指符合劳动部门《关于重伤事故范围的意见》中所列情形之一的伤害;损失工作日总和超过国际105日的失能伤害。

3. 死亡。

第五十五条　发生无人员伤亡的生产事故(不含交通事故),按经济损失程度分级:

1. 一般事故:经济损失不足1万元的事故;

2. 大事故:经济损失满1万元,不满10万元的事故;

3. 重大事故:经济损失满10万元,不满100万元的事故;

4. 特大事故:经济损失满100万元的事故。

第五十六条　发生事故的单位必须按照事故处理程序进行事故处理:

1. 事故现场人员应立即抢救伤员,保护现场,如因抢救伤员和防止事故扩大,需要移动现场物件时,必须做出标志,详细记录或拍照和绘制事故现场图。

2. 立即向单位主管部门(领导)报告,事故单位即向公司安委办报告。

3. 开展事故调查,分析事故原因。公司安委办接到事故报告后,应迅速指示有关单位进行调查,轻伤或一般事故在15天内,重伤以上事故或大事故以上在30天内向有关部门报送《事故调查报告书》。事故调查处理应接受工会组织的监督。

4. 制定整改防范措施。

5. 事故有责任的人作出适当的处理。

6. 以事故通报和事故分析会等形式教育职工。

第五十七条 无人员伤亡的交通事故。

1. 机动车辆驾驶员发生事故后,驾驶员和有关人员必须协助交管部门进行事故调查、分析,参加事故处理。事故单位应及时向安委办报告,一般在24小时内报告,大事故或死亡事故应即时报告。事后,需补写"事故经过"的书面报告。肇事者应在两天内写出书面报告交给单位领导。肇事单位应在七天内将肇事者报告随本单位报告一并送交安委办。

2. 加强驾驶员因公驾车肇事管理,应根据公安部门裁定的经济损失数额之10%对事故责任者进行处罚,处罚款项原则上由肇事个人到财务部缴纳。处罚的最高款额以不超过上年度公司人平均生产性奖金总额(基数1.0计)为限。

3. 凡未经交管部门裁决而私下协商解决赔偿的事故。如公司的经济损失超过保险公司规定免赔额的,其超出部分由肇事者自负。

4. 擅自挪用车辆办私事而肇事的,按第2款规定加倍处罚;可视情节给予扣发一年以内的奖金或并处行政处分。

5. 凡因私事经主管领导同意借用公车而肇事的,参照第2款处理。

6. 发生事故隐瞒不报(超时限两天属瞒报),每次加扣当事人三个月以内的奖金。

7. 开"带病车",或将车辆交给无证人员,或未经行政部批准驾驶公司车辆的人驾驶,每次扣两个月的奖金。

第五十八条 事故原因查清后,如果各有关方面对于事故的分析和事故责任者的处理不能取得一致意见时,劳资部门有权提出结论性意见,交由单位及主管部门处理。

第五十九条 在调查处理事故中,对玩忽职守、滥用职权、徇私舞弊者,应追究其行政责任,触及刑律的,追究刑事责任。

第六十条 各级单位领导或有关干部、职工在其职责范围内,不履行或不正确履行自己应尽的职责,有如下行为之一造成事故的,按玩忽职守论处:

1. 不执行有关规章制度、条例、规程的或自行其是的。
2. 对可能造成重大伤亡的险情和隐患,不采取措施或措施不力的。
3. 不接受主管部门的管理和监督,不听合理意见,主观武断,不顾他人安危,强令他人违章作业的。
4. 对安全生产工作漫不经心,马虎草率,麻痹大意的。
5. 对安全生产不检查、不督促、不指导,放任自流的。
6. 延误装、修安全防护设备或不装、修安全防护设备的。
7. 违反操作规程冒险作业或擅离岗位或对作业漫不经心的。
8. 擅动有"危险禁动"标志的设备、机器、开关、电闸、信号等。
9. 不服指挥和劝告,进行违章作业的。
10. 施工组织或单项作业组织有严重错误的。

第六十一条 各单位可根据本规定制订具体实施措施。

第六十二条 本规定由公司安委办负责解释。

第六十三条 本规定自发文之日起执行。公司以前制定的有关制度、规定等如与本规定有抵触的,按本规定执行。

▶ 简析

这篇制度全文共分十大项63条内容,与其他法规类文书的结构模式一样,第一大项为总则,交代了有关的目的、依据、方针等,其余各项为分则,依次交代了机构与职责、教育与培训,设备、工程建设与劳动场所、电信线路、易燃易爆物品、电梯、个人防护用品和职业危害的预防与治疗、检查与整改、奖励与处罚等方面的内容,而且注重运用撮要方式进行表述,给人以清晰之感,有利于制度的贯彻落实。

239 什么是公约?

公约是机关、团体、企事业单位或社区群众等集体制定的、在一定范围内要求人们共同遵守的道德规范和行为准则。

公约的表现形态多种多样。按性质划分,有城市人民文明公约、乡规民约和职业公约等;依内容而论有服务公约、爱国卫生公约、拥军公约、学习公约等;从写作形式上讲,又有散体公约和韵体公约,等等。

公约是一种高度浓缩的文体,其所约定的内容,代表着一定范围内全体社会成员的共同意愿,是群体智慧的结晶。

240 公约的写作要领有哪些?

一、主题要鲜明,要与时代发展和社会进步合拍。一篇好的公约就是一部催人奋进的号角。它要鲜明地体现时代精神,适应社会形势发展的需要,从而激发人们的爱国热情和服务意识,促进社会主义物质文明和精神文明建设的向前发展。因此,公约写作的关键就是要确立一个鲜明的能够体现时代特征的主题,它是贯穿全文的一条"红线"。要很好地体现出当今社会形势的发展对人们道德和行为的需求,具有鲜明的时代特色。

二、内容要全面、具体、简明。订立公约,是一定范围内全体社会成员的自我约束机制,其所涉及的内容必须做到全面、完整,不能有所遗漏。要对各个方面的内容事项均作出了约定,给人以完整、深刻的印象。而且,这些内容事项,既具体又简明,便于人们自觉遵守,也便于督促和检查。无论是内容比较宽泛的城市人民文明公约、乡规民约,还是内容比较集中的卫生服务公约、商店服务公约等,均要这样做。否则,就会失去公约的应有价值。

三、要广泛征求意见,走群众路线,以便增强其适用性和可行性。这是公约形成和生效的基础。顾名思义,"公约"就是公众之约,它代表的是人民群众的意见或意志。有鉴于是,在制定过程中必须注意发扬民主,让大家充分进行讨论,集思广益,以便使所约定的内容事项更加贴近实际,更好地发挥其应有的作用。公约的写作,一定要坚持"从群众中来,到群众中去"的原则,是实实在在的"取"之于民,又"用"之于民。特别是诸如商店服务公约和医疗卫生公约等,更能鲜明地体现出这一点。

从公关学的角度来讲,制定公约时走群众路线,广泛征求社会各界的意见,是组织(公约的制定主体)的一种公关行为,它有利于提高组织的知名度和美誉度。在当今社会主义市场经济体制下,制定公约的这一"程序"就显得更为必要。

四、篇幅要简短,用语要精练、得体,符合规章制度类文体的特点和要求。制定公约的目的在于使之成为人们自觉遵守的道德规范和行为准则,或者是为了警示自己,便于群众监督,它一般要采用张贴(或登报)的形式公布于众,故而在篇幅上应力求简短,切不可拉杂冗长。同时,这样做也便于群众记忆,使公约的内容深入人心。用语一定要精练、得体,对所约定的每项内容必须认真锤炼,反复推敲,做到字字珠玑,掷地有声。特别是韵体公约,更应注意讲究这种"锤炼"的功夫。它一般是类似通常所谓"顺口溜"的写法,讲求韵律的和谐,读起来朗朗上口,合辙押韵。这样,读之响亮上口,悦耳动听,韵律和谐,给人以美感。从某种程度上讲,这种韵体公约比散体公约更有优势,更能发挥它的应有作用,值得提倡并加以发扬光大。但要注意此种韵体公约的写作,不能一味地追求韵律和谐而恣意堆砌硬凑,以致流于形式,变成空洞无物、华而不实的"文字游戏"。因辞害义,是公约写作最要不得的东西。

范例与简析

▶ 例文

职工安全生产公约

一、牢记"安全生产、人人有责"、树立"安全第一"的思想,积极参加安全生产竞赛活动,接受安全教育,提高自我保护意识。

二、认真学习和掌握各工种的安全操作规程及有机安全方面的知识,积极参加新工种,新工人培训,努力提高安全技术,自觉遵守安全生产的各项制度。听从安全员指导,做到不违章作业、不冒险干。

三、正确使用和爱护防护用品和安全设施、工具、安全标志、服从分配、坚守岗位。严格遵守操作规程、禁止随便开动他人使用的机械电力设备,无证不操作特殊工种作业。

四、经常检查工作岗位的环境及使用的工具。做好文明施工,发生事故或未遂事故应立即逐级报告,进行事故分析,提出合理化建议。

五、职工有权拒绝违章指挥。

▶ 简析

这是一篇短小精悍的公约,全文由并列的五条内容组成,分别对企业职工在安全生产问题上所应具备的思想认识、知识技能、操作规程、环境检测、文明施工等方面的事项作出约定,表意明确,用语得体,值得借鉴。

241 什么是简报?

简报,就是工作情况的简要报道。它是机关、社会团体和企业事业单位用于向上级迅速及时地报告工作情况,反映存在的问题,向下级推广经验、指导工作,向平行单位互通情况、交流信息的一种重要事务文书。

在各种事务文书当中,简报的数量最多,应用最为广泛,它在机关内部汇报工作、反映问题、沟通情况、交流经验、传递信息方面具有十分重要的作用。实践中所见的《×*×动态》《×*×交流》《×*×反映》等等,也均属简报文体。

简报的特性主要体现在以下几点:

一、快。简报有强烈的时限性。一篇简报能否发生作用以及发生作用的大小,时限快慢是重要因素。它要求一定要快写快发,讲求速度,以敏锐的视角及时报道和反映有关的工作或情况。否则,时过境迁,就会失去简报的意义。

二、简。简报的内容要简明扼要,篇幅要短小精悍,切忌冗长杂乱。简报不简,就失去了这一文种的特性。

三、新。是指编写简报一定要有新意,要在"新"字上下功夫,要反映新情况、新经验、新问题、新动态,要能够给人以启发、借鉴。

四、真。真是简报的生命所在。其所涉及的事物必须真实、准确,经得起实践的检验,来不得半点虚夸。

242 简报的写作要领有哪些?

一、要真实准确。真实是简报的生命所在。简报所反映的事实不仅是千真万确的客观存在,而且其所涉及的主要情节以至每一个细节,包括具体的时间、地点、人物、数字和引语等,都要做到准确无误。绝不能凭借自己工作中的经验和主观的良好愿望而进行所谓的粉饰和"加工"。否则,就会严重影响简报的质量和效用。

二、要短小精悍。短小是简报的力量所在。简报是简明扼要、精悍短小的文字材料,是公文家族中的"轻骑兵",能够起到快速传递信息、交流经验的作用。如果文字冗长,就成了"通报"和"报告",进而失去了简报的意义。为此,要求选材要典型,内容要集中;要善于抓住事物的本质;同时在表达手法上要做到开门见山,直截了当,力避穿靴戴帽,语句重出,令人难得要领。

三、要快写快发。快是简报的质量体现。简报也是一种"报",因此它还具有一定的新闻性,类似于新闻报道中的"消息"。简报不求全,但求快。只有快,才能真正发挥其在实际工作中所应起到的指导性作用。否则,也会失去简报的意义和价值。

四、要生动活泼。生动活泼,阅者爱看,能够获得深刻印象。要做到生动活泼,应当尽可能地吸收一些群众性语言;必要时还可以采用通讯的手法,进行一些具体形象的描述,做到以情动人。

范例与简析

▶ 例文1

协会动态

第 22 号

××市警察协会　　　　2015 年 6 月 3 日

市警察协会召开第六届理事会
第一次领导班子会议

为了深入学习贯彻市警察协会第六届理事会换届大会和贾市长的重要讲话精神,5月29日,警察协会第六届理事会第一次领导班子会议在市公安局押运公司召开。会长许××,副会长陈××、魏××、岳××(兼秘书长)和7位副秘书长参加了会议。会议由许××同志主持。

会议首先由岳××同志传达了警察协会第六届理事会换届大会和贾市长的重要讲话精神,强调这是当前和今后一个时期警察协会工作的基本指导方针,为警察协会各项工作的开展明确了方向和任务,一定要认真学习,深刻领会,坚决抓好贯彻落实。大家一致认为警察协会作为理论研究的阵地、沟通联系的桥梁、对外交往的平台,是公安机关"理论引领、实践保障、内联警心、外联民心"的绝佳载体,对促进社会和谐发展、加强公安机关自身建设、回应广大民警诉求等都具有不可替代的作用。新一届理事会一定会不负期待、充分履职、发挥优势,进一步推动我市公安工作和队伍建设取得新进步,从整体上提升协会工作水平和格调定位。要善于组织和整合公安理论人才,搭建符合我市特点的公安理论研究阵地,繁荣我市公安理论研究工作。要充分发挥组织优势和社团效能,认真研究和探索借力的方法和方式,动员社会资源和社会力量开展工作、共享成果。对于公安工作中的焦点热点问题、社会上出现的涉警敏感问题等,要从社会组织的角度主动参与、双向互动,积极维护公安机关执法权威和公安民警合法权益。

会上根据《××市警察协会章程》和工作实际需要,对各位协会领导的工作职责和任务进行了分工。许××会长负责局直各单位,共15家;魏××副会长、岳××副会长负责县(市)区公安(分)局各单位,共20家;陈××副会长负责厂企各单位,共29家。会上还对所有理事单位名单进行了确认,宣读并讨论通过了《××市警察协会会费缴纳标准与会费使用管理办法》。

会议认为,警察协会当前的首要任务是对下一步工作做出谋划,通过实实在在的工作成效来树立形象,特别是要在公安理论研究、解决实践难题、繁荣警察文化、拓展公共关系等方面发挥积极作用。一致讨论通过了《××市警察协会2015年工作要点》和《2015年下半年主要工作安排》,着重抓好组织召开第二届警学理论研讨会;组织相关理事单位领导赴台湾和欧洲等地学习考察当地加强警协组织建设的经验;筹建"××市警察协会法律服务平台";赴相关理事单位对担负暑期警卫任务的公安民警以及因公牺牲、死亡的民警家属进行慰问和扶助;适时举办公安民警健康知识讲座和优秀通讯员培训、保安业务培训、消防知识培训以及公文写作、信访、督查等方面的培训班,积极为各理事单位服好务,让市局党委放心,让各理事单位和广大公安民警满意。

许××会长在讲话中指出,警察协会下一步的工作一定要在市局党委的坚强领导下,认真落实好贾市长的重要讲话精神,更新工作理念,科学谋划工作思路,努力实现警察协会的工作由"虚"到"实",由"实"到"新",由

"新"再到"活"的转变,扎实进取,稳步推进,以实际行动推进警察协会工作的根本性转变;要进一步加强团结,班子成员之间要相互支持,相互协作,多沟通,多商量,尽最大努力把协会的各项工作抓紧、抓实、抓到位;要进一步开拓思路,多开展一些活动,特别是要努力探索维护公安机关执法权威和公安民警合法权益的思路和办法,抓住民警执法执勤中合法权益受到侵害的突出问题,认真研究有针对性的解决措施;还要通过丰富多彩的形式,组织开展各种有益活动,把协会办成真正的"警察之家"。

报:(略)
送:(略)
发:(略)

（共印50份）

▶ 简析

这是一篇公安系统编发的专题性很强的简报,写得很有特色。从内容来看,主要是反映该公安局警察协会六届理事会第一次班子会议情况,用简明扼要的语句对会议的主要精神和议定事项进行交代,主次分明,详略得当。从结构布局上看,行文既有报头,也有报腹和报尾,符合简报文体的结构规则和写作要求。

▶ 例文2

×××××× 集团职工代表大会

简　报

第 1 期

大会秘书处　　　2013 年 2 月 20 日

××集团职工代表大会胜利召开

2013年2月20日上午8:30,××集团在集团大礼堂隆重召开职工代表大会,集团张××总经理、李××副总经理、王××副总经理及255名职工代表出席了会议,刘××为大会致贺词,张××总经理代表集团作了工作报告,王××副总经理作了财务报告,陆××主持了会议。

刘××代表上级单位对我集团的工作给予了充分的肯定,并对今后的职代会提出了一些建议。

张××总经理的报告分工作总结和工作规划两大部分,回顾了集团成立三年来所取得的成绩,指出了存在的问题,对集团的发展提出了宏伟的蓝图,振奋人心。下午2:00,分四个小组对张××总经理的工作报告进行了讨论,代表们踊跃发言,畅所欲言。认为报告对过去的工作总结的客观、真实,成绩确实鼓舞人心;对存在的问题分析的透彻,一针见血,指出了面临的机遇和挑战;对未来的发展指明了方向,是一篇实事求是和迎接挑战的时代宣言。

下午4:00,代表们举手表决,一致通过了工作报告、财务报告,最后李××副总经理作了"振奋精神再创辉煌业绩"的闭幕词,大会在欢快的气氛中结束。

抄送:×××办公室、××集团各分公司

（共印60份）

▶ 简析

这是一份针对会议的专门简报。报头带有会议名称;正文部分采用叙述的方式,比较完整地叙写了会议的经过。第一段说明会议召开的时间、地点、参加人员和整个会议的主要议程;第二段叙写上级领导讲话的主要内容;第三段是对整个会议的主要部分即"张××总经理的报告"的内容和审议情况进行了说明,比较全面地突出了会议的主要议题。最后一段是对会议的结果进行了说明,包括报告的审议结果和闭幕式上领导讲话的内容提要。从简报的内容上看,主要叙写的是整个会议的议程和经过,一般而言,只要符合会议的实际情况即可,其写作的规律比较容易掌握。

简报的结尾有抄送单位和打印份数,这样便于企业的文件传送与保管。

例文3

西南大学充分发挥网络优势拓展思想政治教育工作渠道

教育部简报〔2011〕第26期

近年来，西南大学充分发挥互联网新兴媒体的独特优势，牢牢把握网络思想政治教育主动权，不断拓展大学生思想政治教育的渠道和空间，整合全校辅导员博客资源，开发建设了西南大学"辅导员博客之家"网站，积极开展生动活泼的网络思想政治教育活动，扩大和提高了大学生思想政治教育工作的覆盖面和影响力。

——打造多向互动平台，增强网络思想政治教育时代感。针对信息技术的快速发展，学校不断创新工作思路和方式，大力推进网络思想政治教育工作。学校在校园网主页上建立了"辅导员博客之家"网站，整合全校辅导员博客资源，构建了学生与辅导员之间"多对多"的对接沟通平台。学生登录校园网便可直接到"博客村"与任何一位辅导员直接互动，不产生任何网络费用，极大地方便了学生"走亲访友"，最大限度地发挥辅导员博客的育人功能。"辅导员博客之家"精心设计、开发具有时代特点和较强感染力、影响力和吸引力的思想政治教育软件，使思想政治教育拥有信息库支持；创办电子刊物、举办网络文化活动等多种方式开展丰富多彩的网上教育活动，进行问题答疑、政策咨询，加强思想交流和交锋。辅导员博客经常及时围绕一些重大的政治问题、热点问题旗帜鲜明地发表评论，以多种方式表达思想政治教育的内容，扩大大学生思想政治教育的影响力。

——凸显人性化服务，增强网络思想政治教育归属感。"辅导员博客之家"倡导辅导员和学生的双向实名制，辅导员实名开博、发表各类博文，利用博客和微博对大学生进行适时教育和引导；学生通过与学校校园网身份认证系统的对接，实现了基于后台管理的实名制。学生实名做客辅导员之家，浏览博客信息、发表留言；辅导员及时、有效地与学生交流，有针对性地解决学生学习、生活中的各种问题，引导学生学会做人、做事、做学问。对于性格较为内向、不愿意进行实名留言的学生，辅导员通过后台管理与其进行有针对性的沟通。这种更为人性、全面的互动交流方式增进了学生与辅导员之间的相互理解，拉近了二者的心灵距离。双向实名制的采用，便于管理部门统一监管，有利于规范、引导学生和博主进行文明的网络行为，确保辅导员博客之家为大学生营造一个绿色的网络环境，提升了辅导员群体和学生主体的网络归属感。

——着力扩大覆盖面，增强网络思想政治教育认同感。"辅导员博客之家"覆盖了学校全体专职辅导员，覆盖了大学生主体，覆盖了思想引导、心理疏导、学习指导、行为规范、生活关心、就业服务等与学生成长成才相关的各项管理服务内容。辅导员博客之家让每一位辅导员向学生敞开家门，每一位学生都可以在"博客村"里就任何问题进行交流咨询。仅2010年，全校专职辅导员以及学校分管学生工作的党委副书记、学生工作部全体干部都实名"入住"，发表博文5000余篇，学生浏览50余万次，学生评论15000余条。登录校园网浏览辅导员的博客并留言交流，已成为许多学生的"一日三餐"。近年来通过这一平台成功干预学生心理危机数十起。学校党委副书记徐晓黎说，辅导员博客就要发挥润物细无声的作用，成为大学生的良师益友。

——不断完善工作机制，增强网络思想政治教育责任感。为全面推进辅导员博客建设工作，学校成立了辅导员博客建设工作领导小组，形成校领导亲自抓、学生工作部牵头负责、学院具体实施、广大师生共同参与的工作机制。校党委书记黄蓉生为"辅导员博客之家"作出清晰定位：以改革创新精神加强和改进大学生思想政治教育，使"辅导员博客之家"成为融思想性、知识性、趣味性、服务性于一体的网络思想政治教育新阵地。学校设立了辅导员博客建设专项经费，用于网站的日常维护和管理；每年在学生工作课题研究中，单独设立辅导员博客建设专项课题予以资助；在辅导员队伍建设中引入辅导员博客建设专项培训；制定了《辅导员博客考核评价办法》，每年开展一次十佳辅导员博客评选，并将辅导员博客建设作为辅导员年度人物、优秀辅导员、大学生思想政治教育工作先进个人等评选的重要依据。这些措施有力地促进了网络思想政治教育长效机制的形成和网络思想政治教育队伍建设，形成了网络思想政治教育工作体系，提升了网络思想政治教育科学化水平。

▶ 简析

这是教育部印发的一篇经验介绍性简报。标题采用陈述语句形式，准确概括出所要反映的核心内容,从"充分发挥网络优势拓展思想政治教育工作渠道"这一"摘由"来看,行文必须紧扣两个"要点"进行叙写,即"发挥网络优势"和"思想政治教育工作",而"拓展""渠道"两个词语的使用则昭示着行文的重点是对该校所采取的主要工作方法的推介。正因如此,这篇简报在主体部分先用一个自然段概要交代行文的背景和缘由,对西南大学的思想政治教育工作作出总体评价,给人留下深刻印象。接下来采用"撮要标目"的形式,从四个方面具体介绍了西南大学是如何"充分发挥网络优势拓展思想政治教育工作渠道"的,包括所采取的方法措施以及所取得的成效等等,既有概括的文字评述,也有具体的数字说明,使行文显得虚实结合,相得益彰,具有很强的说服力。文中很多用语活泼生动,富有特色,如"学生登录校园网便可直接到'博客村'与任何一位辅导员直接互动,不产生任何网络费用,极大地方便了学生'走亲访友',最大限度地发挥辅导员博客的育人功能""全校专职辅导员以及学校分管学生工作的党委副书记、学生工作部全体干部都实名'入住'""登录校园网浏览辅导员的博客并留言交流,已成为许多学生的'一日三餐'"等语句,使行文形象生动,充满活力。全文主题明确集中,内容充实具体,逻辑结构严密,用语凝练活泼,是一篇典范之作。

243 什么是大事记?

大事记是以时间为顺序,用简明扼要的文字如实记载和反映一个单位在一定时期内所发生的重大事件或重大公务活动。认真编写机关大事记,是秘书部门的一项重要工作。大事记可以比较完整、清晰地反映机关工作的发展轨迹,使人们从正确的事件中总结经验,从错误的事件中吸取教训,进而掌握工作规律,提高工作效率和管理水平。机关大事记具有重要的史料价值,它不仅具有备查作用,还可作为总结、检查、统计和资料编纂的重要依据。

对于一个机关(单位)来说,所谓"大事",是指一定时间、一定范围内发生的具有重要意义、涉及面广、影响深远和有一定历史价值的事件。它的空间,包括所在的整个机关(或地区、系统);它的内容,包括自然、地理、经济、文化、业务工作等方面。

244 大事记的写作要领有哪些？

一、要真实。编写大事记，必须坚持客观求实的原则。要尊重史实，反映事实真相。与事件或活动有关的人、事、时、地、数字等都必须真实准确，不能凭主观臆断或者道听途说去编造，否则就会失去大事记的应有价值。

二、要完整。首先要按时间发展的先后顺序依次编写，不要中途间断；其次不要遗漏应该记载的事件与活动；再次是每条大事尽管文字极其简短，但其所载的要素应力求齐全，包括有关事件或活动的起因、过程、涉及的部门、人员及结果等，都要作出完整反映。

三、要突出。大事记要记载"大事""要事"，不能事无巨细地将所有事项都写进去，必须突出重点。所谓重点，是指本机关在贯彻执行党和国家的方针政策中所采取的重大部署、措施以及所作的决定、决议；全国、全省、全市以及全县性的大事、要事在本机关的反映；本机关召开的重要会议情况；本机关的组织变动情况，诸如主要领导人的调动、任免、奖惩等人事情况，内部组织机构设置的变动，人员编制的变化，等等；本机关颁发的和上级领导机关对本地区发布的重要指示、决定、规定、通知等文件；本地区、本机关在工农业生产、城乡建设、财政贸易、文教卫生等方面取得的重大成就以及科技方面的重大发明创造；本机关主要党政领导人参加的重大活动，重要的外事活动和出访；上级领导来本地区、本机关进行检查、指导工作的情况；本地区发生的重大事故及后果，气象的重大变化，严重的自然灾害及对其善后处理的情况，重大的社会动态以及其他需要记载的事项。

四、要简明。大事记是对有关事件或活动的综合记载和反映，具有很强的概括性。特别是有些重要会议或重大活动，往往需要持续数日或者相当长的时间，其所涉及的内容较为繁杂，在这种情况下，要将其准确无误地编入大事记，就必须讲求用语的精要，能用一句话即可载明的，决不写成两句。

五、要及时。编写大事记，还要做到迅速、及时，力求"当日事当日记"，逐日进行记载。要特别注意对于那些持续时间较长的重要会议或重大活动，应在结束之时及时作出综合记载，不可拖延迟缓。否则，时过境迁，容易影响大事记的准确性。

六、要清楚。机关(单位)任何大事、要事都发生在一定的时间。因此,大事记对每一件大事、要事都必须写清楚发生的时间年、月、日,特别重要的工作事项还要准确到时、分,甚至秒,原则上不使用诸如"近日""最近""上旬""中旬""下旬""月初""月底"等不确切的日期表述。一般地说,正式文件应记生效日期;会议则记录召开日期,连续几天的会议,记明起止日期;大事记的条款,要严格按照事件发生时间的先后顺序排列,先排有准确时期的,后排接近准确日期的;日期不清楚的附于月末;月不清者附于年末;年不清者,原则上不予记载;个别特别重要的事项,其发生的时间一时搞不清的,也可以留待日后查证补充。

范例与简析

▶ 例文

党的十八大以来我国法治建设大事记

2012年11月8日,中国共产党第十八次全国代表大会报告提出"加快建设社会主义法治国家","全面推进依法治国"。

2012年12月4日,召开首都各界纪念现行宪法公布施行30周年大会。习近平总书记指出:捍卫宪法尊严,就是捍卫党和人民共同意志的尊严。保证宪法实施,就是保证人民根本利益的实现。

2013年1月7日,全国政法工作电视电话会议确定重点推进"四项改革",即劳教制度改革、涉法涉诉信访工作改革、司法权力运行机制改革、户籍制度改革。习近平总书记就做好新形势下政法工作作出重要指示:全国政法机关要顺应人民群众对公共安全、司法公正、权益保障的新期待,全力推进平安中国、法治中国、过硬队伍建设。

2013年1月22日,十八届中央纪委二次全会强调要善于用法治思维和法治方式反对腐败,加强反腐败国家立法,加强反腐倡廉党内法规制度建设,让法律制度刚性运行。

2013年2月23日,中央政治局就全面推进依法治国进行第四次集体学习。

2013年2月26日,十八届二中全会审议通过在广泛征求意见的基础上提出的《国务院机构改革和职能转变方案》,并建议国务院将这个方案提交十二届全国人大一次会议审议。

2013年5月31日,中央政法委在苏州召开深化平安中国建设工作会议,对从更高层次上推进平安中国建设提出新目标、新任务。

2013年7月,中央政法委出台了关于切实防止冤假错案的指导意见,就严格遵守法律程序,加强防止和纠正错案机制建设作出明确规定。

2013年11月9日,十八届三中全会审议通过《中共中央关于全面深化改革若干重大问题的决定》,提出必须坚持依法治国、依法执政、依法行政共同推进,坚持法治国家、法治政府、法治社会一体建设。

2013年12月28日,全国人大常委会通过《关于废止有关劳动教养法律规定的决定》。

2014年1月7日,中央政法工作会议强调坚持严格执法,公正司法,深化改革,促进社会公平正义,保障人民安居乐业。

2014年3月,中共中央办公厅、国务院办公厅出台《关于依法处理涉法涉诉信访问题的意见》,要求各地区各部门切实加强协调配合,健全涉法涉诉信访工作机制。

2014年6月6日,中共中央全面深化改革领导小组审议通过《关于司法体制改革试点若干问题的框架意见》和《上海市司法改革试点工作方案》。

2014年9月5日,庆祝全国人民代表大会成立60周年大会在北京召开。习近平总书记指出,发展社会主义民主政治,保证人民当家作主,保证国家政治生活既充满活力又安定有序,关键是要坚持党的领导、人民当家作主、依法治国有机统一。

2014年10月,十八届四中全会召开,"依法治国"首次作为党的中央全会议题,会议通过《中共中央关于全面推进依法治国若干重大问题的决定》。

▶ 简析

这篇大事记写得比较规范。以年度为单位,以每一年度所发生的重大事项为具体记录单元,从不同角度、不同方面体现了党的十八大以来我国法治建设所取得的进展和成就,能够给人以清晰的工作发展脉络,突出了大事记"史料性"的特点。同时,例文在内容上比较完整,涉及法治建设和发展过程中的方方面面,既突出了"大事""要事"的记录范围,又体现了完整、全面的写作要求。

此外，这篇大事记内容比较集中、单一，一事一记，要素齐全，重点规范，符合大事记文体的写作要求，很具有规范性，值得借鉴。

245　什么是先进事迹材料？

先进事迹材料又称典型材料，是如实记载和反映工作、生产和学习过程中涌现出来的先进单位、先进人物的优秀事迹的书面文字材料。其作用在于弘扬先进，树立典型，使广大干部群众有所效仿，见贤思齐，从而尽心竭力地做好本职工作。

先进事迹材料作为一种常用的事务文书，具有这样几个方面的特点：一是真实性。这是先进事迹材料的生命所在，写入文中的事实必须真实可信，包括有关情节、细节、人物语言等，必须确凿无误，不能掺杂任何虚构或藻饰的成分。二是充实性。即指所用材料要充实，要用具体的、典型的、有充分说服力的材料来显示出先进单位或先进人物"这一个"的特性，让人感到血肉丰满，富有表现力。三是典型性。是指对有关材料的运用，必须做到既能真实地反映单位或个人的特点即个性，又要能够达到高度概括，即共性。个性特征愈鲜明、生动，所揭示问题的本质愈深刻；个性与共性愈统一，典型性就愈高。材料不在大小，关键在于能否反映出单位或个人的特征，并能提出人们所普遍关心的问题。

从实际情况来看，先进事迹材料既有先进单位的事迹材料，又有先进个人的事迹材料，它们在实践中的使用频率都很高。

246　先进事迹材料的写作要领有哪些？

一、选材要与时俱进。典型是时代的印记，是随着时代的发展而涌现出来的，是时代精神的反映，是为促进各条战线、各项事业的进步而树立的代表，是形势任务的需要。所以，选材要合着时代的步伐，做到与时俱进，不能选择那些已经过时或与时代精神相违背的材料，否则，就不成其为典型。

二、叙述要具体深刻。典型材料以叙述的表达方式为主，兼用议论、描写、抒情。通过叙述、描写，反映典型事例中的情节、细节，树立典型在人们心目中高大的形象。通过议论和抒情,进一步挖掘出典型所蕴含的本质特征、价值和意义,使典型材料起到引领方向的作用。

三、语言要生动感人。事例生动,事迹感人,是典型材料写作的一条基本要求。为此,在行文时要善于运用生动形象的语言加以描绘,尤其是对事例中情节、细节的描写,要使人们有一种如临其境、如见其人、如闻其声的感觉,达到真正感染读者、教育读者的目的。否则,典型材料就没有可读性,就会失去其应有的激励和教育功能。

范例与简析

▶ 例文1

全国安全生产先进工作者典型事迹材料(安监局长)

他,没有豪言壮语,但他的言传身教可圈可点。他,没有宏图伟略,但他的工作业绩历历在目,他就是××区安监局局长兼局党组书记××同志。

××同志自2011年5月临危受命,从××区经贸局副局长走马上任到刚组建成立不久的区安监局任局长兼党组书记以来,他带领局党组一班人勇挑重担,在推进建设经济强区工业化进程中,坚持科学发展观和安全发展理念,认真贯彻落实党中央、国务院关于安全生产的一系列政策措施,深入贯彻落实中央领导同志安全生产重要指示,不畏艰难,健全机构,改善条件,凭着对安全生产工作的一腔热情和严谨负责的工作作风,服从大局,扎扎实实并创造性地开展各项安全生产监管工作,努力扭转全区安全生产工作的被动局面,全区安全生产工作一年一个新台阶,全区非煤矿山、危险化学品、烟花爆竹、消防火灾和建筑施工等重点行业和领域连续多年没有发生较大及以上安全事故,水上交通、特种设备行业领域连续多年零事故,道路交通自2012年纳入我区统计口径以来,连续3年没有发生重特大事故,全区安全生产工作在2013年、2014年连续两年获得"全市安全生产工作责任目标考核优秀单位",社会消防工作连续三年获得"全市社会消防工作责任目标考核先进单位"。

忠于事业,坚守责任

××同志常说:"民生问题,安全第一,安全责任是天大的事!"他深知安全生产工作责任大,担子重,工作环境差。但他时常教导每位干部职工:"既然选择了这份事业,就要全身心地投入到安全生产工作中,热爱岗位,甘心付出,乐于奉献,用自己的实际行动,履行好组织和群众赋予我们的安监职责,应为安全生产工作做出自己的贡献。"他是这样说的,更是带头这样做的。

几年来,作为××区安监局这个充满活力和激情团队的负责人,他为事业倾尽心力,兢兢业业的事迹感染着他身边的每一个人,他在区安监局长这个位子一干就是4个年头。

多年来,他认真履行岗位职责,充分发挥区安委会、区安监局工作职能,建立了联席会议制度,深入贯彻落实区政府《关于进一步明确安全生产责任制的意见》精神,启动实施了"全员监督安全100"工程,专门发文明确了39名安委会组成人员、15名特邀监督员、36名乡镇安全监察员、489名村(社区)安全管理员和50名安全信息员的职责,建立了"四级网络、四员监督(特邀监督员、安全监察员、安全管理员、安全信息员)、一主体三监管"新的管理模式,并适时建议区委、区政府召开全区安全生产工作会议和区安委会全体成员(扩大)会议,建立逐级负责的安全生产责任制度,责任制签订率达100%,安全生产网络覆盖率100%,全区的安全生产工作形成一级抓一级,一级对一级负责,层层抓落实,形成安全生产工作处处有人抓,事事有人管的良好局面,近几年来,均较好地完成了市政府、区政府下达的综合责任目标和安全生产目标管理责任书,各项指标均在控制数之内,确保了无本区和无本局责任的较大安全事故的发生。

注重宣传,夯实基础

一是立足培训重点,着力提升企业负责人和安全管理人员、特种作业人员素质。近两年来,他积极带领机关干部职工深入到全区各乡镇街道和各类企业,组织开展了教育培训和法规咨询活动26场86000人次。辖区从业单位特种作业持证上岗率达100%。二是倡导安全发展理念,着力提高安全文化水平。坚持和倡导安全发展理念,积极开展企业安全文化建设试点活动。注重总结并推广维达(湖北)纸业公司、舒氏集团等企业安全文化建设的好做法,使其成为全市企业安全文化建设的先进典型。三是在全区广泛组织开展"安全生产宣传月"活动,着力营造浓厚的安全舆论氛围。每年的6月上旬,及时牵头组织全区安委会各成员单位,在市人民广场开展安全宣传咨询日活动,并确保活动实效。采取诚挚邀请省安监局、省总工会、市安监局上级机关到××区开展送"安全文化下乡"活动,并以此为契机,组织局机关编印科学性、知识性、实用性较强的《安全知识读本》以及其他类型的读本、挂图2万余册,制作展板200多个,宣传资料49000份,横幅550条,出动宣传车200余台次,在全区广泛开展安全生产宣教活动,极大地提高了全社会安全意识,社会安全舆论氛围一年比一年更加浓厚。同时,结合安全生产宣传教育行动的深入开展,把安全知识宣教进学校、进社区、进农村、进家庭、进企业"五进"活动引向深入,对学校,要求组织师资上好以"消防安全"和"交通安全"等为内容的安全课,聘请市交警、区消防人员担任中小学校安全辅导员;对社区,积极推广××区书院街道办事处北外社区、车站街道办事处民主社区等一批安全示范社区的先进经验,积极引导开展安全文化示范社区(村)建设;对农村、家庭,继续编印并免费发放市民安全知识宣传册,组织开展群众喜闻乐见的安全文艺(如秧歌队、腰鼓队)及征集安全知识卡等活动;对企业,举行"安康杯"安全知识竞赛和班组安全技能比武等活动。四是充分发挥新闻媒体舆论监督作用,进一步扩大社会宣传教育覆盖面。2011年底开通了××区安全生产监督管理局网络,并实施了局机关电子政务,提供全社会监督窗口。五是积极开展安全生产"四个一"创建活动。总结推广的书院街道办事处"推行双一二三四五模式、创建安全生产先进街道"典型经验,在省内和全市交流推广。

强化整治,依法治安

多年来,××同志十分努力在抓安全监管工作强化"依法治安"理念,全力服务全区经济建设。他积极推行了安全监管事项"五告知",大力推行了企业"直通车"服务、全区27个重大项目责任包保服务、探索了"四式"(前置式、和谐式、告知式、服务式)执法模式和安全生产"四不处罚"和"五零服务"新举措,以优化服务提高行政执法效率。同时,带领局党组一班人认真组织开展了安监服务"四大员"主题活动。即当好安全法规宣传员、安全管理辅导员、安全隐患督导员、安全事项服务员。近几年来,在他的带领下,局班子成员分别带四个专班深入全区18个乡镇场街及84家规模以上企业,先后开展面对面安全生产法规服务咨询活动98场次,当场解答企业干部职工提出的安全法规疑难问题2510条,为62家企业建立完善各项安全管理制度,帮助企业完成项目建设安全生产"三同时"21件次,安全生产行政审批事项46件次。为维达纸业、中顺纸业、保丽家具、舒氏集团、御金丹药业公司、大禹电子、香港诚信公司、嘉美制罐公司等37家区重点骨干企业解决安全生产工作中遇到的实际问题49件次。帮助4家事故单位妥善处理善后事宜。该同志坚持做到既抓好经常性的督促检查,又抓好阶段性的专项整治。尤其是以国务院安委会、省、安监局部署开展的2011年安全生产"落实年""攻坚年"以及2012年度"隐患治理年"、2013年"安全生产年"活动为抓手,强化了每年重点时段、重要时期的"两节""两会"及"五一""十一"黄金周及奥运会、建国60周年、十八大等期间的安全生产大检查活动,营造我区安全稳定的良好社会环境,杜绝了各类安全事故的发生,确保全区重大节假日期间安全生产形势的持续稳定态势,获得了省、市督查组和区委、区政府的充分肯定和好评。

带好队伍,打造形象

多年来,按照"政治强、业务精、工作实、纪律严、能打硬仗"的要求,持之以恒地抓好安全生产执法队伍建设,坚持每周五机关干部职工政治理论学习日活动,深入开展了机关作风建设、"四好班子"创建、特邀监督员等廉政建设、作风建设活动,充分发挥作为"班长"的领头雁作用,各方面率先垂范,通过加强培训、优化管理、内强素质、外塑形象,造就了一支特别能战斗、特别能忍耐的干部职工队伍,展现了安监部门干部职工的新形象、新风貌。尤其是在2014年深入学习党的群众路线教育实践活动中取得更好的实效:一是积极带领全体干部职工深入开展学习实践活动,不断提升促安全发展的能力。××同志把学习科学发展观活动作为局机关政治理论学习的一项重要政治任务抓好落实,组织党员干部认真扎实地开展了各个阶段、各环节的工作,他带头学习,带头调研,带头查摆问题,带头边学边改,边检查边改,结合局工作的实际,深入组织开展了走访乡镇、部门、企业和个体户等"四走访、四服务"的主题实践活动和"进企业、送服务、除隐患、保平安"的"三进"专题活动。通过开展学习实践活动,全局上下形成了重视安全发展、议安全发展、抓安全发展和积极服务经济、服务企业的统一共识,形成了主动为企业排忧解难送服务的创新机制,形成了务实为群众为企业办实事的良好作风;形成了讲责任、多干事、讲团结、多沟通、讲形象、多服务的"三讲三多"浓厚氛围,有力促进了推动安全发展能力的提高。二是积极开展政风行风评议活动,努力塑造安监系统良好形象。2013年,区委、区政府首次把区安监局列入全区开展政风行风评议活动的七个部门之一,××同志带领一班人积极组织开展这项活动,把这项活动作为加强局机关自身建设的良好契机,作为抓班子、带队伍、促工作、树形象的一项重要举措,行评活动中,先后进行了公开承诺、开门纳谏、认真排查问题、立整立改等一系列活动,坚持边查边纠,边评边改,坚持边查边整改,力求在难点问题上求突破;在服务上求创新;在管理上求深度;在制度建设上求完善。尤其是围绕社会需求和群众诉求,大力开展服务企业活动,大力兴办了一批实事。他针对企业和基层群众反映的热点(如烟花爆竹安全管理)、难点(如重大隐患整改、农村道路交通)、重点(如应急救援、安全"三同时"工作)等"三点"问题,及时组织召开局党组会议认真研究讨论,积极制定整改方案,积极整改,努力塑造和展示了安监部门的良好形象,成效明显。9月25日,在××区召开的2013年民主评议政风行风集中评议大会上,该局获得90分以上,被评为区政风行风优秀单位。

积极探索,长治久安

××局长在多年的岗位工作实践中,始终勤于学习,坚持做到边学边干,做到熟练掌握业务知识,经常深入基层调研并理论与实际相结合,充分熟悉本区安全生产的规律和特点,提高驾驭全局和全区安全生产工作的能力,逐渐成长为一名专家型领导干部,并带头挤时间勤于笔耕。多年来,在国家级刊物发表安全生产理论文章3篇、市级报纸、杂志及心得体会交流体会6篇,拟写的《关于落实县域安全生产责任制的思考》《××区"十二五"安全生产规划》《××区安全生产风险抵押金实施办法》等多篇调研文章被区委、区政府采用,得以及早形成政策性文件下发指导全区安全生产工作。自2012年初以来,在局机关自身经费不足的情况下,建立开通了××区安全生产网站,对全区10处重大危险源单位和多处重大隐患单位实行全省监管网络系统联网,实现了全区安全生产工作电子管理常态化。

勤政敬业,公正为民

多年来,××同志始终认真贯彻落实党风廉政建设责任制,身为一局之长,"常在河边走,就是不湿鞋",他对待安全生产工作始终保持着清醒的政治头脑和强烈的政治责任感、使命感,做到自重、自省、自警、慎权、慎微。

他常说:"安监局长,责重如山,身在这个位子上,就要对上对下对得起这个称号!"他时常告诫自己:"领导有正气、职工有士气、单位才有朝气。"多年来,他处处发挥着模范带头作用,为了维护了安全生产监管工作的严肃性和权威性,在安监局长这个岗位上,始终坚持党性原则和个人操守,不为名所惑、不为利所诱,做到清正廉洁,坚持原则,作风朴素,时刻提醒自己要自警、自醒、自重、自爱。他积极倡导局机关一切工作围绕着区委、区政府工作大局出发,积极为企业谋发展、保安全、服好务,为人民群众的生命财产安全呕心沥血,勤奋工作,"安之于律道,全之为善德",是××同志对安全生产工作内在含义的理解,他说:"安全生产工作是为广大职工群众谋福利、求保障的工作。我一定要做到权为民所用,利为民所谋,情为民所系,想群众之所想,急群众之所急,寓安全监管于服务之中,为企业和广大职工群众解决实际困难,促进经济发展和社会和谐"。他用自身实实在在的一言一行,传释着作为一名党的领导干部廉洁奉公、勤政为民的好本色,也深深影响和带动着全局的干部职工扎扎实实地为人民办事、办好事、谋福利,真正体现"献身、负责、求实"的安全生产工作行业精神,为实现全区安全生产状况稳定好转而不懈奋斗。

这就是××同志——一个不太张扬却无比坚定的共产党员,一个始终不渝带领××安监团队"勇者竭其力、智者尽其谋、仁者播其惠、信者效其忠"的领头雁、带头人。

▶ 简析

这篇典型材料写得很成功。主要体现在三个方面:一是重点突出,特色鲜明。全文抓住该安监局长最突出、最有代表性的事迹来写,着重反映其与众不同之处,以便得出令人信服的结论;二是内容翔实,说服力强。文中多次运用数字说明问题,并引用该局长的闪光言论,既直观又具体,富有说服力。它可以代替很多烦冗的文字叙述,并能增强行文的表达效果。三是结构紧凑,布局严整。全文由六个层次,从不同的侧面对该局长的先进事迹作出表述,而且所提炼的六个小标题对称和谐,精练无比。此外,这篇例文的用语也很平实、严谨、简练,符合典型材料的写作要求。

▶ 例文2

克山农场建设的几条经验

通信部克山农场积极贯彻党的改革开放政策,解放思想,实事求是,从调动官兵积极性入手,采取目标管理、责任承包等措施,坚持走科技兴农之路,生产改革不断深化,经营范围不断扩大,生产效益和经济效益不断提高,粮食产量大幅度增长。在抓基本建设上成绩明显,营区面貌焕然一新,官兵物质文化生活条件得到了根本改善。通过狠抓管理,官兵军政素质有了很大提高,"兵"的意识不断增强。农场发生的可喜变化离不开党委的正确领导和部机关的亲切关怀,是农场历届官兵艰苦奋斗、无私奉献的结果。

"北大荒人"艰苦奋斗的创业精神是农场建设的"传家宝"

克山农场地处祖国最北端的黑龙江省,在远离城市,远离领导,交通不便,信息难通的北大荒,一代又一代农场官兵流血流汗,默默奉献靠的是什么?靠的是对国防通信事业的忠诚,靠的是艰苦奋斗的革命精神。早在建场初期,老一代创业者们顶着凛冽刺骨的寒风,冒着被野兽吞噬的危险,白手起家,边学边干,建场当年就垦荒种植9207亩,产粮100多万斤,为部队解决了缺粮困难。30年里,党委班子更换了8任,但艰苦奋斗的精神没有失传。党委书记、场长魏玉平说:"当初我带着家属孩子从襄樊来到北大荒时,一下火车,看到的是白茫茫千里冰雪,爱人哭着说,你这是把我们带到哪里啊!非要回去不可,我说,别人能在这里干,咱们为什么就不能干。今天,农场的条件比过去好多了,但艰苦创业的精神,要像接力棒一样一代一代传下去。"党委成员是这样说的,也是这样做的。副书记、政委杨远新,委员、副场长沈念玖同志都是在组织上决定自己来到农场工作后,二话不说,人走家搬,带着家属子女从西安来到克山。一班人不仅身体力行,而且教育抓得紧,效果好。场庆期间,他们专门组织官兵参观场史室,并安排3位农场老领导作传统报告,使全场官兵受到教育和鼓舞,进一步激发了大家的光荣感和责任感。

学习和掌握科学技术,是发展生产力,提高经营效益的重要途径

纵观农场30年历史,粮食生产总体上是呈上升趋势的。这除了自然原因外,主要是不断应用先进科学技术,实行科学种田的结果。建场初期,由于生产条件的限制,虽然投入大量兵力,但粮食产量较低。进入70年代后,场党委重视运用科学技术,组织官兵进行学习培训,并逐步引进机械设备,既减少了生产用兵,又提高了粮食产量。党的十一届三中全会以来的路线、方针、政策同农业科学技术的飞速发展,为农场的生产建设开辟了广阔的前景。场党委把学习和掌握运用科学技术提高到关系农场生存发展的高度来认识,坚持走出开阔眼界,请进来传授技术,采取土壤分析化验,科学配方施肥,引进优良品种,化学药物除草,田间标准化作业等措施,加强科学管理,使生产能力明显提高,粮食产量稳定上升。这充分说明,在单位面积不变的情况下,要创稳产高产,必须在掌握和运用科学技术上下功夫,在科学种田上做文章。在狠抓粮食生产的同时,场党委注意发展多种经营,以副养农,逐步实现由粗放型经营向集约型经营转变。近几年来,在国家政策允许的范围内,进一步扩大经营规模,引进生产经营设备,不仅创造了较好的经济效益,还为官兵物质文化生活的改善提供了资金,奠定了全面发展的基础。

强有力的思想政治工作,是完成各项任务的可靠保证

政治工作是一切工作的生命线,它的服务保证作用,不仅过去、现在显示了巨大的生命力,而且将来也会显得更为重要。在总结30年的经验教训时,一班人更加深刻地认识到这一点。这些年,场党委始终把育人作为兴场的前提,把落实政治素质教育和思想工作作为农场的基本建设来抓。无论情况多么复杂,人员如何变化,都能根据形势任务和官兵的思想实际,适时灵活地进行教育。大家说,建场初期,在生产力较低,体力劳动繁重的情况下,官兵们发扬艰苦奋斗、吃苦耐劳的精神,完成了生产任务,强有力的思想政治工作发挥了巨大作用;在改革开放新的历史时期,部队思想十分活跃,要使官兵经得起"三个考验",保证部队的高度集中统一,仍然依靠强有力的思想政治工作。实践证明,越是远离部队领导机关,越是工作任务繁重,越不能忽视和放松政治工作,尤其在当前形势下,必须下大力抓紧抓好。

良好的军政军民关系,是农场生存发展的基础

建场以来,农场与驻地人民群众朝夕相处,政治上同舟共济,生活上同甘共苦,生产上相互支援,建立了"同呼吸、共命运、心连心"的鱼水关系。人民政府和群众把我们当亲人对待,把我们的事业当成军民共同的事业。部队刚到北大荒时,生活保障供应不足,人民群众省吃俭用把饭菜送到部

队官兵手中,住房困难,人民群众和我们同睡一铺炕,甚至新婚夫妇把房子腾出来让给部队住。在农场生产力量不足的情况下,地方政府和国营农场主动派人帮助开荒、耕种、培训农机手。每当农场大忙季节,群众主动帮助收割、晒粮和储存。所有这些,为农场的生存发展奠定了良好的基础,促进了农场的全面建设。另一方面,地方政府和人民群众有困难,部队也是尽力相帮。据统计,30年来,共帮助地方抗洪、抢险14次,还支援和帮助地方解决化肥、种子、钢材、木材等各种物资,为受灾群众捐款6万余元,为群众治病27000余人次。近几年来,又先后与8个军外单位建立了共建关系,帮助126户贫困农民脱贫,1990年被齐齐哈尔军分区评为"扶贫工作先进单位"。实践证明,农场从无到有,从过去到现在,一时一刻离不开当地人民政府和广大人民群众的关心和支持,特别是在远离部领导、部机关的偏远地区,没有他们,农场就难以生存,就失去了发展壮大的基础。鱼儿离不开水,在新的历史条件下,要建设一个现代化农场,仍然离不开地方政府和人民群众的大力支持;发展和密切军政军民关系,仍然是场党委的一项不容忽视的重要工作。

▶ 简析

这是一篇关于先进单位(克山农场)的典型材料。在写法上,全文采取分列小标题的形式,从不同的角度、不同的侧面对克山农场的先进事迹作出反映。共分为五部分,其中第一自然段为第一部分,从总体上介绍了该农场的基本情况,给人以深刻印象;接下去列出了"'北大荒人'艰苦奋斗的创业精神是农场建设的'传家宝'""学习和掌握科学技术,是发展生产力,提高经营效益的重要途径""强有力的思想政治工作,是完成各项任务的可靠保证""良好的军政军民关系,是农场生存发展的基础"等几个小标题,分别代表该农场的"几条经验",写得既明确又集中,而且行文还十分注意运用一系列的事例和数字来说明问题,增强了文章的说服力和感染力。而这一点,也正是典型材料写作最应加以注意之处,是其写作成败的关键所在。

247 什么是组织鉴定?

组织鉴定是组织对个人在一定时期内的工作、学习以及政治思想等方面的实际表现进行鉴别和评定后所写成的书面材料。它是机关、团体、企事业单位的组织人事部门经常制作的一种文书,其作用在于能够较为全面地反映出被鉴定人的历史面貌,客观、真实地体现出被鉴定人的人生价值,是组织人事部门考察、选拔和使用干部的基本依据和凭证。同时,它又提供和积累了被鉴定人的人事资料,是建立人事档案的重要内容。

248 组织鉴定的写作要领有哪些?

一、要深入实际,认真进行调查研究。组织鉴定贵"实",最忌虚妄,必须深入实际,认真进行调查研究,切实掌握第一手材料,以便对被鉴定人的实际表现及优缺点作出恰如其分的总结和评定。切忌仅靠现成的材料和传闻进行撰写,或单凭"印象"办事,这样会有损组织鉴定的意义和价值。

二、要注意讲究"透明度"。组织鉴定应与被鉴定人"见面",并允许其提出自己的看法和意见,以增加"透明度"。如果被鉴定人的意见正确,则组织上应予接受和采纳,使之更加贴近实际;如所提意见不够妥当,则应对其进行说服教育,做到以理服人。讲究"透明度",是确保组织鉴定价值的需要,也是当前人事制度改革的需要。

范例与简析

▶ 例文

关于×××同志的鉴定材料

×××,男,生于1982年8月4日,汉族,大学文化,安徽六安人,中共预备党员,2004年参加工作,现任××科科长。

该同志拥护中国共产党的领导,拥护改革开放的政策,热爱社会主义制度,坚持四项基本原则,认真贯彻执行党的路线方针政策,不断加强对马列主义、毛泽东思想、邓小平理论、"三个代表"重要思想以及科学发展观的学习,坚决贯彻习近平总书记的一系列重要讲话精神,具有较高的政策理论水平和较高的思想政治修养,思想素质好。为人正直,平易近人,团结同志。能坚持党性原则,树立正确的人生观、价值观,能够按国家公务员的道德规范严格要求自己,忠于职守,廉洁奉公,遵守职业道德和社会公德。

该同志对工作勤勤恳恳,兢兢业业,勇挑重担,埋头苦干,任劳任怨。在工作中能充分发挥主观能动性,创造性地开展工作。在平凡的工作岗位上取得了较好的成绩。2011年受市政府记功嘉奖,2012被评为市局先进工作者,2012、2013连续两年被评为市局优秀共产党员。

该同志的不足之处:有时对工作有急躁情绪。

中共××市教育局委员会人事处
2014年6月26日

▶ 简析

这篇组织鉴定写得较为规范。标题采用"事由"加"文种"的结构形式,反映出了被鉴定的对象及文书种类;正文部分首先用一个自然段介绍了被鉴定者的基本身份情况,给人以总体了解;然后分别从政治表现、工作作风、业务能力、主要实绩等几个方面进行表述,并指出其存在的不足之处。这样,就显得内容完整、详略适度。在用语上也较为简练得体,没有溢美虚夸之词,而这正是组织鉴定写作最值得注意的问题。

249 什么是干部人事考察材料?

干部人事考察材料是人事组织部门对干部或领导班子进行考察、评估后将考察情况以书面形式写成的汇报材料。它是组织对干部或领导班子的书面鉴定,为上级组织部门使用干部提供决策依据。考察材料按考察的内容可分为干部个人考察材料和领导班子考察材料两类。

考察材料不同于组织鉴定。从实际使用情况来看,组织鉴定的使用频率较高,而且一般也是采用公开的评议方法,其鉴定意见往往要与本人见面,侧重于定性分析;而考察材料一般是在遇有干部选拔任用等较为重要的情况时才使用,而且多数不与本人见面,往往采用定性和定量分析相结合的方法,以使材料更具有科学性。

250 干部人事考察材料的写作要领有哪些？

一、要实事求是。即指对考察对象的德才表现、工作实绩和主要特长以及主要缺点和不足的叙写，一定要从实际出发，实事求是。要根据考察的目的要求，对考察对象进行全面"透视"，如实反映出其现实风貌。要通盘考虑，全面衡量，恰切评介，切不可主观臆断，或者掺杂个人的恩怨好恶。

二、要突出重点。即指对考察对象的有关情况的叙述，必须抓住关键性问题来写，做到主次分明，详略得当，重点突出。对于那些与考察意图紧密相关的内容要详写，用墨宜多；而对于那些一般性甚至关系不大的问题或情况则略写直至不写，惜墨如金。切忌面面俱到，搞材料堆积，否则，必然无助于考察目的的实现。

三、要充分具体。撰写考察材料，特别在叙述考察对象的德才表现和工作实绩时，必须做到靠事实说话，运用一些典型的有充分说服力的具体事例加以佐证（必要时可提供一些数据），以增强说服力。切忌空洞笼统，或流于一般"通用"的、"放之四海而皆准"的评介，显现不出考察对象的应有风貌。那样，既不符合考察材料的撰写要求，也会严重损害这一文书的质量。

范例与简析

▶ 例文

关于张××同志任××镇农技站站长
五年工作情况的考核材料

××年×月×日至×月×日，我们根据区委常委办公会议决议精神，对张××同志任镇农机站站长5年来的工作情况，进行了实地考核。在××镇，我们先后找了镇政府的5位同志和镇农机站的3位同志对张××同志5年来的工作情况，进行了个别访问和座谈，并查阅了有关文书档案资料。现将考核的基本情况综述如下：

××年×月×日，张××从省农业大学农学系毕业，分配到××镇任农机站技术员。××年×月，镇长××聘张××为农机站站长。任职5年来该同志拥护党的路线、方针、政策,积极参加科学实验,推广应用水稻高产新技术,是该镇水稻单产提高8%,平均亩产达到800斤。去年张××被授予区农业劳动模范称号。

该同志的主要政绩是:

1. 一心在农村工作。张××同志家住××市。同他一起分到该镇的其他6名同志,已先后要求调到城市工作了。张××同志考虑到该镇缺少农业技术人员,水稻生产技术一直处于落后状态。为提高水稻单产,帮助农民掌握新技术,他决心在山区安营扎寨,并把爱人和岳母从市区接到该镇定居。

2. 针对该镇土地和水利资源实际,把所学知识和农业生产实际结合起来。经过两年实验,推广了新品种种植技术,提高了单产产值。××镇水稻生产产量一直徘徊不前。张××同志跑了5个县,又多次走访他曾学习过的农业大学,请教专家、教授。经过两年的实验,引进了适合该镇自然条件生长的××9号水稻品种,使单产提高8%,亩产平均达到880斤,总产突破××万斤,使该镇水稻生产上了一个新台阶。

3. 艰苦朴素,联系群众。

4. 勇于改革,勇于实践。

5. 忘我工作,克服困难。

6. 刻苦钻研,富于进取精神。

7. 善于总结经验,不断前进。

主要缺点是:

××年×月,张××同志因××村上报的粮食产量数字不准确,而与副镇长××发生了争执,至今矛盾仍未得到解决。几位同志反映,张××同志当时态度生硬,讲粗话,揭对方的短。张××同志应负一定的责任。

通过了解,我们认为,张××同志任××镇农机站站长5年,工作是有成绩的。他在实际工作中,积累了比较丰富的领导农技工作的经验,有一定的组织和管理才能。××区长建议将张××同志提任为区农业局局长,从考核结果来看,他是可以胜任的。

我们建议本届区人代会讨论这一任命提议。

××区委组织部
××区人事局

××区农业局　联合考核小组
××镇党委
××年×月×日

▶ 简析

　　这篇考察材料的标题,也是采用了"事由"加"文种"的结构形式,但较之上文组织鉴定的标题更显得完善,反映出了被考察的对象、考察的内容时限及文书种类;正文部分首先用一个自然段介绍了考察的基本情况,包括有关的背景、依据,考察的方式方法等,随后用一过渡句"现将考核的基本情况综述如下"引出下文。在简要介绍被考察对象的基本身份情况之后,文中分七个方面叙写了其主要政绩,同时也实事求是地指出了其所存在的缺点。在此基础上,文中最后提出了考察的意见,显得水到渠成,令人信服。

251　什么是公务演讲词?

　　公务演讲词是在会议或集会期间用于讲话或演说的预先拟制的文字底稿。与其他公务应用文相比,这种文书具有特殊性,突出表现为它的运行不像其他文种那样终结于送达或张贴过程的结束,而是终结于讲话或演说过程的结束。此外,其所体现出来的媒介的声音性(靠有声语言向受众传递信息)、反馈的直接性、特定的对象性以及适度的情感性等特点,也使之与其他诸多公务应用文明显区别开来。

　　公务演讲词是一个较为庞大的文书组群,它包括在各种公务活动中使用的欢迎词、祝酒词、贺词、悼词、演说词以及会议的开幕词、闭幕词等等,其中尤以会议的开幕词、闭幕词、演说词等最为常用,也最具有代表性。

252　公务演讲词的写作要领有哪些?

　　一、有吸引力——情理相宜,理在情中。演讲的目的十分明确,缺乏突出、深刻的主题就失去了应有的功能。要紧紧围绕主题,选择具体生动、易于被受众理解、说服力和鼓动力强的材料,从而以爱憎分明的情感打动听众。孔子说:"知之者不如好知者,好知者不如乐知者。"(《论语·雍也》)演讲词无论是引用史例、联系现实,还是举出实例,加以议论,都要情真意切,寓理于情,把叙事、说理和抒情紧密结合起来。演讲词的内容要充实、新颖,切忌陈旧空洞。

二、有控制力——条理清晰,跌宕起伏。演讲词的结构设计要周密而精巧,完整而灵活,这样才会更好地产生控制力量。优秀的演讲词,尤其要在层次清楚的同时,有张有弛,有起有伏,体现个性。演讲词的开头、结尾感情色彩浓,哲理性强,特别要下功夫写好。开头应起到定调提神的作用,或点题式,开门见山,一语惊人;或说明式,交代背景,说明目的;或概括式,揭示内容,精辟议论;或渲染式,娓娓道来,"小题大做";或提问式,欲擒故纵,引起思考;或导引式,引用名言,导出主旨。结尾要起到一个耐人寻味的作用,应自然收束,或总结要点,一锤定音;或展望未来,鼓舞斗志;或激情号召,增加气势;或幽默作结,引人回味;或引用诗句,恰当贴切。

三、有感染力——通俗易懂,形象生动。演讲词的美学功能很重要的一个方面是语言的感染力。语言要口语化,明白晓畅,生动悦耳。要使用多种修辞手段,把抽象的道理具体化,概念的东西形象化。尽可能散文诗化,使之具有音乐性,要努力避免从议论到议论的空洞说教或脱离实际的抒情。在写法上,注意虚写与实写并用,即直接写与间接写相结合。直接写,就是表达主旨内容的直接论述;间接写,就是写作上的烘托法。通过对其他事物在形体或精神上同论题所限定主旨相似或合拍点的论述,间接突出演讲主题。这样就能用形象的事物阐发深刻的道理,向听众描述形象的雕塑式的画面,但也要适可而止。

范例与简析

▶ 例文

习近平在政治局常委见面会上的演讲

女士们,先生们,朋友们:

大家好!让大家久等了,很高兴同各位记者朋友见面。

昨天,中国共产党第十八次全国代表大会胜利闭幕了。这些天来,各位记者朋友们对这次大会作了大量报道,向世界各国传递了许多"中国声音"。大家很敬业、很专业、很辛苦,在此,我代表十八大大会秘书处,向你们表示衷心的感谢。

刚才,我们召开了中国共产党第十八届中央委员会第一次全体会议,会议上选举产生了新一届中央领导机构。全会选举产生了七位中央政治局常委,选举我担任中共中央总书记。接下来,我把其他六位常委同事向大家介绍一下。

他们是:李克强同志、张德江同志、俞正声同志、刘云山同志、王岐山同志、张高丽同志。

李克强同志是十七届中央政治局常委,其他同志都是十七届中央政治局委员,大家对他们都比较了解。

在这里,我代表新一届中央领导机构成员,衷心感谢全党同志对我们的信任。我们一定不负重托,不辱使命!

全党同志的重托,全国各族人民的期望,这是对我们做好工作的巨大鼓舞,也是我们肩上沉沉的担子。

这个重大的责任,是对民族的责任。我们的民族是伟大的民族。在5000多年的文明发展历程中,中华民族为人类的文明进步作出了不可磨灭的贡献。近代以后,我们的民族历经磨难,中华民族到了最危险的时候。自那时以来,为了实现中华民族伟大复兴,无数仁人志士奋起抗争,但一次又一次地失败了。

中国共产党成立后,团结带领人民前赴后继、顽强奋斗,把贫穷落后的旧中国变成日益走向繁荣富强的新中国,中华民族伟大复兴展现出前所未有的光明前景。

我们的责任,就是要团结带领全党全国各族人民,接过历史的接力棒,继续为实现中华民族伟大复兴而努力奋斗,使中华民族更加坚强有力地自立于世界民族之林,为人类作出新的更大的贡献。

这个重大的责任,就是对人民的责任。我们的人民是伟大的人民。在漫长的历史进程中,中国人民依靠自己的勤劳、勇敢、智慧,开创了民族和睦共处的美好家园,培育了历久弥新的优秀文化。

我们的人民热爱生活,期盼有更好的教育、更稳定的工作、更满意的收入、更可靠的社会保障、更高水平的医疗卫生服务、更舒适的居住条件、更优美的环境,期盼着孩子们能成长得更好、工作得更好、生活得更好。人民对美好生活的向往,就是我们的奋斗目标。

人世间的一切幸福都是要靠辛勤的劳动来创造的。我们的责任,就是要团结带领全党全国各族人民,继续解放思想,坚持改革开放,不断解放和发展社会生产力,努力解决群众的生产生活困难,坚定不移走共同富裕的道路。

这个重大的责任,就是对党的责任。我们的党是全心全意为人民服务的政党。党领导人民已经取得了举世瞩目的成就,我们完全有理由因此而自豪,但我们自豪而不自满,决不会躺在过去的功劳簿上。

新形势下,我们党面临着许多严峻挑战,党内存在着许多亟待解决的问题。尤其是一些党员干部中发生的贪污腐败、脱离群众、形式主义、官僚主义等问题,必须下大气力解决。全党必须警醒起来。

打铁还需自身硬。我们的责任,就是同全党同志一道,坚持党要管党、从严治党,切实解决自身存在的突出问题,切实改进工作作风,密切联系群众,使我们的党始终成为中国特色社会主义事业的坚强领导核心。

人民是历史的创造者,群众是真正的英雄。人民群众是我们力量的源泉。我们深深知道:每个人的力量是有限的,但只要我们万众一心,众志成城,就没有克服不了的困难;每个人的工作时间是有限的,但全心全意为人民服务是无限的。

责任重于泰山,事业任重道远。我们一定要始终与人民心心相印、与人民同甘共苦、与人民团结奋斗,夙夜在公,勤勉工作,努力向历史、向人民交一份合格的答卷。

记者朋友们,中国需要更多地了解世界,世界也需要更多地了解中国。希望你们今后要继续为增进中国与世界各国的相互了解作出努力和贡献。

谢谢大家!

▶ 简析

这篇演讲词全文极其简短,通篇只有1500字,却传递了大量集中反映正能量的信息,读后感人肺腑,令人心情格外明朗,受到强烈的震撼与冲击。这1500个字的演讲词,可以说是以习近平同志为核心的新一届中央政治局常委向世人发出的从政宣言,是极其庄严而又郑重的政治承诺。更为重要的是,这篇演讲词还在写作的技巧和方法上给我们提供了许多有益的借鉴,堪称演讲词写作的经典范例。综观这篇短小精悍的演讲词,可以看出其彰显出如下几个方面的特点：

一是以"情"感人，令人动容。通读全文，仔细品味其中的每句话、每个字，我们不能不被文中所饱含的那种对祖国、对人民无限真挚的深情厚谊所深深打动，令人久久难以忘怀。这是一篇充满人情味的演讲，充满了历史的厚重感，饱含着对人民的感情。全心全意为人民服务，是我们党的根本宗旨，是中国革命和建设从一个胜利走向另一个胜利的坚强基石。习近平同志深知人民的疾苦，他曾经在那个动荡年月与最底层的人民群众同甘共苦，亲身体察过人民的所思所想，正因如此，就使得通篇演讲充满着对人民的浓浓深情，时时处处为人民利益着想，让人民感到亲切、实在，令人心情激荡，不能自已。古人云"感人心者，莫先乎情"，说得正是这个道理。

二是郑重承诺，令人信服。整篇演讲词，篇幅虽短，但意味深长，是以习近平同志为总书记的新一届中央政治局常委向全党和全国各族人民所作的庄严而又郑重的政治承诺，有力地回答了新一届常委如何从政的重大政治课题。强调"人民对美好生活的向往，就是我们的奋斗目标"，这句话是贯穿全文的"红线"，是行文的主旨所在，并且表示"一定不负重托，不辱使命"，表示"要团结带领全党全国各族人民，接过历史的接力棒，继续为实现中华民族伟大复兴而努力奋斗"，表示"党领导人民已经取得了举世瞩目的成就，我们完全有理由因此而自豪，但我们自豪而不自满，决不会躺在过去的功劳簿上"，表示"一定要始终与人民心心相印、与人民同甘共苦、与人民团结奋斗，夙夜在公，勤勉工作，努力向历史、向人民交一份合格的答卷"。掩卷深思，这些郑重承诺，怎么不令人豪情满怀，深信不疑；怎么不令人心潮澎湃，热血沸腾！就是这样的承诺，才使得人民对新一届领导人充满了希冀，充满了信任，看到了中国共产党始终把人民的利益放在第一位，真正体现了"人民的利益高于一切"的原则，从而赢得了广大人民群众广泛而强有力的支持。

三是语言平实，寓意深远。这篇演讲词的开头两个自然段，全是出自口语，一下子就拉近了与听者之间的距离，用语十分平实，这也是撰写演讲词必须注意的一个要领。像"打铁还需自身硬"，更是一句非常朴实的话语。习近平总书记在这篇演讲中谈得最多的是"责任"。指出我们的责任，就是"继续为实现中华民族伟大复兴而努力奋斗""努力解决群众的生产生活困难，坚定不移走共同富裕的道路""切实改进工作作风，密切联系群众，使我们党始终成为中国特色社会主义事业的坚强领导核心"。这种厚重"责任"的背后，是新一届中央领导集体对自身肩负历史重任的清醒认识和诚挚的表态,深深赢得了民心。同时习近平总书记在演讲中谈得最多的还有"人民"。"我们的人民是伟大的人民""人民对美好生活的向往,就是我们的奋斗目标"。这种对人民的尊重,对人民期盼过上更美好幸福生活的积极回应,体现的是我们党以人为本、执政为民的理念和全心全意为人民服务的不变宗旨。习近平总书记的这番讲话,让百姓宽心。对当下社会普遍关注的反腐倡廉问题,习近平总书记也毫不避讳,而是直截了当地点明:"新形势下,我们党面临着许多严峻挑战,党内存在着许多亟待解决的问题。尤其是一些党员干部中发生的贪污腐败、脱离群众、形式主义、官僚主义等问题,必须下大气力解决。"这种不回避现实困难和问题,直面社会普遍关切的务实态度,体现的是新一届中央领导集体的决心、勇气和自信。习近平总书记的这番演讲,可以说真正做到了让百姓放心。

　　四是运局独特,修辞精工。在布局谋篇上,这篇演讲词十分讲究,特别是在谈到三个"责任"的时候,先用一个段落"全党同志的重托,全国各族人民的期望,这是对我们做好工作的巨大鼓舞,也是我们肩上沉沉的担子"作为过渡,引领出下文,紧接着连续使用了3个排比段落进行阐述,"这个重大责任,就是对民族的责任""这个重大责任,就是对人民的责任""这个重大责任,就是对党的责任",而且逻辑性也很强,3个排比段落内容由远及近,通过排比修辞,彰显出了新一届常委肩上"责任"的重大,也体现出敢于担当责任的信息和勇气。由此也可看出,排比修辞是公文写作特别是像演讲词之类领导讲话在布局架构上最常用的表达方式。不仅如此,在前后语句之间使用排比句的情况更是比比皆是,例如习近平同志在演讲中还特意强调人民期盼的10个"更":"有更好的教育、更稳定的工作、更满意的收入、更可靠的社会保障、更高水平的医疗卫生服务、更舒适的居住条件、更优美的环境,期盼孩子们能成长得更好、工作得更好、生活得更好。"正是由于有了这10个"更",使得人民对新一届中央领导机构的执政能力更加坚信不疑,更加充满自豪和憧憬,从而也使行文更加具有说服力。

　　习近平总书记的演讲不长,但内涵丰富,寓意深远,亲切感人,道出了普通百姓的心声。我们相信,新一届中央领导集体一定会不负全党的重托,不负人民的期望,一定能够团结带领全国各族人民过上更加美好的幸福生活,使中华民族更加坚强有力地立于世界民族之林。

253 什么是讲话稿？

讲话稿是在各种会议或集会上，为表达讲话者的见解、主张，交流思想、进行宣传或者开展工作而经常使用的一种公文。它既包括各级领导者的发言稿，也包括一般人的各种发言稿，范围较广。常用的讲话稿主要有两类：

一类是公文式的讲话稿，即各种会议上的工作报告，在一定会议上总结、部署一项或一个时期的工作。这种讲话稿，实际是公文的形式变换。在格式上与公文中的"总结"和"计划"的写法没有多大区别，用语也比较庄严、郑重，这就是公文式的讲话稿，在写法上可按公文的要求去写。

一类是专题灵活式的讲话稿，如各种会议上的开幕词、祝词、大会发言、领导同志在会议上的专题性讲话等。通常在机关应用文上所说的"讲话稿"，主要是指这种讲话材料，它虽然是以个人名义讲的，实际上是代表了组织和集体。

254 讲话稿的写作要领有哪些？

一、要恰当选用句式。写作讲话稿要尽量使用短句，避免长句，也不要使用倒装句。

二、要恰当选用词语。讲话稿中的词语应尽量选用双音节词，同时还应注意口语化，避免过多使用文言或书面语言，以增强讲话稿的可接受性，提高其表达效果。

三、要恰当使用数字。一方面，尽量少用数字划分段落和层次，以免造成混乱；另一方面，应用小写汉字，如"34857"应写为"三万四千八百五十七"，以减少讲话者"数位"的麻烦。

四、要恰当选用语气。讲话时语气很重要，它往往决定着其内容的影响和感染力。要针对不同的对象，选用适当的词语和语气，做到耐人寻味。

范例与简析

▶ 例文 1

在第十二届全国人民代表大会第一次会议上的讲话

习近平

各位代表,这次大会选举我担任中华人民共和国主席,我对各位代表和全国各族人民的信任,表示衷心的感谢!

我深知,担任国家主席这一崇高职务,使命光荣,责任重大。我将忠实履行宪法赋予的职责,忠于祖国,忠于人民,恪尽职守,夙夜在公,为民服务,为国尽力,自觉接受人民监督,决不辜负各位代表和全国各族人民的信任和重托。

各位代表!中华人民共和国走过了光辉的历程。在以毛泽东同志为核心的党的第一代中央领导集体、以邓小平同志为核心的党的第二代中央领导集体、以江泽民同志为核心的党的第三代中央领导集体、以胡锦涛同志为总书记的党中央领导下,全国各族人民戮力同心、接力奋斗,战胜前进道路上的各种艰难险阻,取得了举世瞩目的辉煌成就。

今天,我们的人民共和国正以昂扬的姿态屹立在世界东方。

胡锦涛同志担任国家主席10年间,以丰富的政治智慧、高超的领导才能、勤勉的工作精神,为坚持和发展中国特色社会主义建立了卓越的功勋,赢得了全国各族人民衷心爱戴和国际社会普遍赞誉。我们向胡锦涛同志,表示衷心的感谢和崇高的敬意!

各位代表!中华民族具有5000多年连绵不断的文明历史,创造了博大精深的中华文化,为人类文明进步作出了不可磨灭的贡献。经过几千年的沧桑岁月,把我国56个民族、13亿多人紧紧凝聚在一起的,是我们共同经历的非凡奋斗,是我们共同创造的美好家园,是我们共同培育的民族精神,而贯穿其中的、最重要的是我们共同坚守的理想信念。

实现全面建成小康社会、建成富强民主文明和谐的社会主义现代化国家的奋斗目标,实现中华民族伟大复兴的中国梦,就是要实现国家富强、民族振兴、人民幸福,既深深体现了今天中国人的理想,也深深反映了我们先人们不懈奋斗追求进步的光荣传统。

面对浩浩荡荡的时代潮流，面对人民群众过上更好生活的殷切期待，我们不能有丝毫自满，不能有丝毫懈怠，必须再接再厉、一往无前，继续把中国特色社会主义事业推向前进，继续为实现中华民族伟大复兴的中国梦而努力奋斗。

实现中国梦必须走中国道路。这就是中国特色社会主义道路。这条道路来之不易，它是在改革开放30多年的伟大实践中走出来的，是在中华人民共和国成立60多年的持续探索中走出来的，是在对近代以来170多年中华民族发展历程的深刻总结中走出来的，是在对中华民族5000多年悠久文明的传承中走出来的，具有深厚的历史渊源和广泛的现实基础。中华民族是具有非凡创造力的民族，我们创造了伟大的中华文明，我们也能够继续拓展和走好适合中国国情的发展道路。全国各族人民一定要增强对中国特色社会主义的理论自信、道路自信、制度自信，坚定不移沿着正确的中国道路奋勇前进。

实现中国梦必须弘扬中国精神。这就是以爱国主义为核心的民族精神，以改革创新为核心的时代精神。这种精神是凝心聚力的兴国之魂、强国之魄。爱国主义始终是把中华民族坚强团结在一起的精神力量，改革创新始终是鞭策我们在改革开放中与时俱进的精神力量。全国各族人民一定要弘扬伟大的民族精神和时代精神，不断增强团结一心的精神纽带、自强不息的精神动力，永远朝气蓬勃迈向未来。

实现中国梦必须凝聚中国力量。这就是中国各族人民大团结的力量。中国梦是民族的梦，也是每个中国人的梦。只要我们紧密团结，万众一心，为实现共同梦想而奋斗，实现梦想的力量就无比强大，我们每个人为实现自己梦想的努力就拥有广阔的空间。生活在我们伟大祖国和伟大时代的中国人民，共同享有人生出彩的机会，共同享有梦想成真的机会，共同享有同祖国和时代一起成长与进步的机会。有梦想，有机会，有奋斗，一切美好的东西都能够创造出来。全国各族人民一定要牢记使命，心往一处想，劲往一处使，用13亿人的智慧和力量汇集起不可战胜的磅礴力量。

中国梦归根到底是人民的梦，必须紧紧依靠人民来实现，必须不断为人民造福。

我们要坚持党的领导、人民当家作主、依法治国有机统一，坚持人民主体地位,扩大人民民主,推进依法治国,坚持和完善人民代表大会制度的根本政治制度,中国共产党领导的多党合作和政治协商制度、民族区域自治制度以及基层群众自治制度等基本政治制度,建设服务政府、责任政府、法治政府、廉洁政府,充分调动人民积极性。

我们要坚持发展是硬道理的战略思想,坚持以经济建设为中心,全面推进社会主义经济建设、政治建设、文化建设、社会建设、生态文明建设,深化改革开放,推动科学发展,不断夯实实现中国梦的物质文化基础。

我们要随时随刻倾听人民呼声、回应人民期待,保证人民平等参与、平等发展权利,维护社会公平正义,在学有所教、劳有所得、病有所医、老有所养、住有所居上持续取得新进展,不断实现好、维护好、发展好最广大人民根本利益,使发展成果更多更公平惠及全体人民,在经济社会不断发展的基础上,朝着共同富裕方向稳步前进。

我们要巩固和发展最广泛的爱国统一战线,加强中国共产党同民主党派和无党派人士团结合作,巩固和发展平等团结互助和谐的社会主义民族关系,发挥宗教界人士和信教群众在促进经济社会发展中的积极作用,最大限度团结一切可以团结的力量。

各位代表!"功崇惟志,业广惟勤。"我国仍处于并将长期处于社会主义初级阶段,实现中国梦,创造全体人民更加美好的生活,任重而道远,需要我们每一个人继续付出辛勤劳动和艰苦努力。

全国广大工人、农民、知识分子,要发挥聪明才智,勤奋工作,积极在经济社会发展中发挥主力军和生力军作用。一切国家机关工作人员,要克己奉公,勤政廉政,关心人民疾苦,为人民办实事。中国人民解放军全体指战员,中国人民武装警察部队全体官兵,要按照听党指挥、能打胜仗、作风优良的强军目标,提高履行使命能力,坚决捍卫国家主权、安全、发展利益,坚决保卫人民生命财产安全。

一切非公有制经济人士和其他新的社会阶层人士,要发扬劳动创造精神和创业精神,回馈社会,造福人民,做合格的中国特色社会主义事业的建设者。

全国广大青少年,要志存高远,增长知识,锤炼意志,让青春在时代进步中焕发出绚丽的光彩。

香港特别行政区同胞、澳门特别行政区同胞,要以国家和香港、澳门整体利益为重，共同维护和促进香港、澳门长期繁荣稳定。广大台湾同胞和大陆同胞要携起手来，支持、维护、推动两岸关系和平发展，增进两岸同胞福祉，共同开创中华民族新的前程。广大海外侨胞，要弘扬中华民族勤劳善良的优良传统，努力为促进祖国发展、促进中国人民同当地人民的友谊作出贡献。

中国人民爱好和平。我们将高举和平、发展、合作、共赢的旗帜，始终不渝走和平发展道路，始终不渝奉行互利共赢的开放战略，致力于同世界各国发展友好合作，履行应尽的国际责任和义务，继续同各国人民一道推进人类和平与发展的崇高事业。

各位代表！中国共产党是领导和团结全国各族人民建设中国特色社会主义伟大事业的核心力量，肩负着历史重任，经受着时代考验，必须坚持立党为公、执政为民，坚持党要管党、从严治党，全面加强党的建设，不断提高党的领导水平和执政水平、提高拒腐防变和抵御风险能力。全体共产党员特别是党的领导干部，要坚定理想信念，始终把人民放在心中最高的位置，弘扬党的光荣传统和优良作风，坚决反对形式主义、官僚主义，坚决反对享乐主义、奢靡之风，坚决同一切消极腐败现象作斗争，永葆共产党人政治本色，矢志不移为党和人民事业而奋斗。

各位代表！实现伟大目标需要坚忍不拔的努力。全国各党派、各团体、各民族、各阶层、各界人士要更加紧密地团结在中共中央周围，全面贯彻落实中共十八大精神，以邓小平理论、"三个代表"重要思想、科学发展观为指导，始终谦虚谨慎、艰苦奋斗，始终埋头苦干、锐意进取，不断夺取全面建成小康社会、加快推进社会主义现代化新的更大的胜利，不断为人类作出新的更大的贡献！

▶ 简析

在第十二届全国人民代表大会第一次会议上，产生了新一届国家机构的组成人员，习近平同志当选为国家主席。在会议闭幕式上，习近平同志发表了这篇讲话。捧读这篇短小精悍的讲话稿，精心品味其中的每句话、每个字，我们不能不被文中饱含的对民族、对祖国、对人民那种无限真挚的深情厚谊所深深打动，令人掩卷深思，久久不能忘怀。这篇讲话为我们提供了很好的写作典范，突出体现在如下几点：

一是脉络清晰,主旨明确。全文紧紧围绕"实现中华民族伟大复兴的中国梦"这一中心意旨,从三个大的方面进行阐述,即"实现中国梦必须走中国道路""实现中国梦必须弘扬中国精神""实现中国梦必须凝聚中国力量",并且用高度概括的语言揭示出问题的实质"中国梦归根到底是人民的梦,必须紧紧依靠人民来实现,必须不断为人民造福"。在此基础上进一步从几个方面表明态度,对社会各个阶层人员分别提出要求,内在层次布局十分清晰,逻辑结构非常紧密,给人以严谨顺畅、前后贯通之感。

二是撮要标目,重点突出。全文开篇即明确了对"担任国家主席这一神圣而光荣的历史使命"的态度,并扼要回顾了中华人民共和国走过的光辉的历程以及中华民族具有5000多年连绵不断的文明历史进程,以此作为行文的引据,可谓开门见山,落笔如题,紧接着用高度概括的过渡性语段"面对浩浩荡荡的时代潮流,面对人民群众过上更好生活的殷切期待,我们不能有丝毫自满,不能有丝毫懈怠,必须再接再厉、一往无前,继续把中国特色社会主义事业推向前进,继续为实现中华民族伟大复兴的中国梦而努力奋斗"提领下文,进入主体部分,精练明快,便于人们从深广的层面加以理解和把握。从写作技巧的角度讲,这种追溯性的概括实际上是一种"篇前撮要",是对全文内容的引领;同时,这篇讲话在具体行文时也很注重对撮要技法的运用,尤其是对"实现中华民族伟大复兴的中国梦"的阐述,提炼概括出三条,每一条都通过一个撮要句来表述,十分精练,便于理解和把握。

三是用语精当,妥帖得体。在语言运用上,这篇讲话也堪称典范。文中十分注重对各种三字格、四字格甚至六字格词组的运用,使行文简洁凝练,富有表达效果。例如"我将忠实履行宪法赋予的职责,忠于祖国,忠于人民,恪尽职守,夙夜在公,为民服务,为国尽力,自觉接受人民监督,决不辜负各位代表和全国各族人民的信任和重托"。"我们要随时随刻倾听人民呼声、回应人民期待,保证人民平等参与、平等发展权利,维护社会公平正义,在学有所教、劳有所得、病有所医、老有所养、住有所居上持续取得新进展,不断实现好、维护好、发展好最广大人民根本利益","功崇惟志,业广惟勤"。其中集中运用了一系列三字格、四字格甚至六字格词组,使行文显得极为典雅凝练,概括性和表现力十分突出,而且读起来铿锵有力,富有节奏感。此外,排比修辞技法的运用也很突出,例如"经过几千年的沧桑岁月,把我国56个民族、13亿多人紧紧凝聚在一起的,是我们共同经历的非凡奋斗,是我们共同创造的美好家园,是我们共同培育的民族精神,而贯穿其中的、最重要的是我们共同坚守的理想信念"。以"是"作提示语,分别表达三个不同方面的意思;又如"全体共产党员特别是党的领导干部,要坚定理想信念,始终把人民放在心中最高的位置,弘扬党的光荣传统和优良作风,坚决反对形式主义、官僚主义,坚决反对享乐主义、奢靡之风,坚决同一切消极腐败现象作斗争,永葆共产党人政治本色,矢志不移为党和人民事业而奋斗"。以"坚决"作提示语,对全体共产党员特别是党的领导干部提出了明确要求,表明了党中央从严治党鲜明的政治态度。此外,在设层构段上,"实现中国梦必须走中国道路""实现中国梦必须弘扬中国精神""实现中国梦必须凝聚中国力量",也属于排比。由于这些排比修辞的恰当运用,使行文明晰可鉴,严谨缜密,极大地增强了行文的表达效果。

▶ 例文2

在纪念中国人民抗日战争暨世界反法西斯战争胜利70周年大会上的讲话

(2015年9月3日)

习近平

全国同胞们,尊敬的各位国家元首、政府首脑和联合国等国际组织代表,尊敬的各位来宾,全体受阅将士们,女士们、先生们,同志们、朋友们:

今天,是一个值得世界人民永远纪念的日子。70年前的今天,中国人民经过长达14年艰苦卓绝的斗争,取得了中国人民抗日战争的伟大胜利,宣告了世界反法西斯战争的完全胜利,和平的阳光再次普照大地。

在这里,我代表中共中央、全国人大、国务院、全国政协、中央军委,向全国参加过抗日战争的老战士、老同志、爱国人士和抗日将领,向为中国人民抗日战争胜利作出重大贡献的海内外中华儿女,致以崇高的敬意!向支援和帮助过中国人民抵抗侵略的外国政府和国际友人,表示衷心的感谢!向参加今天大会的各国来宾和军人朋友们,表示热烈的欢迎!

女士们、先生们,同志们、朋友们!

中国人民抗日战争和世界反法西斯战争,是正义和邪恶、光明和黑暗、进步和反动的大决战。在那场惨烈的战争中,中国人民抗日战争开始时间最早、持续时间最长。面对侵略者,中华儿女不屈不挠、浴血奋战,彻底打败了日本军国主义侵略者,捍卫了中华民族5000多年发展的文明成果,捍卫了人类和平事业,铸就了战争史上的奇观、中华民族的壮举。

中国人民抗日战争胜利,是近代以来中国抗击外敌入侵的第一次完全胜利。这一伟大胜利,彻底粉碎了日本军国主义殖民奴役中国的图谋,洗刷了近代以来中国抗击外来侵略屡战屡败的民族耻辱。这一伟大胜利,重新确立了中国在世界上的大国地位,使中国人民赢得了世界爱好和平人民的尊敬。这一伟大胜利,开辟了中华民族伟大复兴的光明前景,开启了古老中国凤凰涅槃、浴火重生的新征程。

在那场战争中,中国人民以巨大民族牺牲支撑起了世界反法西斯战争的东方主战场,为世界反法西斯战争胜利作出了重大贡献。中国人民抗日战争也得到了国际社会广泛支持,中国人民将永远铭记各国人民为中国抗战胜利作出的贡献!

女士们、先生们,同志们、朋友们!

经历了战争的人们,更加懂得和平的宝贵。我们纪念中国人民抗日战争暨世界反法西斯战争胜利70周年,就是要铭记历史、缅怀先烈、珍爱和平、开创未来。

那场战争的战火遍及亚洲、欧洲、非洲、大洋洲,军队和民众伤亡超过1亿人,其中中国伤亡人数超过3500万,苏联死亡人数超过2700万。绝不让历史悲剧重演,是我们对当年为维护人类自由、正义、和平而牺牲的英灵、对惨遭屠杀的无辜亡灵的最好纪念。

战争是一面镜子,能够让人更好认识和平的珍贵。今天,和平与发展已经成为时代主题,但世界仍很不太平,战争的达摩克利斯之剑依然悬在人类头上。我们要以史为鉴,坚定维护和平的决心。

为了和平,我们要牢固树立人类命运共同体意识。偏见和歧视、仇恨和战争,只会带来灾难和痛苦。相互尊重、平等相处、和平发展、共同繁荣,才是人间正道。世界各国应该共同维护以联合国宪章宗旨和原则为核心的国际秩序和国际体系,积极构建以合作共赢为核心的新型国际关系,共同推进世界和平与发展的崇高事业。

为了和平,中国将始终坚持走和平发展道路。中华民族历来爱好和平。无论发展到哪一步,中国都永远不称霸、永远不搞扩张,永远不会把自身曾经经历过的悲惨遭遇强加给其他民族。中国人民将坚持同世界各国人民友好相处，坚决捍卫中国人民抗日战争和世界反法西斯战争胜利成果，努力为人类作出新的更大的贡献。

中国人民解放军是人民的子弟兵，全军将士要牢记全心全意为人民服务的根本宗旨，忠实履行保卫祖国安全和人民和平生活的神圣职责，忠实执行维护世界和平的神圣使命。我宣布，中国将裁减军队员额30万。

女士们、先生们，同志们、朋友们！

"靡不有初，鲜克有终。"实现中华民族伟大复兴，需要一代又一代人为之努力。中华民族创造了具有5000多年历史的灿烂文明，也一定能够创造出更加灿烂的明天。

前进道路上，全国各族人民要在中国共产党领导下，坚持以马克思列宁主义、毛泽东思想、邓小平理论、"三个代表"重要思想、科学发展观为指导，沿着中国特色社会主义道路，按照"四个全面"战略布局，弘扬伟大的爱国主义精神，弘扬伟大的抗战精神，万众一心，风雨无阻，向着我们既定的目标继续奋勇前进！

让我们共同铭记历史所启示的伟大真理：正义必胜！和平必胜！人民必胜！

▶ 简析

本文是国家主席习近平在纪念中国人民抗日战争暨世界反法西斯战争胜利70周年大会上的讲话。全文以"全国同胞们""尊敬的各位国家元首、政府首脑和联合国等国际组织代表""尊敬的各位来宾""全体受阅将士们""女士们、先生们，同志们、朋友们"这一称呼语为标志，充分顾及参加纪念活动的各方面人士，显得十分亲切、自然、协调，紧接着分作四大部分，从不同的侧面对会议的主题进行表述，既明确又集中，前后贯通，和谐顺畅，富有气势。第一部分在阐明纪念活动的目的之后，对与会人员致以谢意；第二部分是对中国人民抗日战争和世界反法西斯战争的回顾和总体评价；第三部分是对"中国人民能够赢得抗日战争的胜利"的原因分析以及重要启迪；第四部分是表明态度，提出希望，发出号召。在语言表达上，文中更多地使用了各种积极修辞的手法，特别是排比辞格的运用极为多见。如第四、第七部分中，可以找到许多排比的句式，由于恰当地运用，使行文体现出很强的严密性和生动性，刚劲有力，气势畅达。此外，四字格词组的多用，也极大地增强了行文的表达效果。特别是行文的结尾使用了"正义必胜！和平必胜！人民必胜！"这一排比句,显示出无比强劲的震撼力和冲击力,令人热血沸腾,倍受鼓舞。

255 什么是开幕词？

开幕词是会议的序曲、前奏、动员令,它在比较重要或隆重的会议开始时,由会议主要领导人所作的讲话。主要是简明扼要地介绍会议召开的背景、组织工作等情况,宣布会议的目的、议程,对会议的进行起着定调的作用。

开幕词属专题灵活式的讲话稿,它虽然多以个人名义出现,但实际上代表了某一组织和领导集体,当其作为公文发出,具有了相应的权威性时,就成为讲话体公文。从文体上看,属于议论文,但比一般议论文更具有鲜明的个性、生动的临场性、实际的针对性、高度的概括性和激昂的鼓动性。对会议的有关问题只是提示一下即可,不必讲得过细,主要是通过简明扼要、庄重热情,带有指导性的提示,使与会者明确会议的有关内容,调动其参加会议的积极性。

256 开幕词的写作要领有哪些？

一、篇幅不宜太长。开幕词要奠定会议的基调,在会议上一般用十几分钟即可讲完,因此要求层次清楚,语言简洁明了。虽然对会议的主要内容、意义、开法等都要有一个明确交代,但也仅仅是画龙点睛般的提示,而不宜说得过细。切忌长篇大论,尤其要防止成为大会报告的缩写。

二、气氛庄重热烈。开幕词既要庄重有力,又要富有感情色彩;既要具有严肃性,又要具有生动性,使讲话热情激昂,富于感染力和鼓动性,尽量避免"官话""套话"。结尾或动员与会者开好会议,或号召完成今后任务,或预祝大会成功,都需要热情昂扬,使与会者受到鼓舞,产生开好会议的信心,沉浸在待战的兴奋情绪之中。

三、主题要鲜明。要紧紧围绕会议议题,传达会议的主导精神。

范例与简析

▶ 例文 1

为建设一个伟大的社会主义国家而奋斗

(1954 年 9 月 15 日在第一届全国人民代表大会第一次会议上的开幕词)

毛泽东

各位代表!

中华人民共和国第一届全国人民代表大会第一次会议,今天在我国首都北京举行。

代表总数 1226 人,报到的代表 1210 人,因病因事请假没报到的代表 15 人,报到了因病因事今天临时缺席的代表 17 人。今天会议实到的代表 1141 人,合于法定人数。

中华人民共和国第一届全国人民代表大会第一次会议负有重大的任务。

这次会议的任务是:

制定宪法;

制定几个重要的法律;

通过政府工作报告;

选举新的国家领导工作人员。

我们这次会议具有伟大的历史意义。这次会议是标志着我国人民从 1949 年建国以来的新胜利和新发展的里程碑,这次会议所制定的宪法将大大地促进我国的社会主义事业。

我们的总任务是:团结全国人民,争取一切国际朋友的支援,为了建设一个伟大的社会主义国家而奋斗,为了保卫国际和平发展人类进步事业而奋斗。

我国人民应当努力工作,努力学习苏联和各兄弟国家的先进经验,老老实实,勤勤恳恳,互勉互助,力戒任何的虚夸和骄傲,准备在几个五年计划之内,将我们现在这样一个经济上文化上落后的国家,建设成为一个工业化的具有高度现代文化的伟大的国家。

我们的事业是正义的,正义的事业是任何敌人也攻不破的。

领导我们事业的核心力量是中国共产党。

指导我们思想的理论基础是马克思列宁主义。

我们有充分的信心,克服一切艰难困苦,将我国建设成为一个伟大的社会主义共和国。

我们正在前进。

我们正在做我们的前人从来没有做过的极其光荣伟大的事业。

我们的目的一定要达到。

我们的目的一定能够达到。

全中国六万万人团结起来,为我们的共同事业而努力奋斗!

我们的伟大祖国万岁!

▶ 简析

这是毛泽东同志在第一届全国人民代表大会第一次会议上的开幕词,篇幅简短,但表达内容却很齐全。标题采用了一个高度概括内容的主题句,反映了当时的历史背景和全国人民的使命。称谓部分只使用了"各位代表",如果是代表大会,称谓一般就是这样来写。

正文部分,开头用陈述性语句宣布会议开始;主体包括会议的法定程序、会议的任务、会议的意义、当时历史时期的总任务和要求。召开代表大会首先应说明会议的程序是否合法,具体是通过到会代表是否达到法定人数来加以反映。接着说明了会议的主要任务,具有明显的会议目的性。然后说明完成会议任务所产生的重大意义,最后由会议的任务延伸到目前的总任务和执行任务的要求,进一步扩展了会议的意义。结尾是通过一系列短句来结束的,高度总结了所取得的历史经验和完成目标的决心,这些句子已经成为几代人的理想追求和指导工作的经典。

与一般的开幕词相比,这篇开幕词仅有几百字,但对于当时的会议却起到了重要的作用,而且用极其凝练的语言表达了丰富的内容,是一篇值得细细欣赏的优秀开幕词。

▶ 例文 2

构建创新、活力、联动、包容的世界经济
——在二十国集团领导人杭州峰会上的开幕词

(2016 年 9 月 4 日,杭州)

中华人民共和国主席　习近平

各位同事:

我宣布,二十国集团领导人杭州峰会开幕!

很高兴同大家相聚杭州。首先,我谨对各位同事的到来,表示热烈欢迎!

去年,二十国集团领导人安塔利亚峰会开得很成功。我也愿借此机会,再次感谢去年主席国土耳其的出色工作和取得的积极成果。土耳其以"共同行动以实现包容和稳健增长"作为峰会主题,从"包容、落实、投资"三方面推动产生成果,中国一直积极评价土耳其在担任主席国期间开展的各项工作。

去年 11 月,我在安塔利亚向大家介绍,上有天堂,下有苏杭,相信杭州峰会将给大家呈现一种历史和现实交汇的独特韵味。今天,当时的邀请已经变成现实。在座的有老朋友,也有新朋友,大家齐聚杭州,共商世界经济发展大计。

未来两天,我们将围绕峰会主题,就加强宏观政策协调、创新增长方式,更高效的全球经济金融治理,强劲的国际贸易和投资,包容和联动式发展,影响世界经济的其他突出问题等议题展开讨论。

八年前,在国际金融危机最紧要关头,二十国集团临危受命,秉持同舟共济的伙伴精神,把正在滑向悬崖的世界经济拉回到稳定和复苏轨道。这是一次创举,团结战胜了分歧,共赢取代了私利。这场危机,让人们记住了二十国集团,也确立了二十国集团作为国际经济合作主要论坛的地位。

八年后的今天,世界经济又走到一个关键当口。科技进步、人口增长、经济全球化等过去数十年推动世界经济增长的主要引擎都先后进入换挡期,对世界经济的拉动作用明显减弱。上一轮科技进步带来的增长动能逐渐衰减,新一轮科技和产业革命尚未形成势头。主要经济体先后进入老龄化社会,人口增长率下降,给各国经济社会带来压力。经济全球化出现波

折,保护主义、内顾倾向抬头,多边贸易体制受到冲击。金融监管改革虽有明显进展,但高杠杆、高泡沫等风险仍在积聚。如何让金融市场在保持稳定的同时有效服务实体经济,仍然是各国需要解决的重要课题。

在这些因素综合作用下,世界经济虽然总体保持复苏态势,但面临增长动力不足、需求不振、金融市场反复动荡、国际贸易和投资持续低迷等多重风险和挑战。

二十国集团聚集了世界主要经济体,影响和作用举足轻重,也身处应对风险挑战、开拓增长空间的最前沿。国际社会对二十国集团充满期待,对这次峰会寄予厚望。我们需要通过各自行动和集体合力,直面问题,共寻答案。希望杭州峰会能够在以往的基础上,为世界经济开出一剂标本兼治、综合施策的药方,让世界经济走上强劲、可持续、平衡、包容增长之路。

第一,面对当前挑战,我们应该加强宏观经济政策协调,合力促进全球经济增长、维护金融稳定。二十国集团成员应该结合本国实际,采取更加全面的宏观经济政策,使用多种有效政策工具,统筹兼顾财政、货币、结构性改革政策,努力扩大全球总需求,全面改善供给质量,巩固经济增长基础。应该结合制定和落实《杭州行动计划》,继续加强政策协调,减少负面外溢效应,共同维护金融稳定,提振市场信心。

第二,面对当前挑战,我们应该创新发展方式,挖掘增长动能。二十国集团应该调整政策思路,做到短期政策和中长期政策并重,需求侧管理和供给侧改革并重。今年,我们已经就《二十国集团创新增长蓝图》达成共识,一致决定通过创新、结构性改革、新工业革命、数字经济等新方式,为世界经济开辟新道路,拓展新边界。要沿着这一方向坚定走下去,帮助世界经济彻底摆脱复苏乏力、增长脆弱的局面,为世界经济迎来新一轮增长和繁荣打下坚实基础。

第三,面对当前挑战,我们应该完善全球经济治理,夯实机制保障。二十国集团应该不断完善国际货币金融体系,优化国际金融机构治理结构,充分发挥国际货币基金组织特别提款权作用。应该完善全球金融安全网,加强在金融监管、国际税收、反腐败领域合作,提高世界经济抗风险能力。今年,我们重启了二十国集团国际金融架构工作组,希望继续向前推进,不断提高有效性。

第四,面对当前挑战,我们应该建设开放型世界经济,继续推动贸易和投资自由化便利化。保护主义政策如饮鸩止渴,看似短期内能缓解一国内部压力,但从长期看将给自身和世界经济造成难以弥补的伤害。二十国集团应该坚决避免以邻为壑,做开放型世界经济的倡导者和推动者,恪守不采取新的保护主义措施的承诺,加强投资政策协调合作,采取切实行动促进贸易增长。我们应该发挥基础设施互联互通的辐射效应和带动作用,帮助发展中国家和中小企业深入参与全球价值链,推动全球经济进一步开放、交流、融合。

第五,面对当前挑战,我们应该落实2030年可持续发展议程,促进包容性发展。实现共同发展是各国人民特别是发展中国家人民的普遍愿望。据有关统计,现在世界基尼系数已经达到0.7左右,超过了公认的0.6"危险线",必须引起我们的高度关注。今年,我们把发展置于二十国集团议程的突出位置,共同承诺积极落实2030年可持续发展议程,并制定了行动计划。同时,我们还将通过支持非洲和最不发达国家工业化、提高能源可及性、提高能效、加强清洁能源和可再生能源利用、发展普惠金融、鼓励青年创业等方式,减少全球发展不平等和不平衡,使各国人民共享世界经济增长成果。

各位同事!

二十国集团承载着世界各国期待,使命重大。我们要努力把二十国集团建设好,为世界经济繁荣稳定把握好大方向。

第一,与时俱进,发挥引领作用。二十国集团应该根据世界经济需要,调整自身发展方向,进一步从危机应对向长效治理机制转型。面对重大突出问题,二十国集团有责任发挥领导作用,展现战略视野,为世界经济指明方向,开拓路径。

第二,知行合一,采取务实行动。承诺一千,不如落实一件。我们应该让二十国集团成为行动队,而不是清谈馆。今年,我们在可持续发展、绿色金融、提高能效、反腐败等诸多领域制定了行动计划,要把每一项行动落到实处。

第三,共建共享,打造合作平台。我们应该继续加强二十国集团机制建设,确保合作延续和深入。广纳良言,充分倾听世界各国特别是发展中国家的声音,使二十国集团工作更具包容性,更好回应各国人民诉求。

第四,同舟共济,发扬伙伴精神。伙伴精神是二十国集团最宝贵的财富。我们虽然国情不同、发展阶段不同、面临的现实挑战不同,但推动经济增长的愿望相同,应对危机挑战的利益相同,实现共同发展的憧憬相同。只要我们坚持同舟共济的伙伴精神,就能够克服世界经济的惊涛骇浪,开辟未来增长的崭新航程。

各位同事!

在杭州峰会筹备过程中,中国始终秉持开放、透明、包容的办会理念,同各成员保持密切沟通和协调。我们还举办了各种形式的外围对话,走进联合国,走进非盟总部,走进七十七国集团,走进最不发达国家、内陆国、小岛国,向世界各国,以及所有关心二十国集团的人们介绍杭州峰会筹备情况,倾听各方利益诉求。各方提出的意见和建议对这次峰会的筹备都发挥了重要作用。

我期待在接下来两天的讨论中,我们能够集众智、聚合力,努力让杭州峰会实现促进世界经济增长、加强国际经济合作、推动二十国集团发展的目标。

让我们以杭州为新起点,引领世界经济的航船,从钱塘江畔再次扬帆启航,驶向更加广阔的大海!

谢谢大家。

▶ 简析

这是一篇开幕词,篇幅简短,是2016年杭州峰会的"序曲"。标题采用正副题的结构形式,整体表明开幕词的核心意旨,紧接着使用破折号引出会议名称及文种。称谓部分只使用了泛称"同事们",显得既亲切又自然,也切合会议的性质和场合。

正文部分,开头用充满激情的语句宣布会议开始,并对全体与会者表示欢迎;主体部分首先对上一次峰会所取得的成果进行扼要评价,然后自然过渡到本次峰会的主要议题。行文采用对比的写法,将8年前后二十国集团在国际经济发展中的地位和所起的重要作用进行阐述。在此基础上,对二十国集团杭州峰会所承担的历史使命提出了五条意见,并据以提出了下一步合作的方向和奋斗目标。文中多次使用"各位同事"这一呼语,让人倍感亲切和温暖。然后说明本次会议的主要任务,以及完成会议任务所产生的重大意义。最后以"让我们以杭州为新起点,引领世界经济的航船,从钱塘江畔再次扬帆启航,驶向更加广阔的大海"为结束语,令全世界人们对二十国集团未来发展方向充满期待,信心倍增,具有很强的号召力和鼓舞力。

与一般的开幕词相比,这篇开幕词不足 3000 字,但对于会议的胜利召开起到了重要的作用,而且用极凝练的语言表达了丰富的内容,是一篇值得细细欣赏的优秀开幕词。

257 什么是主持词?

主持词是主持人在各种重要的集会、仪式和盛大典礼上进行主持活动过程中所使用的一种文稿。

在当今越来越多、越来越复杂的社会活动中,为了确保活动的质量,主持人需要准备合乎规范的主持词,以使活动朝着预定的计划运行。有了主持词,主持人就可以从容不迫地进行他的主持工作,使各项议程有条不紊;同时,对于一些重要或者大型活动而言,事先准备好主持词,还能够体现出一种庄重严肃的气氛。正因如此,主持词在当今的社会实践中被人们广泛地运用。

258 主持词的写作要领有哪些?

一、称呼要得体。称呼可以说是主持人主持活动的起首语,是整个活动的"开场",因此显得特别重要。要作到恰切得体,根据活动的具体情况采用不同的称呼,如系系统内部的活动,可称"各位领导,同志们";如系对外的大型活动,则可称"各位来宾,各位领导,同志们",或"各位来宾,各位领导,女士们、先生们、朋友们"等。

二、用语要恰切适当。要切合主持人的身份和活动的具体环境,使用恰当的主持语,不可形同"领导讲话",也不可盲目追求活动气氛而过多地使用浮华艳丽的辞藻,那样,会使人感到厌烦。

三、要简短精练。主持词是用来引导活动的议程的,因此一定要讲求精短,话不在多而在精,如不注意这一点,也会使整个主持的质量大打折扣。

范例与简析

▶ 例文

全市公安机关第二届警学理论研讨会主持词

(2014年10月16日)

××市警察协会会长 许××

尊敬的各位领导、各位专家学者：

大家上午好！全市公安机关第二届警学理论研讨会现在开会。去年6月份，在市局党委和省警察协会的关怀和大力支持下，我们成功召开了全市公安系统首届警学理论研讨会。这种专门的理论研讨会，对于我们来说是一种尝试，应当说在全省开了个好头。在今年6月份召开的省警察协会三届五次常务理事会暨秘书长座谈会上，俞××会长专门介绍了我市的这次理论研讨会，指出这是做好警学研究工作的一个方向，值得各地借鉴学习，给予了充分肯定。正是在这样一个背景下，经过请示市局党委，决定在去年的基础上继续举办第二届警学理论研讨会。首先我介绍一下出席今天会议的各位领导。

1. 市局党委副书记、副局长刘××同志；
2. 迁安市副市长、市公安局党委书记、局长李×同志；
3. 市警察协会副会长陈××同志；
4. 市警察协会副会长魏××同志；
5. 市公安局指挥部主任龚××同志；
6. 市警察协会副会长兼秘书长岳××同志。

让我们对各位领导在百忙之中光临我们的会议表示衷心的感谢！

……

市局党委对这次会议非常重视，贾市长亲笔做出批示，嘱咐我们一定要开好会议，确保质量。××局长和××主任在百忙之中前来出席会议，一会儿××局长还要做重要讲话。参加今天这次会议的都是来自全市各级公安机关的专家学者。他们当中，既有省警察协会批准的警学研究员，也有热衷于警学理论研究并有一定成果的实际工作者。大家日常工作都十分繁忙，能够抽出时间来参加会议，是对警察协会工作的最大支持，也体现出了各理事单位对警学理论研究工作的重视。在此，我代表警察协会对大家表示热烈的欢迎和衷心的感谢！

……

特别需要提出的是，我们这次会议得到了××市公安局的鼎力支持，在各个方面都做了大量的工作，前期准备工作做得非常充分细致，为我们提供了很好的学术交流环境，在此，让我们以热烈的掌声表示感谢！下面，有请××市副市长、市公安局党委书记、局长李×同志致辞，大家欢迎！

……

市警察协会成立于1997年，至今已经走过了17个年头。它是以全市公安机关人民警察及其社团组织为主体和热爱本协会事业的社会各界热心人士组成的、具有独立法人地位的非营利性社会团体，是联系社会各界、协调警察公共关系的桥梁，是了解人民警察诉求、为其提供法律政策服务的渠道，是开展公安理论研究的阵地，是推进人民警察公益事业发展的重要社会力量。自建会以来，警察协会在市公安局党委和上级主管部门的正确领导下，本着团结奋进、扎实进取的精神，始终坚持为全市公安工作和公安队伍建设服务的原则，引领公安工作潮流，探讨公安工作规律，交流公安工作经验，传播公安工作信息，指导公安工作实践，卓有成效地开展了一系列活动，在各个方面取得了显著进展，受到了全体民警和社会各界的广泛好评。协会紧紧围绕市局党委的中心工作，致力于公安理论研究与探讨，以会刊《××公安》为主阵地，累计发表了6000余篇公安理论调研文章，对于有效地指导和推动公安工作实践的发展起到了十分重要的作用，成为全市公安战线的一面光辉旗帜。17年来，协会先后与国内近400家警察协会之间建立了经常性的联系，加强沟通与交流，积极开展相关领域的务实合作，进一步扩大了协会的影响力。

本次会议的主题是：牢固树立警学理论研究为警务实战服务、为领导决策服务、为教学科研服务的指导思想，积极探索理论研究成果转化为警力、转化为战斗力的途径和有效方法。应当说，本次会议是2014年度警察协会组织举办的一次主要活动。下面，按照会议程序安排，进入专题发言阶段。首先请××县公安局指挥中心党支部副书记马恩海同志发言。他发言的题目是《浅谈治安科技防范工程建设》。

（发言完毕，请刘局长及其他领导点评）

……

下面请××县公安局指挥中心副主任邱礼同志发言。他发言的题目是《轻伤害案件办理中的共性问题与破解》。

（发言完毕，请刘局长及其他领导点评）

……

下面请各位代表自由发言。可以是对某一个论题的意见见解，也可以是对警察协会工作特别是会刊的建设与发展提出意见建议。

……

下面，让我们以热烈掌声欢迎刘局长讲话！

……

刘局长的讲话语重心长，内容非常实在，为我们下一步更好地开展警学理论研究指明了前进的方向，也为警察协会的工作提出了明确的希望和具体要求。我们一定要认真学习，深刻领会，全力以赴把我市的警学理论研究工作搞好。

各位专家学者，我们今天这次会议是警察协会有史以来组织召开的又一次专题警学理论研讨会，大家彼此交流，共同切磋，取长补短，相互借鉴，取得了预期的效果。今后这样的活动我们要坚持下去，形成一种常态化的机制，通过我们的学术研究活动，有力推动全市公安工作实践的进一步发展，为全市公安工作和队伍建设做出我们的应有贡献。今后，请大家继续关心支持警察协会的工作，我代表警察协会表示真诚的感谢！

全市公安机关第二届警学理论研讨会圆满结束。

▶ 简析

主持词是引领会议进程的文字材料，具有重要的起承转合的作用。要用简洁的语句将会议的各项议程圆润平滑地连缀起来，成为一个有机的整体。这篇主持词写得合乎规范，首先交代了召开会议的重要意义，介绍了出席会议的领导，阐明了会议的议程；然后按照会议进程顺序分别进行引领，最后对会议情况进行总结概括，并提出有针对性的希望和要求。从结构上看，明显地分为三大层次，即会议的总体情况（包括目的、背景、依据、出席领导、主要议程等等）、会议进程以及简要总结、提出贯彻执行会议内容的要求。脉络清楚，结构谨严，值得借鉴。

259 什么是闭幕词？

闭幕词是在会议结束时，由主要领导所作的讲话，是会议的结束语。主要是总结会议的成果，指出贯彻会议精神的要求，指出今后的努力方向，最后祝贺会议的成功等。闭幕词能明确人们的工作方向，鼓舞与会人员的斗志，增强完成会议内容的信心。

闭幕词通常要概括总结会议完成的任务，以及所通过的报告、章程和决议，肯定会议的成功之处，评价会议产生的深远影响，提出贯彻会议精神的要求，激励与会人员为实现会议提出的任务和目标而奋斗，结束语常常是用一句话庄严宣布大会胜利闭幕。

闭幕词与开幕词密切相关，一为大会收尾，一为大会开篇，首尾呼应，缺一不可，同时又各有侧重，各具特色。

闭幕词要求言简意赅，表达清楚，感情激昂，主要是站在一定高度对会议进行科学评价、准确地归纳会议的成功之处，有力地提出号召，从而激发与会者贯彻好大会精神的决心，使大会气氛达到完满的高潮。与会者颇有余音袅袅、三日不绝之感，从而信心百倍地奔赴各自的工作岗位。

260 闭幕词的写作要领有哪些？

一、概括简洁准确，忌冗长空泛。闭幕词贵在对会议总结的科学深刻，用语凝练，结论准确，画龙点睛。在用一两句说明大会胜利成功之后，应从理论的高度，提纲挈领地总结大会的主要收获，取得了什么经验，如何贯彻大会精神，然后收尾，提出号召，宣布大会闭幕。

撰写闭幕词必须了解会议的全过程，掌握大会的基本精神和讨论情况，紧紧围绕大会宗旨，体现大会成果，不能偏离大会精神另搞一套。

文字要少而精，千万不可长篇大论，空话连篇，不着边际。

二、语言坚定有力，忌软绵绵。闭幕词是在总结大会精神的基础上，进一步唤起与会者领会、贯彻、落实大会任务的高昂情绪,因而宜用满怀激情而又坚定有力的语言,能给人鼓舞,催人振奋。切忌"无病呻吟式"的抒情,句式要简短急促,避免拖沓疲软。

"文以气而立",好的闭幕词讲究气势,势如破竹,一气呵成。为此,可以适当地运用排比句,以增加用语的整齐之美。总之,好的闭幕词能够使人重温大会要点,受到启发和鼓舞,给人留下美好的印象,值得回味。而要做到这一点,写作者具备娴熟驾驭语言文字的能力显然是至关重要的。

三、撰写闭幕词应对会议的宗旨、议程、出席人员等情况作全面的了解,把握会议精神,并注意收集会议的各种文字材料,这样才能写出切合会议的好的闭幕词来。

四、闭幕词在会议闭幕式上使用,要注意与开幕词相照应,首尾圆合,以表示会议取得圆满成功。

范例与简析

▶ 例文

在二十国集团领导人杭州峰会上的闭幕词

(2016年9月5日,杭州)

中华人民共和国主席　习近平

各位同事:

我们用了一天半的时间,围绕会议主题和重点议题进行了热烈而富有成果的讨论,就加强政策协调、创新增长方式,全球经济金融治理,国际贸易和投资,包容和联动式发展等议题,以及影响世界经济的其他突出问题,深入交换看法,达成许多重要共识。

第一,我们决心为世界经济指明方向,规划路径。我们认为,当前世界经济增长仍然乏力,增长动力不足,国际和地区热点问题以及全球性挑战对世界经济的影响不容忽视。维护世界和平稳定,为促进全球经济增长创造良好环境至关重要。我们要继续加强宏观政策沟通和协调,发扬同舟共济、合作共赢的伙伴精神,凝聚共识,形成合力,促进世界经济强劲、可持续、平衡包容增长。我们通过了《二十国集团领导人杭州峰会公报》,进一步明确了二十国集团合作的发展方向、目标、举措,就推动世界经济增长达成了杭州共识,为构建创新、活力、联动、包容的世界经济描绘了愿景。

我们认为,面对当前世界经济的风险和挑战,需要标本兼治,综合施策,运用好财政、货币、结构性改革等多种有效政策工具,既要做好短期风险防范和应对,也要挖掘中长期增长潜力;既要保持总需求力度,也要改善供给质量。这将向国际社会传递二十国集团成员共促全球经济增长的积极信号,有助于提振市场信心,维护全球金融市场稳定。

第二,我们决心创新增长方式,为世界经济注入新动力。我们一致通过了《二十国集团创新增长蓝图》,决心从根本上寻找世界经济持续健康增长之道,紧紧抓住创新、新工业革命、数字经济等新要素、新业态带来的新机遇,并制定一系列具体行动计划。我们支持以科技创新为核心,带动发展理念、体制机制、商业模式等全方位、多层次、宽领域创新,推动创新成果交流共享。我们决定大力推进结构性改革,制定了优先领域、指导原则、指标体系。《二十国集团创新增长蓝图》的达成,将使我们在理念上有共识、行动上有计划、机制上有保障,有助于为全球增长开辟新路径,全面提升世界经济中长期增长潜力。

第三,我们决心完善全球经济金融治理,提高世界经济抗风险能力。我们同意继续推动国际金融机构份额和治理结构改革,扩大特别提款权的使用,强化全球金融安全网,提升国际货币体系稳定性和韧性。我们决心加强落实各项金融改革举措,密切监测和应对金融体系潜在风险和脆弱性,深化普惠金融、绿色金融、气候资金领域合作,共同维护国际金融市场稳定。我们决定深化国际税收合作,通过税收促进全球投资和增长。我们就能源可及性、可再生能源、能效共同制定了行动计划,以提升全球能源治理有效性。我们就继续深化反腐败合作达成多项共识,决心让腐败分子在二十国乃至全球更大范围无处藏身、无所遁形。我们期待通过上述成果和举措,全面提升全球经济金融治理结构的平衡性、机制的可靠性、行动的有效性,为世界经济增长保驾护航。

第四,我们决心重振国际贸易和投资这两大引擎的作用,构建开放型世界经济。我们同意充分发挥贸易部长会和贸易投资工作组的作用。我们共同制定《二十国集团全球贸易增长战略》,促进包容协调的全球价值链发展,继续支持多边贸易体制,重申反对保护主义承诺,以释放全球经贸合作潜力,扭转全球贸易增长下滑趋势。我们制定了《二十国集团全球投资指导原则》,这是全球首个多边投资规则框架,填补了国际投资领域空白。期待在我们共同努力下,在强劲的国际贸易和投资推动下,世界经济将重新焕发活力,经济全球化进程将继续蓬勃发展。

第五,我们决心推动包容和联动式发展,让二十国集团合作成果惠及全球。我们第一次把发展问题置于全球宏观政策框架的突出位置,第一次就落实联合国2030年可持续发展议程制定行动计划,具有开创性意义。我们同意在落实气候变化《巴黎协定》方面发挥表率作用,推动《巴黎协定》尽早生效。我们发起《二十国集团支持非洲和最不发达国家工业化倡议》,制定创业行动计划,发起《全球基础设施互联互通联盟倡议》,决定在粮食安全、包容性商业等领域深化合作。这些行动计划和务实成果,将着力减少全球发展不平等、不平衡问题,为发展中国家人民带来实实在在的好处,为实现2030年可持续发展目标作出重要努力,为全人类共同发展贡献力量。

我们认识到发挥好二十国集团国际经济合作主要论坛作用的重要性,认为二十国集团有必要进一步从危机应对机制向长效治理机制转型,从侧重短期政策向短中长期政策并重转型。我们认为,二十国集团的发展关乎所有成员切身利益,也牵动世界经济发展的未来,只有顺应变革,与时俱进,才能永葆生机。我们决心合力支持二十国集团继续聚焦世界经济面临的最突出、最重要、最紧迫的挑战,加强政策协调,完善机制建设,扎实落实成果,引领世界经济实现强劲、可持续、平衡、包容增长。

各位同事!

在我正式宣布会议结束之前,我想向大家表示诚挚谢意。感谢你们对我本人和中国政府的信任,感谢你们在会议期间给予中方的支持、理解、合作,感谢你们为推动世界经济增长和二十国集团发展付出的辛勤努力和作出的重要贡献。

在我们共同努力下,二十国集团领导人杭州峰会取得了丰硕成果,画上了圆满句号。我深信,这次会议将成为一个崭新起点,让二十国集团从杭州再出发。

相聚美好而又短暂,很快到了我们要说再见的时候。会议结束后,我将参加记者招待会,根据我们在会上达成的共识,向媒体简要介绍会议成果和讨论情况。有些同事还要在中国逗留几天,有些同事很快将离开中国。我希望这次中国之行和西湖风光能给大家留下美好的回忆,也愿借此机会祝大家旅途愉快,一路平安!

最后,我宣布,二十国集团领导人杭州峰会闭幕!

谢谢大家。

▶ 简析

这是国家主席习近平在2016年第11次G20杭州峰会所发表的闭幕词,全文写得主旨明确,结构紧凑,用语得体,值得借鉴。首先开篇开门见山,表明会议所取得的总体成果,给人以十分鲜明深刻的印象;其次对会议的情况和所取得的成果进行概括,用语精练扼要,主要采用段旨句的形式加以概括:"第一,我们决心为世界经济指明方向,规划路径";"第二,我们决心创新增长方式,为世界经济注入新动力";"第三,我们决心完善全球经济金融治理,提高世界经济抗风险能力";"第四,我们决心重振国际贸易和投资这两大引擎的作用,构建开放型世界经济";"第五,我们决心推动包容和联动式发展,让二十国集团合作成果惠及全球"。这五个段旨句相互之间联系紧密,主次分明,富有逻辑性,而且以"我们决心"为提示语构成排比修辞,分别表达五个不同方面的意思,也就是会议所取得的五项议定事项。因为使用了"我们"的第一人称表述形式,使人感觉更加亲切自然,富有魅力;再次用两个自然段向与会人员表示谢意和良好的祝愿,富有极强的感染力;最后宣布会议胜利闭幕。一般而言,会议闭幕词是会议带有总结性的讲话,要对会议的主要收获作出概括和评价,但要注意必须突出主要之点,特别是要围绕会议的主要议题加以精要点评,篇幅要短小精悍,意尽言止,为会议的圆满成功画上句号。以此衡量这篇闭幕词,确实是一篇成功之作。

261 什么是大会工作报告?

大会工作报告是指有关领导人在大型会议上,向与会者所作的全局性、系统性的工作汇报或某一重大工作问题的讲话文稿,往往是总结、部署一项或一个时期的工作,如党代会、人代会、职代会等各种会议上的工作报告。

工作报告虽然多以领导成员个人名义出现,但并非个人意见,而是领导班子集体的意见,是经领导班子集体讨论、专人执笔、反复修改定稿的。一经会议通过,并按文件下发或公布,就具有指示性和约束力。

撰写大会工作报告应注意体现四性:一是目的性,要明确会议的目的、要求、指导思想、中心议题,使报告有所依据;二是针对性,要结合地区、部门、系统的工作实际,把上级精神同本地实际情况结合起来,避免虚话连篇、言之无物;三是指导性,要有较强的政策思想水平,能够准确地提出问题、精辟地分析问题、中肯地解决问题;四是全局性,即要通观全局、把握重点,避免一般化。

262　大会工作报告的写作要领有哪些?

一、言之有物。"大会工作报告"要有明确的中心论题、丰富的内容。既要全面、周到,又要重点突出;既要详略得当,又不要顾此失彼;既要"点滴不漏",又要防止"懒婆娘的裹脚布——又臭又长"。应注意研究本地区的实际情况,用丰富的事例作论据。只有摆事实、讲道理,才能打动听众,使人信服。但事例一定要精确,分析一定要科学,讲价一定要恰当。

二、言之有序。"大会工作报告"偏重于对情况归纳叙述与议论说理。结构应该纲举目张、周密顺畅。也就是说,要把广泛的内容,根据主旨的需要,概括集中成为几个专门问题,并把这些问题精巧地编织和穿结在一起,组成一个连贯统一的整体,使文章条分缕析、顺理成章。"大会工作报告"属讲话文件,以内容清楚、一目了然为贵,以五花八门的大拼盘为忌。在主干饱满健全的基础上,首尾圆合是相当重要的,开头显旨、总括,"卒彰显其志"做点睛之笔。

三、言之有文。文是文采。"大会工作报告"的文采主要表现在语言运用上的雅俗共赏与修辞的运用。作为一次较大规模的会议,与会者的文化程度、职务、阅历与趣味等不尽相同,报告要写得大家都能接受,就需要在语言的推敲上下功夫。报告是向听者传递信息的,语言要准确精练、干脆利落、庄重生动、论述清楚,切忌拉杂含糊、干瘪无力、空洞无物。孔子曾说:"情欲信,辞欲巧。"(《礼记·表记》)意思是说思想感情要真实,语言文字要精巧。对于"大会工作报告"来说,是要讲给人听、指导工作的,因此要讲得干脆且生动、听得明白且悦耳,多用短句或成语、四字格词组,适当穿插一点口语,讲究运用浓缩、综说、借代、排比、比喻、对比等修辞手法，以增强语言的形象化与节奏感。

范例与简析

▶ 例文

坚持以人为本强化监管力度
努力创造良好的安全生产环境

——在全区安全生产工作会议上的报告

（××年×月×日）

同志们：

受区安委会委托，我就全区安全生产工作报告如下：

一、2013年全区安全生产工作基本情况。

2013年，我区安全生产工作在区委、区政府的正确领导下，各级、各部门、各单位围绕年初确定的各项工作目标，认真贯彻实施《安全生产法》，深入贯彻落实国务院和省政府《关于进一步加强安全生产工作的决定》，坚持以人为本、安全第一的方针，坚持求真务实精神，落实安全生产责任制，深化各项安全专项整治，强化安全生产基础工作，安全生产工作得到进一步加强。具体表现在：

一是高危易发事故行业形势平稳。工矿企业事故死亡人数比上年减少××人。全年没有发生重特大伤亡事故。水上交通、火工品、危险化学品、煤矿、锅容管特等事故易发、多发、高危行业和部门继续保持零事故记录。

二是各乡镇、各行业安全生产状况明显好转。全区除十里铺乡非煤矿山发生一起死亡责任事故外，其余乡镇和行业安全生产总体效果明显得到提高。

三是各项专项整治工作取得明显成效。2013年继续深化实施矿山、烟花爆竹、危险化学品、水上交通、消防、燃气、建筑市场、民爆物品、锅容管特、食品卫生等行业的专项整治，加大安全投入，提高全员安全生产防范意识，逐步建立和完善安全生产有效机制，使整治与提高有机结合，成效显然。

过去的一年里,全区安全生产工作突出表现在:

(一)强化目标管理,切实健全安全生产责任体系。

一是继续完善安全生产工作机制。区乡两级政府和行业主管部门基本建立并完善安全生产工作规则,定期召开安全生产会议,及时研究、部署安全生产工作。各生产经营单位进一步健全岗位责任制和各项安全规章制度,强化安全现场管理,落实安全防范措施。初步形成"政府统一领导,部门依法监管,企业全面负责,社会监督支持"的安全生产新格局。二是严格实行安全生产目标管理。去年一季度全区安全生产工作会议上,区政府与各乡镇和主管部门共×个单位签订了安全生产目标管理责任书。各乡镇和部门以此为起点,层层签订安全生产责任状,在全区范围内建立起各司其职、各负其责、密切配合、齐抓共管的安全生产责任体系。三是严格执行责任追究制度。按照"四不放过"的原则,严肃查处各类事故,追究有关责任人的责任。去年一起工亡责任事故,除按规定罚款外,对有关责任者做出拘留、撤职等相应处理。

(二)突出以人为本,狠抓安全生产宣传教育。

一是认真组织"安全生产月"宣传教育活动。以"实施安全生产法,人人事事保安全"为主题开展一系列宣传教育活动,成立宣传月活动领导小组,制订宣教实施方案,区、乡镇、各有关部门和安全生产责任单位纷纷组织职工学习安全生产法律法规,张贴宣传标语,悬挂彩旗条幅,并组织安全生产知识竞赛和知识答题。并在全区范围内组织由人大、政府、政协领导现场指导,公安、经贸、教育、建设、林业、工会、海事等部门参加的"安全生产月"宣传咨询日活动,区、乡镇两级在辖区内设立宣传站、咨询台,发放宣传材料、接受群众咨询。二是继续深入开展"安康杯"竞赛活动。两家企业参加全市统一组织的以"十个一"为主题的"安康杯"竞赛活动。三是开展各类从业人员的安全知识培训。水上交通、矿山、特种行业等作业人员进行了一系列的安全培训,同时,区安监局先后派员×人次参加全省安全培训,取得安全监察员资格。

(三)深化专项整治,提高安全事故防范能力。

去年,我区上下根据省、市的统一部署,继续深化煤矿、非煤矿山、危险化学品、烟花爆竹、水上交通、建筑、食品药品卫生、锅容管特、中小学危房、人员密集场所消防等行业的安全专项整治。我区两家煤矿经过专项整治,再次通过省市安全评估验收；非煤矿山整治，完善了各种软硬件设施，×家采石行业率先通过全市安全评估；危险化学品专项整治，对全区生产经营企业摸排登记工作已经完成，初步摸清了全区危险化学品生产、经营企业的现状，部分企业通过安全评估和评价。水上交通安全整治，新洲北江码头顺利完工，通过市级验收，已投入试运行。更新改造了宣团寺、跃进、枞南、鸭儿沟、杨井等渡口的船只，培训了从业人员和管理人员，并对全区水上交通隐患情况下文到各有关责任单位，限人、限时整改到位。火工品安全整治，对杨桥民爆站进行迁址，加大平时监管力度和台账管理；人员密集场所消防安全整治，列出全区重大消防安全隐患单位，重点实施全程监控；建筑、锅容管特、中小学危房、食品药品卫生等行业的整治，在各主管部门的重视下，做了大量细致的工作。通过各类专项整治，各行各业的安全生产状况得到了一个新的改观。

（四）深入检查监察，加大隐患整改督查力度。

一是广泛开展自查、抽查和督查相结合的安全生产大检查活动。去年全区组织综合性安全生产大检查×次，接受市级督查×次。各乡镇和行业主管部门也多次组织开展了各种形式的安全大检查。检查的主要内容是：查安全生产责任制落实情况；查安全生产专项整治进展情况；查重大事故和重大危险源（点）整治、监控情况；查"三违"现象；查各级、各单位安全生产监督管理机构、人员、经费、职责"四落实"情况；查节假日及"两会"等重点时段安全生产值班、领导带班、安全制度执行情况。一大批安全隐患在各类检查中被及时发现、及时消除。二是一些重特大安全隐患整改工作取得突破性进展。被列入市级一项、区级十一项重大安全隐患的整改工作，在各级领导、各有关乡镇、部门的高度重视下，已基本完成整改销案。尤其新洲北江渡口整治，已通过市级验收销案。杨桥民爆站新站通过公安部门验收，已初步投入使用。对在检查中发现的十里林业轮窑厂生产车间存在屋顶倒塌的重大安全隐患，在乡、村两级的重视下，在较短时间内完成整改；老峰明华纸业有限公司由于安全生产管理混乱，导致安全事故多发，通过整治，目前该公司安全生产软硬件建设都有了较大的提高，保障了从业人员的人身安全。红旗、明华纸业锅炉都得到了更新。非煤矿山、危险化学品等高危行业通过不间断的检查督查，"三违"现象大为减少。三是重特大事故防范机制初步建立，区政府年初制定了《安庆市郊区重特大事故应急救援预案》，对全区范围内的重大安全隐患和重大危险源进行了排查，各乡镇和公安、卫生、建筑、教育、经贸等部门也分别制定了本地区、本行业的重特大安全事故应急救援预案，切实做好重特大安全事故的防范工作。

一年来，通过全区上下的共同努力，我区的安全生产状况总体表现为平稳好转，得到了上级的肯定，被市政府评为××年度全市安全生产目标管理先进单位。但我们也要清醒地看到，由于安全生产基础比较薄弱，我区安全生产形势依然严峻，具体表现在：

一是工亡事故仍未得到有效控制。虽然死亡人数比××年减少一人，但事故起数未减少，事故性质和事故责任比较突出。

二是专项整治仍有不足之处。部分行业安全生产专项整治尚未完成或完成不到位。个别安全隐患整改工作久拖不决，留有尾巴。

三是部分乡镇和部门安全生产责任制落实不到位。个别领导安全意识不强。对私营、个体、租赁企业的安全督查力度不够，"要钱不要命"的生产经营行为仍然存在。

四是齐抓共管的局面尚未真正形成。安全生产"严格不起来，落实不下去"的状况仍较突出。部分乡镇和部门对安全生产工作仅仅表现在会议和文件上，没有落到实处。一些事故责任追究存在失之于宽、失之于轻，更有个别领导在发生事故后不是严肃处理事故责任者，而是为当事人说情。

五是安全生产总体投入不足，安全基础较差。企业安全生产欠账较多，从业人员安全意识、素质较低，一些事故隐患整改难以到位，导致安全事故"一触即发"。

六是安全监管力量不足。安全生产执法主体不明确，大多数乡镇和部门均是兼职安全生产管理人员，必需的时间、经费、装备不能落实，严重制约着安全生产监管工作的正常开展。

二、2014年全区安全生产工作意见。

2014年安全生产工作指导思想是：以"三个代表"重要思想为指导，全面贯彻党的十八大和十八届四中全会精神，认真贯彻实施《安全生产法》，坚持"安全第一、预防为主"的方针，增强全民安全意识，大力推进安全生产各项工作，落实生产经营单位安全生产主体责任，加强安全生产监督管理；深化专项整治，建立健全安全生产控制指标体系，实施"科技兴安"战略，建立安全生产长效机制，积极采用先进的安全管理方法和安全生产技术，努力实现全区安全生产状况的根本好转。

2014年安全生产主要工作目标：建立完善的安全生产监管体系，加强安全监管机构和队伍建设。实现安全生产形势总体稳定好转。坚决杜绝重特大安全事故，努力减少一般事故，工亡事故力争低于去年。

根据上述指导思想和工作目标，重点做好以下工作：

一、进一步落实安全生产责任制，建立健全安全生产控制指标体系。

认真落实安全生产目标管理。依据《安全生产法》和《国务院关于进一步加强安全生产工作的决定》，全面落实安全生产责任制。要认真贯彻全国和省、市安全生产工作会议精神，进一步强化"安全生产第一责任人"的责任意识，继续组织签订××年度安全生产责任状，逐层分解，层层落实，建立健全"纵向到底、横向到边"的安全生产责任体系。

逐步建立安全生产考核体系。按照《国务院关于进一步加强安全生产工作决定》的规定，将逐步建立由事故率、死亡率等指标构成的我区安全生产控制指标体系，并将严格履行以政府安全监管职责、完善监管目标、保障安全投入、强化安全宣传、推进安全长效机制等作为主要考核内容，进行跟踪检查和监督考核，形成具有较强约束力的目标责任考核体系。

依法严格追究事故责任。认真执行《安徽省安全生产事故调查处理及行政责任追究暂行规定》。凡一次死亡×人以上、一次重伤×人或职业中毒×人以上等安全生产事故必须在事故发生后×分钟逐级上报到各级安监部门。对各类事故要组织事故调查组，严格按照"四不放过"的原则，依法追究有关责任者的行政、经济，直至刑事责任，对发生事故不报或瞒报的，一经查实加重处理。

二、健全安全生产监督体系，加强安全生产检查督查力度。

健全安全生产监督体系。根据《安全生产法》的规定，逐步健全区级综合安全监管机构，使之能够独立履行执法主体资格。切实推进乡镇安全机构建设，保证人员、编制、经费、装备落实到位。

加大安全生产法规和制度建设。国务院年初已颁发《关于进一步加强安全生产工作的决定》和《安全生产许可证条例》，市政府将制定《安庆市安全生产管理办法》，区、乡镇和各部门各单位也要根据这些法律法规，及时修订完善各项规章制度。同时要建立区、乡镇和部门安全事故应急救援网络和重大危险源数据库，未制定紧急救援预案的要尽快制定。加大救援预案的演练和危险源的监控,增强应对、处置重特大安全事故的能力。

严格安全生产执法检查。今年全区将重点地组织开展安全生产常规检查和专项检查。并做好迎接省市督查的准备。全区性安全大检查至少要组织五次:冬春及"两会"安全检查,"五一"黄金周安全检查;月份"安全生产月"大检查,"十一""元旦"安全大检查等,各乡镇、各部门要结合自身实际,认真开展自查自纠和专项督查活动。检查要注重实效,改进方法,把定期检查、突击检查、专项督查以及自查、互查结合起来,要及时反馈检查结果,及时整改检查中发现的安全隐患。

三、深化安全专项整治,从源头上消除安全生产事故隐患。

明确职责、全面整治。要继续认真贯彻《国务院关于深化安全生产专项整治工作的通知》,今年将继续深化矿山、水上交通、危险化学品、民爆器材、烟花爆竹、人员密集场所、建筑、燃气、旅游、校园等行业的安全专项整治,专项整治工作坚持"一个不变、两个落实、三个延伸"。"一个不变"就是专项整治工作的总体格局不变,仍按照"市政府统一领导,县区组织实施,部门指导协调,各方联合行动"的要求开展;"两个落实"即整治目标和责任的落实;"三个延伸"就是由阶段性整治向建立长效机制延伸,由控制事故总量向有效防范重特大事故延伸,由常规性措施向硬措施延伸。各专项整治牵头单位要尽快制定方案,并组织实施。

认真排查,严格验收。要广泛深入开展各项专项整治的安全事故隐患排查,对发现的隐患,按照"三定原则",落实整改责任人、整改措施和整改期限,认真做好企业安全生产状况的评估,对整治查出的不符合安全生产条件的隐患问题,按照"谁主管、谁负责""谁发证、谁负责"的原则,及时采取有效措施进行整改。严格专项整治的阶段性验收工作。对列入区乡以上安全事故隐患和重大危险源,要严格实行动态监控管理。同时要加强专项整治验收后的跟踪复查,防止安全管理反弹滑坡。

四、深入开展安全生产宣传培训工作,强化全民安全生产意识。

加强安全生产的社会化宣传。各级、各部门、各单位要长期将安全生产工作纳入议事日程,要以企业为主要宣传阵地,运用各种宣传形式,开展形式多样、内容丰富的安全生产宣传教育活动,形成"人人讲安全、人人重视安全"的良好氛围。着重开展6月份"全国安全生产月""安康杯"竞赛、"青年安全示范岗"等宣传教育活动,适时组织开展全区性安全生产研讨会，力求在理论和实践中探索安全管理新经验、新方法。

加大安全生产培训力度。认真贯彻《安全生产许可证制度》，企业负责人和安全生产管理人员必须经过安全培训，方可取得安全生产许可证。特种作业人员和高危行业人员必须经过安全培训，取得资格证书，才能上岗工作。因此，安全教育培训工作是今年安全生产工作中的一个重点，各级各部门要认真组织广大职工参加各类安全知识培训，提高职工岗位技能和自我保护意识，达到防范事故的目的。

五、实施"科技兴安"战略，提高安全生产水平。

改善安全生产条件。生产经营单位要将安全生产工作真正建立在依靠科技进步和提高劳动者素质的基础上，要舍得在安全科技创新和安全技术改造上下本钱，各级各部门要建立安全科技示范工程，通过示范效应，引导众多企业自觉采用新技术、新设备、新工艺，从而改善安全生产条件，保证企业生产经营的安全运行。

开展企业质量标准化活动。今年要在各类专项整治的基础上逐步引导企业开展安全质量标准化活动。推行职业安全健康管理体系认证。安全质量标准化，突出的是"安全第一"的方针和"以人为本的理念"，强调安全生产工作的规范化和标准化；强调安全和质量的统一，安全与管理的统一。今年要推行在矿山开采、危险化学品生产和经营、建筑等高危行业开展职业安全健康管理体系认证工作，从而创新安全管理理念，改进安全管理方式，提高安全管理水平。

六、加强安全基础工作，提高安全生产监督管理能力。

加强部门协调配合。区安委会各成员单位在充分发挥各自安全监管职能的基础上，要畅通信息渠道，加强部门间协调配合，齐心协力，齐抓共管，提高安全综合监管水平和行政执法能力。

建立健全安全信息网络。拟建立基层安全生产信息员、监督员网络，达到及时、准确了解全区安全生产动态，快速处理和防范各类安全事故发生。

建立安全生产风险抵押金制度。根据《国务院关于进一步加强安全生产工作的决定》规定，为防止一些业主经济能力有限或有意逃避责任，避免"企业发财、政府发丧"的现象发生，今后将依法逐步对危险性较大的企业，收取一定数额的安全生产风险抵押金。

严格安全生产许可证制度。国务院第 34 次常务会议已经通过并于 2004 年 1 月 13 日颁发了《安全生产许可证条例》,各乡镇各部门要切实认真贯彻实施《条例》精神,严格安全生产市场准入,从源头上防止和减少安全生产事故。

构建安全生产"六个支撑体系"。健全完善安全生产监管体系和应急救援机制,是做好安全生产工作的体制保障和技术支撑。根据全国安全生产会议要求,在强调安全生产监督管理的基础上,加快构建安全生产监管机构、法律、信息、技术、宣教、培训等支撑体系。

同志们,在新的一年里,新的形势给安全生产工作提出了新要求和新任务,也给我们增强了动力,让我们在区委、区政府的领导下,抓住时机、乘势而上,以新的精神面貌迎接新的挑战,以务真求实的作风做好今年的安全生产工作,努力构造我区安全生产工作新格局,为我区经济持续稳定发展做出新贡献。

▶ 简析

从文体角度讲,本文是一篇带有总结性的讲话,既对全区 2013 年度的安全生产工作进行了全面总结,又对 2014 年的工作进行了安排和部署。作为一种重要的事务性文书,这篇总结讲话为我们提供了很好的典范,突出体现在如下几点:

一是脉络清晰,主旨明确。全文紧紧围绕"安全生产工作"这一中心意旨,分为两大部分进行阐述。一是 2013 年全区安全生产工作的基本情况;二是 2014 年全区安全生产工作的意见。对于 2013 年全区安全生产工作的基本情况,全文从四个方面进行总结,既有对此项活动开展情况的回顾和评价,又有对取得成绩和经验的提炼和升华,还有对存在问题和不足之处的归纳和概括,内在层次布局十分清晰,逻辑结构非常紧密,给人以严谨顺畅、前后贯通之感。

二是撮要标目,重点突出。全文开篇仅用一句话"受区安委会委托,我就全区安全生产工作报告如下",直截了当,毫无冗词赘句,给人以洗练明快之感;在具体行文过程中,这篇总结讲话很注重对撮要技法的运用,例如第一部分对全区"安全生产工作得到进一步加强"的具体表现,列有三个段旨句;对存在问题的阐述,列有六个段旨句;对全区安全生产工作的突出表现,列有四个段旨句;特别是对 2014 年安全生产工作所作出的六项安排意见,在每项内容之下均采用了段旨句的形式进行表述,表意十分明确突出,精练扼要,便于理解和把握。

三是用语精当,妥帖得体。在语言运用上,这篇总结讲话也堪称典范。文中十分注重对各种四字格甚至六字格词组的运用,使行文简洁凝练,富有表达效果。例如"在全区范围内建立起各司其职、各负其责、密切配合、齐抓共管的安全生产责任体系""明确职责、全面整治""认真排查,严格验收"等四字格;"初步形成'政府统一领导,部门依法监管,企业全面负责,社会监督支持'的安全生产新格局"等六字格,使行文显得极为典雅凝练,概括性和表现力十分突出,而且读起来铿锵有力,富有节奏感。

263 什么是欢迎词?

欢迎词是机关、团体和企事业单位常用的一种重要公关礼仪文书。它是在迎接宾客的仪式、集会和宴会上对宾客的光临表示热诚欢迎时使用的一种礼仪文书。

264 欢迎词的写作要领有哪些?

一、要以礼待人,情挚意切。撰写欢迎词,一定要根据宾客的实际情况和特定的场合,以诚恳热情、情真意切作为第一要义,充分体现出对宾客的尊重之情和友好合作之意。即便对于双方交往中所存在的分歧,在行文中如有涉及,也应力求巧妙圆润,含蓄婉转,既不要伤害对方的感情,又要表达出自己的立场原则,从而使双方的交往与合作得以继续保持和发展。

二、要用语恳切、简练,切合实际。要以简明扼要的语言充分表达出对宾客的欢迎之意,使之感到亲切自然,力戒过多使用那些没有实际意义的虚言浮词,以免令人产生反感。

三、篇幅要短小精悍。欢迎词一般适用于隆重典礼,喜庆仪式,公众集会或者设宴洗尘等特定场合,因而其在篇幅上应力求简短,一般以二三百字为宜,切忌长篇大论,空洞乏味,以免冲淡迎送的和谐气氛。

范例与简析

▶ 例文 1

在 G20 杭州峰会晚宴上的欢迎词

中华人民共和国主席　习近平

（2016 年 9 月 4 日）

尊敬的各位同事，各位来宾，女士们、先生们、朋友们：

大家晚上好！这是一个让人期待的夜晚。在二十国集团领导人第十一次峰会召开之际，我们相聚西子湖畔。我谨代表中国政府和人民，代表我夫人，并以我个人的名义，对各位贵宾的到来表示热烈的欢迎。

杭州，素有"人间天堂"的美誉，湖光山色，人文美景，俯拾皆是。西湖十景，或近观，或远眺，引人无限遐思，流连忘返。连通这些美景的，是一座座历史悠久、造型优美的桥，本届峰会会标的设计灵感就来源于此。二十国集团就宛若一座桥，让大家从四面八方走到了一起。

这是一座友谊之桥，通过这里我们把友谊的种子播向全球，增进互信、互爱，让彼此的距离不再遥远。

这是一座合作之桥，通过这里我们共商大计、加强协调、深化合作、谋求共赢。

这是一座未来之桥，通过这里我们同命运共患难，携手前行，共同迎接更加美好的明天。

杭州与在座各位的国家有着密切的联系，我在这里举几个例子。四百多年前，1583 年，意大利人利玛窦来到中国，他于 1599 年记述了"上有天堂、下有苏杭"的说法，据说这是首个记录、传播这句话的西方人。

也是四百年前，德国的克雷费尔德市就同杭州开始了丝绸贸易。

一百四十年前，1876 年的 6 月，曾经当过美国驻华大使的司徒雷登先生出生于杭州，在中国生活了五十多年，他的骨灰就安放在杭州半山安贤园。

九十多年前，1924 年 4 月，印度诗人泰戈尔先生游览了西湖，特别喜欢并写下了不少诗，其中一首写得特别好："山站在那儿，高入云中，水在他的脚下，随风飘荡，好像请求他似的，但他高傲地不动。"他还表示想在西湖边买个小屋,住上几天。

二十多年前,1992年10月,南非前总统曼德拉先生来到杭州,游览了西湖后,表示愿意在这里住上一辈子。

此时此刻,我们汇聚杭州,承载着各国人民的厚望和期待。我们为了共同的使命而来,当前世界经济和国际经济合作的重要转折点,二十国集团要勇于担当,敢为人先,构建创新、活力、联动、包容的世界经济,引领新一轮强劲增长。我们为了更紧密的伙伴关系而来,同舟共济的伙伴关系、伙伴精神,是二十国集团最宝贵的财富。我们要秉持共赢理念,着眼促进增长和发展的长远目标,不断增进理解,扩大共识,凝聚合力。我们为了人类命运共同体的愿景而来,当今世界正在发生前所未有的深刻变革,二十国集团有责任引领世界前进步伐,有责任带动全球发展潮流,有责任为实现人类共同繁荣和进步作出更大贡献。

尊敬的各位同事,女士们、先生们、朋友们:

我们知道,二十国集团成员具体国情、发展阶段不同,就像杭州的山山水水,各具其态。世界经济的起落波动,就像西湖的晴晴雨雨,乍起还歇。共同应对复杂局面,绝非易事,但只要我们不畏浮云,极目远望,就能看到山明水秀,无处不美的景色,只要我们彼此包容,守望相助,就能无论晴时好,雨时奇,都坚定前行,共抵彼岸。

秋日的杭州,仍可感受到夏季的热情,看到盛开的荷花。中国宋代诗人曾描写西湖荷花是:"接天莲叶无穷碧,映日荷花别样红。"今天下午,我们已经开始了富有成效的讨论,明天的交流同样令人期待。钱塘江我们路过了,最具魅力的是七八月的潮水,我们二十国集团领导人齐聚钱塘江畔,要做世界经济的"弄潮儿",以我们的智慧引领世界发展潮流,为全球经济治理书写新的篇章。

现在,我提议,大家共同举杯,为世界经济的美好未来,为二十国集团携手合作,为杭州峰会圆满成功,也为各位嘉宾和家人的健康,干杯!

▶ 简析

2016年9月的G20杭州峰会是2008年国际金融危机催生的G20领导人峰会首次来到中国,也是近年来中国主办的级别最高、规模最大、影响最深远的国际峰会。在世界经济形势错综复杂,全球治理格局再次面临关键抉择之时,

GDP 总量占全球经济近九成的 G20 成员领导人在此聚首,共商如何为世界经济指明方向、催生动力,为国际合作凝聚共识、筑牢根基,架起连通五洲、共创未来的桥梁。

这是国家主席习近平于 2016 年在 G20 杭州峰会欢迎晚宴上所致的一篇欢迎词。通读全文,给人的总体感受是寓情于理,情理交融,既温馨又和美,犹如一篇优美的散文诗,令人产生无限的遐想,同时也是一篇难得一见的欢迎词。

行文在对参加会议的各国领导人及嘉宾表示热烈欢迎之后,用"桥"作引领,对与会各国之间的关系进行巧妙解读,指出是一座友谊之桥、合作之桥、未来之桥,同时回顾了与会各国与杭州之间的历史渊源,加深了人们的认识,增进了了解和友谊。接下来又进一步阐述了二十国集团领导人之间应当遵循的原则和肩负的历史责任,令人豪情满怀,信心倍增。

语言美是这篇欢迎词的突出特色。原本平淡的欢迎词,写得非常精美,魅力四射。尤其是各种三字句、四字句的使用,使行文节奏感和韵律美非常强烈;诸如"湖光山色,人文美景,俯拾皆是。西湖十景,或近观,或远眺,引人无限遐思,流连忘返"。这样的表述,给人以如临其境之感。还有就是多次使用排比修辞。"这是一座友谊之桥""这是一座合作之桥""这是未来之桥";"我们为了共同的使命而来""我们为了更紧密的伙伴关系而来""我们为了人类命运共同体而来",这些排比修辞的使用,极大地增强了行文的表达效果;还有就是比喻修辞,"二十国集团成员具体国情、发展阶段不同,就像杭州的山山水水,各具其态。世界经济的起落波动,就像西湖的晴晴雨雨,乍起还歇"。用语既和谐匀称,又兼及恰切的比喻,令人荡气回肠,韵味无穷。

这份欢迎词与领导身份是相符的,与发表讲话的语境是一致的,值得人们从中细细体会这种文书写作的结构和内容。

▶ 例文 2

欢迎词

尊敬的来宾、代表们、朋友们、同志们:

我荣幸地宣布,第一届×××国际服装节开幕了,我代表××市政府和人民并以我个人名义,向这次服装节表示热烈的祝贺,衷心欢迎各位来宾和代表。

……

朋友们、同志们，在本次服装节期间，我们将充分展示中国服装业发展的盛况，进行十分广泛的服装贸易活动。我诚恳地希望，通过几年一次的大型服装节活动，将对中国服装生产和加工行业带来更大的促进。

我祝本次服装节圆满成功，并祝各位身体健康，心情愉快。

谢谢各位。

▶ 简析

这篇欢迎词包括三个部分，一是写欢迎的原因以及对客人表示热烈欢迎；二是写良好的预期、会后的安排和要求；三是写祝颂语和表示感谢。通观全文，言辞情真意切，友善礼貌，从而营造出一种友好和谐的气氛。

▶ 例文3

在××级新生入学开学典礼上的欢迎词

××级的全体同学：

你们好。

我代表××学院，对同学们如愿成为××××大学××学院的新成员，表示热烈的欢迎！对同学们经过长期的努力，严格的选拔，能够步入科学殿堂接受高等教育表示衷心的祝贺！在教师节前夕，向养育你们的父母和在你们成长的过程中付出心血和努力的教师们表示深深的敬意！

××××专业是省部级重点学科，具有工学硕士授予权。学院现有教职工××多人，其中正副教授××人，高级工程师××人。目前师资力量结构合理，教学、科研实力雄厚，整个学院团结向上，充满活力，发展势头很好。

下面我就如何理解和对待大学学习生活谈一点看法，供同学们参考。

从教育的阶段性而言，大学与中学所具有的共同任务是知识的传承和人才的培养。但是高等学校还具有知识创新和社会服务的两项职能。而且具有丰富的学科门类。因此，大量的学术、科研和艺术活动以及完善的教学科研设施设备，为学生提供了知识深化和科研能力培养以及拓展知识领域的前提条件。大学与社会的广泛联系，丰富的社会实践活动为同学认识社会，渐入社会创造了条件。希望同学们能够不失时机地、主动而有效地利用好大学的学习资源,不断地完善自我。

从学生的角色而言,你们正处于从学校即将步入社会的全面积累和实践的角色转换过程中。中小学的主要任务是为接续性教育培养人,而大学主要是面向社会和经济的发展和科学研究,培养高素质、专门化的高级人才。因此,希望同学们一方面要努力学好专业知识,同时也要深入感受社会,提高自己的各方面能力。

从知识的学习而言,大学的教学内容更加系统、深刻和相对的专门化。一开始,一些同学会不太适应,有的感到知识博杂而不易掌握,有的会感到内容抽象不易把握。但是,坚持一个时期后,你们会感到学习能力跃上一个新台阶。大学的学习不仅是知识的积累,更重要的是学习能力的养成和研究能力的提高。希望同学们要在掌握专业知识的同时,注意学科形成与发展的过程及规律、独特的思想与方法,提高分析和解决问题的能力,提高创新意识和研究能力。

从教学的方式而言,大学教师是学生的指导者和引路人,从某种意义而言,大学教师是导师而不是老师,"授人以鱼不如授人以渔"就是这个道理。希望同学们要多读书勤思考,切实提高自学能力,培养自我实施终身教育的意识和能力。

从管理的形式而言,大学里没有了家长式的呵护和管理,实行在负责学生工作教师的指导下,学生自我组织和管理的模式。目的就是要锻炼同学们的独立意识和个体能力的形成。希望同学们能够正确理解和主动适应这种管理模式。

从生活的方式而言,大学生的生活需要完全自理和适当的同学互助。大学的生存环境实际上是一个有限的社会,是人为构建的免疫体。随着大学生活内容的丰富,同学们会明显感到所面对事物的复杂性所带来的挑战。希望同学们要在相对复杂的生存环境中,主动适应,体验社会,正确对待,明辨是非,宣扬正义,抵制丑陋,自觉遵守法律法规,严格遵守校规校纪。

总之,大学的学习和生活对一个人来说,是一个全新的重要成长时期。大学是同学们面向未来远航的集中储备和容错试航的基地。

真诚的希望同学们珍惜大学生活,通过理性思考进一步树立正确的世界观、人生观和价值观,堂堂正正做人,踏踏实实做事,勤勤恳恳读书,明明白白求是;要克服考上大学完事大吉松一口气的思想,积极向上努力学习;要克服学习和生活上所面临的困难,承受火与压、高温和击打的锻造。祝你们在新的起点上,树立更远大的目标,共同营造美好的大家园,共同营造新的辉煌!

我相信,经过我们师生的共同努力,当你们毕业时都能够成为品德高尚,具有创新精神和实践能力,高素质、适应未来社会发展的高级专门人才,为成为民族的精英、国家的栋梁奠定坚实的基础。

最后,祝同学们学习顺利,身体健康,生活愉快!

▶ 简析

这是一位大学领导在××级新生开学典礼上所致的欢迎词,所以在文中体现出了更多的教导和指引,但与作者的身份是相一致的。

第一段是对新生的欢迎、祝贺和特定时节的敬意。第二段是介绍该院的基本情况,让新生有一个整体的了解。第三段至第十段是欢迎词的核心内容,是从六个方面谈对大学生活的看法。主要是通过与中学阶段的比较而谈的,包括教育的阶段性、学生的角色、知识的学习、教学的形式、管理的形式、生活的方式等,在比较中对新生提出了希望和要求,语气平和,诚挚恳切。内容简单而丰富集中,形式变化多样,似一位长者对晚辈的谆谆教诲;第十段是一个总结性的句子,也是一个提领句,起着引出下文内容的作用;第十一、十二段是对同学们提出的希望和要求,对同学们的美好未来的鼓励,表达坚定有力,激励人心。最后是对同学们的祝愿。

这份欢迎词与领导身份是相符的,与发表讲话的语境是一致的,值得人们从中细细体会这种文书写作的结构和内容。

▶ 例文4

致新生的欢迎词

××年新入学的同学们,欢迎你们,欢迎你们来到××大学,欢迎你们加入××大学××学院这个大家庭!我们知道,同学们,特别是第一次进入××大学的同学们,心情一定非常激动。是的,因为你们即将踏入的是一个繁花似锦的校园,一个令人眷念的故地,一片生生不息、蓬勃向上的热土。在这里,我们××学院的全体教师向你们表示由衷的祝贺和热烈的欢迎!

但是,生活就总体而言总是朴素的,因此也是平凡的。当这个激动期过去之后,你会发现,即使大学的生活也不像想象得那么令人激动。也许公寓宿舍有种种不便;也许食堂的饭菜不合自己的口味;也许有些课程,甚至一些原来很看好的课程也很乏味;也许发现原来大名鼎鼎的教授也很平常;也许满怀热情提出的某些建议久久没有回复;也许考试成绩不很理想;也许许多老师都可能太忙,根本注意不到你的麻烦和困扰;也许你们很多人在入校之前暗暗下的决心很快就忘了……

我们这么说是因为我们也曾这么走过。生活注定会溶化许多激情、理想、决心和追求,甚至会使生活变成仅仅"活着"。

刚刚跨入大学校园,我想你们都会问自己这样两个问题,"我来这儿做什么?""我将成为一个怎样的人?"是的,人生犹如夜航船,一个个始终警醒自己的问题就是一座座塔基,而你的回答,就是点亮自己的灯塔。当思索这两个问题时,你们正是在为大学四年或者更加长远的未来竖一座灯塔,尽管前路漫漫,航灯迷烁,但一步步走来的你们将不断地修正航向,向着那个人生的坐标原点进发。

兴趣是学习的动力。我们希望同学们能够发现自己的兴趣,兴趣才是主动学习和知识创新的真正来源。其实,刻苦学习的人并不是因为他懂得了要刻苦,最主要是因为他从来没有感到学习的苦,"刻苦"从来都是局外人对行为的概括,而不是刻苦者的自我心理感受。

如果你们在××大学的几年间能够找到这种感觉,那么,你的内心、你心目中的世界每一天都会是鲜亮的。

"长风破浪会有时,直挂云帆济沧海。"同学们,让我们览万卷文采,汲百代精华,踏实地走好每一步,共同携手,在新世纪的伟大征程中谱写壮丽的青春之歌!

祝大家在××学院的四年里快乐、幸福!

▶ 简析

这是一位教师对新生的欢迎词,所以与上一篇例文不同。这篇文章的内容非常符合教师的身份,不是更多的教导,而是真实的心与心的交谈,情与情的对接。这从讲话的语气上是可以看得出来的。

第一段是对新同学表示欢迎,并根据新同学的激动心情描述了欢迎他们的理由。这里不是严肃的陈述,而是用了一连串的排比句,以特殊的身份代表向新生表示祝贺和欢迎;第二段和第三段是以朴实的言语向新生介绍大学的生活,没有形象的夸张,没有华丽的描述,而是用过来人的身份诉说着许多人曾经有过的真实的大学生活,尤其是第三段的最后一句话,可以说意味深长;第四和第五段是以设问的形式回答了新生如何树立远大目标,成长为对国家和人民的有用之才,运用了比喻的修辞方式,非常贴切、恰当,而第五段正是给出的答案;第六段通过引用诗句,对新生发出了强烈的召唤,最后是祝词。

综观这篇欢迎词,它的独特之处在于,内容富于变化,句式长短呼应,气势平中有急,应该是一篇有实际价值的欢迎词。

265　什么是答谢词?

答谢词属于礼节性社交活动中所使用的讲话稿。它是在专门的仪式、宴会或招待会上宾客对主人的盛情接待表示感谢时所使用的一种礼仪文书。

266　答谢词的写作要领有哪些?

一、要感情饱满,富有感染力。撰写答谢词,因是对主人的热情接待表示谢意,因而要求其必须做到情感真挚、热烈,做到情深意切,催人心魄,从而使宾主双方的友谊得到进一步升华。

二、要恰切适度。撰写答谢词,其内容的表达必须贴切适度,要针对不同情况,根据不同的场合表达相应的谢意,切不可信笔由缰,随意挥洒,诸如过多写入答谢方的工作业绩等等,是不合时宜的。

三、要简洁明了。由于答谢是一种礼节性的社交活动,在这种场合的讲话,时间都不宜太长。因此,在撰写答谢词时必须注意内容要实实在在,篇幅要简短,语言应力求精练扼要。

范例与简析

▶ 例文1

莫言诺贝尔领奖晚宴答谢词

尊敬的国王、王后和王室成员,女士们、先生们:

我的讲稿忘在旅馆了,但是我记在脑子里了。

我获奖以来发生了很多有趣的事情,由此也可以见证到,诺贝尔奖确实是一个影响巨大的奖项,它在全世界的地位无法动摇。我是一个来自中国山东高密东北乡的一个农民的儿子,能在这样一个殿堂中领取这样一个巨大的奖项,很像一个童话,但它毫无疑问是一个事实。

我想借这个机会,向诺奖基金会,向支持了诺贝尔奖的瑞典人民,表示崇高的敬意。要向瑞典皇家学院坚守自己信念的院士表示崇高的敬意和真挚的感谢。

我还要感谢那些把我的作品翻译成了世界很多语言的翻译家们。没有他们的创造性的劳动,文学只是各种语言的文学。正是因为有了他们的劳动,文学才可以变为世界的文学。

当然我还要感谢我的亲人,我的朋友们。他们的友谊,他们的智慧,都在我的作品里闪耀光芒。

文学和科学相比较的确是没有什么用处。但是文学的最大的用处,也许就是他没有用处。

谢谢大家!

▶ 简析

莫言的这篇答谢词写得很短,但诚挚意切,发自肺腑,从中我们可以窥见他对获得这一大奖的兴奋之情,重点用主要文字深切表达了对有关对象的感谢之意,包括瑞典人民、翻译家们以及自己的亲人,令人感同身受。

▶ 例文2

答谢词

亲爱的朋友们：

  我们对贵公司的访问即将结束。首先，请允许我代表我们考察团一行二十人对贵市政府对我们的盛情款待表示由衷的感谢。

  访问期间，我们十分有幸结识了许多知名人士，参观了贵公司及所属分公司的生产线，与有关人员进行了饶有兴趣的谈话，这些都给我们留下了很深的印象。

  我相信，我们这次参观访问将有利于促进两市人民之间的友谊。我们用文字和照片记录下了这次访问中一幕幕的动人景象。回去后，我们将让我市人民得知这一切，我深信，这将给他们以巨大的鼓舞。

  借此机会，再次衷心地感谢大家！

  祝兄弟的××市人民幸福！

  祝两市人民之间的友谊万古长青！

  再见了，亲爱的朋友们！

▶ 简析

  这篇答谢词写得短小精悍，既表达了由衷的感谢之意，又对访问期间所取得的成果进行了扼要回顾，并再次致谢，提出祝愿。

267 什么是欢送词？

  欢送词是在欢送宾客的仪式、集会和宴会上对宾客即将离去表示热诚欢送而使用的一种礼仪文书。

  与欢迎词一样，欢送词也系礼节性社交活动的讲话稿，二者在写作结构、语言风格等诸多方面均很切近，只是在内容上一个为"迎"，一个为"送"，而且常常与祝酒词互用。

268 欢送词的写作要领有哪些？

一、要有真情实感。与欢迎词一样，撰写欢送词，也要根据宾客的实际情况和特定的场合，以诚恳热情、情真意切作为第一要义，充分体现出对宾客的尊重之情和友好合作之意。即便在交往过程中存在一些分歧或者不愉快之处，也应落落大方，彬彬有礼，这样，不仅能够赢得对方的好感，而且还会为今后的合作提供必要与可能。

二、要简练明快。要以简明扼要的语言充分表达出对宾客的欢送之意，使之感到亲切自然，力戒过多使用那些没有实际意义的虚言浮词，以免冲淡欢送的友好和谐的氛围。

三、要短些再短些。由于欢送词适用于送别的特定场合，因而其在篇幅上应力求简短，切忌长篇大论，空洞乏味。

范例与简析

▶ 例文 1

欢送词

松木先生：

　　当您即将启程回国的前夕，我代表××公司全体工作人员，向您表示热烈的欢送。一个月来，您与我们朝夕相处，不但在技术指导方面给予我们很大帮助，而且使我们的产品质量也有了提高，对此，我代表全体人员向您表示诚挚的谢意。

　　在向松木先生告别之时，借此机会，我请您转达我们对您一家的问候与敬意，并请他们在适当的时候来××市参观、游览。

　　祝松木先生一路平安，身体健康。

▶ 简析

这是一篇欢送词。全文首先对宾客表示出热烈欢送之意，随之写明在与宾客历时一个月的时间内友好合作的情况和收获,并表达出了对今后进一步加强交往与合作的愿望。整篇欢送词,情真意切,措辞精当,篇幅简短,用语规范,堪称佳作。

▶ 例文 2

后勤集团公寓管理中心对毕业生的欢送词

毕业生同学:

你们好!

在你们完成学业,即将离开这所美丽校园的前夕,我们向你们表示热烈的祝贺和美好的祝愿,衷心感谢你们几年来对公寓工作的理解和支持!

还有几天你们就要离开母校,将要踏上人生旅途的又一新起点。为了使你们能够平安、顺利、愉快地走向新的生活。我们向你们提出几点殷切的希望:

一、珍惜感情、友谊长存。几年来,同学之间朝夕相处,同窗共读,情同手足,此情难忘,无比珍贵。回首往事,同学之间也难免磕磕碰碰,甚至发生过一些不愉快的事情,在这即将分手的时刻,切切不可因为一点小纠葛而表现出半点有损于自己形象的言行,更不能借毕业之机,激化矛盾,给自己和他人造成不必要的痛苦和难以挽回的损失。

二、自立自强、爱心永存。恩师母校是培养你们成材的园丁和摇篮,应该倍加尊重和爱惜,在即将离开的时刻,应该用自己的实际行动,爱护学校的一花一草,一砖一木,使财产无损,环境整洁,给母校留下一个美好的印象,留下一份永存的爱心。

三、自尊自爱、一路平安。在毕业前夕,希望你们能够遵纪守法,注意安全,过好在校的最后一关,为大学生活画上一个圆满句号。切不可因一时不慎,而使自己美好前程毁于一旦,给自己留下终身的遗憾。在你们整装待发的时刻,我们衷心的祝福你们:

一路顺风,前程似锦!

▶ 简析

这是某学校的后勤管理部门对即将离校的毕业生所发出的欢送词。与其他的欢送词不同,这份欢送词是紧紧围绕后勤管理中心这一特定职责而言的,但是借鉴了欢送词的形式。

文中先是对毕业生的问候,然后是表示欢送的背景、欢送的祝愿和陈述毕业生在校期间对后勤管理中心工作的支持;第三段是再次说明毕业的特殊意义,并用目的句引出所要提出的三点希望。这三点,既着眼于对同学之间的感情和友谊的呼唤,又有对爱心的要求,这与管理中心的职责和工作是密切相关的,针对性很强;还有对自尊自爱的要求,这一点从内容上看,也是包含着要求大家维护管理中心的工作,最后是衷心的祝福语。

这篇欢送词由于特殊的关系,所以是以几点希望来代替祝福的,是符合欢送单位的身份的。从中我们也可以看出,在公文写作过程中,必须从客观存在的实际出发,准确把握住发文者与受文者之间的关系是非常必要的。因为不同的行文主体,不同的受文对象,其在公文中所涉及的内容以及用语等方面都会有较大的不同。

269 什么是表扬信?

表扬信是对有关方面、有关人员的先进思想和先进事迹进行表扬的一种专用书信。它的使用范围比较广泛,行文也十分自由灵活,既可用于表扬个人,也可用于表扬某一单位。

270 表扬信的写作要领有哪些?

一、叙述被表扬者的先进事迹是全文的基础和重点,要突出最有现实教育意义的方面,简明扼要、实事求是地介绍时间、地点、人物以及重要情节经过和结果,以便给人以启迪和教育,不可空泛议论。作出评价要实事求是,赞扬要恰如其分,不要任意拔高或缩小。

二、表达学习的心意要得体而有分寸。若是表扬下级单位和基层职工的,宜提出号召、希望;若是表扬不相隶属单位或上级机关的有关人员的,宜表示向其学习之意。

三、在语言表达上要做到叙议结合,有情有义。

四、要注意表扬信与嘉奖令、表彰决定、表彰性通报的不同。表扬信与嘉奖令、表彰决定、表彰性通报等都属表扬先进的文种,但在使用上也有区别。从行文的角度看,表扬信更为灵活,也更自由一些;从发布的方式上看,表扬信一般要直送被表扬者所在单位张贴或通过新闻媒体予以传播,这与其他几个文种显然有着很大的不同。

范例与简析

▶ 例文

表扬信

××××学院:

在开展"爱国卫生月"活动中,你校的师生员工,不仅从自己做起,从本校做起,搞好了清洁卫生,注意了文明礼貌,而且多次利用周休日走上街头清理垃圾,维持交通秩序,开展法律咨询与宣传,义务为群众做好事,为建设精神文明做出了可喜的成绩。在此,市政府特授予你校"精神文明先进集体"的光荣称号。

希望你校师生,发扬优良作风,再接再厉,为取得更大的成绩而努力!

××市人民政府

(印)

××××年×月×日

▶ 简析

这篇表扬信,使用概括的语句对学院师生员工的高尚品德和先进事迹进行评价,并提出希望。全文结构严谨,用语顺畅,合乎规范。

271 什么是感谢信?

感谢信是一种常用的专用书信,是对有关单位、团体和个人的关心、支持、帮助表示谢意的礼仪文书,具有感谢和表扬的双重作用。它可以直接送给对方,也可以在对方所在地的公共场所张贴,还可以通过新闻媒介刊播。

感谢信的应用范围很广,具有对象的确指性、事实的具体性和感情的鲜明性等特点,只要对方给予关心、支持和帮助,任何单位和部门以及个人都可以运用感谢信的方式向对方表示感激之情。

272 感谢信的写作要领有哪些?

一、要有真情实感。由于感谢信是对对方表示感谢、鼓励之用,因此在撰写时必须以发自内心的真情实感来深深地打动对方,产生良好的激励作用。区区一篇感谢信,话语不在多,而在于真情的表露,如果过于堆砌客套,流于恭维,反倒给人以敷衍应酬之感。

二、用语要恰切得体。感谢信所涉及的内容往往不是一般的事项,一定是发信人在深受感动的情况下才用,因而写入感谢信中的语言一定要真挚恰切,切忌融入虚言浮词,以确保感谢信的质量和效果。

三、要采用恰当适宜的发送方式。感谢信在发送时既可以信函形式直接寄给对方,也可通过报纸、电台等新闻媒体播发,还可以以张贴形式和网络形式发出。要根据实际情况和需要,采取恰切适宜的发送方式,以充分发挥其应有的效用。

范例与简析

▶ 例文 1

感谢信

尊敬的市民朋友们:

在党中央、国务院的坚强领导下,举世瞩目的纪念中国人民抗日战争暨世界反法西斯战争胜利70周年大会取得圆满成功,中共北京市委、北京市人民政府向广大市民表示衷心的感谢,并致以崇高的敬意!

举办纪念大会,对于团结动员全党全军全国各族人民更加奋发有为地为实现中华民族伟大复兴的中国梦而奋斗,具有十分重要的意义。做好纪念大会的筹备和服务保障工作,是党中央、国务院和全国人民交给我市的一项重大政治任务,责任艰巨,使命光荣。为确保纪念大会的圆满成功,全市人民满怀热情、积极参与、无私奉献,确保了城市运行安全顺畅、社会氛围热烈祥和。特别是本市采取的临时管理措施,给市民的生活和出行带来了不便,但广大市民朋友顾全大局、全力配合,给予充分理解和热情支持,展现了首都人民良好的精神风貌和爱国爱党的情怀,为首都赢得了荣誉。荣誉归功全市人民!

市委、市政府再一次真诚感谢全市人民的支持和奉献!我们将在今后的工作中加倍努力,全心全意地为市民服好务,为把北京建设成为国际一流的和谐宜居之都而不懈奋斗!

北京市人民政府
2015 年 9 月 5 日

▶ 简析

2015 年 9 月 3 日,党和国家在北京天安门广场隆重举行了中国人民抗日战争暨世界反法西斯战争胜利 70 周年大会,在各方面共同努力下,纪念活动取得了圆满成功。北京市各界群众为此付出了辛勤努力,作出了重要贡献,为此,北京市人民政府制发了这篇感谢信,对全体市民致以谢意。行文先用一个自然段表示感谢,紧接着另起一个自然段对举办这次纪念活动的重大意义以及为确保纪念大会的圆满成功,全市人民给予了极大的支持,展现了首都人民优良的精神风貌予以肯定。最后一个自然段表明态度,令人感到亲切自然,诚挚可信。

▶ 例文 2

感谢信

北京××医院的医护人员及××厂的三位工人师傅:

我公司工人张××是一个外地来京的建筑工人,原有胃溃疡病,今年 5 月的一个休息日,在上街购物时,病症突然发作,疼痛难忍倒地不起,立即被三位不肯说出姓名的工人师傅连背带抬地送到了附近的××医院。当时医院就要下班,值班大夫王××、护士李××、孙××马上把张××送到急救室，经透视、化验等多项检查，发现其胃壁穿孔，由于抢救及时，才保住了生命，这是他获得的第二次生命。如果不是那三位工人师傅（事后经多方查询，才知道他们是××工厂的三位师傅）的紧急救助，不是××医院的医护人员的及时抢救，恐怕他性命难保。从这件事中我们看到了首都人民对外地来京的民工的关怀和爱护，首都医护人员的救死扶伤的可贵精神。为此，特撰此文，用以表达我公司全体员工由衷的感激之情。

××建筑公司
2015年8月5日

▶ 简析

这篇感谢信对事实的叙写十分明确具体，用语淳朴，言辞恳切，在陈述事实的基础上进一步揭示出对方的高尚品德和救死扶伤的精神，感激之情溢于言表。

▶ 例文3

感谢信

山东××电缆有限公司：

　　我公司于20××年10月26日在南京举行隆重开业典礼。此间收到贵公司的贺电和贺礼。贵公司的领导及著名的电缆线路专家也亲临参加庆典，寄予我公司极大的希望，并给予我公司很多帮助，谨此一并致谢，并愿一如既往地与贵公司加强联系，进行更广泛更友好的合作。

　　此致

敬礼

江苏××电缆有限公司
董事长×××
总经理×××
20××年×月×日

▶ 简析

这是两个跨省企业之间所发的感谢信。全文篇幅简短,用极其简要的文字将发送感谢信的缘由、感谢内容以及今后进一步加强双方之间合作的愿望清楚明确地作出了交代;用语精练,格式规范,值得借鉴。

273 什么是祝酒词?

祝酒词也属于礼节性社交活动中所使用的讲话稿,是对有关重大节日、重大活动以及庄重场合表示祝愿的致辞。

274 祝酒词的写作要领有哪些?

一、要感情饱满,富有感染力。撰写祝酒词,因是对有关人和事表示良好的祝愿或庆贺,因而要求其必须做到情感真挚、热烈,做到情深意切,催人心魄,从而使宾主双方的友谊得到进一步升华。

二、要恰切适度。撰写祝酒词,其内容的表达必须贴切适度,要针对不同情况,根据不同的场合表达相应的祝愿之意,切不可信笔由缰,随意挥洒,诸如写进一些对人是非功过的评价,或者写入对方的工作业绩,等等,都是不合时宜的。

三、要简洁明了。祝愿是一种礼节性的社交活动,在这种场合的讲话,时间都不宜太长。因此,在撰写祝酒词时必须注意内容要实实在在,篇幅要简短,语言力求精练扼要。

范例与简析

▶ 例文 1

祝酒词

上海市市长　杨雄

女士们、先生们,同志们、朋友们:

今晚,浦江两岸华灯璀璨,展览中心嘉宾云集。我们欢聚一堂,共同庆祝中华人民共和国成立 67 周年。我谨代表上海市人民政府,向全市人民和所有关心、支持上海发展的朋友们,致以节日的问候,表示衷心的感谢!

六十七载春华秋实,新中国建设取得了举世瞩目的辉煌成就。党的十八届五中全会吹响了夺取全面建成小康社会伟大胜利的冲锋号角。以习近平同志为总书记的党中央总览全局、运筹帷幄,团结带领全党、全国各族人民,不断开创治国理政崭新局面,朝着第一个百年奋斗目标、朝着中华民族伟大复兴的光辉彼岸破浪前进。

长风浩荡,千帆竞发。上海要坚持以新发展理念为引领,全力以赴当好全国改革开放排头兵、创新发展先行者。今年以来,我们着力加强全面深化改革开放各项措施系统集成,着力加快具有全球影响力的科技创新中心建设步伐,着力推进供给侧结构性改革,经济社会持续发展,民生福祉持续改善,为实现"十三五"良好开局打下了坚实基础。面向未来,我们要不忘初心、继续前进,深入践行以人民为中心的发展思想,坚定不移深化改革,加快构建崇尚创新、注重协调、倡导绿色、厚植开放、推进共享的机制和环境,携手建设追求卓越的全球城市,共同创造更加美好的幸福生活!

现在,我提议:

为庆祝中华人民共和国成立 67 周年,

为祖国繁荣富强和上海美好明天,

为各位来宾的幸福安康,

干杯!

▶ **简析**

这是一份祝酒词,正文部分在得体的称谓之后,首先表示欢迎、致谢、祝贺、问候之意,然后用一个自然段回顾新中国成立67年以来的特别是党的十八届五中全会以来所取得的辉煌成就,用语极其简洁洗练,高度概括;接下来由远及近,对上海市人民政府的工作成效进行扼要评价,并对下一步工作的发展方向和目标提出了设想和展望。全文内容紧凑,语势贯通,给人以短小精悍、酣畅淋漓之感。

▶ **例文2**

××省长在××省冷餐会上的祝酒词

(××年6月22日 北京)

各位女士、各位先生,同志们、朋友们:

为加快××省改革和对外开放的步伐,增进××人民与各国人民之间的相互了解和友谊,促进我们之间在经济、贸易、科技等方面的合作,××省人民政府在首都北京召开了这次新闻发布会。

值此,我想借这次活动即将圆满结束的机会,代表××省人民政府和一亿多人民,向百忙中到会的中央领导同志,向给予××工作大力指导和帮助的国家各部、委的同志,向关注和支持××工作的新闻界、理论界、科技界的同志,以及与××诚挚合作的各国朋友,致以衷心的谢意!

同时,我们也再次表示,热情好客的××各族人民,热忱希望国家各部、委的同志经常光临××指导工作;热忱欢迎科技、理论、新闻各界同志到××,与同行一起共同探索深化改革、振兴经济的新途径;热忱欢迎世界各地、各界人士到××观光旅游,洽谈贸易,洽谈投资项目,洽谈技术合作,增进了解,广交朋友。

现在我提议:

为各国客商与××省的成功合作,为在座的各位及其夫人的身体健康,干杯!

▶ 简析

这篇祝酒词写得简练明快,酣畅淋漓,在得体的称谓之后率先交代了召开新闻发布会的背景、目的,并对关注、支持的各界领导和有关方面人士表示感谢,最后表明态度,并以惯用的祝酒词结尾用语作结。

275 什么是贺信(电)?

贺信与贺电统称为贺词,是向对方表示祝贺的专用礼仪文书。通常用于对方在某一领域取得重大成就和突出成绩,举行重要庆祝活动,召开重大会议,完成某项重要工作或任务等诸种情况。

从实质上讲,贺信(电)是对对方在某个方面所取得成就或所作出贡献的表彰与赞扬,以示慰问和庆贺,因此,它对受文者具有很大的鼓舞和教育作用,能够催人奋进,激励斗志,从而取得更大的进展。

贺信(电)一般有三种类型:一是上级机关或单位对所属单位和职工发出的贺信(电);二是下级机关或单位给上级单位所发的贺信(电);三是不相隶属的机关单位相互之间发出的贺信(电)。

与上文所述祝词相比,二者在某种场合可以互用,但其含义又不尽相同。就一般而言,事情未果,表示祝愿、希望之意时,要用祝词;事情既果,表示庆祝、道喜之意时,则用贺词。人们常说"预祝",而不说"贺祝",就是这个意思。

276 贺信(电)的写作要领有哪些?

一、要切合双方的关系和身份。撰写贺信(电),必须首先考虑发信(电)方与受信(电)方之间的关系。是上下级关系还是不相隶属关系,是单位对单位还是单位对个人,必须做到胸中有数,因为双方的关系不同,其在措辞和语气方面也就会有很大的不同。

二、要实事求是,恰如其分。撰写贺信(电),对其内容的表达一定要做到实事求是,不能随意夸大或缩小,对被祝贺者的成绩以及对有关会议的意义、重要性等所作出的分析和评价一定要恰如其分。否则,过分赞誉,会使对方不安,往往还会失去祝贺的意义。表示祝贺要热情洋溢,给人以强烈的鼓舞力量,使人感到温暖和愉快,甚至受到启发和教育。

三、用语要诚恳谦逊,简要得体。写进贺信(电)中的语言必须注意讲求分寸,做到谦逊诚恳,恰切适度,既祝贺而又不流于阿谀,既热情而又不流于虚伪,要以简洁顺畅、通俗明快的语句表达出对对方由衷的祝贺之意,切忌哗众取宠,谄媚讨好,更不能信口开河,洋洋洒洒不着边际,那样就会失去贺信(电)的应有之义,徒留笑柄。

范例与简析

▶ 例文

习近平致 2015 世界机器人大会贺信

值此 2015 世界机器人大会开幕之际,我谨代表中国政府和人民,并以我个人的名义,向大会的召开,表示热烈的祝贺!向出席会议的国际机构负责人及专家学者、企业家等各方来宾,表示诚挚的欢迎!

在人类发展进程中,诞生了大量具有里程碑意义的创新成果。巴比伦的计时漏壶、古希腊的自动机、中国的指南车等,就是古代人类创造的自动装置中的精妙之作。这些创造发明,源于丰富多彩的生产生活实践,体现了人类创造生活、利用自然的执着追求和非凡智慧。

当前,世界正处在新科技革命和产业革命的交汇点上。科学技术在广泛交叉和深度融合中不断创新,特别是以信息、生命、纳米、材料等科技为基础的系统集成创新,以前所未有的力量驱动着经济社会发展。随着信息化、工业化不断融合,以机器人科技为代表的智能产业蓬勃兴起,成为现代科技创新的一个重要标志。

中国将机器人和智能制造纳入了国家科技创新的优先重点领域,我们愿加强同各国科技界、产业界的合作,推动机器人科技研发和产业化进程,使机器人科技及其产品更好为推动发展、造福人民服务。

本次大会以"协同融合共赢,引领智能社会"为主题,体现了各国协同创新、多学科融合共赢的发展趋势,体现了全球科技界、产业界的共识。我希望,各国科学家和企业家携起手来,共同推进机器人科技创新发展,为开创人类社会更加美好的未来作出积极贡献。

预祝大会圆满成功!

中华人民共和国主席　习近平

2015 年 11 月 20 日

▶ 简析

这篇贺信写得符合规范。全文完整地载明三层内容:一是表示祝贺之意(第一自然段);二是分析与评价(第二、三、四自然段),既有对人类科技发展历史的回顾,又有对现状的准确判断和评价,更有对未来的展望,使行文前后勾连,非常紧凑,给人以浑然一体之感;三是希望与要求(第五自然段)。从整体布局上看,全文内容明确集中,层次严谨分明,文势贯通顺畅,是贺信写作的典范。

277　什么是慰问信?

慰问信也是常用的一种专用书信。它是以组织或个人的名义向对方表示慰勉、安慰的礼仪文书。慰问信如以电报发出,即称慰问电。

慰问信的应用范围很广,通常用于节日的慰问,对在工作中作出突出贡献、作出牺牲的同志或家人进行慰勉和鼓励,对于处在困境中的有关人员表示关心、支持、鼓励和同情。其作用在于充分体现组织或集体的温暖和关怀、社会的关心,以及组织或集体与个人之间、同志之间的真挚感情,给人以继续奋发向上的信心、克服困难的勇气、勤奋学习和努力工作的力量。

278　慰问信的写作要领有哪些?

一、篇幅要简短,语言要简明,内容要集中。或对某方面人员表示节日祝贺,或对作出突出贡献的有关单位和有关人员表示慰勉,或对遭受不幸的有关人员表示慰问,都要针对不同情况热情表态、恰当评价、殷切勉励。特别是说明形势、背景,或阐明努力方向、提出希望时,不可铺洒开去大书特书,而必须针对被慰问者的实际情况来写。

二、要情真意切，把握好感情基调。字里行间要体现出同被慰问者的感情共鸣和对其现状的理解。无论是对其成绩的欣慰、褒奖，还是对其不幸的同情、安慰，都要恰当得体。

三、选择恰当的发布方式，注意扩大影响。或批量印发张贴，或登报，或广播、电视播发，既对受信对象是一种慰问，也对广大群众是一种教育。为尽快使被慰问者得到慰问，有时还采用慰问电的形式。

范例与简析

▶ 例文1

慰问信

天津港危险品仓库火灾爆炸事故全体参战消防官兵：

你们辛苦了！8月12日晚，天津港危险品仓库发生火灾爆炸事故，造成了重大人员伤亡和财产损失。面对突如其来的巨大灾难，全体参战官兵舍生忘死、敢打敢拼，英勇顽强地与火魔殊死搏斗，为抢救人民生命财产安全作出了重要贡献，部分官兵献出了年轻宝贵的生命，用热血践行了人民消防为人民的神圣誓言。你们的英雄壮举，得到了党中央、国务院的充分肯定，受到了广大人民群众的高度赞誉，在社会各界引起了强烈反响。党和人民感谢你们，全国消防官兵为你们感到骄傲和自豪，公安部消防局党委向你们表示诚挚的慰问并致以崇高的敬礼！

党中央、国务院十分牵挂事故现场人民群众的安危，十分关心战斗一线的广大消防官兵。习近平总书记、李克强总理第一时间作出重要指示批示，刘延东副总理亲切看望受伤消防官兵，郭声琨部长率国务院工作组与你们并肩战斗。当前，正是灭火救援战斗攻坚制胜的紧要关头，希望你们以中央领导同志的亲切关心为动力，将战友牺牲的悲痛化为战斗力量，持续发扬特别能战斗、特别能吃苦、特别能奉献的精神，牢记重托、不辱使命，科学施救、竭尽全力，最大限度保卫人民群众生命财产安全，以此告慰牺牲战友的英灵，不辜负党和人民的期望。

中国共产党公安部消防局委员会
2015年8月24日

▶ 简析

这是在 2015 年 8 月 24 日天津港危险品仓库发生火灾爆炸事故之后，中国共产党公安部消防局委员会发给天津港危险品仓库火灾爆炸事故全体参战消防官兵的慰问信。全文由两层内容组成，第一层开篇第一句话便是"你们辛苦了"，寥寥五个字，就使人倍感温暖，也做到了开门见山，毫无冗词赘句，紧接着对参战消防官兵在这场火灾中所表现出的大无畏牺牲精神给予高度评价，然后再第二层进一步指出党中央、国务院对此次事故非常重视，并进一步向全体消防官兵提出希望和要求。内容前后相继，和谐顺畅，而且善于运用四字格词组，例如"舍生忘死、敢打敢拼""牢记重托，不辱使命，科学施救，竭尽全力"等等，使行文显得简洁凝练，典雅庄重，富有表达效果，同时也使行文简练生动，感情真挚饱满，体现出了较为深厚的慰勉之情，从而对受文者产生极大的鼓舞和激励作用。

▶ 例文 2

慰问信

××市冶金矿山技校全体教职员工：

你们辛苦了！

在欢迎我国改革开放又取得新成就的时候，迎来了第十七个教师节。在此，我们代表全市冶金工作者向你们——辛勤战斗在冶金教育战线的广大教职员工们，表示衷心的感谢并致以节日的慰问。

十年树木，百年树人。冶金教育事业崇高而伟大，任重而道远。在改革开放，科教兴国的今天，你们肩负着为我局培养跨世纪人才的重任，成果不断，英才辈出，我们感谢你们，冶金战线的同志们不会忘记你们。我们相信，经过你们不断的辛勤工作，我局干部、职工的思想文化素质一定会有更大的提高。

在新的学年里，我们衷心希望你们继续努力，取得新成绩，为教育事业做出更大的贡献。

此致

敬礼

×× 市冶金公司

20×× 年 9 月 10 日

▶ 简析

这篇慰问信对该公司所属冶金矿山技校全体教职工忘我的工作精神给予充分肯定,并致以热情赞颂,用语朴实,感情真挚饱满,体现了较为深厚的上级对下级的慰勉之情,从而对受文者产生极大的鼓舞和激励作用。

279 什么是公开信?

公开信是向人民群众或某一特定范围的人员宣布政策或对某一重大问题阐明观点、原则,并号召予以落实的具有广泛宣传性的专用书信。它的发布者应是党和国家的某一机关、部门,或者是党和国家直接领导的人民团体。

280 公开信的写作要领有哪些?

一、要注意内容表达的特定性。利用公开信所发布的内容事项,必须是受信者所普遍关注而且又因种种原因没有解决好的问题,在写作时,要力求做到问题确实,观点新颖,富有代表性。

二、要讲求行文的内在逻辑性。撰写公开信,一定要做到文字简练、结构严谨、节奏明快,通过严整缜密的表述,使行文产生一种内在的逻辑力量,具有很强的说服力和感召力。

三、要选用恰当的发布形式。公开信虽然是发给有关的对象,但其内容往往具有普遍的思想意义和教育意义,或是表扬,或是批评,或是建议,或是致歉,或是倡导,都具有全局性的指导意义。正因如此,在发布形式上往往比较宽泛,既可张贴,也可通过报刊发表,还可以通过广播和网络形式传播,要根据实际情况选择恰当的发布形式,以便收到最佳的效果。

范例与简析

▶ 例文

为保障"9·3"阅兵顺利进行致广大市民的公开信

尊敬的市民朋友：

　　2015年是中国人民抗日战争暨世界反法西斯战争胜利70周年。9月3日，将在天安门广场隆重举行中国人民抗日战争暨世界反法西斯战争胜利70周年纪念大会（含检阅部队），这是全党全国人民政治生活中的一件大事，对于团结动员全党全军全国各族人民更加奋发有为地为实现中华民族伟大复兴的中国梦而奋斗，具有十分重要的意义。

　　做好纪念活动的服务保障工作，是党中央和全国人民交给北京市的一项光荣的政治任务。为确保纪念活动的安全顺利进行，市政府将采取相关临时交通管理措施，并视情况调整公共交通的运行时间、线路和车次；此外，还将对纪念活动涉及的部分区域社会车辆进行集中清移，并已安排了临时停放地点，希望市民注意收听收看媒体发布的有关信息，按照街道、社区工作人员的提示，及时将涉及的车辆挪移至指定地点停放，认真遵守临时交通管理措施。上述措施将可能给市民的生活和出行带来不便，市政府恳请给予充分理解和大力支持。

　　在2008年北京奥运会、新中国成立60周年庆祝活动、APEC会议等重大活动中，首都市民都表现出了国家利益高于一切的责任感和无私奉献的精神，为首都赢得了荣誉。希望大家积极响应北京市政府的号召，发扬首都光荣传统，展现良好精神风貌，用实际行动贡献自己的一份力量。

　　衷心感谢市民的理解、支持、参与和奉献！

北京市人民政府
2015年8月20日

▶ 简析

　　此文是北京市人民政府发出的为确保"9·3"阅兵顺利进行致广大市民的公开信。开篇一句得体的称呼"亲爱的市民朋友"，给人以如沐春风之感；主体部分先是对阅兵活动重大意义的阐述，给人以明确认识；紧接着陈述为了确保纪念活动的顺利进行，市政府将要采取哪些必要措施诸如交通管制、车辆停放等，使广大市民了解应当"做什么"以及"怎样做"，令人确信无疑。然后又另起一段回顾过去相关重大活动中北京市民所给予的支持，以此进一步鼓舞士气，激励斗志，让市民更乐于接受，更好地遵守相关规定，从而实现行文目的。全文层次清晰，表意准确完整，用语简洁有力，文势顺畅，堪称此类文书的经典之作。

281 什么是倡议书？

倡议书是以集体、组织或个人联合的名义，为开展或推动某项活动或事业，向社会或有关方面首先公开提出带有号召性建议的一种文书，具有很强的现实性和鼓动性。目的在于调动广大人民群众的积极性，使之齐心协力，为实现共同的任务和目标而共同奋斗。

倡议书的发送范围十分广泛，它通常不是仅对一个人、一个集体或一个单位，而是对一个部门、一个地区、一个系统，甚至是向全国发出倡议。它可以由广播电台、电视台播发，也可以在报刊上登载或通过网络传播。

282 倡议书的写作要领有哪些？

一、要把握时代脉搏，体现时代精神。倡议书所倡议的内容事项一般反映了党和国家或者本地区、本单位的中心工作，具有很强的现实性，因此在撰写时必须紧密结合当前形势以及党和国家的方针政策，把握时代脉搏，体现时代精神，据以提出相应的倡议事项，这样，才有利于使接受者乐于接受，并进而转化为自觉的行动。

二、内容要具有普遍意义，能够使接受者产生共鸣。倡议书所倡导的内容事项必须是具有一定的群众基础，对推动当前工作具有普遍性和现实意义，只有这样，才能引起接受者的共鸣，使所倡议的事项得以实行。

三、用语要简明扼要，富有号召力和鼓动性。倡议书对接受者而言没有任何强制性和约束力，完全靠其自觉的意识和行动。因此，写进倡议书中的语言必须做到简练明快,能够对接受者产生一种强烈的鼓动性和号召力,激发他们以满腔的热情积极投身到所倡议的活动中去,实现倡议的目标。

范例与简析

▶ 例文1

党风廉政倡议书

全局安监党员干部同志们:

廉洁自律是对党员干部的基本要求。作为一名安监党员干部,树立正确的世界观、人生观和权力观,是干好工作的基础。为此,局党支部向全局安监党员干部倡议如下:

一、加强学习,不断提高自身政治素质和个人修养。当前,已进入知识经济和信息时代,作为新时期的党员干部,要牢固树立终身学习的理念,向一切可以学习的人学习,向一切可以学习的事学习。要始终保持积极向上的学习力、准确高效的执行力和开拓进取的创新力,树立"善于学习、勇于创新、敢于开拓"的好形象。

二、廉洁自律,树立安监党员干部的良好形象。公生明,廉生威。在工作和生活中,每一名党员干部时刻都要保持艰苦奋斗、谦虚谨慎的优良作风。领导干部务必廉洁自律,率先垂范,带领干部队伍完成组织交给的各项任务。安监系统党员干部要坚决做到"九条禁令",有效遏制歪风斜气的滋生,培养"修德、廉政、为民、奉献"的好作风。

三、求真务实,扎实工作,以锐意进取的精神创造良好的安全生产环境。当前,我市工业事业发展逐步推进,各项重点项目相继落地,安全生产工作任务尤其严峻,作为一名党员干部,要增强忧患意识和责任意识,转变观念,拓宽思路,求真务实的锐意进取精神,切实抓好我市的安全生产工作。继续发扬团结一心、众志成城、敢于胜利的拼搏奋进精神,建设"干事型、服务型、创新型"的好队伍。

同志们,让我们携起手来,从自身做起,严格要求自己,廉洁自律,以实际行动推进安监系统党风廉政建设,为促进海西经济区建设和港城崛起营造更加和谐安全的生产环境。

▶ 简析

这是一篇符合规范的倡议书。全文也由三层内容组成:第一层(开头部分)交代了发出倡议的缘由和目的;第二层(第二、三、四自然段)为主体部分,并列陈述三条倡议的具体内容,而且采用撮要句表达,明确疏朗,针对性很强;第三层(第五自然段)是向全局安监党员干部发出号召。从总体上看,全文主旨明确,用语干净利落,具有很强的号召力和鼓舞力。

▶ 例文 2

致全市基层党组织、共产党员和党务工作者倡议书

全市基层党组织、共产党员和党务工作者:

在隆重庆祝中国共产党成立 94 周年的喜庆日子里,我们来自全市各条战线、各行各业的 50 名同志,代表受市委表彰的 107 个基层党组织、138 名优秀共产党员和 36 名优秀党务工作者,光荣出席了××市庆祝中国共产党成立 94 周年大会。我们无比激动和自豪,倍受教育和鼓舞。崇高的荣誉,饱含着市委的热情鼓励和鞭策;光荣的称号,凝聚着广大基层党组织、共产党员、党务工作者和人民群众的殷切厚望和重托。为不辜负市委对我们的期望,在打造系统"九州"、建设现代××中再创佳绩,再立新功,我们向全市广大基层党组织、共产党员和党务工作者提出如下倡议:

我们这些受市委表彰的先进基层党组织,要和全市基层党组织一道,以"三个代表"重要思想、科学发展观和习近平总书记系列重要讲话精神为指导,认真贯彻落实市委六届五次全会精神,深入开展"三级联创"活动,深化实施"双基工程",切实加强自身建设,不仅在改革、发展、稳定等工作中充分发挥战斗堡垒作用,而且在面临复杂局面时,更要显示出强大的凝聚力和战斗力。坚持做到:(一)全面、准确、积极地贯彻党的基本路线,贯彻落实全市第六次党代会确定的"一二三四五六"发展目标,努力成为"三级联创""双基工程"、招商引资、"两带"开发等各项工作的坚强堡垒。(二)紧紧抓住发展第一要务,坚持以经济建设为中心,进一步加大招商引资工作力度,努力推动××由"追赶战略"向"赶超战略"的转变。牢固树立科学的发展观,结合单位实际创造性地开展工作,促进全市经济社会事业全

面发展。(三)牢记党的宗旨,转变领导观念和领导方式,改进领导作风和领导方法,密切联系群众,真心实意为群众办好事、办实事,把人民群众的根本利益实现好、发展好、维护好,真正做到权为民所用、情为民所系、利为民所谋。(四)解放思想,实事求是,在继承优良传统和成功经验的基础上,以改革的精神研究新情况、解决新问题,在抓好农村基层组织建设的同时,积极推进机关、企业、非公有制经济和街道社区党建工作,不断扩大党建工作覆盖面,进一步增强党组织适应形势发展和解决自身问题的能力。(五)坚持从严治党,大力加强精神文明建设和思想政治工作,严格党内生活,严肃党的纪律,加强对党员的教育、管理和监督,增强党员队伍的先进性、纯洁性。(六)坚持民主集中制和党内各项制度,抓好党风廉政建设,自觉接受党员和群众的监督,增强领导班子的整体功能,提高党组织在群众中的威信。

我们这些受市委表彰的优秀共产党员、优秀党务工作者,要和全市广大共产党员、党务工作者一道,严格按照党员干部的标准要求,发扬党的优良传统和作风,在各行各业、各条战线上发挥好先锋模范作用。努力做到:(一)加强政治理论学习,强化党性修养,增强政治坚定性和政治敏锐性,在任何时候、任何情况下,始终与党中央保持高度一致。同时,认真学习经济、科技、历史、法律及党建工作知识,不断提高自身素质。(二)牢固树立宗旨观念和群众观念,加深与人民群众的感情,虚心听取群众的意见、建议和要求,诚心诚意为群众谋利益,吃苦在前,勇于奉献。(三)带头执行党和国家的各项方针政策,开拓进取,奋发向上,爱岗敬业,脚踏实地,不怕困难,努力成为业务工作的中坚和骨干,创造一流成绩。围绕打造系统"九州",加快建设现代××,在招商引资、"四环五海"、平安××建设等项工作中充分发挥先锋模范作用。(四)增强党员意识,自觉加强党性修养和锻炼。以即将开展的保持共产党员先进性教育活动为契机,切实解决思想、工作、学习等方面存在的突出问题。积极参加党的组织生活,认真完成党组织交给的各项任务。在危急时刻挺身而出,坚决同危害人民、危害社会、危害国家的行为作斗争。(五)严格遵守党内规章制度和国家法律法规,做到自重、自省、自警、自励,自觉接受人民群众的监督,拒腐防变,弘扬正气,永葆共产党人的政治本色,维护党务工作者的良好形象。

全市基层党组织、共产党员和党务工作者,让我们紧密团结在以胡锦涛同志为总书记的党中央周围,高举邓小平理论伟大旗帜,忠实实践"三个代表",进一步发挥好战斗堡垒作用和先锋模范作用,团结带领广大干部群众,振奋精神,开拓进取,扎实工作,为实现全市超常规、跨越式发展做出应有的贡献,在加快现代××建设中再立新功!

受市委表彰的先进基层党组织

优秀共产党员　优秀党务工作者

2014 年 6 月 29 日

▶ 简析

这是一篇倡议书。开头部分用简要语言介绍了发出倡议的背景、目的;第二、三两段是倡议的具体内容,包括要坚持做到的"六条"、努力做到的"五条",目标明确,措施具体,富有针对性和可行性;最后是向全市基层党组织、共产党员和党务工作者发出号召。行文主旨明确,用语干净利落,具有极强的鼓舞力和感召力。

283 什么是协议书?

协议书是国与国、政党团体与政党团体之间,国内机关、团体、企事业单位之间为了解决某一事项,通过协商将取得一致意见的内容事项整理成相互共同遵守的文字材料。

协议书类似于合同,但合同较为全面、细致、具体,而协议书则相对单纯一些、原则一些。在适用范围上,协议书要比合同广泛得多。它不仅适用于经济活动,同时适用于有关上层建筑方面的活动。

284 协议书的写作要领有哪些?

一、任何协议书的签订,都必须在法律允许的范围内进行,其内容必须符合党和国家的政策法令。因此签订协议是一件非常严肃的事情,必须对协议内容进行反复推敲,权衡执行协议的利弊,切不可草率从事。

二、订立协议,必须坚持平等、自愿、互利的原则。无论是当事人的一方还是局外人,都必须坚持公正立场,不允许带有丝毫的个人感情。

三、协议书的签订者必须具有法人地位。代表单位在协议书上签字的人,必须是该单位的主要领导,或受单位正式书面委托的全权代表。

范例与简析

▶ 例文

<h3 style="text-align:center">安全生产协议书</h3>

甲方:

乙方:

为了全面履行甲乙双方签订的《建设工程总承包施工合同》,特签订本协议。

一、工程概况

工程名称:××工程

工程地点:××

工程内容:××

承包范围:同上

承包方式:采用"固定综合单价制"的方式,进一步明确在施工过程中甲乙双方各自的安全责任,保护施工人员的安全和身体健康,防止因工伤亡事故的发生。依据有关法律、法规、规定签订本协议书。经双方签字盖章后生效,与分包合同具有同等法律效力,双方应认真履行。

二、甲乙双方共同责任

1. 甲乙双方共同遵守国家和地方有关安全生产的法律、法规和规定,认真执行国家、行业、企业安全技术标准。

2. 在甲方的统一领导下,组成施工现场安全生产领导机构,定期召开安全工作会议,建立健全安全生产责任制和群防群治制度,制定各项安全生产规章和安全生产目标责任,形成一体化的安全生产监督管理体系和保证体系,并按照职责分工抓好落实工作。

3. 坚持"安全第一,预防为主"的方针,不得违章指挥和违章作业。在组织施工生产时先落实安全保护措施,防止事故发生。

4. 抓好安全教育，严肃安全纪律，规范安全行为，净化作业环境，禁止野蛮施工，防止施工扰民。

5. 发生事故时，应立即采取措施保护现场，抢救伤员，防止事故扩大，并及时报告上级主管部门，组成事故调查小组，查明事故原因，确定事故责任，按照"三不放过"的原则拟订改进措施，提出对事故责任者的处理意见。

三、甲方的具体责任

1. 甲方对施工现场安全管理负责。组织指挥现场安全生产，向乙方公布本企业、本施工现场的安全生产规章制度。检查乙方安全生产保证体系和规章制度，对乙方安全生产实施监督管理。

2. 编制工程项目安全施工组织设计，并分解到乙方分包项目。组织指导乙方编制分包工程内容的安全施工方案，制定安全技术措施并监督实施。

3. 在安排乙方工作时针对其施工内容、工艺要求，提出施工方法和安全操作规程，提供必要的安全保护设施。以书面形式向乙方施工负责人进行安全技术交底，交底由甲、乙双方负责人和安技人员签字备案。施工中监督乙方按交底内容实施。

4. 对乙方现场员工进行登记造册，复验身份证件，发放胸卡，按名单进行"三级"安全教育，建立安全教育档案。对分包单位的特种作业人员资格进行验证。协助乙方做好特种作业人员的培训、考核、持证上岗等管理工作，制止非特种作业人员从事特种作业。

5. 向乙方提供良好的、确保安全生产的劳动作业环境，所提供的电气设备、机械、工器具、架设机具、安全防护用品等必须符合安全技术标准，经乙方检验合格后，办理书面交接验收手续，一式两份，甲乙双方分别存查，并监督乙方安全使用。

6. 对乙方自带机具、设备、安全防护用品等进行技术指标、安全性能检验，合格者方可进入施工现场。监督乙方正确安装使用和拆除。

7. 对乙方施工工序、操作岗位的安全行为进行日常监督检查，纠正违章指挥和违章作业。发现严重的违章违纪和事故隐患，应立即责令停工，监督整改并按双方商定的管理办法进行处理。严重者终止合同，清退出场，所造成的一切经济损失由乙方承担。

8. 合同终止工程结算时，甲方安全技术部门应出具安全评价书。无安全评价书者不能结算。

9. 对施工现场的各种安全设施和劳动保护用品定期进行检查和维护，及时消除隐患，保证其安全有效。

10. 提供符合卫生、通风、照明等要求的员工生活环境，在容易发生火灾的地区，设置灵敏有效的消防器材。

11. 一旦发生伤亡事故按规定立即报告有关部门。

12. 其他。

四、乙方的具体责任

乙方在甲方的统一指挥监督下对本单位施工安全工作直接负责。按其职责分工，具体履行以下责任。

1. 接受甲方的指挥和监督，遵守甲方的安全管理制度，参加工地安全生产领导机构，出席安全工作会议，执行会议决定。

2. 按照甲方的统一管理规定制定本单位的安全目标责任和管理规章制度，并向甲方备案。

3. 根据甲方安全施工组织设计，编制本单位分包工程范围的安全施工方案和安全技术措施，按规定提取和使用安全技术措施费，报甲方审批执行。

4. 对本单位的施工人员应登记造册，如实向甲方报告，接受甲方的安全教育，发生人员调整时，要迅速报告甲方，并进行安全教育，未经安全教育的不得进入施工现场，不得录用无身份证件的人员和童工。

5. 按规定要求设置安全技术管理人员（50名施工人员以上的应设专职安全技术管理人员；不足50人的应指定兼职安全技术管理人员，各施工班组应设一名兼职安全员），负责操作中的安全检查。

6. 负责班前安全教育和工种交换的安全教育。下达施工任务时，应进行有针对性的安全技术交底，检查操作人员安全着装；发生交叉作业时，应先报告甲方，并进行监护。不得安排非特殊工种人员从事特殊工种作业，不得安排患有高血压、心脏病及其他不适于高处作业的人员从事高处作业。

7. 向甲方申报自带的劳动保护用品及机具、设备，经检验合格后使用。禁止任何人私自拆除安全防护设备或设施。

8. 设置必要的员工生活设施，并符合卫生、通风、照明等要求，员工的膳食、饮水供应等符合卫生要求。

9. 在容易发生火灾的地区施工动火时,应事前向甲方申请,得到书面批准并采取有效的防护措施后,才可施工。存储、使用易燃易爆器材时,应当采用特殊的消防安全措施。

10. 监督甲方履行安全职责,对甲方违反责任造成的损失有权索赔。有权制止甲方违章指挥,并按双方商定的管理办法进行处理。

11. 教育本单位员工遵章守纪,不得违章指挥和违章操作。施工中如因乙方施工人员违章指挥、违反纪律、违反安全操作规定而发生伤亡事故,其损失由乙方负责,给甲方造成损失的应负责赔偿。

12. 乙方须严格按照甲方安全技术交底要求进行施工,否则出现人身伤亡事故由乙方自负。

五、此协议作为分包合同附件,具有同等法律效力,一式两份。

甲方:(章)	乙方:(章)
法定代表人:	法定代表人:
或委托代理人:	或委托代理人:
年 月 日	年 月 日

▶ 简析

这篇协议书写得符合规范。开头部分首先表明拟定协议的目的,并用"特签订本协议"提领下文。主体部分由四项内容组成:工程概况、甲乙双方共同责任、甲方的具体责任、乙方的具体责任。对具体责任内容的表述,采用列项的方式,依次列明,十分具体细腻,涉及各个方面,便于遵照执行,而这也正是确保协议效力发挥的必要条件。

285 什么是宣言?

宣言,是指国家、政府、政党或其领导人对外宣告其政治纲领、对重大问题、事件公开表明其基本立场、观点而发表的文件。在世界范围内发表的宣言,目的是通过新闻媒体的传播,以便取得广泛的国际承认或舆论的同情与支持。宣言由于不同的内容和目的而具有相应的作用与性质。有一国单独宣告本国重大变革的,如著名的美国《独立宣言》;有一国针对另一国表明本国立场、态度的,如《苏俄对华宣言》。这些宣言具有公告性质,目的是取得国际的理解和支持。由两国、多国或以国际会议的名义发表的"共同宣言""联合宣言",则具有条约的性质,其目的是为了取得国际承认,起到共同遵守的监督作用。

286 宣言的写作要领有哪些?

一、义正词严。撰写宣言,在文风上应当体现出义正词严的特点。一般在开头先对宣言的对象进行引述,说明发表宣言的目的、原因和背景,进而作出评价,表明态度,申明主张。在表明态度、主张时,论点要鲜明、尖锐,论据要具体、得力,切忌含糊其词、模棱两可或软弱无力。

二、语言精确。用于宣布主张、行动的宣言,在信息的传递上都应当坚持"浓缩"的要求,也就是说要做到篇幅短、内容精,以利扩大宣传效果,增强它的可受性。要做到短而精,唯一的办法就是使用精确的语言,舍此别无他策。精确的语言,一是概括性强,二是准确度高,既节省文字又信息量大。

三、讲究策略。撰写宣言,应当注意既要旗帜鲜明,又要讲究策略,做到"有理、有利、有节"。该说的一定要说,有的话可以锋利地表达,有的话则可以婉转地陈述。

范例与简析

▶ 例文

上海合作组织成员国元首乌法宣言

上海合作组织(以下简称上合组织或本组织)成员国元首2015年7月9日至10日在乌法举行会议,发表声明如下:

上合组织遵循本组织《宪章》和《长期睦邻友好合作条约》,以及本组织框架下通过的其他国际条约与文件的规定,已成为加强成员国相互理解、真诚对话和平等伙伴关系的坚实平台。本组织逐渐成为现代国家关系体系富有影响力的参与者,为维护地区安全与稳定作出重要贡献。

成员国指出,上合组织在经济全球化和世界多极化为特点的国际关系复杂演变中向前发展,同时国际安全面临的挑战与威胁不断增加,各地区的不确定和不稳定因素上升。

元首们对国际恐怖主义和极端主义蔓延、各种恐怖组织合流表示严重关切,支持国际社会根据联合国安理会决议加强打击恐怖主义。

……

▶ 简析

这篇宣言在写法上没有采取一般的分条列项的形式,而是直接以段落形式布局,将上海合作组织成员国乌法会议所达成的共识加以公布,并使用了"成员国认为""成员国指出""成员国相信""成员国主张""成员国支持"等提领性语句,使宣言富有很强的告知性和震撼力,由此而产生的巨大的国际政治效用显然是毫无疑义的。

287 什么是声明?

声明是就某一问题或某一事件公开表明立场、观点、态度和主张的一种文书。它的使用者可以是某一国家、政党、社会经济组织。它的发布形式是通过新闻媒介(报纸、电台、电视台)或新闻发布会的形式公布给社会。

声明既可用于针对国内的有关事项发表,也可用于外交场合。外交声明,是指国家、政府及有关部门、政党或其领导人对某些有国际影响的事件、问题公开表明态度、看法,或是在公布某项重要决定时加以说明所形成的正式文件。

两国或两国以上的"联合声明",其内容往往包含着有关国家相互权利和义务的协议,具有接受国际监督、相互制约、共同信守履行之作用。

声明与宣言相比,其目的和作用颇为接近,但宣言所涉及的内容往往更为重大,意义更为深远,公布形式也显得更加庄严。

288 声明的写作要领有哪些?

一、观点鲜明,态度明确。撰写声明,在阐述发布者的观点和态度时,一定要直截了当,清晰鲜明,切忌隐晦暧昧,让人难明旨意,那样就起不到声明的作用。

二、用语准确,简明。要根据声明涉及的内容等事项,运用恰当的语言加以表述措辞,措辞要准确,语气要肯定。实践证明,烦冗拖沓、言不及义,是声明写作最要不得的东西。

三、要体现出庄严郑重的色彩。有的声明具有一定的法律意义,因此在撰写时必须针对具体的情况,恰如其分地将声明事项作出表述,使之体现出一种郑重色彩,以充分发挥它的应用效用。

范例与简析

▶ 例文

二十国集团领导人安塔利亚峰会关于反恐问题的声明

(2015年11月19日土耳其安塔利亚)

1. 我们最强烈谴责11月13日发生在巴黎和10月10日发生在安卡拉的可憎的恐怖袭击。这是对全人类不可接受的冒犯。我们向恐怖袭击的遇难者及其家属致以最深切的哀悼。我们重申将团结、坚定打击各种形式的恐怖主义,无论发生在何地。

2. 我们将在打击恐怖主义中保持团结。恐怖组织的蔓延和全球范围内恐怖活动的显著升级直接破坏国际和平与安全,损害我们推动全球经济和实现可持续增长与发展的努力。

3. 我们明确谴责恐怖主义的一切行为、手段和做法,无论其动机如何、有何形式和表现、何时发生、何人所为,都是不可开脱的犯罪行为。

4. 我们重申恐怖主义不能也不应与任何宗教、国家、文明或民族联系起来。

5. 反对恐怖主义的斗争是我们所有国家的主要优先任务。我们重申决心通过加强国际团结和合作,共同预防和制止恐怖行动,充分发挥联合国的中心作用,恪守《联合国宪章》和国际法准则,包括国际人权法、难民法和人道主义法,全面落实相关国际公约、联合国安理会决议和联合国全球反恐战略。

6.我们将继续致力于应对恐怖主义融资渠道,特别是通过加强情报交流合作、冻结涉恐资产、恐怖融资行为刑罚化、加强与恐怖主义和恐怖分子相关的定向金融制裁机制,包括在司法管辖区域内迅速落实金融行动特别工作组的建议。我们将继续执行金融行动特别工作组相关建议及文件。我们呼吁金融行动特别工作组提出相关举措,包括有关法律框架,以加强反恐融资、定向金融制裁并推动落实。

7.我们的反恐行动必须继续全面施策,根据联合国安理会第2178号决议规定解决滋生恐怖主义的根源性问题,打击暴力极端主义,打击极端化,限制恐怖分子招募人员和跨境流动,阻止恐怖分子宣传,防止其利用技术、通信和各种资源,包括通过互联网来煽动支持恐怖行为。必须阻止直接或间接鼓励恐怖主义,煽动恐怖行为及美化暴力的行径。我们认识到有必要在各层次积极行动,共同防止暴力极端主义,支持民间社会与青年人接触,推动社会成员相互包容。

8.我们关切外国恐怖分子流动日趋严重,对其原籍国、过境国和目的国等各国构成安全威胁。我们决心加强合作,采取措施,共同预防和应对该问题,包括加强行动情报共享,强化边境管理以追踪人员往来,采取预防性及适当刑事司法应对举措。我们将一道加强全球航空安全。

9.近期世界各地持续发生的恐怖袭击再次表明加强反恐国际合作的必要性。我们将铭记这些恐怖袭击的遇难者。

▶ 简析

这篇声明是二十国集团领导人于2015年11月19日在安塔利亚峰会上所发表的关于反恐问题的声明。全文没有任何赘余的开头引述,而是直截了当,以此使用序号,分别就如何更好地有针对性地防范和打击各种形式的恐怖主义表明了观点、主张和态度。按照内容事项的主次轻重顺序,依次载明九项具体内容,写得观点鲜明,理周词要,简洁精练,令人信服。

289 | 什么是启事?

启事属于告知类应用文。它是需要向社会公众说明某一事项或期望公众协助办理时所使用的一种公关文书。

启事的应用范围很广，种类也很多。但就通常而论，常用的启事主要有招聘启事、开业启事、搬迁启事、厂庆启事、遗失启事、更名启事等等，它们通常要借助报刊或电台、电视、网络等新闻媒介刊登或播发，以便在更加广泛的范围内让公众知晓。从这个意义上讲，启事具有明显的宣传性、告知性以及适用范围的广泛性的特征。

启事，顾名思义，重在对有关事件或情况的陈述，因此，它本身不具有法令性，没有强制性和约束力。对于其所涉及的内容事项，公众可以自主决定是否参与。

290 启事的写作要领有哪些？

一、内容要简要明了。撰写启事，一定要注意把应启之事交代清楚，最好一事一启，以便公众能够迅速把握要领，并按照其中的有关要求去做，顺利实现行文的目的。否则，如果失之烦冗，模糊不清，甚至语义两歧，就会失去启事的应有作用。

二、用语要恳切热情，庄重平易。由于启事是面向社会公众的一种告知性文书，因此在语言运用上必须注意做到热情恳切，讲究文明礼貌，要告知公众什么事项，需要公众做什么以及如何去做，都必须写得简洁明确，让人一目了然。只有这样，才会使公众对发布主体产生信任感，达到预期的效果。

三、不要把"启事"写成"启示"。启事是一种应用性文书，"启"是陈述、告诉的意思，"事"就是事情，启事即将有关事情公开地告知别人。而"示"则是提示、指点、启发的意思，与启事的内在含义相去较远。

范例与简析

▶ 例文 1

中国电能成套设备有限公司招聘启事

中国电能成套设备有限公司（英文简称 CPCEC）是一家从事以电力设备成套服务为主的专业化公司，其服务范围包括设备总承包、设备招标成套、招标代理、技术咨询、设备监造、信息服务、物资供应及设备进出口等领域,经过30多年的不懈努力,本公司已发展成为在国内电力行业享有较高声誉的专业化服务公司。因近年来公司业务发展需要,现诚聘优秀专业人才加盟本公司,具体事项如下:

一、招聘岗位及应聘条件

(一)招聘岗位:电力设备专业工程师(化学、上煤、除灰、暖通、机务等专业各1—2人)

1. 岗位职责

(1)进行招标设备招标文件的编制工作;

(2)从事电力工程设备的招标评标工作;

(3)从事电力工程设备的技术、商务咨询工作;

(4)其他相关业务工作。

2. 任职条件

(1)具有热动/热能工程、汽轮机、发电机及相关专业大学本科及以上学历,并具有在国内主要主机或大型辅机设备制造厂相关科研、设计、生产等技术岗位或主要电力设计/调试单位或大型火力发电厂从事电厂化学、上煤、除灰、暖通、机务等相关专业技术岗位五年以上工作经历,工作经验丰富;

(2)具有较好的外语水平;

(3)能熟练操作计算机;

(4)有高度的工作责任心和团队合作精神,工作积极主动并善于沟通;

(5)身体健康,能适应经常出差的工作特点;

(6)年龄在35周岁及以下,特别优秀者可放宽至45周岁。

(二)其他规定

1. 所招聘人员一经聘用,按期签订聘任劳动合同,按国家规定参加社会保险,工资福利待遇从优;

2. 应聘人员户籍不限;

3. 上述年龄计算到2007年5月30日。

二、报名方式

(一)登录中国电能成套设备有限公司网站www.cpcec.com.cn下载《应聘人员登记表》,填写个人信息。

(二)邮寄个人应聘资料

1.《应聘人员登记表》(粘贴一寸免冠照片),另附同版照片两张(照片背面注明本人姓名);

2.本人身份证复印件、学历和学位证书复印件;

3.专业技术资格证书/执业资格证书、获奖证书、论文(已发表)等能够证明能力、学识的资料复印件;

4.工作经历及相应说明。

(三)报名截止日期:2007年6月30日(以寄发地邮局邮戳为准)。

(四)资料邮寄方式:邮政特快专递或发送电子邮件。

(五)联系方式

通信地址:北京安外大街安德里北街15号,100011

中国电能成套设备有限公司

邮箱:hr@cpcec.com

联系人:杨女士

电话:010-51965133

三、注意事项

(一)应聘者应对所提供材料的真实性负责;如有不实,取消其应聘资格。

(二)本次招聘只接受应聘资料,恕不接待来访。

2007年6月5日

▶ 简析

这是一则招聘启事。全文由标题、正文、日期组成。就正文而言,开头概述公司的名称、性质、服务范围、声誉,并说明招聘的原因及事由,写得简洁明了,并用"具体事项如下"提起下文。主体分三层。第一层,写招聘岗位及应聘条件,介绍招聘岗位、岗位职责、任职条件、聘用及待遇、户籍、年龄计算方法等;第二层,写报名方式,包括登录网站下载表格、邮寄个人应聘资料、报名截止日期、资料邮寄方式、联系方式;第三层,写注意事项,解释对应聘者所提供材料真实性的要求、本次招聘只接受应聘资料而不接待来访等情况。事项具体、交代明确,层次逐级标明序数,语言准确简练。

▶ 例文 2

南方李锦记有限公司更名启事

为了弘扬使命，持续快速发展，南方李锦记有限公司决定把握机遇，主动变革，即日起对公司进行更名。

根据国家企业登记机关核发的(国)名称变核外字〔20××〕第 209 号《企业名称变更核准通知书》，经江门市企业登记机关核准登记并换发营业执照(注册号:440700400022070)。

变更前企业名称:南方李锦记有限公司

变更后企业名称:无限极(中国)有限公司

名称变更为"无限极(中国)有限公司"之后，公司法律主体不变，以"南方李锦记有限公司"名义开展的合作继续有效，且所签署的合同不受影响，公司将按约定的内容继续履行。

更名后，我们将继续坚持务实诚信，思利及人，客企一体，共享成果的价值观，希望与大家在现有基础上保持长期合作，共同迈向新的台阶！

如需咨询和帮助，请与我们联系。

公司网站:www.infinitus.com.cn

公司电话:020-81369988

客服热线:020-81361688

公司传真:020-81364266

无限极(中国)有限公司
20××年3月22日

▶ 简析

全文由标题、正文、具名、日期组成。其中，正文的开头交代目的、主旨、更名时间。主体分别说明换发营业执照、原名称、新名称、公司法律主体、原有的合作及合同的处理、公司的价值观、对客户的希望、联系方法。不仅层次清晰，语言准确，而且"持续快速发展""把握机遇，主动变革""务实诚信，思利及人，客企一体，共享成果的价值观"等体现很强的时代精神、浓厚的企业文化氛围。

下编

公文写作常见疑难问题解答

291 我国现行的公文处理法规和公文格式国家标准是由何机关何时颁布实施的？

我国现行最新使用的公文处理法规是指由中共中央办公厅和国务院办公厅于2012年4月16日联合正式印发的《党政机关公文处理工作条例》（中办发〔2012〕14号），从2012年7月1日起正式施行，同时1996年5月3日中办发布的《中国共产党机关公文处理条例》和2000年8月24日国务院发布的《国家行政机关公文处理办法》停止执行。

长期以来，我国党政两大系统公文处理法规一直是单独运行的。其中党的机关从1989年到1996年先后由中办印发过两次，即1989年4月25日的《中国共产党各级领导机关文件处理条例（试行）》和1996年5月3日的《中国共产党机关公文处理条例》；国家行政机关从1981年到2000年先后发布修订过四次，即1981年2月27日由国务院办公厅发布的《国家行政机关公文处理暂行办法》，1987年2月18日由国务院办公厅发布的《国家行政机关公文处理办法》，1993年11月21日由国务院办公厅发布的《国家行政机关公文处理办法》和2000年8月24日由国务院发布的《国家行政机关公文处理办法》。在长达二三十年的运行时间里，我国党政机关的公文处理工作发生了很大变化，其中有相当多的规定和做法不够统一和谐，甚至互相抵触，影响了公文处理工作的统一化、规范化和科学化，无论从理论还是实践上都带来了不少问题。有鉴于此，从2008年开始，中共中央办公厅和国务院办公厅即着手对党政两大系统的公文处理法规作进一步修订。历经近四年之久，新公文处理条例终于正式公布。新《条例》由中办和国办联合印发，是自20世纪80年代以来，党的机关公文处理法规与国家行政机关公文处理法规由原来的分别设立走向统一要求、统一规范、统一实施的重要里程碑,是我国当代公文法规建设进程中一次具有划时代意义的重大变革,是党政机关公文处理工作发展的客观需要,对于进一步推动各级党政机关公文处理工作的统一化、制度化和科学化,规范公文运转程序,提高公文处理的质量和效率,具有极其重要的现实意义和深远的历史意义。

与以前党政两大系统的公文处理法规相比,新《条例》无论从内容规定还是从体例设置方面都作出了较大的调整和变化,既适合党政机关公文处理工作的实际状况和未来的发展需要,又很好地体现出公文法规本身所应有的严密性和规范性特征。

与《党政机关公文处理工作条例》相配套的《党政机关公文格式》(GB/T9704—2012)2012年6月29日由中共中央办公厅和国务院办公厅提出,由中国标准化研究院、中共中央办公厅秘书局、国务院办公厅秘书局和中国标准出版社共同起草,中华人民共和国国家质量监督检验检疫总局和中国国家标准化管理委员会联合发布了《党政机关公文格式》(GB/T9704—2012),该标准与《党政机关公文处理工作条例》相配套,亦从2012年7月1日起正式实施。这是继1988年9月5日原国家技术监督局发布《国家机关公文格式》(GB/T9704—1988)以及1999年12月27日发布修订的《国家行政机关公文格式》(GB/T9704—1999)之后所作的第二次修订。此次修订在1999年标准的基础上作了很大调整,首次将适用范围扩大到各级党政机关,并对党政机关公文用纸的纸型、构成要素、版式规格以及标注位置、方法、要求等均作出统一的规定,显得更加科学、严谨、完备,更具实用性和可操作性。它的发布实施,对于进一步提高各级党政机关公文质量,推动党政机关公文处理工作的科学化、规范化和标准化,必将起到非常重要的作用。

292 公文、文书、文件三者有什么不同?

"文书""公文""文件"这三个概念极其相近,很难严格区分。从内涵来看,在许多情况下是通用的,具有同一性。比如文书的核心和主体部分是公务文书,而公务文书就是公文;公文既包括法定公文,也包括机关常用应用文,或称准公文。而法定公文就是我们通常所说的"文件"。另外,在日常习惯称呼上,这三个概念也往往略有区别。行政机关一般习惯将公务文书称为"公文",而党的机关却习惯叫作"文件"。由此可见,文件、公文、文书在某种意义上是相同的,内涵完全一致;但它们之间也有一定的区别,即文书的外延较大,它一般包括公务文书和私人文书;公文的范围次之,即指公务文书;文件的范围较窄,通常专指各级党政机关制发的有固定版头的正式公文。除此之外,还有一点,文书是一个集合名词,泛指在各种公务活动中产生的全部文字材料(私人文书除外),公文亦是如此,而文件却不然,它不仅是一个集合名词(指文件的全部),同时也是一个具体名词。

293 公文处理工作应当坚持的基本原则是什么?

《党政机关公文处理工作条例》第五条明确规定"公文处理工作应当坚持实事求是、准确规范、精简高效、安全保密的原则",这一规定既科学合理又切合实际。特别是在当前,把实事求是作为公文处理的首要原则加以提出十分必要,它有利于遏制少数单位和地区一个时期以来所出现的"数字出官"的虚假现象的蔓延。突出表现为很多省市所上报的 GDP 统计数据,与国家统计局所公布的数字相比,总量差距很大。还有,公文中的不准确、不规范现象也是一个非常值得我们重视的问题。至于"精简高效",是说要严格控制发文数量,做到发文确有必要并讲求实效。文件不是发得越多越好,也不是写得越长越好,正确的做法是发文数量要适中,力求简明扼要、短小精悍,只有这样才能从根本上搬掉"文山",切实改进机关的公文文风。而要实现"高效",要求我们在公文处理的时间上要做到迅速及时,在空间上要做到准确周密,同时又要做到安全保密,以确保公文在政治上、物质上万无一失。

294 如何坚持公文处理的高效原则?

及时、迅速,不断提高公文处理工作的效率,这是对公文处理工作的时限要求。文秘工作者必须具有极强的时间观念,有为领导服务,为基层服务,为人民群众服务的紧迫感,要雷厉风行,只争朝夕。在改革开放的新时期,特别是在市场经济不断完善的今日,工作千头万绪,情况瞬息万变,信息传递与反馈刻不容缓,作为公务信息载体的公文,要加速上传下达的纵向沟通,发挥指挥信息的优势,必然会要求公文处理工作迅速而适时地进行。迅速,就是快,各个处理环节都要抓紧进行,不能拖拉,更不能积压;适时,就是恰当,公文表述的信息要与实际需要的时间相吻合。此外,为保证公文处理工作的及时性原则,还要采取有力措施,改革公文处理手段,实现办公自动化。这就要求文秘工作者要做到:一要增强政治责任感,提高办事效率;二要增强工作的预见性;三要加强协调,减少推诿、扯皮现象;四是学习先进技术,发挥现代办公设备的作用。

295 公文处理怎样做到安全、保密?

安全、保密,确保文件在物质上、政治上的安全,这是对公文管理的要求。物质上的安全,使公文不受损坏;政治上的安全,就是要确保国家的机密,做到不失密、不泄密,保证公文不丢失、不被窃。机关公文,有一部分要涉及党和国家的重要机密,是国内外敌人千方百计猎取政治、经济情报的重要对象之一。《党政机关公文处理工作条例》第五条规定:"公文处理工作应当坚持实事求是、准确规范、精简高效、安全保密的原则。"第二十九条规定:"党政机关公文由文秘部门或者专人统一管理。设立党委(党组)的县级以上单位应当建立机要保密室和机要阅文室,并按照有关保密规定配备工作人员和必要的安全保密设施设备。"第三十条又进一步规定:"公文确定密级前,应当按照拟定的密级先行采取保密措施。确定密级后,应当按照所定密级严格管理。绝密级公文应当由专人管理。公文的密级需要变更或者解除的,由原确定密级的机关或者其上级机关决定。"这些规定对于确保公文的安全保密是非常必要的。

296 如何才能写好公文?

一、要坚持理论与实际相结合的原则。公文写作是一门实践性很强的学科,要学好公文写作,除了必要的理论储备作为基础以外,最关键的是要深入实际,将所学到的理论与公文写作实践有机地结合起来,以增强其针对性和实用性。对于尚处于学习阶段的学生来讲,应当通过社会调查、实习等多种形式,尽可能多地接触当前的公文工作实践，了解和把握公文写作方面的实际情况和问题，并以之来印证、消化在课堂上所学到的理论知识；对于在机关单位工作多年的人员来讲，公文理论的储备自然是必要的，同时也必须深入到实际中去，不但要了解本地区、本部门的工作实际，而且要了解全省乃至全国范围内的有关情况；不但要了解事物的现状，还要了解事物的历史和未来；不但要知其然，而且还要知其所以然。

二、要尽可能地接触公文实例，从阅读中提高。实践证明，广泛阅读公文实例（包括范例和病例），从中汲取经验或引以为戒，是提高公文写作能力的有效方法。大量的公文实例，总能给人们提供有益的借鉴，通过阅读，我们不但会了解到公文这一特殊文体在思想内容表达方面的规律与要求，而且更能从中品味、揣摩出公文写作的有关特性、技法和要领，从而有效地提高写作水平。这里，要注意对各种例文的选择应当尽量摄取那些在时间上比较切近而又比较有代表性的范例或病例，以确保学习的针对性和适用性；同时，要注意在阅读的过程中对例文进行一番"评析"，不能单纯地为阅读而阅读。要在明确行文目的与意图的前提下，依公文的基本构成，特别是从内容、体式、表达等几个方面对例文加以深入考察，弄清其规范或病误的道理。这样，才会充分发挥阅读的作用，收到应有的效果。

三、要认真练好"内功"，自觉地做到多写、多练、多积累。这里的"内功"包括诸多要素，其中最主要的无外乎是指思想政策水平的锤炼，本系统、本单位业务知识的积累，语法、逻辑和修辞方面知识的掌握和运用，等等。而要做到这一点，绝非易事，要求我们在日常的学习和工作中，一定要努力学习和掌握马列主义、毛泽东思想、邓小平理论和"三个代表"重要思想，认真学习领会党和国家的有关方针、政策，使自己懂得运用正确的立场、观点和方法来观察、分析实际工作中遇到的问题；同时还要努力钻研业务，做学习和工作中的有心人。要通过写日记、记笔记、作摘录、建卡片等多种形式，广泛地积累与公文写作相关的各种材料，凡属与本职工作有关的党和国家某一历史时期的某项方针政策，以及本系统、本部门、本单位主管工作范围内的相关情况，等等，都要加以留心并及时摄取存贮起来，以备不时之需。在此基础上，最重要的也是最有效的是要做到"多动笔"，公文写作标准高、要求严，要达到这一目的，没有别的捷径可走，只有靠自己亲身实践，多写多练。

297 如何保持公文政策思想的系统连贯性？

所谓公文的政策思想，是指通过公文这个载体传递方针、政策、主张、观点等。所谓连贯一致，是说我们通过公文传递的政策规定、方针主张、思想观点，在时间上要维系前前后后，保持"昨天—今天—明天"的持续；在空间上要维系上下左右——保持上下、左右同步。对上级的政策规定不要自作主张，对同级的意见不要唯我是从。这就要求我们看问题、办事情，既要瞻前又要顾后，不切断事物的来龙去脉，这对于维护党和国家的权威与集中统一，取信于民是十分重要的。

要保持公文政策思想的系统连贯性，一般应注意以下三点：

一、注意前前后后。即保持过去与现在为解决某一问题所制发的文件在政策上的系统连贯，不要忽东忽西，前后矛盾，使下级无所适从。比如我们看到有的单位，由于班子更迭，新官上任，为显示"新"的高明与权威，对先前一些正确的主张、要求、规定一笔抹杀，重打鼓另开张，造成政策多变，这就损害了公文的系统性，也不利于领导形象的塑造。

二、注意上上下下。要与上级文件的政策思想与基本原则保持系统连贯，这才有利于在公务活动中做到政策连贯、上下合拍、运转一致。在实际工作中，我们有时看到一些下级在制订实施上级某一政策的具体规定时，断了线、走了样、变了调、串了味，使本来应当连贯的政策出现脱节，损害了公文的权威。

三、注意左左右右。为了保障上级某一政策的落实，下属各个主管部门必然要各自制定具体的实施办法。部门与部门之间有些规定的界限是清楚的，但也有些事情是出现交叉的。对于交叉性的问题，在制定具体的实施办法时，要及时沟通，做到相互沟通，相互协调一致，不能"一个和尚一本经、一个木鱼一口磬"，防止文件"顶牛"与"撞车"。

298 怎样使公文用语与文种做到统一和谐？

公文用语是以实用为目的，这就决定了它的用语风格必然是平实、简明、庄重。在这一总的要求下,对不同的文种在用语上又要有所区别,以保持文种与用语的严格一致。例如以下行文、上行文、平行文这三类文种来讲,由于它们分别代表了不同的行文方向,加之它们又分别具有指令、请示与商洽三种不同性质,所以在用语上必然互不相同。

一、下行文主要由命令(令)、意见(下行)、通知、决定、通告、公告、通报等组成,应使用斩钉截铁的语气,多用带有指令语气表示肯定或带有禁止语气以示否定的句式。常用的词语主要有:要、必须、应、保证、务必、坚决、认真、努力、要求、严禁、禁止、不得、不准、不可、一律、一定、凡、均得、定予、严加、切勿等。

二、上行文是由报告、请示、意见(上行)等文种组成,要用下级对上级说话的语气,不能有不尊重上级、不懂深浅的嫌疑,也不能有强逼上级作出某种决断的语句,而要用汇报和请示的语气,把事情说清楚,把道理讲透彻,把依据写充分,以求上级研究和表态。常用的主要词语有:请、敬请、拟请、望、建议、意见、报告、汇报、叙述等。

三、平行文主要是函,要使用平等协商的语气,多用商量、谦恭的语句,以取得对方的理解与支持,使问题得到顺利解决。常用的词语主要有:贵、悉、为荷、感谢、承蒙、关照、望、特请、给予、盼予等。

299 公文写作中如何处理观点与材料的关系?

公文写作既要观点鲜明、正确,又要材料坚实、有力。材料是形成观点的基础,而观点又是材料的统帅。观点决定材料的剪裁、取舍,而材料又必须直接服务于观点的表达需要。观点与材料要相辅相成地统一在一起,而这种统一必须是和谐的、融合的。如:

> 必须清醒地看到,当前在药品管理方面还存在不少问题,有的还相当严重,突出表现在制售假劣药品的违法犯罪活动屡禁不止,一些地方制售假劣药品的种类多、规模大,违法犯罪分子见利忘义到了丧心病狂的程度,后果十分严重;一些地方和部门片面追求自身利益,违反药品管理法规,竞相开办药品生产、经营企业和药品集贸市场,药品生产经营秩序混乱,药品购销中行贿、索贿、回扣等不正之风盛行;违法、失实的药品广告泛滥;新药开发缺乏应有的保护。制售假劣药品的违法犯罪活动严重危害人民群众

生命健康,损害国家利益,扰乱经济秩序,败坏社会风气,影响社会安定及党和人民政府的声誉,社会各界和人民群众对此反映强烈,已经到了非下大力气解决不可的时候。

上述引文是《国务院关于进一步加强药品管理工作的紧急通知》开头一段话。这段话观点鲜明,材料有力。开头先是亮明观点:"当前在药品管理方面还存在不少问题,有的还相当严重";然后为了证明这一点,并列讲了四个方面的材料;在叙述事实之后,紧接着指出问题的严重性和解决问题的必要性,这又是在进一步阐明观点。读完这段话,使人从观点与事实的完整结合上加深对文件中心思想与主要内容的理解和把握。

300　公文写作如何做到内外结构的有机统一?

一篇完整的公文,在结构安排上应当是内在与外形的有机结合与统一。公文的内在结构,即作者通过对客观公务活动的观察、认识,依照一定的逻辑联系所理出的一个表达的顺序;外在形式是文内各个部分的组合方式。前者反映公文结构的立体感,后者体现了结构的平面性;一个是结构的内核,一个是它的外壳;内在决定外形,外形服务于内在,是一个结构的两个方面。

公文的外在形式有各种样式,如撮要分条、篇段合一、条项贯通、章条款分列、分列小标题、全面分块等。由于公文是党和国家用来完成公务活动的一个重要工具,它的内在结构必须与公务活动的运转形式,即"提出问题—分析问题—解决问题"保持一致。正因为如此,不论公文的外形表现是什么样子,其内部都应是"三个问题"的"珠联",或至少是"提出问题"与"解决问题"的"璧合",表现为问题的"顶真"。

公文的外形与内在结构是怎样统一在一起的呢?

一、公布令、任免令、批复、函、任免通知、会议通知、批转(含转发、公布)通知、转述式通报、专门问题的决定等,它们的内在结构是单一的公布、表态和回答解决问题的结果,也就是说主要在于"解决问题"的"单一"结构形式,而外在形式往往是篇段合一式。

二、指示性通知、通告、动员令、行政令、部署指挥性的决定、方针政策性的决议、直述式通报、议案、请示、专题调查报告等,就一般而言,它们的内在结构或是"提出问题—解决问题",或是"提出问题—分析问题—解决问题",而结构的外形首先多数表现为"撮要分条式",其次是条项贯通、分列小标题式。如1949年4月25日毛泽东同志起草的《中国人民解放军布告》,第一段即开头,从外形看是"撮要",然后转入主体并列提出八点要求,故属"分条",合为"撮要分条式";它的内在结构,开头是"提出问题",八点要求是"解决问题",故属"提出问题—解决问题"的简单结构形式。

三、简报、情况通报、情况报告、信息快报等,其内在结构很单纯,主要表现为"提出问题"(即反映情况)的单一形式,而外形体式有的采用分列小标题式,有的则采用撮要分条式或条项贯通式。

四、综合性工作总结、工作计划、经验介绍、大型工作会议纪要、调查报告等陈述性的文件,对重大问题所作出具有指挥性的意见、条例、规定等法规性文件,外形多为"全面分块式"。如综合性工作总结的"情况概述—做法或经验体会—存在问题与今后意见";法规性文件的"总则—分则—附则";而内在结构表现为边摆问题、边分析与解决问题的特殊形式。这种内在结构形式所以说是特殊的,就是说它打乱了先提出、后分析、再解决问题的逻辑次序,而是把它们糅合在一起,分列几个问题来安排内在结构,每个问题中既包含问题的提出,又有对问题的分析与解决。

301 为什么说公文工作者要较多地懂得马克思列宁主义、毛泽东思想、邓小平理论、"三个代表"重要思想、科学发展观以及习近平总书记系列重要讲话精神?

就现实而言,我们党的所有干部,都要懂得马克思列宁主义、毛泽东思想、邓小平理论、"三个代表"重要思想、科学发展观以及习近平总书记系列重要讲话精神,这是共同的要求。而公文工作者要较多地懂得,这是同公文工作的特殊性相联系的。因为公文是施政的工具,公文文体是各种文体中受政治影响、政策影响最直接的一种文体。这种影响,当然首先表现在策见上,同时也表现在表述形式上。正因为如此,公文工作者必须十分注意政治理论学习,为写好文件打下牢固的思想理论基础。1958年党中央制定的《工作方法六十条》,其中一条专门讲到,无产阶级一定要有自己的"秀才"。这个"秀才"就是对公文拟写的政策研究人员的通俗称呼。这个条例中规定,这些人既要较多地懂得马克思列宁主义,又要有一定的文化水平、科学知识和辞章修养。所谓"懂得"关键是看在解决各种公务活动实践中遇到问题时会不会正确地运用,而不是指离开公务活动实际去搬弄经典著作中的词句。

302 公文工作人员的基本素质要求有哪些?

公文工作人员除了一般干部应具备的素质,诸如坚持党的基本路线,树立为人民服务的观念,确立共产主义信念,严明组织纪律等之外,还应具备以下素质:

一、要热爱公文工作,刻苦钻研业务,不断地提高工作水平。公文工作的基本业务是起草、处理与管理好文件。处理和运转是为了贯彻文件精神,协助领导做好工作,所以一定要精通业务,达到三熟悉:一是熟悉文件的处理原则、规则、要求和处理程序;二是熟悉本机关和各业务工作范围、性质,以及上下对口机关的行文关系;三是熟悉领导的业务分工。总之,就是要熟悉掌握机关文件处理工作规律,不断地总结经验。

二、要遵守纪律,严守机密,维护国家机密文件的安全。纪律是一切工作成功的保证,这在公文中尤为重要,必须严格遵守纪律。首先要坚决服从领导。公文工作中必须按照组织原则办事,千万不能自以为是,自作主张,更不能凭感情意气用事。要严格遵守保密制度,公文工作人员在日常工作中接触大量的机密材料,如参加领导班子的各种会议,担任记录,又负责各种机密文件的起草和保管工作,同时,公文工作人员对领导的活动、行踪知道得最清楚、最详细。为此,应当时刻以党和国家的利益为重,要有极强的严守机密的观念。公文工作人员对党和国家的机密要坚决做到"守口如瓶"。

三、工作要积极主动、谦虚谨慎,切实当好领导的参谋和助手。公文工作人员的积极性、创造性,必须在这个前提下来发挥,而不能别出心裁,把不符合领导意图的想法强加进工作中,更不能和领导同志"对着干",自以为是。这不仅是一项品德,而且也是一条纪律。

四、要掌握一定的专业知识。目前我国的公文工作人员队伍大部分没有经过专门的业务训练,他们靠领导和老同志的传帮带,从实践中逐步摸索积累公文工作知识。另一部分是近些年新从大、中专学校(包括高教自学考试)的秘书专业走上工作岗位的。前者经验丰富,但需要科学的理论;后者虽然有理论,但实践经验差些。总之,这两部分人都需要进一步从理论与实践相结合的层面上不断提高专业知识。

303 公文工作人员的思想修养包括哪些方面?

一、摆正位置,搞好服务。公文工作人员日常比较接近领导,是领导的"助手",这种特殊地位,要求公文人员摆正两种关系。

一是与领导的关系。在工作中应认真贯彻领导的意图,虚心听取领导的意见,不能"越位",不能撇开领导自行其是,也不能假借领导名义回答问题,至于与领导"对着干"那更是绝对不允许的。要深知"助手"的含义,助手在机关的工作上要多为领导着想,诸如多做一些事务性的事情,以减轻领导同志的事务性负担,使领导以集中主要精力抓大事、抓政策、抓关键。另一个值得注意的问题是不介入领导班子成员之间的无原则纠纷。公文工作人员面对几个领导时,一定要注意保持一致的良好关系,不偏不倚,当领导同志之间产生矛盾,特别是出现不团结现象的时候,在一般情况下不要介入。

二是与群众的关系。公文工作人员一定要摆正自己与下级单位工作人员的关系,摆正与普通老百姓的关系,不要忘记自己只是普通的一员,是"人民的公仆",与群众接触要自尊、自重、自爱,不当"消息灵通人士",也不做"沾首长光的人",要多为群众着想,经常如实地反映群众的想法和要求,心中时刻想着人民的利益,装着老百姓的冷暖。

二、谦逊谨慎,实事求是。公文工作人员是机关的"门面",又是机关首长身旁的工作人员,其一言一行都很重要,在某种程度上直接影响机关和机关首长的声誉,所以,要平等待人、说话和气、讲究礼貌、处事稳重、尊重他人、谨言慎行,不能盛气凌人、说话生硬、缺乏礼貌,更不能信口开河。

在办文办事的具体工作上,要坚持实事求是。具体地说:要唯实,不唯上;要甘当小学生,不"好为人师";要追本溯源,不问道于盲;要端正文风,不搞"花架子";要实实在在,不搞"客里空";要大公无私,不因私害公。总之,在公文工作中,不实事求是绝对是不应有的,是否有求实精神,可以说是对公文工作人员思想品德的严峻考验。

三、正直无私,顾全大局。作为公文工作人员,本身必须有全心全意为人民服务的崇高思想和为党为人民献身的优秀品质。在工作中,应廉洁奉公,甘当无名英雄。在任何情况下,都不能把个人的利害得失掺杂其中。

公文工作头绪繁多,应酬面广,待人接物难免会出现不尽人意之处,往往会听到来自各个方面的不同意见,其中有赞扬、有批评、有埋怨、有嘲讽。对这些用不着去斤斤计较,东解释西说明;要虚怀若谷,顾全大局。特别是当领导出现错误或有问题时,公文工作人员也可能受到一定牵连,甚至被审查,这时候,理应顾全大局,忠诚党的事业,不要狭隘反感,怨天尤人,要相信、等待和协助党的组织尽快把问题查清,尤其在这样的时候,更能看出公文工作人员的思想品质是否纯洁、高尚。

四、努力学习,不断创新。公文工作人员一定要养成爱好学习的良好习惯,学习实际本身也是一个修养问题,思想懒惰,不好学习,势必很难进取。只有努力学习,才能不断获取新的知识,用现代的管理知识和科学文化充实自己,使自己成为一个"通才",以适应公文工作涉及知识面广的要求。

五、敏捷干练,讲求效率。公文工作千头万绪,要求急而不乱,讲求实效。对领导交办的任务,应件件有着落,有交代,不能丢三落四,漫无条理,疏忽马虎,出现差错。对待来访群众,或外来客人,更要态度热情,落落大方,讲究礼节,给人留下良好的印象。遇事要反应敏捷,办事要干净利落。

六、仪表整洁,谈吐文雅。公文工作人员常与外界接触,应该讲究一点风度、仪表,衣着既不要过于华丽、时髦,也不要片面理解朴素而显得不雅,而应整洁、高雅。谈吐动作既不要大喊小叫,过于奔放,也不要沉默寡言,羞羞怯怯,真正的美丽是举止大方、谈吐文雅。

304 公文工作人员的能力要求有哪些?

一、善于合作的能力。公文工作人员首先要具有与领导和谐相处能力,比如:既要忠实于领导,又不一味地迎合;既要尊重领导,又要敢于发表自己的意见;既要关心爱护领导,又不搞个人的依附关系。

与同志也是如此,要尊重同志,善于与人合作。公文工作基本是一环扣一环,公文工作人员要与多方面人员紧密合作才能顺利完成文件处理任务,非单枪匹马所能完成的。

二、写作能力。文字表达能力是公文工作人员的基本功之一。公文工作人员在公文写作中若文思敏捷、行文迅速、言简意赅、格式正确、符合党的方针政策,对解决具体问题就有所促进。反之,如果文字水平低,写出的公文思路不清、冗长杂乱或内容空泛、不着边际、照抄照转,则必贻误工作。

三、口头表达能力。所谓口头表达能力,是指口齿清楚,条理分明,表达准确,说话得体。口头表达能力也是公文工作人员的基本功之一。公文工作人员反映情况、提出建议、传达指示、协调工作、接待来访,大量的是使用口头语言。口头陈述事理,需要口齿清晰,不紧不慢。向领导汇报要简明扼要,对群众讲话要言简意明。要做到讲话条理清楚、简明,关键在于思维清楚,所以说话前要多思考,不要信口开河,当然也不能慢条斯理。

四、听知能力。所谓听知能力,就是听话并理解别人讲话的能力。公文工作人员要耐心倾听和正确理解别人发言,要能从别人的冗长、反复的发言中提出要领,或是从众口交加、激烈争论中抓住焦点,并能转化为以自己清晰简明的语言加以复述。公文工作人员不仅要有听电话、简单回答问题的听知能力,还要有能触类旁通、举一反三的听知能力,更要有只言片语、字字句句铭记在心的听知能力。有的单位公文工作人员还应努力掌握一点方言、外语和民族语言,多一种语言就多一种交际的工具,多一种获得信息的渠道。

五、社交能力。随着社会的发展,人与人之间的交往更加广泛、频繁,位处中心机构的公文工作人员必须具有很强的善于与人交际的能力,单纯的内向型的人是干不好公文工作的,公文工作人员应善于在交际中获取信息,同时进行工作。因此公文工作人员必须懂得各种场合的礼仪、礼节,善于待人接物。此外,公文工作人员还要对领导的生活事宜,如衣、食、住、行等有独立承办的能力,以尽量少分散领导同志的精力。

六、使用现代化办公用具的能力。公文工作人员要提高办文办事的效率,就不能不注意掌握现代化办公技术工具,诸如录音机、照相机、复印机、打字机、电子计算机、传真机、文字处理机等,这可以说是公文工作人员能力特征中的"硬件"。公文工作人员如果不及时掌握这些现代的办公用具,在工作中很难跟上形势发展的需要。

305 在公文写作中如何坚持优良的文风?

文风指写作中所表现出来的文章的作风。优良文风的基本特征,就是毛泽东同志在《工作方法六十条》中指出的:"文章和文件都应当具有这样三种性质:准确性、鲜明性、生动性。"

一、准确性,是文章的科学性,即具有科学精神,要合乎实际,能够真实地反映客观事物的本来面目。要使文章具有准确性,应当认真把握三点:1. 文章的观点要正确,即自觉地宣传党的路线、方针和政策,宣传积极向上的思想,反映事物的本来面目,加强对客观事物的反复分析与研究;2. 文章的材料要正确,即真实可靠、准确无误,慎重使用第二手材料,引用材料时要核对;3. 文章的语言要准确,字斟句酌,恰如其分。

二、鲜明性,是指文章的立场坚定、旗帜鲜明、观点正确、态度明朗。要使文章具有鲜明性,应当做到:1. 倾向和态度要鲜明,即是非清楚、爱憎分明;2. 观点要鲜明,即写文章要注意明确提出问题,然后靠深刻有力的分析,揭示事物的本质和内在联系,经过分析、综合使问题得到鲜明的解决或回答。毛泽东同志在《反对党八股》一文中,批评"甲乙丙丁,开中药铺"的写作方法,就是指文章写作中存在的只罗列现象,而不提出、分析和解决问题的不良文风,属于观点不鲜明。

三、生动性,是公文写作中不能忽视的问题。文章写得生动,讲究文采,使人爱看,才容易取得好的效果。要使文章具有生动性,应当做到:1. 内容要新颖;2. 增强文章的形象性;3. 要富于变化,克服和防止死板老一套的写法;4. 要有创造性,从结构、表达方式到选词炼句,都应不断脱俗创新。

306 当前在端正公文文风上应当注意哪些问题?

良好的公文文风对改善机关作风、提高工作效率、增强工作权威、培养教育干部,形成良好的党风、政风和社会风气具有十分重要的意义。改进文风是当前一项紧迫的任务。

一、弘扬简短之风。文章讲话不在长短，关键要看有无内容。毛泽东同志很早就提出，文章要写得短些，写得精粹些。

二、弘扬朴实文风。根本的是要端正指导思想。文风不实，是思想作风不纯的表现，是典型的官僚主义、形式主义。具体应在"三实"上下功夫，即在实事求是、实在质朴和实际管用上下功夫。邓小平同志指出："我们开会，作报告，作决议，以及做任何工作，都为的是解决问题。"文章讲话要敢于面对现实矛盾，摒弃大话、套话、空话、虚话，拿出切实可行的解决实际问题的办法。把原本需要万字说清的事，用千八百字讲明白，才是真正有写本领。回想当年彭总指挥中国人民志愿军在"抗美援朝"战争中，为了要求中央尽快增拨军需后勤供应写的一份电文，既不穿靴，又不戴帽；无先说成绩，再谈问题，最后是请示的"三段式"，而是满打满算的六个字——"饥无粮，寒缺衣"。这是多么值得推崇的短小精悍的公文典范啊！

三、弘扬创新之风。创新文风，首先要大胆解放思想，破除陈旧观念和传统模式的束缚，把上级的指示精神和本单位的具体实际创造性地结合起来，敢于说别人没有说过的新话，善于用新观念、新思维去研究解决新情况、新问题、新矛盾，不唯上、不唯书，只唯实。其次要大胆实践。唐朝大文豪韩愈说过，"唯陈言之务去"。文章讲话贵有新意，忌落旧窠。要克服思想惰性，不能当"收发室"，简单抄抄转转完事。

四、弘扬生动之风。所谓生动，就是讲自己的话，讲新鲜活泼的话，讲群众喜闻乐见的话。要增强文章和讲话的生动性，首先必须搞好调查研究。没有调查研究就没有发言权，也很难把文章讲话写生动、讲生动。通过调查研究，可以掌握大量鲜活的第一手资料，可以学到丰富的群众语言。其次要不断学习思考。世上没有什么天才，写文章、作报告尤其是即席讲话，离不开平时的积累和充分的思考。博览群书才能信手拈来。领导干部不仅要勤于工作，更要勤于思考。

五、弘扬鲜明之风。所谓鲜明，就是思想性强，提倡什么、反对什么，态度明确。思想观点是文章讲话的灵魂。好的文章讲话，应有好的思想、好的素材、好的语言，三者缺一不可。其中，好的思想居于首位，素材和语言都是根据思想需要来安排和取舍的。要使文章讲话有质量、有生命力，就不能原则来原则去，泛泛而谈，隔靴搔痒，而必须认真分析研究问题，在提炼思想上下功夫，揭示出带规律性、根本性的东西，以更好地指导实际工作。

六、弘扬真实之风。不要"谎报军情"。假话害国害民,真话最有力量。任何人都希望讲真话、听真话,反对讲假话、听空话。但是,总有少数人出于个人和小团体的私利,出于地方保护主义,而对上级"谎报军情",使真理远离实际,使假数字、假情况、假政绩逆流而上。还要讲自己的话。写文件不能只是"天下文章一大抄",只是照搬照转、生吞活剥地套用上级的话或者报刊上的话。大段大段抄录上级文件中的原话,甚至干脆从网上拼装嫁接,东拼西凑,做起了"裁缝",就是不会讲自己的话。这实际是思想懒惰的表现。

307 公文写作在文风方面怎样做到准确无误?

准确无误是优良文风的主要特征之一,而且是最基本的要求,具体是指从文件的表达方式到所表述的内容都应做到准确,包括推理判断要准确无误,传递策令要准确无误,使用的语言要准确无误,陈述的各种事实要准确无误,哪怕是某些细节问题包括一些数字、事例以及用语等也不允许"夸张""缩小""调度""移花""接木",不能"无中生有""谎报军情""隐瞒不报""掩盖事实"。要知准确是公文的生命所在,离开了准确奢谈公文的作用已无任何意义。看看近些年来,一些地方对煤矿矿难事故的死亡人数以及其他重大灾害事故隐瞒不报的情形,再看看一些地方在 GDP 数据上弄虚作假的现象,怎不令人忧心忡忡。它严重干扰了上级的决策和对重大紧急事件的妥善处置。

308 公文写作在文风方面怎样做到简短精练?

撰写公文要做到短而精,切忌又长又空,这是公文文风的又一个重要体现。短小精悍,求短求好,是公文写作应当追求的目标,也是应当达到的标准。求短求好,是指撰写公文要做到短而精,切忌又长又空。当前公文正在面临着前所未有的改革,要改革,就不能不搬倒"文山"。要达到此目的,首先就要解决公文写作中的"长"病,变"长"为"短"。

对于这个问题,中共中央早就有明确的指示:"凡文电必须认真压缩……写报告时必须注意文字的简明扼要,条理清楚,便于阅读。现在有很多文电,既嫌冗长,又嫌杂乱。其原因,是未经压缩,说了许多无须说的空话,或者没有分清条理,把杂乱无章的草稿随便往上送。"毛泽东同志一直提倡写短文件,要求报告文字每次1000字左右为限。不仅如此,毛泽东同志还身体力行,为我们树立了光辉的典范。以他为中共中央军委起草的致"辽沈""淮海""平津"三大战役我前线指挥者有关作战方针的四封电文为例,分别浓缩于600字至1700多字之中,其中有关辽沈战役作战方针的两封电文分别为900多字和600多字,淮海战役作战方针的电文为800多字,稍长一点的平津战役作战方针的电文也不过1700多字。即使将四篇电文加起来也只有4000字,不如当今有些"通知"和"意见"的文字多。还有毛泽东同志为人民英雄纪念碑所起草的碑文,全文总共114个字,却反映出了一部中国近代史,确实值得我们认真地加以学习和借鉴。

公文写作所以如此强调要短,是有其深刻道理的。1. 只有短,才能真正剔除一些公文"长而空"的积弊。因为写得非常短,才能使一篇公文的字字句句都说到点子上、讲到实处,这有利于对上反映情况,对下指导工作。2. 只有短,才能做到节约,省纸、省工、省物,特别是节省了秘书人员和领导干部的许许多多宝贵的时间和精力,以使他们从"文山"的压迫下解放出来,获得指挥工作的主动权和充足的宝贵时光。3. 只有短,才能促使我们的秘书和领导人员真正树立"时间就是金钱,效率就是生命"的观点,养成"少说空话,多办实事"的良好作风。总之,公文写作"求短"的好处是很多的。

309 公文写作在文风方面怎样做到通俗易懂?

通俗易懂即公文用语要简单明了、浅显通俗、明白晓畅,为群众所喜闻乐见,具有强烈的人民性。倡导通俗化,是中国共产党理论联系实际、密切联系群众、一心一意为人民利益着想的作风的体现,也是使党的路线、方针、政策深入人心的实际需要。正如毛泽东同志在陕甘宁边区的一次参议会上说的:"专制主义者利于人民愚昧,我们则利于人民聪明。"要达到通俗易懂,就不要生造谁也不懂的话,像好多文艺作品中的那样:"我被青春撞了一下腰""我和草原有个约定"之类的语句,也不要专门使用那些生僻难懂的古代词语,更不要放着中国字不写而专门使用"ABC"之类让老百姓摸不着头脑的而且绝对禁止的外国字充当代用词而形成"大拼盘"式的插花句子。要知道,我们的各级机关都是人民的机关,为人民服务是我们一切活动的宗旨,因此,机关文件的语言必须具备人民性,即为绝大多数人民群众所接受,所使用。请看下面一段话:"APEC 的记者招待会后,我公司邀请了 CCTV、STV 的几名记者和 MBA、MPA 的研究生,讨论中国加入 WTO 后 IT 产业的发展前景以及 IT 业对 GDP 的影响。"这样的话出现在文件简报之中,很难明白是写给中国人看的还是写给外国人看的,是写给多数人看的还是写给少数人看的。此外,像诉讼文书中把"对"写作"VS",把"表演"写作"作秀",把"小型"写作"迷你",把"喝饮料"写作"洗胃";以及时下颇为时髦的副词加名词的"太中国""也历史""最中国""很阳光""很大款";还有类似"酷""冰 or 火""冲浪""打太极""老公""二奶""小三""下课""BT""PMP""TMD""巴士""曲奇""白领""蓝领""粉领""卡民""险民""科盲""股盲""导览""彩市""面的""摩的""驴的""板儿的""扮靓""高大上""白富美""喜大普奔""吐槽""拼爹""坑爹""女汉子""富二代""官二代"等口语、地方语、隐语和怪语进入我们的一些文件,致使不是表意不准,障碍信息交流,就是晦涩难懂,而这又显然都是违背通俗易懂的公文写作原则的。把文件写得简明易懂,群众才能接受,文件才具有它应有的生命力与创造力。

310 公文写作在文风方面怎样做到新鲜活泼?

　　公文作为机关单位传递策令、指挥工作、沟通情况、交流经验的工具和手段,要在准确、简洁、庄重的基础上力求可读性,以便公文内容的顺利贯彻执行。新鲜活泼是优良文风的主要特征之一,即内容新颖,观点鲜明,语言生动,形式活泼。新鲜活泼也是毛泽东同志在世时所一贯倡导的马列主义文风的体现。毛泽东同志在《反对党八股》一文中,痛斥党八股的罪状,号召全党实行抵制。明确指出:"必须抛弃党八股,采取生动活泼新鲜有力的马克思列宁主义的文风。这种文风,早已存在,但尚未充实,尚未得到普遍的发展。我们破坏了洋八股和党八股之后,新的文风就可以获得充实,获得普遍的发展,党的革命事业,也就可以向前推进了。"从抗战初期毛泽东同志提出"洋八股必须废止,空洞抽象的调头必须少唱,教条主义必须休息,而代之以新鲜活泼的、为中国老百姓喜闻乐见的中国作风和中国气派"的主张起,经过了整风运动,毛泽东同志一直与形式主义文风进行了坚决的斗争。到 20 世纪 50 年代中期,他还在《合作社的政治工作》一文的按语里批评:"我们的许多同志,在写文章的时候,十分爱好党八股,不生动,不形象,使人看了头痛。也不讲究文法和修辞,爱好一种半文半白话的体裁,有时废话连篇,有时又尽量简古,好像他立志要让读者受苦似的。"他不无感慨地叹息:"哪一年能使我们少看一点令人头痛的党八股呢?"1958年9月2日,毛泽东同志在《对北戴河会议工业类文件的意见》一信中专门说,工业类文件写得不好,没有长江大河、势如破竹之势。他还生气地说:"讲了一万次了,依然文风不动,灵感如花岗之岩,笔下若玄冰之冻。哪一年稍稍松动一点,使读者感觉有些春意,因而免于早上天堂,略为延长一年两年寿命呢!"从中,我们不难看出,毛泽东同志对那种"花岗之岩,玄冰之冻"的死板文章是十分反感的,他喜欢有春意、有生气,形式新颖而又活泼的文章。譬如以《谁说鸡毛不能上天》这篇文章为例,读起来,就会觉得有一股春意,一股朝气,一股激情,讲得十分生动形象,而不是"语言无味,像个瘪三"式的死板说教。贫苦农民要办合作社,富裕中农就在一旁说风凉话:"穷光蛋想办合作社哩,没有见过鸡毛能上天。"毛泽东同志一下抓住富裕中农这句风凉话,展开了"春风杨柳万千条"般的议论:"几千年以来,谁人看见过鸡毛能够上天呢?这似乎是一个真理……富裕中农之所以敢宣传鸡毛不能上天一类从古以来的真理,就是因为合作社还没有增产,穷社还没有变成富社……就是因为党还没有在全国范围内,大张旗鼓地宣传合作社的好处……穷人要翻身了。旧制度要灭亡,新制度要出世了。鸡毛确是要上天了。在苏联,已经上天了。在中国,正在上天。在全世界,都是要上天的。"看看在党中央的英明领导下,目前我们国家从科学技术、生产水平到人民生活所发生的一系列令人鼓舞的重大变化,不是完全证明了毛泽东同志当年所预言的正确性与科学性吗?

311 公文写作在文风方面应当处理好哪几个关系?

一、上与下的关系。学习贯彻上级机关的精神要求,以此推动本行政区域本部门的实际工作,这是机关公文写作面临的一个经常性的课题。实际工作中存在着两种不好的倾向。一是过于强调原汁原味地传达贯彻上级精神,因此在机关公文中直接照搬照抄上级机关的文件和讲话的内容,以会议贯彻会议、以文件贯彻文件、以讲话贯彻讲话,差不多完全照本宣科;二是特别强调本行政区域的特殊性,适合本地的方面就贯彻执行,不适合的就打擦边球绕过去。严格说来,这两种倾向都不利于上级精神的贯彻落实和本地工作的深入开展。可见,正确处理好上下关系,做好上下结合这篇文章,依然是当前机关公文写作必须认真解决的一个问题。

二、虚与实的关系。一篇公文,如果全篇都是讲道理,没有事实内容,则会显得空虚;如果全篇都是摆事实,没有提炼概括,则可能缺乏思想和灵魂。这两种公文都不好看,阅读起来都会很累。好的机关公文,必然是事实确凿、说理充分、简约明了,也就是虚实结合、虚实关系处理得非常好的文稿。从实际情况看,问题比较多地出现在说理过多、说教偏重而内容不实,从而使公文缺乏应有的说服力。这种情况目前还比较常见。

三、新与旧的关系。实际工作总是在继承的基础上不断向前发展。而机关公文是对实际工作的一种反映,在写作过程中也要处理好继承与发展的关系,也就是新与旧的关系。由于实际工作不可能突然全部都是新的,所以机关公文也不可能整篇内容和观点都是全新的。一般而论,一篇公文如果能够有所创新,可以说就是成功之作。机关公文写作如何创新?我认为,关键是要拓宽创新的领域。第一,要创新写作思路;第二,要创新文稿结构;第三,要创新思想观念。总之,就是要写出公文的新面目,这是公文写作的努力方向。

四、长与短的关系。机关公文的篇幅属于形式方面的问题,根据内容决定形式、形式服从内容的基本原理,一篇公文要用多少文字量,这决定于它所表达的实际内容。总的原则是,该长则长、该短则短、尽量写短。即使非常重要的会议,讲话稿也不要动不动就洋洋洒洒上万言。文稿篇幅太长,领导人只好照本宣科,听众坐不住思想开小差,讲话的效果就降低了,会风的问题也由此产生。从实际情况看,目前长篇大论的情况局部有所改变,但仍然是机关公文的一个明显特点。广大公文学研究人员和机关文秘工作者在这方面要切实担负起责任,从自己做起,从眼前做起,从具体工作做起,为彻底改变文风而努力。

312 为什么说写短文、讲短话是一种本领?

当然"短"不是唯一标准,内容还要"精"才行。北伐战争开始,国民革命军司令部在广州邀请瞿秋白给全军政治工作人员作关于做好北伐宣传工作的报告。瞿秋白走上讲台上说:"宣传关键是一个'要'字,鲁智深三拳打死镇关西,拳拳打在要害上。"说完就走下讲台。全场先是愕然、沉寂,继而爆发出雷鸣般的掌声。毛泽东同志起草的《中国共产党中央革命军事委员会命令》(1941 年 1 月 20 日于延安),全文只写了 220 多个字,不仅文字短、篇幅小,更令人折服的是那一个个语义凝练、铿锵有力的疑句:"抗战有功,驰名中外""领导抗敌、卓著勋劳""奉令北移,突被亲日派阴谋袭击,力竭负伤,陷身囹圄""愤慨之余,殊深轸念"等,字字句句价值千金。为此,要使自己写的文件、自己做的报告"短小精悍",就需要对自己所表述的事物及其内部联系以及它们的过去和未来了如指掌,就需要有高度的概括能力,要有一语中的、句句讲到点子上的本领。假若没有深邃的思想深度和敏锐的洞察力,没有丰富的知识储备和严谨周密的逻辑思维,三五句话是不能产生感人心魄、让人折服的力量和效果的。所以我们说长文短写、长话短说,从某种程度上讲是一种本领的表现。

313 公文写作的前期准备工作包括哪些方面?

一、明确公文的发文意图。任何一份公文的制发都有它特定的目的,都是为了解决某一件事,某一方面的工作问题,或为了指导某些工作或公务活动开展,都有它特定的针对性。为此,明确公文的发文意图应该包括如下几个方面的写作内容:

1.明确制发公文的目的。公文制发的目的性非常明确。如通过公文发布行政规章,用以整顿管理秩序,或陈述申请事项,说明理由请求批准,或要求受文机关采取行动、措施、贯彻执行,或要求受文机关了解某些工作情况,认识某些问题等。制发公文的目的是确定公文主旨,收集公文写作材料和选择文种的重要依据。因此,在公文写作前,必须首先明确目的。制发公文的目的一般是由机关领导核心确定,然后向撰稿者授意。撰稿者应当准确领会领导意图,并据此进行写作。

2.明确公文的主旨。公文是用来进行公务活动的工具,不是宣传材料,也不是理论文章,拟定一份公文首先考虑的是有没有用处,发文的目的明确不明确。若是没有实际需要的公文,就不必写,不能发。应该说制发公文所强调的是行文的目的或者行文用意,公文主旨就是指公文的全部内容所表达或体现出来的行文目的和用意。如果行文的目的和用意不确定,那么公文则是无法拟写的。公文的主旨可以根据机关的核心领导授意和对客观实际情况全面而深入的探索结果来表述。

二、明确公文写作的主要内容。公文写作前,对哪些方面和范围的事实应该纳入公文写作的视野内,哪些意见、要求措施等意图该写进公文,这些在公文写作前必须有大体的"成竹"在胸,并且确定了表达这些内容材料的要点与思路,使所要撰写的公文有一个明晰的轮廓。

三、明确公文的阅读对象(主送机关)。明确了公文的主送机关,在公文写作内容的选择方面才能有所依凭和侧重,才能确定哪些内容应写进公文,哪些不适于写进公文。例如同一份工作总结,若是报送隶属上级机关,那么公文的内容应该是多反映过去那段时间机关的工作情况、工作实效及从工作中获得的规律和经验。如果是下发给所属下级机关,那么公文的内容要在回顾过去那段时间的工作情况与工作实效的同时,还应多写从过去那段工作中所获得的规律与经验或教训,及其对过去那段时间工作的指导和重要作用。另外,公文的主送机关不同,行文的语气和语言表达方式也应有所区别,以显示双方的工作关系。

四、明确公文文种和发文机关的名义。公文文种在公务活动中的工具功能不同,公文的文种不同,所写的公文用途也就不同。例如公文的内容是请求隶属上级机关批准某一事项,就该用"请示",而公文内容是请求业务主管部门批准某一事项,就该用函。如果对某项工作作出安排,就要考虑工作是属于重大工作安排,还是一般性的布置任务。如是前者,那么该用决定;若是后者,那么该用通知。发文机关的名义是指以部门的名义发文,还是以机关的名义发文;单独一个机关发文,还是几个机关联合发文。发文机关的名义不同,公文的内容和表述的语气也应有所不同。

五、收集公文写作材料。材料是公文写作的基础。在明确公文的行文意图,制发公文的目的,选定文种和确定了发文机关的名义之后,就应进行深入的调查研究,收集和占有材料。写作公文是要反映公务活动,公务活动是公文撰稿者必须接触和参与的工作,它是收集积累公文写作材料的一条重要途径。公务活动是十分丰富广泛的,由此决定了公文写作过程中材料收集方法的多样性。其主要的途径有:听取领导指示,现场观察询问,处理信访和接待来访,参加各种会议,承办查办工作,等等。但通过直接参与公务活动所获得公文写作的直接材料还是远远不够的，公文撰写者还应当吸取别人的经验而获得间接的公文写作材料。其主要途径有：一是阅读公文。重要的文件和专业文件要认真地研读，对其他方面的公文也要有所涉猎。对于一些新的概念、新的提法，只要是文件中常用的就要熟记下来，以替换陈旧的公文写作语言。二是阅读报刊。要阅读报刊上有关时事政治、政策方面内容的文章，对于文章的重要内容应进行摘录。三是收听广播、收看电视，上因特网查阅政治、经济、时事等方面的信息。充分利用声像和数字传播媒介拓宽公文写作者的视野，获取和占有更多的公文写作材料。

公文撰稿者在公文写作的准备阶段应当做到三点：一是积极参加公务活动，认真进行调查研究，使公文内容有真实的社会性和公务性；二是对社会和经济发展的状况及面临的形势要有清醒的认识，对其所作的分析要有科学性；三是写进公文内容中的要求、意见、对策要务实。一名公文撰稿者在公文写作准备阶段要能真正为下一阶段的公文写作打好基础，同时还应当训练这样三种能力：一是感触能力，即善于开动五官，捕捉感受的目标。这就是正确又敏锐的感觉、感受，它是认识社会政治、经济和公务活动的第一步。二是分析问题的能力，即正确分析社会经济和公务活动各个方面、各个阶段的各种情况。这是进行综合分析的前提。三是综合能力，就是能将各部分内容、本质的联系归结为一个整体。以上这三种能力都是认识能力的具体表现，在整个公文写作中起着十分重要的作用。

314 公文写作的一般步骤是什么？

一、公文写作前的准备。包括：1. 明确行文目的和要求。2. 确立公文主题。3. 选定公文文种。4. 占有材料。5. 确定具体表达方式。

二、撰拟文稿。1. 安排好结构，一是确定总体的构成；二是确定正文的具体构成，解决好各组成部分的编排次序，安排各层次、段落间的衔接与转换，处理好开头和结尾。2. 拟出写作提纲。3. 正式撰拟文稿。

三、审核修改。文稿的审核修正要认真严肃反复进行，要按规定的程序进行。

315 公文写作中怎样进行思维定向控制？

公文撰稿人表达的不是自己的意愿，而是代表一级组织或领导人叙事论理，为他们"立言"。因此在公文写作中对思维进行定向控制十分重要。发布任何一篇公文都有一定的目的，公文的谋篇布局、结构安排和表达技巧都是为了实现这一目的，即公文写作中的一切思维活动必须紧紧围绕行文目的的实现进行，用行文目的去规范公文写作中各个阶段的思维活动，使思维路线通向行文目的，不致偏离既定目标。对思维进行定向控制，必须注意：第一，必须有一个明确的行文目的。这是定向的基础。第二，选好重点。控制的重点因文而异。就公文写作的要素而言，重点应放在立意、结构、表达上；就公文体现制文者意志而言，重点应放在下述四个方面：1.对成熟的思想，放在表达上。2.尚不成熟的思想，则放在完善上。3.不够合适的思想，则放在变通上，使之趋于正确。4.及时调节。使公文写作中的思维活动始终沿着既定方向进行。

316 怎样拟写公文的提纲？

拟写公文写作提纲是在明确公文内容的基础上，理顺思路，安排公文整体布局形式的过程。在一般情况下，公文的写作目的、公文主旨以及主要内容等，都要在提纲中显示出来。提纲的内容有：

一、公文的标题。公文的标题要准确概括该篇公文的主要内容。

二、公文的组成部分。为了维护公文的权威性与有效性，公文的各个组成部分必须完整。除去必须具备的基本组成部分外，还应根据每篇公文的特殊需要正确选取其他组成部分。

三、安排正文各层次的主要内容和合理安排正文的表述顺序。公文正文的次序得当，逻辑性强，可使公文内容紧凑有序，纲目清楚，前后衔接紧密，方便阅读与理解。在安排表述顺序时，要照顾不同公文文种的特点，根据其反映信息的角度与方式以及信息容量的大小而采用不同的排列形式。

四、安排层次、段落之间的衔接与转换。公文正文的各层次、各段落之间的衔接与转换要妥善安排,使之相互连接,前后贯通,转折过渡自然,结构严密完整。安排时要根据正文内容和表述方法发生变换,在上下文之间使用关联词,或惯用的承转词组或者句子、句段。

五、安排好公文的开头与结尾。应当根据行文的实际情况,妥善安排好开头及结尾。要特别注意其必要性,切忌无端"戴帽"和"穿靴"。

公文写作提纲没有什么固定模式,但公文写作提纲有粗细之分。粗一点的提纲,只需写出标题和各层次的主要内容,所用语句也不一定是起草后文稿中的语句,只是"撮辞以举要"。有些内容简单的公文在下笔之前有个腹稿即可。细点的公文写作提纲,应该把大小标题、各层次的主要内容及各层内部的段旨,所用的材料,尽可能详细地开列出来。这样的提纲不只是分条列项,而近乎文章的形式。

拟定公文写作提纲可理顺写作思路,使公文的构造初步定局,动笔写作时胸中有数,避免丢三落四,前后重复,主次不合理等结构上的问题,也有助于在写作过程中把握写作的意图和目的。公文写作提纲还可以用来征求机关(单位)领导人对公文写作的意见。重要公文的写作提纲拟定以后,要请机关(单位)负责人阅示,以便让领导人对公文写作提出更为具体的意见和指示。有的公文在起草前还要专门安排一次会议,由执笔起草人直接汇报写作提纲,领导班子成员或有关人员集体讨论,提出修改或写作的具体意见。

317 拟写公文文稿应注意什么问题?

要按照所列提纲顺序,开宗明义、紧扣主题、拟写正文。写作中注意两点:

一、要观点鲜明,用材得当。也就是说要用观点来统帅材料,使材料来为观点服务。运用材料要能说明问题,做到材料与观点统一。在写作当中,要注意明确观点,用语不能含糊不清,模棱两可、词不达意,似是而非。有些文件,只讲观点没有实际材料,就会使人感到抽象空洞、缺乏依据,不易信服。而只罗列材料没有鲜明的观点,则会使人弄不清要说明什么问题,不了解发文的意图。

二、要语句简练,交代清楚。拟写文件既要尽量节省用字、缩短篇幅、简洁通顺,又要注意交代的问题清楚明了。

318 怎样校对文稿?

所谓校对就是根据公文的定稿阅读校正缮印的公文校样。它是保证公文文字内容质量的最后一道关口。文稿虽已精心修改、仔细审核,文字表达趋于完善,但核稿人往往会忽略繁简字体混用、数字混用等文字细节。即使定稿完美无缺,在印制过程中讹、多、衍、倒现象和标点误失的问题也在所难免。如不校正,势必影响公文的严肃性,甚至造成歧义,使公文难以受理执行。

校对的方法通常有三种。一是墨校,即由一人墨校定稿、校阅正文。其中,将校样逐行折叠于定稿之上墨校,称为折校;将定稿和校样分置左右,逐句交替墨校,称为对校。二是唱校,亦称读校,即由一人朗读定稿,另一人或数人阅看校样。三是通校,即不看定稿,只通读校样全文,一般用于最后一次校对。

为避免先入为主,一般不由打印人员自校,打印人员相互之间可以进行初校或二校,终校应由撰稿人进行。为克服个人局限性,避免一人多校中的囿于成见,重要公文应由三人分别担任一、二、三校,校毕之后,还应看最后一遍清样以防止更改不慎而引起失误。

319 文种及其确定的主要依据是什么?

文种是公文最基本的分类单位,是对具有共同的内涵、适用范围和行文格式的一部分公文的本质概括。公文是一个有机组合的群体,各个文种因其性质作用的不同而显现着不同的形态特征。就实质而言,公文写作就是对各个文种的具体运用。文种不同,所反映的公务活动内容也不同,发挥的现行效用亦不同。

确定文种是公文写作的最重要环节之一。对于公文文种,应当根据行文目的、发文机关的职权范围以及与主送机关的行文关系来确定。文种确定不当,将直接影响公文的质量和效用。

320 与原来相比，《党政机关公文处理工作条例》在公文文种及其适用范围的规定方面有哪些变化？

公文种类简称文种，是一个个具体的公文名称。新《条例》对党政机关的法定公文文种进行了重新梳理和排队，在数量上进行了调整，删掉了原来党的机关使用的"指示""条例"和"规定"，没有增加新的文种。原来党的机关法定公文文种是14个，行政机关法定公文文种是13个，合在一起是27个，其中相同的文种有18个，不同的文种有9个。这次整合以后，将"指示""条例"和"规定"去掉之后，保留了15个。去掉"指示"这个文种，是十分必要的，因为早从20世纪90年代初开始，随着机关政治民主化建设的发展需要，我们党和国家的高级管理机关已不再居高临下发指示，指示的"通知""意见"化倾向渐趋显豁，以至于到后来，指示这一文种逐渐坐了"冷板凳"，失去了实际使用价值。"条例"和"规定"两个文种也是如此，长期以来，尽管将其作为法定公文，但一直未能赋予其独立行文的资格，一般还都是采用复体行文的形式，况且根据我国《立法法》的规定，对于"条例"的发布主体也有明确规定，而专门限定在党的机关范畴，容易引起误解，也是不够科学的。另外对相关文种的适用范围也作了一定的调整，使之更趋科学和实用。

321 公文写作中实施意见和指导意见有什么区别？

指导意见和实施意见表明的都是一种意见和建议。前者是宏观层面，后者是微观层面。前者是提要求，后者是抓落实。前者是定原则，后者是定方法。一般来说，指导意见主要侧重于对工作进行指导，体现出了一种民主协商的工作作风，注重原则性与灵活性相结合、规定性与变通性相结合，在执行过程中允许相关机关单位有所创造和发挥，不像原来指示文种那样具有很强的指令性色彩。指导意见比较抽象，理论性文字较多，是对这项工作的指导思想、主要任务、目标步骤、工作措施做一个总体部署。而实施意见则可能也涵盖以上内容，但在工作措施上会更为具体，包括一些具体的工作安排。

322 "决定"这个文种到底写不写主送单位？

在公文写作实践中，确实会遇到这种情况。例如，年底单位有表彰奖励的决定，像关于对××煤矿投入联合试运转表彰奖励的决定，那么这个写不写主送单位？怎么区分写还是不写呢？关于这个问题，主要取决于决定的发送对象。如果是带有特定发文机关标志的普发性的决定，就不必写主送单位；如果是针对某一或某些特定对象而制发的决定，则需要标注主送单位。

323 地方各级行政主管部门可以使用"公告"公布事项吗？

地方各级行政主管部门（如金融、工商、税务、物价、教育、卫生、司法、文化、房产、消防、土地、专利、科技、交通、市政、城管、环保、财政、审计……）不可使用"公告"发布应遵守或周知事项，但可使用"通告"。通告适用于在一定范围内公布应当遵守或者周知的事项。对于这个文种，要注意把握两点：一是在适用范围上有特定限制，即必须是"在一定范围内"；二是必须是"应当遵守或者周知"。从这个意义上讲，通告文种具有较强的强制性和约束力。

324 发布有关人事任免的事项，究竟是用"决定"还是应当使用"通知"？

《党政机关公文处理工作条例》规定，"决定"适用于对重要事项作出决策和部署。人事任免对于一个单位而言是重要事项，所以用决定来发布应该是无可非议的。但通知同时有"任免人员"的功能，因此，需要依据具体情况来恰当运用。一般应从以下几个方面考虑：一是看严肃程度。首先是任免的领导同志的级别。一般行政单位在自己的职权范围内任免重要部门的主要负责同志可以用决定，而对于一般人员的人事变动安排用通知即可；其次是看任免的缘由。

当本单位管辖范围内的负责同志犯有严重错误必须立即免去职务时,或某同志完成某项工作任务中表现特别突出需要破格提拔时,用决定较为合适。也就是说,重大的或需要说明理由的人事任免事项宜用决定,不需要说明理由的或一般的、正常的人事任免应用通知。二是看管理权限。有些单位的主要领导人和二级机构的主要负责人的人事任免权在当地人事组织部门。这种单位在发布不属于自己管辖权限的领导同志的人事任免事项时就只能用通知,将人事组织部门的任免结果公之于下属单位,文中还要加上任免依据,例如:"经××批准"等。三是看是否需要存档。涉及个人的人事任免或奖惩文件需存入个人档案,按照规定决定可以存入本人人事档案,而通报与通知不能存入本人人事档案。

325 内容相同的事情,同样要求下级贯彻执行,为什么有时会用"通知",而有时又用"通报"?

区别就在于所依据的事实是某一方面问题的情况综合,还是刚刚发生的某一典型事例,虽然都要提出解决的意见,要求下级去办,如属前者应用"通知",如系后者可用"通报"。比如:入冬以来,火灾不断发生,为扼制火灾上升的趋势,我们将近一个时期以来发生火灾的情况加以综合,分析原因,提出要求,这样行文应用"通知"。不是上述情况,而是近期我市某购物超市发生一起群死群伤的特大火灾,为举一反三,严防此类事故的再次发生,提出一系列防范要求,在此种情况下不可使用"通知",而应以"通报"为宜。

326 撰写行政处分决定,能否在被处分人姓名之后冠以"同志"二字?

撰写行政处分决定,能否在被处分人姓名之后冠以"同志"二字,应视被处分人所犯错误的性质及其严重程度酌情确定。如果被处分人所犯的错误已经触犯了刑律,超出了人民内部矛盾的范畴,则不能加"同志";例如不能说"周永康同志""徐才厚同志""谷俊山同志"等等。反之,如果属于一般性的错误或问题,即使情节相对比较严重,只要没有触犯刑律仍然属于人民内部矛盾的范畴,但加"同志"无妨。

327 "意见"已经是正式公文文种,但有时仍然见到使用"通知"对其加以批转的情况,这是为什么?

"意见"是《党政机关公文处理条例》中所规定的正式文种之一,按照规范要求其应当与其他法定公文文种一样需要单独行文,而且要采用国家标准的公文格式。但在公文处理实践中,也确实存在所说的这种情形,其前提条件是,某些业务主管部门或某一机构就解决某一事项制定出了相应的办法和措施,形成了比较成熟的意见,但受职权范围所限,不能直接以本身的名义下发,而必须报请其上级机关或单位对其进行批转。例如国家发展与改革委员会就下调原油价格问题制定出了相应的政策措施,但由于职权范围的原因,不能直接向国内各个系统和部门直接行文,而必须上报给国务院,由国务院以批转性通知下发,这样,国家发改委的意见就变成了国务院的指令性文件。

328 "通报"从发布形式上看有几种,各自的表达手法有何区别?

《党政机关公文处理工作条例》规定,通报适用于表彰先进、批评错误、传达重要精神和告知重要情况。可以看出,通报这个文种的适用范围有四种情况:即表彰先进、批评错误、传达重要精神和告知重要情况。由此可将其分为表彰性通报、批评性通报、传达性通报、告知性通报。

通报的发布形式,从其使用情况来看,有时由发文机关直接进行表述,称为"直述式通报";有时则由发文机关将下级机关的报告、总结、计划、简报、经验介绍等以"通报"名义加以批转,称为"转述式通报"。其中前者的特点是单体行文,而后者则是复体行文,或称"以文载文",即将下级机关的来文作为附件,以"通报"为主件,表述一些发文机关的评价性意见。这点与批转性通知有异曲同工之处。

根据通报发布方式的不同,写作时其表达手法也就各不相同。直述式通报侧重于叙事,兼以必要的说明;而转述式通报则侧重于议论,属评价性文字。应注意这种评价性文字不是对下级来文内容的重复,而是在此基础上的提炼与升华,要起到画龙点睛的作用,以指导下级机关的行动。从这个角度讲,它是转述式通报写得是否成功的关键所在。

329 下级单位发生了一起重大失泄密事件,为了通过这个典型事件教育干部,上级领导决定把这一情况通报下去,并提出了具体的贯彻要求。在这种情况下,是使用"通知"还是应使用"通报"向下行文?

要视具体情况不同,分别考虑使用不同的文种:

一、发生失密事件的单位,如已有专门的检查报告送上,可将"检查报告"加"通知"作文件头予以批转,这种通知叫作"批转性通知";亦可用"通报"加以批转,这种通报叫作"转述式通报";上级领导提出的具体贯彻意见可以写在"批转性通知""转述式通报"中,下级的检查报告作为附件一并下发,这种行文方式称为"复体行文",即"文(文件头)后有文"。

二、如无专门的检查报告送上,由上级直接将下级单位发生的失泄密事件情况予以介绍并提出贯彻要求,应当用"通报",此种情况称为"直述式通报"。但切不可使用"通知",为什么?因为它是上级针对下级单位发生的某一重大具体事件或灾害事故所发出的意见、要求。假若不是针对某一重大具体事件或灾害事故,而是针对社会上具有一定普遍性或者代表性的问题、多发性问题的苗头或工作中存在的某一具有倾向性的问题而发出的意见与要求,那就要使用"通知"了。这就是同样针对工作中的问题,又同样是为了指挥下级的工作,但为什么有的文种使用"通知",有的文种却又必须使用"通报"的关键所在。

330 | 对一批优良工程、先进模范人物进行命名表彰，是使用"通报"，还是使用"决定"？

以使用"决定"为宜。由于它是"命名性"的表彰，要向一批优良工程、众多先进模范个人授予××（如"劳动模范""先进工作者""红旗手""优秀公仆""杰出青年""模范党员""人民功臣"等）荣誉称号，从内容上看它涉及当地党委、政府的重大活动，属重要事项，因此，为更充分体现这一活动的庄重性，应使用"决定"来发布。"通报"虽然也具有命名表彰性的功能，但它与"表彰性决定"的不同点，在于它所表彰的人或事大都是刚刚发生的，而且又多系某一具体的事件或人物，其庄重性显然也不如决定。

331 | 使用"命令"发布行政法规和规章有什么限定吗？

行政机关"公布令"的制发者必须是具有制定、发布行政法规、规章权的国家行政机关。如国家行政法规的制发主体是国务院；"部门规章"即国务院各部门制发的规章；"政府规章"即地方人民政府制发的规章，系指由省、自治区、直辖市以及省、自治区人民政府所在地的市和经国务院批准的较大的城市、计划单列市的人民政府根据法律、行政法规和地方性法规而制定的规章。以上行政法规和规章均可使用"公布令"来发布。

一些地区、部门根据行政法规、地方法规、规章而制定的不属于法规、规章的"类规章性文件"，不得使用"公布令"，而应用"通知"予以发布。

332 | 使用"行政令"发布重大行政措施有什么限定吗？

"行政令"的制发主体是国家行政机关。从新中国成立以来的实际情况看，包括中央政府在内,除非涉及全局性的重大行政措施(如人口普查、统一计量单位、保护野生动物、中美两国相互解决资产要求、部分地区实行或解除戒严等),一般是极少使用"行政令"的。由此可以说明,对"行政令"的发布应持十分慎重的态度。但在实践中有的机关经常违反这一原则,例如某市公安局为遏制少数民警在执行公务期间喝酒的现象,连续制发了三道"戒酒"令,内容虽可取,但形式欠妥,而应以"通知"为宜。

333 "报告"中为什么不能夹带请示事项?

主要是因为上级机关对请示和报告的处理方式不一样。按照规定,对于下级机关的请示行文,上级机关必须做出批复,而对报告则无此规定。如果报告中夹带请示事项,就会延时误事。因此,报告中如果有需要上级机关答复的事项,应用请示行文。

334 "请示"的标题,在"关于"的后面可否加入"申请"二字?

不可以。因为标题中的文种名称"请示"已明显蕴含向上级机关的"申请"之意,"事由"部分在介词"关于"之后又出现"申请"或者"请求"等词语,属于叠床架屋。

335 向归口业务主管部门请求批准事项,是用"函"还是应当用"请示"?

××单位隶属重庆渝中区环境卫生管理局,单位性质为集体事业单位(环卫局所辖其他二级单位均为全民性事业单位)。由于性质特殊,每年××单位的环卫经费计划是渝中区城乡建设委员会下达,而不是由上级机关——区环卫局下达(环卫局所辖其他二级单位的环卫经费计划由区环卫局下达)。××单位在向区城乡建委所行的要求追加环卫经费计划的文件应选用"函"还是"请示"文种？

就此例而言，应以使用"请示"文种为宜。这里涉及的是公文处理过程中一个很重要的问题，即归口问题。归口问题是一种授权管理，该授权的机关要代行上级机关职权，属于"奉命行事"。这与一般意义上的业务关系有所不同，如同宣传部门管理党校一样。用一种形象的说法，归口管理属于"不是婆婆的婆婆"。例中所谈的区城乡建委因是代行区政府职权，即属一种授权管理，其与区环卫局乃至该单位之间不是一般的业务指导关系，故而在向区建委行文要求追加环卫经费计划时，还是应以使用请示文种为妥。

336 报告可以"提出建议"吗？如果可以，与上行的"意见"如何区别？

按理说，意见作为正式文种以后，报告的"提出建议"功能就即行停止，而且公文理论界也对此多有阐述。但事实上，向上级机关和单位提交报告，有时又不能决然离开顺带"提出建议"的情形和做法，以供上级决策参考。同样是向上级机关报告，如涉及"提出建议"的部分，关键是要看行文的目的，根据行文目的来选择使用文种。亦即如果行文旨在就下一步工作（尤其是某项新工作）提出见解和处理办法，要用"意见"；而如果行文目的旨在对以往工作进行梳理汇报时，就要使用"报告"。

337 "意见"作为法定公文之后，报告的"提出建议"的职能是否就消失了？

《党政机关公文处理工作条例》中明确规定，报告的适用范围是向上级机关汇报工作、反映情况，回复上级机关的询问，而意见则适用于对重要问题提出见解和处理办法。但在一些教材中，仍然将报告分为汇报性报告和建议性报告。特别是看到一些公文考试的题目，问到报告的作用，答案当中就有"提出建议"。

可以肯定,"建议报告"的提法是不准确的,也不合规范。向上级机关提出意见和建议,按照《党政机关公文处理工作条例》的规定,应当使用"意见"(上行)。有些教材中的简述以及相关考试题目答案仍有"提出建议"之类的表述,不能完全以"因循守旧"而论。因为"意见"无论行文方向如何,其所涉及的内容必须具备"重要"和"新"这两个要点。即凡是使用"意见"行文,一定是本机关或本单位在公务活动实践中遇到的"重要"问题,而且必须是"新"问题。这样,属于一般性的问题以及"老问题",在向上级机关提出建议的时候写进"报告",应当说未尝不可。这里,需要注意的一点是,我们当然要按照公文法规的规定执行,但不能死抠条文,以致流于简单化和机械化。例如"通知"原来发布规章的职能已经取消,任免人员的职能也已取消,但实践中就决然不能使用吗?肯定不是。发布有关法规规章以及公布人事任免事项,仍然要用"通知"。因此,就一般性事项以及已经发生过的事项向上级报告时顺带提出建议,虽然属于"不合规"但却属于"合理"。还有一些按照规定应当使用"函"的,在实践中也都以"请示"行文。

338 | 一个单位的数份"请示"或数个单位的同一内容的"请示",是在同一办公会议上审批的,这样可否只使用一份"批复"来解决?

不妥。无论是"批复"还是"批示",都应坚持一文一事的原则。一份"批复"针对一份"请示"。在同一办公会议上审批若干同一内容或一个单位的数份"请示",应坚持一文一事、分别"批复",而不应在一份"批复"中包括数份"请示"的内容。

339 | 对下级的"请示"进行批复时,有时上级用"批复",而有时又用"函",这是为什么?

对下级机关的"请示",由上级机关进行批复时必须使用"批复",但当这种批复是由上级机关的办公厅(室)代行时,由于它们之间属于平级关系,故用

"函"代行"批复"来进行批复。这就是人们通常所说的"函代批复"。因为从公文外形上看它是一份"函",而实质上是一份千真万确的"批复"。

340 把"函"说成是唯一的平行文,对吗?"意见"不也可以平行吗?

就"函"的本质来讲,在党政两大公文法规中所规定的主要文种中,它是唯一的一个平行文。虽然"意见"也可平行,但它还可用于上行或下行,属于中性行文。

341 县教委向县财政局申请核准追加学校校舍修缮费用,其申请与答复为什么不能使用"请示"与"批复"?

"请示"与"批复"这两个文种之间体现了一种下级对上级与上级对下级的上下级关系。而县教委与县财政局属于平级,在各自的职权范围内,相互办理和答复审批事项,根据《党政机关公文处理工作条例》的规定,应当使用"函"(即申请函)与"复函"(即答复函)。如果县教委向县政府或市教委申请批准或答复审批事项,即可分别使用"请示"与"批复"。

342 下级回复上级的询问使用"报告",那上级答复下级的询问是否可以使用"批复"?

不可以。"批复"虽然是答复性文种,但它答复的是上级的批示内容,其中包括的是批准、确认或否定以及一个新的决策,而不是一般常规性的说明与回答,它所针对的是下级报上来的"请示",而不是带有询问性质的"函"。所以,不能用"批复"。

那用什么文种合适呢?要用"复函"。想当年国务院答复湖北省人民政府询问国徽的悬挂问题就是使用"复函",足以说明用"复函"为宜。但总归这里面有一个上级对下级的问题,所以人们从实际情况出发,给这种变通了(即本质行文的变化)的"函"起了一个别号,称为"函代批复"。

343 一个直辖市的经济技术开发区,可否制定"条例"？其制定的法规、规章性文件,可以使用"命令"在媒体上公开发布吗？

绝对不可以。因为"条例"的使用者有特定的权限规定,在党委系统来说,应当是"党的中央组织",非此,绝非特殊授权,显然不可使用。

"条例"也是国家行政法规和地方性法规的一个主要文种。前者的制发者是国务院；后者的制发主体是省、自治区、直辖市的人大及其常委会,或省会城市、较大城市、计划单列市的人大及其常委会(发布前,须经省、自治区、直辖市人大及其常委会批准方可发布实施)。国务院明确规定："国务院各部门和地方人民政府制定的规章不得称'条例'。"

使用"命令"发布的行政法规、规章,主要有国家行政法规和国务院各部委制定的"部门规章"以及省、自治区、直辖市人民政府等制定的"地方政府规章"。除此之外的"类规章性文件",不应使用"公布令",而应用"通知"来发布。"地方性法规"是使用"公告"来发布的。

344 怎样理解"函"是唯一的平行文的说法？

在公文主要文种中,可以用于平行行文的文种既有"函",又有"意见""周知性通知"等,在公文学术界有很多学者都说"函"是唯一的平行文,还有"函代请示""函代通知"等说法,这些讲法是否科学呢？

在党政公文主要文种中,"函"是唯一的一个平行文。按照《党政机关公文处理工作条例》的规定,"函"是不相隶属机关之间相互商洽工作,询问和答复问题,请求批准和答复审批事项时使用的文种。"意见""周知性通知"虽然它们也可用于平行上报或下发,其本质是个中性行文。

"函"虽然在一些特殊情况下(如上级向下级询问工作情况或某一具体事

情,下级向上级机关及主管部门询问有关方针、政策、规定和工作中遇到界限不明确的问题等)也应用于上下级组织之间,但这种"函"只是一个外壳,并不是事情的本质,它的实质是"函代请示"与"函代通知"(这是外壳与内在实质相统一的叫法),秘书工作的实际是纷繁复杂的,不可死抠一些条文机械地加以理解。设想,假若不允许"函代请示""函代通知"这种形式出现,那么下级用什么文种向上级咨询常规性的事宜,难道要用只有请求批准与指示的文种"请示"吗?假若不允许"函代通知"的使用,那上级答复下级的询问要用具有指挥功能的"通知"吗?我们不能也没有必要"超前"于《工作党政机关公文处理工作条例》和"超越"机关公文工作的大量实际去轻易否定它,也就是说我们不能把这种"代用"与"实质"相提并论,导致不应有的混乱。

345 当前为什么要强调重视对"函"的使用?

函是法定公文家庭中的一个重要成员。我国现行的党政公文法规中,都将函列为主要的公文文种,并且规定适用于平行机关或者不相隶属机关之间相互商洽工作、询问和答复问题、请求批准和答复审批事项。从适用范围上看,函的使用频率应当是很高的。然而,在实践中尚未得到应有的注意和重视,多数被"通知""请示"等文种所取代。究其原因大致有如下三个方面:

一是公文撰拟者认识上的原因。由于平时不注意认真、细致地学习和领会公文法规的有关规定,对函缺乏明确的认识,不了解其含义和用途,因而当需要向有关主管部门请求批准事宜而行文时,便认为既然有求于对方就要"低人一等",遂以"请示"代"函",导致了文种的误用。

二是发文机关领导者的原因。在很多情况下,公文撰拟者用函向有关主管部门请求批准,这无疑是正确的,却不能过本机关主管领导这一关。例如某市一所中专学校(县团级)欲举办汽车驾驶员培训班,向市车辆管理所(正科级)行文请求批准,有关人员最初将文种确定为"函",但最后却被领导者改成"请示"。从撰拟者的角度说,明知该用函却用请示是属于无奈;从领导者的角度讲,这种误用却是由于公文知识特别是对函的使用规定缺乏全面、正确的理解所致。

三是受文机关的原因。这是导致函错用的主要症结所在。实践中,有关主管部门由于有权审批某一事项（如经商办企业、贷款、用地、房产、减免税、办学、批拨资金或物资、机构设置、人员定编、政策优惠等等），便不问是否具有隶属关系，自觉不自觉地把自己摆在了领导机关的位置之上，以请求批准机关的"上一辈"，或者"大你一级"自居，非要对方用"请示"行文不可。如不照此办理，就设置障碍不予以审批。而对方一旦使用"请示"行文，他就"大笔一挥"，以批复回文。某市公安局拟购置20辆"金杯"警用面包车，向市财政局行文，将标题拟为《××市公安局关于购置20辆"金杯"警用面包车的函》，其文种的使用无疑是正确的。因市公安局与市财政局是平级关系，均为市政府的下属部门，按公文法规规定，其相互之间的往来行文应当使用"函"。但出人意料的是，该函发出后却石沉大海杳无音讯。后经催查，对方道出"实情"：要用请示行文方可解决。后来该市公安局不得已将函改为"请示"，结果很快就收到了财政局的"批复"。

具体而言，实践中对"函"的错用主要有三种情况：

一是以"请示"代函，以"批复"代复函。这方面的实例已如上述。

二是以"通知"代函。如某市财贸干部管理学院向直属各财贸公司行文，题目是《关于举办"全市首届财贸干部应用写作讲习班"的通知》。

三是以"通告"代函。例如某市三大百货商场联合举办"迎接新世纪、拥抱新千年商品交易洽谈会"，向全市有关单位发文，题目为《关于联合举办"迎接新世纪、拥抱新千年商品交易洽谈会"的通告》。

恢复函的本来面目，恢复它在法定公文大家族中应有的地位和作用，是一件当务之急的事情。为此，需要从以下几个方面入手：

首先，要从思想上高度重视。实践中之所以出现偏爱"请示""通告"等而冷落和遗忘函的问题，与人们未能从思想上对函的重要地位及功用充分重视有直接关系。似乎一提"函"，人们总觉得其效力不如通知、通告以及请示强，也觉得不够郑重，对受文机关不太尊重。其实，这纯属误解。要明确函是一个正式文种，用函行文时也要采用正式文件的标印格式，不能将便函（普通公务便信）视为函，也不能把"函"这个正式文种名称与"信函格式"混为一谈。

其次，加大公文法规宣传和推行的力度。现行党政公文法规中，对函的使用及相关问题都有明确的规定。特别是新的《党政机关公文处理工作条例》，进一步明确了函的适用范围，并对其在行文关系上的有关问题提出了明确、具体的要求。因此，应当进一步加大新《条例》宣传贯彻的力度，组织各种形式的培训活动，真正把公文法规的规定落到实处。要从根本上理解和把握函的性质及功能,弄清其适用范围,坚决杜绝错用现象的发生。

再次,公文撰拟者、发文机关领导人以及受文机关三方协调联动,认真学习和贯彻执行公文法规的规定,严格依法行文。特别是各机关领导人要对此给予足够的关注和支持,同时,有关业务主管部门(公安、司法、民政、工商、税务、金融、文化、教育、科技、土地、外事、经贸、物价、房管、财政、交通等)之间也需要相互理解与沟通,以确保函这一文种使用的规范化。

346 纪要的标题能否以《研究××××工作》的形式来拟?

不可以。纪要是以会议的名义制发的,所以其标题的最基本写法是"会议名称+文种"。在写作中,如会议名称是"××会议",为避免重复,文种只标"纪要"两字即可,如《全国档案工作会议纪要》《××省林业工作会议纪要》;如会议名称是"××会",如座谈会、研讨会、现场会、交流会等,文种一般应标写齐全,如《广西壮族自治区人民政府百色地区撤地设市现场办公会会议纪要》《漳河水库环境监管座谈会会议纪要》《全市地方煤矿十月份安全生产例会会议纪要》《第二届中国精算师年会会议纪要》。

某些用于发表或交流情况的座谈会、研讨会等会议的纪要,其标题还可写成正副标题的形式。其正标题概况会议的基本精神,副标题由会议名称与"纪要"两字组成。例如《今年的党风要有一个根本性的好转(正标题)——中纪委××年×次会议纪要(副标题)》。

347 对会议出现的重大分歧,纪要中应如实加以记载吗?

不。按照《党政机关公文处理工作条例》的规定,纪要"适用于记载会议主要情况和议定事项"。一次工作会议涉及和讨论的问题往往不止一项,并且对有些问题可能存在不同的意见甚至重大分歧。但是撰写纪要时,不可能把这些意见都写入其中,而应当根据会议的宗旨,对各种意见进行分析综合,集中反映符合会议中心要求的一致性意见。也就是说,纪要所涉及的内容,应当是会议取得共识的议决性成果,对于出现的分歧性意见,不应写入纪要。这是纪要与会议记录的关键区别。会议记录必须根据会议的实际内容加以记载,做到"有言必录",不容许有任何主观因素掺杂进去,随心所欲地增删或者更改内容,具有极强的客观性要求,它是形成纪要的基础,也是整理纪要的原始性主要素材。而纪要则需要有一个对会议讨论意见的综合分析、整理加工的过程,这个过程也就是条理化、理论化的过程,因此往往使用诸如"会议认为""会议提出""会议强调""会议指出""会议号召"等标志性语句。

348 使用"命令"发布行政法规和规章有什么限定吗?

行政机关"公布令"的制发者必须是具有制定、发布行政法规、规章权的国家行政机关。如国家行政法规的制发主体是国务院;"部门规章"即国务院各部门制发的规章;"政府规章"即地方人民政府制发的规章,系指由省、自治区、直辖市以及省、自治区人民政府所在地的市和经国务院批准的较大的城市、计划单列市的人民政府根据法律、行政法规和地方性法规而制定的规章。以上行政法规和规章均可使用"公布令"来发布。

一些地区、部门根据行政法规、地方法规、规章而制定的不属于法规、规章的"类规章性文件",不得使用"公布令",而应用"通知"予以发布。

349 用"通知"转发上级的"通知",如何解决标题中几个"通知"重复出现的问题?

为了防止重叠和烦琐,按照惯例,可以省略中间层次(例如县政府转发市政府再转发省政府的文件,市政府就是中间环节)和自己所使用的两个"通知",只保留文件发源处的一个文种"通知"。这样,即可将标题变成《××县人民政府转发××省人民政府关于×××(事由)的通知》。为了弥补如此变通后可能出现的遗憾,应把被删节的中间层次写进公文的开头,如:"近接市人民政府以×政发

〔2016〕6号发来省人民政府关于×××(事由)的通知,现转发给你们……"

350 "法律""法规""规章"和"类规章性文件"的主要区别是什么？它们各自的制定有什么界定吗？

一、法律。从广义上讲,泛指法律的整体;从狭义上讲,根据我国《立法法》的规定,指由全国人大及其常委会制定、颁布的具有法律效力的规范性文件。如近期颁布的《行政许可法》《居民身份证法》《道路交通安全法》等。

二、法规。由国务院根据宪法和法律制定的法规称为"国家行政法规",文种主要包括"条例""规定""办法";由地方即省、自治区、直辖市及其人大及常委会,以及省、自治区所在地的市和国务院批准的较大的市的人大及其常委会制定的规范性文件称为"地方性法规",文种同前。

三、规章。国务院的组成部门和具有行政管理职能的直属机构,根据我国法律和国家行政法规,在本部门的权限内制定的具有一定法律效力的文件,称为"部门规章"。省、自治区、直辖市及省、自治区人民政府所在地的市和经国务院批准的较大的市的人民政府所制定的规范性文件,称为"地方政府规章",这两种规章使用的文种中,不得有"条例",主要是"规定""办法"等。

四、类规章性文件。一些地区、部门根据行政法规、地方法规、规章而制定的不属于法规、规章的规范性文件,称为"类规章性文件"。

351 公文格式分为哪两大类？

分为标准格式和特定格式。其中标准格式亦即常用格式,包括单一机关行文、联合行文等情形;特定格式是指标准格式之外的具有特定使用功能的格式,包括信函格式、命令(令)格式和纪要格式。在这两大类格式中,命令(令)格式与"命令(令)"文种、纪要格式与"纪要"文种具有一一对应的关系,即命令(令)格式只能使用命令(令),纪要格式只能使用"纪要";但信函格式并非只对应于"函",需要由发文机关根据实际情况加以确定。例如"意见""通知""批复"等文种,既可以采用文件的标准格式,也可以采用信函格式。

352 | 什么是公文的版心？《党政机关公文格式》中规定"撑满版心"是什么意思？

版心是指公文中用于印制文字的中心区域。一份公文用纸的上下左右四个方向都要留出白边，这样能够使公文显得美观，同时也便于装订。根据《党政机关公文格式》的规定，公文用纸天头（上白边）为 37 mm ± 1 mm，公文用纸订口（左白边）为 28 mm ± 1 mm，版心尺寸为 156 mm × 225 mm。在印制文字时，一般每面排 22 行，每行排 28 个字，并撑满版心。这里所说的"撑满版心"，按照《应用指南》的解释，其含义是指公文第一行字顶格编排在版心左上角，公文最后一行字必须沉底到版心下边缘。

353 | 发文机关标志只有一个且全称字数很长时，是否可以将一行发文机关变成两行梯形或菱形？

公文的发文机关标志如果字数很多，应当以使用规范化简称为宜，例如"中国第二十二冶集团有限公司机械电子工程分公司文件"，可以简化为"二十二冶集团机电工程公司文件"。但是如果使用简称以后仍然较长，则可考虑分为两行排布。

354 | 公文的"版头"和通常所说的"红头"是否为同一概念？

不是。版头是公文的重要组成部分，是指公文首页红色分隔线（含）以上的区域，位于公文之首，位置相对固定，包括份号、密级和保密期限、紧急程度、发文机关标志、发文字号、签发人等要素；而其中的"发文机关标志"即是指人们通常所说的"红头"。

355 现行公文版式中是否还有发文机关名称之后加括号的形式？

没有。发文机关名称加括号即"××××( )"的版式，原为党的机关公文的专用版式，主要用于各级党委通知重要事项，任免干部，批复下级机关的请示，向上级机关报告、请示工作，行政公文中一直没有此种版式。此次《党政机关公文处理工作条例》从党政机关公文发文机关标志的规范和统一角度着眼，明确规定取消了此种版式。

356 与原来相比，对于发文机关标志的标识位置和尺寸规格有什么变化？

原来《国家行政机关公文格式》中规定："发文机关标识上边缘至版心上边缘为25 mm。对于上报的公文，发文机关标识上边缘至版心上边缘为80 mm。"可见，下行文和上行文的版式尺寸规格是不同的，这次《党政机关公文格式》国家标准对于发文机关标志的标识位置规定已经完全统一，不再区分上行文、下行文和平行文，其发文机关标志的上边缘至版心上边缘的距离均为35 mm，这样就给各级党政机关设计和印制空白的红头文件用纸时，不再像以前那样有所区分而造成很多不便，同时也有利于公文处理的统一化和规范化。

357 与原来相比，发文机关标志的字体字号有哪些变化？

原来《国家行政机关公文格式》中规定："发文机关标识推荐使用小标宋体字，用红色标识。字号由发文机关以醒目美观为原则酌定，但最大不能等于或大于22 mm×15 mm。"《党政机关公文格式》中规定，公文的发文机关标志"推荐使用小标宋体字，颜色为红色，以醒目、美观、庄重为原则"。在原有基础上提出了"庄重"的要求,而小标宋体字本身就能体现这种特征。对于发文机关标志的字号,可根据发文机关名称字数的多少酌情确定,但应小于"国务院文件"的字号22mm×15mm(高×宽),"以显示国务院作为最高国家行政机关的地位"。如果下级机关文件的发文机关标志字号大于国务院文件的字号,显然很不得体。因此,对于发文机关标志的字号应当遵循"一级小于一级"的原则,既不能过大,也不能过小。

对于联合行文,发文机关标志可以并用联合发文机关名称,也可以单独用主办机关名称。如需同时标注联署发文机关名称,一般应当分行连续标注所有联署发文机关名称,并将主办机关名称排列在前;如有"文件"二字,应当置于发文机关名称右侧,以联署发文机关名称为准上下居中排布。

358 发文机关标志的字号有无具体规定?

没有。但应当遵循的一条总的原则是"一级小于一级",如果说"国务院文件"所使用的字号为"22 mm ×15 mm"(高×宽),那么国务院所属各部委以及各省区市人民政府的发文机关标志就应当以不超过这个标格为宜。在具体排布时,从总体上要小于版心的宽度,使字距匀称和谐,做到醒目美观。

359 《党政机关公文格式》国家标准对于构成公文各个要素所使用的字体字号是怎样规定的?

新《格式》国标中对有些格式要素所采用的字体字号作了特别规定,主要有:

一、发文机关标志。推荐使用小标宋体字,字号由发文机关根据醒目、美观、庄重的原则酌情确定。但最大不能等于或者大于中共中央文件和国务院文件的尺寸规格,即22 mm×15 mm。

二、份号。使用3号阿拉伯数字。

三、密级和保密期限。使用3号黑体字。

四、紧急程度。使用3号黑体字。

五、签发人姓名。使用 3 号楷体字。

六、总标题。使用 2 号小标宋体字。

七、正文中的一级标题使用 3 号黑体字，二级标题使用 3 号楷体字，三级标题使用 3 号仿宋体字、加粗，四级标题使用 3 号仿宋体字。

八、版记部分的抄送机关、印发机关和印发日期使用 4 号仿宋体字。

除了以上所列诸种特殊情形外，一律使用 3 号仿宋体字。

360 《党政机关公文格式》对公文用纸幅面尺寸及版面要求是怎样规定的？

关于公文的幅面尺寸，公文用纸采用 GB/T148 中规定的 A4 型纸，其成品幅面尺寸为：210 mm×297 mm。关于版面，首先是页边与版心尺寸。规定天头（上白边）为 37 mm±1 mm，订口（左白边）为 28 mm±1 mm，版心尺寸为 156 mm×225 mm。关于字体字号，规定"如无特殊说明，公文格式各要素一般用 3 号仿宋体字。特定情况可以作适当调整"。关于行数和字数，规定"一般每面排 22 行，每行排 28 个字，并撑满版心。特定情况可以作适当调整"。

361 党政机关公文用纸的纸型是否统一？

是的。《党政机关公文处理工作条例》第十二条明确规定："公文用纸幅面采用国际标准 A4 型。特殊形式的公文用纸幅面，根据实际需要确定。"长期以来，党政机关在公文用纸纸型上一直没有统一，党的机关采用 16 开型，而行政机关从 1993 年的公文处理办法发布后就已开始采用国际标准 A4 型。2011 年 11 月底，中办召开了一次专门会议，征求了对党内有关公文等的六个规范性文件的意见，其中就包括党的机关公文改版问题，这次新《条例》业已延续下来，明确规定采用国际标准 A4 型。之所以作出这样的规定，根据《应用指南》的解释，是因为采用 A4 型纸已经成为国际范围内公文用纸的共识，现阶段常用的打印机、复印机、计算机和传真机等均以 A4 型纸为基本纸型，各国和各国际组织的公文也大多采用 A4 型纸，具有极为广泛的适用性。与此同时，我国各级党政机关业已具备了使用 A4 型纸的条件,市场上各种办公自动化设备和印刷设备等也都能满足对 A4 型纸的处理要求。规定公文用纸采用国际标准 A4 型,充分体现了党政机关公文处理工作科学发展的客观需要和必然趋势。

362 《党政机关公文格式》对公文中文字的颜色是怎样规定的?

关于文字的颜色,《格式》规定"如无特殊说明,公文中文字的颜色均为黑色"。其中有特殊说明的总共四种情况,包括发文机关标志、版头与正文之间的分隔线、发文机关印章以及签发人的签名章。除此之外,公文中的文字一律为黑色。

363 与原来相比,公文格式要素名称有哪些变化?

《党政机关公文处理工作条例》对原来的《中国共产党机关公文处理条例》和《国家行政机关公文处理办法》中所规定的公文格式要素进行梳理和整合,将有关公文格式要素名称进行了重新命名,使之更趋统一和规范。主要包括:1. 将原来的"眉首"改称"版头";2. 将"公文份数序号"改称"份号";3. 将"秘密等级和保密期限"改称"密级和保密期限";4. 将"发文机关标识"改称"发文机关标志";5. 将"公文标题"简化为"标题";6. 将"公文正文"简化为"正文"。

364 《党政机关公文格式》对构成公文的各要素是怎样划分的?

《党政机关公文格式》国家标准将版心内的公文格式各要素划分为版头、主体、版记三部分。公文首页红色分隔线以上的部分称为版头;公文首页红色分隔线(不含)以下、公文末页首条分隔线(不含)以上的部分称为主体;公文末页首条分隔线以下、末条分隔线以上的部分称为版记。其中版头部分包括份号、密级和保密期限、紧急程度、发文机关标志、发文字号、签发人等六个要素；主体部分包括标题、主送机关、正文、附件说明、发文机关署名、成文日期、印章、附注、附件等九个要素；版记部分包括抄送机关、印发机关和印发日期两个要素。

365　公文的"版头"字体有没有特定的格式？

这里所说的"版头"系《党政机关公文格式》国家标准正式颁布之前（即2012年7月1日）所使用的称谓，但并不准确。在《党政机关公文格式》发布之后，已经正式规范表述为"发文机关标志"，属于公文版头部分一个格式要素。关于公文发文机关标志所用的字体，在公文处理实践中确实存在着比较混乱的现象，很不一致，尤以基层单位最为普遍。不仅字体不合规范要求，字号也是大小不一，给公文规范化建设带来不小的麻烦。因此，关于发文机关标志所用的字体字号问题，《党政机关公文格式》中明确规定应使用小标宋体字，字号可由发文机关根据醒目美观的原则酌定，但最大不能等于或大于 22 mm×15 mm。

366　公文各级标题具体用什么字体？各级题序如何表示？

如上所述，按照公文法规规定，公文标题用小标宋体字，正文采用仿宋体字。在具体印制过程中，根据《党政机关公文格式》国家标准的规定，公文中的一级小标题一般采用3号黑体字，题序用中文大写数字加点号，如"一、"；二级小标题使用3号楷体字，题序用括号加中文大写数字，如"（一）"；三级小标题使用3号仿宋体字，题序用阿拉伯数字加点号，如"1."；四级小标题使用3号仿宋体字，题序用括号阿拉伯数字，如"（1）"。

367 《党政机关公文格式》国家标准中为什么去掉了原来"反线""正线""武文线""文武线"等提法,而一律改称"分隔线"?

按照《应用指南》的权威解释,因为没有国家标准对这些概念进行统一规定,以至于给实际理解和操作造成了一定的不便。为避免这一问题,新的国家标准中将其统一称为红色分隔线,并对其粗细程度进行了统一规定。这种红色分隔线应当与公文的版心等宽,即 156 mm。

368 领导人签发文件与文件正本标注签发人姓名有什么区别?

发文机关领导人签发文件与上行文版头部分标注签发人姓名,两者有相同之处即签发人姓名一致,更有诸多区别:

一、承担的主体不同。前者是领导人亲笔书写的;后者是由文秘部门标注印制的。签发在前,标注在后。

二、标识的载体不同。前者签署在定稿的发文用纸上;后者标印在文件正本的眉首处。

三、标注的内容不同。前者包括签发意见、签发人姓名及签发日期;后者标印的仅是签发人姓名。

四、两者的作用不同。前者使文稿生效成为定稿;后者是为上级机关就该文件进行沟通提供方便。

369 公文标题怎样正确使用标点符号?

《党政机关公文处理工作条例》对公文标题中标点符号的使用问题未作任何限制性规定,这与原来确实有所不同。也就是说,新的公文法规实施后,公文标题中可以使用相应的标点符号,诸如引号、括号、顿号、书名号、破折号等等。但需指出的是,拟写转发类、印发类通知的标题时,除法规、规章名称外,为简化起见,其中的书名号应予省略。

另外,《标点符号用法》已经有了新的国标出台,请查阅 GB/T15834—2011。该标准业已由国家质量监督检验检疫总局和国家标准化管理委员会于 2011 年 12 月 30 日发布,并且自 2012 年 6 月 1 日起正式实施。

370 | 集团公司所属的二级单位发文,在排布发文机关标志时由于字数较多,上下两行字体大小是否一样,例如"贵州黔源电力股份有限公司机械工程分公司"怎样才算妥当?

如遇此种情况,应以使用简称为妥,诸如"黔源电力公司机械分公司"等,不宜分为两行排布。集团公司内部单位行文,使用简称在集团公司范围内不会造成费解甚至误解。

371 | 在发文件编号时用"字"是否正确,或者上行文用"字",下行文用"发"?

这里所说的文件编号应称为发文字号,简称文号,是发文机关为便于指代检索引用公文、统计处理保管公文,而给所制发的文件编排的代号。按照规定应由发文机关代字、年份和发文顺序三部分构成。例如"国发〔2016〕18 号"作为国务院 2016 年第 18 号发文的文号,其中"国"是国务院的代字,"2016"表示年份,"18 号"是 2016 年的发文序号。在拟制时难度最大的是发文机关代字,应由所在区域代字、机关代字和发文形式(也可称为发文类型)代字组成。目前除了信函式公文在机关代字后标注"函"以外,其余发文一般都用"发"作为总的发文类型代字(个别地区除外)。有的地区还自己增设了"报""请""呈"等发文类型代字嵌入上行文的发文字号,如贵州省人民政府的发文代字为"黔府发",但其请示的发文代字为"黔府呈";广西壮族自治区人民政府的发文代字为

"桂政发",而上报请示用的是"桂政报"。至于上行文是否必须使用单独的发文类型代字,目前尚无统一规定,但不少机关在文号中是以"发""呈""函"三字分别作为下行文、上行文、平行文的发文类型代字的。把区域代字、机关代字、发文类型代字三个部分合在一起,就构成了一个完整的发文字号,如"京政发"即北京市人民政府发文,"沪府发"即上海市人民政府发文,"黑政办发"即黑龙江省人民政府办公厅发文,"哈政呈"即哈尔滨市人民政府上行文。将"字"字作为上行文的发文类型代字,是不合常规的。文号中的年份必须用阿拉伯数字标识公元全称,并用六角括号括入,不可标成方括号或圆括号。序号必须用阿拉伯数字标识,并且不编虚位(即1不编为001),在序号前也不加"第"字。这里所说的在发文件编号时用"字"肯定是不正确的,已经属于过时的做法,早在1987年2月国务院办公厅发布《国家行政机关公文处理办法》时即已废弃不用。因为从公文的内容到形式,始终应该体现一个"简明实用"的原则,在明白的基础上愈简单愈好。

372 上行文和下行文的发文字号在排布位置上有什么区别?

根据《党政机关公文格式》国家标准的规定,发文字号使用3号仿宋体字编排在发文机关标志下空二行位置,如果是下行文或者平行文,应当居中排布。但如果是上行文,则应居左排布,左空一字,并在右侧对称位置标注签发人,使发文字号与最后一个签发人姓名处在同一行。

373 联合行文时,怎样标注发文字号?

根据《党政机关公文处理工作条例》的规定,联合行文时,使用主办机关的发文字号。这与联合行文时的发文机关标志规定既可使用联署发文机关名称也可单独使用主办机关名称的规定明显不同,在实际拟制过程中一定要加以注意,确保规范。

374 | 高职院校公文编号为"×院教〔2015〕×号""×院学〔2015〕×号",是否规范?

这里所涉及的是发文字号拟制中的发文形式也可称为发文类型代字问题。作为高职院校,在行文时使用×院发〔2015〕×号(下行),×院文〔2015〕×号(上行);×院办发〔2015〕×号,×院办函〔2015〕×号等发文字号是没有问题的。但为教务部门和学工部门主办的公文是否需要编制×院教〔2015〕×号,×院学〔2015〕×号等发文字号,最关键的一条是要看发文数量的多少,如果一年内所发的文件涉及大量的教务部门和学工部门主办的事项,那就可用;如果数量不多,就没有必要。

375 | 采用信函格式公文中的发文字号,平级或不相隶属的单位用×××函〔2016〕1号,如果行文对象是上级,应用什么发文机关代字?

一般而言,采用信函格式的公文多系平行文(即平级或不相隶属的单位)或下行文,所涉及的文种主要是通知、意见、批复、函等等,倘若行文对象是上级,其发文机关代字应以使用"呈""请""报"等为宜。

376 | 报送、批转、转发、印发类公文之后所附的相应内容(诸如法规、规章、领导人讲话等)属于公文的附件吗?

不属于。报送、批转、转发、印发类公文,在其生效标志后所附的内容,诸如相关的法规、规章、领导人讲话及其他文字材料等,其间不存在主附关系,系以"报送""批转""转发""印发"作为"文件头",以"报告""通知"或"命令(令)"等文种为载体,将相关内容"运载"出来,因此,它并不属于这些文种的附件,进而在附件说明处也不必标注相关内容,直接另面编排即可。被报送、批转、转发、印发类公文原文之左上角也不标注"附件"二字。例如下面的做法即是错误的：

××县人民政府办公室关于印发《信息工作管理规定》的通知

各乡镇人民政府、县政府各部门：

现将《信息工作管理规定》印发给你们，请认真贯彻执行。

附件：《信息工作管理规定》

××县人民政府办公室

2015 年 9 月 12 日

377 公文标题必须载明三个要素吗？

是的。根据《党政机关公文处理工作条例》以及《党政机关公文格式》的规定，公文标题的拟制应由发文机关名称、事由、文种等三个要素组成，除极个别的公布性公文外，不得随意省略。这与原来的规定明显不同。

378 怎样正确使用公文标题中的发文机关名称？

发文机关名称是公文标题的必备构成要素，按规定应当使用发文机关全称或者规范化简称。根据《应用指南》的解释，单一机关行文或者三个以下机关联合行文时，应将所有发文机关名称列出；当四个或者四个以上机关联合行文时，可以采用排列在前的发文机关名称加"等"的形式加以表述，例如"×××等 26 个部门关于×××的通知"。

379 在文件中经常标注联系人和联系电话，特别是在会议通知中。请问联系人和联系电话是放在正文部分，还是放在成文日期之下的附注内？

需要特别注意的是，附注是指公文的印发传达范围等需要说明的事项，对公文的发放范围、使用时需要注意的事项加以说明。附注不是对公文内容的解释,对公文的注释和解释一般在公文正文中采用句内括号或者句外括号的方式加以解决。对于请示性公文,应当在附注处注明联系人姓名和电话号码。而对于会议通知则无此要求,联系人姓名和联系电话可置于正文部分。

380 现行公文在发文机关署名（落款）的标注上有什么规定？ 与原来相比有哪些变化？

按照原来党政公文法规各自的规定和使用习惯,党的机关公文要求标注发文机关署名;而行政公文当单一机关和两个机关联合行文时,均不要求署名,仅在三个以上机关联合行文时,为防止出现空白印章的情况,才要求署名。此次新的《党政机关公文处理工作条例》以及《党政机关公文格式》国家标准均将发文机关署名列为必备的格式要素,统一规定单一机关行文以及联合行文均须标注发文机关署名,而且应当使用发文机关全称或者规范化简称。值得注意的是,发文机关署名必须要与版头部分的发文机关标志、标题中的发文机关名称以及印章上的机关名称保持一致,符合同一律的要求。在联合行文时,如果发文机关标志采取的是并用联合发文机关名称的形式,则在发文机关署名处其排列顺序应当与之保持一致。

381 下列几种情况如何用印？

目前,党政机关公文格式已经统一,但在实践中行政公文落款方面存在以下问题:一是需不需要署名,或者只盖章不署名？ 二是普发性的行政公文是否不需盖章？ 三是不盖章的行政公文,是不是成文日期首字比发文机关署名首字右移二字？

一、根据《党政机关公文处理工作条例》和《党政机关公文格式》国家标准的规定,发文机关署名是党政公文的一个必备格式要素,它是公文生效的重要标志之一,署名生效也是国际惯例;

二、《条例》中明确规定,有特定版头的普发性公文不加盖印章;

三、在《格式》中，考虑到党政机关公文处理的实际需求，对于不加盖印章的公文，给出了发文机关署名和成文日期的编排要求，规定无论是单一机关行文还是联合行文的发文机关署名，第一个发文机关署名都标注在正文（或附件说明）下空一行位置，联合行文时首先标注主办机关署名，其余发文机关署名与主办机关上下对齐，依次向下排列。成文日期标注在发文机关署名的下一行，成文日期首字比发文机关署名首字右移二字。如果发文机关署名长于成文日期，则将发文机关署名居右空二字编排；如果成文日期长于发文机关署名，则将成文日期居右空二字编排，同时适当增加发文机关署名右空字数。

382 联合行文时，怎样编排印章、发文机关署名与成文日期？

联合行文时对于印章、发文机关署名与成文日期的编排与单一机关制发的公文是一致的。即在正文（或附件说明）之下空若干行右空四字用阿拉伯数字编排成文日期，然后在其上排布联合发文机关名称。每排最多排三个印章，相互之间不得相交或者相切，每排印章两端不得超出版心，端正、居中下压发文机关署名，首排印章顶端应当上距正文（或附件说明）一行之内，最后一个印章端正、居中下压发文机关署名和成文日期。实践中，有的机关在最后一排剩余一个或两个印章时，采取居中排布的办法，系原来的《国家行政机关公文格式》国家标准的规定，已属过时。

383 四个单位联合行文如何加盖印章？

联合行文的印章编排，除两个单位联合行文外，每排应当排布三个印章，如最后一行余一个或两个，不能采用原来的居中排布方式，应当坚持成文日期右空四字编排，最后一个印章端正、居中下压发文机关署名和成文日期的做法，而不应将成文日期左移。

384 | 公文用印时，印章与发文机关署名、成文日期之间的位置如何确定？

一篇公文的用印、发文机关署名和成文日期之间具有密不可分的联系，它们共同构成公文的生效标志。在实际排布时，按照规定应当首先考虑印章的大小，以此确定成文日期的位置，将成文日期最后一个字与版心右边缘空出四个字的距离，然后在成文日期上一行端正、居中标注发文机关署名。要确保成文日期处于印章下边缘位置，同时保证印章顶端距离正文（或附件说明）在一行之内。这样，就能使公文的生效标志从整体上看显得端正、庄重、美观。

385 | 两个单位联合行文时，对于发文机关署名的位置标注有什么区别吗？

有的。关键在于看其是否加盖印章，如果需要加盖联合行文的机关印章时，则两个机关的排列顺序是一左一右；而不需要加盖印章时，发文机关署名的排列顺序则是一上一下。对此，实践中比较混乱，应当特别加以注意。

386 | 怎样加盖签发人签名章？

单一机关制发的公文加盖签发人签名章时，在正文（或附件说明）下空二行右空四字加盖签发人签名章，签名章左空二字标注签发人职务，以签名章为准上下居中排布。在签发人签名章下空一行右空四字编排成文日期。

联合行文时，应当在正文（或附件说明）下空二行右空四字先编排主办机关签发人职务、签名章，其余机关签发人职务、签名章依次向下编排，与主办机关签发人职务、签名章上下对齐；每行只编排一个机关的签发人职务、签名章；签发人职务应当标注全称。

签名章一般用红色。

387 | 对于不加盖印章的公文，怎样排布发文机关署名和成文日期？

按照《党政机关公文格式》(GB/T9704—2012)的规定,单一机关行文时,应在正文(或附件说明)下空一行右空二字编排发文机关署名,在发文机关署名下一行编排成文日期。如果发文机关署名长于成文日期,则成文日期首字比发文机关署名首字右移二字;如成文日期长于发文机关署名,应当使成文日期右空二字编排,并相应增加发文机关署名右空字数。

联合行文时,应当先编排主办机关署名,其余发文机关署名依次向下编排。

388 | 党政机关的成文日期是否都应使用阿拉伯数字？

是的。原来党政两大系统的公文在成文日期的表述上存在着不一致的情况。党的机关公文的成文日期使用阿拉伯数字,而行政机关公文明确规定使用小写汉字。新的《党政机关公文格式》国家标准明确规定党政公文的成文日期"用阿拉伯数字将年、月、日标全,年份应标全称,月、日不编虚位(即1不编为01)"。这就有利于党政公文拟制的统一化和规范化。

389 | 按照规定，公文如有附件，版尾必须置于公文的最后一页，最后一个要素位于最后一行。但有些时候附件内容太多，如某项工程的申报材料、可行性方案等等，往往长达上百页，在此种情况下，版尾也要置于最后一页吗？

必须明确的是,公文法规中所讲的附件,应当是指公文正文的说明、补充或者引证参考的材料,是附属于公文正文的其他文字、图表、图形、数据、名单等等,是公文正文的有机组成部分,与正文具有同等效力。题目中所说的这种情况,严格来讲不属于真正意义上的附件,而只是文件的附属材料,因此,其版尾可在附件之前结束,不然就会显得不伦不类。

390 当附件名称较长,需要回行时,回行文字应采用什么格式? 顶格还是与冒号后的序号对齐,还是与序号后的字符对齐?

根据《党政机关公文格式》国家标准的规定,如果附件不止一件而且名称较长需要回行时,通常是与序号后的字符对齐。例如:

附件:1.《××××××××××××××××××××××××
　　　××××××××××××》
　　2.《×××××××》

391 以下几种关于附件的问题怎样解决?

1. 发文件时,若一个文件有几个附件,其中某些附件本身又自带附件,该如何标注"二级附件"?

2. 在一些政府公文中,看到并列的(一)(二)句末的标点符号有的是"。"而有的却是";",到底用哪种标点符号来结束?

3. 当附件太大,特别是有表格和图片时,是放到版记前面,还是版记后面?

一、公文附件的标注,只对于一级附件,标识出附件的顺序和名称。至于公文附件中所夹带的附件,即所谓"二级附件",其与一级附件同为一个整体,没有必要采用诸如标注层级序号:一、(一)1.(1)之类的方式,否则就会显得烦琐臃肿。

二、公文中出现并列的(一)(二)以及1.2.(1)(2)之类的语句,其结尾用什么标点符号,主要看其具体的表现形式。如果是撮要句,因其是对某一层次或段落内容的概括和提炼,是一个完整的意思表述,即用句号结束;如果是表示某种情况或问题的列举,则用分号。

三、公文附件是指所附的相关文件,根据规定其位置必须在版记之前;但当附件太大,特别是有表格和图片,因其并不属于真正意义上的附件,而只属于公文的附属材料,因此可以置于版记后面。

392 | 公文附件应当怎样编排页码? 特别是附件为复印件、扫描件,因为原来已经有了页码,怎样处理妥当?

公文如有附件,一定要编排页码。即使附件是复印件或者扫描件,也要如此。一般可采取将页码粘贴到附件之上,抑或采用手写的方法加以解决,但绝对不可不标页码。如果能够得到附件的电子版,就更容易解决。

公文的附件与正文一起装订时,页码应当连续编排。如果附件与正文不一起装订时,则附件要另行编排页码。

393 | 信函格式公文与通用公文格式的版记有什么区别?

通用公文格式的版记由抄送机关、印发机关和印发日期等要素组成,在抄送机关的上方印有一条分隔线,抄送机关与印发机关和印发日期之间也用一条分隔线隔开,印发机关和印发日期之下再印有一条分隔线而且与版心的下边缘重合。但信函格式的公文在版记部分只印有抄送机关名称,没有印发机关和印发日期,而且抄送机关名称上下也不加分隔线。

394 | 命令(令)格式公文与通用公文格式有什么区别?

一、发文机关标志要求不同。通用公文格式的发文机关标志由发文机关名称加"文件"二字组成,其发文机关名称既可以使用全称,也可以使用规范化简称,而命令(令)格式公文的发文机关标志由发文机关全称加"命令"或"令"字组成,不使用发文机关的规范化简称。

二、发文机关标志上边缘与版心上边缘的距离不同。通用公文的发文机关标志上边缘至版心上边缘的距离为 35 mm,而命令(令)格式公文的发文机关标志上边缘至版心上边缘的距离为 20 mm。

三、命令(令)格式的公文一般没有标题,而且在令号和正文之间也没有红色分隔线。

395 纪要格式的公文与通用公文格式有什么区别?

一、发文机关标志要求不同。通用公文格式的发文机关标志由发文机关名称加"文件"二字组成,纪要标志则由"××××××纪要"组成,不加"文件"二字。

二、发文字号构成形式不同。通用公文格式的发文字号由发文机关代字、年份和发文顺序号三个要素组成,而纪要格式的公文编号只采用"第 × 号"的形式,前面不编虚位。

三、纪要格式的公文在正文或附件说明下空一行左空二字编排"出席"二字,后标全角冒号,冒号后用 3 号仿宋体字标注出席人单位、姓名,回行时与冒号后的首字对齐。如果需要标注请假和列席人员名单,除依次另起一行并将"出席"二字改为"请假"或"列席"外,编排方法同出席人员名单。

四、通用公文格式分为加盖印章和不加盖印章两种情况,而纪要不加盖印章。

396 纪要格式公文与通用公文格式的版记有什么区别?

通用公文格式的版记由抄送机关、印发机关和印发日期等要素组成,在抄送机关的上方印有一条分隔线,抄送机关与印发机关和印发日期之间也用一条分隔线隔开,印发机关和印发日期之下再印有一条分隔线而且与版心的下边缘重合。而纪要格式公文的版记部分则由"分送"和"印发机关和印发日期"组成,其分隔线的设置要求与通用公文格式相同。

397 部门内设机构可否对外正式行文？

不可以。根据《党政机关公文处理工作条例》第十七条的规定，部门内设机构除办公厅（室）外不得对外正式行文。正式行文是指以"文件"的形式行文，例如省属各厅局内设的处、市属各局内设的科不得向外正式行文，但各厅、局的办公室不在此列。部门内设机构工作上的联系和事务性的通知，确需行文的，可以采用"函"的形式。

398 文件为什么一般只发组织，不发个人？

文件除上级指定直接上报或下发领导同志个人的外，一般只发组织，不发个人。之所以要这样做，是因为它有利于文件的统一办理，体现了公文处理工作的集中统一原则。

文件一般只发组织，不发个人，但上级机关指定直接上报领导同志个人的情况除外。实践中有的单位在向上级机关报送请示过程中，出于获准的急迫心情，往往行文给上级机关领导同志个人。例如某县科委要求增拨今年的农业科研经费，这份请示在主送给县政府的同时，又抄送给县财政局局长、两位副局长。像这样的文件，让县政府办公室如何处理？它干扰了县政府的公文处理工作，并给领导工作带来了混乱。正确的做法是，这份文件只能主送给县政府，同时抄送给县财政局。

399 向上级机关报送请示，可否同时抄送给下级组织？

不可以。现举一例，有一个市的工商局打算把现有的 27 个工商所合并为 12 个，在向市政府行文请示的时候，为了"先下个毛毛雨"，又将此请示抄送给下级，结果市政府还没批，下面已经人心浮动，给工作造成了很大被动。因为上报的请示,在上级未批准之前,其所请示的事项根本不成立,一旦让下级知晓,势必给工作带来麻烦。

400 以行政部门名义上报材料,把市委、市政府一并列为主送机关行不行?

也不行。以行政部门名义上报的材料,可以主送给市政府,不可一并送给市委。对上报市委的材料,应以部门党委或党组的名义另行行文,不可把党政行文混在一起,以免打乱隶属关系。

401 上一级政府机关或部门的党组可否直接向下一级政府或部门的党组正式行文指挥工作?

不可以,因为它们之间不存在隶属关系。一个行政机关、部门的党组,对上要对同级或上级党委负责并报告工作,对下只对本机关、部门内部行使党的领导,所以,上一级政府及政府部门的党组(如市政府党组、市税务局党组)不可对下一级政府或部门党组(如县政府党组、县税务局党组)直接正式行文布置工作,因为它打乱了隶属关系。

402 县民政局给各乡镇政府发出通知,要求在本年底前完成对优抚对象的生活状况摸底工作,这样发通知可否?

不可以。正确的做法是应当把这份通知发给相应对口的乡镇政府的民政所或民政助理,而不是发给乡镇政府。

403 | 公文标题中的"国务院批转"与"国务院办公厅转发"有什么区别？有"国务院办公厅批转"这种用法吗？

这里涉及的是公文处理过程中的"批转"和"转发"的使用问题。就通常而言，"批转"用于"上批下"，即用于上级机关对下级来文的处理；"转发"用于"下转上"和"平转平"，即用于下级机关对上级机关以及平级机关相互之间来文的处理。至于"国务院办公厅批转"这种情况，应当说只在高级机关才有，并且只用于办公厅系统内部，系国务院办公厅对所属各局公文的处理，在一般的机关单位则很少出现此种情况。

404 | 政府部门办公厅发文与政府部门发文有什么区别？

在行政机关公文处理实践中，究竟是以政府部门办公厅名义发文，还是以政府部门名义发文，就一般情况而言，主要是看公文所涉及内容的重要程度。以政府部门名义发文，其所涉及的内容通常更为重要，而以办公厅名义发文往往属于一般性的事项。

405 | 作为一名合格的公文工作者，要善于把握和适应各种不同领导的"胃口"，这种观点对吗？如果对，应当如何做好？

秘书是领导的助手，是为领导决策服务的，这一工作职能没有任何疑义。因此要善于把握和适应各种不同风格、不同特征的领导。做好服务工作，是秘书的应尽之责。

要做好这项工作，要求文秘人员在工作过程中必须讲究方法和艺术，努力协调好各种关系。特别是在与本部门领导协调时，要做到尊重领导，维护领导的威信,适应领导的工作习惯和工作方法、工作风格以及工作特点。例如有的领导逻辑性强,凡事爱有个前因后果,对待这样的领导要在工作时摆事实、讲道理,有分析有推理;而有的领导讲究单刀直入,开门见山,对此就要言简意赅,直中要害;还有的领导风趣幽默,就不妨与之开开玩笑,但不可过头。

当然,了解领导的风格和特点,目的是为了更好地做好工作,而不是一味地迎合,巴结讨好,见风使舵,投机取巧,无原则地服从。一切以领导的好恶办事而抛弃原则,是做秘书工作的大忌。

406 图或表的短语说明文字,在其末尾可否使用句号?

不可以。如属此种情况,中间可用逗号,但末尾不用句号。即使有时文字说明较长,前面的语段已出现句号,最后结尾处仍不用句号。例如:"经过治理,本市市容市貌焕然一新。这是某区街道一景"

407 公文写作中必须使用阿拉伯数字的情形有哪些?

一、用于计量的数字。在使用数字进行计量的场合,为达到醒目、易于辨识的效果,应采用阿拉伯数字,例如-125.03、34.5%、63%~68%、1:500、97/98等等;当数值伴随有计量单位时,如长度、容积、面积、体积、质量、温度、经纬度、音量、频率等等,特别是当计量单位以字母表达时,应采用阿拉伯数字。例如523.56 km(523.56千米)、346.87 L(346.87升)、5.34 m^2(5.34平方米)、605 g(605克)、34~39℃(34~39摄氏度)、北纬40°(北纬40度)、120dB(120分贝)。

二、用于编号的数字。在使用数字进行编号的场合,为达到醒目、易于辨识的效果,应采用阿拉伯数字。例如电话号码:98888、邮政编码:063000、通信地址:北京市复兴路10号、汽车号牌:京A00001、公交车号:302路公交车、公文编号:中办发〔2012〕14号、刊物编号:CN11-1399、单位注册号:02050214、道路编号：101 国道等等。

三、已定型的含阿拉伯数字的词语。现代社会生活中出现的事物、现象、事件，其名称的书写形式中包含阿拉伯数字，已经广泛使用而稳定下来，应采用阿拉伯数字，例如 3G 手机、MP3 播放器、G8 峰会、维生素 B12、97 号汽油、"5·27"事件、"12·5"枪击案。

408 公文写作中必须使用汉字数字的情形有哪些？

主要有如下几种情形：1. 非公历纪年。干支纪年、农历月日、历史朝代纪年及其他传统上采用汉字形式的非公历纪年等等，应采用汉字数字，如丙寅年十月十五日、腊月二十三、八月十五中秋、秦文公四十四年、太平天国庚申十年九月二十四日、日本庆应三年等。2. 概数。数字连用表示的概数、含"几"的概数，应采用汉字数字，如三四个月、一二十个、四十五六岁、五六万套、五六十年前、几千、二十几、一百几十、几万分之一等。3. 已定型的含汉字数字的词语。汉语中长期使用已经稳定下来的包含汉字数字形式的词语，应采用汉字数字。例如"万一""一律""四书五经""三叶虫""星期五""不管三七二十一""七上八下""半斤八两""八九不离十""白发三千丈""五省一市""五四运动""相差十万八千里""不二法门""二八年华""一·二八"事变"一二·九"运动等。

409 公文写作中在什么情况下既可以使用阿拉伯数字又可以使用汉字数字？

根据《出版物上数字用法》(GB/T15835—2011)的规定，在公文写作中如果表达计量或编号所需要用到的数字个数不多，选择汉字数字还是阿拉伯数字在书写的简洁性和辨识的清晰性两方面没有明显差异时，两种形式均可使用，例如 17 号楼（十七号楼）、3 倍（三倍）、第 5 个工作日（第五个工作日）、100 多件（一百多件）、20 余次（二十余次）、约 300 人（约三百人）、40 左右（四十左右）、50 上下（五十上下）、第 4 季度（第四季度）、第 8 天（第八天）、20 世纪 80 年代（二十世纪八十年代）、1997 年 7 月 1 日（一九九七年七月一日）、12 天（十二天)、1/3(三分之一)、0.5(零点五)、120周年(一百二十周年)、下午4点40分(下午四点四十分)、第45份(第四十五份)等等。值得注意的是,如果要突出简洁醒目的表达效果,应使用阿拉伯数字;如果要突出庄重典雅的表达效果,应使用汉字数字。例如北京时间2008年5月12日14时28分、十一届全国人大一次会议(不宜写为"11届全国人大1次会议")、六方会谈(不宜写为"6方会谈")。在同一场合出现的数字,应遵循"同类别同形式"原则来选择数字的书写形式。如果两数字的表达功能类别(比如都是表达年月日时间的数字),或者两数字在上下文中所处的层级相同(比如文章目录中同级标题的编号),应选用相同的形式。反之,如果两数字的表达功能不同,或所处层级不同,可以选用不同的形式。例如2008年8月8日、二〇〇八年八月八日,但不写为"二〇〇八年8月8日",第一章 第二章……第十二章,不写为"第一章 第二章……第12章",但第二章的下一级标题可以采用阿拉伯数字编号。此外,要特别注意避免相邻的两个阿拉伯数字造成歧义的情况,例如高三3个班、高三三个班,不写为"高33个班",高三2班、高三(2)班,不写为"高32班"。但具有法律效力的文件、公告文件或财务文件中可同时采用汉字数字和阿拉伯数字(例如35.5元,也可以写为"三十五元五角""35元5角""叁拾伍圆伍角")。

410 公文写作中在阿拉伯数字的表述形式上应注意哪些问题?

一、多位数。为便于阅读,四位以上的整数或小数,可以采用千分撇和千分空两种方式进行分节。其中千分撇在整数部分每三位一组,以","分节,小数部分不分节,四位以内的整数可以不分节,例如92,300,000、125,619,351,235.235767;千分空从小数点起,向左和向右每三位数字一组,组间空四分之一个汉字,即二分之一个阿拉伯数字的位置。四位以内的整数可以不加千分空。例如:55 235 367.346 23。

二、纯小数。纯小数必须写出小数点前定位的"0",小数点是齐阿拉伯数字底线的实心点".",例如0.46,不写为.46或0。46。

三、数值范围。在表示数值的范围时,可采用浪纹式连接号"~"或连接号"-"。前后两个数值的附加符号或计量单位相同时,在不造成歧义的情况下,前一个数值的附加符号或计量单位可省略。如果省略数值的附加符号或计量单位会造成歧义,则不应省略。例如 400—429 页、12 500~20 000 元、9 亿~16 亿(不写为 9~16 亿)、15%~30%(不写为 15~30%)、13 万元~17 万元(不写为 13~17 万元)。

四、年月日。年月日的表达顺序应按口语中年月日的自然顺序书写。四位数字表示的年份不应简写为两位数字。值得注意的是,公文中一般不采用"年""月"的扩展格式即用"-"替代,如 2012-7-1,而且月和日是一位数时,一般也不在数字前补"0",如 2012-09-08 等。

五、时分秒。计时方式既可采用 12 小时制,也可采用 24 小时制,例如 21 时 12 分 36 秒(晚上 9 时 12 分 36 秒)。时分秒的表达顺序应按照口语中时分秒的自然顺序书写。但公文中涉及的时分一般不采用扩展格式即用":"替代。例如 14:12:36。

六、含有月日的专名。含有月日的专名采用阿拉伯数字表示时,应采用间隔号"·"将月、日分开,并在数字前后加引号。例如"3·15"消费者权益日。

公文中的阿拉伯数字一般应使用正体二分字身,即占半个汉字位置。而且一个用阿拉伯数字书写的数值应在同一行中,避免被断开。

411 公文写作中在汉字数字的表述形式上应注意哪些问题?

一、概数。两个数字连用表示概数时,两数之间不用顿号"、"隔开。如二三米、一两个小时、三五天、一二十个、四十五六岁等等。

二、年份。年份简写后的数字可以理解为概数时,一般不简写。例如"一九九八年"不写为"九八年"。

三、含有月日的专名。含有月日的专名采用汉字数字表示时,如果涉及一月、十一月、十二月,应用间隔号"·"将表示月和日的数字隔开,涉及其他月份时,不用间隔号。例如"一·二八"事变、"一二·九"运动、五一国际劳动节等等。

四、法律文书中涉及的数字,应采用大写汉字数字形式记数。

五、"零"和"〇"。阿拉伯数字"0"有"零"和"〇"两种汉字数字书写形式。

一个数字用作计量时,其中"0"的汉字书写形式为"零",用作编号时,"0"的汉字书写形式为"○"。例如"3052(个)"的汉字数字形式为"三千零五十二",不写为"三千○五十二";"95.06"的汉字数字形式为"九十五点零六",不写为"九十五点○六";"公元2012(年)"的汉字数字形式为"二○一二",不写为"二零一二"。

六、阿拉伯数字与汉字数字同时使用。如果一个数值很大,数值中"万""亿"单位可以采用汉字数字,其余部分采用阿拉伯数字。例如我国1982年人口普查人数为10亿零817万5288人。除此之外的一般数值,不能同时采用阿拉伯数字与汉字数字。例如108可以写作"一百零八",但不应写作"1百零8"或"一百08",4 000可以写作"四千",但不应写作"4千"。

412 行文中涉及财务,经常会使用货币,怎么表达正确?是¥500000,还是50万,还是500000?

根据《出版物上数字用法》(GB/T15835—2011)的规定,如果一个数值很大,数值中的"万""亿"单位可以采用汉字数字,其余部分采用阿拉伯数字。因此,可表述为"50万元"。但须注意的是,在法律文书和财务票据上,应采用大写汉字数字形式记数,例如39,148元(叁万玖仟壹佰肆拾捌圆)等。

413 如何规范使用公文小标题序号之后的顿号?

在许多公文中,带有序号小标题的一般形式是:一、△△△ 二、△△△ 三、△△△;或是:1、△△△ 2、△△△ 3、△△△。不能否定,当汉字序号和阿拉伯数码序号连续排列时,加用顿号是正确的。在公文小标题前使用序号可使层次分明,令人一目了然。但在它之后用顿号却是不科学、不规范的。这是因为:顿号之后已不是序号,而是一些文字,使用顿号已经失去了应有的基础和必要;更主要的是在序号之后使用的顿号与公文其他部分内容表述中使用的顿号完全一样,以致序号与标题文字联为一体,使人难以分辨,容易造成误解。在下列情况下,弊病十分明显:"一、二类变三类;二、三次反复;三、四大效果;1、2人班子;2、3个高招;3、4个第一。"因此,为使公文小标题中的序号使用不失本意又有显明性,应尽量用小括号括入,或在序号之后使用"."，以示区别。

414 在数字中如何正确表达倍数?

倍数用于表示数量的增减,常与"为""到""了"配合。增加时,要注意将除原数外的增加数的增加后的和数表述准确,例如"增加""上升""提高""扩大""增长"等词后面附带"到""至""为"字,是用以说明加上增加数的和数;附带"了"或不带"了"字,则不包括本数在内。减少时,如"减少""降低""缩小"等词后面附带"到""至""为"字,是用以说明原数减去减少数的差数,带或不带"了"字,则不包括本数在内。例如增加了3倍,即原为1,现为4;增加到3倍,则原为1,现为3。降低了60%,即原为100,现为40;降低到60%,即原为100,现为60。要注意不能用降低××倍或减少到××倍的表述,而只能用降低××%或减少了××%。

415 怎样正确运用表示比例关系的数字?

公文中要经常涉及对有关比例关系的表述问题,撰写时要注意讲求规范。例如降低到过去的70%,是指过去为100,现在为70;提高到过去的130%,是指过去为100,现在为130,现在比过去提高了30;比过去提高了80%,是指过去为100,现在为180;比过去降低80%,是指过去为100,现在为20;由过去的60%提高到80%,是指过去和现在两者的基数均为100,过去为60,现在为80;由过去的80%降低到60%,是指过去和现在的基数均为100,过去为80,现在为60。

416 遇有空格的标题如何引用?

公文中运用引用的一条基本原则是必须做到准确,即要忠实于原文,不能随意更动。不但内容上如此,就是在形式上也应这样办。因此,在写作时将原本采用空格方法处理的标题硬行加入一个逗号,有欠准确。例如原标题为《求真务实　团结奋进》,引用后成为《求真务实,团结奋进》,严格而言是不符合规范的。实际上,在两个并列的四字格词组之间用空格形式隔开,是完全可以的。不过在引用时尽可能地不要使之间隔过长,一般以空两格为宜。

417　公文标题中说明性词语的正确用法

在公文标题的拟制过程中,需要时常用到诸如"草稿""征求意见稿""讨论稿""草案""试行""暂行"等说明性词语,用以对公文内容成熟程度作出限定,它一般多见于法规体公文之中。在书写或印制时需要将这种说明性词语用括号括入。这里涉及一个问题是,当行文中需要引用该法规或规章名称时,括号及相应的说明性词语是应当置于书名号之内还是之外?对此,实践中较为混乱,很不统一。例如《××市住房公积金管理办法(试行)》《××县人民政府2009年工作要点》(征求意见稿)等。就这两个标题而言,究竟哪一种写法是正确的呢?我们认为应当是前者。因为公文标题中的这种说明性词语,表明了该公文内容的成熟程度,它与公文标题内容关系密切,是公文标题的组成部分,是不可分割的一个整体,因此在拟制时必须将其置于书名号之内。否则,就会有损于原标题内容的完整性。

值得说明的是,公文标题中的这种说明性词语,都是依据公文内容的成熟程度及公文文种选用的,其位置可以出现在题尾,也可以出现在题中。括号只在题尾说明时才使用,而题内则不需用标点符号,例如《××市公安局处置突发性公共事件暂行办法》,不能写作《××市公安局处置突发性公共事件(暂行)办法》。

418　如何正确运用机关或单位名称的"全称"与"简称"?

公文中要经常涉及机关或单位名称的表述问题,不仅版头部分用,发文字号中用,公文标题、落款(发文机关署名)以及印章中也要用。至于正文部分的写作,使用得就更多。但在表述时究竟是用其全称还是规范化简称,并无硬性规定,一般情况下二者是通用的。但有时需要根据具体情况作适当处理。

一、公文的发文机关标志,带"文件"二字的,既可以使用全称,也可以使用规范化简称。例如《中国共产党中央委员会文件》,可以简化为《中共中央文件》;但如系采用发文机关全称或者规范化简称,其后不带"文件"二字的,其发文机关名称则需用全称,以示郑重。这就是说,下行文的版式中,发文机关名称既可用全称,也可用简称,但上行文版式中的发文机关名称一般只能使用全称。

二、要根据文字的繁简确定使用全称或是简称。例如公文版头、标题、发文机关署名(落款)中所涉及的发文机关名称,究竟以使用全称还是简称为宜,应当根据实际情况酌定。一般而言,如果机关名称字数较多,特别是一些企业名称往往冠以一二十个字,为简洁起见,则通常应当使用简称,以使行文趋于简洁,并求得文面布局的醒目、匀称、美观。但需要注意的是,发文字号中的机关代字必须是简称,而且是高度浓缩了的称谓;印章中的发文机关名称则应使用全称,以示庄重、严肃。

三、要根据公文的运行范围和内容性质酌情确定使用全称还是简称。就一般而言,对于系统或机关单位内部运行的公文,其发文机关名称可以使用简称,既不会令人费解,又会使行文显得简练,便于接受;但对于那些政策性、规定性较强的公文以及会议性公文,如公报、决议、会议纪要等,则应以使用全称为宜,以体现行文的庄重性和严肃性。

四、要注意讲究规范。根据规定,在公文写作中第一次使用机关名称时应当使用全称并用括号注明简称,下文再出现相同名称时,即可用简称。

值得注意的是,对于简称的使用必须注意讲求规范,不可随意简化。例如"中共××委员会""中共××乡党委"之类的简称即不符合规范。其中前者的问题在于繁简混杂,"中共"是简称,但"委员会"又不是,故而应改为"中共××委";后者的问题属于叠床架屋,其缘由已如前述。

419 同级党政领导职务一起连用时,如何注意排列次序?

同级党政领导职务一起连用时,一般情况下应以党委的负责人在前,行政负责人依次在后排列,例如:"县委书记、县长、县委副书记、副县长""局党委书记、局长、副书记、副局长、党办主任、局办主任"等。同级机关一起连用,按照各自的法律地位和使用的习惯,应是"市委、市人大、市政府、市政协"。上述排列次序不应前后颠倒。

420 邻近两个数字并列连用用以表示概数时,如何表述?

"一二三四五六七八九十"中的邻近两个数字并列连用用以表示概数时,要特别注意中间不要加顿点,应写作"一二月""三四天""五六种""七八个""十之八九"。

421 公文中怎样规范表达"零"和"点"?

"零"和"点"在公文中经常用于表示事物的数量。应当注意的是,凡用汉字并加位数词的数字,除年份可用"〇"外,其他应一律用"零"。如"二〇一二年";但"二百零三千米",不能写成"二百〇三千米"。"点"仅用于汉字数字,阿拉伯数字不用。例如"零点六"或"0.6",不能写作"零.6"或"0点6"。

422 横排文稿标点符号的位置和书写形式有哪些要求?

根据《标点符号用法》(GB/T15834—2011)的规定,句号、逗号、顿号、分号、冒号均置于相应文字之后,占一个字位置,居左下,不出现在一行之首。问号、叹号均置于相应文字之后,占一个字位置,居左,不出现在一行之首。两个问号(或叹号)叠用时,占一个字位置,三个问号(或叹号)叠用时,占两个字位置,问号和叹号连用时,占一个字位置;引号、括号、书名号中的两部分标在相应项目的两端,各占一个字位置,其中前一半不出现在一行之末,后一半不出现在一行之首。破折号标在相应项目之间,占两个字位置,上下居中,不能中间断开分处上行之末和下行之首。省略号占两个字位置,两个省略号连用时占四个字位置并须单独占一行。省略号不能中间断开分处上行之末和下行之首。连接号中的短横线比汉字"一"略短,占半个字位置,一字线比汉字"一"略长,占一个字位置;浪纹线占一个字位置。连接号上下居中,不出现在一行之首。间隔号标在需要隔开的项目之间,占半个字位置,上下居中,不出现在一行之首。着重号和专名号标在相应文字的下边。分隔号占半个字位置,不出现在一行之首或一行之末。标点符号排在一行末尾时,若为全角字符则应占半角字符的宽度(即半个字位置),以使视觉效果更为美观。

423 下面这个标题如何排版比较合适?

重庆市璧山区审计局对璧山县城市森林内工程服务项目绿岛段{茅山路西侧(双星至碧桂园)及永嘉大道延伸段、绿岛经济适用房D组团、剑山路西侧、镇南还建房、文风还建房}等路段竣工结算进行审计的通知

这个标题本身就存在问题,按照公文标题的拟制规范,发文机关与事由之间一定要有介词"关于"来衔接;事由部分不但使用了圆括号,还使用了大括号,让人感到臃肿累赘。公文标题的事由一定要写得简洁凝练,要用极其省减的文字涵盖全文的内容,而不能过于细化。实际上,这份标题的大括号所涵盖的内容完全没有必要在标题中出现,应当删去。因此,正确标题如下:

重庆市璧山区审计局
关于对璧山县城市森林内工程服务项目绿岛段等路段
竣工结算进行审计的通知

424 公文写作中在"策见"的表述方面有什么规律和特点?

"策见",顾名思义,就是指政策、见解,它是一篇公文的灵魂和统帅。在一

般文章写作中,人们称之为"中心思想";在文学作品的写作中,则称之为"主题"。在公文写作领域,我们赋予它一个术语即"策见"。具体地讲,就是指公文中所要反映和体现的基本立场、观点、主张、见解,所提出的措施、意见、办法以及所作出的结论等,必须做到准确明晰,恰如其分,令人不容置疑。如果策见表述不准确,那么所写出来的公文就失去了存在的意义和价值。而要做到策见表达的准确,要求我们在公文中所提出来的观点、主张、见解、意见、办法、措施以及所作出的结论等,必须做到两个符合:一个是要符合党的方针、政策精神;二是要符合国家的法律、法规和规章的规定。如果所提出的策见与党的方针、政策以及国家的法律、法规和规章的规定相违背,亦即不准确,那么该篇公文就不会对实际工作具有任何指导作用,因而也就失去了存在的意义和价值。在具体写法上,要做到策见表达的准确,要求在公文中对事物的观点和态度要鲜明、显豁,是什么,不是什么;提倡什么,禁止什么;赞成什么,反对什么,必须旗帜鲜明,毫不隐讳,决不能模棱两可,令人难以捉摸。可以这样说,凡是优秀的公文篇章,都在策见表达的准确性方面臻于完美。例如《中共中央关于加强党同人民群众联系的决定》(1990年3月12日)一文中有这样一段话,其在策见表达的准确性方面就表现得很有特色:"人民群众是我们党的力量源泉和胜利之本。能否始终保持和发展同人民群众的血肉联系,直接关系到党和国家的盛衰兴亡。历史经验反复证明,什么时候党的群众路线执行得好,党群关系密切,我们的事业就顺利发展;什么时候党的群众路线执行得不好,党群关系受到损害,我们的事业就遭受挫折。"

425 公文写作中"要"字句的正确用法

"要"字句是公文中常用的一种特定句式,它通常出现于一句话的开头,用以表示"应该……""必须……"之意,对人们的行为起到一种提醒、希望、要求或命令的作用。恰当地运用"要"字句,能够增强行文的坚定性、原则性和论断性,使之观点鲜明、态度显豁、文字简要,具有很好的修辞表达效果。正因为如此,在公文写作中,"要"字句的使用频率很高。

值得注意的是,"要"字句应当根据不同的行文方向和公文文种恰当地加以使用。一般而言,下行文中的指示周知性的文种诸如决定、决议、通知、批复、会议纪要等等,在表示希望、要求、提醒、命令人们去做某件事、采取某项行动时,往往要用这种"要"字句。例如:"国务院各有关部门要根据各自的职能分工,加强对《计划》执行的指导、支持和监督。环保总局、统计局、发展改革委要每半年向社会公布各省(区、市)主要污染物的排放总量,并会同监察部对《计划》完成情况进行年度检查和考核,向国务院报告。"(《国务院关于"十一五"期间全国主要污染物排放总量控制计划的批复》)"各级党委要把和谐社会建设放在全局工作的突出位置,把握方向,制定政策,整合力量,营造环境,切实担负起领导责任。"(《中共中央关于构建社会主义和谐社会若干重大问题的决定》)

上述两例中,通过运用"要"字句,向受文者提出要求,表示出应当怎样去做,语势坚定有力,论断性强,令人不容置疑。

但是,在上行文的请示、报告及意见等文种中,因其多属叙事、申明和祈使性的,故而只能使用计划、打算、商讨和请求性的语气,而不宜使用"要"字句。否则,就会显得很不得体。

426 公文写作中"拟同意"一语的正确用法

"拟"有认为、打算、想要、考虑之意,是公文中用于表示谦敬的词语,通常出现于上行文的请示、报告及意见等文种的写作之中。在下行文的批复中,有时也要用到这一词语,且往往与"同意"连用。

值得注意的是,"拟同意"一语的使用具有较为严格的职责限定。它不仅具有"谦敬"之义,而且能够体现出主体的职责权限。有无"拟"字,是有无最后决定权的标志。这就是说,主体对某一事件或问题的处理若有决定权,即只需表明"同意",而不宜用"拟同意",以示肯定;而如果只有表态权却没有决定权,则以使用"拟同意"为宜。

427 公文写作中"进行"一词的正确用法

在公文写作中,"进行"是使用频率很高的一个词语,表示从事、做、开展等的意思。它一般用于这样两种情形:一是用于比较庄重、正式的行为,例如:"社会和谐是我们党不懈奋斗的目标。新中国成立后,我们党为促进社会和谐进行了艰辛探索,积累了正反两方面经验,取得了重要进展。党的十一届三中全会以后,我们党坚定不移地推进改革开放和现代化建设,积极推动经济发展和社会全面进步,为促进社会和谐进行了不懈努力。"(《中共中央关于构建社会主义和谐社会若干重大问题的决定》)其中的两个"进行"都是用于非常严肃的事情,因此,使行文显得庄重;二是用于持续性强的行为,例如:"各单位要将业务工作与正在进行的保持共产党员先进性教育活动紧密结合起来,真抓实干,务求实效。"这里使用的"进行",修饰后面的"保持共产党员先进性教育活动",而该项活动显然不是短暂行文,需要"进行"一段时期,因此用"进行"是比较恰当的。

但在当前的公文写作中,我们却发现有些"进行"用得过滥,给人一种画蛇添足之感。例如:"公司迅速开会进行了研究,决定对张××进行批评教育,并对受到伤害的一方进行慰问,对其所受的损失进行赔偿,同时通报全体职工,向大家进行一次纪律教育。"这里的"进行"就用得很多,造成臃肿累赘。为此,可以采取变换句式的方法,将"对……""向……"的介词结构句式改为直陈的句式,如将"向大家进行一次纪律教育"改为"教育大家遵守纪律"等等。

428 公文写作中涉及会议的出席人、列席人、参加人应如何规范表述?

从实质来看,会议的"出席人"和"列席人"都是"参加人",区别在于:法定成员参加本组织的会议叫作出席,其他人员(上级领导除外)参加叫作列席。例如召开局党委会议,局党委委员出席会议,非党委成员——哪怕是局领导——也只能算作列席。在原则上,列席人员没有表决权等。上级领导参加会议也叫出席,不能"降格"为列席,尽管上级领导并不参与表决。这种"出席",这只是一种特例。

429 公文中"该"字句的正确用法

"该"字句是公文中用于表示第三人称的特殊句式,能使行文体现出简洁、庄重的特色。但要注意的是,这个句式往往是带有贬义的,如"该同志思想一贯消极""该犯好逸恶劳"等。因此,必须注意不能滥用。实践中,很多同志对此把握不准,不论是用于表扬的还是用于批评的都用"该同志积极靠拢党组织""该生""该领导"等等,是不尽妥当的。

430　公文中"将"字结构的正确用法

在现代汉语中,"将"字含义多达十余种,在不同的语境使用,其含义相去甚远。在公文中出现的"将"字,大多是介词,取其"把"的含义,构成"现将……""兹将……""拟将……""已将……""还将……"等介词结构,分别用作起首语、承启语等。例如"现将《国家行政机关公文处理办法》发给你们,请照此执行"。

431　公文中"的"字结构的正确用法

"的"附在词语的后面,表明这个词语是名词的修饰语。在句子成分中,名词的修饰语称为定语,所以"的"是定语的标志。公文中使用"的"字结构时,要注意与"地"字结构助词相区别,以免误用。"的"字之后跟的是名词,"地"字之后跟的是动词或形容词,"地"字结构助词是动词或形容词的修饰语,在句子中作状语,"地"是状语的标志。"的""地"一字之差,区别很大。动词或形容词在文中充当主语或宾语时,它们便成了陈述的对象,或动作所涉及的对象,就被当成一件事物名词化了,此时的动词或形容词应用"的"字结构助词来修饰。以"的"字收尾的词组,在公文中还具有分类和指代作用,多指被贬的人和事物。如"以权谋私的""聚众闹事的"等。

432　公文中联合词组的正确用法

所谓联合词组指的是词与词之间是联合、并列关系的词组。如"工农商学兵""工矿企业""民间团体""政策和策略""勤劳而勇敢""讨论并通过""贯彻执行""立场、观点和方法"等。表达公文内容要用到大量的联合词组。文中出现联合词组时,要注意连词的使用。1.两个名词联合常用"和"字相连。2.两个动词联合常用"并"或"并且"相连。3.两个形容词联合常用"而"或"而且"相连。4.多词联合可直连,如"农林牧副渔",也可用顿号相连,如"团结、紧张、严肃、活泼";还可以顿号与连词并用相连,如"试验、改良并推广",前面各词之间用顿号,后面两词之间用连词。联合词组在文中可以充当句子的各种成分。

433 公文写作为什么要注重句式的变化?

公文写作中要注重句式的变化,是由公文语言的特点所决定的。要使所写出来的公文显得有活力、有生气,就应当采用不同的句式,特别是在长句与短句,整句与散句之间注意交替使用,使语言富于变化。

长句是指字数较多,结构复杂的句子;短句是指字数较少,结构比较简单的句子。长句的特点:表意周详、气势畅达;短句的特点:简明活泼,刚劲有力。要写好公文,既不能只用长句,也不能偏重于短句,前者使公文显得烦冗、沉闷,而后者又会使公文过于跳跃、有失庄重,因此,有长有短,长短结合,使两者长处兼容并取,才显得语言富于变化,充满生气。例如:"坚决维护税法的统一性、严肃性。坚持以法治税,统一税法,集中税权,是发展社会主义有计划商品经济的必然要求,也是税收工作的基本原则。"

整句是指结构相同或相似,长短一致或接近的句子;散句是指结构灵活,长短不一的句子。整句的特点:条理清晰,富有节奏。散句的特点:长短不一,灵活方便。整句与散句交错使用,有利于增强公文的表达效果。例如毛泽东同志的《反对党八股》一文中有这样一句话:"它们不是生动活泼的东西,而是死硬的东西了;不是前进的东西,而是后退的东西了;不是革命的东西,而是阻碍革命的东西了。这就是说,洋八股或党八股,是五四运动本来性质的反动。"

434 公文用语怎样体现感情色彩?

公文是我们党和国家机关传递策令、知会工作、沟通情况、交流经验的工具,要想使公文的内容得以传达贯彻,切实发挥应有效用,就必须在用语上讲究一些感情色彩。公文写作中常见的感情色彩主要有以下几种情形:

一、庄重严肃。因事情重大,或者问题严峻,故行文时态度认真,感情持重。在语言运用上应当是平正、严整、有力,令人不容置疑,字里行间透露出一种严峻的浩然正气。例如《共产党宣言》等宣示命令体公文就是如此。

二、语重心长。为了表达对人们的教诲和劝导,告诫人们吸取历史教训,行文时往往要抓住事物的本质,把握事物的精髓,来告诉人们一些可贵哲理,这些道理经过长久的历史验证,证明是确凿的真理,讲出来不但理申意明,而且语重心长跃然纸上,即所谓"理深意切"。例如讲话、报告等问题通常采用此法。

三、诚恳热情。为了给人以力量和鼓舞,使对方在情绪上受到感染。行动上得到推动,要运用一些发自肺腑、竭尽忠诚、情绪热烈的语言。

四、揭露抨击。对荒谬、错误、敌对、发动的东西,不能容忍这种现象的存在,愤然揭露有力抨击,这样就需选择一些愤怒、强烈、直面分明的语言。

435 用了"中共"后面是否一定用"委员会"?"中共××市第×次代表大会"和"中共××市委第×次代表大会",哪个正确?

"中共"是中国共产党的简称,其后面加"××委员会"是可以的。但在实践中,规范化的简称应当使用诸如"中共××省委""中共××市委""中共××县委"等等,而不宜使用"中共××委员会"之类的名称,因为其中存在全称和简称混用的问题,而这种问题在实践中并不是个例。就"中共××市第×次代表大会"和"中共××市委第×次代表大会"而言,使用后者更为准确。

436 ××公司拟就增加职工待遇问题发一通知,将标题拟为《关于增加职工福利待遇问题》,此标题是否合乎规范?

不合规范。因为它有悖公文标题拟制的基本规定与要求。与一般文章标题相比,公文标题的一个最突出特点就是它的要素化。依国家有关公文法规的规定,公文标题必须由发文机关名称、主要内容和文种三个要素组成,每个要素均有其独特的作用,一般不得随意省略。但在实践中有些公文标题却未循此而为,表现为过于追求标题的简洁而滥行省略,使公文标题"缺肢少臂",令人费解。此标题《关于增加职工福利待遇问题》即是如此,该公文究竟由哪一单位制发,属何类文种,均不清楚。正确的做法是,应当在介词"关于"前冠以发文机关名称,在"问题"之后添加公文文种,即《××关于增加职工福利待遇问题的××》。与之相类似的如某工厂向主管局所写的一篇关于机修车间设备大修情况的报告,标题是《机修车间大修情况》,随意省略,显得不伦不类。仅就文种而言,究竟是"报告"还是"请示",令人难以捉摸。规范的写法应是《××厂关于机修车间设备大修情况的报告》。

437 "罢免""免职""撤职""辞职"在使用上有什么区别?

罢免案、撤职案以及免职案是法律赋予各级人大及其常委会在特定情况下行使的人事监督职权。

一、"罢免"是相对选举而言的免职方式,依据《宪法》第 65 条第 2 款、第 77 条、第 102 条第 2 款、第 103 条第 2 款,《地方组织法》第 26 条,《代表法》第 75 条规定,被选出的人大代表和国家机关领导人,需免去其职务的,由原选举单位、选区、选民依照法律规定的程序罢免;同时《选举法》第九章专门规定了选民或选举单位都有权罢免自己选出的代表,并对罢免案的提出在人数、程序等方面作出了明确规定。

二、"免职"是人大常委会对由它任命和决定任命的国家机关人员免去职务的方式。《地方组织法》第 44 条第 9 项、第 10 项、第 11 项规定了地方各级人大常委会对"一府两院""三长"的任免权的行使方式。同时,《宪法》也对免职案的提出,在免职对象、方式等方面都作明确规定。

三、"撤职"是指对人大常委会任命和决定任命的国家机关人员有违法违纪或严重错误行为的处置方式。撤职是一种行政处分,是各级人大常委会行使人事任免权的一种重要监督手段。《地方组织法》第 44 条规定了地方各级人大常委会的职权,其中第 12 项职权就是在闭会期间有决定撤销个别本级政府副职,有决定撤销由它任命的本级政府其他组成人员和"两院"副职以下人员的职务。《监督法》第八章"撤职案的审议和决定"专章就各级人大常委会对撤职案的审议和决定作出了更为明确的规定。明确了"一府两院"、人大常委会主任会议、人大常委会五分之一以上组成人员书面联名也可以提撤职案，但要经人大主任会议决定是否提请常委会会议审议；或由主任会议提议，经全体会议决定，组织调查委员会对拟撤职对象的问题进行调查。撤职案在提请常委会表决前，被提出撤职的人员有权在常委会上提出申辩意见。撤职案的表决采用无记名投票的方式，由常委会全体组成人员的过半数通过。

四、"辞职"，是指人民代表大会选举或人大常委会任命、决定任命的人员，本人主动提出辞去自己所担任的职务。《地方组织法》第27条规定，县以上地方各级人大常委会组成人员和政府组成人员，人民法院院长，人民检察院检察长，可以向本级人民代表大会提出辞职，由大会决定是否接受辞职。大会闭会期间，可以向本级人大常委会提出辞职，由常委会决定是否接受辞职。常委会决定辞职后，报本级人民代表大会备案。人民检察院检察长辞职的，还须报上一级人民检察院检察长提请该级人大常委会批准。乡镇人大主席、副主席，乡长、副乡长，镇长、副镇长可以向本级人民代表大会提出辞职，由大会决定是否接受辞职。《选举法》第49条规定，全国人民代表大会代表，省、自治区、直辖市、设区的市、自治州的人民代表大会代表，可以向选举他的人民代表大会的常务委员会书面提出辞职。县级的人民代表大会代表可以向本级人民代表大会常务委员会书面提出辞职，乡级的人民代表大会代表可以向本级人民代表大会书面提出辞职。

438 "任免""决定任免""批准任免"在使用上有什么区别？

这些都是人大及其常委会行使任免权的方式。

一、任免是县级以上地方各级人大常委会根据主任会议、"两院"正职领导人的提请，任命同级人大常委会机关、"两院"副职等有关人员担任某一领导职务或者免去有关人员所担任的职务。根据《地方组织法》第44条第9项、第11项、第12项规定，县级以上地方各级人大常委会的任免对象是：根据主任会议提名,补充任命专门委员会的个别副主任委员和部分委员,任免人大常委会各委、办、室主任;根据本级人民法院院长的提请,任免法院其他组成人员职务;根据本级人民检察院检察长的提请,任免检察院其他组成人员的职务。

二、决定任免是地方各级人大常委会根据同级政府正职领导的提名,作出由某人担任国家机关的某一领导职务或者免去有关人员所担任的国家机关职务的决定。根据《地方组织法》第44条第9项、第10项规定,县级以上地方各级人大常委会在本级人大闭会期间决定副省长、自治区副主席、副市长、副州长、副县长、副区长的个别任免;根据人民政府正职领导人提名,决定本级人民政府秘书长和政府各组成部门正职领导人的任免。

三、"批准任免"是指对下一级国家权力机关依法作出的任免事项予以批准认可,履行同意手续。现行的法律规定,只限于人大常委会对下一级人民检察院检察长行使,这是检察机关双重领导体制决定的。根据《检察官法》第12条规定,地方各级人民检察院检察长的任免,须报上一级人民检察院检察长提请该级人民代表大会常务。

439 "隶属"之后可不可加"于"字?

在公文写作中,有人习惯上在"隶属"之后加上介词"于",如"我公司隶属于国务院国资委管理"。实际上,这里的"于"是多余的。因为"隶属"(区域、机构等)是"受管辖、从属"的意思,这个词本身就是带有被动含义的及物动词。所以,应改为"我公司隶属国务院国资委","管理"二字也删去。但"从属"是不及物动词,后面要加"于"字。

440 公文写作当中聘用人员词语该用"任职"还是"任命"?

在日常工作中,公司想聘用一人员担任一重要岗位。在下达公司内部文件中的标题中,一般用"关于某某某同志任职的决定"。在正文叙述时,一般表达为"根据工作需要,经……研究,决定聘任某某某同志为……(具体干部职位)"。如果有任有免,一般用"关于某某某等同志任免职的决定"。但是在具体叙述任免情况时,一般都要先任后免,即先提任职,后提免职。

441 在一些公文中,经常见到将"二〇××"年写为"两千××"年,或者采取省略的形式,只保留年份的后两位数字,这种写法是否妥当?

有些公文在表述"20××年"这一时间概念时,往往写成"两千××年"或者"0×年"等,都不符合规范。因为"20××年",是表示年度的序数,指由公元纪年开始按年序排列至今系"第20××年"。而"两千××"则是基数,属于计算数字,如将其与表示年度的序数混为一谈,显欠妥当。至于"0×年"的写法,属于对年份的苟简,更应加以规范。之所以如此,主要是在过去的公文写作实践中,经常出现年份的缩写形式,如将"2015年"写为"15年""2016年"写为"16年",或者采用在其前面加高撇号(如"'15、'16"等)的写法,这些尚且一直有人持有异议,更何况"00年"等等呢?对于诸如此类的令人莫名其妙的表述,在正式公文中理应禁绝,以维护其庄重性和规范性。

442 "以致""以至"在含义上有什么不同?

"以致"通常用于下半句话的开头,表示下面的结果是由上述的原因所带来的。例如"该人由于不断赌博,不听组织上的忠告,以致爱人与其离婚,自己也被开除党籍"。"以至"是表示在时间、数量、范围上的延伸或扩大。例如"李某变得很快,由'反腐精英'蜕变成一个贪污巨款的罪犯,满打满算没超过一年,以至许多人感到惊讶不解"。

443 "制定"与"制订"在使用上有什么区别?

"制定"是制作、定出的意思,在公文中习惯用于较大场合,如制定党和国家的路线、方针、政策、法律和法规等;"制订"是制作、订立的意思,公文中习惯用于具体规章制度的订立,例如"最近一个时期,我们单位相继制订了防火、防盗、防毒等安全管理制度"。

444 "实施"与"施行"在使用上有什么区别?

"实施"与"施行"这两个词语的词义十分接近,在使用过程中只有习惯上的区别,而没有对错之分。语言中的"习惯势力"非常强大,有些用法单从语法上、逻辑上很难判定谁是谁非。对于法令、政策和规章制度,既可施行,也可实施。只不过在习惯上,"本条例(规定、办法等)自公布之日起施行",用"施行";而条例"施行"之后,还可以制订"实施"细则。

445 "必须"与"必需"在使用上有什么区别?

"必须"与"必需"都含有"一定要"的意思,都可以作表示可能与意愿的动词,有时也可互换。其中"必须"通常置于动词或形容词之前,用以表示动作行为或性质状态的必要性;而"必需"则通常是指"不可缺少""一定要用",是动词,但不带宾语;也可以放在动词和形容词之前,与"必须"的用法相同;或者放在名词之前,起修饰作用,例如"必需的用品"等。

446 "大约""大概"与"大略"在使用上有什么区别?

"大约""大概"属于副词,二者可以通用。但"大约"通常用于对数量的估计,而"大概"多用于对情况的估计。并且"大概"也用于表示事物的概况,近似名词;而"大约"无此用法。至于"大略"则指事物的基本情况,或者表示大致、不够详细之意,或者指"大的计谋",是名词。由此可见,三者在使用上还是有一定的区别。

447 "肤浅"与"浮浅"在使用上有什么区别？

从词性上看，二者都是形容词，都指"不深"之意。但程度有所不同，其中"肤浅"通常用于人的思想认识、理论、体会等方面，意为"浅薄的""表面的""不多的""不深刻的"；而"浮浅"通常用于人的作风方面，意为"空虚的""浅薄的""不切实的"，而且往往带有贬义。

448 "容许""允许"与"准许"在使用上有什么区别？

从词性上看，三者都是动词，都表示许可、同意，但词意轻重有所不同，其中"容许"语气较重，意为"容纳""许可"；"准许"语气也较重，一般用于上级对下级；而"允许"语气较轻，意为"答应""同意"。

449 "需要"与"须要"在使用上有什么区别？

从词性上讲，"须要"是能愿动词，"需要"是动词；从表意上讲，"须要"指"一定要"，通常放在动词的前面，用以表示动作行为的必要性；"需要"指"一定要"或"应该有""必须有"，还指对事物的欲望和要求。

450 "法制"与"法治"在使用上有什么区别？

法制，《现代汉语词典》中解释为："统治阶级按照自己的意志，通过政权机关建立起来的法律制度，包括法律的制定、执行和遵守，是统治阶级实行专政的方法和工具。"

法治，有两个意思。一个表示先秦时期法家的治国思想，一个表示根据法律治理国家。"法治"一词的第一个义项,"法制"一词不包含。所以,当使用这一义项时,二者一般不会出错。如"法家主张法治,儒家主张仁治"。这种情况下一般都不会把"法治"误用为"法制"。容易混淆的在于,"法制"所表示的"法律的制定""法律的遵守和执行"等意思,表示根据法律治理国家的"法治"一词也含有这些意思,所以它们容易用混。如:"实行法制,是社会主义市场经济的重要保证。""健全的法治是经济持续发展的有力保障。"这两个例子正好把"法治"和"法制"用反了。前一句要表示的意思是依据法律治理国家,应该用"法治",后一句是想表达健全的法律制度,应该用"法制"。"法制"和"法治"还有一个比较明显的区分是:"法制"是指国家的法律制度,是实行专政的工具,它是一个名词,"法治"是根据法律治理国家,是动词。由此可见,上例中的前一个例句中的"实行法制"是联合短语做主语,所以"法制"应该改为"法治"。后一个例句中,"健全"应修饰名词"法制",不应修饰动词"法治",所以"法治"应改为"法制"才对。

451 "反应"与"反映"在使用上有什么区别?

反映原指光线返照,一般指"把客观事物的实质表现出来","把情况和意见等告诉领导或有关部门","有机体接受和回答客观事物的活动过程"等意思。"反应"在现代汉语中有表示"有机体受到体内或体外的刺激而引起的相应的活动","打针、吃药等所引起的发烧、呕吐等现象","化学反应","事物所引起的意见、态度或行动"等意思。

"反映"和"反应"都有表示"有机体或人对外界事物所做的相应的活动过程"这一含义,所以,二者在使用时较难把握,混淆现象十分普遍。如:"十六大即将召开的喜讯公布后,各界群众对此反应良好。""观众对影片《蜘蛛侠》的反映很强烈。"这两个例子中的"反应"和"反映"正好用反了。

"反应"和"反映"的意思还是有其侧重的。"反应"强调外界刺激所引起的相应活动,强调事件所引起的意见、态度和行动;"反映"则强调回答情况,强调把意见向上级或有关部门报告。"反应"一般指有诱因,才有行为,即有刺激和事件,才有相应的活动和意见、态度及行动,被动成分浓一些;"反映"则包含有主动向上级和有关部门报告情况的一层意思,主动性强一些。在我们上面举的一个例子中,群众的行为实际上是对党中央这一决议的回答,是一种表态,所以应该用"反映",后一个例子中,群众的行为是对放映《蜘蛛侠》这部电影一事及对该片所表示的一种态度,所以应该用"反应"更确切一些。

452 将"中国共产党××乡委员会"写成"中共××乡党委"可以吗?

不可以。因为"中共"已是中国共产党的简称,而后面又出现"党"字,显然属于重叠。

453 将"人大常委会"简化为"人大"可以吗?

在某些公文中,把"人民代表大会"简化为"人大",把"常务委员会"简化为"常委会",应当说是可以的。但在公文中第一次出现时,按规定应写全称,以后简化应该注明。但在公文中决不能将"人大常委会"简化为"人大"。因为各级人大是各级人民代表大会的简称而不是人民代表大会常务委员会的简称,各级人民代表大会常务委员会的简称应是各级人大常委会。根据我国宪法及有关法律的规定,地方各级人大即地方各级人民代表大会根本没有主任、副主任等职务的设置。全国人大也没有委员长、副委员长这类职务,各级人大(包括全国人大)也没有办公厅之类的工作机构。各级人大开会时都是由主席团主持会议的召开,并没有固定的"办公厅(室)"之类的工作机构。因此,"人大办公厅(室)"之类的称谓也是不正确的。应当分别称为"人大常委会主任、副主任""人大常委会办公厅(室)"。

454 "村长""村官"之类的称呼是否合乎规范?

不规范。尽管这在人们的现实生活中常用,而且也出现在一些公文中,但并不符合规范,不够确切。因为村民委员会属于农村基层群众自治组织,既不是行政单位,也不属于公务员系列,所以最严谨的称呼就是"村民委员会主任",简称"村主任"。相应地,村干部也不能称为"村官"。

455 公文中对身体有伤疾人士应当如何规范称呼?

在公文写作中,有时要涉及对身体有伤疾人士的称呼,要注意规范得体。例如不能使用诸如"残废人""独眼龙""瞎子""聋子""哑巴""傻子""呆子""脑残""弱智"等等,而应分别称为"残疾人""盲人""聋哑人""智力障碍者"等等。如果不注意这些,就属于对伤疾人士的不尊重,容易引起不必要的麻烦。

456 公文中可否将海峡两岸和香港称为"两岸三地"?

不可以。中央有明文规定,在公文中不能把"中、港、澳、台"并称;也不得将海峡两岸和香港称为"两岸三地"。要注意的是,"台湾"与"祖国大陆(或"大陆")"是对应概念;"香港""澳门"与"内地"为对应概念,在实际使用过程中要注意做到准确规范,不能弄混。

457 公文中对少数民族的称谓有哪些规定要求?

根据中央的有关规定,在公文中对各民族的称谓,不得使用旧社会流行的带有侮辱性的称呼,例如不能称为"回回""南蛮子",也不能随意使用简称,例如不能将"蒙古族"称为"蒙族""维吾尔族"不能称为"维族"等等。对于这些政策性很强的称谓一定要加以注意,不能乱用。同时,禁止使用口头语言或者专业用语中含有民族称谓的侮辱性说法,不得使用"蒙古大夫"来指代"庸医",不得使用"蒙古人"来指代"先天愚型"。

458 公文中怎样正确表述宗教称谓？

根据中央的有关规定，公文中涉及有关宗教称谓时也要注意规范。例如"穆斯林"是伊斯兰信徒的通称，不能把宗教和民族混为一谈。不能说"回族"就是"伊斯兰教"，"伊斯兰教就是回族"。报道中遇到"阿拉伯人"等提法，不要改称"穆斯林"。还有，涉及信仰伊斯兰教的民族的报道，不要提"猪肉"。穆斯林屠宰牛羊及家禽，只能说"宰"不能写作"杀"。

459 公文中对台湾当局及有关机构应当使用怎样的规范称呼？

在公文中，当涉及对台湾当局政权系统及有关机构名称时，要注意规范性，能回避尽量回避。如果无法回避时，应加引号，例如台湾"立法院""行政院""监察院""选委会""行政院主计处"等等，不得出现"中央""国立""中华台北"等字样。如不得不出现时，应加引号。例如台湾"中华银行"。严禁使用"中华民国总统（副总统）"称呼台湾地区领导人，即使加注引号也不得使用。这里涉及的是严肃的政治问题，必须予以高度重视。

460 公文中在哪些情况下不得报道当事人的真实姓名？

在公文中涉及下列对象时不宜公开报道其姓名：1.犯罪嫌疑人家属；2.涉及案件的未成年人；3.涉及案件的妇女和儿童；4.采用人工授精等辅助生育手段的孕、产妇；5.严重传染病患者；6.精神病患者；7.艾滋病患者；8.有吸毒史或被强制戒毒的人员。涉及这些人时，可使用其真实姓氏加"某"字的指代，如"张某""李某"，不宜使用化名。

461 如何规范称呼刑事案件以及民事、行政案件的当事人？

对刑事案件当事人，在法院宣判有罪之前，不使用"罪犯"，而应使用"犯罪嫌疑人"。在民事和行政案件中，原告和被告的法律地位是平等的，原告可以起诉，被告也可以反诉，不要使用原告"将某某推上被告席"这样带有主观色彩的句子。

462 公文中涉及各级领导同志活动的报道，可否使用"亲自"一词？

对各级领导同志的各种活动报道，不得使用"亲自"等形容词。例如"在公司组织的保持共产党员先进性教育活动中，公司董事长以身作则，亲自主持制定实施方案，亲自到会作动员讲话，亲自参与交流讨论"，几个"亲自连用，看似公司领导事必躬亲，率先垂范，却给人以过多过滥的感觉，也显得很不精练。实际上，去掉"亲自"一词，丝毫不会影响公司领导对此项活动的重视程度。

463 如何看待"重要讲话"之类的评价性语句？

所谓"重要讲话"，按理说是指那些内容重要、意义重大，具有战略性、前瞻性、创造性和真理性的讲话。

当前在一些地方和部门，不看内容如何，只要是领导同志的讲话，千篇一律地在讲话前面冠以"重要"二字，这是很值得研究的。毛泽东同志在 1957 年 3 月《在中国共产党全国宣传工作会议上的讲话》中有一段话讲得很精彩："我们现在有些文章，神气十足，但是没有货色，不会分析问题，讲不出道理，没有说服力……我们应该老老实实地办事，对事物有分析，写文章有说服力，不要靠装腔作势来吓人。"毛主席在这里虽然指的是写文章，但对讲话也同样具有深刻的指导意义。我们设想一下，如果不讲职务、不看内容，只要带"长"字的讲话就是

"重要讲话",那么实际上也就没有真正的"重要讲话"了。

有的讲话,内容本来非常重要,但并未冠以"重要"二字,而人们却一致公认它很重要,这样的事例很多。例如1957年3月2日的《人民日报》第一版的大标题是:最高国务会议举行扩大会议。副标题是:毛主席就正确处理人民内部矛盾问题讲了话。以今天的眼光看,这显然是一篇非常重要的讲话,而当时并未冠以"重要"二字,只用了"讲了话"三个字,但这丝毫没有影响人们对这一重要讲话的学习和认识。

又如,1957年3月17日,毛主席在天津人民礼堂做关于"双百"方针问题的讲话,内容十分重要。而会议主持人、天津市委第一书记黄火青的开场语不过是一句"请毛主席讲话",寥寥几个字。听众并不因为他没说"重要"二字而不重视毛主席具有战略意义的讲话。

由此可见,讲话重不重要,关键是要看其内容,而不是靠"说"出来的。实际上,对领导同志的讲话要不要冠以"重要"二字,还是应当务实一点为好。当年吴官正同志在担任中共山东省委书记的时候,有一次到《大众日报》去视察,就省委领导同志活动的报道问题"约法三章":"省委领导的讲话,从我开始,在报道中不要说'重要讲话',把'重要'两个字去掉,讲话那么多,哪有那么多重要啊!"这段话讲得多么切中时弊,又多么深刻有力,令人拍案叫绝。

464 公文中涉及的对文艺界人士的称谓应当如何加以规范?

对文艺界人士,不得使用"影帝""影后""巨星""天王"等词语,一般可使用"文艺界人士""著名演员""著名艺术家"等。

465 公文中涉及的对于一些药品名称的报道应当怎样加以规范?

报道各种事实特别是产品、商品时不得使用"最佳""最好""最著名"等具有强烈评价色彩的词语。医药报道中不得含有"疗效最佳""根治""安全无副作用""药到病除""无效退款""国家级新药""最高技术"等等,这些虚假的广告纯粹是坑害老百姓,令人苦不堪言。

466 公文中应表述为"以习近平同志为总书记的党中央"还是"以习近平同志为核心的党中央"?

应当是"以习近平同志为核心的党中央"。这一表述,有其历史发展过程。从2012年党的十八届一中全会到2016年党的十八届六中全会期间,中央文件中的表述一直是"以习近平同志为总书记的党中央",党的十八届六中全会公报开始出现了重大调整,正式表述为:"全会号召,全党同志紧密团结在以习近平同志为核心的党中央周围,全面深入贯彻本次全会精神,牢固树立政治意识、大局意识、核心意识、看齐意识,坚定不移维护党中央权威和党中央集中统一领导,继续推进全面从严治党,共同营造风清气正的政治生态,确保党团结带领人民不断开创中国特色社会主义事业新局面。"我们在公文写作中要及时进行调整,以确保规范行文。

467 公文中应当如何规范使用表示国际关系的用词?

公文中涉及的有的国际组织成员,既包括一些既有国家,也包括一些地区。在涉及此类国际组织时,不得使用"成员国",而应使用"成员"或"成员方",例如不能使用"世界贸易组织成员国",而应使用"世界贸易组织成员""世界贸易组织成员方"、"亚太经合组织成员"或"亚太经合组织成员方"。还有,不得使用"北朝鲜"来称谓"朝鲜民主主义人民共和国"或者直接使用简称"朝鲜";不得使用"穆斯林国家"或"穆斯林世界",而要用"伊斯兰国家"或"伊斯兰世界"。此外,不要将撒哈拉沙漠以南的地区称为"黑非洲",而应当称为"撒哈拉沙漠以南的非洲"。

468 近年来公文中有哪些热词需要着重掌握?

作为机关单位的文秘工作者,必须做有心人,大家在平时工作中应当注意搜集积累并了解掌握一些富于鲜明时代特色的新的提法和新的语句,像"一带一路""三严三实""两学一做""三去一降一补""四个全面战略布局""要适应四个新常态""五大发展理念""作风建设永远在路上""把权力关进制度的笼子里""治大国如烹小鲜""坚持'老虎''苍蝇'一起打""鞋子合不合脚,自己穿着才知道""踏石留印、抓铁有痕""要以刮骨疗毒、壮士断腕的决心和勇气""互联网+""供给侧结构性改革""政治意识、大局意识、核心意识、看齐意识""绿水青山就是金山银山""照镜子、正衣冠、洗洗澡、治治病",等等,都很鲜活生动,在公文写作中如果能够恰当运用,就会极大地增强行文的表达效果。

469 报告可以多头报送吗? 比如,省公安厅能否将十八大安保总结报告同时报送省委、省人民政府、省委政法委? 如果可以,主送机关如何表达呢(是将三个单位并列,还是报省委时抄送其他单位)?

根据《党政机关公文处理工作条例》的规定,向上级机关行文,原则上主送一个上级机关,根据需要同时抄送相关上级机关和同级机关。由此可见,将十八大安保总结报告向上级呈送,应以主送一个上级机关为宜,将其他机关列为抄送。但要强调的是,行文时要注意党政分开,即或以省公安厅党委的名义报送省委政法委,或以省公安厅的名义报送省政府。

470 请问同一系统内的所属单位（正处级）向主送为厅里处室行文请示有关事项，用什么文种合适，请示还是请求批复函？

需要明确"请示"与"请求批准函"的使用差异，亦即请示必须用于具有直接隶属关系的上下级机关之间，请求批准函用于无隶属关系的机关单位之间。在同一系统内，正处级单位向厅里相关主管处室行文，相关处室亦为正处级，即应使用请求批复函。

471 公文写作有没有"灵感"呢？怎么认识公文写作中的"灵感开发"问题？

一、这个问题需要辩证地去看。一般文章和文艺作品写作是讲究"灵感"的，但公文写作却未必，有的时候不容许搞"灵感发挥"。

二、公文写作能力和水平不可能"速成"。无论哪个行业，对文秘人员公文写作的技术性要求是一致的。公文写作与一般文章和文艺作品有所不同，它是"遵命"写作，领导要你写什么，必须遵从领导的意志，准确领会领导意图，并且用得体的语言加以表述。你的思路取决于领导的思路，要与领导的思路保持高度一致，而不能随意发挥或者等"灵感"来了之后再写。因此，有人讲公文写作也要搞"灵感开发"，是不切实际的。领导前一天交代拟文任务，第二天要用，文秘人员非要坐等"灵感"上来，岂不误事？

三、作为文秘人员，一定要把功夫下到平时，时刻关心时事政治，包括党和国家的大事，本系统本公司的中心工作，一些政策性提法的表述，等等，都要加以留意。这样，才能不断提高自己的思想政策水平，打牢政策理论根基。同时，多阅读典范的公文范例，从中品味公文写作的方法和技巧，熟练掌握各类文体的写作模式、规律及相关要求，锤炼自己的语言表达能力，能够准确表达所要表达的内容，这是写好公文的基本功，也是必备的基本功。

四、当然，公文写作能力的培养和提高，非一朝一夕所能济事，是一个较为漫长的过程，不可操之过急。但只要树立信心，持之以恒，不断实践，最后就一定能够成功。

472 抄送给上级的文件，是否应用"抄报"，抄送给下级的文件，是否应用"抄发"？

过去，关于公文抄送机关的确定，其称谓曾因行文方向的不同而有所变化，即将向上级机关的抄送称为"抄报"，将向下级机关的抄送称为"抄发"。但应注意的是，党的机关从中办 1996 年 5 月发布《中国共产党机关公文处理条例》以及国办 1993 年 11 月发布《国家行政机关公文处理办法》以后，不管是对上、对下或平级，凡属抄送阅知的文件一律列入"抄送"，原来的"抄报"提法已不复存在。《党政机关公文处理工作条例》依然沿用了这一规定。

473 为召开工作会议申请所需经费，几个单位各自向市财政局行文，一个是市审计局，一个是市财政局直属分局，它们所使用的文种一样吗？

不一样。虽然都是申请会议所需经费，而前者是平级关系，在各自的职权范围内，相互办理和答复审批事项，根据《党政机关公文处理工作条例》第九条的规定，应当使用"函"（即申请函）与"复函"（即答复函）。后者由于具有上下级的隶属关系，故应用"请示"，对应"请示"的应当是"批复"。

474 上级向下级询问问题，当下级对此进行回复时，应当使用什么文种，是使用"报告"，还是使用"函"？

应当使用报告。《党政机关公文处理工作条例》明确规定："'报告'用于……回复上级机关的询问。"

475 | 印发和转发有什么区别，应用时该如何把握？以政府名义发方案是否妥当？什么时候由政府发方案，什么时候由办公厅发？

印发和转发属机关内部两种重要的文件发布形式，在具体使用上有所区别。其中"印发"通常是机关或单位将所制定的规章制度类文件以及领导人讲话等，以"通知"作为文件头予以下发，亦即"印发性通知"。因为这些规章制度本身不属法定公文的范畴，不具备独立行文的资格，而要下发，必须从法定公文文种中找出一个文种来载着它运行，亦即采用复体行文的方式予以处理；"转发"也属于此种情形，只不过它是机关或单位对上级机关及不相隶属机关单位的来文，认为有必要让所属单位知晓，则以"通知"作为文件头加以"转发"，亦即"转发性通知"。值得注意的是，对下级机关单位来文的处理不称"转发"，而应称为"批转"。

以政府名义印发方案当然可以。但究竟是以政府的名义发出还是以政府办公厅的名义发出，则主要取决于所涉及内容的重要程度，例如《国务院机构改革方案》，因事关重大，则以国务院名义发布。

476 | 下述做法是否符合规范？

有一份文件，是省财政厅牵头、与省公安厅等 10 家单位的联合行文。文件的主送机关是：省直各有关部门，从内容看，涉及的就只有这 10 家发文单位。这不是自己给自己行文吗，有意义吗？在版记部分，对上级用的是"抄报"，平级用的是"抄送"。"抄报"的形式合适吗？

省财政厅牵头与省公安厅等 10 家单位的联合行文，内容涉及的就只有这 10 家发文单位，严格来讲是属于自己给自己行文。但问题在于不能过于苛求，关键要看这 10 家单位联合行文"是否确有必要"，是否"注重实效"，这是公文的一条重要行文规则。

关于"抄报"的提法,党的机关早从 1996 年、国家行政机关自 1993 年开始即已废弃不用。对于公文的抄送机关,不再区分上级、下级、平级,一律统称"抄送"。因此,此文版记部分使用"抄报"显属因循守旧,不合规范。

477 ××市人民政府拟与中共××市委、××市军分区和××市社科联联合行文,其版头设置是否也应遵循"主办机关排列在前"的规定?

不妥。按照公文法规的规定,行政机关与同级或相应的党的机关、军队机关和人民团体联合行文,则要注意按规定依照党、政、军、群的顺序排列,而不可拘泥于主办机关排列在前的做法。

478 有一份《关于加强科技市场管理的通知》,其联合行文的单位包括科委、科协、工商局、税务局、财委、计委、专利局和物价局等八家单位,该份文件的首页并排印有八家单位的名称,版头之下是并列的八个发文字号,而且在文尾盖了八个单位的公章。此是否符合规范?

不合规范。主要有以下两个方面:一是联合行文的单位过多过滥。联合行文的主体至少有两个,但最多是多少没有明确的规定。尽管如此,我们在实际行文中也要注意把握其必要性与适度性。《党政机关公文处理工作条例》第十三条规定:"行文应当确有必要,讲求实效,注重针对性和可操作性。"联合行文时尤应遵循这一原则,而决不能无视具体情况,不看有无必要,只是为了广造声势动辄就联合行文,这样只能事与愿违,贻害工作。因此,例文中八家单位联合行文且均将单位名称在版头部分予以排列是欠妥的。正确的做法是,可只标识主办单位一家的名称,将其他协办单位名称纳入标题或者公文的开头部分。这样做,就显得较为科学、合理了。二是发文字号标识不合规范。按照《党政机关公文处理工作条例》的规定,联合行文时只需标明主办单位的发文字号。此例的版头部分竟将八家联合行文的发文字号并列标出,不仅显得烦琐,也有悖规定。

479 公文页码的标注有哪些常见问题?

在党和国家历次发布的公文处理法规中,页码一直没有列为公文的格式组成要素。《党政机关公文处理工作条例》以及《党政机关公文格式》(GB/T9704—2012)首次将其列入,并规定其用以表明公文页数顺序号,这就充分说明页码是公文的一项重要组成部分,是保证公文完整性和有效性的标志。同时,在公文中标注页码,还有利于对公文进行查阅、统计、检索、印制和装订,甚至有助于公文的防伪。在实践中,对于页码的标识时常出现一些问题,主要表现在:

一、字体字号不合规范。按照《格式》的规定,公文的页码应当使用4号半角宋体阿拉伯数字。但有些机关单位的公文却比较随意,有的使用3号字,同时也非宋体字,而是采用仿宋体字或者其他字体等等,都是不合规范要求的。

二、位置摆放不当。按照《格式》规定,公文页码的位置应当编排在公文版心下边缘之下,数字左右各放一条一字线;一字线与左右两端页码之间要空1个半角空格的距离;一字线上距版心下边缘7mm。单页码右边的一字线居右空1字,双页码左边的一字线居左空1字。这样即可保证从两个方向定位页码的位置。在页码数字两端各放置一条一字线,是公文页码标注的特定规则,其目的主要是为了美观和阅读方便。

三、空白页标注页码。按照规定,公文版记必须置于公文的最后一页,版记的最后一个要素要位于版心的最后一行,版记各要素(包括抄送机关以及印发机关和印发日期)之间要用分隔线分开,最后一条分隔线要与版心的下边缘重合。据此可见,版记置于公文的最后一页,其前面有时可能会出现空白页。由于公文是双面印刷,所以空白页最多不会超过3页。在此种情况下,根据《格式》的规定,空白页和版记页均不需标注页码,也就是说,页码只标识到正文结束的那一页。

四、附件页码与主件分离。附件是指公文正文的说明、补充或者参考材料,是公文正文的有机组成部分，与正文具有同等效力。附件一定要另面编排，而无论其前面留有多少空白页，均应如此。公文附件应当处于版记页之前，根据规定，如无特殊情况，应当与主件一起装订，并且页码应当连续编排。实践中，有些公文却没有这样做，而是将附件单独标注页码，形成与主件相互隔离的状态，这是不规范的。还有的虽然将正文和附件的页码连续标注，但却未能标至版记页且版记页排有文字，也是属于不合规范的。

五、信函格式公文首页标注页码。信函格式属于公文的一种重要特定格式，与公文的标准格式相比其效力是完全相同的，只是表现形式有所不同。相对于标准格式而言，信函格式相对简单，易于操作，但值得注意的是，作为公文特定格式之一的信函格式，其首页是不能显示页码的，需要由第 2 页开始标注页码，这是信函格式公文与标准格式公文相比的一个显著差异，必须加以区分。但实践中有些采用信函格式的公文却在首页标注有页码，标注形式与标准格式的公文无异，也是不合规范的。

六、遗漏标注页码。机关单位所印制的公文需要标注页码，这是长期以来一致的和普遍的规定和做法，便于公文的查询引用和统计检索，具有不可替代的重要作用。因此，凡属机关单位印制的正式公文，一概不得缺漏页码，要按有关规定标准规范标识，确保行文的规范化和严肃性。

480 协商、会签公文有什么要求？

《党政机关公文处理工作条例》中特别强调办文如涉及其他部门职权范围的事项要加强协商、会签，在"发文办理"和"收文办理"两章中对协商、会签作出了详细规定。具体包括：

一、拟制公文，对涉及其他部门职权范围内的事项，主办部门应当主动与有关部门协商，取得一致意见后方可行文；

二、如有分歧，主办部门的主要负责人应当出面协调，仍不能取得一致时，主办部门可以列明各方理据，提出建设性意见，并与有关部门会签后报请上级机关协调或裁定。

481 如何对收入的文件做好分类处理?

一、按需要分类办理。这是收文办理中最基本的办法,将需要办理的公文与不需办理、只需阅知的公文区别开来,以便按照不同的要求对公文进行处理。

二、按来文的方向分类办理。按来文的方向分类,是最简便易行的分类办法,也是在区分了是否需办件之后,再做分类时经常采用的办法。以一个地级市政府为例,将收到的公文,按国务院(及办公厅)来文、国务院各部委来文,省政府(及办公厅)、省政府各厅局来文,市政府各部门来文,各县市区政府来文等类别分类办理。

三、按秘密等级分类办理。主要应用于电报,如将电报按明码、密码分成两大类,便于按保密要求分别对待和处理。

四、按重要或紧急程度分类办理。将领导同志的批示件作为重要和紧急的公文对待,单独作出标注,或者单独统计,同时更要精心地处理,更及时、迅速地运转并反馈办理情况。

五、按审批事项分类办理。有的部门会收到并需办理一些批量较大的涉及审批事项的公文,这类公文数量多,有其特定的处理要求,也有专门的处理方式,所以有必要单独分类处理。如在市一级政府需要办理的文件中,就有许多请示件涉及因公出国审批、土地审批、股份公司审批等专项审批,如果对这些来文进行单独分类,就可以将这些文件从大量的其他请示件中分离出来,便于简化程序,专项处理,加快运转,方便基层,同时也有利于经办公文的同志对此进行查询和统计。

公文分类要掌握突出重点的原则,分类要方便工作,分合有度,防止过于烦琐。

482 正式公文"不另行文"有何规定?

有些公文如通告、表彰决定等,一经签发,可通过新闻媒介直接与公众见面。经批准见报的正式公文,有关方面应按照执行。见报的公文,制发机关一般要印制少量文件的正式文本,供有关方面存档。有时根据实际情况也可以见报的文件内容为准,不再正式行文。不再正式行文的公文,见报时应在末尾加注"不另行文"。

483 对"圈阅"如何理解?

《党政机关公文处理工作条例》第二十二条规定:"公文应当经本机关负责人审批签发。重要公文和上行文由机关主要负责人签发。党委、政府的办公厅(室)根据党委、政府授权制发的公文,由受权机关主要负责人签发或者按照有关规定签发。签发人签发公文,应当签署意见、姓名和完整日期;圈阅或者签名的,视为同意。"

484 外单位发来给领导同志的"亲启"信件,一律送交领导同志自己去拆封处理,这种做法对吗?

不对。一般只限上级机关发给本单位领导同志的"亲启"件,可在"登(记)皮(信皮)不登(记)瓤(信函的内件)"之后送给这位领导同志。除此之外的"亲启"件,应按文件处理程序,由文书人员拆封后,进入"拟办""请办""批办"等公文运转流程。

485 文件传阅有哪些具体要求?

"传阅"是指文件只有一份或很少几份的情况下,而需要阅知的人很多,由文书人员组织他们中间传递、阅知。《党政机关公文处理工作条例》第二十四条中规定,传阅应根据领导批示和工作需要将公文及时送传阅对象阅知或者批示。办理公文传阅应当随时掌握公文去向,不得漏传、误传、延误。

传阅文件的具体要求是:一是传阅的次序,一般是先机关的主要领导、后机关的其他领导,先主管业务部门、后其他业务部门。二是对投入传阅的文件,事先由文书人员填好阅文单,在阅文单上写明文件的标题、编号,并排列好阅知人员的姓名。阅件人阅后在阅文单上签注姓名及阅文时间。三是机要文件传阅不得"横传",即阅件人接交文件只对文书人员,阅件人之间不能传递文件。这是文件传阅中避免发生差误的一条重要经验。

486 怎样理解文件的所有权问题?

《党政机关公文处理工作条例》第三十五条规定:"个人不得私自销毁、留存涉密公文""工作人员离岗离职时,所在机关应当督促其将暂存、借用的公文按照有关规定移交、清退"。因此,无论是来自上级、本级或下级的文件,其所有权属于受文的机关组织本身,这个机关的工作人员对文件有使用权,但不归属于个人。工作使用完毕的文件,要及时归还文秘工作人员,不得长期滞留不交,更不准想方设法变为己有。领导干部对外出参加会议或直接与外界商洽工作或下级径直报给自己的文字材料,除极个别的特殊情况外,一般要交公文管理人员进行登记。如因工作需要放在自己手中保管一段时间的,要办理借用手续,不能私存文件,更不能背着文件管理机构建立私下"小文件柜"。干部调动工作时,要将手中使用的文件全部交给公文管理部门,不得私自带到另一新单位,其中包括:外出参加会议带回来的会议文件,外出会商、谈判形成的纪要、协议、合同,外单位及下级部门、人员直接写给该领导同志的信函材料,上级发给该领导的"亲启"件,本单位制发公文的副本等。

上述这些材料,除最后一项外,其余都是应当按"年度"立卷归档的文件材料。由于是多年积压在该领导同志手中未得清理,造成已往立卷归档遗漏,加之,立卷归档已逐年完成,一旦出现这些材料已使立卷归档处于难堪的状态。

为解决好这一问题,文书人员的精心是十分必要的,对领导同志手中的文件及其来源要心中有数,随办完随催要。结合"五一""十一""元旦""春节"时开展的安全保密大检查活动,催促领导同志清理积存的文件。

487 怎么处理被转文件带附件的情况，标注还是不标注？

被批转或者转发的文件所带的附件，与被转文件同为一个整体，因此在实际处理时需要标注。

488 政府组成部门向编办打报告要求下拨计划用工指标用文件还是函件？另外向综治办申请平安单位创建是用函件还是文件？

目前各地的编办存在着实际情况的差异，一般是以党政两个方面组成而以党为主；综治办的情况也大体相同。因此，政府组成部门向编办打报告要求下拨计划用工指标，向综治办申请平安单位创建等事宜，按照正常的行文关系和行文规则来讲应当使用函件。

489 对于涉密公文的办理和管理有哪些特殊要求？

根据《党政机关公文处理工作条例》第二十六条的规定，涉密公文应当通过机要交通、邮政机要通信、城市机要文件交换站或者收发件机关机要收发人员进行传递，通过密码电报或者符合国家保密规定的计算机信息系统进行传输。另据第三十条规定，公文确定密级前，应当按照拟定的密级先行采取保密措施。确定密级后，应当按照所定密级严格管理。绝密级公文应当由专人管理。公文的密级需要变更或者解除的，由原确定密级的机关或者其上级机关决定。第三十一条又进一步规定，涉密公文公开发布前应当履行解密程序。公开发布的时间、形式和渠道，由发文机关确定。经批准公开发布的公文，同发文机关正式印发的公文具有同等效力。

490 公文管理的基本原则是什么？

一、统一管理。公文由文秘部门或专职人员统一收发、审核、用印、归档和销毁。统一管理是公文管理工作应当把握的重要原则。公文管理的统一，就是统一到文秘部门一个机构运转公文上面来，这是规范公文运转程序，防止多头管理带来的混乱和无序，提高公文处理工作效率的需要。

二、保守秘密。对公文进行管理的目的之一，就是保证国家秘密的安全。关于保密的问题，国务院《党政机关公文处理工作条例》中既有原则要求，又作了一些具体规定，如翻印公文、公开发布公文、复印汇编公文、销毁公文等，文秘人员对这些规定，第一是熟知，第二是要落实。因为这些规定涉及公文的诸多环节，具体而细致，执行起来不能似是而非，不能想当然。在实际工作中，往往会因看似细节的走样而造成大的保密责任事故。对此，文秘人员要高度重视，文秘部门要有严格的制度，保证规定的落实到位。

三、便于利用。管理好公文，是为了利用好公文，使公文最大限度地发挥其效用，在公文管理中要正确处理好加强管理与发挥效用的关系，在严格执行规定的前提下，充分开拓公文的使用渠道。

491 对于公文的整理归档有哪些具体要求？

根据《党政机关公文处理工作条例》第二十七条的规定，需要归档的公文及有关材料，应当根据有关档案法律法规以及机关档案管理规定，及时收集齐全、整理归档。两个以上机关联合办理的公文，原件由主办机关归档，相关机关保存复制件。机关负责人兼任其他机关职务的，在履行所兼职务过程中形成的公文，由其兼职机关归档。

492 复制、汇编带有密级的公文有哪些规定？

根据《党政机关公文处理工作条例》第二十七条的规定，复制、汇编机密级、秘密级公文,应当符合有关规定并经本机关负责人批准。绝密级公文一般不得复制、汇编,确有工作需要的,应当经发文机关或者其上级机关批准。复制、汇编的公文视同原件管理。复制件应当加盖复制机关戳记。翻印件应当注明翻印的机关名称、日期。汇编本的密级按照编入公文的最高密级标注。

493　销毁公文有哪些规定?

根据《党政机关公文处理工作条例》第三十五条的规定,对于不具备归档和保存价值的公文,经批准后可以销毁。销毁涉密公文必须严格按照有关规定履行审批登记手续,确保不丢失、不漏销。个人不得私自销毁、留存涉密公文。

494　对于机关合并或撤销时的公文管理有哪些规定?

根据《党政机关公文处理工作条例》第三十六条的规定,机关合并时,全部公文应当随之合并管理;机关撤销时,需要归档的公文经整理后按照有关规定移交档案管理部门。工作人员离岗离职时,所在机关应当督促其将暂存、借用的公文按照有关规定移交、清退。

495　新设立的单位怎样提出发文立户申请?

根据《党政机关公文处理工作条例》第三十七条的规定,新设立的机关应当向本级党委、政府的办公厅(室)提出发文立户申请。经审查符合条件的,列为发文单位,机关合并或者撤销时,相应进行调整。

496 以下几个公文处理方面的问题如何解决？

1.《国务院办公厅转发发展改革委、安全监管总局关于进一步加强煤矿瓦斯防治工作若干意见的通知》《国务院批转住房城乡建设部等部门关于进一步加强城市生活垃圾处理工作意见的通知》，为什么一个用国务院办公厅转发的方式行文，一个用国务院批转的方式行文，这两者有什么区别？

2.《国务院办公厅关于开展2011年全国粮食稳定增产行动的意见》《国务院关于严格规范城乡建设用地增减挂钩试点切实做好农村土地整治工作的通知》，为什么不用国务院办公厅转发农业部通知的方式或国务院批转国土资源部通知的方式，而是由国务院办公厅或国务院直接发文呢？

3.《国务院办公厅关于开展2011年全国粮食稳定增产行动的意见》《国务院关于严格规范城乡建设用地增减挂钩试点切实做好农村土地整治工作的通知》，为什么一个是国务院办公厅发文，一个是国务院发文，这两者的区别是什么原因？

4. 同样是对于农业问题，为什么《国务院关于加快推进现代农作物种业发展的意见》是国务院发文，而《国务院办公厅关于开展2011年全国粮食稳定增产行动的意见》是国务院办公厅发文；同样是对于城市规划，为什么《国务院关于唐山市城市总体规划的批复》是国务院发文，而《国务院办公厅关于批准荆州市城市总体规划的通知》是国务院办公厅发文；同样是关于公文处理的问题，为什么中国人民银行办公厅关于印发《中国人民银行电子公文传输系统管理办法》的通知是人民银行办公厅发文，而司法部关于印发《司法部机关公文处理办法》的通知是司法部而不是司法部办公厅发文？

这里说的这几个问题，归结起来就是一个，即有些文件内容相同或相近，但所使用的发文名义却不同。就实质而言，究竟是以机关单位的办公部门名义行文，还是以整个机关的名义行文，与所涉及内容的重要程度没有直接关联，而完全取决于领导的意志，亦即领导当时是怎样签批的，应按领导的签批意见办理。

在这方面,没有任何硬性的规定。值得注意的是,会议产生的文件,是以机关名义行文还是以部门名义行文,应当根据会议决定办理。

497 文件为什么要试行?

"试行"是对公文内容尚不成熟、完善阶段的表述方式。"试行"是试验性的办理,一些目前先行办理、执行一个阶段后将根据实际情况予以修改的文件,通常将"试行"二字用括号标注在文件标题之后。以通知为例,如果通知中所提出的意见属于探索性的,或者属于一些政策性的问题,而法律程序又不完备,需要下级机关边执行边修改的,即用"请研究试行""希研究执行,试行中有何意见请即告知"之类的结尾性用语。有人认为应当明确试行年限,而到目前为止尚无任何文件规定依据,事实上规定试行年限不仅没有必要,也不现实。因为客观实践是不断发展变化的,公文所涉及内容事项何时趋于成熟,只能根据实际情况确定,而不能机械地规定时日。

498 公文的权威性受人民群众、世界时事以及社会舆论的制约吗?

公文是我们党和国家依法执政和依法行政的工具,是政治的"晴雨表"。在各类文体中,公文是受政治因素影响最为直接的一类,它的制定和发布,要结合整个社会发展状况以及国家政治经济发展的实际需要来进行,充分代表了民意民声和最广大人民群众的利益,并以此引导社会的进步与发展。公文的拟制要根据整个社会发展变化的实际需要,对人们的社会行为及时加以规范和调整,是党政机关公务活动的反映,因此,诸如世界时事、社会舆论等等只能是制定公文的动因、材料和依据,并不会对公文权威性产生制约作用。换句话说,公文是依据社会形势以及公务活动发展需要,由党政机关和企事业单位主动制发的,它的权威性不受相关变化因素的制约。

499 怎样理解"求真务实"是公文工作者最重要的职业道德？

在公文写作实践中，有些人养成了一种很坏的思维习惯，撰写材料时往往"跟形势""赶浪头"，或者"按图索骥"，按照预先订好的"调子"去找材料，写汇报，而不管其是否与实践相符。还有的人"图虚名"，就是明知情况不真实，却贪图虚名，写假报告，注入的"水分"过多，甚至"谎报军情"。这就是缺少"文德"。文德是社会主义职业道德的特征，是党性原则的体现。文秘人员缺乏文德，就是缺少社会主义职业道德，就是党性不强的表现。这样的文秘工作者是一个没有风骨的人。我国古代文人名臣中，就有很多讲究不讲假话的"风骨"的典范。唐代著名诗人白居易，坦然地以一生"未尝著空文"而自豪；清代学者刘知己提倡著文"言必求真，从实而书"。要学会用自己的眼睛观察社会，用自己的头脑思考问题，坚决杜绝那种"跟形势""赶浪头"的不良习气，将公文写作牢牢扎根于求真务实的基础之上。要坚持实事求是，就要准备"吃亏"，并且在"吃亏"以后仍然坚持实事求是。文德的可贵和可敬之处也正在于此。制发公文的目的，在于"指陈是非"，是非不分，褒贬不明，善恶不辨，就不是真正的实事求是的态度。遇有谮毁，一概满足"上司"之好恶，进而就不坚持实事求是，那么还有什么文德可言？所以，无论公文工作者处于什么样的层级，无论撰写什么样的文件，都要把实事求是、求真务实作为始终不渝的职业操守，孜孜追求，无怨无悔，这样才堪称一个高尚的、纯粹的、有益于人民的合格的公文工作者。

500 古往今来，有哪些公文名篇值得阅读？

一、古代公文。中国古代公文，是中国古代文学艺苑里的奇葩，是中国传统文化的构成部分。由于中国古代公文写得文约、辞美、体严，法理相寓，长于方略，以至于不少公文的上乘之作都被列为中华文学名篇，历千百年而不衰。像秦代李斯的《谏逐客书》；汉高祖刘邦的《入关告谕》，汉武帝刘彻的《求茂才异等诏》，贾谊的《论积贮疏》《治安策》，晁错的《论贵粟疏》；三国蜀汉诸葛亮的

图书在版编目（CIP）数据

最新公文写作与处理实务500题/桂维民，岳海翔编著．—西安：陕西人民出版社，2017

ISBN 978－7－224－12245－9

Ⅰ．①最… Ⅱ．①桂… ②岳… Ⅲ．①国家行政机关—公文—写作—中国 Ⅳ．①H152.3

中国版本图书馆 CIP 数据核字（2017）第 146239 号

最新公文写作与处理实务500题

编　　著	桂维民　岳海翔
出版发行	陕西新华出版传媒集团　陕西人民出版社
	（西安北大街147号　邮编：710003）

印　　刷	中煤地西安地图制印有限公司
开　　本	787mm×1092mm　16开　37印张
字　　数	580千字
版　　次	2017年7月第1版　2017年7月第1次印刷
书　　号	ISBN 978－7－224－12245－9
定　　价	98.00元

《出师表》；晋代李密的《陈情表》；南北朝时期南朝陈中书舍人傅縡的《狱中上书》；唐代魏征的《谏太宗十思书》，韩愈的《论佛骨表》，骆宾王的《讨武昭檄》；宋代王安石的《答司马谏议书》，欧阳修的《朋党论》；明代解缙的《万言书》；清代薛福成的《出使奏疏》《出使公牍》，等等，都是古代公文中的精品，很值得我们认真地加以研究和借鉴。

二、现代公文。中国现代公文，是在继承中国古代公文优良传统的基础上产生和发展起来的，其中尤以革命领袖人物所写的公文特别是毛泽东的公文最有代表性。毛泽东同志博古通今，学淹中外，堪称一位旷世绝伦的公文写作大师。他的公文著述生涯，同他的革命生涯一样，超过了半个世纪。他在领导中国革命和建设的长期斗争实践中，为我们写下了许许多多光芒四射、文质并美的公文佳作。《毛选》1到4卷所载的90篇公文，可以说篇篇都是精品，写得观点鲜明、论证深邃、笔调洒脱、语言精美，堪称中国现代公文的光辉典范。

三、当代公文。新中国成立以后，特别是党的十一届三中全会以来，随着改革开放和中国特色社会主义建设事业的发展，我们党和国家的高级管理机关也先后制发了一系列有很高水准的公文佳作。像党的《十一届三中全会公报》《关于党内政治生活的若干准则》《关于建国以来党的若干历史问题的决议》《中共中央关于加强和改进党的作风建设的决定》《公民道德建设实施纲要》，党的历次全国代表大会的工作报告、每届全国两会上所形成的一些文件以及2012年党的十八大上习近平同志等七位中央政治局常委在与中外记者见面会上所发表的演讲以及2016年G20杭州峰会上习近平主席所发表的开幕词、欢迎词、闭幕词等，也都是难得的公文精品，它们共同构成了光芒四射的中国当代公文名篇的基本阵容。